Excel Formeln & Funktionen

Profiwissen im praktischen Einsatz

Inge Baumeister

Verlag:
BILDNER Verlag GmbH
Bahnhofstraße 8
94032 Passau

http://www.bildner-verlag.de
info@bildner-verlag.de

ISBN: 978-3-8328-0458-9
Bestellnummer: 100482

Autorin: Inge Baumeister
Herausgeber: Christian Bildner

Druck: CPI Clausen & Bosse GmbH, Birkstr. 10, 25917 Leck

Bildquellen:
Cover: © goodluz - stock.adobe.com
Kapitelbild: © styleuneed - stock.adobe.com

© 2021 BILDNER Verlag GmbH Passau

Die Informationen in diesen Unterlagen werden ohne Rücksicht auf einen eventuellen Patentschutz veröffentlicht. Warennamen werden ohne Gewährleistung der freien Verwendbarkeit benutzt. Bei der Zusammenstellung von Texten und Abbildungen wurde mit größter Sorgfalt vorgegangen. Trotzdem können Fehler nicht vollständig ausgeschlossen werden. Verlag, Herausgeber und Autoren können für fehlerhafte Angaben und deren Folgen weder eine juristische Verantwortung noch irgendeine Haftung übernehmen. Für Verbesserungsvorschläge und Hinweise auf Fehler sind Verlag und Herausgeber dankbar.

Fast alle Hard- und Softwarebezeichnungen und Markennamen der jeweiligen Firmen, die in diesem Buch erwähnt werden, können auch ohne besondere Kennzeichnung warenzeichen-, marken- oder patentrechtlichem Schutz unterliegen.

Die in den Beispielen verwendeten Namen von Firmen, Personen, Produkten und E-Mail-Adressen sind frei erfunden. Jede Ähnlichkeit ist keinesfalls beabsichtigt, sondern zufällig.

Das Werk einschließlich aller Teile ist urheberrechtlich geschützt. Es gelten die Lizenzbestimmungen der BILDNER Verlag GmbH Passau.

Auf einen Blick

1 Grundlegende Techniken 15

2 Nützliche Tools 65

3 Datums-, Uhrzeit- und Textfunktionen 121

4 Logikfunktionen und Bedingungen 159

5 Nachschlage- und Verweisfunktionen 181

6 Allgemeine Auswertungsfunktionen 237

7 Ausgewählte statistische Funktionen 273

8 Mathematische und technische Funktionen 361

9 Beispiele aus der Finanzmathematik 397

10 Lösungen mit dem Solver optimieren 423

Index 439

Vorwort

Excel verfügt über eine umfangreiche Funktionsbibliothek mit Funktionen für fast jeden Zweck und mit jeder neuen Excel-Version kommen neue hinzu. Hier den Überklick zu behalten ist auch für erfahrenere Excel-Nutzer nicht immer leicht. Dieses Buch ist nicht nur als Nachschlagewerk für alle gedacht, die tiefer in die Welt der Excel-Formeln und -Funktionen einsteigen möchten, vielleicht entdecken Sie auch beim Durchblättern Neues und Interessantes. Das Buch stellt eine Vielzahl wichtiger, nützlicher und manchmal auch wenig bekannter Funktionen und deren Einsatzmöglichkeiten mit Beispielen vor und zeigt außerdem, wie sich Aufgaben mit einer Kombination passender Funktionen lösen lassen.

Die Kapitel richten sich zwar weitgehend nach den Kategorien der Funktionsbibliothek, die Auswahl und Zusammenstellung der Funktionen erfolgte aber aufgabenorientiert und erleichtert Ihnen dadurch die Suche nach der passenden Funktion. Auf diese Weise entstand beispielsweise das Kapitel „Allgemeine Auswertungsfunktionen", das Funktionen aus den Kategorien Statistik und Mathematik zusammenfasst, die eigentlich für jeden Excel-Anwender von Interesse sind.

Das Buch eignet sich für alle Excel-Versionen ab 2013, auch wenn die beschriebenen Funktionen und fast alle Abbildungen auf Microsoft 365 basieren. Auf Unterschiede oder in älteren Excel-Versionen nicht verfügbare Funktionen wird jeweils in der Marginalspalte hingewiesen. Nicht alle Funktionen haben in diesem Buch Platz gefunden und so wurde beispielsweise bewusst auf Funktionen verzichtet, die sich entweder nur für einen eng begrenzten Bereich eignen (z. B. CUBE-Funktionen) oder Funktionen, deren Einsatz tiefer gehende statistische oder mathematische Kenntnisse voraussetzt.

Schreibweise
Befehle, Bezeichnungen von Schaltflächen und Beschriftungen von Dialogfenstern sind zur besseren Unterscheidung farbig und kursiv hervorgehoben, zum Beispiel Register *Start*, Schaltfläche *Kopieren*.

Download der Beispiele
Die in diesem Buch verwendeten Beispiele können Sie kostenlos herunterladen unter folgender Adresse:

www.bildner-verlag.de/00482

Sie gelangen zur Webseite des BILDNER Verlags und auf die Seite dieses Buchs. Klicken Sie unter *Verfügbare Downloads* auf *Download Beispieldateien*. Die Dateinamen der Beispiele finden Sie im Buch in der Marginalspalte.

Viel Spaß und Erfolg mit dem Buch wünschen Ihnen
BILDNER Verlag und die Autorin Inge Baumeister

Inhalt

1 Grundlegende Techniken 15

1.1 Die Excel-Arbeitsoberfläche - Schnellübersicht 16

1.2 Formeln allgemein 18
Formel eingeben 18
Zellbezüge in Formeln 19
Blatt- und arbeitsmappenübergreifende Bezüge 22

1.3 Namen anstelle von Zellbezügen 27
Namen für Zellen vergeben 27
Namen im Namens-Manager verwalten 30
Namen in Formeln verwenden 31

1.4 Intelligente Tabellenbereiche 32
Strukturierte Verweise in Formeln und Funktionen 33
Tabellenbereich mit Namen versehen 34

1.5 Funktionen 35
Aufbau und Schreibweise 35
Funktion mit dem Funktionsassistenten eingeben 35
Eine Funktion über die Funktionsbibliothek auswählen 38
Funktion über die Tastatur eingeben 39
Funktion über die Hilfe suchen 40
Mehrere Funktionen kombinieren (verschachteln) 42
Flüchtige oder volatile Funktionen 46

1.6 Formeln korrigieren und auf Fehler überprüfen 48
Formeln editieren und ändern 48
Formeln im gesamten Tabellenblatt anzeigen 49
Die Excel-Fehlerkontrolle 49
Spuren anzeigen 50
Ausgewählte Formeln im Überwachungsfenster kontrollieren 51
Formeln schrittweise ausführen 52

1.7 Der Umgang mit Matrizen 53
Definition Matrix 53
Matrizenrechnung 53
Matrix- oder Arrayformeln 54
Matrixkonstanten 58

1.8 Weitere Funktionen als Add-In laden 60

1.9 Zahlen- und Datumsformate 61
    Wichtige Zahlenformate und ihre Verwendung 61
    Benutzerdefinierte Zahlenformate 62
    Benutzerdefinierte Datums- und Uhrzeitformate 64

2 Nützliche Tools 65

2.1 Datentabellen mit zwei Variablen berechnen 66

2.2 Die Zielwertsuche 70

2.3 Inhalte mit der bedingten Formatierung hervorheben 73
    Eigene Regeln definieren 74
    Regeln anhand von Formeln definieren 77

2.4 Häufige Formeln mit der Schnellanalyse einfügen 80

2.5 Steuerelemente einfügen und verwenden 82
    Wo finden Sie die Formularsteuerelemente? 82
    Formularsteuerelement einfügen 84
    Eigenschaften von Steuerelementen bearbeiten 84
    Beispiel: Fragebogen erstellen 86

2.6 Fehler durch Eingabekontrollen vermeiden 93
    Wertebereich und Datentyp vorgeben 94
    Meldungen ausgeben 96
    Die Eingabe auf die Auswahl aus einer Liste beschränken 96
    Zulässige Eingaben mit einer Formel berechnen 98
    Tipps zur Datenüberprüfung 98
    Doppelte Eingaben vermeiden 99

2.7 Visualisierung mit Sparklines und Diagrammen 101
    Diagramm einfügen 101
    Datenreihen und Beschriftungen hinzufügen, bearbeiten oder entfernen 103
    Fehlerwerte, leere und ausgeblendete Zellen in Datenreihen 105
    Beschriftungen und andere Diagrammelemente hinzufügen 106
    Diagrammelemente im Aufgabenbereich bearbeiten 107
    Besondere achsenspezifische Einstellungen 108
    Zwei unterschiedliche Diagrammtypen kombinieren (Kombidiagramm) 111
    Datenreihe auf einer Sekundärachse darstellen 113
    Diagramm formatieren 114
    Tabellendaten mit Sparklines visualisieren 115

2.8 Mathematische Formeln darstellen 118

3 Datums-, Uhrzeit- und Textfunktionen 121

3.1 Datumsfunktionen 122
Aktuelles Datum bzw. aktuelle Uhrzeit 122
Teilwerte eines Datums 122
Monat oder Wochentag als Text 125
Differenz zwischen Datumswerten berechnen 126
Mit NETTOARBEITSTAGE die Differenz in Arbeitstagen berechnen 128
Arbeitstage zu einem Datum addieren 130
Urlaubstage berechnen 131
Geburtstagslisten 131

3.2 Berechnungen mit Zeitwerten 137
Allgemeine Grundlagen 137
Uhrzeit in Dezimalzahl umwandeln 138
Negative Uhrzeiten, z. B. Soll- und Istzeiten 139
Weitere Berechnungen mit Zeitwerten 142

3.3 Textfunktionen 144
Text oder Zeichenfolgen aneinanderfügen 144
Zahlen verketten 145
Zeichenfolgen aus Text extrahieren 147
Zeichenfolgen ersetzen 149
Leerzeichen, Zeilenumbrüche und andere Steuerzeichen aus Text entfernen 151
Text in Zahl umwandeln 152

3.4 Länderspezifische Datums- und Zahlenformate mit Power Query umwandeln 155

4 Logikfunktionen und Bedingungen 159

4.1 Wahrheitstests und Logikfunktionen 160
Prüfen von Aussagen 160
Die Funktion WENN 161
Mehrere Wahrheitstests mit verschachtelter WENN-Funktion 164
Wahrheitstests nacheinander mit WENNS prüfen 165
ERSTERWERT 166
Logikfunktionen zum Verknüpfen mehrerer Wahrheitstests 167

4.2 Die Anzeige von Fehlerwerten unterdrücken 171

4.3 Zellinhalte prüfen 173
Die IST-Funktionen 173
Informationen zu Arbeitsmappe und Zelle 175

4.4 Tipps und Beispiele 177
Eine ABC-Analyse erstellen 177
Fehlerwerte mit der bedingten Formatierung ausblenden 179

5 Nachschlage- und Verweisfunktionen 181

5.1 Werte in einer Matrix mit den Verweisfunktionen finden 182
Spalte einer Matrix mit SVERWEIS durchsuchen 182
SVERWEIS mit zwei Suchkriterien 185
Mit WVERWEIS eine Tabelle waagrecht durchsuchen 188
Die Funktion VERWEIS 188
Mit XVERWEIS eine beliebige Spalte oder Zeile durchsuchen 190

5.2 Tabellen mit INDEX und VERGLEICH durchsuchen 193
Position eines Werts mit VERGLEICH finden 193
Vereinfachte Suche mit XVERGLEICH 194
Mit INDEX einen Wert anhand seiner Position ermitteln 196
Beispiel: Werte aus einer Entfernungsmatrix auslesen 199
Die Funktion WAHL 204

5.3 Zelladressen ermitteln 205
ZEILE(N) und SPALTE(N) 205
Variable Zellbezüge mit INDIREKT 206
Zelladresse mit ADRESSE in der Schreibweise A1 ausgeben 208
Variable Zellbereiche mit BEREICH.VERSCHIEBEN 210
Mit Hyperlink zu Zellen, Arbeitsblättern und Webseiten navigieren 216

5.4 Mehrere Rückgabewerte erhalten 219
Die Funktion FILTER 219
Rückgabematrix sortieren (SORTIEREN und SORTIERENNACH) 222
Rückgabematrix ohne Duplikate (EINDEUTIG) 224
Mehrere Rückgabewerte mit Excel 2019 und älter 226

5.5 Weitere Einsatzmöglichkeiten 228
Die Adresse eines bestimmten Werts in einer Matrix finden 228
Entfernung zwischen zwei Adressen per Hyperlink abrufen 230
Geografische Informationen abrufen 231
Ein Waffel-Diagramm erzeugen 233

6 Allgemeine Auswertungsfunktionen 237

- **6.1 Zellen oder Werte zählen 238**
  Anzahl der Zellen oder Werte ermitteln (ANZAHL und ANZAHL2) 238
  Leere Zellen zählen mit ANZAHLLEEREZELLEN 239
  Nur bestimmte Werte/Inhalte zählen mit ZÄHLENWENN und ZÄHLENWENNS 240

- **6.2 Summenberechnungen 243**
  Einfache Summen (SUMME) 243
  Summenberechnung mit Bedingungen (SUMMEWENN und SUMMEWENNS) 244
  Die Funktion SUMMENPRODUKT 247

- **6.3 Mittelwerte 249**
  Durchschnitt mit MITTELWERT berechnen 249
  Mittelwert mit Bedingungen (MITTELWERTWENN und MITTELWERTWENNS) 249
  Kriterien zur Mittelwertberechnung verknüpfen 251
  Wahrheitswerte und als Text formatierte Zahlen berücksichtigen 254
  Gewichteter Mittelwert 254
  Weitere Mittelwerte (Median und Modalwert) 255

- **6.4 Rangfolge, größte und kleinste Werte 257**
  Die Funktionen MIN und MAX 257
  Größten und kleinsten Wert nur für bestimmte Zahlen suchen 257
  Ranglisten mit RANG.GLEICH erstellen 258
  Top Ten ermitteln mit KGRÖSSTE und KKLEINSTE 260

- **6.5 Behandlung von Fehlerwerten und ausgeblendeten Zellen 263**
  Gefilterte Tabellen mit TEILERGEBNIS auswerten 263
  Ausgeblendete Zeilen und/oder Fehlerwerte ignorieren (AGGREGAT) 266

- **6.6 Zellen anhand ihrer Füllfarbe auswerten 269**
  Nach Farbe filtern und das Ergebnis mit der Funktion TEILERGEBNIS berechnen 269
  Zellfarben über den Farbindex identifizieren 270

7 Ausgewählte statistische Funktionen 273

- **7.1 Umfangreiche Daten mit Pivot-Tabellen auswerten 274**
  Was Sie über Pivot-Tabellen wissen sollten 274
  Pivot-Tabelle mit einfacher Häufigkeitsauszählung erstellen 275
  Prozentuale Häufigkeiten anzeigen 279
  Eine Kreuztabelle erstellen 280

Häufigkeitsklassen bilden 281
Behandlung fehlender Werte 283
Die Funktion PIVOTDATENZUORDNEN 284

7.2 Statistische Maßzahlen 285
Häufigkeiten und Klassenbildung 285
Häufigkeitsverteilung als Diagramm darstellen 286
Streuungsmaße (Standardabweichung und Varianz) 291
Verteilungsmaße (QUANTILE und QUARTILE) 295
Lage- und Streuungswerte als Boxplot-Diagramm darstellen 298
Konfidenzintervalle von Stichproben berechnen 301
Die Analyse-Funktion Populationskenngrößen 302
Exkurs: Als Matrix vorliegende Ausgangsdaten in einer Spalte anordnen 305

7.3 Zufallszahlen 307
Zufallszahlen generieren 307
Neuberechnung von Zufallszahlen 309
Verteilung von Zufallszahlen mit dem Add-In Zufallszahlengenerierung steuern 310
Normalverteilte Zufallszahlen mit einer Funktion erzeugen 312
Zufallsstichprobe mit Zufallszahlen generieren 312

7.4 Verteilungsfunktionen 313
Normalverteilung berechnen 313
Daten auf Normalverteilung prüfen (Schiefe und Kurtosis) 322
Exponentialverteilung 324
Poisson-Verteilung 330
Binomialverteilung 331

7.5 Korrelationsanalysen 334
Korrelationskoeffizient berechnen 334
Korrelationsmatrix mit dem Analyse-Tool Korrelation erstellen 338

7.6 Regressions- und Trendanalysen 339
Übersicht 339
Eine einfache lineare Regression mit RGP berechnen 340
Die Analyse-Funktion Regression 344
Linearen Trend mit PROGNOSE.LINEAR berechnen 345
Trendwerte mit der Funktion TREND berechnen 347
Die exponentielle Regressionsfunktion RKP 348
Exponentielle Trendberechnung mit VARIATION 351
Das Tool Prognoseblatt 354

7.7 Weitere Funktionen 356
Anzahl Kombinationsmöglichkeiten berechnen 356
Werte z-standardisieren mit STANDARDISIERUNG 358

8 Mathematische und technische Funktionen 361

8.1 Rundungsfunktionen 362
Kaufmännisches Runden (RUNDEN) 362
Zahlen immer auf- oder abrunden (AUFRUNDEN, ABRUNDEN) 363
Auf gerade oder ungerade Zahlen runden (GERADE, UNGERADE) 364
Zahlen auf ein bestimmtes Vielfaches runden (VRUNDEN) 364
Zahlen mit OBERGRENZE oder UNTERGRENZE auf- und abrunden 365
Nachkommastellen entfernen (GANZZAHL und KÜRZEN) 366

8.2 Mathematische Grundfunktionen 368
Behandlung von Vorzeichen (ABS und VORZEICHEN) 368
Rest einer Division (REST) 370
Potenzen und Wurzel 371
Die Kreiszahl PI einfügen 373
Multiplikation und Division mit Funktionen 373
Logarithmus mit Excel berechnen 376
Zahlenreihen und Matrizen mit der Funktion SEQUENZ erzeugen 378
Größter gemeinsamer Teiler und das kleinste gemeinsame Vielfache 379

8.3 Umrechnungs- und Konvertierungsfunktionen 380
Umrechnen zwischen Maßsystemen 380
Römische und arabische Zahlen konvertieren 381
Binär- und Hexadezimalzahlen umwandeln 382

8.4 Ausgewählte Trigonometriefunktionen 384
Funktionsübersicht 384
Winkel und Seitenlänge berechnen 386
Beispiel: Wurfweite und Wurfhöhe in Abhängigkeit vom Wurfwinkel 387
Trigonometrische Funktionen am Einheitskreis 388
Lissajous-Figuren erzeugen 390

8.5 Komplexe Zahlen 392
Komplexe Zahlen bilden 392
Teile komplexer Zahlen ermitteln 392
Berechnungen mit komplexen Zahlen 393

9 Beispiele aus der Finanzmathematik 397

9.1 Einmalige und periodische Zahlungen 398
Übersicht 398
Die Funktionen ZW, BW, RMZ, ZZR und ZINS 399
Tilgung und Zinsanteil berechnen 402
Nominalzins in Effektivzins umrechnen 405

9.2 Abschreibungen berechnen 407
Übersicht und Funktionsargumente 407
Lineare Abschreibung (LIA) 408
Degressive Abschreibung 409
Wechsel der Abschreibungsmethode (VBD) 412

9.3 Funktionen für Wertpapieranlagen 414
Übersicht und Funktionsargumente 414
Rendite und Kurs von Wertpapieren berechnen 415
Zinsterminfunktionen 417
Aufgelaufene Zinsen (Stückzinsen) berechnen 418

9.4 Aktuelle und historische Börsenkurse abrufen 419
Aktuellen Aktienkurs einfügen 420
Wechselkurse erhalten 421
Mit BÖRSENHISTORIE die Kursentwicklung in der Vergangenheit abrufen 421

10 Lösungen mit dem Solver optimieren 423

10.1 Funktionsweise 424

10.2 Beispiel 1: Materialkosten einer Dose optimieren 425

10.3 Beispiel 2: Gewinnmaximierung 427
Tabelle erstellen 427
Solver-Parameter festlegen 428
Berichte erstellen und interpretieren 432
Lösungsmethoden 434

10.4 Beispiel 3: Rundreiseproblem, die kürzeste Route finden 435

Index 439

1 Grundlegende Techniken

1.1   Die Excel-Arbeitsoberfläche - Schnellübersicht   16
1.2   Formeln allgemein   18
1.3   Namen anstelle von Zellbezügen   27
1.4   Intelligente Tabellenbereiche   32
1.5   Funktionen   35
1.6   Formeln korrigieren und auf Fehler überprüfen   48
1.7   Der Umgang mit Matrizen   53
1.8   Weitere Funktionen als Add-In laden   60
1.9   Zahlen- und Datumsformate   61

1 Grundlegende Techniken

1.1 Die Excel-Arbeitsoberfläche - Schnellübersicht

Die Excel-Arbeitsoberfläche und die Elemente einer Arbeitsmappe dürften Ihnen bereits bekannt sein. Daher werden an dieser Stelle nur kurz die wichtigsten Begriffe vorgestellt, diese werden in der Folge auch im Buch verwendet.

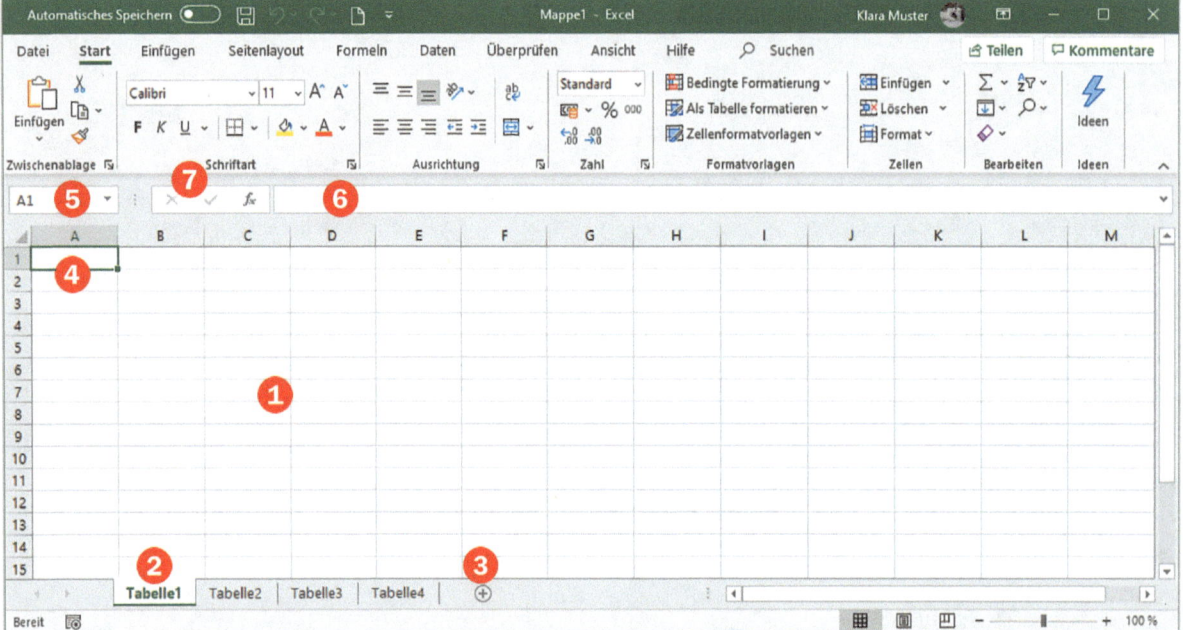

Bild 1.1 Die wichtigsten Elemente der Excel-Arbeitsmappe

Arbeitsblatt

Den größten Teil nimmt das Arbeitsblatt ❶ ein, auch als Tabellenblatt oder englisch Spreadsheet bezeichnet. Das Blattregister ❷ dient zum Überblick über die vorhandenen Arbeitsblätter und zum schnellen Wechseln. Weitere Arbeitsblätter sind mit Klick auf dieses Symbol ❸ schnell hinzugefügt und Umbenennen erfolgt mit Doppelklick auf den Namen der Tabelle im Blattregister (oder Rechtsklick und Befehl *Umbenennen*).

▶ Mit Rechtsklick erhalten Sie im Kontextmenü auch noch die Möglichkeiten *Löschen*, *Verschieben oder kopieren*, *Registerfarbe* und *Blatt schützen*.

▶ Mit wie vielen Arbeitsblättern eine neue Arbeitsmappe geöffnet wird, lässt sich in den Excel-Optionen (*Datei* ▶ *Optionen* ▶ *Allgemein*) festlegen.

Hinweis: Neben Tabellenblättern kennt Excel auch noch sogenannte Diagrammblätter, wenn ein Diagramm als gesondertes Blatt eingefügt wird.

Arbeitsmappe

Arbeitsmappe ist eigentlich nur eine andere Bezeichnung für Datei oder Dokument. Der Name stammt daher, dass eine Arbeitsmappe mehrere Arbeitsblätter umfassen kann, die genaue Anzahl hängt vom verfügbaren Arbeitsspeicher ab. Als Voreinstellung für neue Arbeitsmappen können in den Excel-Optionen maximal 255 Blätter angegeben werden, jedoch können manuell auch noch weitere hinzugefügt werden.

Zellen
Eine Zelle ist die kleinste Einheit eines Tabellenblatts und ihre eindeutige Identifizierung erfolgt über die Zelladresse. Diese wird gebildet aus der Spaltennummer (Nummerierung mit den Buchstaben des Alphabets) und der Zeile (Zahl). Die aktuell aktive bzw. markierte Zelle ❹ ist durch eine Umrandung hervorgehoben und ihre Adresse ist oberhalb der Tabelle im Namen- oder Adressfeld ❺ sichtbar.

Im Feld daneben ❻ wird der Inhalt der aktiven Zelle ebenfalls angezeigt. Handelt es sich um eine Formel, so erscheint hier im Gegensatz zum Tabellenblatt die Formel. Links davon ❼ finden Sie hier noch die drei Symbole *Abbrechen*, dies entspricht der Esc-Taste, *Eingeben* zum Übernehmen der Eingabe und *Funktion einfügen* zum Einfügen einer Funktion mithilfe des Funktionsassistenten. Die gesamte Leiste bezeichnet man als Bearbeitungsleiste.

Adressierung von Zellen
Grundsätzlich unterscheidet Excel zwei Arten der Zelladressierung, nämlich die A1-Schreibweise und die Z1S1-Bezugsart.

▶ **A1-Bezugsart**
In der Standardeinstellung wird die Adresse einer Zelle aus Spalte und Zeile gebildet, z. B. A1. Diese Schreibweise wird auch als A1-Schreibweise bezeichnet. Auch dieses Buch verwendet bis auf wenige Ausnahmen die A1-Bezugsart.

▶ **Z1S1-Bezugsart**
Daneben existiert auch noch die sogenannte Z1S1-Schreibweise. Diese verwendet die Reihenfolge Zeile, Spalte, also genau umgekehrt, wobei die Spalten hier ebenfalls mit Zahlen durchnummeriert werden. So lautet beispielsweise die Adresse B4 in dieser Schreibweise Z4S2, wie im Bild unten.

Bei Bedarf kann diese Bezugsart in den Excel-Optionen aktiviert werden: *Datei* ▶ *Optionen* ▶ *Formeln* und Kontrollkästchen *Z1S1 Bezugsart* aktivieren.

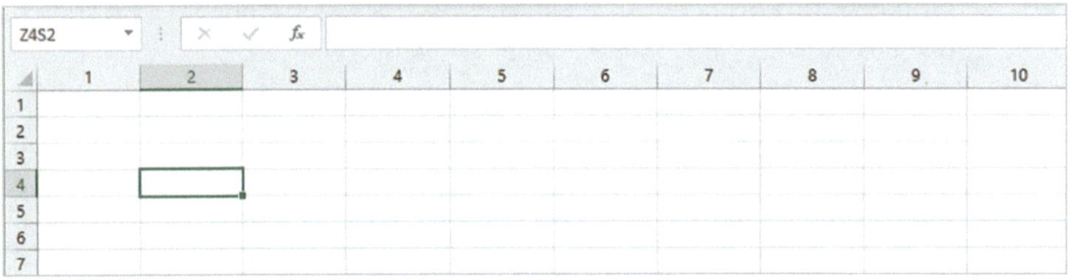

Bild 1.2 Z1S1 Bezugsart

Der Vollständigkeit halber auch noch die Anzahl Zeilen und Spalten in einem Tabellenblatt: 1.048.576 Zeilen und 16.384 Spalten. Da für die Spalten das Alphabet nicht ausreicht, folgt nach Z die Spalte AA, AB usw. bis zur letzten Spalte XFD.

1.2 Formeln allgemein

Formel eingeben

Berechnungen werden in Excel-Arbeitsmappen entweder, wie im Bild unten, durch Eingabe einer Formel ❶ oder unter Verwendung einer Excel-Funktion durchgeführt. Im Tabellenblatt bzw. in der Zelle erscheint automatisch das Formelergebnis ❷, während in der Bearbeitungsleiste ❸ oberhalb des Tabellenblattes immer die Formel sichtbar ist. In der Bearbeitungsleiste finden Sie auch die beiden Symbole *Abbrechen* ✗ und *Eingeben* ✓, um die Formeleingabe abzuschließen.

Bild 1.3 Beispiel: eine einfache Formel eingeben

Bild 1.4 Das Ergebnis erscheint im Tabellenblatt, die Bearbeitungsleiste zeigt nach wie vor die Formel an

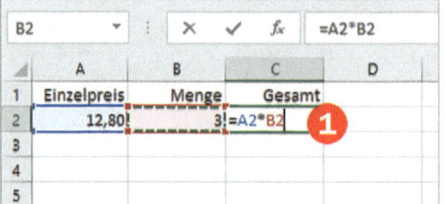
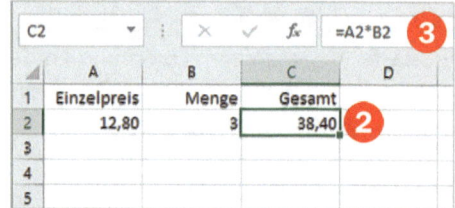

Für einfache Berechnungen, z. B. Multiplikation von zwei Zahlen, geben Sie eine Formel ein; Funktionen dagegen sind bereits vollständige Formeln, in die Sie nur noch die Zellbezüge einfügen brauchen. Für alle Formeln und Funktionen gelten die folgenden Grundregeln:

▶ Formeln und Funktionen werden in Zellen eingegeben und müssen im Gegensatz zu einfachen Zellinhalten stets mit dem Gleichheitszeichen (=) beginnen.

▶ In Formeln und Funktionen können Zellbezüge, Zahlen, Text oder weitere Formeln bzw. Funktionen verwendet werden. Text in Formeln muss in Anführungszeichen eingegeben werden, z. B. "Hallo".

▶ Anstelle von Zahlen wird normalerweise die Adresse derjenigen Zelle verwendet, in der sich die Zahl befindet. Dies hat den Vorteil, dass nachträgliche Änderungen der Zellinhalte automatisch im Ergebnis berücksichtigt werden. Ausnahmen sind sogenannte Konstanten, z. B. die zwölf Monate eines Jahres. Diese können problemlos auch als Zahl in einer Formel verwendet werden.

▶ Zellbezüge lassen sich in eine Formel am einfachsten einfügen, indem Sie die betreffende Zelle mit der Maus anklicken. Als Alternative verwenden Sie die Pfeiltasten der Tastatur. Während der Eingabe werden in der Formel verwendete Zellen farbig umrandet hervorgehoben, siehe Bild oben.

▶ Mehrere Zellen umfassende Zellbereiche werden in Formeln und Funktionen in der Schreibweise ErsteZelle:LetzteZelle angegeben, zum Beispiel: A5:A25. Zellbereiche können ebenfalls durch Markieren mit der Maus eingegeben werden.

▶ Schließen Sie die Eingabe einer Formel entweder mit dem Symbol *Eingeben* ✓ ab, siehe oben, oder mit der Eingabetaste oder der Tab-Taste der Tastatur. Ver-

Formeln allgemein

wenden Sie dazu **nicht** die Pfeiltasten, da diese in Formeln zum Einfügen von Zellbezügen verwendet werden (siehe oben).

▶ Die Regelung „Punkt vor Strich" gilt auch für Excel-Formeln. Zur Steuerung der Berechnungsreihenfolge sind daher in manchen Formeln runde Klammern () erforderlich. Die Reihenfolge der Prioritäten finden Sie in der Tabelle unten.

▶ Neben Gleichheitszeichen und runden Klammern können in Formeln die folgenden Operatoren verwendet werden, ihre Eingabe erfolgt über die Tastatur.

Zeichen	Bedeutung	Beispiele		Priorität
-	Negatives Vorzeichen	-25	-A3	1
%	Zahl wird durch 100 dividiert	15% = 0,15	100% = 1	2
^	Potenz	3^2 = 9	2^10 = 1024	3
^	Wurzel: Klammern beachten!	27^(1/3) = 3	9^(1/2) = 3	3
*	Multiplikation	2*3 = 6		4
/	Division	12/6 = 2		4
+	Addition	10+3 = 13		5
-	Subtraktion	8-3 = 5		5
&	Zeichenfolgen verketten (aneinanderfügen)	Abc&DE = AbcDE	1&3 = 13	6
=	Gleich	4=4 → WAHR	1=5 → FALSCH	7
<	Kleiner als	1<9 → WAHR	10<3 → FALSCH	7
<=	Kleiner oder gleich	3<=4 → WAHR	5<=5 → WAHR	7
>	Größer als	10>10 → FALSCH	7>10 → FALSCH	7
>=	Größer oder gleich	10>=10 → WAHR	5>3 → WAHR	7
<>	Ungleich, Nicht	5<>6 → WAHR		7

Zellbezüge in Formeln

Formeln kopieren

Formeln und Funktionen können mit der Maus und *AutoAusfüllen* schnell in angrenzende Zellen kopiert werden:

1 Markieren Sie die Zelle mit der Formel und zeigen Sie mit der Maus auf das kleine Kästchen in der rechten unteren Ecke des Markierungsrahmens.

2 Der Mauszeiger erscheint als + und Sie können nun durch Ziehen mit gedrückter Maustaste die Formel nach rechts oder nach unten in die angrenzenden Zellen kopieren, nach links und nach oben funktioniert übrigens auch.

1 Grundlegende Techniken

Tipp: Nach dem Kopieren erscheint im Tabellenblatt das Symbol *Auto-Ausfülloptionen*, das auch Kopieren bzw. Ausfüllen ohne Formatierung erlaubt. Das ist nützlich, wenn z. B. Rahmenlinien nicht mit kopiert werden sollen.

Bild 1.5 Formel mit der Maus kopieren

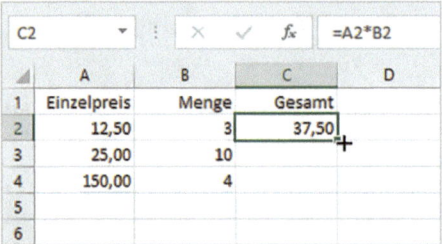

> **Automatisches Anpassen von Zellbezügen beim Kopieren (relative Zellbezüge)**
>
> Beim Kopieren werden normale Zellbezüge, z. B. A1, automatisch entsprechend der Kopierrichtung angepasst. So wird im Bild oben aus der Formel =A2*B2 in Zeile 2 nach dem Kopieren in Zeile 3 die Formel =A3*B3 und in Zeile 4 =A4*B4, die Formel wird also in jeder Zeile korrekt berechnet.
>
> Dies gilt auch für Spalten: Beim Kopieren um eine Spalte nach rechts würde in der Formel aus der ursprünglichen Adresse A2 die neue Adresse B2.

Der Ausdruck „relativer Bezug" kommt daher, dass die Zelladresse immer ausgehend von der aktuellen Zelle ermittelt wird. Befindet sich z. B. in B2 eine Formel mit einem Bezug auf A3, so ermittelt Excel diese Zelle wie folgt: aktuelle Spalte -1 und aktuelle Zeile +1.

Anpassen der Zellbezüge durch absolute Zellbezüge verhindern

Nicht in jedem Fall ist beim Kopieren von Formeln ein Anpassen der Zellbezüge erwünscht. Als Beispiel eine Provisionsberechnung, bei der sich die Provision in B1 befindet, der Bezug auf diese Zelle muss in also jeder Formel beibehalten werden.

Würden Sie die Formel =B4*B1 einfach von Zeile 4 nach Zeile 5 kopieren, dann würde diese hier lauten: =B5*B2. Der Bezug auf B5 ist dann zwar korrekt, nicht aber auf B2. Damit die Formel trotzdem kopiert werden kann, wird in der Formel für B1 ein absoluter bzw. fester Zellbezug benötigt, der beim Kopieren nicht angepasst wird. Dies erreichen Sie, indem Sie der Spalte und der Zeile das Dollarzeichen $ voranstellen, die Formel muss also lauten: =B4*$B$1.

Bild 1.6 Absoluter Zellbezug in der Formel

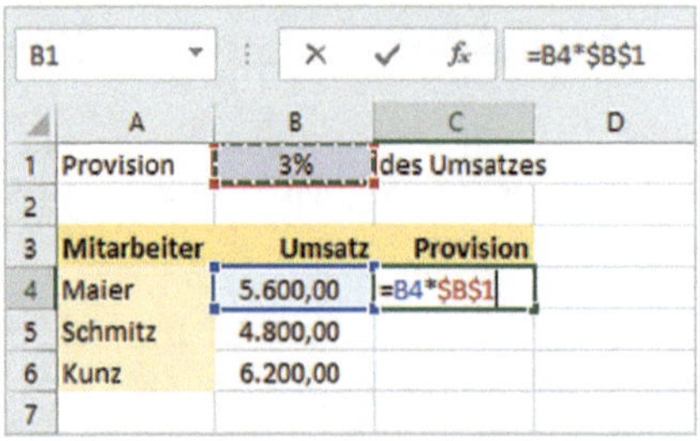

Bild 1.7 Der Zellbezug bleibt nach dem Kopieren unverändert

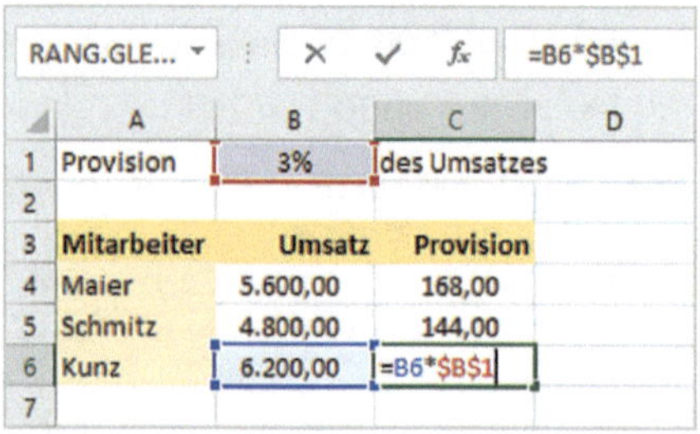

Relativen Zellbezug umwandeln

Damit Sie die Dollarzeichen nicht umständlich über die Tastatur eingeben müssen, betätigen Sie unmittelbar nach Einfügen des Zellbezugs auf der Tastatur die Funktionstaste **F4**. Dadurch werden Spalte und Zeile des zuletzt eingefügten Zellbezugs mit dem Dollarzeichen versehen.

> **Zellbezüge mit F4 schnell umwandeln**
>
> Mit der Taste F4 wandeln Sie einen relativen Zellbezug in einen festen Zellbezug um. Mehrmaliges Drücken der Taste F4 erzeugt nacheinander auch noch gemischte Bezüge, bei denen jeweils nur die Spalte oder Zeile mit dem Dollarzeichen versehen ist, bis zuletzt wieder der normale Zellbezug erscheint. Um einen absoluten Zellbezug wieder in einen relativen Bezug umzuwandeln, brauchen Sie also nur mehrmals die Taste F4 drücken.
>
> Umwandeln mit F4 ist auch nachträglich möglich, entweder in der Bearbeitungsleiste oder im Tabellenblatt in der editierten Formel (Doppelklick oder F2). Es genügt, wenn sich der Cursor in der Zelladresse befindet, Markieren ist nicht erforderlich.

Gemischte Bezüge

Gemischte Zellbezüge verhindern ein automatisches Anpassen nur hinsichtlich der Zeile oder der Spalte. Dazu setzen Sie das $-Zeichen entweder nur vor die Zeile oder nur vor die Spalte, z. B. $A5.

Hierzu ein einfaches Beispiel: Sie möchten jeweils die Zahl in Spalte A mit der Zahl in Zeile 1 multiplizieren und zwar mit einer einzigen Formel, die sich anschließend nach rechts und nach unten kopieren lässt. Dazu geben Sie in B2 die folgende Formel ein: = $A2* B$1.

Erklärung: Der erste Wert der Formel befindet sich immer in Spalte A, aber in unterschiedlichen Zeilen, umgekehrt bleibt für den zweiten Wert die Zeile 1 immer gleich, nicht aber die Spalte.

	A	B	C	D	E	F	G	H	I	J	K	L	M
1		1	2	3	4	5	6	7	8	9	10		
2	1	=$A2*B$1		3	4	5	6	7	8	9	10		
3	2	2	4	6	8	10	12	14	16	18	20		
4	3	3	6	9	12	15	18	21	24	27	30		
5	4	4	8	12	16	20	24	28	32	36	40		
6	5	5	10	15	20	25	30	35	40	45	50		
7	6	6	12	18	24	30	36	42	48	54	60		
8	7	7	14	21	28	35	42	49	56	63	70		
9	8	8	16	24	32	40	48	56	64	72	80		
10	9	9	18	27	36	45	54	63	72	81	90		
11	10	10	20	30	40	50	60	70	80	90	100		
12													

Bild 1.8 Beispiel gemischte Bezüge

1 Grundlegende Techniken

Blatt- und arbeitsmappenübergreifende Bezüge

Bezüge auf Zellen in anderen Tabellenblättern

Wenn Sie in einer Formel Bezüge auf Zellen in einem anderen Tabellenblatt derselben Arbeitsmappe benötigen, dann wird der Zelladresse der Blattname gefolgt von einem Ausrufezeichen ! vorangestellt und die Schreibweise lautet:

Blattname!Zelladresse

Achtung: Enthält der Name des Tabellenblatts Leerzeichen, dann wird der Blattname zusätzlich in Hochkommata ' eingeschlossen.

Zum Einfügen solcher Zellbezüge klicken Sie während der Formeleingabe zuerst im Blattregister auf das benötigte Tabellenblatt und anschließend in diesem Blatt auf die Zelle oder markieren einen Zellbereich. Der Blattname wird bei dieser Vorgehensweise automatisch den Zellbezügen vorangestellt. Anschließend fahren Sie mit der Formeleingabe fort bzw. beenden die Eingabe.

Beispiel Umsatzauswertung in einem gesonderten Tabellenblatt

Im unten abgebildeten Beispiel befinden sich die Umsätze der einzelnen Filialen im Blatt *Filialen*, die Summe aller Umsätze soll dagegen im Blatt *Auswertung* derselben Mappe berechnet werden. So gehen Sie vor:

1 Markieren Sie die Zelle, in der Sie die Summe berechnen möchten, hier B1 im Blatt *Auswertung*, und fügen Sie die Funktion SUMME ein ❶.

Bild 1.9 Funktion SUMME einfügen

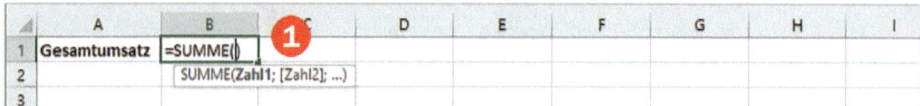

2 Klicken Sie im Blattregister auf das Blatt *Filialen* ❷, in der Bearbeitungsleiste sehen Sie, dass der Name dieses Arbeitsblattes der Formel hinzugefügt wurde.

3 Markieren Sie nun den benötigten Zellbereich ❸.

4 Schließen Sie die Formeleingabe mit der Eingabetaste ab, **ohne** erneut auf das Blatt mit der Formel zu klicken. Excel wechselt automatisch wieder zur Formel bzw. zum Formelergebnis. In der Bearbeitungsleiste sehen Sie den vollständigen Zellbezug ❹.

Bild 1.10 Zellbezug auf ein anderes Arbeitsblatt in Formel einfügen

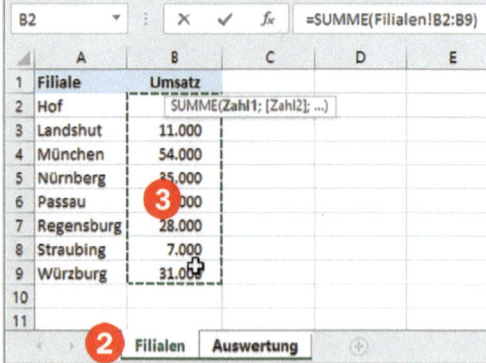 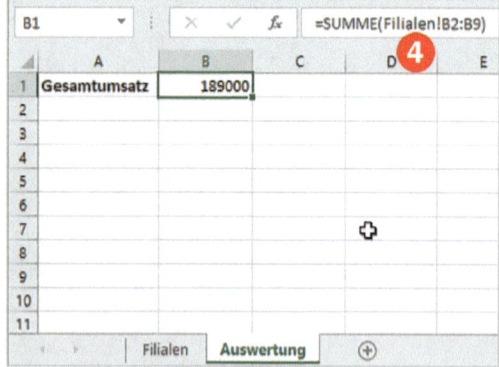

Falls Sie dagegen noch weitere Zellbezüge in die Formel eingeben möchten, so geben Sie **zuerst** das Operatorzeichen, z. B. +, oder in Funktionen ein Semikolon (Trennzeichen für Argumente) ein, bevor Sie im Blattregister auf das nächste benötigte Blatt klicken. Sollte dies das Blatt mit der Formel sein, so wird auch hier der Blattname vorangestellt.

> Während der Formeleingabe stellt Excel bei jedem Klick auf ein Tabellenblatt den Namen dieses Tabellenblatts der ausgewählten Zelladresse oder dem Zellbereich (Laufrahmen) voran. Klicken Sie daher erst nach Eingabe eines Operatorzeichens bzw. Semikolons (Funktion) auf ein anderes Tabellenblatt, wenn Sie eine weitere Zelladresse benötigen. Andernfalls wird in der Formel der Blattname des soeben eingegebenen Zellbezugs geändert! Spätestens nach Beenden der Formeleingabe kehrt Excel ohnehin automatisch zum Arbeitsblatt mit der Formel zurück.

Würden Sie in diesem Beispiel unmittelbar nach dem Markieren des Zellbereichs B2:B9 wieder auf das Blatt *Auswertung* klicken, wie im Bild unten, dann wird automatisch der Name dieses Arbeitsblatts vor die angegebenen Zellbezüge gesetzt und Sie erhalten ein falsches Ergebnis.

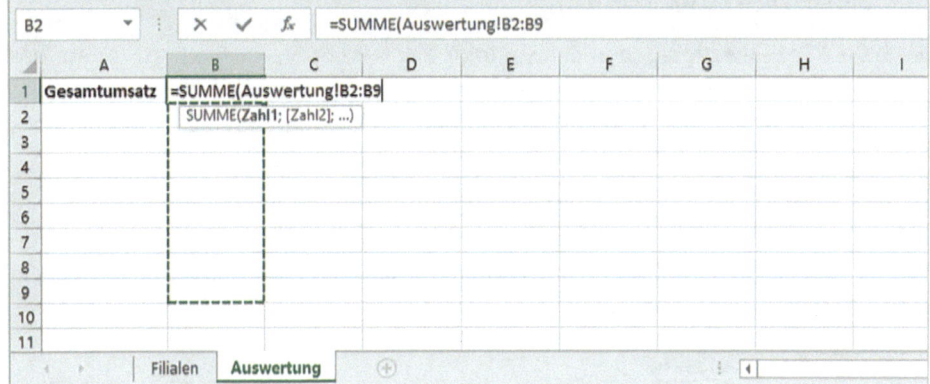

Bild 1.11 Mit Klick auf ein Tabellenblatt ersetzt Excel einen bereits vorhandenen Namen

3D-Bezüge

Bereichsangaben in der Schreibweise ErsteZelle:LetzteZelle (z. B. A1:A25) sind nicht nur für Zellbereiche, sondern auch für Tabellenblätter möglich. Solche Bezüge bezeichnet man auch als 3D-Bezüge.

Voraussetzung: Die Tabellen müssen identisch aufgebaut sein. Dies ist beispielsweise der Fall, wenn alle auf derselben Vorlage beruhen.

Beispiel: Summe über mehrere Tabellenblätter

Hier ein Beispiel, bei dem die Quartalsberichte der einzelnen Filialen als Einzeltabellen vorliegen. Benötigt wird für den Monat Januar und für jeden Artikel die Summe der Umsätze aller Filialen. Im Bild unten als Beispiele die Quartalsberichte der Filialen Köln und München, die Werte für jeden Artikel und Monat befinden sich in allen Tabellen in derselben Zelle.

3D_Bezuege_Daten.xlsx

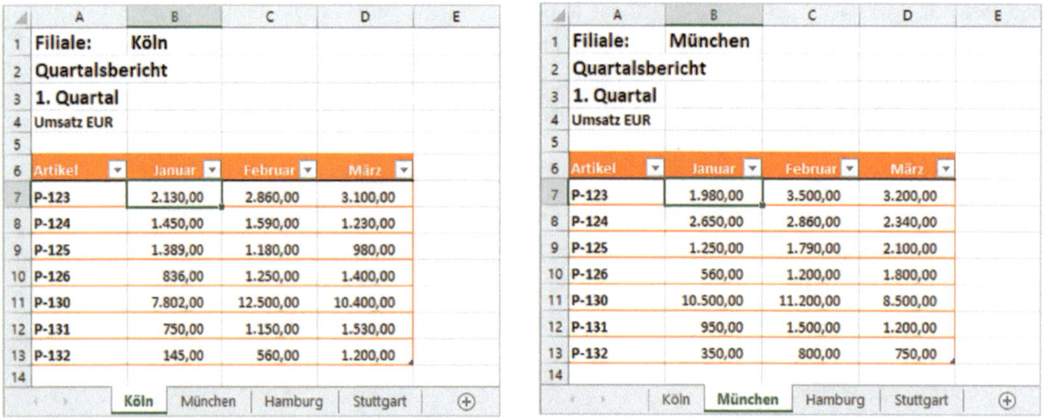

1 Grundlegende Techniken

Bild 1.12 Die Quartalsberichte der Filialen besitzen denselben Aufbau

Nun berechnen Sie in einem weiteren Tabellenblatt (*Auswertung*) für den Monat Januar und den ersten Artikel (P-123) die Summe über die vier Filialen:

1 Markieren Sie im Blatt *Auswertung* die betreffende Zelle, hier B7, und fügen Sie die Funktion SUMME ein.

2 Die 3D-Zellbezüge geben Sie wie folgt ein: Klicken Sie im Blattregister auf das erste Blatt, hier *Köln*, dann mit gleichzeitig gedrückter Umschalt-Taste auf das letzte Blatt *Stuttgart* und anschließend im Tabellenblatt auf die benötigte Zelle, in diesem Beispiel B7. Die Summenfunktion mit dem 3D-Bezug lautet dann:

Bild 1.13 Klicken Sie auf das erste Tabellenblatt und mit gedrückter Umschalt-Taste auf das letzte Blatt.

=SUMME(Köln:Stuttgart!B7)

Bild 1.14 Das Ergebnis im Blatt Auswertung

Diese Formel kann anschließend nach unten in die Zellen B8:B13 sowie nach rechts in die Spalten Februar und März kopiert werden.

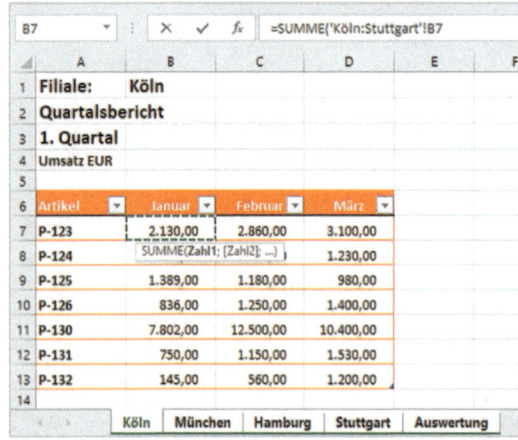
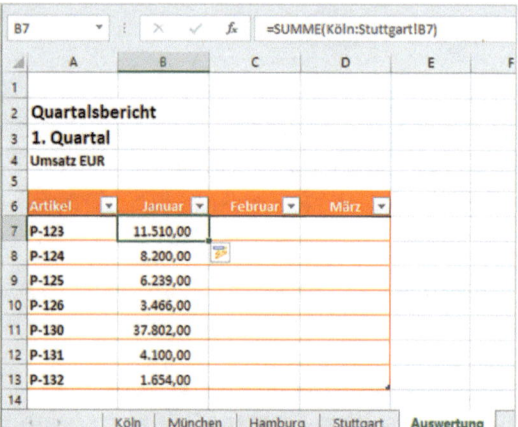

Gesamtumsatz berechnen

Statt der Summen je Artikel und Monat können Sie auch gleich den Gesamtumsatz für jeden Monat berechnen. Dazu geben Sie in B7 (Bild unten) die folgende Funktion ein:

=SUMME(Köln:Stuttgart!B7:B13)

Diese Funktion kopieren Sie anschließend nach rechts in die Spalten C und D.

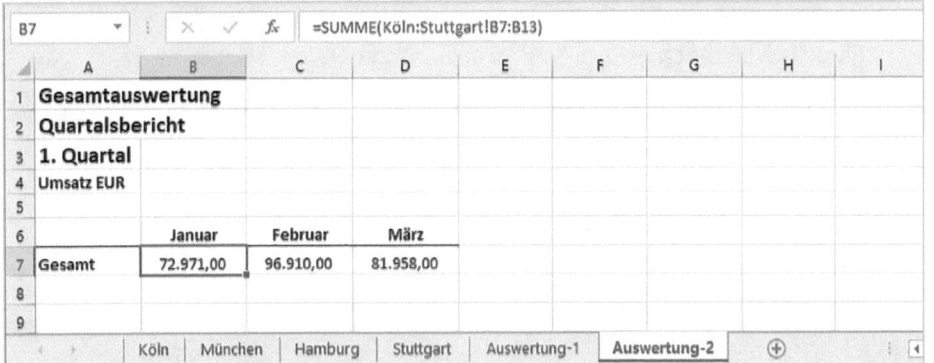

Bild 1.15 Gesamtumsatz mit 3D-Bezügen

Hinweis: Falls Sie nur bestimmte Werte aus mehreren Tabellen zusammenführen möchten, können Sie auch noch die Funktion INDIREKT einsetzen, Details auf Seite 206 ff.

Bezüge auf Arbeitsmappen (Arbeitsmappen verknüpfen)

Eine Formel kann auch Bezüge auf Zellen oder Zellbereiche anderer Arbeitsmappen enthalten (externe Bezüge). In diesem Fall muss die betreffende Arbeitsmappe geöffnet sein. Während der Formeleingabe wählen Sie dann zum Einfügen des Zellbezugs zuerst in der Taskleiste am unteren Rand des Bildschirms die Arbeitsmappe aus. Anschließend klicken Sie in dieser Arbeitsmappe ggf. zuerst das benötigte Tabellenblatt an und markieren dann eine Zelle oder einen Zellbereich. Auch hier gilt: Beim Beenden der Formeleingabe kehrt Excel automatisch zur ursprünglichen Arbeitsmappe bzw. zum Tabellenblatt mit der Formel zurück.

Der Dateiname wird automatisch dem Blattnamen und der Zelladresse in eckigen Klammern vorangestellt, für die eigentliche Zelladresse verwendet Excel hier automatisch absolute Adressen, also z. B. $A$3. Die allgemeine Schreibweise lautet:

Beachten Sie, dass zu einem vollständigen Dateinamen auch die Dateinamenerweiterung (.xlsx) gehört.

[Dateiname.xlsx]Tabellenblatt!Zelladresse

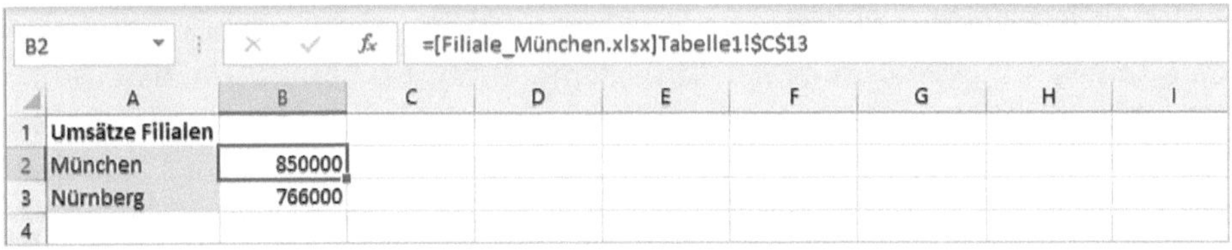

Bild 1.16 Beispiel Zellbezüge auf Arbeitsmappe

Hinweise zur Verwendung externer Bezüge

▸ Auch wenn nur der Dateiname in der Formel erscheint: Excel speichert den gesamten Dateipfad, daher sollten die verknüpften Arbeitsmappen nachträglich weder verschoben noch umbenannt werden.

- Beim ersten Öffnen einer Arbeitsmappe mit externen Bezügen ist das automatische Aktualisieren von Daten über Verknüpfungen aus Sicherheitsgründen deaktiviert und Sie erhalten die unten abgebildete Sicherheitswarnung. Wenn Sie der Arbeitsmappe vertrauen und bei etwaigen Änderungen die Verknüpfungen aktualisieren möchten, müssen Sie auf *Inhalt aktivieren* klicken.

Bild 1.17 Sicherheitswarnung bei Verwendung externer Bezüge

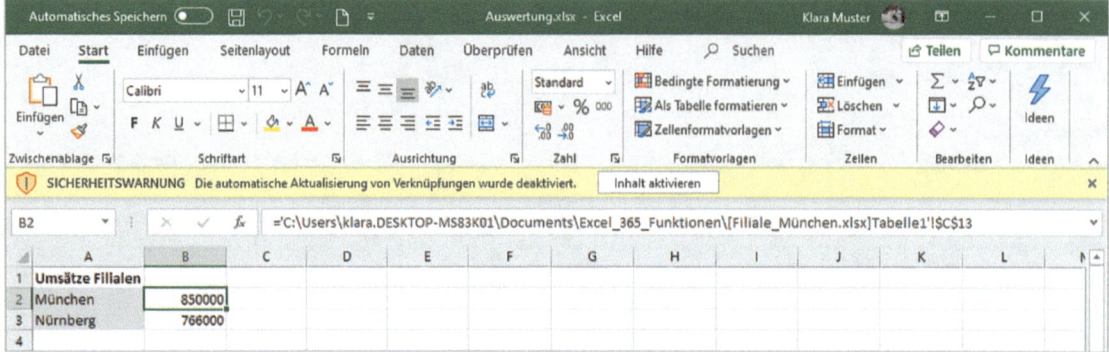

- Nachdem Sie auf *Inhalt aktivieren* geklickt haben, werden Arbeitsmappe und Datenquelle als vertrauenswürdig eingestuft und die Sicherheitswarnung erscheint künftig nicht mehr. Stattdessen erscheint dann beim Öffnen der Arbeitsmappe die unten abgebildete Aufforderung. Klicken Sie auf *Aktualisieren*, wenn Sie zwischenzeitlich geänderte Werte aktualisieren möchten.

Nehmen Sie dagegen Änderungen in der verknüpften Arbeitsmappe bzw. Datenquelle vor, während gleichzeitig die Mappe mit den externen Bezügen geöffnet ist, so werden diese automatisch aktualisiert.

Bild 1.18 Verknüpfungen beim Öffnen aktualisieren

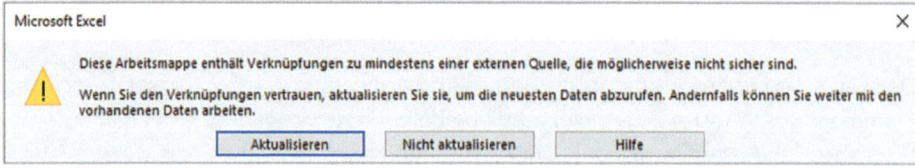

Formel als Verknüpfung einfügen

Eine andere Möglichkeit zum Erstellen externer Bezüge besteht darin, dass Sie zunächst in der Arbeitsmappe, aus der die Werte stammen, die Zelle mit dem betreffenden Wert oder Formelergebnis markieren und in die Zwischenablage kopieren (z. B. mit Strg+C).

Wechseln Sie dann in die Arbeitsmappe, in die Sie die Verknüpfung einfügen möchten, markieren Sie die Zielzelle und klicken Sie im Register *Start* ▶ *Zwischenablage* auf den Dropdown-Pfeil der Schaltfläche *Einfügen*. Wählen Sie unter *Weitere Einfügeoptionen* die Option *Verknüpfung einfügen* (siehe Bild unten).

Alternativ fügen Sie die Formel mit Strg+V ein, klicken anschließend im Tabellenblatt auf das Symbol *Einfügeoptionen* und wählen hier *Verknüpfung einfügen* aus. Die Zellbezüge der Formel werden damit ebenfalls in der oben beschriebenen Schreibweise eingefügt.

Bild 1.19 Formel als Verknüpfung einfügen

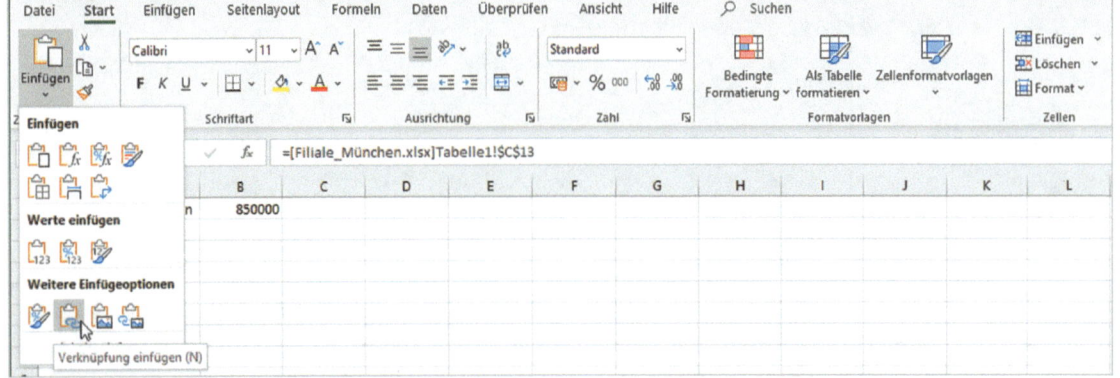

1.3 Namen anstelle von Zellbezügen

Insbesondere in umfangreichen Arbeitsmappen oder Tabellen werden Formeln durch absolute Zellbezüge oder Bezüge auf andere Tabellenblätter schnell unübersichtlich. Abhilfe können in solchen Fällen Namen für Zellen und Zellbereiche schaffen. Beachten Sie, dass Namen immer einer bestimmten Zelle oder einem Zellbereich fest zugeordnet sind und daher wie feste bzw. absolute Zellbezüge behandelt werden.

> **Regeln für Namen**
> Ein Name muss mit einem Buchstaben beginnen und darf weder Leerzeichen noch Bindestrich, Punkt, Semikolon oder Doppelpunkt enthalten. Unterstrich (_) ist dagegen erlaubt. Namen unterscheiden nicht zwischen Groß- und Kleinschreibung, die maximale Länge beträgt 255 Zeichen. Jeder Name muss eindeutig sein und darf in der Mappe nur einmal vorkommen.

Wenn nichts anderes festgelegt wurde, besitzen Namen in der gesamten Arbeitsmappe Gültigkeit. In Ausnahmefällen kann jedoch die Gültigkeit auf ein bestimmtes Tabellenblatt beschränkt werden, siehe weiter unten.

Namen für Zellen vergeben

Für die Vergabe von Namen stehen Ihnen verschiedene Möglichkeiten offen.

Namenfeld verwenden

Am einfachsten verwenden Sie zur Vergabe eines Namens das Namenfeld in der Bearbeitungsleiste, hier sehen Sie normalerweise die Zelladresse, z. B. A1. Namen, die Sie mit dieser Methode eingeben, besitzen in der gesamten Arbeitsmappe Gültigkeit.

1 Grundlegende Techniken

1. Markieren Sie die Zelle oder den Zellbereich.
2. Klicken Sie in das Namenfeld und geben Sie den Namen über die Tastatur ein.
3. **Wichtig**: Schließen Sie mit der Eingabetaste ab.

Bild 1.20 Namen im Namenfeld festlegen

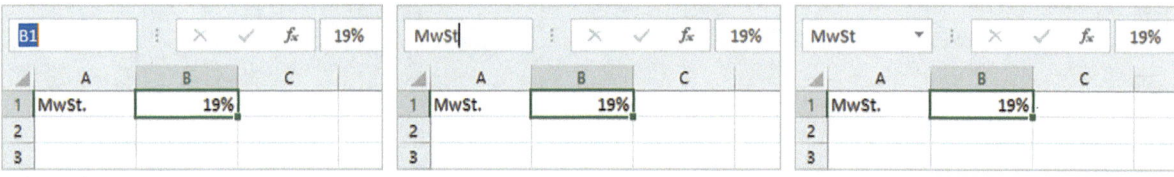

Tipp: Wenn Sie zur Kontrolle alle Namen der Arbeitsmappe anzeigen lassen möchten, dann klicken Sie in der Bearbeitungsleiste im Namenfeld auf den Dropdown-Pfeil. Klicken Sie hier auf einen Namen, so wählt Excel automatisch das dazugehörige Tabellenblatt aus und markiert hier die entsprechende Zelle oder den Zellbereich.

Bild 1.21 Namen im Namenfeld anzeigen und auswählen

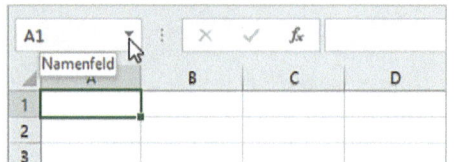 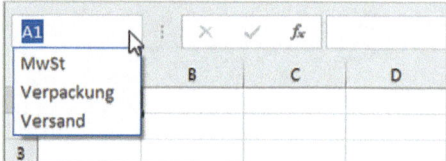

Namen definieren und Gültigkeitsbereich auswählen

Statt über das Namenfeld können Sie der markierten Zelle oder einem Zellbereich auch einen Namen über ein Symbol im Menüband vergeben. Im Gegensatz zum Namenfeld lässt sich mit dieser Methode bei Bedarf auch der Gültigkeitsbereich auf ein bestimmtes Tabellenblatt einschränken.

1. Markieren Sie die betreffende Zelle und klicken Sie im Menüband im Register *Formeln* ▶ *Definierte Namen* auf *Namen definieren* ❶.

Bild 1.22 Neuen Namen definieren und Gültigkeitsbereich auswählen

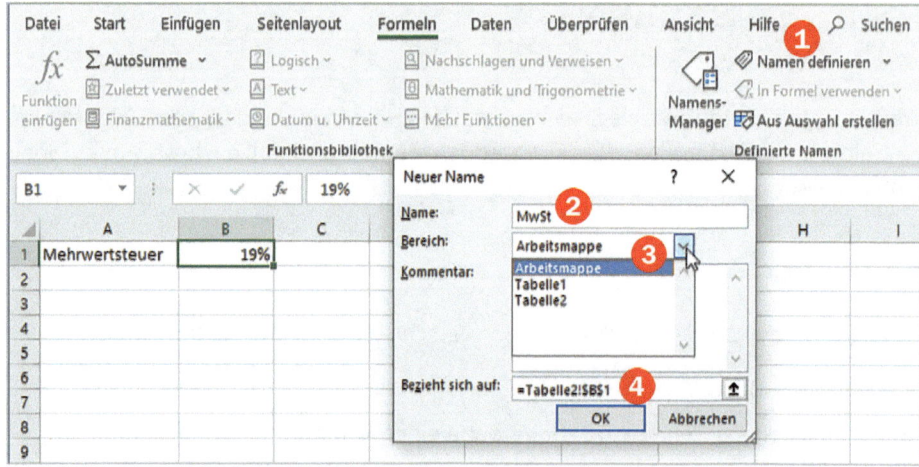

Namen anstelle von Zellbezügen 1

2 Geben Sie dann im Fenster *Neuer Name* den gewünschten Namen in das Feld *Name* ein ❷ (s. Bild auf der vorhergehenden Seite). Mit Klick in das Feld *Bereich* können Sie statt *Arbeitsmappe* auch ein Tabellenblatt auswählen ❸ und optional im Feld *Kommentar* eine kurze Beschreibung eingeben.

3 Das Feld *Bezieht sich auf* ❹ legt die dazugehörige Zelle fest, standardmäßig die aktuell markierte Zelle. Falls Sie eine andere Zelle auswählen möchten, so klicken Sie in das Feld und anschließend im Tabellenblatt auf die gewünschte Zelle oder markieren einen Zellbereich.

Eine Konstante mit einem Namen versehen

Wenn Sie statt einer Zelle eine Konstante, z. B. 12 (Monate eines Jahres), mit einem Namen versehen möchten, dann geben Sie im Fenster *Neuer Name* diese Zahl einfach im Feld *Bezieht sich auf* anstelle eines Zellbezugs ein.

Hinweis: Statt eines Zellbezugs oder einer Konstanten können auch Formeln mit Namen versehen werden. Formeln geben Sie ebenfalls im Feld *Bezieht sich auf* ein.

Namen aus Tabelle übernehmen

Manchmal befindet sich im Tabellenblatt bereits eine entsprechende Beschriftung über oder neben den Zellen. In solchen Fällen können die Namen auch aus den vorhandenen Beschriftungen erstellt werden. **Achtung**: Mit dieser Methode erstellte Namen gelten automatisch für die gesamte Arbeitsmappe.

1 Markieren Sie dazu die Zellen zusammen mit der dazugehörigen Beschriftung ❶ (Bild 1.23 unten) und klicken Sie im Register *Formeln*, Gruppe *Definierte Namen*, auf die Schaltfläche *Aus Auswahl erstellen* ❷.

2 Geben Sie im Dialogfenster *Namen aus Auswahl erstellen* an, wo sich die dazugehörige Beschriftung befindet, hier in der linken Spalte ❸, und klicken Sie auf *OK*.

Falls die Beschriftung nicht zulässige Zeichen enthält, z. B. Leerzeichen, so werden diese automatisch durch Unterstrich _ ersetzt.

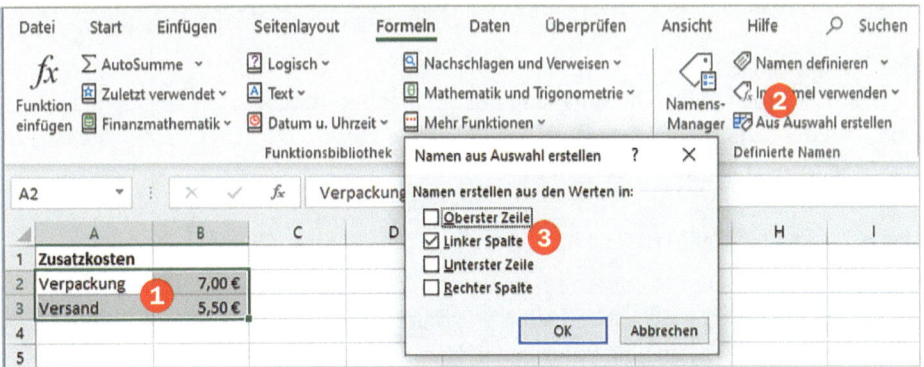

Bild 1.23 Namen aus den markierten Zellen erstellen

Namen im Namens-Manager verwalten

Leider lässt sich im Namenfeld ein bereits vorhandener Name weder ändern noch löschen. Dazu benötigen Sie den Namens-Manager, den Sie über die gleichnamige Schaltfläche im Register *Formeln* ▶ *Definierte Namen* öffnen.

Bild 1.24 Namens-Manager öffnen

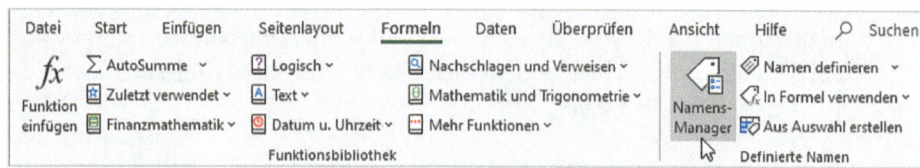

Im *Namens-Manager* werden alle Namen der aktuellen Arbeitsmappe samt aktuellem Wert, Zellbezug und Gültigkeitsbereich aufgelistet.

Bild 1.25 Definierte Namen und Namen von Tabellen im Namens-Manager

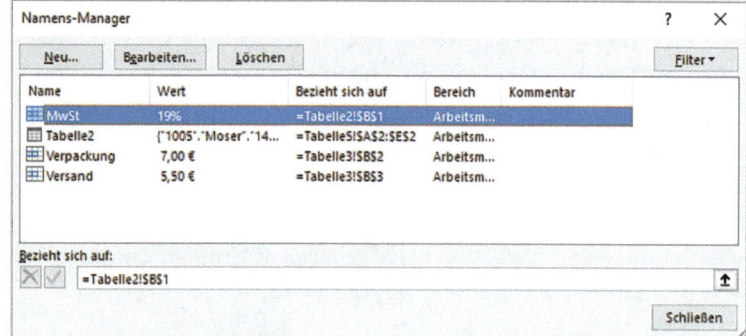

Tabellenbereiche, siehe Seite 32.

Achtung: Der Namens-Manager listet nicht nur die Namen von Zellen und Zellbereichen auf, sondern auch, wie im Bild oben, von dynamischen Tabellen, d. h. Zellbereichen, die als Tabelle formatiert wurden (Register *Start* ▶ *Als Tabelle formatieren*). Falls kein anderer Name vereinbart wurde, haben diese meist die internen und automatisch vergebenen Namen *Tabelle1*, *Tabelle2* usw., dürfen jedoch nicht mit den gleichnamigen Arbeitsblättern verwechselt werden! Tabellennamen unterscheiden sich auch durch ihr Symbol ▦ von den definierten Namen ▦, um die es hier geht.

Tipp: Tabellen ausblenden
Falls Sie die Tabellen im Namens-Manager ausblenden möchten, so klicken Sie rechts oben auf die Schaltfläche *Filter* und auf *Definierte Namen*. Mit *Filter löschen* stellen Sie die Anzeige aller Namen wieder her.

Namen bearbeiten, Zellbezug ändern

Wenn Sie im Namens-Manager einen Namen bearbeiten bzw. ändern möchten, so markieren Sie diesen und klicken auf die Schaltfläche *Bearbeiten…*. Das Fenster *Name bearbeiten* öffnet sich und Sie können den Namen ändern, einen Kommentar hinzufügen und, falls erforderlich, mit Klick in das Feld *Bezieht sich auf* eine andere Zelle auswählen. Nicht änderbar ist dagegen der Bereich, in dem der Name Gültigkeit besitzt.

Namen anstelle von Zellbezügen

Änderungen des Namens und/oder Zellbezugs werden automatisch in alle Formeln übernommen, die diesen Namen verwenden.

Definierten Namen löschen

Markieren Sie im Namens-Manager den Namen in der Übersicht und klicken Sie auf die Schaltfläche *Löschen*.

> **Achtung**: Namen, die bereits in Formeln verwendet werden, sollten nicht gelöscht werden, da Excel in Formeln die ursprünglichen Zelladressen nicht wiederherstellt. Wurde ein Name trotzdem gelöscht, so erhalten Sie im Tabellenblatt anstelle des Formelergebnisses den Fehlerwert #NAME.

Neuen Namen erstellen

Falls Sie im Namens-Manager einen neuen Namen erstellen möchten, so klicken Sie auf die Schaltfläche *Neu…* und legen dann, wie auf Seite 28 beschrieben, im Fenster *Neuer Name* den Namen zusammen mit dem dazugehörigen Zellbezug fest.

Namen in Formeln verwenden

Um einen definierten Namen in einer Formel zu verwenden, haben Sie folgende Möglichkeiten:

▶ Klicken Sie während der Formeleingabe einfach auf die Zelle. Besitzt die Zelle einen Namen, erscheint dieser automatisch anstelle des Zellbezugs in der Formel.

▶ Oder tippen Sie die ersten Zeichen des benötigten Namens über die Tastatur ein, siehe Bild unten. Anschließend können Sie den Namen aus der Liste mit Doppelklick übernehmen. Namen lassen sich in der Liste anhand ihres Symbols ⊞ leicht von den Funktionen zu unterscheiden.

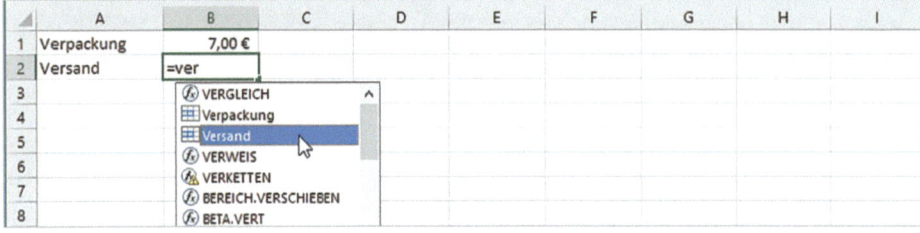

Bild 1.26 Namen in Formel einfügen

▶ Als dritte Möglichkeit klicken Sie während der Formeleingabe im Register *Formeln ▶ Definierte Namen* auf die Schaltfläche *In Formel verwenden* und anschließend in der Liste auf den gewünschten Namen, siehe Bild auf der nächsten Seite.

Bild 1.27 Namen in Formel verwenden

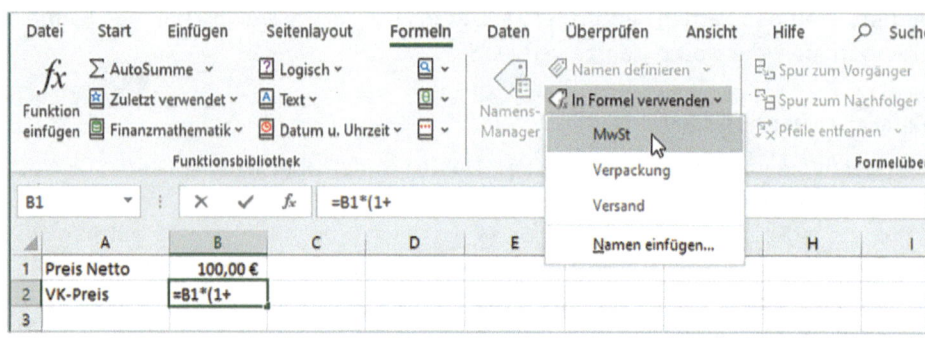

Nachträglich definierte Namen in Formeln übernehmen

Wenn Sie nachträglich Namen für Zellen oder Zellbereiche festlegen, hat dies zunächst keinerlei Auswirkungen auf vorhandene Formeln, die sich auf diese Zelle beziehen. Der ursprüngliche Zellbezug bleibt bestehen und auch das Ergebnis ändert sich nicht. Um den Zellbezug in allen Formeln der Arbeitsmappe nachträglich durch den Namen zu ersetzen, klicken Sie im Register *Formeln* ▶ *Definierte Namen* auf den Pfeil der Schaltfläche *Namen definieren* und auf *Namen übernehmen…*. Markieren Sie im nachfolgenden Fenster den oder die betreffenden Namen und klicken Sie auf *OK*.

Bild 1.28 Namen statt Zellbezug in vorhandene Formeln übernehmen

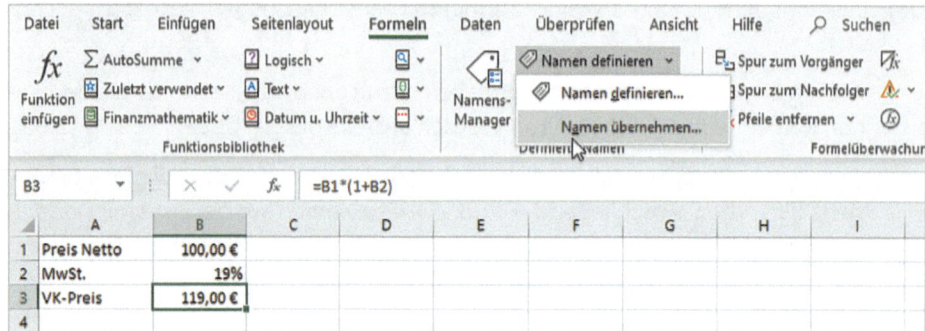

1.4 Intelligente Tabellenbereiche

Um einen Zellbereich als Tabelle zu formatieren, markieren Sie eine beliebige Zelle innerhalb der Tabelle und klicken entweder im Register *Einfügen* auf *Tabelle* ❶ (Bild auf der nächsten Seite) oder im Register *Start* auf *Als Tabelle formatieren*.

Wenn Sie auf *Als Tabelle formatieren* geklickt haben, dann wählen Sie vorher noch ein Tabellenformat aus.

Im nächsten Schritt legen Sie die Daten für die Tabelle fest (siehe Bild): Wenn zuvor eine Zelle innerhalb der Tabelle markiert wurde, wird der Zellbereich meist automatisch erkannt ❷, andernfalls legen Sie den Zellbereich einschließlich der Überschriften mit der Maus fest. **Achtung:** Wenn die Tabelle Überschriften enthält, dann unbedingt das Kontrollkästchen *Tabelle hat Überschriften* ❸ aktivieren.

1 Intelligente Tabellenbereiche

Bild 1.29 Zellbereich als Tabelle formatieren

Als Tabelle formatierte Zellbereiche haben neben der schnellen Formatierung und den Schaltflächen zum Filtern und Sortieren noch weitere Vorteile:

▶ Alle Formate und Formeln werden automatisch in neu hinzugefügte Zeilen übernommen.

▶ Der Zellbereich wird beim Hinzufügen weiterer Spalten und Zeilen automatisch erweitert. Das bedeutet, Diagramme oder Auswertungen beziehen immer alle Zeilen der betreffenden Spalten ein, auch wenn diese erst nachträglich hinzugefügt werden.

Strukturierte Verweise in Formeln und Funktionen

Formeln und Funktionen verwenden in intelligenten Tabellenbereichen statt eines Zellbezugs sogenannte strukturierte Verweise in der Schreibweise [@Spaltenüberschrift], also z. B. [@Lagerbestand], und werden nach der Eingabe automatisch in die gesamte Spalte übernommen. Dies gilt auch für nachträgliche Formelkorrekturen.

Hinweis: Beim Formatieren als Tabelle bereits vorhandene Formeln behalten ihre ursprüngliche Schreibweise.

Bild 1.30 Formeln verwenden strukturierte Verweise

Strukturierte Verweise verwendet Excel auch in Formeln außerhalb des Tabellenbereichs, die sich auf Zellen der Tabelle beziehen. Dann wird dem Spaltennamen noch der Tabellenname vorangestellt, wie im Bild unten bei der Summe über die Spalte Lagerwert. Nachträglich angefügte Zeilen werden automatisch einbezogen.

Achtung: Der Tabellenname bezieht sich auf den Namen der Tabelle und nicht auf den Namen des Arbeitsblatts!

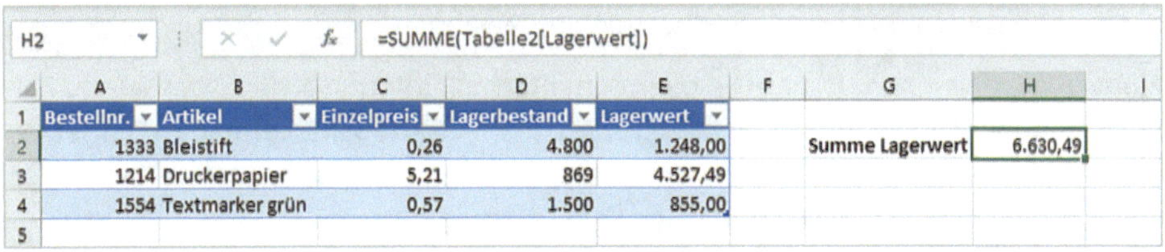

Bild 1.31 Summe berechnen

Grundlegende Techniken

Tabellenbereich mit Namen versehen

Jeder Tabellenbereich erhält automatisch einen Namen. Dieser wird allen Bezügen auf Zellbereiche der Tabelle vorangestellt (siehe Beispiel auf der vorhergehenden Seite) und lautet in der Standardeinstellung zunächst *Tabelle1*, *Tabelle2* usw..

Um Verwechslungen mit gleichnamigen Arbeitsblättern auszuschließen und zur leichteren Adressierung, sollten Sie Tabellenbereichen statt der Standardbezeichnungen einen aussagekräftigeren Namen geben. Dazu klicken Sie in die Tabelle und im Menüband auf das Register *Tabellenentwurf*. In der Gruppe *Eigenschaften* finden Sie den aktuellen Namen im Feld *Tabellenname* ❶. Geben Sie hier den neuen Namen ein und übernehmen Sie diesen mit der Eingabetaste. Für die Namen gelten dieselben Regeln wie für alle benannten Zellen und Zellbereiche, siehe Seite 27.

Bild 1.32 Tabelle umbenennen

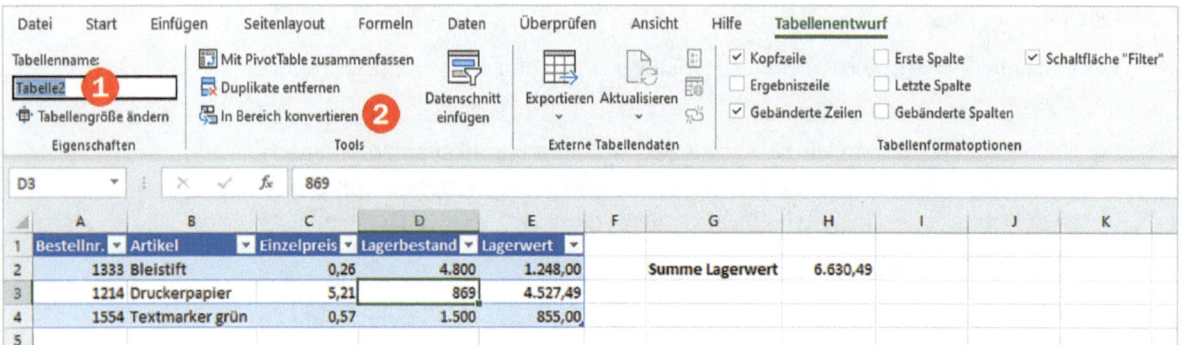

Namen für Tabellenbereiche werden ebenfalls im *Namens-Manager* (Register *Formeln*) verwaltet und können hier nachträglich bearbeitet werden.

Bild 1.33 Tabellennamen im Namens-Manager

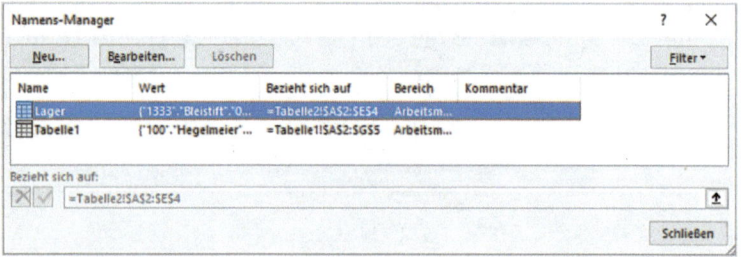

Tabelle wieder in normalen Zellbereich umwandeln

Falls Sie trotz der genannten Vorteile die Tabelle wieder in einen normalen Zellbereich umwandeln möchten, so klicken Sie in die Tabelle und im Register *Tabellenentwurf* auf *In Bereich konvertieren* ❷, siehe Bild oben. Sämtliche Formeln bleiben erhalten und die Bezüge werden in normale Zellbezüge umgewandelt.

Achtung: Das Aussehen der Tabelle bleibt erhalten, allerdings werden wechselnde Zeilenfarben nicht mehr fortgeführt. Wenn Sie auch das Tabellenformat zurücksetzen möchten, dann sollten Sie **vor** dem Umwandeln im Register *Tabellenentwurf* unter den *Schnellformatvorlagen* die erste Vorlage links oben wählen.

1.5 Funktionen

Aufbau und Schreibweise

Excel verfügt über eine Vielzahl von Funktionen für (fast) jeden Einsatzzweck. Wie jede Formel beginnt auch eine Funktion stets mit dem Gleichheitszeichen (=). Danach folgt der Name der Funktion und dahinter in Klammern die, zur Berechnung erforderlichen, Argumente. Als Funktionsargumente können Text, Zahlen, Zellbezüge, Zellbereiche, Formeln oder weitere Funktionen angegeben werden. Die allgemeine Schreibweise (Syntax) einer Funktion:

=FUNKTIONSNAME(Argument1;Argument2;Argument3;…)

Die wichtigsten Merkmale im Überblick

- Eine Funktion beginnt wie jede Formel mit dem Gleichheitszeichen. Dieses wird automatisch mit eingefügt, wenn Sie eine Funktion über die Funktionsbibliothek oder den Assistenten eingeben, bei Eingabe über die Tastatur muss dagegen auch das Gleichheitszeichen eingetippt werden.
- Nach dem Gleichheitszeichen folgt der Name der Funktion. Bei der Eingabe über die Tastatur spielt Groß- und Kleinschreibung keine Rolle.
- Dahinter folgen in Klammern die erforderlichen Funktionsargumente. Dies können Zellbezüge, Zahlen, Text oder Formeln bzw. Funktionen sein, Text muss in Anführungszeichen stehen. Die Klammern sind immer erforderlich, auch dann, wenn eine Funktion keine Argumente benötigt. Optionale, also nicht zwingend erforderliche Argumente erkennen Sie bei der Tastatureingabe an den eckigen Klammern [ ] und im Funktionsassistent daran, dass diese nicht fett hervorgehoben sind.
- Einige Funktionen verfügen über zusätzliche Parameter, mit denen sich die Berechnung steuern lässt. Die Parameter und ihre Wirkung können in der Hilfe nachgeschlagen werden, erscheinen aber auch im Funktionsassistenten oder zur Auswahl bei der Eingabe der Funktion über die Tastatur.
- Erfordert eine Funktion mehrere Argumente oder Parameter, dann werden diese mit Semikolon (;) getrennt. Der Funktionsassistent erledigt dies automatisch; wird dagegen die Funktion über die Tastatur eingegeben, dann müssen auch die Semikolon eingegeben werden. Ein Semikolon ist auch erforderlich, wenn ein optionales Argument nicht angegeben wird.

Text in Anführungszeichen " " erledigt der Funktionsassistent meist automatisch, ansonsten müssen die Anführungszeichen per Tastatur eingegeben werden.

Funktion mit dem Funktionsassistenten eingeben

Der Funktionsassistent unterstützt Sie bei der Auswahl und Eingabe von Funktionen. Insbesondere, wenn Sie eine bestimmte Funktion suchen, deren genauen Namen Sie nicht kennen, kann der Funktionsassistent durchaus nützlich sein. Weitere Vorteile:

1 Grundlegende Techniken

Die vorherige Eingabe des Gleichheitszeichens ist beim Funktionsassistenten nicht erforderlich!

Das Gleichheitszeichen und die runden Klammern zum Einschließen der Funktionsargumente sowie die Semikolons (;) zwischen den Funktionsargumenten werden automatisch eingefügt. Zudem sehen Sie bereits während der Eingabe das Ergebnis und eventuelle Zwischenergebnisse.

Als Beispiel die Eingabe der Funktion WENN mithilfe des Assistenten. Diese soll anhand der Note ermitteln, ob ein Teilnehmer die Prüfung bestanden hat (Note besser bzw. kleiner als 5) und den Text Ja oder Nein ausgeben.

1   Markieren Sie die Zelle, in der die Funktion berechnet werden soll ❶ und klicken Sie im Register *Formeln* ▶ *Funktionsbibliothek* auf das Symbol *Funktion einfügen* ❷ oder auf dasselbe Symbol *fx* in der Bearbeitungsleiste ❸. Die vorherige Eingabe des Gleichheitszeichens ist in diesem Fall nicht erforderlich!

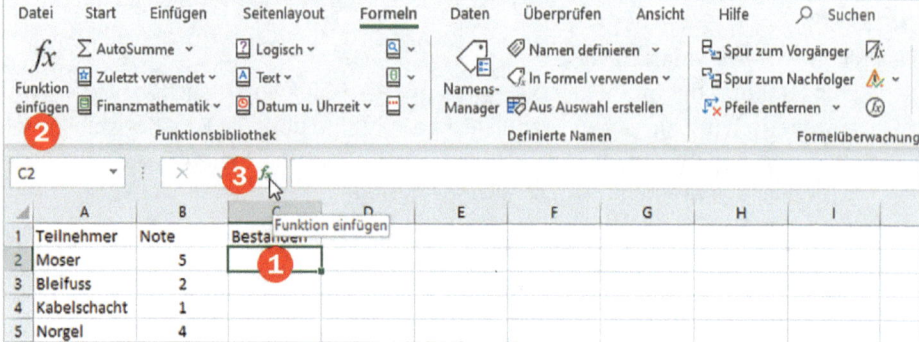

Bild 1.34 Klicken Sie auf Funktion einfügen

2   Im Dialogfenster *Funktion einfügen* wählen Sie nun im ersten Schritt die gewünschte Funktion aus.

- Tippen Sie im Feld *Funktion suchen* ❹ einen Suchbegriff ein und klicken Sie daneben auf *OK*, um die Suche zu starten.
- Oder wählen Sie im Feld darunter eine Kategorie aus ❺, für dieses Beispiel *Logik*. Mit der Auswahl *Alle* werden alle Funktionen alphabetisch aufgelistet. Standardmäßig ist die Kategorie *Zuletzt verwendet* mit allen zuletzt verwendeten Funktionen aktiv.
- **Hinweis**: Leider ist die Zuordnung einer Funktion zu einer Kategorie nicht immer nachvollziehbar, so finden Sie beispielsweise die Funktion SUMME in der Kategorie *Mathematik und Trigonometrie*, während z. B. die Funktionen ANZAHL, ZÄHLENWENN und weitere zur Kategorie *Statistik* zählen.

3   Die Suchergebnisse bzw. die Funktionen der ausgewählten Kategorie erscheinen unterhalb. Klicken Sie auf die gewünschte Funktion ❻ und dann auf *OK*.

Tipp: Falls Sie nicht sicher sind, ob sich eine Funktion für Ihre Aufgabe eignet, dann markieren Sie die Funktion und werfen einen Blick auf die Kurzbeschreibung unterhalb ❼ oder klicken Sie auf den Link *Hilfe für diese Funktion*. Damit öffnet sich im Browser die Excel-Hilfe mit einer genaueren Beschreibung zusammen mit Beispielen.

Funktionen 1

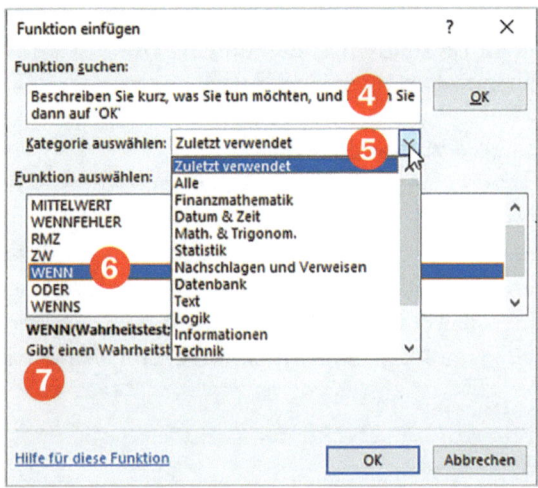

Bild 1.35 Funktion anhand eines Suchbegriffs oder einer Kategorie suchen

4 Nach dem Klick auf *OK* erscheint das Fenster *Funktionsargumente*. Hier fügen Sie die erforderlichen Argumente, also Zellbezüge oder Werte, über Eingabefelder in die Funktion ein. Für die, als Beispiel ausgewählte, Funktion WENN ist nur das Argument *Wahrheitstest* zwingend erforderlich (fett hervorgehoben).

Bild 1.36 Eingabe der Funktionsargumente

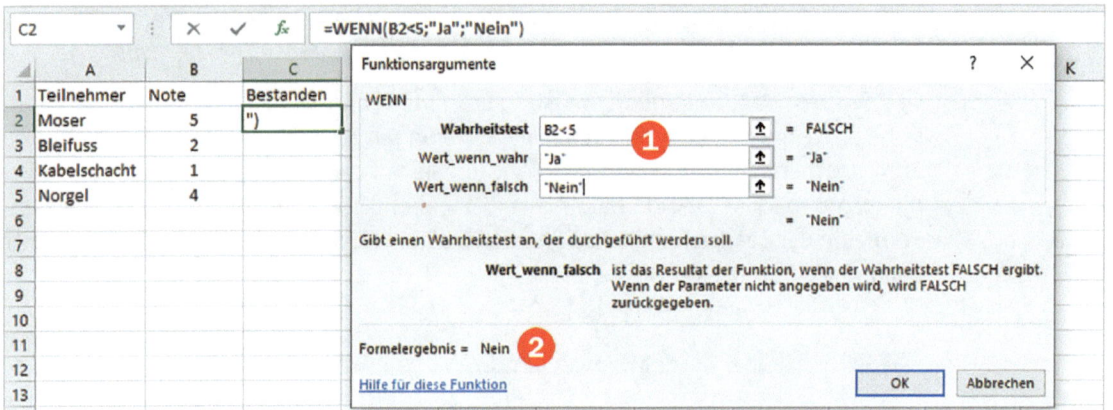

5 Zellbezüge als Funktionsargumente können Sie entweder über die Tastatur in die Eingabefelder eingeben oder wie bei der Formeleingabe durch Anklicken aus dem Tabellenblatt übernehmen. Dazu klicken Sie zuerst in das betreffende Eingabefeld ❶, hier *Wahrheitstest*, und anschließend im Tabellenblatt auf die Zelle, in diesem Beispiel B2. Den Rest vervollständigen Sie über die Tastatur.

6 Im Feld *Wert_wenn_wahr* geben Sie den Text "Ja" in Anführungszeichen ein, im Feld *Wert_wenn_falsch* "Nein". Rechts von jedem Feld werden die Einzelergebnisse angezeigt und unterhalb sehen Sie das Gesamtergebnis ❷.

7 Mit Klick auf die Schaltfläche *OK* schließen Sie das Fenster und übernehmen die Funktion in das Tabellenblatt.

Hinweis für Nutzer von Excel 2016 und älter: Seit der Version 2019 wurden in einigen Funktionen die Bezeichnungen der Argumente etwas geändert, Reihenfolge und Wirkung sind jedoch gleich geblieben.

1 Grundlegende Techniken

Hinweis: *FALSCH* neben dem Argument *Wahrheitstest* wie im Bild bedeutet **nicht**, dass der Ausdruck fehlerhaft ist, sondern ist das logische Ergebnis des Wahrheitstests; die Note des ersten Teilnehmers ist nicht kleiner als 5.

Tipp: Funktionsargumente vorübergehend ausblenden
Sollte bei der Eingabe der Argumente im Tabellenblatt der benötigte Zellbereich durch das Fenster *Funktionsargumente* verdeckt werden, so klicken Sie in einen freien Bereich des Fensters und ziehen es mit gedrückter Maustaste einfach beiseite. Als Alternative verwenden Sie das kleine Symbol ⬆ rechts im jeweiligen Eingabefeld: Ein Klick darauf verkleinert das Fenster auf die Größe dieses Feldes, ein weiterer Klick auf das Symbol, wie im Bild unten, stellt das gesamte Fenster wieder her.

Bild 1.37 Das Fenster Funktionsargumente kann mit Klick auf den Pfeil des Eingabefeldes aus- und wieder eingeblendet werden

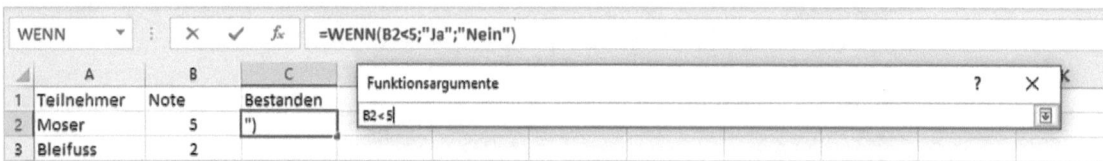

Eine Funktion im Funktionsassistenten nachträglich bearbeiten

Falls Sie eine Funktion nachträglich wieder im Fenster *Funktionsargumente* zur Überprüfung oder Korrektur anzeigen möchten, so markieren Sie die betreffende Zelle und klicken in der Bearbeitungsleiste oder im Register *Formeln* auf *Funktion einfügen*.

Das Fenster *Funktionsargumente* wird zusammen mit der Funktion erneut geöffnet, siehe oben, und Sie können bei Bedarf Änderungen an den Argumenten vornehmen. Zum Übernehmen der Änderungen klicken Sie auf *OK*, mit *Abbrechen* dagegen wird die ursprüngliche Funktion beibehalten. Daneben kann eine Funktion auch, wie jede Formel, in der Bearbeitungsleiste oder nach einem Doppelklick direkt im Tabellenblatt nachträglich bearbeitet werden.

Eine Funktion über die Funktionsbibliothek auswählen

Im Register *Formeln* finden Sie in der Gruppe *Funktionsbibliothek* alle Excel-Funktionen nach Kategorien geordnet. Wenn Sie wissen, zu welcher Kategorie die benötigte Funktion gehört, können Sie auch diese Eingabemöglichkeit nutzen. Klicken Sie auf eine Kategorie und wählen Sie eine Funktion. Anschließend öffnet Excel ebenfalls das Fenster *Funktionsargumente* (siehe oben), in dem Sie die erforderlichen Argumente festlegen. Mit *Zuletzt verwendet* erhalten Sie auch hier schnellen Zugriff auf kürzlich verwendete Funktionen. Leider ist aber die praktische Kategorie *Alle* nicht vorhanden. Aber am Ende jeder Liste finden Sie den Befehl *Funktion einfügen...*. Dieser öffnet das gleichnamige Fenster des Funktionsassistenten.

Hinweis: Da in der Funktionsbibliothek nicht alle Funktionskategorien Platz finden, erhalten Sie die übrigen Kategorien, z. B. *Statistik*, mit Klick auf *Mehr Funktionen*. Beachten Sie auch, dass die Kategorienbezeichnungen geringfügig vom Funktionsassistenten abweichen können.

Funktionen

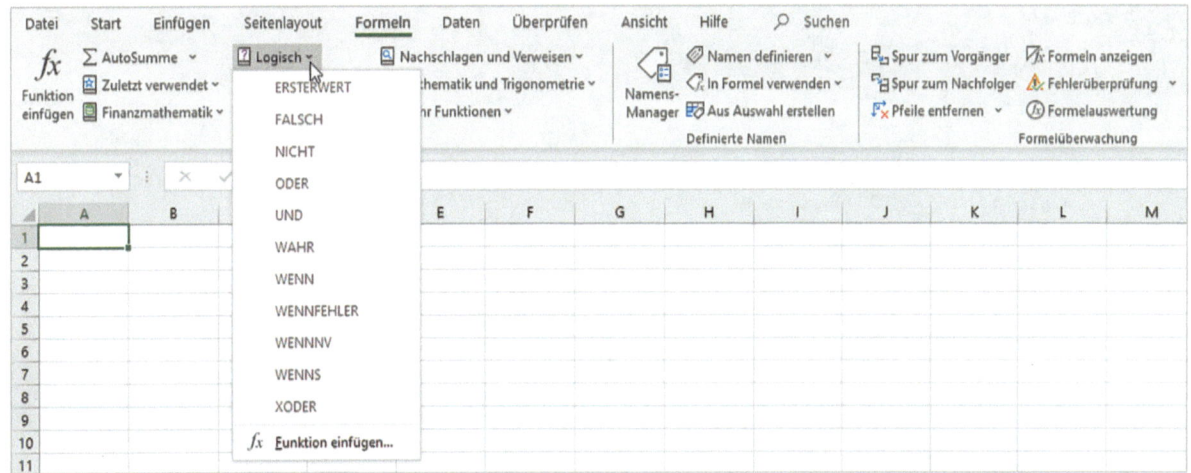

Bild 1.38 Funktionsbibliothek

Funktion über die Tastatur eingeben

Als Alternative zum Funktionsassistenten und zum Fenster *Funktionsargumente* kann jede Funktion auch einfach in die Zelle eingetippt werden. Dies ist vor allem für fortgeschrittenere Anwender häufig der schnellere Weg, zumal Sie Excel auch hier mit verschiedenen Eingabehilfen unterstützt.

1. Beginnen Sie mit dem Gleichheitszeichen und tippen Sie die ersten Zeichen des Funktionsnamens ein, z. B. MITTELWERT wie im Bild auf der nächsten Seite. Groß- und Kleinschreibung spielt übrigens keine Rolle.

2. Bereits während der Eingabe erscheint eine Liste entsprechender Funktionen und mit Doppelklick auf den Funktionsnamen übernehmen Sie die gewünschte Funktion samt der öffnenden Klammer.

   Tipp: Falls Sie eine Funktion aus der Liste der Vorschläge mit der Tastatur auswählen und einfügen möchten: Markieren Sie die Funktion mit der Pfeiltaste nach unten bzw. oben und übernehmen Sie dann die markierte Funktion mit der Tab-Taste.

3. Anschließend sehen Sie im Tabellenblatt die Abfolge der erforderlichen Argumente. Das aktuell zu bearbeitende Argument ist fett hervorgehoben, optionale Argumente erkennen Sie an den eckigen Klammern. Beachten Sie, dass mehrere Argumente durch Semikolon (;) getrennt werden. Diese müssen über die Tastatur eingegeben werden.

4. Schließen Sie die Funktionseingabe mit der Eingabetaste ab. Die Eingabe der schließenden Klammer ist nicht zwingend erforderlich, sie wird in den meisten Fällen von Excel automatisch ergänzt.

1 Grundlegende Techniken

Bild 1.39 Beispiel: Eingabe der Funktion MITTEL-WERT über die Tastatur

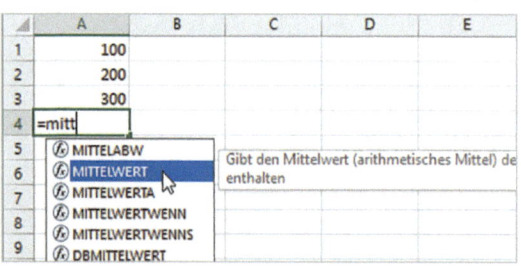

> Im Gegensatz zum Fenster *Funktionsargumente* müssen zum Trennen der Argumente Semikolon (;) und eventuell weitere Klammern immer über die Tastatur eingegeben werden.

Parameter auswählen

Bei manchen Funktionen kann mit zusätzlichen Parametern die Berechnung gesteuert werden. Im Gegensatz zum Fenster *Funktionsargumente* können bei der Tastatureingabe die Parameter aus einer Liste ausgewählt werden.

Als Beispiel im Bild unten die Funktion WOCHENTAG: Diese ermittelt aus einem Datum, in diesem Fall in A1, den Wochentag als Zahl und der Parameter *Typ* legt fest, mit welchem Tag die Zählung beginnt. Für die mitteleuropäische Zählweise muss abweichend von der Standardeinstellung der Typ 2 gewählt werden.

Bild 1.40 Auswahl eines Parameters am Beispiel WOCHENTAG

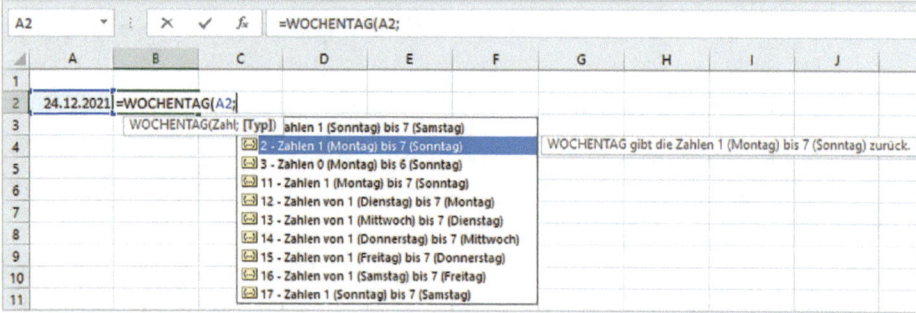

Funktion über die Hilfe suchen

Neben dem Funktionsassistenten gibt es noch die Möglichkeit, eine Funktion über die Hilfe zu suchen.

Eine Funktion über die intelligente Hilfe suchen und einfügen

Die Suche nach einer Funktion anhand einer Kategorie ist vor allem für Anfänger nicht immer einfach, zumal die Zuordnung zu einer Kategorie nicht immer und für jeden nachvollziehbar ist. Dann benutzen Sie die intelligente Hilfe von Excel zur Suche.

Funktionen 1

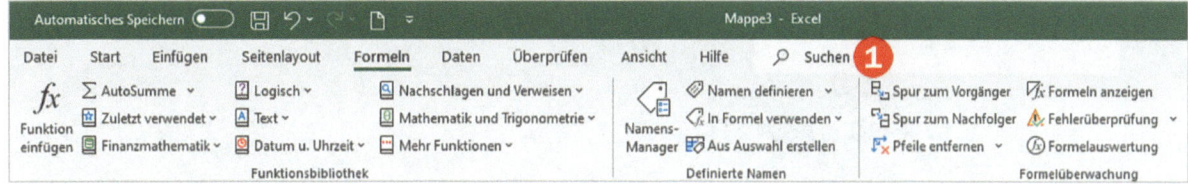

1 Markieren Sie die Zelle, in der Sie die Funktion berechnen möchten, klicken Sie in der Registerleiste in das Feld *Suchen* ❶ und tippen hier die gesuchte Funktion ein, z. B. WENN wie im Bild unten.

2 Falls die gesuchte Funktion in der Ergebnisliste erscheint wie im Bild unten, öffnet ein Klick darauf das Fenster *Funktionsargumente*. Oder klicken Sie unter *Aktionen* auf die Kategorie, zu der die gesuchte Funktion gehört, hier *Logisch*. Rechts erscheint eine Liste mit allen dazugehörigen Funktionen. Auch hier öffnet sich durch Anklicken anschließend das Fenster *Funktionsargumente*.

Bild 1.41 Funktion über die intelligente Hilfe suchen und einfügen

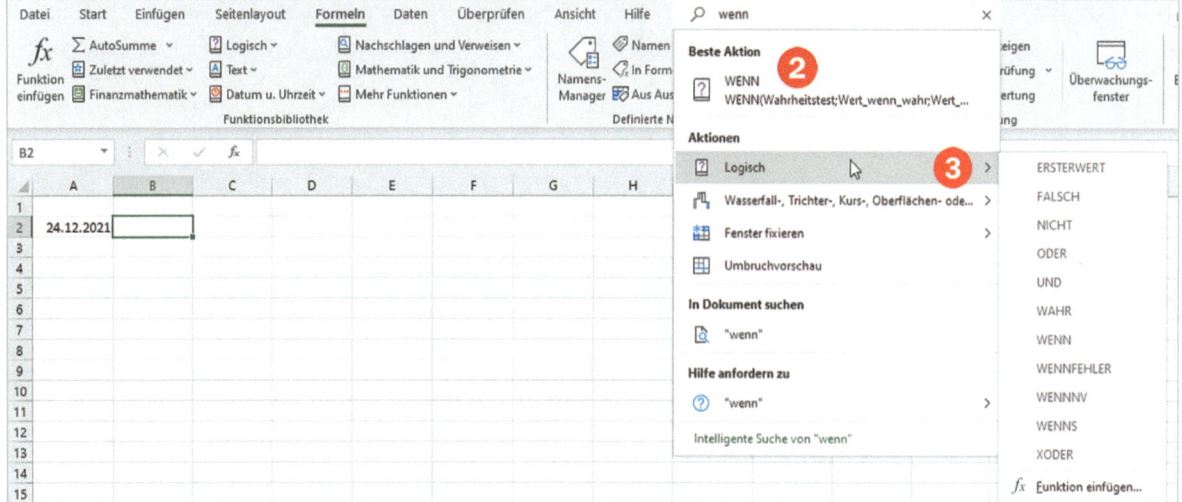

Tipp: Leider liefern die intelligente Suche und auch der Funktionsassistent nicht immer eine passende Funktion. Es kann durchaus passieren, dass Sie überhaupt keine oder gleich mehrere Kategorien erhalten, z. B. wenn Sie nach dem Begriff „Durchschnitt" suchen. In solchen Fällen benutzen Sie am besten die Suche im Hilfe-Register.

Suche im Hilfe-Register

Umfassende Informationen zu Funktionen erhalten Sie, wenn Sie im Menüband auf das Register *Hilfe* und hier auf *Hilfe* klicken. Geben Sie dann einen Suchbegriff ein oder klicken Sie auf einen der Vorschläge, die bereits während der Eingabe aufgelistet werden. Anschließend erhalten Sie wieder eine Liste verschiedener Hilfethemen und Funktionsbeschreibungen. Allerdings wird im Gegensatz zur intelligenten Hilfe eine Funktion nicht in das Arbeitsblatt eingefügt, sondern muss auf einem der oben beschriebenen Wege eingegeben werden.

1 Grundlegende Techniken

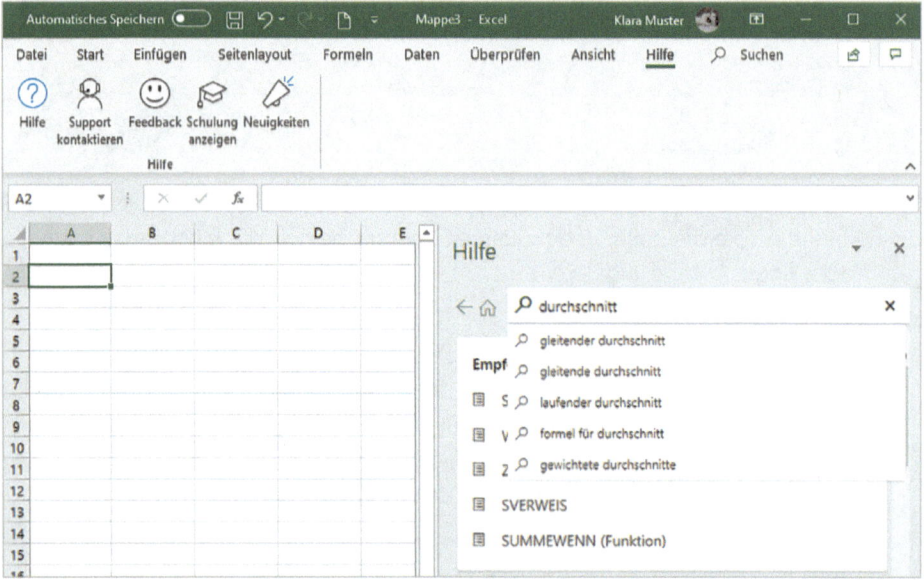

Bild 1.42 Die Excel-Hilfe

Mehrere Funktionen kombinieren (verschachteln)

Wie bereits erwähnt, können als Funktionsargumente auch Formeln und weitere Funktionen eingesetzt werden.

> Funktionen, die ihrerseits Funktionen enthalten, werden als verschachtelte Funktionen bezeichnet. Mit der aktuellen Excel-Version können bis zu 64 Ebenen ineinander verschachtelt werden. Häufig werden beispielsweise in einer Funktion die Funktionen UND, ODER und WENN benötigt, wenn mehrere Bedingungen zu prüfen sind.
>
> Funktionen als Argument werden entweder manuell über die Tastatur oder im Funktionsassistent ohne Gleichheitszeichen eingefügt; wenn Sie dabei systematisch vorgehen und einige Punkte beachten, dann verlieren Sie auch in verschachtelten Funktionen nicht so schnell den Überblick.

Eine zweite Funktion im Fenster Funktionsargumente einfügen

Wenn Sie eine Funktion mit dem Funktionsassistent bzw. im Fenster *Funktionsargumente* eingeben und in diese eine weitere Funktion als Argument einfügen möchten, dann erfolgen Auswahl und Einfügen dieser Funktion über die Bearbeitungsleiste. Hier erscheint während der Eingabe einer Funktion anstelle der Zelladresse standardmäßig die zuletzt verwendete Funktion, im Bild auf der nächsten Seite WENN. Über den Dropdown-Pfeil öffnen Sie die Liste aller zuletzt verwendeten Funktionen und ein Klick auf die gewünschte Funktion fügt diese in die aktuelle Funktion bzw. die aktuelle Eingabezeile ein. Falls sich die gesuchte Funktion nicht darunter befindet, so klicken Sie auf *Weitere Funk..*.

Funktionen

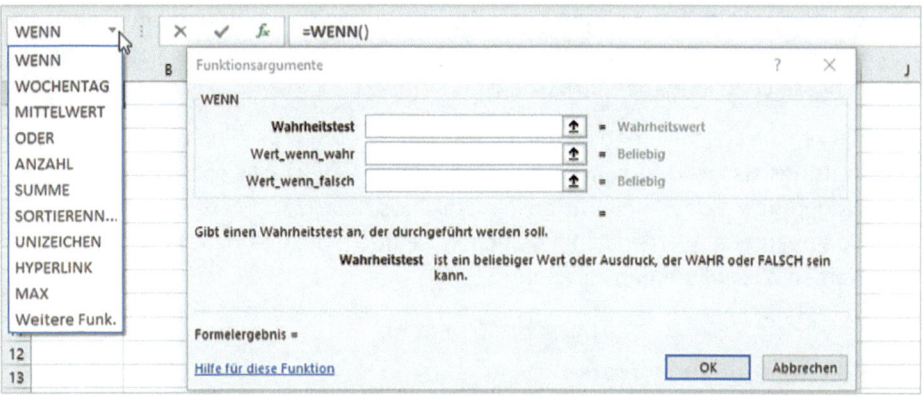

Bild 1.43 Funktion als Argument über die Bearbeitungsleiste einfügen

Alternativ tippen Sie im betreffenden Eingabefeld den Funktionsnamen gefolgt von einer öffnenden Klammer ein und klicken in der Bearbeitungsleiste auf die zweite Funktion.

Beispiel: In der WENN-Funktion zwei Wahrheitstests mit ODER verknüpfen

Häufig ist es die WENN-Funktion, in der eine zweite Funktion benötigt wird. Als Beispiel sollen für alle Modelle der Produktgruppen A oder B Sonderpreise mit einem Preisnachlass von 50 % berechnet werden. Bei allen übrigen Produktgruppen wird kein Sonderpreis berechnet. Für den Wahrheitstest der WENN-Funktion müssen wir also die Logikfunktion ODER zu Hilfe nehmen. Die Schritte im Einzelnen:

1 Markieren Sie die Zelle, in die Sie die Funktion einfügen möchten, und klicken Sie auf *Funktion einfügen*. Wählen Sie die Funktion WENN aus und klicken Sie auf *OK*.

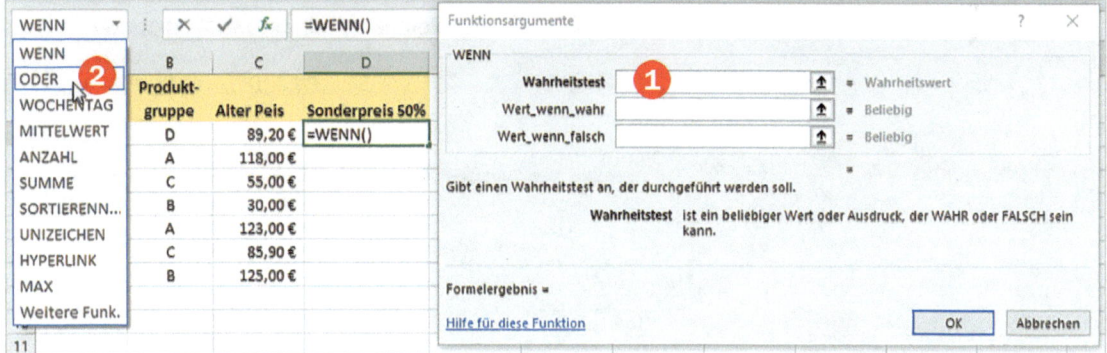

Bild 1.44 Klicken Sie in das Feld Wahrheitstest und fügen Sie die WENN-Funktion ein

2 Klicken Sie im Fenster *Funktionsargumente* in das Feld *Wahrheitstest* ❶. Um hier die Funktion ODER einzufügen, klicken Sie in der Bearbeitungsleiste links auf den Dropdown-Pfeil und auf die Funktion ODER ❷. Sollte die Funktion ODER hier nicht aufgeführt sein, so klicken Sie auf *Weitere Funk.* und wählen diese im nachfolgenden Fenster *Funktion einfügen* aus.

3 Im Fenster *Funktionsargumente* erscheint jetzt die Funktion ODER. Klicken Sie in das Feld *Wahrheitswert1* und geben Sie die erste zu prüfende Bedingung B2="A" ein. In das Feld *Wahrheitswert2* geben Sie die zweite Bedingung ein: B2="B" ❸. Da es sich bei den Produktgruppen um Text handelt, müssen diese in Anführungszeichen eingegeben werden.

4. Klicken Sie anschließend **nicht** auf *OK*, sondern werfen Sie einen Blick in die Bearbeitungsleiste ❹: Sie sehen, dass die Funktion ODER in die erste Funktion WENN eingefügt wurde. Damit im Fenster *Funktionsargumente* wieder die WENN-Funktion bearbeitet werden kann, brauchen Sie nur in der Bearbeitungsleiste auf den Namen dieser Funktion klicken.

Bild 1.45 Die eingefügte Funktion ODER

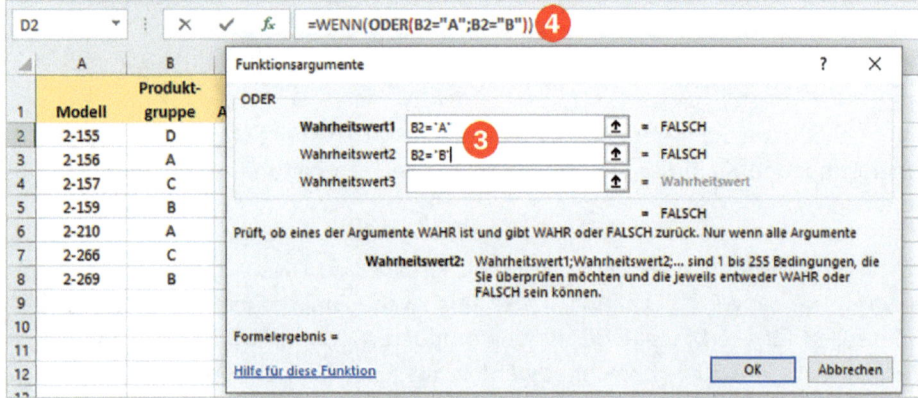

5. Nun zeigt das Fenster *Funktionsargumente* wieder die WENN-Funktion an und im Feld *Wahrheitstest* sehen Sie die vollständige Funktion ODER ❺. Geben Sie als *Wert_wenn_wahr* die Formel zur Berechnung des Sonderpreises ein. Damit die Zelle leer bleibt, wenn kein Sonderpreis berechnet wird, geben Sie im Feld *Wert_wenn_falsch* nur zwei Anführungszeichen "" ein und klicken auf *OK*.

Bild 1.46 Ergänzen Sie die WENN-Funktion um die restlichen Argumente

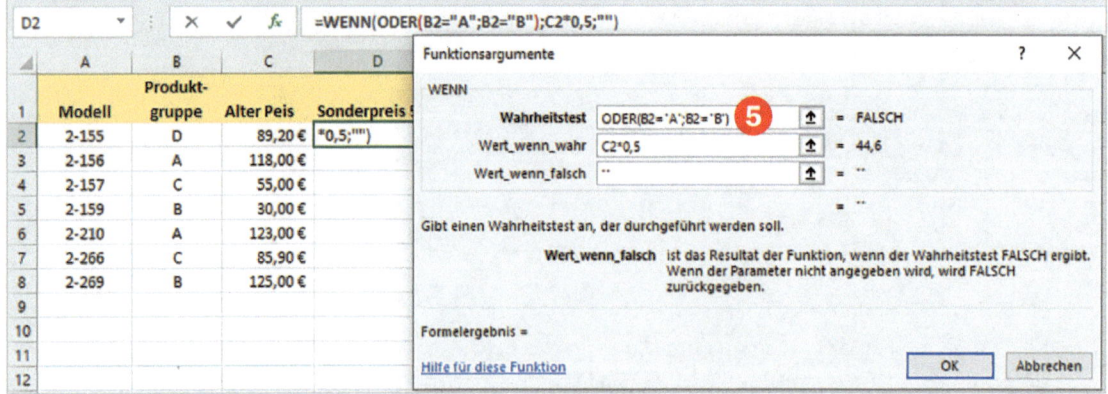

6. Kopieren Sie zuletzt die Funktion in die restlichen Zellen der Spalte. Da für das erste Modell in Zeile 2 der Wahrheitstest das Resultat FALSCH ergibt, bleibt in diesem Beispiel bei korrekter Eingabe der Funktion die Zelle D2 leer.

Verschachtelte Funktionen per Tastatur eingeben

Die Eingabe verschachtelter Funktionen über die Tastatur ist ähnlich problemlos. Der Einfachheit halber bleiben wir beim oben verwendeten Beispiel, diesmal aber mit Tastatureingabe.

1 Beginnen Sie mit der Eingabe der WENN-Funktion bzw. übernehmen Sie diese aus der Vorschlagsliste.

2 Geben Sie unmittelbar nach der öffnenden Klammer als erstes Argument *Wahrheitstest* die Funktion ODER ein bzw. übernehmen Sie diese ebenfalls aus der Liste. Der Infotext zeigt nun die für ODER erforderlichen Argumente an.

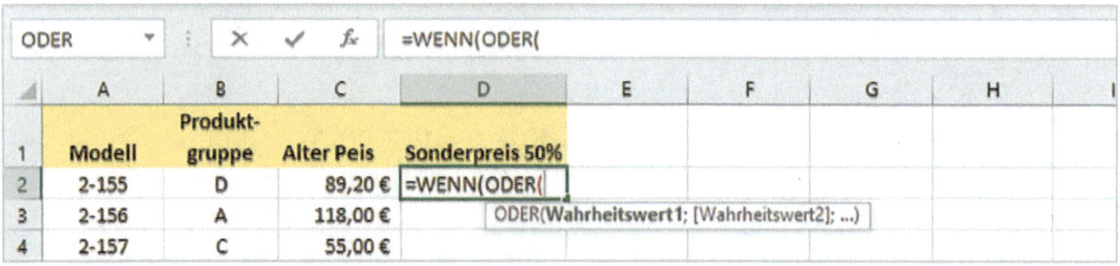

Bild 1.47 Fügen Sie als erstes Argument die Funktion ODER ein, bzw. übernehmen Sie diese aus der Vorschlagsliste

3 Geben Sie in diese Funktion, mit Semikolon getrennt, nun wieder die beiden Wahrheitswerte B2="A" und B2="B" und danach die schließende Klammer ein. Am Infotext erkennen Sie, dass Sie jetzt wieder die WENN-Funktion bearbeiten und nach Eingabe des Semikolons ; wird das nächste Argument dieser Funktion, *Wert_wenn_wahr* fett hervorgehoben.

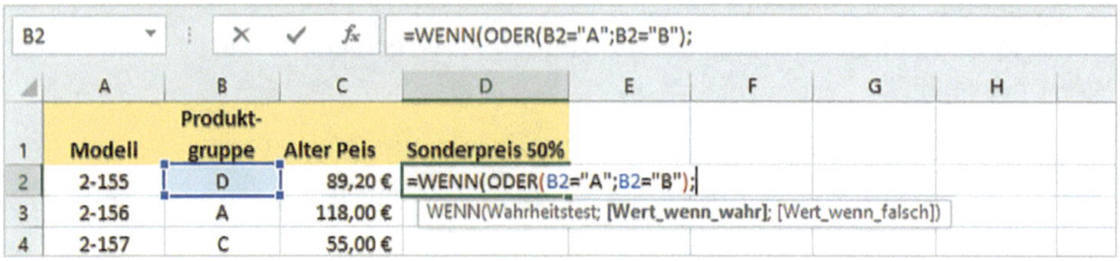

Bild 1.48 Nach Eingabe der schließenden Klammer befinden Sie sich wieder in der WENN-Funktion

4 Vervollständigen Sie die WENN-Funktion, wie oben beschrieben, geben Sie die schließende Klammer ein und übernehmen Sie die Funktion durch Betätigen der Eingabetaste.

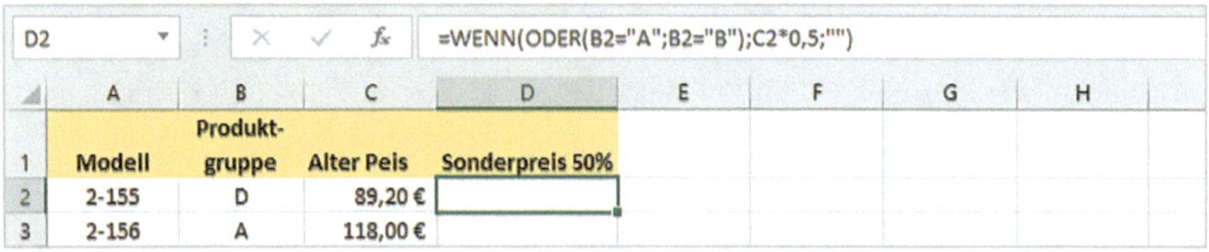

Bild 1.49 Die vollständige Funktion

Tipps zum Umgang mit Klammern

Beim Übernehmen einer Funktion aus der Vorschlagsliste fügt Excel zwar die öffnende Klammer mit ein, nicht aber die dazugehörige schließende Klammer. Diese muss bei verschachtelten Funktionen manuell eingegeben werden. Damit Sie keine Klammer vergessen und auch in mehrfach verschachtelten Funktionen den Überblick behalten, die folgenden Tipps:

▸ Excel kennzeichnet während der Eingabe und auch beim nachträglichen Editieren zusammengehörende Klammerpaare farbig. Sie können also anhand der Farben kontrollieren, ob alle Klammern vollständig sind.

▸ In der Praxis hat es sich bewährt, wenn nach Eingabe einer öffnenden Klammer bzw. nach dem Einfügen einer Funktion sofort die dazugehörige schließende Klammer eingegeben wird und erst danach innerhalb des Klammerpaares die entsprechenden Argumente.

Flüchtige oder volatile Funktionen

Flüchtige Funktionen bezeichnet man auch mit dem lateinischen Begriff „volatil", was sich auf deutsch mit flüchtig, beweglich übersetzen lässt.

Normalerweise berechnet Excel eine Formel und Funktion nur dann neu, wenn sich ein Wert in einer Zelle ändert, auf die sich die Formel bezieht. Allerdings gibt es auch Ausnahmen, nämlich die sogenannten volatilen oder flüchtigen Funktionen. Flüchtige Funktionen werden auch dann neu berechnet, wenn sich der Inhalt einer beliebigen Zelle in der Arbeitsmappe und sogar in weiteren geöffneten Arbeitsmappen ändert, außerdem noch bei verschiedenen weiteren Aktionen.

In umfangreichen Arbeitsmappen mit komplexen Berechnungsmodellen kann daher die Verwendung einer Vielzahl solcher Funktionen die Dateneingabe erheblich verlangsamen. Um in solchen Fällen die Performance zu verbessern, sollten Sie flüchtige Funktionen auf ein Minimum beschränken. Überlegen Sie auch, ob sich nicht einige flüchtige Funktionen durch andere Funktionen ersetzen lassen, z. B. INDIREKT durch WAHL oder BEREICH.VERSCHIEBEN durch INDEX.

Um welche Funktionen handelt es sich?
Folgende Funktionen sind flüchtige Funktionen: HEUTE, JETZT, INFO, INDIREKT, ZELLE, BEREICH.VERSCHIEBEN, ZUFALLSZAHL und ZUFALLSBEREICH.

Wann erfolgt eine Neuberechnung?
Eine Neuberechnung erfolgt unter anderem bei folgenden Aktionen:

- Eingabe und Änderung von Zellinhalten
- Spalten oder Zeilen einfügen oder löschen
- Zeilen ein- und ausblenden (nicht jedoch Spalten)
- Arbeitsblätter umbenennen, Reihenfolge ändern
- Sortieren und Filtern

Darüber hinaus werden natürlich auch Zellen, die abhängig sind von volatilen Funktionen, bei den genannten Aktionen ständig neu berechnet.

Ein kleines Beispiel

Zum Ausprobieren von flüchtigen Funktionen eignet sich am besten die Funktion JETZT. Öffnen Sie zwei neue leere Arbeitsmappen und geben Sie in einer der Mappen in einem beliebigen Tabellenblatt in A1 die Funktion JETZT() ein. Sie erhalten Datum und Uhrzeit in der Form TT.MM.JJJJ hh:mm, wie im Bild unten.

Bild 1.50 Geben Sie die Funktion JETZT() in eine Zelle ein

Merken Sie sich den Wert in A1, warten Sie einige Minuten und geben Sie in eine beliebige andere Zelle des Tabellenblatts irgendetwas ein. Nach dem Betätigen der Eingabetaste hat sich auch in A1 der Inhalt automatisch geändert. Das Gleiche passiert, wenn Sie in einem anderen Tabellenblatt oder in der zweiten geöffneten Arbeitsmappe etwas in eine Zelle schreiben. Oder probieren Sie aus, was passiert, wenn Sie den Inhalt einer (leeren) Zelle mit der Taste Entf löschen oder *Format übertragen* (Pinsel) einsetzen. Das Formatieren von Zellen hat zwar keine Auswirkung, wohl aber das Rückgängigmachen der letzten Aktion.

Manuelle Neuberechnung

Die Funktionstaste **F9** oder das Symbol *Neu berechnen* (Register *Formeln* ▶ *Berechnung*) berechnet die gesamte Arbeitsmappe neu. Dies ist normalerweise nur erforderlich, wenn über *Berechnungsoptionen* die automatische Neuberechnung deaktiviert wurde, kann aber bei flüchtigen Funktionen manchmal sinnvoll sein, z. B. wenn eine neue Zufallszahl angezeigt werden soll.

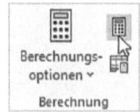

Funktionsergebnis in einen festen Wert umwandeln

Soll anstelle der flüchtigen Funktion der aktuelle Wert, z. B. die aktuelle Zufallszahl oder die aktuelle Uhrzeit, dauerhaft beibehalten werden, dann markieren Sie die betreffende Zelle, klicken in der Bearbeitungsleiste in die Funktion und drücken die Funktionstaste **F9**. Schließen Sie zuletzt die Änderung mit der Eingabetaste ab. Dadurch wird die Funktion entfernt und der letzte Wert beibehalten.

Achtung: Diese Methode lässt sich nur auf einzelne Zellen anwenden. Handelt es sich um einen größeren Zellbereich, dann kopieren Sie diesen in die Zwischenablage und fügen ihn über *Einfügen* ▶ *Inhalte einfügen* und der Option *Werte* an gleicher Stelle wieder ein.

1.6 Formeln korrigieren und auf Fehler überprüfen

Formeln editieren und ändern

Wie alle Zellinhalte lassen sich auch Formeln in der Bearbeitungsleiste kontrollieren und nach einem Klick in die Leiste auch bearbeiten. Einfacher und übersichtlicher ist es, wenn Sie die Formel direkt im Tabellenblatt anzeigen (Editieren) und bearbeiten. Dazu verwenden Sie eine der beiden folgenden Methoden:

- Entweder Doppelklick auf die Zelle mit der Formel,
- oder markieren Sie die Zelle und drücken Sie die Funktionstaste **F2**.

Die Formel erscheint, wie bei der Eingabe, wieder in der Zelle und kann hier auch bearbeitet werden. Zum Übernehmen nachträglicher Änderungen betätigen Sie die **Eingabetaste** oder klicken in der Bearbeitungsleiste auf das Symbol *Eingeben*. Sollen dagegen versehentlich vorgenommene Änderungen nicht übernommen werden, so drücken Sie die **Esc**-Taste oder klicken auf das Symbol *Abbrechen*.

Zellbezüge korrigieren

Außerdem eignet sich diese Methode zur schnellen Kontrolle aller Zellbezüge, da diese beim Editieren im Blatt farbig hervorgehoben sind. Fehlerhafte Zellbezüge ändern Sie am einfachsten mit der Maus. Editieren Sie die Formel mit Doppelklick oder der Taste F2 und zeigen Sie dann im Tabellenblatt auf den farbigen Rahmen des fehlerhaften Zellbezugs: Am Mauszeiger erscheinen vier Richtungspfeile (siehe Bild unten), ziehen Sie nun einfach den Rahmen auf die korrekte Zelle. Der Zellbezug in der Formel ändert sich dadurch automatisch. Übernehmen Sie die Änderung mit der Eingabetaste oder Klick auf das Symbol *Eingeben*.

Bild 1.51 Zellbezüge mit der Maus ändern

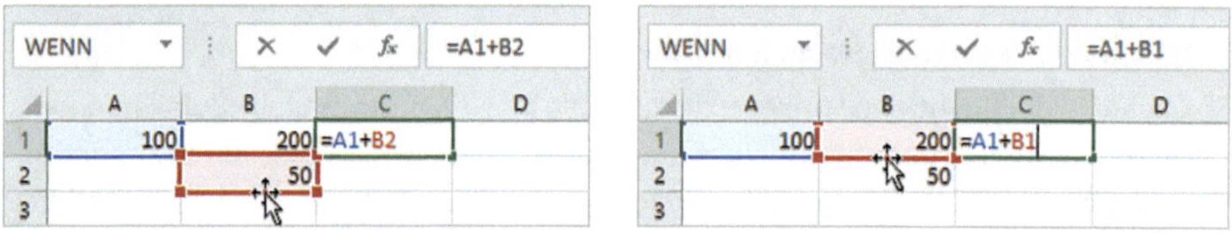

Auch Zellbereiche in Formeln lassen sich auf diese Weise mit der Maus verschieben, vergrößern oder verkleinern. Dazu zeigen Sie mit der Maus auf eine der Ecken der farbigen Umrandung: Der Mauszeiger verwandelt sich in einen Doppelpfeil und durch Ziehen vergrößern oder verkleinern Sie den Zellbereich.

Bild 1.52 Bereichsangaben mit der Maus ändern

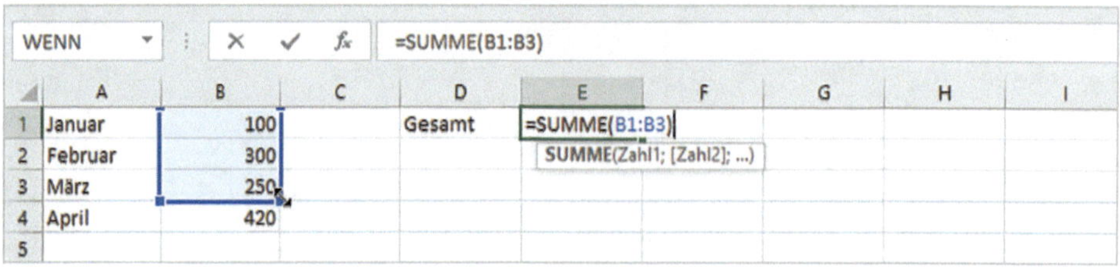

Formeln korrigieren und auf Fehler überprüfen

Formeln im gesamten Tabellenblatt anzeigen

Um im gesamten Arbeitsblatt statt der Ergebnisse die Formeln sichtbar zu machen, klicken Sie im Register *Formeln*, Gruppe *Formelüberwachung*, auf *Formeln anzeigen* ❶. Mit Anzeige der Formeln werden alle Spalten automatisch verbreitert und Zahlenformate ignoriert ❷. Mit derselben Schaltfläche blenden Sie die Formelanzeige auch wieder aus und damit erhalten die Spalten ihre ursprüngliche Breite zurück, vorausgesetzt sie wurden zwischenzeitlich nicht geändert. Auch in dieser Anzeige lassen sich Formeln und fehlerhafte Zellbezüge korrigieren.

Bild 1.53 Formeln anzeigen

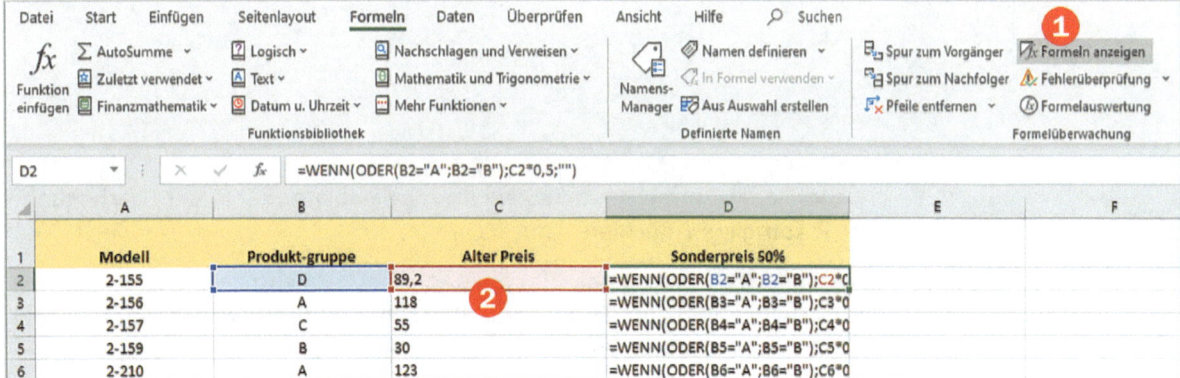

Tipp: Wenn Sie das Blatt mit den Formeln drucken möchten, dann sollten Sie zur besseren Kontrolle auch die Zeilen- und Spaltennummerierung sowie die Gitternetzlinien drucken. Aktivieren Sie dazu im Register *Seitenlayout* ▶ *Blattoptionen* unter *Gitternetzlinien* und *Überschriften* jeweils die Kontrollkästchen *Drucken*.

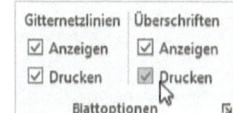

Die Excel-Fehlerkontrolle

Bei Syntaxfehlern in Funktionen und von Excel erkannten Fehlern in Formeln, beispielsweise Division durch Null, zeigt die Zelle anstelle eines Formelergebnisses einen Fehlerwert an und wird mit einem grünen Dreieck in der linken oberen Ecke gekennzeichnet. Häufige Fehlerwerte sind:

Fehlerwert	Ursache
#DIV/0!	Sie dividieren in der Formel eine Zahl durch 0 oder eine leere Zelle. Beides ist mathematisch nicht zulässig.
#NAME?	Die Formel enthält einen nicht existierenden Namen, möglicherweise wurde auch der Funktionsname nicht korrekt geschrieben.
#WERT!	Sie führen eine arithmetische Operation mit einer Zelle durch, die anstelle einer Zahl Text enthält, z. B. ist 12,-- keine gültige Zahl.
#NV	Diesen Fehlerwert erhalten Sie, wenn eine Verweisfunktion, z. B. SVERWEIS, keinen passenden Wert findet (Nicht Verfügbar).

Beim Markieren einer solchen Zelle erscheint im Tabellenblatt eine kleine Schaltfläche und ein Mausklick auf diese Schaltfläche blendet die mögliche Ursache zusammen mit verschiedenen Optionen ein.

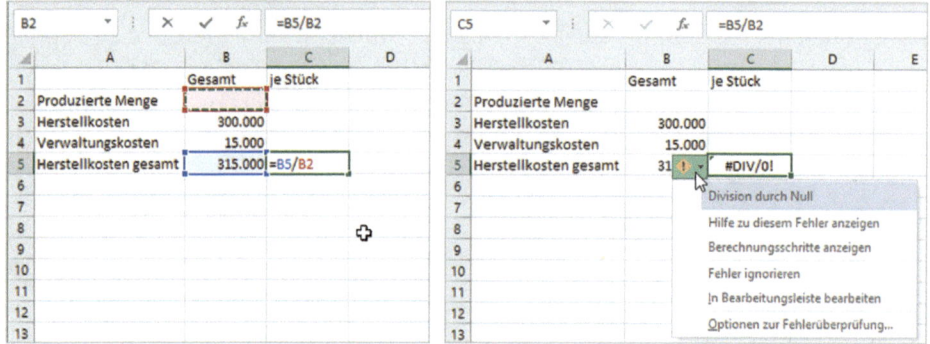

Bild 1.54 Beispiel Fehlerwert

▶ Wenn Sie die Formel anschließend im Tabellenblatt oder in der Bearbeitungsleiste korrigieren möchten, dann klicken Sie auf *In Bearbeitungsleiste bearbeiten*.

▶ Die Option *Berechnungsschritte anzeigen* öffnet das Fenster *Formel auswerten*, in dem Sie in komplexen Formeln die Berechnungsschritte kontrollieren können (siehe „Formeln schrittweise ausführen" auf Seite 52).

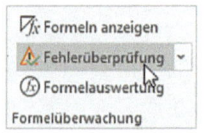

Tabellenblatt auf Fehler prüfen

Um das gesamte Tabellenblatt auf die oben genannten Fehlerwerte zu überprüfen, klicken Sie im Register *Formeln* ▶ *Formelüberwachung* auf *Fehlerüberprüfung*. Anschließend erscheint in einem Dialogfenster der erste gefundene Fehler mit denselben Korrekturmöglichkeiten. Mit einem Klick auf die Schaltfläche *Weiter* gelangen Sie zum nächsten Fehlerwert.

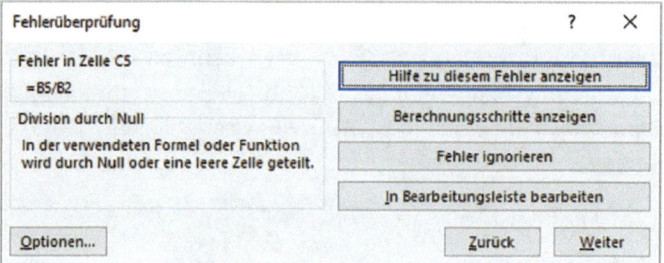

Bild 1.55 Das gesamte Tabellenblatt auf Fehler prüfen

Spuren anzeigen

Wesentlich problematischer als die oben genannten Fehlerwerte sind logische Fehler in Formeln. Diese liefern ebenfalls kein oder im schlimmsten Fall ein falsches Ergebnis, werden aber von Excel nicht erkannt. Für solche Fälle finden Sie Hilfsmittel zur Kontrolle im Register *Formeln*, Gruppe *Formelüberwachung*.

Formeln korrigieren und auf Fehler überprüfen 1

Die einfachste Möglichkeit der Formelkontrolle besteht darin, dass Sie die Zelle mit der Formel markieren und über die Schaltfläche *Spur zum Vorgänger* (Register *Formeln*) Pfeile einblenden, die auf die verwendeten Zellen verweisen. Umgekehrt können Sie mit der Schaltfläche *Spur zum Nachfolger* Pfeile zu allen Zellen bzw. Formeln legen, die Bezüge auf die aktuell markierte Zelle verwenden. Die Schaltfläche *Pfeile entfernen* blendet alle Pfeile im Arbeitsblatt wieder aus.

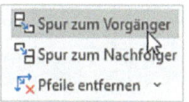

Bild 1.56 Beispiel Spur zum Vorgänger

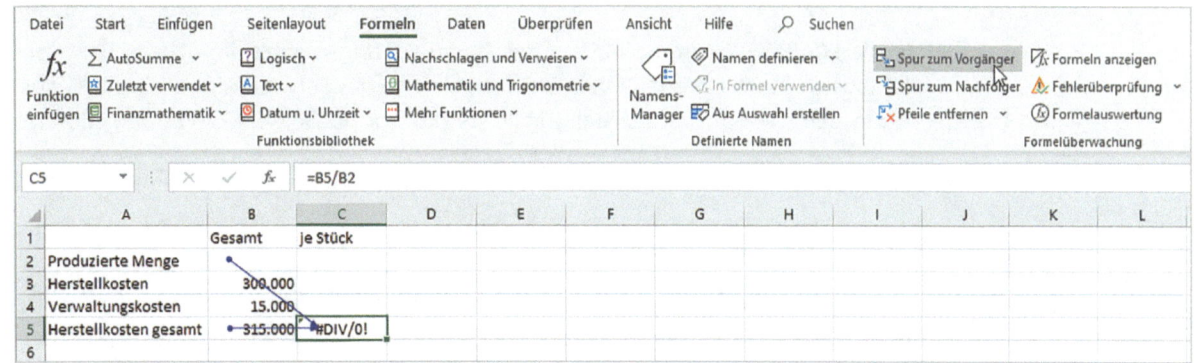

Ausgewählte Formeln im Überwachungsfenster kontrollieren

Das Überwachungsfenster erlaubt die Anzeige ausgewählter Formeln einschließlich der Ergebnisse in einem gesonderten Fenster. Nützlich ist diese Methode insbesondere in umfangreichen Tabellen und bei Verwendung tabellenübergreifender Zellbezüge, da das Überwachungsfenster Formeln der gesamten Arbeitsmappe einbezieht.

1 Zum Einblenden klicken Sie im Register *Formeln* ▶ *Formeln überwachen* auf *Überwachungsfenster* ❶ (siehe Bild unten).

Bild 1.57 Das Überwachungsfenster

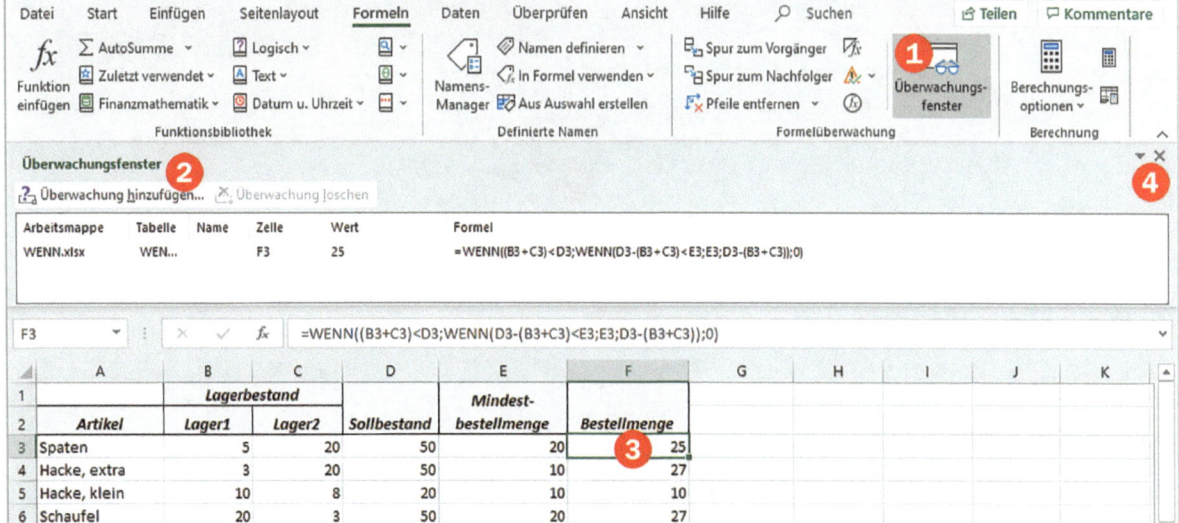

2 Klicken Sie auf *Überwachung hinzufügen* ❷ und dann auf die Zelle mit der Formel, die Sie überwachen möchten, hier F3 ❸. Die Formel kann sich in einem beliebigen Tabellenblatt befinden.

Mit der Schaltfläche *Überwachung löschen* entfernen Sie eine Formel wieder aus dem Überwachungsfenster. Mit Klick auf die Schaltfläche *Überwachungsfenster* oder das *Schließen*-Symbol ❹ dieses Fensters schließen Sie das Überwachungsfenster wieder.

Tipp: Sie können, wie im Bild oben, das Überwachungsfenster am oberen Rand des Arbeitsbereichs verankern: Ziehen Sie dazu einfach das Fenster mit gedrückter Maustaste in den Bereich der Bearbeitungsleiste oder doppelklicken Sie in den Titel des Fensters.

Formeln schrittweise ausführen

Einzelne komplexe Formeln lassen sich im Dialogfenster *Formel auswerten* schrittweise überprüfen, auch wenn sie von Excel nicht als Fehler erkannt wurden. Auf diese Weise können Sie etwa die Einzelergebnisse mehrfach verschachtelter Funktionen kontrollieren.

1 Markieren Sie im Tabellenblatt die Zelle mit der zu überwachenden Formel ❶, hier F3, und klicken Sie im Register *Formeln* auf *Formelauswertung* ❷.

2 Die Formel erscheint nun im Dialogfenster *Formel auswerten* ❸. Klicken Sie auf die Schaltfläche *Auswerten* ❹, um in der Formel statt des Zellbezugs den Wert des jeweils unterstrichenen Ausdrucks anzuzeigen.

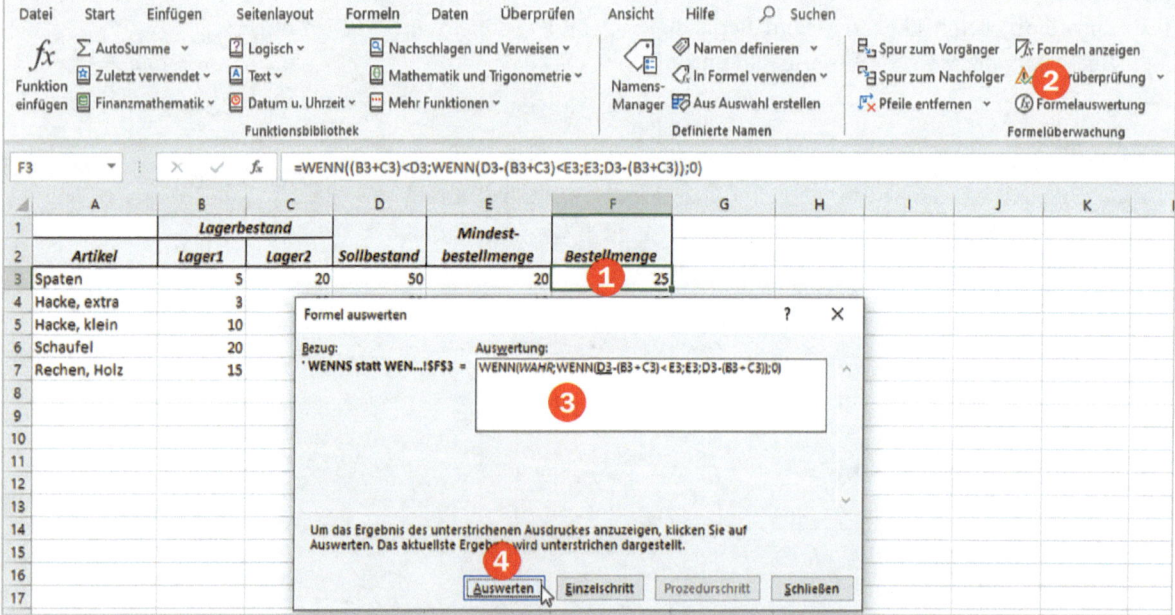

Bild 1.58 Formel schrittweise ausführen und Werte und Ergebnisse anzeigen

3 Mit jedem weiteren Mausklick auf die Schaltfläche *Auswerten* werten Sie den nächsten Schritt der Formel aus. Enthält die Formel oder Funktion einen Bezug auf das Ergebnis einer weiteren Formel, können Sie über die Schaltfläche *Einzelschritt* einen neuen Bereich für die Formel öffnen und diese anschließend ebenfalls überprüfen.

1.7 Der Umgang mit Matrizen

Definition Matrix

Laut Wikipedia versteht man in der Mathematik unter einer Matrix (Plural Matrizen) eine rechteckige oder tabellarische Anordnung von Elementen (meist mathematischer Objekte, etwa Zahlen). Auch Excel verwendet den Begriff Matrix, allerdings sind hier folgende Unterschiede zu beachten:

Quelle: Wikipedia.

▸ **Matrix als Argument in Funktionen**: Darunter ist ein zusammenhängender Zellbereich aus mehreren Zeilen und/oder Spalten zu verstehen, z. B. A1:E25.

▸ Funktionen zur **Matrizenrechnung**, z. B. MMULT.

▸ **Matrixformeln**, die statt eines einzelnen auch mehrere Formelergebnisse liefern.

Hinweis: In einigen, meist neueren Excel-Funktionen verwendet Microsoft statt Matrix auch den Begriff *Array*. Gemeint ist damit jedoch dasselbe.

Matrizenrechnung

In der Kategorie *Mathematik und Trigonometrie* finden Sie auch Funktionen zur Matrizenrechnung, z. B. Matrizen addieren oder miteinander multiplizieren. Im Bild unten als Beispiel die Berechnung des Matrixprodukts aus Matrix1 und Matrix2.

$$\begin{pmatrix} 1 & 2 & 3 \\ 4 & 5 & 6 \\ 7 & 8 & 9 \end{pmatrix} \times \begin{pmatrix} 1 \\ 2 \\ 3 \end{pmatrix} = \begin{pmatrix} 14 \\ 32 \\ 50 \end{pmatrix}$$

Zur Erinnerung:
(1*1+2*2+3*3)=14
(4*1+5*2+6*3)=32
(7*1+8*2+9*3)=50

Matrixprodukt in Excel berechnen

In Excel lässt sich das obige Beispiel mit der Funktion =MMULT(A1:C3;E1:E3) berechnen. Als Ergebnis der Funktion MMULT erhalten Sie eine Matrix, die dieselbe Anzahl Zeilen wie Array1 (Matrix1) und dieselbe Anzahl Spalten wie Array2 (Matrix2) hat.

Bild 1.59 Matrixprodukt mit MMULT berechnen

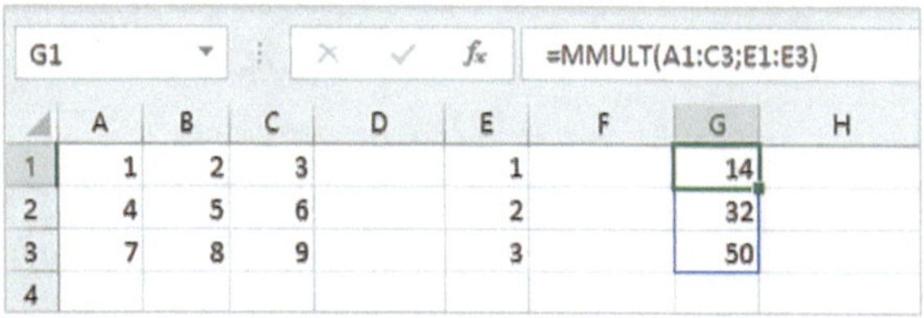

Beachten Sie die Voraussetzung für die Berechnung des Matrixprodukts: Zwei Matrizen lassen sich nur miteinander multiplizieren, wenn die Spaltenanzahl der ersten Matrix mit der Zeilenanzahl der zweiten Matrix übereinstimmt.

1 Grundlegende Techniken

Matrix- oder Arrayformeln

Matrix- oder Arrayformeln sind Formeln, die auch komplexe Berechnungen erlauben. Sie erscheinen in der Bearbeitungsleiste in geschweiften Klammern und sind an diesen leicht zu erkennen. Excel unterscheidet zwei Typen von Matrixformeln:

- Formeln, die ein einzelnes Ergebnis berechnen, und
- Formeln, die gleich mehrere Ergebnisse liefern.

Beispiel: {=SUMME(A2:A5*B2:B5)}

Formeln eingeben

Im Gegensatz zu einfachen Formeln sind bei der Eingabe von Matrixformeln und abhängig von der Excel-Version folgende Punkte zu beachten:

Excel bzw. Microsoft 365

- Wenn Sie Microsoft 365 nutzen, dann geben Sie eine Matrix- oder Arrayformel wie jede andere Formel einfach in die Zelle ein und übernehmen diese mit der **Eingabetaste**. Wenn die Formel mehrere Ergebnisse erzeugt, wird der Ausgabebereich automatisch erweitert; hierzu müssen allerdings ausreichend leere Zellen vorhanden sein, sonst erscheint der Fehler *#ÜBERLAUF!*.
- Die Bearbeitungsleiste zeigt keine geschweiften Klammern an. Stattdessen erscheint der Ausgabebereich beim Anklicken umrandet wie in Bild 1.60.

Bild 1.60 Matrixformel in Excel 365

Bild 1.61 und in Excel 2019

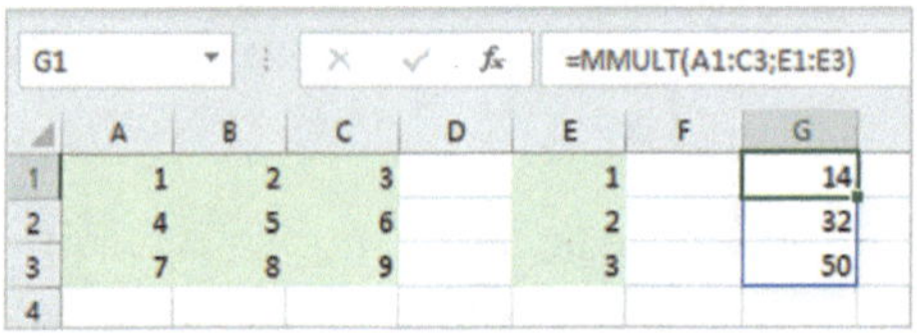

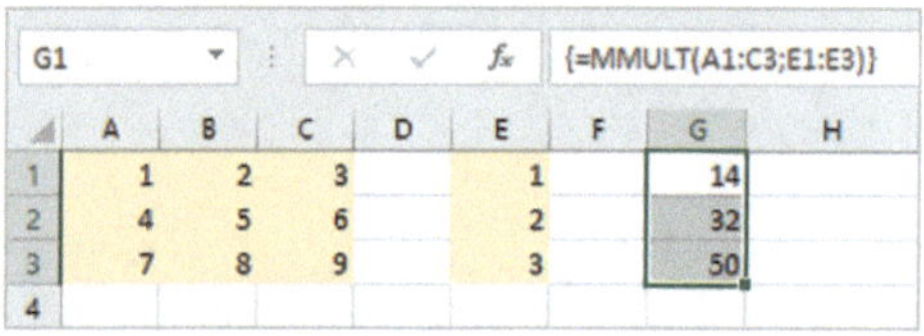

Excel 2019 und älter

- Bei Matrixformeln, die mehrere Ergebnisse ausgeben, muss **vor der Eingabe** der Formel der gesamte Ausgabebereich markiert werden.
- Die Eingabe muss mit den Tasten **Strg+Umschalt+Eingabe** (Ctrl+Shift+Enter) abgeschlossen werden. Dadurch werden auch die geschweiften Klammern wie in Bild 1.61 hinzugefügt, diese dürfen nicht einfach über die Tastatur eingegeben werden.

Beispiel: Ein einzelnes Ergebnis berechnen

Hier ein einfaches Beispiel, bei dem in B7 mit einer Matrixformel die Gesamtsumme aus Menge und Einzelpreis berechnet wird.

1. Markieren Sie B7 und geben Sie die Formel ein =SUMME(A2:A5*B2:B5).

2. Schließen Sie bei Excel 2019 und älter die Eingabe mit **Strg+Umschalt+Eingabetaste** ab und kontrollieren Sie die Formel in der Bearbeitungsleiste. Am Beginn und

Ende der Formel wurden geschweifte Klammern hinzugefügt, siehe Bild unten. In Excel 365 genügt dagegen die **Eingabetaste**.

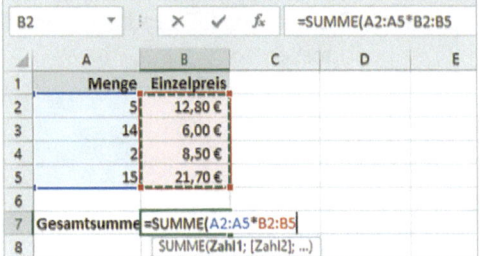

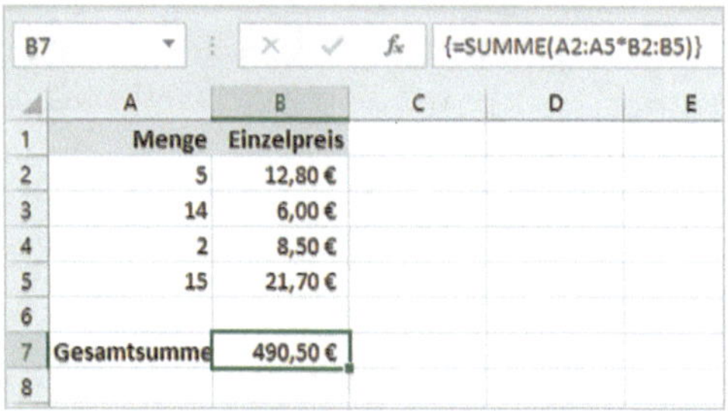

Bild 1.62 Formel eingeben

Bild 1.63 Die Matrixformel in der Bearbeitungsleiste

Hinweis: Normalerweise müssten Sie für jede Zeile Menge und Einzelpreis multiplizieren und dann in B7 diese Ergebnisse addieren. Für diese Aufgabe könnten Sie allerdings statt einer Matrixformel die Gesamtsumme auch mit der Funktion SUMMENPRODUKT berechnen, dann müsste die Funktion wie unten abgebildet lauten. Diese Funktion braucht nicht als Matrixformel eingegeben werden.

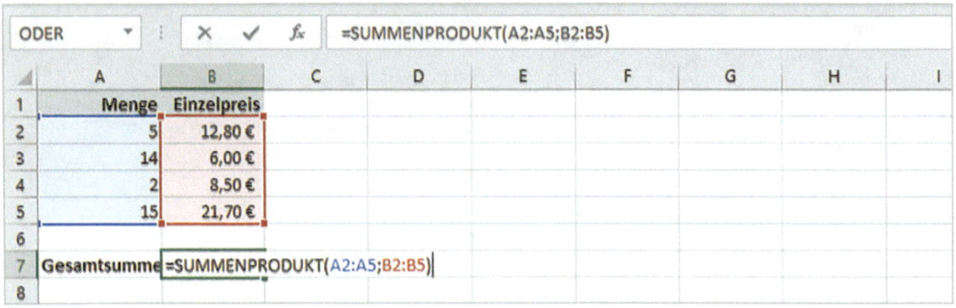

Bild 1.64 Alternative: Gesamtsumme mit der Funktion SUMMENPRODUKT berechnen

Mehrere Ergebnisse berechnen

Wenn Sie mit einer Matrixformel mehrere Ergebnisse berechnen möchten, dann müssen Sie mit Excel 2019 zuvor den Ausgabebereich markieren, d. h. dieselbe Anzahl von Spalten und/oder Zeilen, die Sie in der Formel als Matrix bzw. Array angeben, wie in den beiden nachfolgenden Beispielen. Mit Excel 365 können Sie dagegen die Formel wie eine normale Formel eingeben und mit der **Eingabetaste** übernehmen.

Beispiel 1: Werte zweier Spalten miteinander multiplizieren

Hier ein einfaches Beispiel, wie Sie mit Excel 2019 oder älter eine Matrixformel mit mehreren Ergebnissen eingeben. In Spalte C, genauer gesagt in C4:C7, sollen die Werte der Spalten A und B miteinander multipliziert werden.

1. Markieren Sie den gesamten Zellbereich, in dem die Formel berechnet werden soll (Ergebnisbereich), hier C4:C7.

2. In der Formel geben Sie statt des Bezugs auf eine einzelne Zelle jeweils den gesamten zu multiplizierenden Zellbereich an, diesen legen Sie wie gewohnt mit der Maus fest. Die Formel lautet in diesem Beispiel:

1 Grundlegende Techniken

```
=A4:A7*B4:B7
```

3 Beenden Sie die Formeleingabe durch Drücken der Tastenkombination **Strg+Umschalt+Eingabetaste**. Werfen Sie einen Blick in die Bearbeitungsleiste: Die Matrixformel wurde in geschweifte Klammern { } eingeschlossen

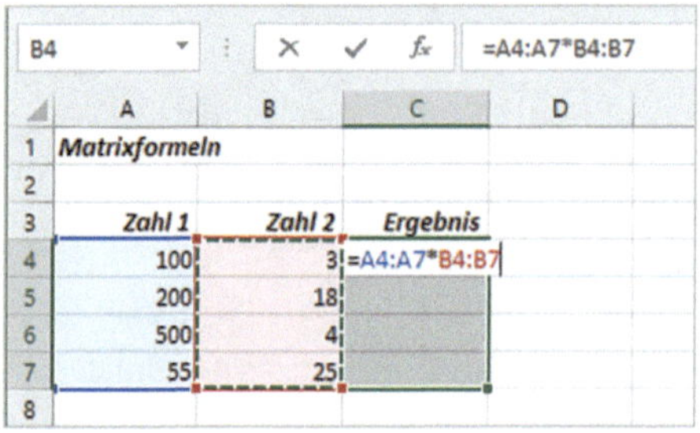

Bild 1.65 Markieren Sie den Ergebnisbereich und geben Sie die Formel ein

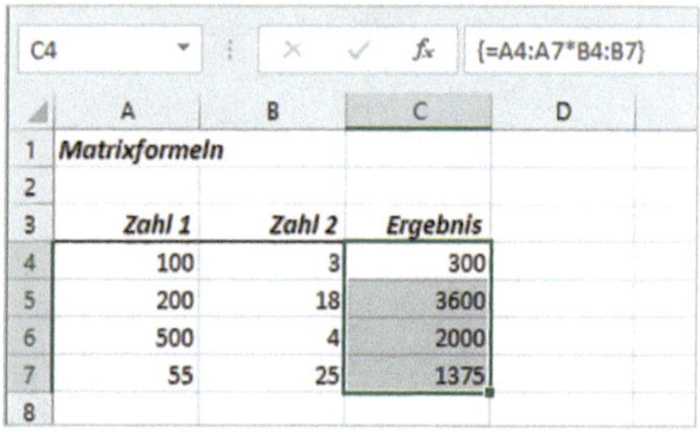

Bild 1.66 Die Matrixformel ist an den geschweiften Klammern zu erkennen

Mit Excel 365 geben Sie die Formel einfach ein und betätigen die **Eingabetaste**. Der Ergebnisbereich wird automatisch erweitert, wie im Bild unten.

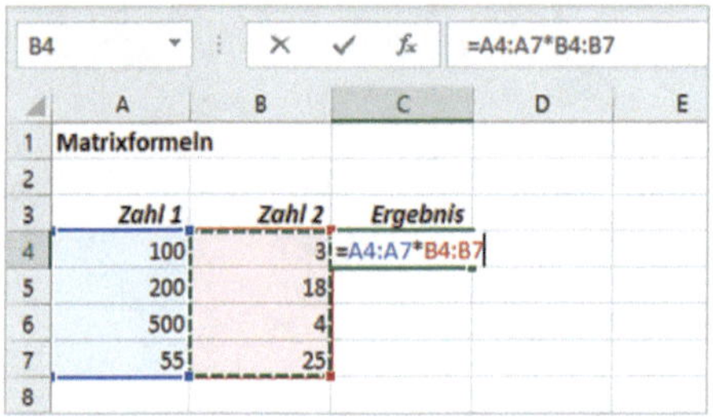

Bild 1.67 Microsoft 365: Matrixformel eingeben

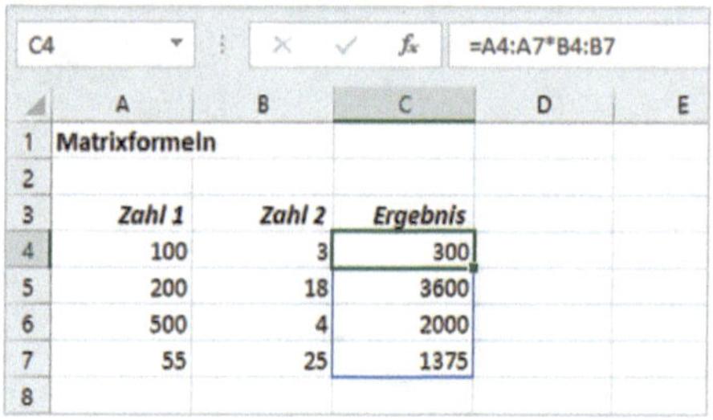

Bild 1.68 Die Ergebniszellen sind am Erweiterungsrahmen zu erkennen

Matrixformel nachträglich bearbeiten oder löschen

Eine Matrixformel über mehrere Zellen bildet eine Einheit und einzelne Formeln können weder bearbeitet noch gelöscht werden. Die Vorgehensweise beim Ändern oder Löschen ist ebenfalls abhängig von der Excel-Version:

▶ **Excel 365**: Nehmen Sie die Änderungen in der ersten Formelzelle vor, also in derjenigen Zelle, in die ursprünglich die Formel eingegeben wurde. Wenn Sie aus dieser Zelle die Formel löschen, wird diese automatisch aus allen Zellen des Ausgabebereichs entfernt.

▶ **Excel 2019 und älter**
Für Korrekturen markieren Sie alle Ergebniszellen, editieren dann mit F2 die Formel und nehmen die Änderungen vor. Anschließend übernehmen Sie diese mit den Tasten **Strg+Umschalt+Eingabetaste**.

Zum Löschen der Formel markieren Sie alle Ergebniszellen und drücken dann die **Entf**-Taste.

Der Umgang mit Matrizen 1

Beispiel 2: Werte aus zwei Tabellen miteinander multiplizieren

Mit einer einzigen Matrixformel lassen sich auch Ergebnisse mit zwei verschiedenen Tabellen berechnen. Als Beispiel sollen im Bild unten die Werte der linken Tabelle (Matrix 1) mit dem jeweiligen Wert aus Matrix 2 multipliziert und die Ergebnisse in der dritten Tabelle im Bereich A7 bis C9 eingefügt werden. Die Vorgehensweise ist dieselbe:

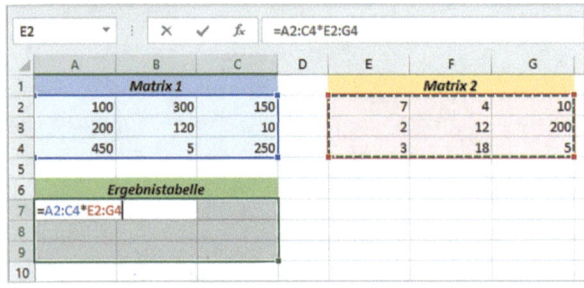 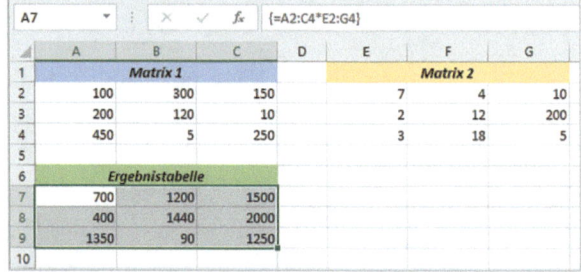

Bild 1.69 Zwei Zellbereiche miteinander multiplizieren

1 Markieren Sie den Zellbereich A7:C9 und geben Sie folgende Formel ein:

=A2:C4*E3:G4

2 Schließen Sie die Formeleingabe mit **Strg+Umschalt+Eingabe** ab.

Zellbezüge in Matrixformeln

Das Verhalten relativer und absoluter Zellbezüge beim Kopieren von Formeln dürfte bekannt sein, Matrixformeln verhalten sich in dieser Hinsicht anders:

Beispiel 3: Mehrere Werte mit demselben Wert multiplizieren

In diesem Beispiel multiplizieren Sie eine Matrix mit dem Inhalt einer einzigen Zelle, nämlich B3. Im Gegensatz zu einer normalen Formel, die anschließend kopiert werden soll, benötigen Sie hierzu in einer Matrixformel keinen absoluten Zellbezug.

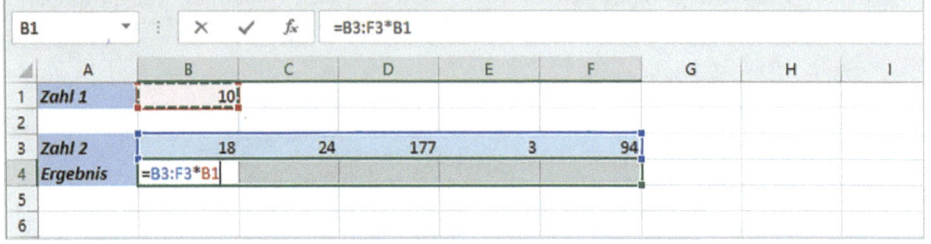

Bild 1.70 Mehrere Werte mit derselben Zelle multiplizieren

Formel nachträglich in eine Matrixformel umwandeln

Falls Sie eine bereits vorhandene Formel nachträglich in eine Matrixformel umwandeln möchten, gehen Sie so vor:

1 Markieren Sie den Zellbereich, auf den Sie die Matrixformel erweitern möchten, und drücken Sie dann die Taste F2, um die Formel zu editieren.

2 Anschließend korrigieren Sie die Zellbezüge und übernehmen dann die Formel als Matrixformel mit den Tasten Strg+Umschalt+Eingabe. Eventuell vorhandene absolute Zellbezüge werden ignoriert und müssen daher nicht zwingend korrigiert werden.

Matrixkonstanten

Statt Matrizen in Form von Zellbereichen kann man auch feste bzw. konstante Werte in Formeln verwenden, diese werden als Matrixkonstanten bezeichnet. Sinnvoll ist die Verwendung von Matrixkonstanten immer dann, wenn die, für die Berechnung verwendeten Werte, nicht sichtbar sein sollen.

Matrixkonstanten können Zahlen, logische Werte, Text oder Fehlerwerte sein, dürfen aber keine Zellbezüge, Klammern, % und $-Zeichen enthalten. Bei der Erzeugung von Matrixkonstanten werden die geschweiften Klammern über die Tastatur eingegeben, z. B. {"München";"Hamburg";"Stuttgart";"Hannover"}.

Eine wichtige Rolle spielen die Trennzeichen

▶ Stehen die Werte nebeneinander, dann muss als Trennzeichen der Punkt verwendet werden, z. B. {1.2.3.4.5}, man spricht dann auch von Zeilenkonstanten.

▶ Befinden sich die Werte untereinander (Spaltenkonstanten), dann werden sie mit Semikolon getrennt, z. B. {1;2;3;4;5}.

Zum Vergleich siehe Matrixprodukt mit Zellbezügen berechnen auf Seite 53.

Beispiele

Als Beispiel die Berechnung des Matrixprodukts (Funktion MMULT) mit Matrixkonstanten statt Zellbereichen:

=MMULT({1.2.3};{4;5;6})   Ergebnis 32

Als zweites Beispiel sollen alle Zahlen von 1 bis 9 mit dem Wert in B2 (5) multipliziert werden, die Formel mit Matrixkonstanten lautet:

=SUMMENPRODUKT({1;2;3;4;5;6;7;8;9}*B2)

Bild 1.71 Summenprodukt mit Matrixkonstanten berechnen

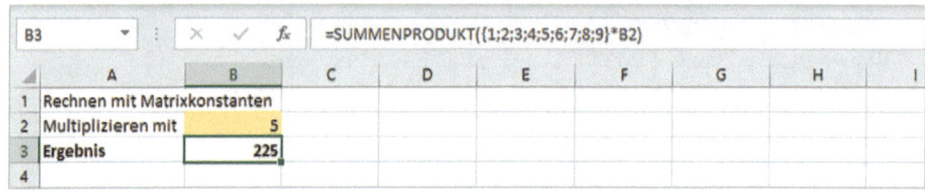

Namen für Zellen und Zellbereiche, siehe Seite 28.

Matrixkonstanten benennen

Richtig interessant werden Matrixkonstanten erst, wenn sie mehrfach und in unterschiedlichen Funktionen, z. B. INDEX, KGRÖSSTE, KKLEINSTE usw., verwendet werden können. Dazu versehen Sie die Matrixkonstanten mit einem Namen. Matrixkonstanten bzw. deren Namen können in allen Excel-Funktionen verwendet werden, die eine Matrix als Argument erfordern.

1 Klicken Sie im Register *Formeln* auf *Namen definieren* und geben Sie einen Namen ein, hier *Zahlenmatrix1*.

2 Die Matrixkonstanten selbst geben Sie im Feld *Bezieht sich auf* nach dem Gleichheitszeichen ein, hier die Zahlen von 1 bis 9, siehe Bild unten.

Diesen Namen verwenden Sie dann in der Funktion und die Funktion SUMMENPRODUKT von oben lautet dann:

=SUMMENPRODUKT(Zahlenmatrix1*B2)

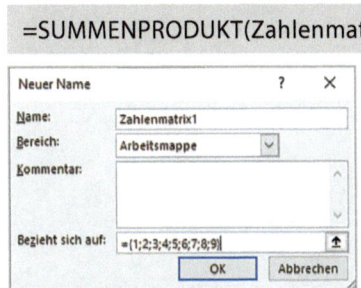
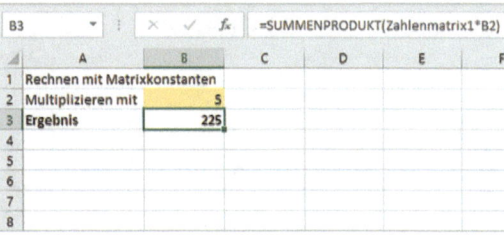

Bild 1.72 Matrixkonstanten mit einem Namen versehen

Bild 1.73 Den Namen in einer Funktion verwenden

1.8 Weitere Funktionen als Add-In laden

Weitere Werkzeuge und Funktionen, wie beispielsweise Solver oder eine Regressionsanalyse, sind als Excel-Add-Ins verfügbar. Dabei handelt es sich um Programmergänzungen, die auf dem Gerät zwar vorhanden, aber nicht zusammen mit Excel installiert sind. Sie müssen vor der ersten Verwendung erst geladen werden.

1. Klicken Sie auf das Register *Datei* ▶ *Optionen* und auf die Kategorie *Add-Ins* ❶. Im oberen Bereich sehen Sie die aktiven und alle inaktiven ❷, aber verfügbaren Add-Ins.

2. Achten Sie darauf, dass im Feld *Verwalten* ❸ *Excel-Add-Ins* ausgewählt ist bzw. wählen Sie diesen Eintrag per Mausklick auf den Dropdown-Pfeil und klicken Sie auf die Schaltfläche *Los…*.

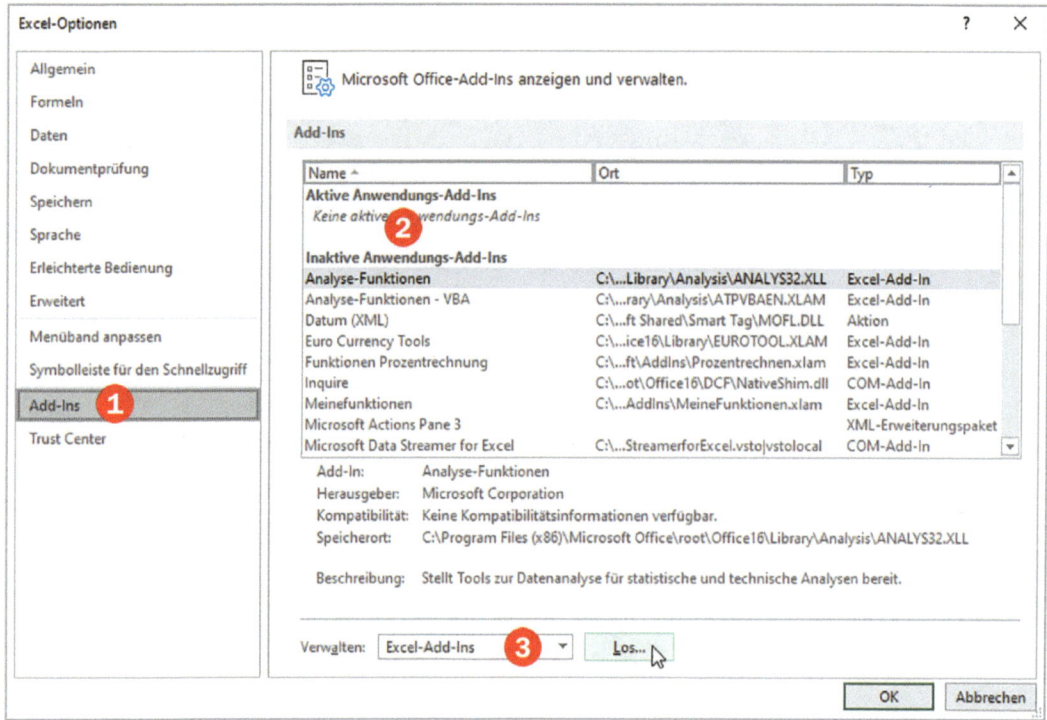

Bild 1.74 Excel-Optionen: Add-Ins

Bild 1.75 Add-Ins auswählen

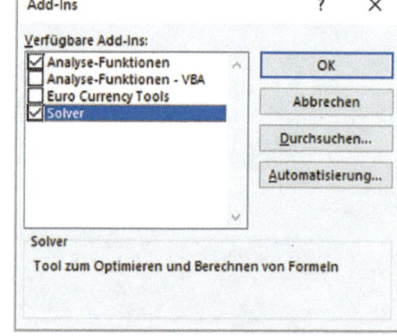

3. Excel öffnet ein Fenster mit den verfügbaren Add-Ins. Aktivieren Sie die Kontrollkästchen der gewünschten Add-Ins, beispielsweise *Analyse-Funktionen* und/oder *Solver* und bestätigen Sie mit *OK*. Die Add-Ins werden anschließend geladen, dies dauert einige Sekunden.

4. Anschließend stehen Ihnen die Add-Ins dauerhaft zur Verfügung, zumindest so-

1 Zahlen- und Datumsformate

lange, bis Sie diese auf demselben Weg wieder entfernen: Dazu brauchen Sie nur die Kontrollkästchen deaktivieren.

Achtung: Sie finden die Add-Ins anschließend im Register *Daten* in der Gruppe *Analyse* und nicht im Register *Formeln*!

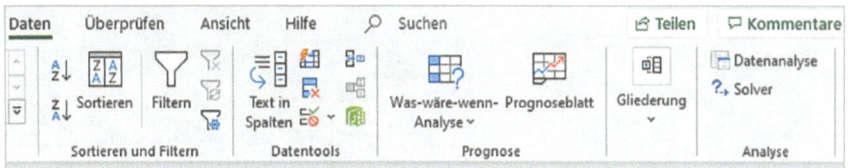

Bild 1.76 Die Add-Ins finden Sie im Register Daten

1.9 Zahlen- und Datumsformate

Zahlen- und Datumsformate steuern die Anzeige von Zahlen und Datumswerten, ohne diese jedoch zu verändern. Die wichtigsten Zahlenformate, zu finden im Register *Start* ▶ *Zahl*, dürften den meisten Excel-Nutzern bereits bekannt sein s. Bild unten. Zusätzlich können Sie mit den beiden Symbolen *Dezimalstelle hinzufügen* und *Dezimalstelle entfernen* die Anzahl der angezeigten Nachkommastellen steuern.

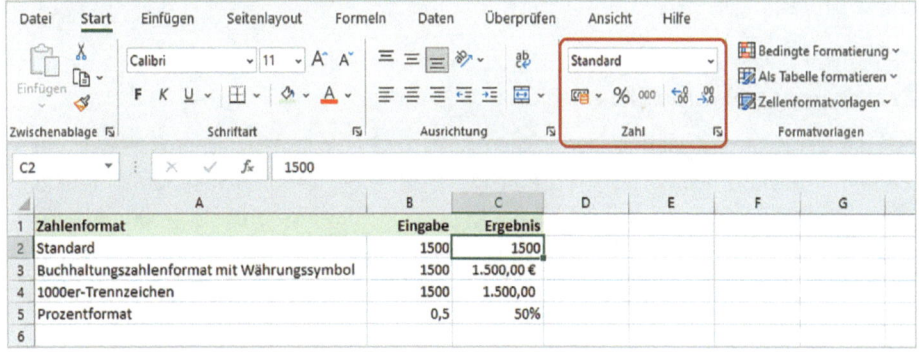

Bild 1.77 Zahlenformate im Register Start

Achtung: Dezimalstellen werden durch Zahlenformate nicht entfernt! Wenn Berechnungen mit einer bestimmten Anzahl Dezimalstellen erfolgen sollen, dann müssen die Zahlen mit einer der Rundungsfunktionen gerundet werden, siehe Kapitel 8.1 dieses Buches.

Wichtige Zahlenformate und ihre Verwendung

Weitere Zahlenformate finden Sie, wenn Sie entweder mit der rechten Maustaste auf die zu formatierende Zelle und den Befehl *Zellen formatieren...* oder im Menüband, Register *Start*, auf den kleinen Pfeil der Gruppe *Zahl* klicken. In beiden Fällen öffnet sich das Fenster *Zellen formatieren* mit dem Register *Zahl* (s. Bild auf der nächsten Seite).

Beachten Sie den Unterschied zwischen den Kategorien *Buchhaltung* und *Währung*: Beide erlauben die Anzeige mit oder ohne Währungssymbol, allerdings ist die Position von Dezimalzeichen bzw. Komma und Währungssymbol nicht ganz identisch. Auch zwischen dem Symbol *1.000er-Trennzeichen* und der Kategorie *Zahl* mit *1.000er-Trenn-*

Bild 1.78 Zahlenformate im Vergleich

zeichen gibt es einen Unterschied, wie ein Vergleich der verschiedenen Zahlenformate im Tabellenblatt zeigt.

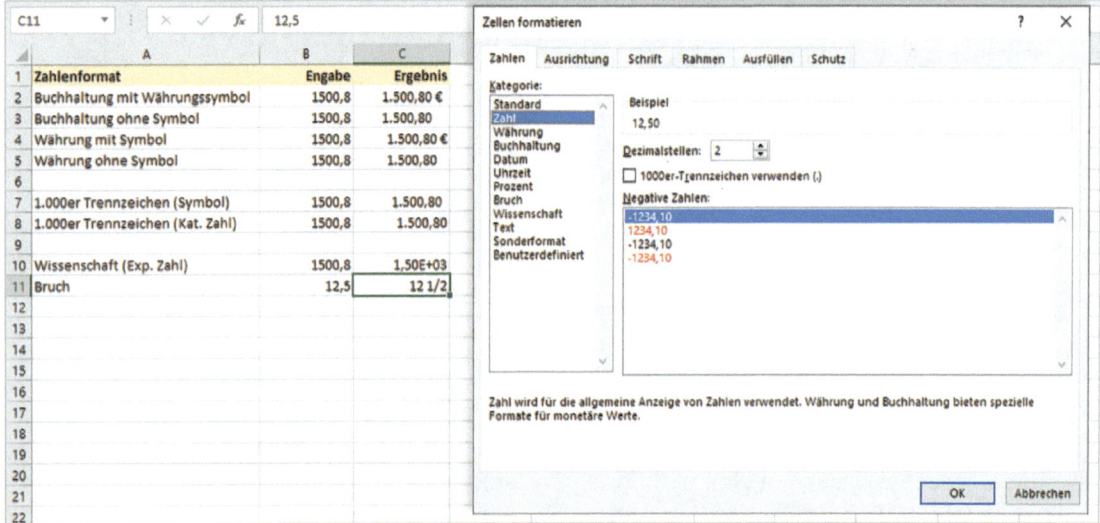

Benutzerdefinierte Zahlenformate

Im Fenster *Zellen formatieren*, Register *Zahlen*, haben Sie auch die Möglichkeit, eigene Zahlen- und Datumsformate zu erstellen.

Dazu klicken Sie auf die Kategorie *Benutzerdefiniert* ❶. Rechts erhalten Sie mehrere Zahlen- und Datumsformate ❷, die Sie in der Zeile *Typ* ❸ nach Belieben ändern können. Anhand der Vorschau oberhalb ❹ können Sie das Ergebnis kontrollieren.

Bild 1.79 Das Dialogfenster Zellen formatieren, Register Zahlen

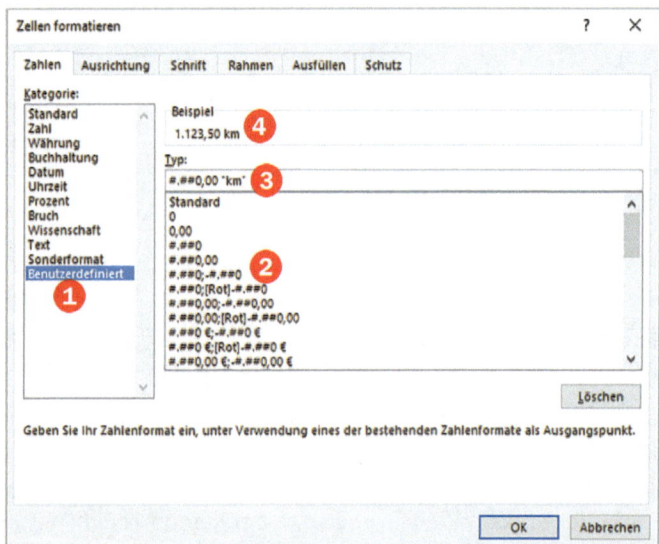

Für alle benutzerdefinierten Formate gilt:

- Der Platzhalter 0 steht für eine Ziffer, nicht belegte Stellen werden mit 0 aufgefüllt. Beispiel: Das Format 0,00 zeigt die Zahl 12 als 12,00 an.

- Der Platzhalter # steht ebenfalls für eine Ziffer, aber im Gegensatz zu 0 werden nicht belegte Stellen nicht angezeigt. Beispiel: Das Format #.##0 legt den Tausenderpunkt fest und zeigt die Zahl 1456 als 1.456 an, zwei- oder dreistellige Zahlen erscheinen dagegen wie eingegeben.

- Für negative Zahlen kann, getrennt mit Semikolon (;), ein zweites Zahlenformat angegeben werden. Falls eine abweichende Farbe gewünscht wird, stellen Sie diese in eckigen Klammern voran, z. B. [Rot].

  Tipp: Ein drittes Format legt das Aussehen fest, wenn die Zahl genau 0 ist. Beispiel: Positive Zahlen blau, negative rot und 0 in schwarzer Farbe:
  [Blau]#.##0;[Rot]-#.##0;#.##0

- Ein einzelnes Zeichen, z. B. € oder $, kann dem Zahlenformat problemlos einfach hinzugefügt werden, auch getrennt durch ein Leerzeichen. Wenn es sich dagegen um mehr als ein Zeichen handelt, müssen diese in Anführungszeichen oben gesetzt werden, z. B. 0,00 "km".

- Wenn der Zusatztext (links von der Zahl) linksbündig und die Zahl rechtsbündig ausgerichtet werden soll, dann setzen Sie einen Stern * links vor die Zahl. Dieser füllt den Abstand dazwischen mit Leerzeichen auf.

Beispiele

Format	Eingabe		Anzeige
#.##0 "kg"	1234,23		1.234 kg
0,00	12		12,00
0000	12		0012
000-000	123456		123-456
"St."*#.##0	1135	St.	1.135
[Grün]#.##0,00;[Rot]-#.##0,00	1400 -2300		1400,00 -2300,00
0. "Tsd"	12700		13 Tsd
#.##0. "Tsd"	1234000		1.234 Tsd
0.. "Mio"	17895123		18 Mio
0,0.. "Mio"	17895123		17,9 Mio

1 Grundlegende Techniken

Große Zahlen abkürzen

Mithilfe von benutzerdefinierten Zahlenformaten können sehr große Zahlen auch in Tausendern (Tsd) oder Millionen (Mio) dargestellt werden, wie im Bild unten. Die dazugehörigen Zahlenformate entnehmen Sie der Tabelle.

Bild 1.80 Zahlen in Tausendern oder Millionen anzeigen

	A	B	C	D
1	Tausenderpunkt	in Tsd	in Mio	Mio mit Nachkommastelle
2	17.895.123	17.895 Tsd	18 Mio	17,9 Mio
3	1.147.822	1.148 Tsd	1 Mio	1,1 Mio
4	22.254.789	22.255 Tsd	22 Mio	22,3 Mio

Benutzerdefinierte Datums- und Uhrzeitformate

In der Kategorie *Benutzerdefiniert* stellen Sie auch Ihre eigenen Datums- und Uhrzeitformate zusammen. Dazu verwenden Sie die folgenden Platzhalterzeichen, Trennzeichen und Leerzeichen erscheinen wie angegeben.

Einheit	Format	Anzeige
Tag	T TT TTT TTTT	1 01 Mo Montag
Monat	M MM MMM MMMM	1 01 Jan Januar
Jahr	JJ JJJJ	21 2021
Stunde (max. 24 Stunden)	h	12
Stunde (mehr als 24 Stunden)	[h]	36
Minute	m mm	5 05
Sekunde	s ss	8 08

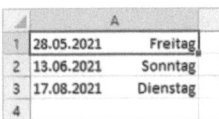

Tipp: Datumswerte werden in der Zelle rechtsbündig ausgerichtet. Soll das Datum linksbündig und der Wochentag rechtsbündig ausgerichtet werden, so verwenden Sie das Datumsformat: TT.MM.JJJJ * TTTT.

2 Nützliche Tools

2.1 Datentabellen mit zwei Variablen berechnen   66
2.2 Die Zielwertsuche   70
2.3 Inhalte mit der bedingten Formatierung hervorheben   73
2.4 Häufige Formeln mit der Schnellanalyse einfügen   80
2.5 Steuerelemente einfügen und verwenden   82
2.6 Fehler durch Eingabekontrollen vermeiden   93
2.7 Visualisierung mit Sparklines und Diagrammen   101
2.8 Mathematische Formeln darstellen   118

2 Nützliche Tools

2.1 Datentabellen mit zwei Variablen berechnen

Sie haben eine Formel mit mehreren Ausgangswerten berechnet und möchten testen, wie sich das Ergebnis verhält, wenn Sie für einen bestimmten Ausgangswert verschiedene Werte verwenden? Wenn Sie diese Werte nicht nur einfach nacheinander in die Zelle schreiben, sondern sämtliche Ausgangswerte und Ergebnisse in einer Tabelle zusammenfassen möchten, dann sollten Sie sich mit der Mehrfachoperation befassen.

Sie finden die Mehrfachoperation unter der Bezeichnung *Datentabelle* im Register *Daten ▶ Prognose*. Klicken Sie auf *Was-wäre-wenn-Analyse* und auf *Datentabelle...*.

Bild 2.1 Datentabelle

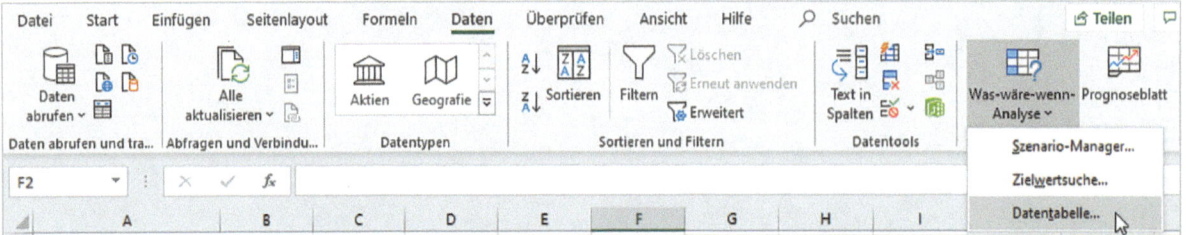

Hinweis: Zur Berechnung einer Datentabelle verwendet Excel die Funktion MEHRFACHOPERATION und berechnet die Ergebnistabelle als Matrixformel. Dies erkennen Sie bei einem Blick in die Bearbeitungsleiste daran, dass die Funktion in geschweiften Klammern eingeschlossen ist. Allerdings kann die Funktion MEHRFACHOPERATION nur über *Datentabelle* eingefügt werden.

Matrixformeln, siehe Seite 54.

Beispiel 1: Body-Mass-Index als Datentabelle mit zwei Variablen

Als einfaches Beispiel die Berechnung des Body-Mass-Index (BMI). Dieser berechnet sich aus Körpergröße (m) und Gewicht (kg) mit folgender Formel:

=Gewicht/Körpergröße^2

Bild 2.2 BMI berechnen - Formel

Datentabellen.xlsx

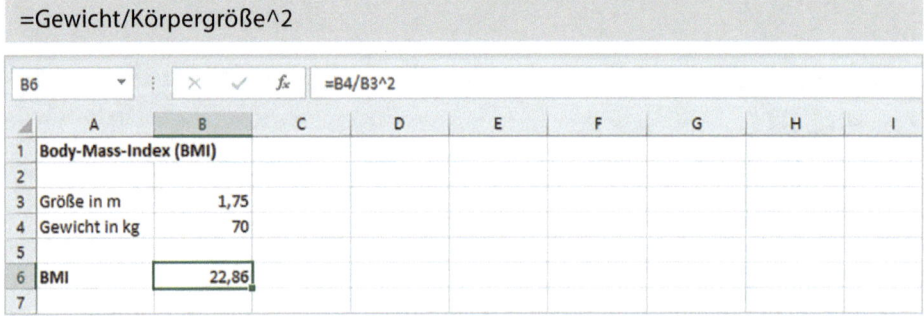

Diese Formel berechnen wir nun als Datentabelle mit unterschiedlichen Größen und Gewichtsangaben. Diese werden in der Zeile neben und in der Spalte unterhalb der Ausgangsformel in B6 vorgegeben. **Beachten Sie**: Die ersten variablen Werte, hier die Größen, müssen sich unbedingt rechts neben der Ausgangsformel und in derselben Zeile befinden. Die zweiten veränderlichen Werte, hier die Gewichte, müssen sich in der gleichen Spalte wie die Ausgangsformel und unterhalb befinden. Eine umgekehr-

Datentabellen mit zwei Variablen berechnen 2

te Anordnung, also die Gewichte in der Zeile und die Größen in der Spalte, wäre kein Problem.

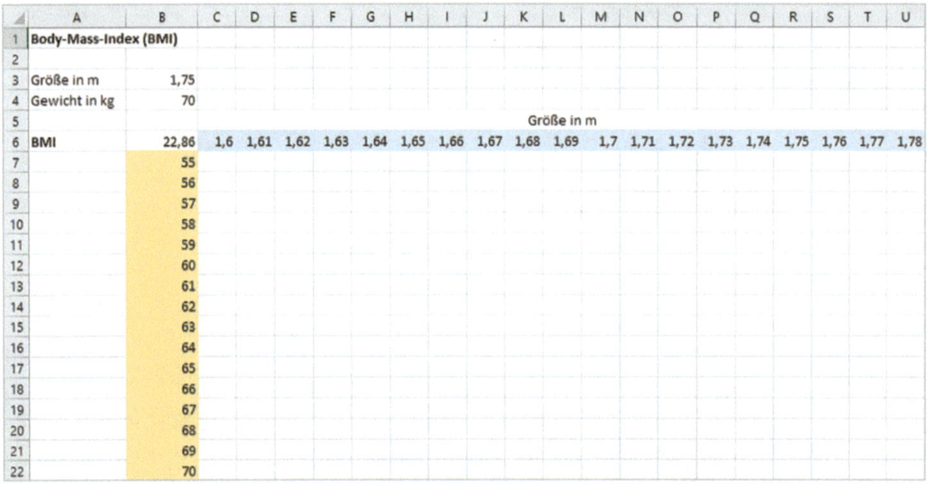

Bild 2.3 Die Ausgangstabelle für die Datentabelle (Ausschnitt)

Das Bild zeigt nur einen Ausschnitt, in der Praxis ist eine solche Tabelle wesentlich umfangreicher.

1 Markieren Sie die gesamte künftige Datentabelle einschließlich der Formel und der Zeilen- und Spaltenwerte und rufen Sie *Datentabelle...* auf (Register *Daten* ▶ *Was-wäre-wenn-Analyse*).

2 Anschließend geben Sie an, welcher der Ausgangswerte durch die Werte aus der Zeile nebeneinander ersetzt werden soll. Da sich im abgebildeten Beispiel die Körpergrößen nebeneinander in der Zeile befinden, geben Sie im Feld *Werte aus Zeile* die Körpergröße in B3 an.

3 Statt des Gewichts in B4 sollen die untereinanderliegenden Werte in der Spalte verwendet werden, also muss im Feld *Werte aus Spalte* B4 angegeben werden.

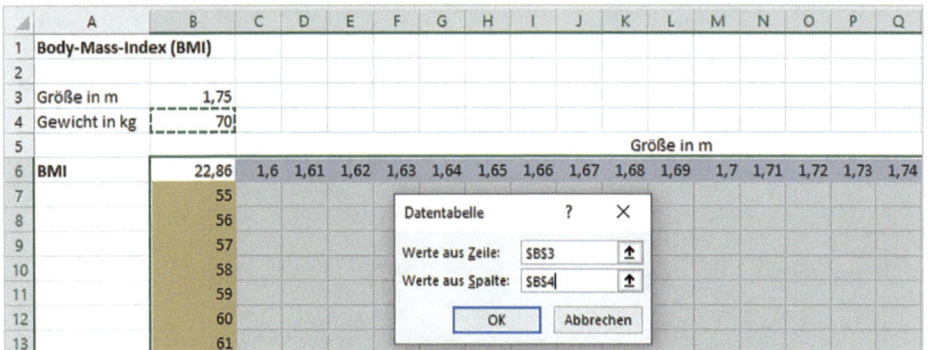

Bild 2.4 Welche Ausgangswerte sollen durch die Zeilen- und Spaltenwerte ersetzt werden?

Nachdem Sie auf *OK* geklickt haben, werden die Ergebnisse mit der Funktion MEHRFACHOPERATION als Matrixformel berechnet, in der Bearbeitungsleiste an den geschweiften Klammern { } zu erkennen. Sie können nun die Tabelle beliebig formatieren, beachten Sie aber, dass einzelne Formeln einer Matrixformel nicht geändert oder gelöscht werden können.

67

Bild 2.5 Das Ergebnis (Ausschnitt)

	A	B	C	D	E	F	G	H	I	J	K	L	M	N	O	P	Q
1	Body-Mass-Index (BMI)																
2																	
3	Größe in m	1,75															
4	Gewicht in kg	70															
5												Größe in m					
6	BMI	22,86	1,60	1,61	1,62	1,63	1,64	1,65	1,66	1,67	1,68	1,69	1,70	1,71	1,72	1,73	1,74
7		55,00	21,48	21,22	20,96	20,70	20,45	20,20	19,96	19,72	19,49	19,26	19,03	18,81	18,59	18,38	18,17
8		56,00	21,88	21,60	21,34	21,08	20,82	20,57	20,32	20,08	19,84	19,61	19,38	19,15	18,93	18,71	18,50
9		57,00	22,27	21,99	21,72	21,45	21,19	20,94	20,69	20,44	20,20	19,96	19,72	19,49	19,27	19,05	18,83
10		58,00	22,66	22,38	22,10	21,83	21,56	21,30	21,05	20,80	20,55	20,31	20,07	19,84	19,61	19,38	19,16
11		59,00	23,05	22,76	22,48	22,21	21,94	21,67	21,41	21,16	20,90	20,66	20,42	20,18	19,94	19,71	19,49
12		60,00	23,44	23,15	22,86	22,58	22,31	22,04	21,77	21,51	21,26	21,01	20,76	20,52	20,28	20,05	19,82

Tipp: Formel in der linken oberen Ecke der Tabelle unsichtbar machen

Die Ausgangsformel in der linken oberen Ecke der Datentabelle dürfen Sie keinesfalls löschen. Falls Sie diese als störend empfinden, so formatieren Sie diese Zelle einfach mit derselben Schriftfarbe wie der Hintergrund der Zelle, meist weiß.

Beispiel 2: Verzinsung mit unterschiedlichen Laufzeiten und Zinsen als Tabelle berechnen

Weitere Funktionen zur Verzinsung bzw. Rentenberechnung finden Sie in Kapitel 9.1.

Das Berechnen von Datentabellen funktioniert natürlich auch mit komplexeren Formeln oder Funktionen. Daher hier noch ein Beispiel aus der Finanzmathematik: Sie legen jeden Monat einen festen Betrag an und möchten wissen, mit welchem Betrag Sie bei verschiedenen Laufzeiten rechnen können und wie unterschiedliche Zinsen das Ergebnis beeinflussen. Dazu verwenden wir die Funktion ZW (Zinswert), diese berechnet den zukünftigen oder Endwert einer Investition und setzt einen konstanten Zinssatz voraus.

=ZW(Zins;Zzr;Rmz;[BW];[F])

Argument	Beschreibung
Zins	Zinssatz, meist jährlich.
Zzr	Zahlungszeitraum; gibt die Anzahl der Perioden an, über die die Zahlung erfolgt.
Rmz	Regelmäßige Zahlung (Hinweis: wird manchmal auch mit der englischen Bezeichnung PMT angegeben).
BW	Optional: Bar- oder Anfangswert der Investition. Wird BW nicht angegeben, wird vom Anfangswert 0 ausgegangen.
F	Optional: Fälligkeit; legt fest, ob die Zahlung am Beginn (1) oder am Ende (0) der Periode erfolgt. Wird das Argument weggelassen, wird 0 angenommen.

Sonstige Hinweise zur Funktion

- Für *Zins*, *Zzr* und *Rmz* sind zueinander passende Zeiteinheiten erforderlich. Bei monatlichen Zahlungen beispielsweise müssen Sie *Zins* und *Zzr* umrechnen: Zins/12 und Zzr*12.

Datentabellen mit zwei Variablen berechnen 2

- Von Ihnen zu leistende Beträge müssen mit negativem Vorzeichen eingegeben werden, Einnahmen dagegen mit positivem Vorzeichen. Andernfalls erhalten Sie ein Ergebnis mit negativem Vorzeichen.

Die Vorgehensweise

1 Berechnen Sie in B6 mit der Funktion ZW den Endwert/Zinswert, wie unten abgebildet. Die Jahre werden rechts neben der Formel eingetragen und die unterschiedlichen Zinsen unterhalb.

> Achten Sie auf die richtige Position der Formel! Diese muss sich in der linken oberen Ecke der zu berechnenden Datentabelle bzw. im Schnittpunkt von Zeilen- und Spaltenwerten befinden, siehe Bild unten.

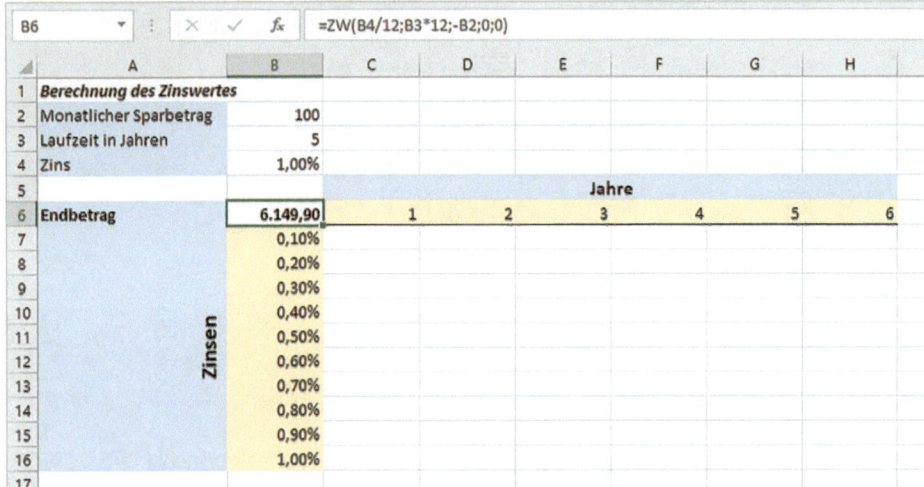

Bild 2.6 Jahre und Zinsen vorgeben

2 Markieren Sie den Zellbereich, in dem die Datentabelle berechnet werden soll, einschließlich der Jahre und Zinsen in den Spalten- und Zeilenüberschriften, klicken Sie auf *Was-wäre-wenn-Analyse* und auf *Datentabelle…*. *Werte aus Zeile* ist die Zelle B3 (Laufzeit) der Ausgangsformel und *Werte aus Spalte* die Zelle B4 (Zins).

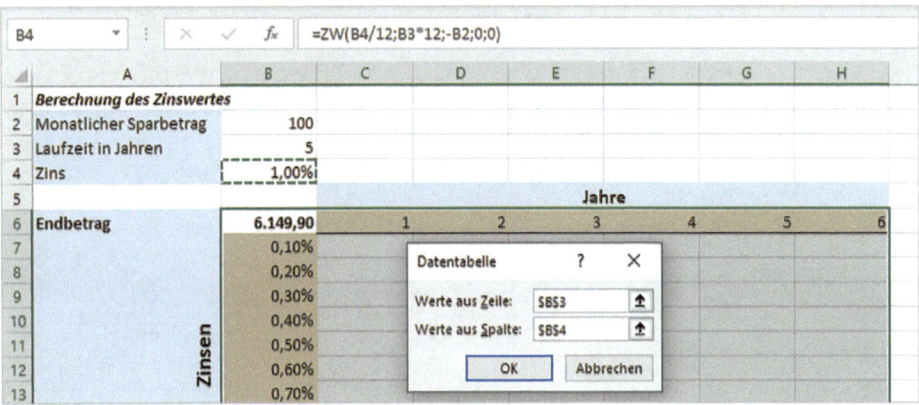

Bild 2.7 Bezüge der Formel durch Werte aus Zeile und Spalte ersetzen

2 Nützliche Tools

Datentabelle mit einer Variablen

Alternativ könnte eine Datentabelle auch mit nur einem einzigen variablen Wert berechnet werden. Dazu wandeln wir Beispiel 2 etwas ab und berechnen den Endwert nur mit verschiedenen Zinsen. Beachten Sie in diesem Fall, dass die Ergebnisse unmittelbar unterhalb der Formel berechnet werden und sich somit die verwendeten Zinsen links davon befinden müssen.

Bild 2.8 Datentabelle mit einer Variablen

2.2 Die Zielwertsuche

Eine Beschreibung des Solver finden Sie in Kapitel 10.

Die Zielwertsuche verändert einen Ausgangswert, um ein bestimmtes Formelergebnis zu erzielen. Der Vorteil dieses nützlichen Tools liegt in der einfachen Handhabung und dass auch nichtlineare Problemstellungen damit gelöst werden können. **Der Nachteil:** Die Zielwertsuche kann immer nur einen einzigen Ausgangswert ändern, im Gegensatz zum Solver.

1. Um die Zielwertsuche aufzurufen, klicken Sie im Register *Daten* ▶ *Prognose* auf *Was-wäre-wenn-Analyse* und auf *Zielwertsuche…*.

2. Geben Sie anschließend als *Zielzelle* an, welche Zelle die Formel mit dem Ergebnis enthält und tragen Sie im Feld *Zielwert* den zu erzielenden Wert ein. **Achtung:** Ein Zellbezug ist hier nicht erlaubt! Im Feld *Veränderbare Zelle* geben Sie an, welcher Zellinhalt verändert werden soll, um den Zielwert zu erreichen.

Bild 2.9 Zielwertsuche aufrufen

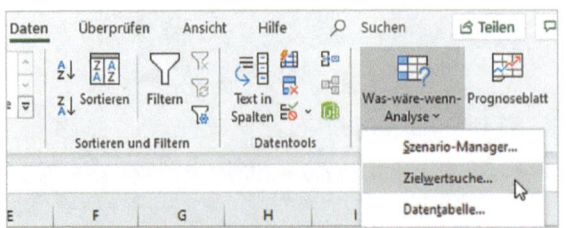
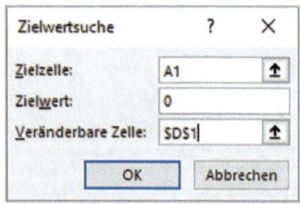

Die Zielwertsuche 2

Beachten Sie beim Einsatz der Zielwertsuche

▸ Die Zelle, in der sich der gesuchte Ausgangswert befindet, wird als veränderbare Zelle bezeichnet. Diese muss zwingend einen Wert enthalten und keine Formel.

▸ Die Zelle, in der das gesuchte Formelergebnis erzielt werden soll, muss dagegen unbedingt eine Formel enthalten und wird als Zielzelle bezeichnet. Die Formel muss sich dabei entweder direkt oder auf dem Umweg über weitere Formeln auf die veränderbare Zelle beziehen.

▸ Beachten Sie nach dem Suchlauf den Status der Zielwertsuche: Wurde eine Lösung gefunden und wenn ja, ist die Lösung zulässig oder unter Umständen nicht zulässig?

Beispiel 1: Break-Even-Point

Sie möchten im unten abgebildeten Beispiel den Break-Even-Point ermitteln: Bei welcher Stückzahl beträgt der Gewinn genau 0? Dazu legen Sie eine Tabelle an, z. B. mit verschiedenen Stückzahlen, und berechnen alle nötigen Formeln, siehe Bild.

Zielwertsuche.xlsx

Nun könnten Sie theoretisch diejenige Stückzahl, bei der der Gewinn dem gewünschten Ergebnis am nächsten kommt (500 Stück), solange ändern, bis in C14 das gewünschte Formelergebnis 0 erscheint. Schneller geht es mit der Zielwertsuche.

Als Zielzelle geben Sie die Zelle an, in der der Gewinn bei 500 Stück berechnet wird, hier C14. **Achtung**: Diese Zelle muss eine Formel enthalten! Als Zielwert tragen Sie das gewünschte Formelergebnis, also 0, ein und als veränderbare Zelle geben Sie die Zelle mit der dazugehörigen Stückzahl an (C9). Klicken Sie dann auf *OK*.

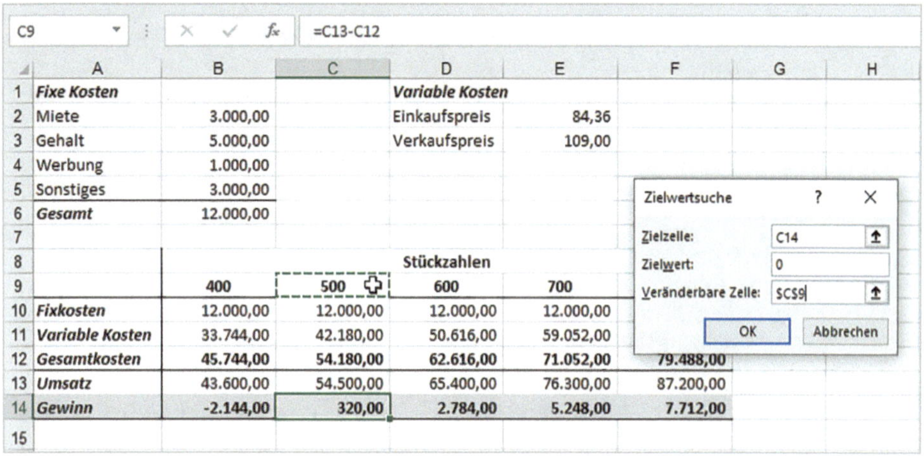

Bild 2.10 Zielwertsuche: Zielzelle und veränderbare Zelle

Dieses Beispiel ließe sich auch auf den Verkaufspreis anwenden: Bei welchem Verkaufspreis ist der Gewinn bei 500 St. gleich 0?

Excel testet nun nacheinander verschiedene Werte für die veränderbare Zelle und gibt den Status aus, wenn das gewünschte Formelergebnis ❶ erreicht wurde. Klicken Sie auf *OK*, um den gefundenen Wert ❷ in die Tabelle zu übernehmen. Dadurch wird der ursprüngliche Wert ersetzt. Sie können nun das Ergebnis speichern oder die Zielwertsuche wieder rückgängig machen.

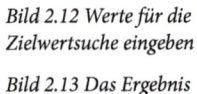

Bild 2.11 Das Ergebnis der Zielwertsuche

Beispiel 2: Radius anhand der Fläche eines Kreises ermitteln

Als zweites Beispiel aus der Geometrie die Flächenberechnung eines Kreises. Die Formel zur Berechnung der Kreisfläche (=B1*B1*PI()) befindet sich in B2 und die Aufgabenstellung lautet: Welcher Radius ist für eine Fläche von 500 (Flächeneinheiten, z. B. m²) notwendig?

Zielzelle ist die Zelle mit der Formel, hier B2, als Zielwert tragen Sie 500 ein und die veränderbare Zelle ist B1 mit dem Radius. Als Ergebnis erhalten Sie den Radius 12,62.

Bild 2.12 Werte für die Zielwertsuche eingeben

Bild 2.13 Das Ergebnis

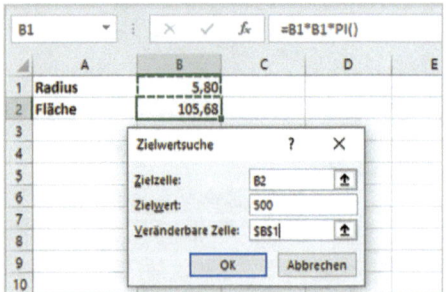
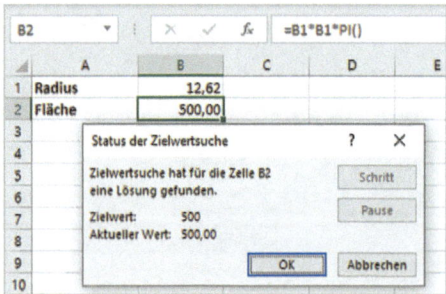

Nicht zulässige Lösung/Keine Lösung gefunden

Nicht immer findet die Zielwertsuche eine Lösung. Wird beispielsweise ein nicht zulässiger Zielwert vorgegeben, dann erhalten Sie zwar eine Lösung, werden aber in der Statusmeldung darauf aufmerksam gemacht, dass die Lösung unter Umständen nicht zulässig ist. Als Beispiel eine Abwandlung der Flächenberechnung oben: Wenn Sie als Zielwert bzw. als Fläche einen Wert vorgeben, der nie erreicht werden kann, z. B. -100 , dann erhalten Sie nach einigen Sekunden die Statusmeldung, dass *u.U. eine nicht zulässige Lösung* für B2 gefunden wurde.

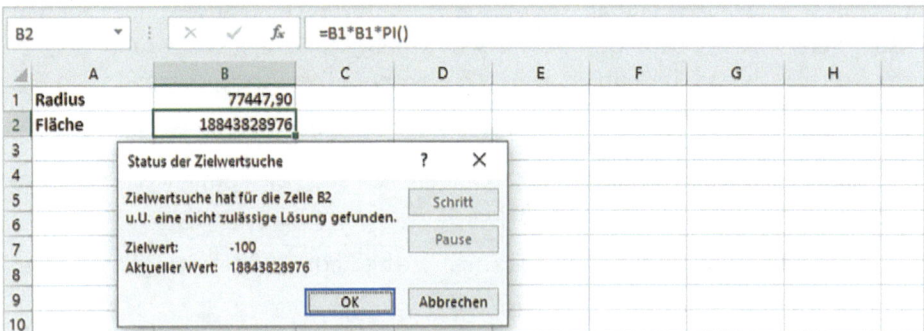

Bild 2.14 Nicht zulässige Lösung aufgrund eines nicht zulässigen Zielwerts

Wann stoppt Excel die Zielwertsuche, wenn keine Lösung gefunden wird?
Excel sucht nicht unendlich lange nach einer Lösung, sondern bricht die Zielwertsuche nach einer gewissen Anzahl von Versuchen ab. Deren Zahl können Sie in den Excel-Optionen ▶ Kategorie *Formeln* einsehen und im Bedarfsfall ändern. Die *Maximale Iterationszahl* legt die Anzahl der Versuche fest (maximal 32.767) und die *Maximale Änderung* ist die Differenz zwischen den sich annähernden Werten.

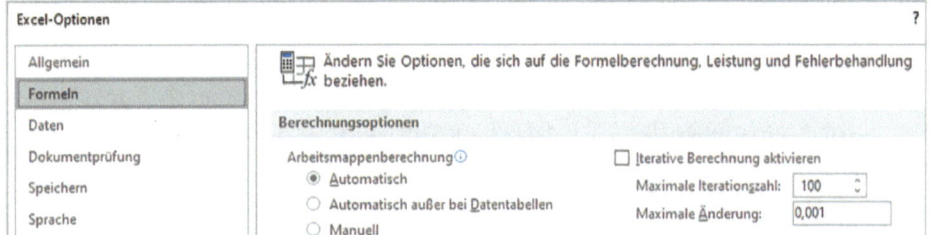

Bild 2.15 Anzahl Lösungsversuche festlegen

2.3 Inhalte mit der bedingten Formatierung hervorheben

Mit der bedingten Formatierung lassen sich Zellen oder Zellbereiche, abhängig vom Inhalt, optisch hervorheben. Die Anwendungsmöglichkeiten sind vielfältig; so visualisieren Sie beispielsweise die höchsten oder niedrigsten Werte einer Reihe, geben negativen Zahlen ein bestimmtes Format oder heben alle Zahlen hervor, die über oder unter dem Durchschnitt liegen. Neben Füll- und Schriftfarben stehen Ihnen auch Datenbalken, Farbskalen und Symbolsätze zur Verfügung. Sie finden die Schaltfläche *Bedingte Formatierung* im Register *Start*, Gruppe *Formatvorlagen*.

Bild 2.16 Register Start, Bedingte Formatierung

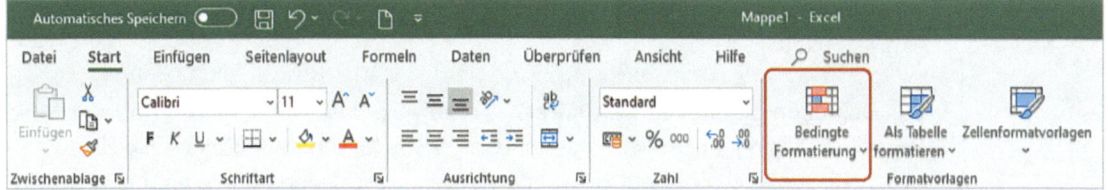

2 Nützliche Tools

Auch die *Schnellanalyse* enthält im Register *Formatierung* eine Auswahl der am häufigsten verwendeten bedingten Formatierungsmöglichkeiten. Das Symbol *Schnellanalyse* erscheint im Tabellenblatt, sobald Sie einen Zellbereich markieren.

Bedingte_Formatierung.xlsx

Für alle bedingten Formatierungen gilt:

▶ Ändert sich der Wert einer Zelle, so ändert sich auch die Formatierung entsprechend der zugrundeliegenden Regel.

▶ Auf einen Zellbereich können auch mehrere bedingte Formatierungen gleichzeitig angewendet werden.

▶ Da Excel Farbabstufungen und Balkenlänge automatisch anhand des markierten Wertebereichs festlegt, sollten Sie darauf achten, nur diejenigen Werte zu markieren, die Sie unmittelbar miteinander vergleichen möchten.

Berechnungsgrundlagen

▶ **Datenbalken**
Die Balkenlänge orientiert sich am höchsten Wert des markierten Zellbereichs.

▶ **Farbskalen**
Die Aufteilung der Farben beruht auf dem Median der markierten Werte. Eine Blau-Weiß-Rot-Farbskala weist z. B. den Werten oberhalb des Medians rote Füllung zu und allen Werten unterhalb blaue Füllung. Je näher ein Wert am Median liegt, umso mehr nähert sich die Füllung der Farbe Weiß an. Im Bild unten beträgt der Median 30.

Der Median teilt die Anzahl der Zahlen in zwei Hälften, wobei die eine Hälfte über und die andere Hälfte unterhalb des Medianwerts liegt. Siehe auch Kapitel 6.3.

▶ **Symbole**
Bei Symbolsätzen mit drei unterschiedlichen Symbolen, z. B. Ampelfarben wie im Bild unten, berechnet Excel die Schwellenwerte mit 33 % und 67 % der höchsten markierten Zahl, diese entspricht 100 %. Bei vier Symbolen bzw. Farben sind dies 25 %, 50 % und 75 %.

Bild 2.17 Berechnungsgrundlage Farbskala

Bild 2.18 Symbolfarben

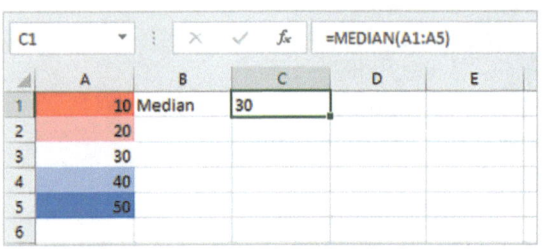

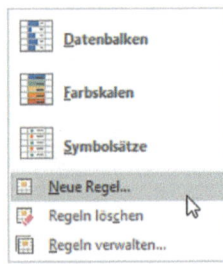

Eigene Regeln definieren

Zur Definition eigener Regeln klicken Sie auf *Bedingte Formatierung* und auf *Neue Regel...*. Im Dialogfenster *Neue Formatierungsregel* (Bild unten) können Sie zur Regelbeschreibung auch Formeln verwenden, eigene Farbskalen definieren und nicht nur einzelne Zellen, sondern auch ganze Tabellenzeilen hervorheben.

Inhalte mit der bedingten Formatierung hervorheben 2

1. Zuerst wählen Sie den grundlegenden Regeltyp aus ❶. Der Typ *Nur Zellen formatieren, die enthalten* entspricht der Kategorie *Regeln zum Hervorheben von Zellen*. Wenn Sie eine Formel verwenden möchten, dann benötigen Sie den Typ *Formel zur Ermittlung der formatierenden Zellen verwenden*.

2. Abhängig vom markierten Regeltyp bearbeiten Sie darunter die Regelbeschreibung ❷. Geben Sie einen Vergleichswert, eine Formel oder eine Funktion ein. **Tipp**: Statt *Zellwert* können Sie auch *Leerzeichen*, *Keine Leerzeichen* oder *Fehler* (Fehlerwerte) usw. auswählen und diese hervorheben.

3. Zuletzt wählen Sie über die Schaltfläche *Formatieren…* ❸ eine Formatierung. Hier sehen Sie eine Vorschau auf das Format ❹.

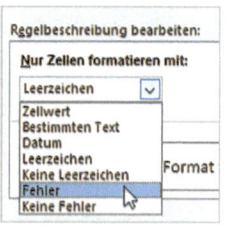

Bild 2.19 Neue Formatierungsregel

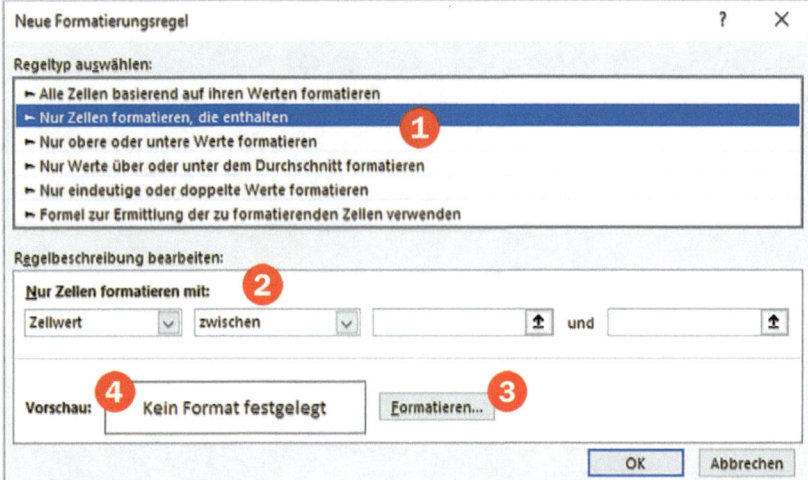

Regeln nachträglich ändern

Haben Sie dagegen einen Zellbereich bereits mit einer bedingten Formatierung versehen, z. B. 3-Farben-Skala, und möchten diese ändern, dann klicken Sie auf *Bedingte Formatierung* ▶ *Regeln verwalten…*. In diesem Fall öffnet sich der *Manager für Regeln zur bedingten Formatierung*. Klicken Sie auf die betreffende Regel und dann auf die Schaltfläche *Regel bearbeiten* (Bild unten). Eine nicht mehr benötigte Regel können Sie hier über die Schaltfläche *Regel löschen* auch wieder entfernen.

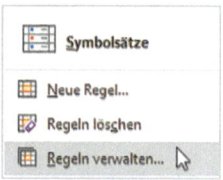

Bild 2.20 Vorhandene Regel bearbeiten

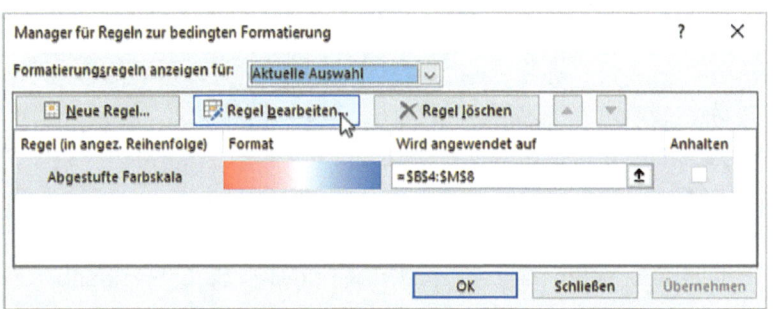

Tipp: Sie brauchen in diesem Fall den Zellbereich nicht unbedingt erneut markieren. Wählen Sie einfach im Feld *Formatierungsregeln anzeigen für* statt *Aktuelle Auswahl* das aktuelle Arbeitsblatt aus (*Dieses Arbeitsblatt*).

Eigene Farbskalen definieren

Beispiel: Sie möchten die mittleren monatlichen Niederschlagsmengen einiger deutscher Städte vergleichen und zwar, statt mit einer Blau-Weiß-Rot-Farbskala (3-Farben) wie im Bild unten, mit einer 2-Farben-Farbskala.

Niederschlag mittlere Monatssumme (mm)
(Quelle: Wetter.de)

	Jan	Feb	Mär	Apr	Mai	Jun	Jul	Aug	Sep	Okt	Nov	Dez
München	46	47	45	65	88	109	90	93	67	52	59	50
Kempten	83	78	79	96	115	163	141	156	103	76	94	90
Rostock	38	35	39	54	84	93	63	76	53	41	48	41
Frankfurt	44	40	51	52	61	70	63	65	48	51	59	54
Berlin	33	31	38	40	47	62	48	51	36	29	38	41

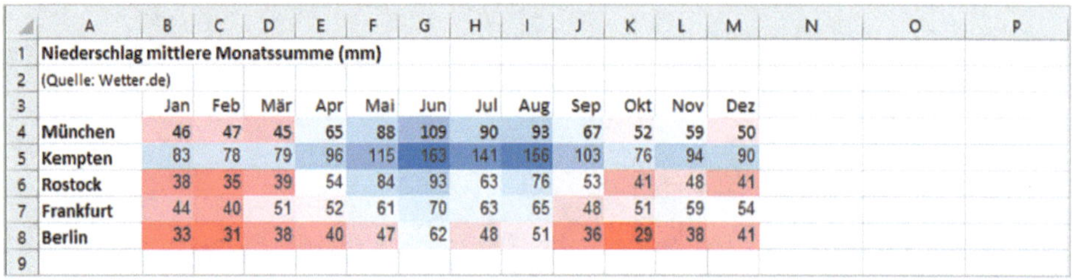

Bild 2.21 Monatliche Niederschlagsmengen als 3-Farben-Farbskala

1 Markieren Sie den Zellbereich, hier B4:M8, und klicken auf *Bedingte Formatierung* ▶ *Neue Regel...* bzw. auf *Regel verwalten...*, um eine vorhandene Regel zu ändern.

2 Klicken Sie auf den Regeltyp *Alle Zellen basierend auf Ihren Werten formatieren* ❶ und wählen Sie im Feld *Formatstil* ❷ eine *2-Farben-Skala* aus.

Bild 2.22 Farbskala bearbeiten

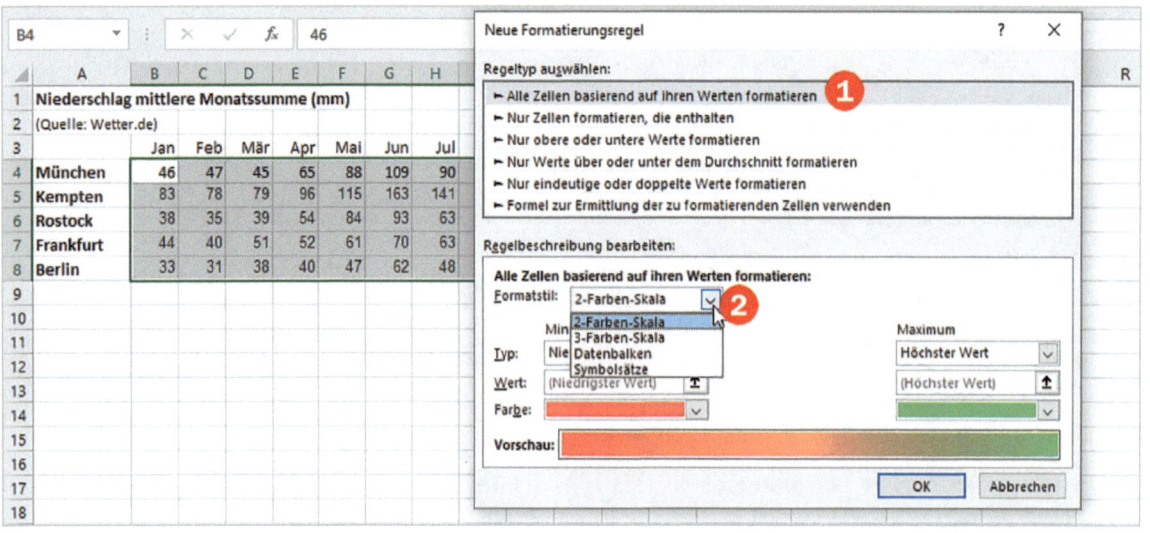

3 Anschließend legen Sie unter *Minimum* und *Maximum* fest, wie diese Werte gewählt werden sollen. Zur Auswahl stehen:

- Niedrigster bzw. höchster Wert, diese werden automatisch aus den markierten Werten ermittelt.
- Eine fest vorgegebene Zahl, die Sie im Feld *Wert* darunter eingeben.
- Prozent (ohne Prozentzeichen eingeben).

- Formel, wobei das Formelergebnis eine Zahl oder ein Datum sein muss.
- Quantil: Quantile teilen, genau wie der Median, einen Wertebereich in mehrere Teile auf, nur dass im Gegensatz zum Median (50 % Quantil) das Quantil beliebig festgelegt werden kann.

4 Für dieses Beispiel wählen wir als *Minimum* und *Maximum* jeweils *Quantil* mit den Werten 10 und 90 ❸.

5 Nun brauchen Sie im Feld unterhalb nur noch die dazugehörigen Farben auswählen ❹, hier Rot als Minimum und Blau als Maximum.

Bild 2.23 Das Ergebnis mit einer 2-Farben-Skala

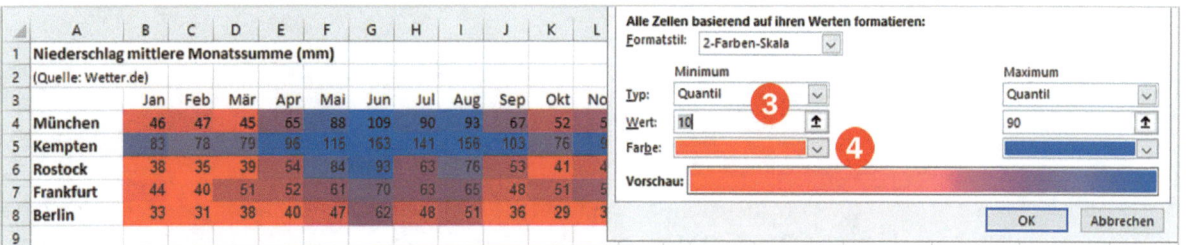

Regeln anhand von Formeln definieren

Wenn Sie zur Ermittlung der zu formatierenden Werte Formeln heranziehen möchten, müssen diese, wie alle Excel-Formeln, mit dem Gleichheitszeichen beginnen. Beachten Sie außerdem, dass zur bedingten Formatierung nur Formeln und Funktionen verwendet werden können, die als Ergebnis die Wahrheitswerte WAHR oder FALSCH liefern.

Ganze Zeile anstatt von Zellen hervorheben

Sie möchten die unten abgebildete Tabelle mit Quartalsumsätzen so formatieren, dass nicht nur die Zelle mit dem höchsten Jahresumsatz in der Spalte *Summe*, sondern die gesamte dazugehörige Zeile hervorgehoben wird, wie im Bild unten.

Bild 2.24 Zeilen hervorheben

Diese Regel erfordert eine Formel, die Vorgehensweise:

1 Markieren Sie den zu formatierenden Zellbereich A2:F6, klicken Sie auf *Bedingte Formatierung* und auf *Neue Regel...*.

2 Wählen Sie den Typ *Formel zur Ermittlung der zu formatierenden Zellen verwenden*.

3 Geben Sie unter *Regelbeschreibung bearbeiten* die Formel oder Funktion zusammen mit dem Gleichheitszeichen (=) ein.

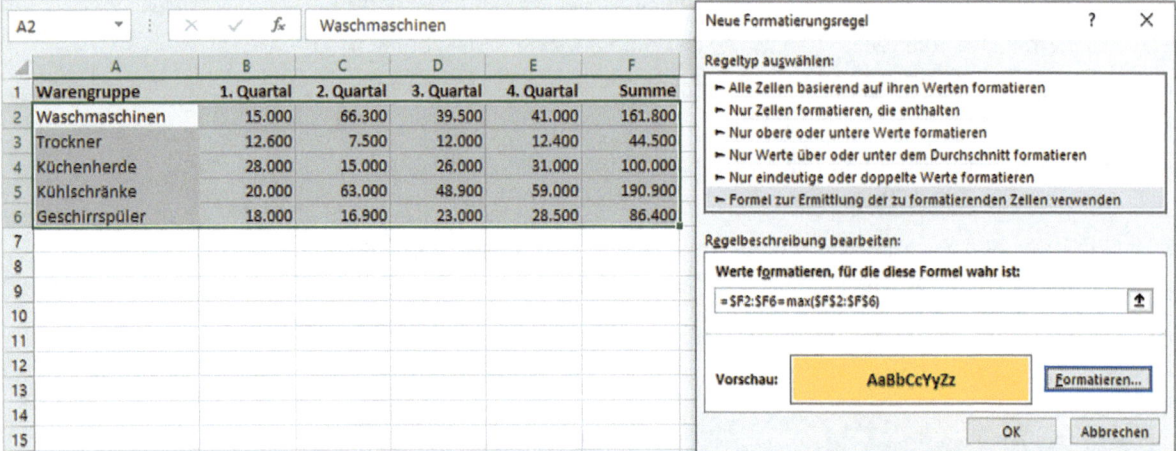

Bild 2.25 Formatierungsregel mit einer Formel erstellen

Um den höchsten Jahresumsatz zu ermitteln, müssen Sie für jede Zeile die Werte in Spalte F mit dem höchsten Wert (Funktion MAX) dieser Spalte vergleichen. Der Bezug auf Spalte F muss konstant bleiben, daher benötigen Sie gemischte Zellbezüge. Die Formel muss also lauten:

=$F2:$F6=MAX($F$3:$F$6)

4 Zuletzt legen Sie über die Schaltfläche *Formatieren...* das gewünschte Format, hier Füllfarbe und fette Schrift, fest und übernehmen die Formatierung mit *OK*.

Spalten miteinander vergleichen

Eine Formel kommt auch zum Einsatz, wenn Sie zwei Spalten miteinander vergleichen und z. B., wie im Bild unten, negative Abweichungen zwischen Plan und Ist in Spalte C hervorheben möchten.

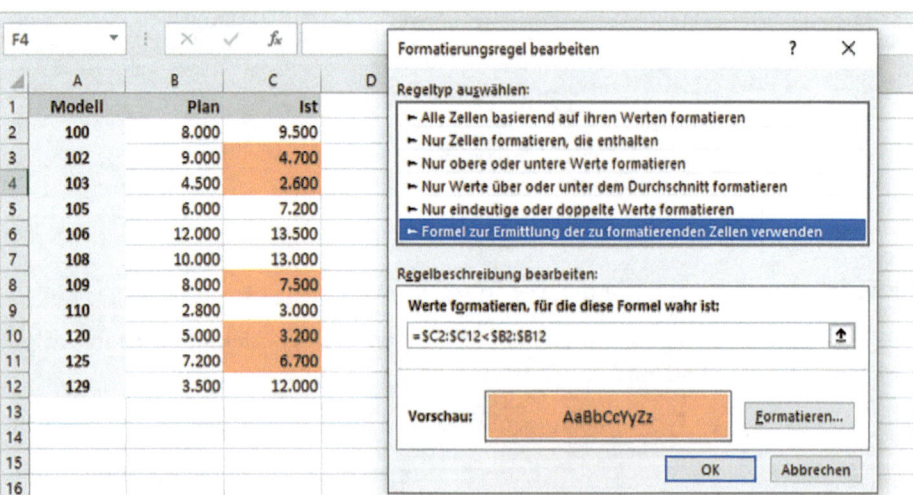

Bild 2.26 Spalte Ist mit Spalte Plan vergleichen

Inhalte mit der bedingten Formatierung hervorheben 2

1 Markieren Sie die Ist-Werte (C2:C12), klicken Sie auf *Bedingte Formatierung* ▶ *Neue Regel...* und wählen Sie den Regeltyp *Formel zur Ermittlung der zu formatierenden Zellen verwenden*.

2 Geben Sie dann die folgende Formel ein: =$C2:$C12<$B2:$B12.

3 Wählen Sie wieder über die Schaltfläche *Formatieren...* ein Format, hier rote Hintergrundfarbe, und klicken Sie auf *OK*.

Wochentage im Kalender hervorheben

In einer monatlichen Einsatzliste mit Datumswerten sollen die Wochenenden (Samstag und Sonntag) automatisch farbig hervorgehoben werden. Dadurch kann das Blatt beliebig kopiert werden und Sie brauchen später nur noch die Datumswerte des entsprechenden Monats eintragen.

	A	B	C	D
1	Einsatzplan			
2			Mitarbeiter 1	Mitarbeiter 2
3	01.01.2021	Freitag		
4	02.01.2021	Samstag		
5	03.01.2021	Sonntag		
6	04.01.2021	Montag		
7	05.01.2021	Dienstag		
8	06.01.2021	Mittwoch		
9	07.01.2021	Donnerstag		
10	08.01.2021	Freitag		
11	09.01.2021	Samstag		
12	10.01.2021	Sonntag		
13	11.01.2021	Montag		
14	12.01.2021	Dienstag		
15	13.01.2021	Mittwoch		
16	14.01.2021	Donnerstag		
17	15.01.2021	Freitag		
18	16.01.2021	Samstag		
19	17.01.2021	Sonntag		
20	18.01.2021	Montag		

Bild 2.27 Wochenenden hervorheben

Hinweis: Die Wochentage in Spalte B wurden mit aus Spalte A übernommen und der Funktion TEXT formatiert: =TEXT(A3;"TTTT")

Da außer dem Datum in Spalte A auch die Wochentage und Mitarbeiter in den Spalten B bis D dieselbe Farbe erhalten sollen, markieren Sie den Bereich A3:D33. Klicken Sie auf *Bedingte Formatierung* ▶ *Neue Regel...* und auf *Formel zur Ermittlung der zu formatierenden Zellen verwenden* (siehe Bild auf der nächsten Seite). Geben Sie die folgende Formel ein und legen Sie eine Formatierung fest, hier grüne Füllfarbe.

```
=WOCHENTAG($A:$A33;2)>5
```

Auch in diesem Fall müssen Sie mit gemischten Zellbezügen dafür sorgen, dass sich die Funktion immer auf das Datum in Spalte A bezieht, unabhängig von der Zeile.

2 Nützliche Tools

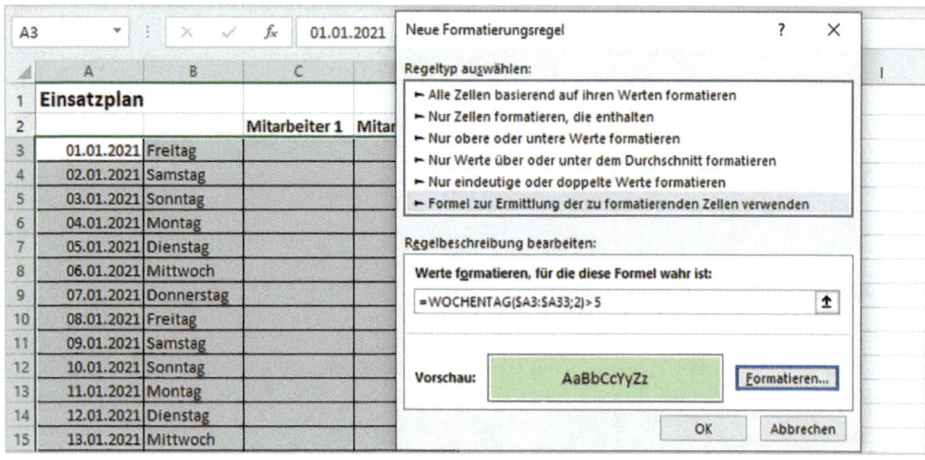

Bild 2.28 Die Regel zum Hervorheben von Wochenenden

2.4 Häufige Formeln mit der Schnellanalyse einfügen

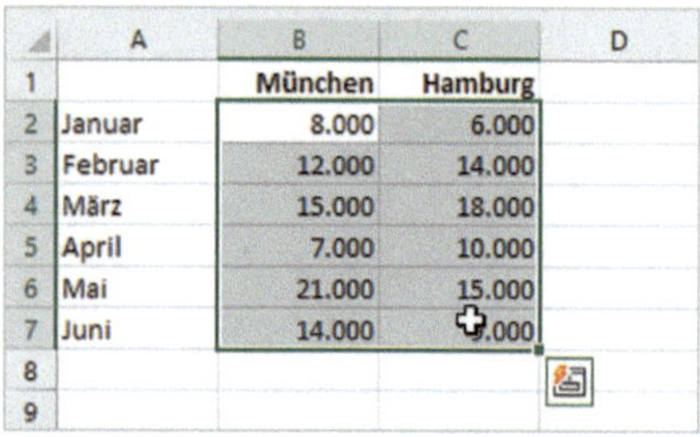

Bild 2.29 Symbol Schnellanalyse

Einige häufig verwendete Formeln, z. B. Summen, Prozentanteile oder laufende Summen, lassen sich auch mit dem Tool *Schnellanalyse* einfügen. Das Symbol *Schnellanalyse* erscheint im Tabellenblatt, sobald Sie einen Zellbereich markiert haben, wie im Bild rechts.

Da die Formeln auch gleich über mehrere markierte Zeilen und/oder Spalten berechnet werden können, erübrigt sich in vielen Fällen auch das Kopieren. Hier einige Beispiele, wie Sie dieses Tool nutzen.

Beispiel 1: Durchschnittswerte für mehrere Spalten gleichzeitig berechnen

1   Markieren Sie den auszuwertenden Zellbereich, im Beispiel unten die Spalten München und Hamburg, und klicken Sie auf das Symbol *Schnellanalyse* ❶.

2   Klicken Sie im Schnellanalysetool auf das Register *Ergebnisse* ❷, hier erhalten Sie die Berechnungsvorschläge *Summe*, *Durchschnitt* (Mittelwert), *Anzahl*, Prozentanteil (*% Gesamt*) und *Laufende Summe* sowohl über Zeilen als auch über Spalten. Klicken Sie auf die kleinen Pfeile nach rechts ❸ bzw. links, um weitere anzuzeigen.

3   Zeigen Sie auf *Durchschnitt* ❹ (in Zeile berechnen), um im Tabellenblatt eine Vorschau ❺ zu erhalten. Per Mausklick übernehmen Sie die Formel.

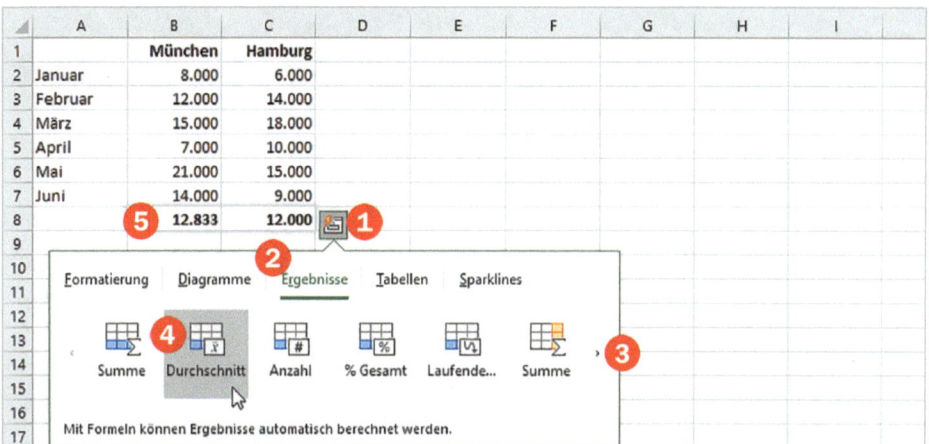

Bild 2.30 Durchschnitt für mehrere Spalten in Zeile berechnen

Beispiel 2: Kumulierte Summen berechnen

Als zweites Beispiel werden im Bild unten in Spalte E die kumulierten Summen über D2:D7 berechnet. Markieren Sie dazu den Zellbereich, für den die kumulierte Summe berechnet werden soll, hier D2:D7, und wählen Sie diesmal *Laufende Summe* (in Spalte berechnen). Auch hier erhalten Sie wieder im Tabellenblatt eine Vorschau.

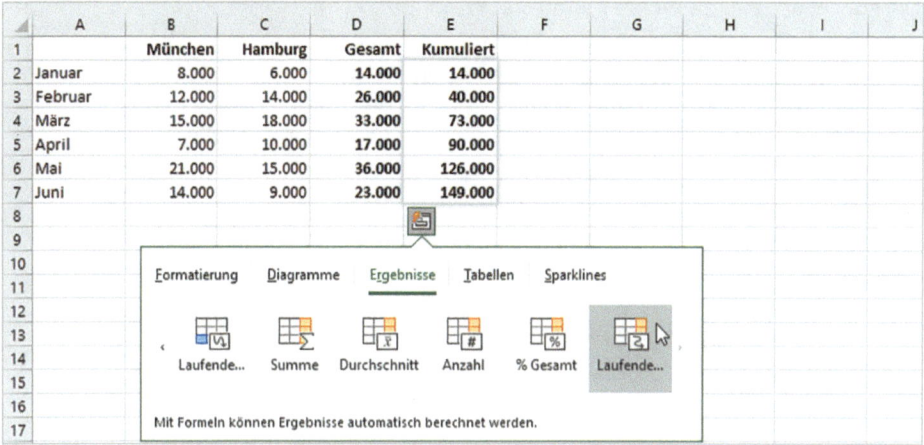

Bild 2.31 Laufende Summe in Spalte berechnen

2.5 Steuerelemente einfügen und verwenden

Mithilfe von Steuerelementen lassen sich in Excel Formulare, d. h. vorgefertigte Arbeitsblätter, zur automatisierten Eingabe und Bearbeitung optisch und funktional aufwerten. Steuerelemente sind Objekte, die Daten anzeigen, die Dateneingabe und -bearbeitung vereinfachen oder eine Auswahl zur Verfügung stellen. Steuerelemente können auch Makros ausführen oder auf bestimmte Ereignisse reagieren. Excel stellt zu diesem Zweck zwei Kategorien von Steuerelementen bereit (siehe Bild 2.34 unten):

▶ Formularsteuerelemente sind seit langem Bestandteil von Excel. Mit ihnen können Sie z. B. Werte eingeben oder auswählen.

▶ ActiveX-Steuerelemente sind im Vergleich zu den Formularsteuerelementen wesentlich flexibler, erfordern aber aufgrund ihrer umfangreichen Eigenschaften VBA-Kenntnisse, sowie einen höheren Aufwand bei ihrer Gestaltung. Daher werden wir uns hier ausschließlich mit Formularsteuerelementen befassen.

Wo finden Sie die Formularsteuerelemente?

Register Entwicklertools einblenden

Die Formularsteuerelemente finden Sie im Menüband im Register *Entwicklertools*. Dieses Register ist in der Standardeinstellung nicht sichtbar und muss daher unter Umständen erst eingeblendet werden. Dazu klicken Sie mit der rechten Maustaste an eine beliebige Stelle im Menüband und auf *Menüband anpassen...*.

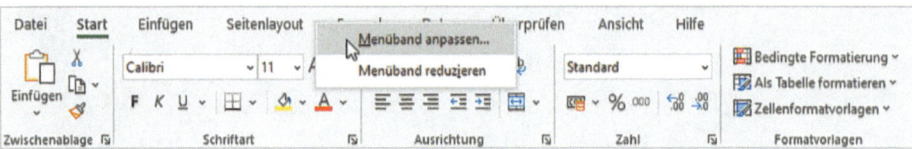

Bild 2.32 Menüband anpassen

Aktivieren Sie in den *Excel-Optionen* rechts unter *Hauptregisterkarten* das Kontrollkästchen *Entwicklertools* und schließen Sie das Fenster mit der Schaltfläche *OK*.

Bild 2.33 Aktivieren Sie das Register Entwicklertools

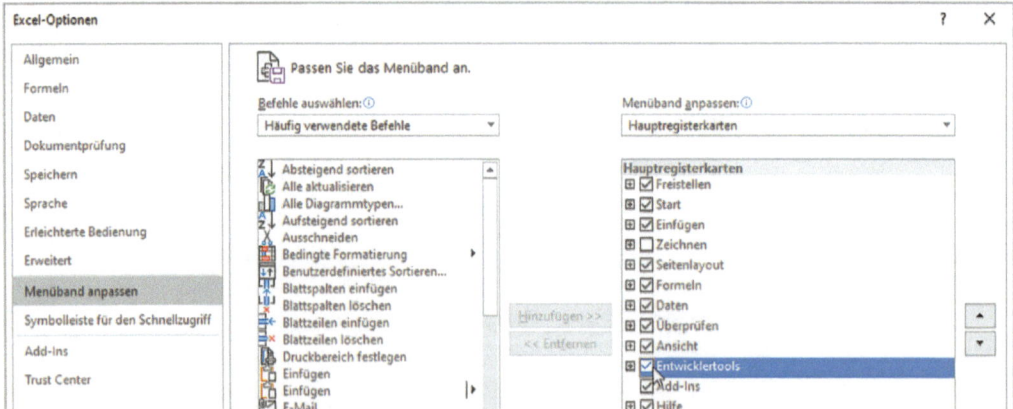

Steuerelemente einfügen und verwenden 2

Steuerelemente einfügen

Zum Einfügen eines Steuerelements klicken Sie im Register *Entwicklertools* ▶ *Steuerelemente* auf *Einfügen* und anschließend unter *Formularsteuerelemente* auf den gewünschten Typ. Beim Zeigen erscheint ein kurzer Infotext, wie im Bild unten.

Bild 2.34 Formularsteuerelement einfügen

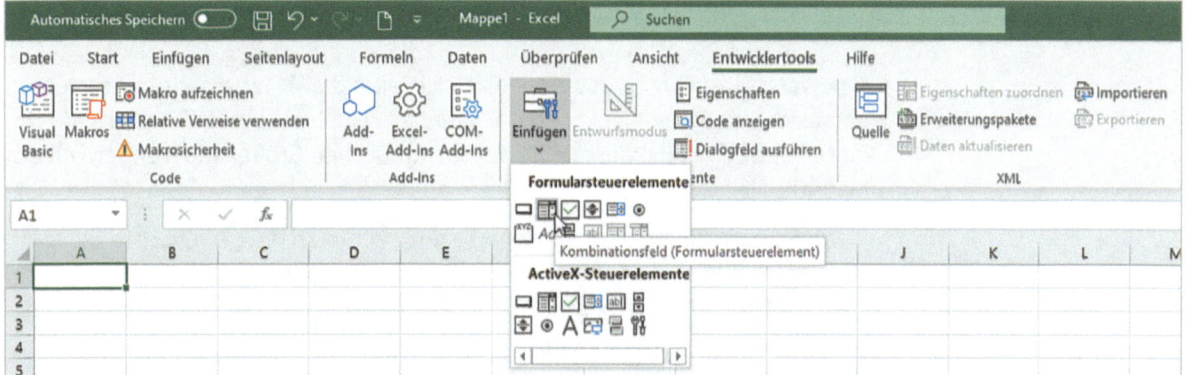

Hier ein Überblick über die wichtigsten Formularsteuerelemente. Aussehen und Verwendung dürften aus den Windows-Dialogfenstern bekannt sein.

Steuerelement	Beschreibung	Beispiel
Schaltfläche	Führt eine Aktion bzw. ein Makro aus, wenn darauf geklickt wird.	Starten
Kombinationsfeld	Öffnet beim Klick auf den Dropdown-Pfeil eine Liste mit Auswahlmöglichkeiten.	April ▼
Listenfeld	Funktioniert wie ein Kombinationsfeld, mit dem Unterschied, dass ein Listenfeld immer geöffnet ist und daher mehr Platz benötigt. Der ausgewählte Wert ist markiert.	Jaunar, Februar, März, April, Mai, Juni, Juli, August, September
Drehfeld	Erhöht oder verringert einen Wert per Mausklick auf die Pfeile nach oben bzw. unten. Der Wert kann auch direkt eingegeben werden.	Monat: 5
Scrollleiste	Erlaubt die Auswahl aus einem festgelegten Wertebereich durch Verschieben mit der Maus (scrollen) oder Klick auf die Pfeile.	25
Kontrollkästchen	Liefert nur zwei Werte: WAHR (aktiviert) oder FALSCH (deaktiviert).	☑ Verheiratet
Gruppenfeld	Erlaubt unter mehreren Möglichkeiten nur die Auswahl einer einzigen Option.	Altersgruppe: ○ Jugendliche unter 18 ● Erwachsene ○ Senioren

83

2 Nützliche Tools

Formularsteuerelement einfügen

Achtung: Aus dem Menüband in das Tabellenblatt ziehen, funktioniert nicht!

Klicken Sie im Register *Entwicklertools* auf *Einfügen* und auf das gewünschte Formularsteuerelement. Zum Platzieren im Tabellenblatt gibt es verschiedene Möglichkeiten:

- Ziehen Sie im Tabellenblatt mit gedrückter Maustaste das Element auf die gewünschte Größe.

  Tipp: Wenn Sie während des Ziehens gleichzeitig die **Alt**-Taste gedrückt halten, so passt sich das Steuerelement der Größe der Zelle bzw. des Zellbereichs an. Um diese beizubehalten, müssen Sie bei nachträglichen Größenänderungen mit der Maus die **Alt**-Taste verwenden.

- Wenn Sie zum Einfügen nicht ziehen, sondern nur an die gewünschte Stelle klicken, so erhalten Sie das Steuerelement in der Standardform. Um bei nachträglichen Größenänderungen diese Form beizubehalten, müssen Sie gleichzeitig die **Umschalt**-Taste gedrückt halten.

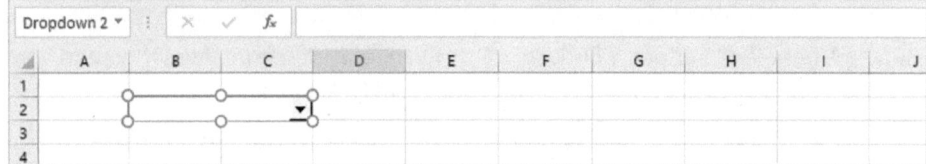

Bild 2.35 Beispiel: Das Kombinationsfeld wurde mit gedrückter Alt-Taste exakt in den Zellbereich B2:C2 eingefügt

Formularsteuerelement markieren

Die Bearbeitung ist für alle Steuerelemente gleich. Um es zu bearbeiten, müssen Sie es markieren: Dazu klicken Sie es entweder mit gleichzeitig gedrückter **Strg**-Taste oder mit der rechten Maustaste an. Im letzteren Fall erscheint gleichzeitig das Kontextmenü.

Ein markiertes Steuerelement können Sie mit der **Entf**-Taste jederzeit wieder aus dem Arbeitsblatt entfernen.

Eigenschaften von Steuerelementen bearbeiten

Beschriftung ändern

Bei Schaltflächen, Kontrollkästchen und Gruppenfeldern können Sie mit Rechtsklick und dem Befehl *Text bearbeiten* die Beschriftung ändern.

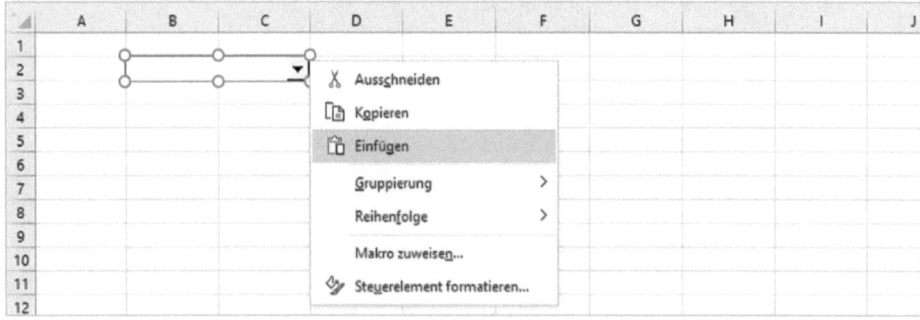

Bild 2.36 Kontextmenü Formularsteuerelement

Weitere Eigenschaften

Die weiteren Eigenschaften eines Steuerelements bearbeiten Sie im Fenster *Steuerelement formatieren*, das Sie per Rechtsklick auf das Steuerelement und den Befehl *Steuerelement formatieren...* öffnen.

▸ **Ein- und Ausgabebereich**
   Im Register *Steuerung* legen Sie Ein- und Ausgabebereich sowie abhängig vom Typ noch weitere Eigenschaften fest. Diese werden weiter unten am Beispiel eines Fragebogens genauer beschrieben.

▸ **Blattschutz**
   Falls Sie später das Arbeitsblatt schützen und nur noch eine Eingabe über die Formularfelder zulassen möchten, dürfen Sie nicht vergessen, für die Steuerelemente und eventuell verknüpfte Felder die Sperrung aufzuheben. Dazu deaktivieren Sie im Register *Schutz* das Kontrollkästchen *Gesperrt*.

▸ **Position des Steuerelements**
   Je nachdem, wie das Steuerelement eingefügt wurde, ist es von Zellposition und -größe (Einfügen mit gedrückter **Alt**-Taste) oder nur von der Zellposition abhängig. Das bedeutet, bei Änderungen von Spaltenbreite und/oder Zeilenhöhe ändern sich auch Position und Größe des Steuerelements. Wenn Sie dies verhindern möchten, dann klicken Sie im Fenster *Steuerelement formatieren* auf das Register *Eigenschaften* und wählen die Option *Von Zellposition und -größe unabhängig*.

▸ **Steuerelement nicht drucken**
   Falls das betreffende Steuerelement nicht mitgedruckt werden soll, deaktivieren Sie im Register *Eigenschaften* das Kontrollkästchen *Objekt drucken*.

 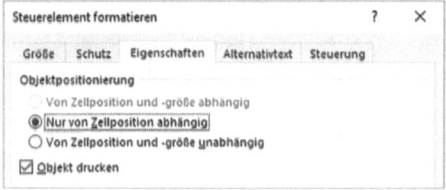

Bild 2.37 Sperrung aufheben

Bild 2.38 Position in Relation zur Zelle

Namen zuweisen

Jedes Steuerelement erhält beim Einfügen einen eindeutigen Namen, z. B. ein Kombinationsfeld den Namen *DropDown1*. Wenn Sie bei einer Vielzahl von Steuerelementen den Überblick behalten möchten, können Sie auch aussagekräftigere Namen vergeben: Markieren Sie das Steuerelement und klicken Sie in das Namenfeld der Bearbeitungsleiste. Geben Sie hier den Namen ein und schließen Sie mit der Eingabetaste ab.

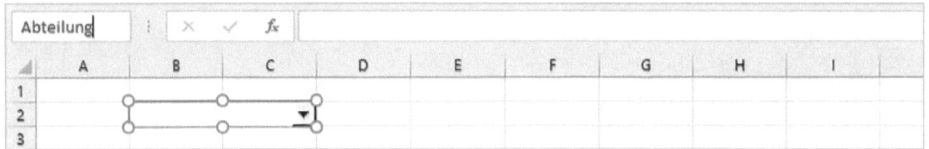

Bild 2.39 Steuerelement umbenennen

2 Nützliche Tools

Beispiel: Fragebogen erstellen

Als Beispiel erstellen wir einen kleinen Fragebogen, der am Bildschirm ausgefüllt werden kann und mit dem die Belegschaft einer Firma ihren Weiterbildungsbedarf einschätzen soll. Der fertige Fragebogen soll etwa so aussehen:

Bild 2.40 Fragebogen Weiterbildungsbedarf

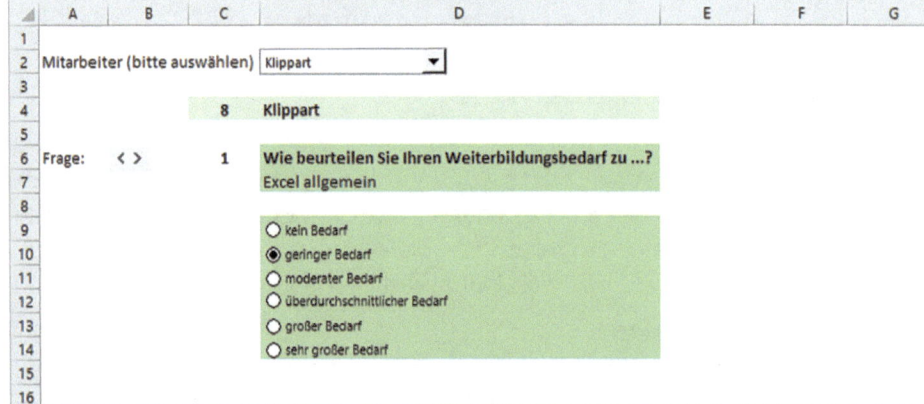

Steuerelemente_Fragebogen.xlsx

Hinweis: Wesentlich mehr Funktionalität erhält ein solcher Fragebogen mit Makros bzw. VBA (Visual Basic for Applications). Da hierzu gesonderte Literatur existiert und sich nicht jeder Excel-Nutzer mit diesem Thema befassen möchte, hier ein Fragebogen, der ausschließlich auf Steuerelementen und Funktionen beruht.

Der Aufbau der Arbeitsmappe

In der Arbeitsmappe werden die folgenden Tabellenblätter benötigt:

▸ Das erste Tabellenblatt erhält den Namen *Fragebogen* und enthält den eigentlichen Fragebogen, siehe Bild oben.

▸ Das zweite Tabellenblatt mit dem Namen *Fragen* enthält die Fragen, hier sieben Fragen. Für jede Frage sind sechs Antwortmöglichkeiten (Ausprägungen) vorgegeben, diese befinden sich in D2:E7 und gelten für alle Fragen. Außerdem wurden Fragen und Antworten mit einer fortlaufenden Nummerierung versehen.

Bild 2.41 Fragenkatalog und Ausprägungen

	A	B	C	D	E	F	G	H
1		Fragenkatalog			Ausprägungen			
2		1	Excel allgemein		1	kein Bedarf		
3		2	Excel Funktionen		2	geringer Bedarf		
4		3	Excel Diagramme		3	moderater Bedarf		
5		4	VBA Programmierung		4	Überdurchschnittlicher Bedarf		
6		5	Word Serienbriefe		5	großer Bedarf		
7		6	PowerPoint		6	sehr großer Bedarf		
8		7	Outlook					
9								

Steuerelemente einfügen und verwenden 2

▶ Das dritte Tabellenblatt erhält den Namen *Ergebnisse* und soll die Umfrageergebnisse aufnehmen. Hier sind auch in einer Tabelle die Namen der Mitarbeiter zusammen mit einer fortlaufenden Nummer aufgelistet, siehe Bild unten.

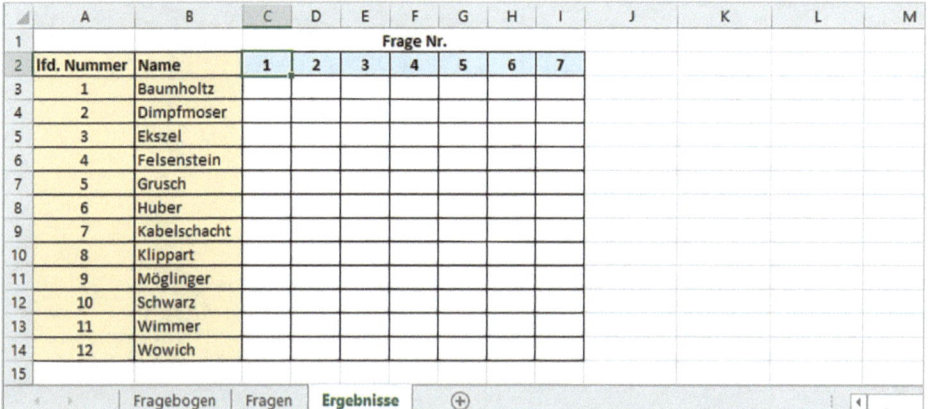

Bild 2.42 Die Ergebnistabelle

Der Fragebogen

Mitarbeiter mittels Kombinationsfeld auswählen

1 Als Erstes wird die Information benötigt, welcher Mitarbeiter den Fragebogen gerade ausfüllt. Die Mitarbeiterauswahl erfolgt über ein Kombinationsfeld. Klicken Sie im Register *Entwicklertools* ▶ *Steuerelemente* ▶ *Einfügen* auf das Formularsteuerelement *Kombinationsfeld* und fügen Sie es etwa an derselben Stelle ein wie im Bild unten.

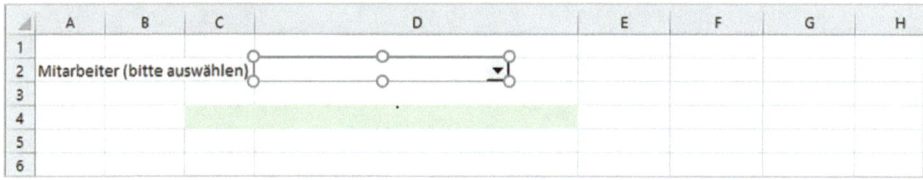

Bild 2.43 Kombinationsfeld einfügen

2 Im nächsten Schritt geben Sie an, woher das Kombinationsfeld die Werte bezieht und in welcher Zelle der ausgewählte Wert ausgegeben wird: Klicken Sie mit der rechten Maustaste auf das Kombinationsfeld und auf *Steuerelement formatieren…*.

3 Klicken Sie im gleichnamigen Fenster auf das Register *Steuerung* und legen Sie die folgenden Optionen fest:

- Der *Eingabebereich* gibt an, welche Werte beim Klick auf den Dropdown-Pfeil erscheinen sollen: Klicken Sie in das Feld ❶ und markieren Sie im Blatt *Ergebnisse* den Bereich B3:B14 ❷ (Bild auf der nächsten Seite).

- Welcher Mitarbeiter ausgewählt wurde, gibt das Kombinationsfeld in einer Zelle aus, diese legen Sie im Feld *Zellverknüpfung* ❸ fest. Geben Sie hier die Zelle C4 (siehe Bild oben) im Blatt *Fragebogen* an.

87

- Standardmäßig zeigt ein Kombinationsfeld beim Öffnen acht Zeilen an, bei Bedarf ändern Sie diesen Wert im Feld *Dropdownzeilen*.

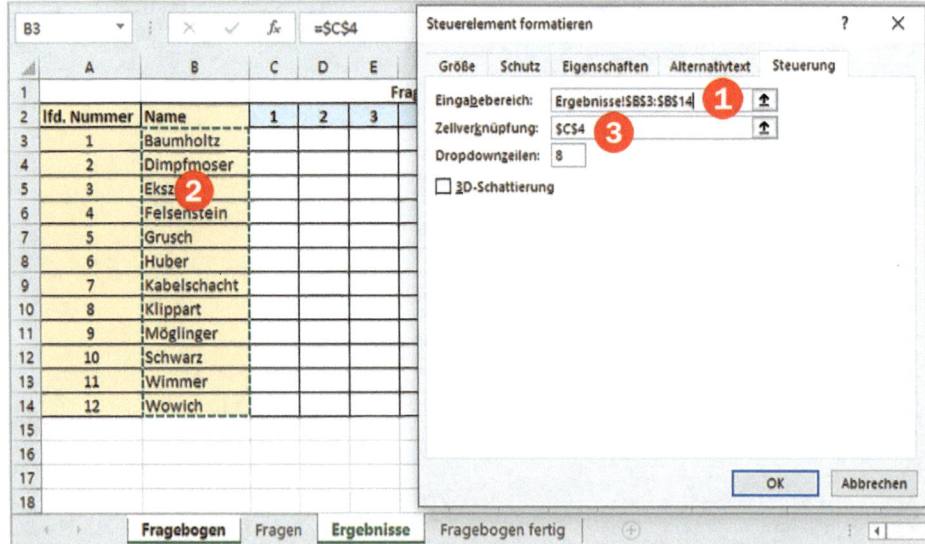

Bild 2.44 Eingabebereich und Zellverknüpfung festlegen

Achtung: Ein Kombinationsfeld gibt nur zurück, der wie vielte Wert ausgewählt wurde, liefert also in diesem Beispiel nicht den Mitarbeiternamen, sondern dessen Index in der Tabelle. Außerdem kann ein Kombinationsfeld nur untereinander befindliche Werte in einer Spalte anzeigen. Falls als Eingabebereich nebeneinander liegende Zellen ausgewählt werden, erscheint nur der Inhalt der ersten Zelle bzw. Spalte.

4   Damit im Fragebogen zusätzlich zur Nummer in C4 auch noch der Name des Mitarbeiters erscheint, ermitteln Sie diesen in D4 mit der Funktion INDEX:

Eine genaue Beschreibung der Funktion INDEX finden Sie auf Seite 196 ff.

`=INDEX(Ergebnisse!B3:B14;C4)`

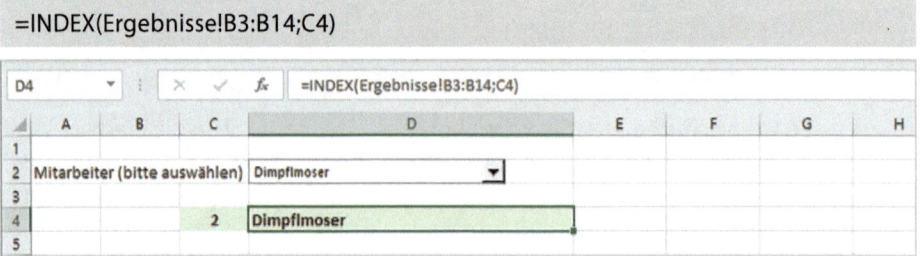

Bild 2.45 Namen anhand der Zellverknüpfung einfügen

Frage per Scrollleiste auswählen

1   Zur Auswahl der Fragen dient eine *Scrollleiste*. Fügen Sie also das Formularsteuerelement *Scrollleiste* unterhalb ein und verkleinern Sie es mit der Maus, bis nur noch die Pfeile sichtbar sind, wie im Bild unten.

Bild 2.46 Verkleinern Sie die Scrollleiste bis auf die Pfeile

   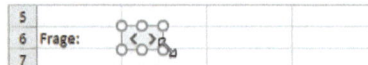

Steuerelemente einfügen und verwenden 2

2 Die weiteren Optionen legen Sie wieder per Rechtsklick und den Befehl *Steuerelement formatieren...* im Register *Steuerung* fest.

- Der Fragebogen umfasst acht Fragen, geben Sie daher als *Minimalwert* 1 und als *Maximalwert* 8 ein.
- Die *Schrittweite* gibt an, um wie viel die Zahl mit jedem Klick auf einen der Pfeile erhöht/verringert wird. Der Standardwert 1 kann hier beibehalten werden.
- Die Fragenummer soll in C6 erscheinen, diese Adresse geben Sie unter *Zellverknüpfung* an.

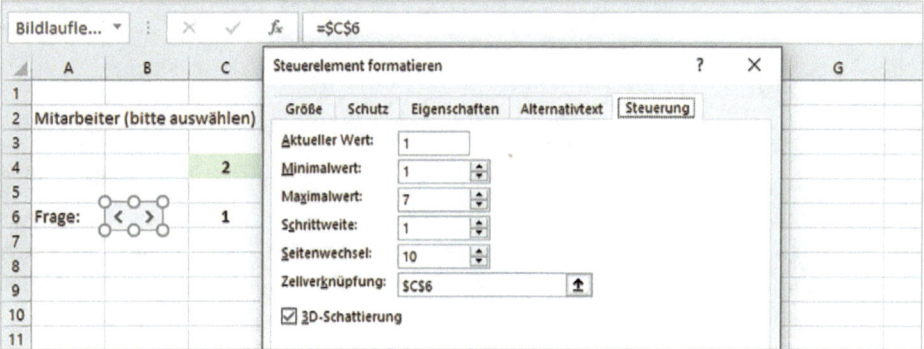

Bild 2.47 Optionen für die Scrollleiste festlegen

3 Nun können Sie wieder mithilfe der Funktion INDEX in D7 den eigentlichen Fragetext ausgeben lassen. Der erste Teil der Fragestellung, „Wie beurteilen Sie Ihren Weiterbildungsbedarf zu...?", lautet immer gleich und wird daher in D6 einfach eingegeben.

=INDEX(Fragen!B2:B8;C6)

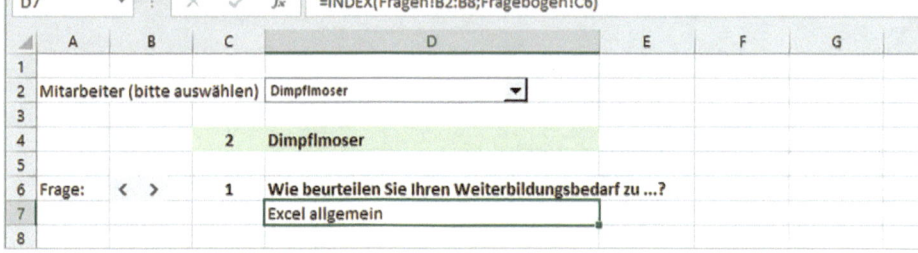

Bild 2.48 Fragetext anhand der Nummer mit der Funktion INDEX ermitteln

Antwortmöglichkeiten als Optionsfeld einfügen

Im nächsten Schritt fügen Sie die verschiedenen Antwortmöglichkeiten ein. Hierfür eignet sich das Formularsteuerelement *Optionsfeld*, da es im Gegensatz zum Kontrollkästchen immer nur eine einzige Antwort zulässt.

Fügen Sie nacheinander sechs Optionsfelder ein, diese geben entsprechend ihrer Reihenfolge beim Einfügen die Zahlen 1 bis 6 zurück. Die Beschriftung *Optionsfeld1* usw. ändern Sie mit Rechtsklick und den Befehl *Text bearbeiten*.

Bild 2.49 Fügen Sie sechs Optionsfelder ein und beschriften Sie diese

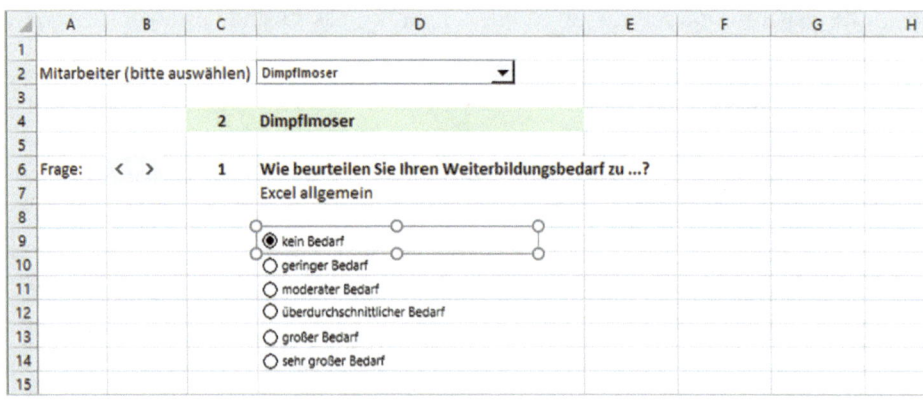

Ergebnisse an die Ergebnistabelle übergeben

Nun folgt der wichtigste Schritt, die Übergabe der ausgewählten Antwort in die Ergebnistabelle. Da als Zellverknüpfung eines Steuerelements nicht nur eine feste Adresse, sondern auch eine Formel bzw. Funktion angegeben werden kann, lässt sich die dazugehörige Zelle der Ergebnistabelle leicht mithilfe der Funktion INDEX unter Angabe der Zeile (Mitarbeiter) und der Spalte (Fragenummer) ermitteln. Der Aufbau der Funktion INDEX:

Hinweis: Eine eingehendere Beschreibung der Funktion INDEX finden Sie auf Seite 196 ff.

INDEX(Matrix;Zeilenindex;Spaltenindex)

Namen für Zellen, siehe Seite 27.

1 Im ersten Schritt erhalten im Blatt *Fragebogen* die Ausgabezellen C4 ❶ und C6 ❷ die Namen *Mitarbeiter* (Bild unten) und *Frage*. Diese werden dann als Zeilen- und Spaltenindex verwendet.

Bild 2.50 Zellen C4 und C6 benennen

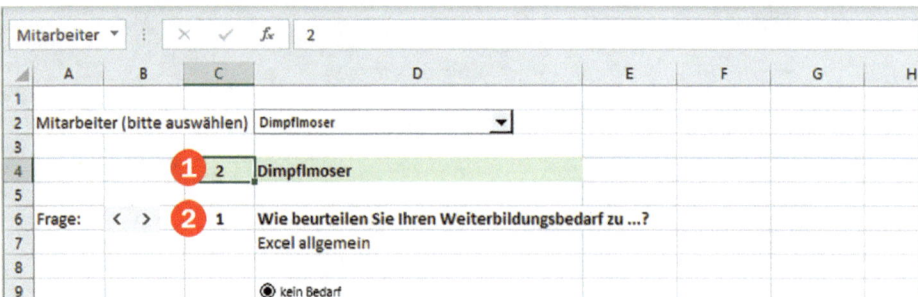

2 Die Ausgabezelle im Blatt *Ergebnisse* erhält ebenfalls einen Namen, sie wird anstelle eines festen Zellbezugs mit der Funktion INDEX ermittelt. Klicken Sie dazu im Menüband, Register *Formeln* auf *Namens-Manager*. Erstellen Sie hier mit Klick auf die Schaltfläche *Neu...* den Namen *Ausgabebereich* und geben Sie im Feld *Bezieht sich auf* die folgende Funktion ein:

=INDEX(Ergebnisse!$C$3:$C$14;Mitarbeiter;Frage)

Steuerelemente einfügen und verwenden 2

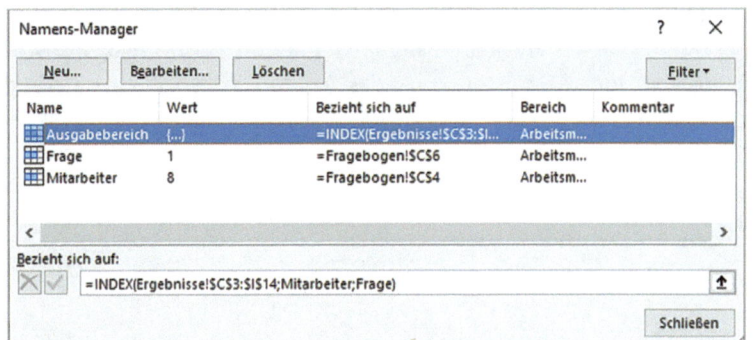

Bild 2.51 Ausgabebereich mit der Funktion INDEX

3 Zuletzt weisen Sie im Blatt *Fragebogen* einem der sechs Optionsfelder als Zellverknüpfung den Namen *Ausgabebereich* zu. Da die Optionen eine Gruppe bilden, gilt dies automatisch auch für alle übrigen Optionsfelder.

Bild 2.52 Weisen Sie den Namen Ausgabebereich als Zellverknüpfung einem Optionsfeld zu

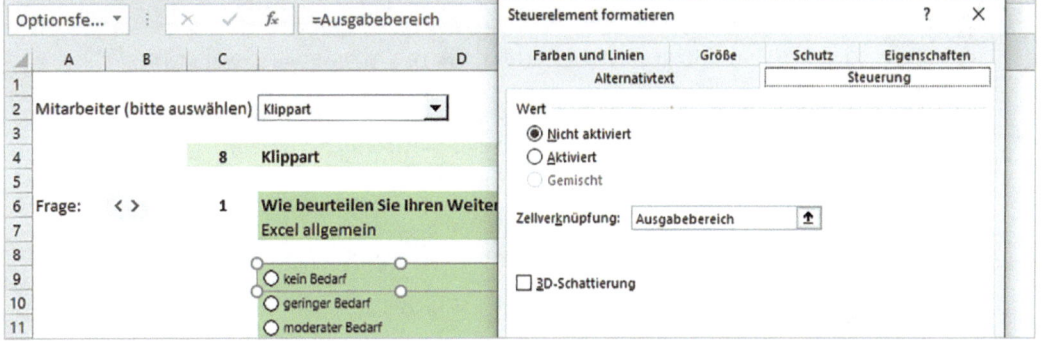

Fragebogen schützen

Um zu verhindern, dass während des Ausfüllens des Fragebogens Zellinhalte gelöscht oder überschrieben werden, sollte zuletzt noch das Blatt *Fragebogen* geschützt werden. Da dadurch allerdings alle Zellen und Steuerelemente gesperrt werden, müssen Sie zuvor noch die Sperrung der Steuerelemente und verknüpften Zellen aufheben.

1 Dazu klicken Sie mit der rechten Maustaste auf das erste Steuerelement und auf *Steuerelement formatieren...*. Klicken Sie im gleichnamigen Fenster auf das Register *Schutz* und deaktivieren Sie das Kontrollkästchen *Gesperrt*. Wiederholen Sie dann diesen Schritt für alle übrigen Steuerelemente.

Bild 2.53 Steuerelement: Sperrung aufheben

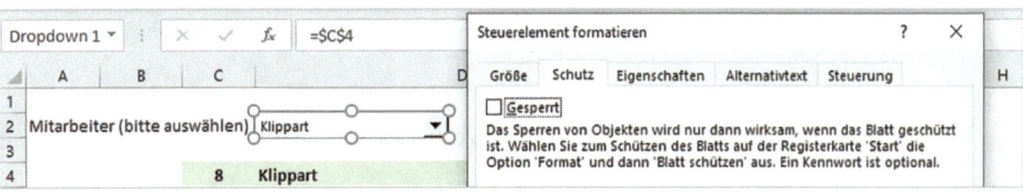

2 Um die Sperrung von den verknüpften Zellen C4 und C6 zu entfernen, markieren Sie diese (Mehrfachmarkierung mit gedrückter Strg-Taste) und klicken im

Bild 2.54 Sperrung der verknüpften Zellen aufheben

Menüband, Register *Start* ▶ *Zellen* auf *Format* und heben im Abschnitt *Schutz* die Sperre mit einem Klick auf *Zelle sperren* auf (oder Rechtsklick, Befehl *Zellen formatieren...* und im Register *Schutz* das Kontrollkästchen *Gesperrt* deaktivieren).

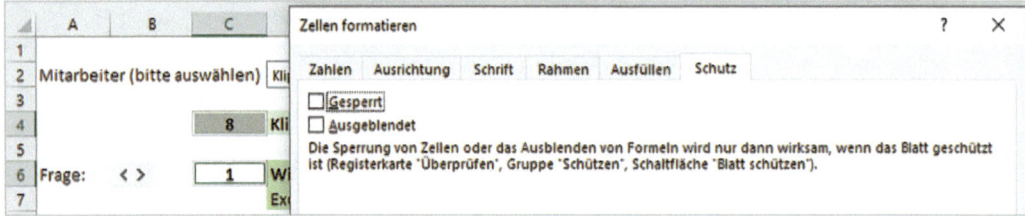

3   Nun muss nur noch das aktuelle Arbeitsblatt *Fragebogen* geschützt werden. Klicken Sie im Register *Start* ▶ *Zellen* auf *Format* und unter *Schutz* auf *Blatt schützen* ❶. Denselben Befehl finden Sie auch per Rechtsklick auf das Blattregister.

4   Deaktivieren Sie die Kontrollkästchen *Gesperrte Zellen auswählen* und *Nicht gesperrte Zellen auswählen* ❷. Bei Letzteren handelt es sich um die verknüpften Zellen, die ebenfalls nicht vom Benutzer bearbeitet werden sollten.

Bild 2.55 Das Blatt Fragebogen schützen

5   Damit der Blattschutz nicht beliebig aufgehoben werden kann, sollten Sie auch noch ein Kennwort zum Aufheben des Blattschutzes vereinbaren ❸.

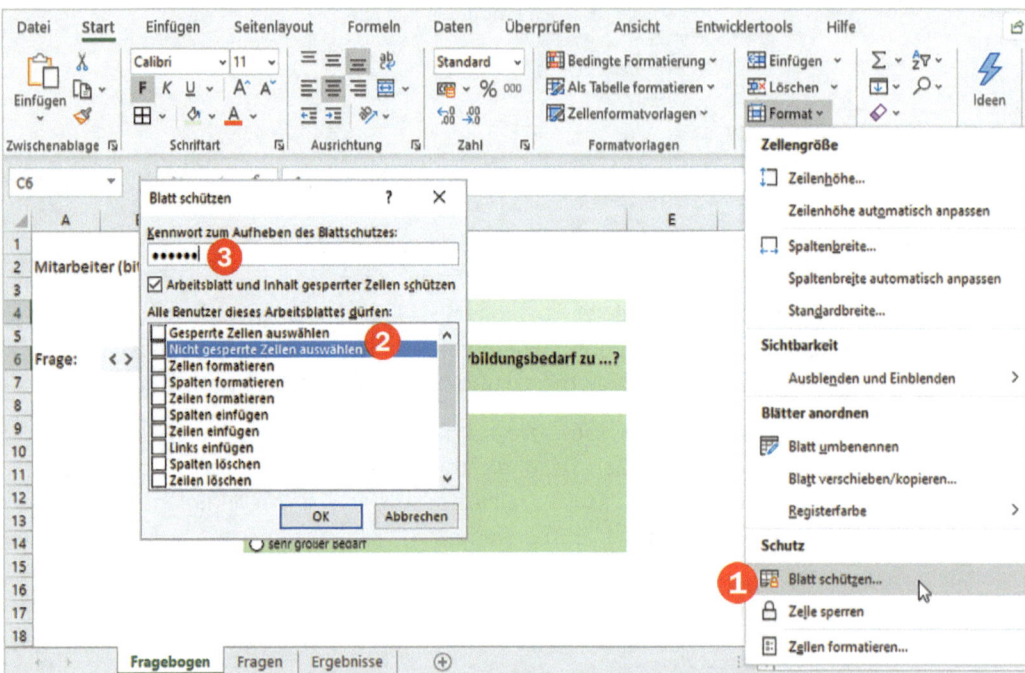

6   Wenn Sie jetzt auch noch unbefugte Änderungen an den Fragen verhindern möchten, dann blenden Sie das Blatt *Fragen* einfach aus: Rechtsklick im Blattregister auf das betreffende Blatt und Befehl *Ausblenden...*. Dasselbe könnten Sie auch mit dem Blatt *Ergebnisse* machen.

2.6 Fehler durch Eingabekontrollen vermeiden

Neben Fehlern in Formeln können falsche Ergebnisse auch durch fehlerhafte Eingaben, vor allem durch unerfahrene Nutzer, entstehen. Zur Kontrolle und Steuerung der Eingabe stellt Excel die Datenüberprüfung zur Verfügung. Mit ihrer Hilfe können Sie für Zellen Regeln zur Eingabe festlegen. Es spielt keine Rolle, ob es sich um einen normalen Zellbereich handelt oder einen dynamischen Tabellenbereich (*Als Tabelle formatieren*). Folgende Möglichkeiten sind verfügbar:

- Beschränkung auf einen zulässigen Wertebereich, wobei dieser auch mittels Formel berechnet werden kann.
- Vorgabe eines Datentyps, z. B. Zahl oder Datum.
- Auswahl aus einer Liste (Dropdown-Liste).
- Zusätzlich können Sie eine Meldung definieren, die bei falschen bzw. nicht zulässigen Eingaben erscheint.

Die Werkzeuge dazu finden Sie im Register *Daten* ▶ *Datentools*. Klicken Sie hier auf das Symbol *Datenüberprüfung* oder auf den Dropdown-Pfeil des Symbols und auf *Datenüberprüfung*....

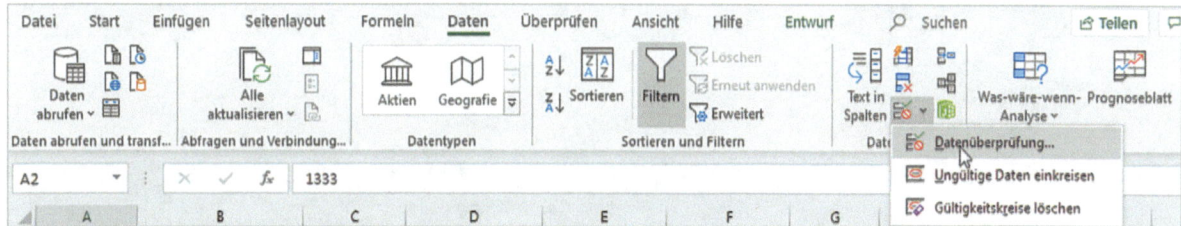

Bild 2.56 Datenüberprüfung

Zellbereich festlegen

Die Regeln zur Datenüberprüfung werden wie Formeln behandelt und können folglich wie diese kopiert werden. Wenn also eine Gültigkeitsprüfung für die gesamte Tabellenspalte gelten soll, haben Sie folgende Möglichkeiten:

▶ Entweder Sie markieren die betreffenden Zellen bzw. die gesamte Spalte und legen für diese die Regel zur Dateneingabe fest.

▶ Oder weisen Sie nur der ersten Zelle der Spalte eine Regel zu und kopieren diese anschließend wie eine Formel mithilfe von *AutoAusfüllen* bzw. durch Ziehen mit gedrückter Maustaste auf die angrenzenden Zellen der Spalte.

▶ Wenn es sich um einen dynamischen Tabellenbereich (Register *Start* ▶ *Als Tabelle formatieren*) handelt, dann markieren Sie die vorhandenen Zellen und definieren die Datenüberprüfung für diese. Die Regel wird dann automatisch auf neu hinzugefügte Zeilen dieser Spalte übernommen.

2 Nützliche Tools

Wertebereich und Datentyp vorgeben

Markieren Sie die Zelle oder den Zellbereich und klicken Sie im Register *Daten* ▶ *Datentools* auf *Datenüberprüfung*. Im Dialogfenster *Datenüberprüfung* legen Sie im Register *Einstellungen* die Gültigkeitskriterien fest.

- Im Feld *Zulassen* wählen Sie den zulässigen Datentyp aus ❶.

- Das Feld *Daten* enthält die Vergleichsoperatoren ❷ zur Auswahl. Die dazugehörigen Vergleichswerte geben Sie unterhalb ein.

- Das Kontrollkästchen *Leere Zellen ignorieren* ❸ steuert, ob die Zelle auch leer bleiben darf. Deaktivieren Sie es, wenn eine Eingabe zwingend erforderlich ist.

- Das Kontrollkästchen *Änderungen auf alle Zellen mit den gleichen Einstellungen anwenden* ❹ erlaubt bei nachträglichen Änderungen, dass die Änderung in allen Zellen mit dieser Regel wirksam wird. Bei einer neuen Regel ist es deaktiviert.

Bild 2.57 Gültigkeitskriterien festlegen

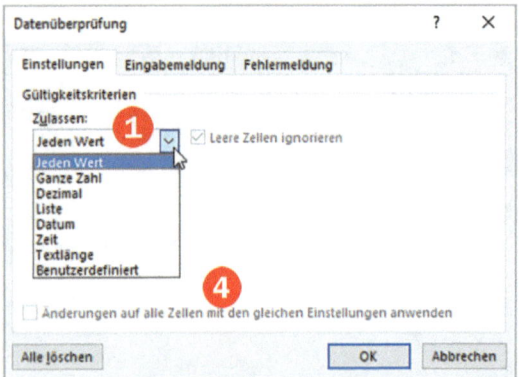 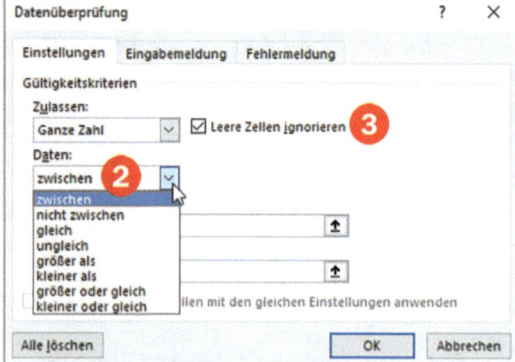

Beispiel: Die Bestellnummer muss eine vierstellige ganze Zahl sein

Markieren Sie die Spalte, im Bild unten Spalte A (A:A). Wählen Sie *Ganze Zahl* und den Vergleichsoperator *Zwischen*. Im Feld *Minimum* geben Sie als kleinsten Wert die Zahl 1000 und im Feld *Maximum* den größten zulässigen Wert 9999 ein.

Bild 2.58 Datentyp und Wertebereich festlegen

Hinweis: Die Datenüberprüfung gilt nur für Neueingaben und Änderungen. Bereits bestehende Inhalte, wie die Spaltenüberschrift im Bild in A1, werden ignoriert.

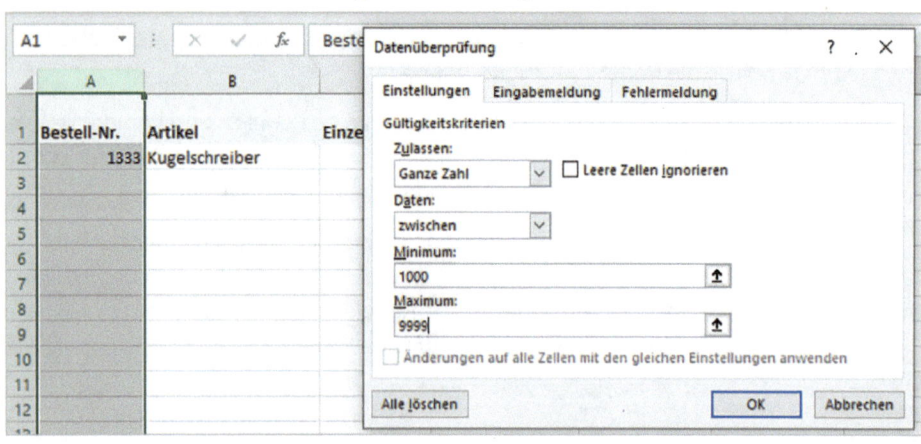

Zellbezüge statt fester Werte

Statt fester Werte wie im Beispiel oben ist auch die Angabe von Bezügen auf Zellen im selben oder einem anderen Arbeitsblatt der Mappe möglich. Beachten Sie aber, dass in diesem Fall feste Zellbezüge erforderlich sein können, wie im nachfolgenden Bild.

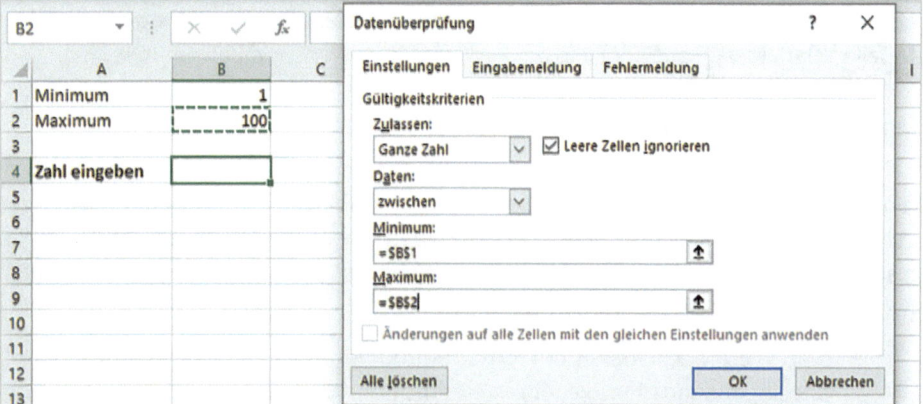

Bild 2.59 Vergleichswerte als Zellbezug

Datum einschränken

Ist die Eingabe eines Datums erforderlich, dann können Sie als Vergleichswert auch Datumsfunktionen einsetzen. Im Bild 2.60 darf beispielsweise das eingegebene Datum nicht größer als das aktuelle Datum plus 3 Tage sein.

Textlänge begrenzen

Mit der Auswahl *Textlänge* können Sie die Eingabe auf eine feste Anzahl Zeichen beschränken, im Bild 2.61 zwischen 1 und maximal 10 Zeichen.

Bild 2.60 Datumseingabe

Bild 2.61 Textlänge

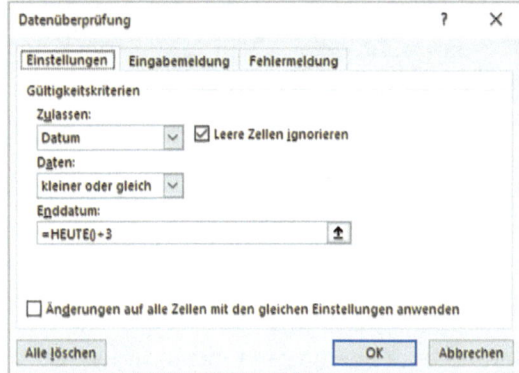
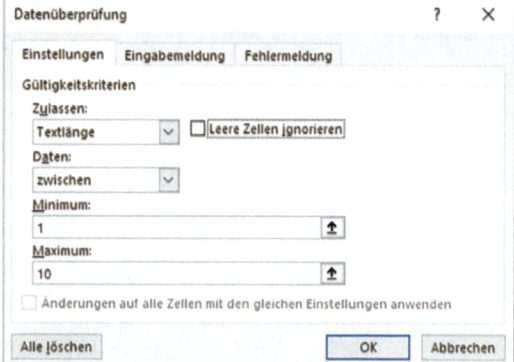

Regeln und Meldungen entfernen

Falls Sie bestehende Regeln und Meldungen (siehe nächster Punkt) zur Datenüberprüfung löschen möchten, so markieren Sie die betreffenden Zellen, öffnen mit Klick auf das Symbol *Datenüberprüfung* das gleichnamige Fenster und klicken auf die Schaltfläche *Alle löschen*.

Meldungen ausgeben

Eingabehinweise anzeigen

Im Register *Eingabemeldung* des Fensters *Datenüberprüfung* (Bild 2.62) können Sie optional einen kurzen Hinweistext zur Eingabe formulieren. Diese Meldung erscheint im Tabellenblatt, sobald auf die Zelle geklickt wird bzw. wenn die Zelle markiert ist.

Fehlermeldung und Behandlung nicht zulässiger Eingaben

Bei Eingaben, die nicht der festgelegten Regel entsprechen, erscheint eine Standardfehlermeldung. Da diese wenig aussagefähig ist, insbesondere für ungeübte Nutzer, sollten Sie auch eine Meldung für Falscheingaben formulieren. Diese geben Sie im Register *Fehlermeldung* ein, siehe Bild 2.63. Die Auswahl des *Typs* steuert das Verhalten bei Eingabe eines nicht zulässigen Werts:

- *Stopp* verhindert, dass der Wert übernommen wird. Dieser wird entfernt und die Eingabe muss entweder mit einem zulässigen Wert wiederholt oder abgebrochen werden.
- *Warnung* zeigt die Fehlermeldung zusammen mit der Frage an, ob mit der Eingabe fortgefahren werden soll, und *Information* liefert nur die Fehlermeldung. **Achtung**: In beiden Fällen ist ein Beibehalten der ungültigen Eingabe möglich.

Bild 2.62 Eingabemeldung

Bild 2.63 Fehlermeldung

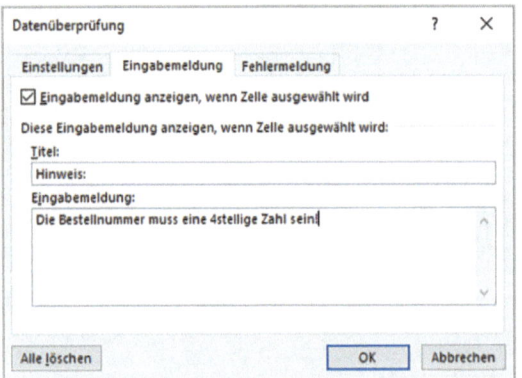
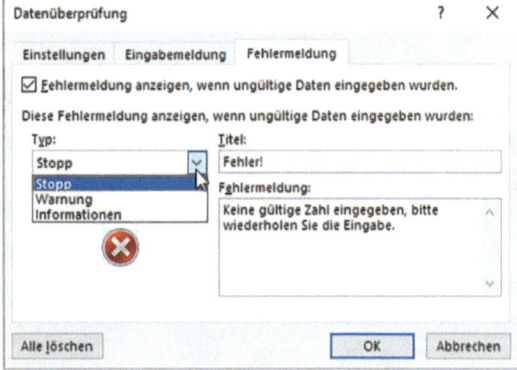

Die Eingabe auf die Auswahl aus einer Liste beschränken

Sie können die Eingabe auch auf bestimmte Werte einschränken, indem Sie eine Dropdown-Liste vorgeben. Die Werte einer solchen Liste sollten sich am besten in einem gesonderten Arbeitsblatt befinden. Sie können dann später dieses Tabellenblatt ausblenden und so unbeabsichtigte Änderungen anderer Benutzer verhindern.

Tipp: Wenn Sie die Liste später um weitere Elemente ergänzen möchten, dann sollten Sie diese als Tabellenbereich formatieren (Register *Start* ▶ *Als Tabelle formatieren*). Auf diese Weise werden auch nachträglich hinzugefügte Tabellenzeilen automatisch in der Dropdown-Liste berücksichtigt.

Fehler durch Eingabekontrollen vermeiden

Beispiel: Bei der Eingabe von Artikeln soll der Hersteller aus einer Liste ausgewählt werden

Im ersten Schritt wird die Liste der Hersteller als Tabellenbereich formatiert: Klicken Sie in die Liste und im Register *Einfügen* auf *Tabelle* (oder im Register *Start* auf *Als Tabelle formatieren*). Aktivieren Sie das Kontrollkästchen *Tabelle hat Überschriften* ❶ und klicken Sie auf *OK*. Geben Sie danach dem Datenbereich einen aussagefähigen Namen: Markieren Sie die Hersteller (ohne Überschrift) ❷, klicken Sie in der Bearbeitungsleiste in das Namenfeld und geben Sie einen aussagekräftigen Namen ein ❸, z. B. Hersteller.

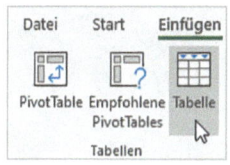

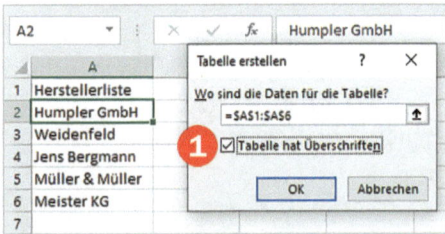
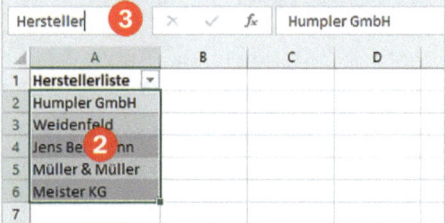

Bild 2.64 Tabellenbereich erstellen

Bild 2.65 Tabelle umbenennen

Datenüberprüfung.xlsx

Markieren Sie in der Artikeltabelle die Spalte D (*Hersteller*), klicken Sie auf *Datenüberprüfung* und wählen Sie im Register *Einstellungen*, Feld *Zulassen* den Eintrag *Liste* ❹ aus. **Achtung**: Das Kontrollkästchen *Zellendropdown* ❺ muss aktiviert sein, sonst erscheint der Dropdown-Pfeil nicht im Tabellenblatt! Im Feld *Quelle* geben Sie den Bereichsnamen zusammen mit einem Gleichheitszeichen ein ❻.

Bild 2.66 Wählen Sie Liste und geben Sie die Quelle an

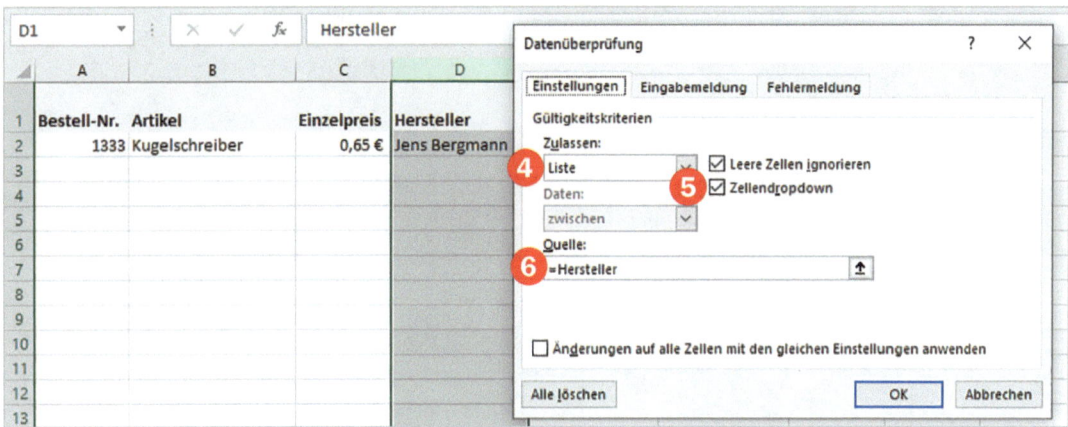

Im Tabellenblatt erscheint nun neben der Zelle ein Dropdown-Pfeil, sobald die Zelle markiert wird. **Tipp**: Um unnötiges Klicken während der Eingabe zu vermeiden, können Sie die Liste auch mit den Tasten **Alt**+**Pfeil nach unten** öffnen. Die Auswahl erfolgt dann per Pfeiltaste und mit der **Eingabetaste** übernehmen Sie den markierten Wert.

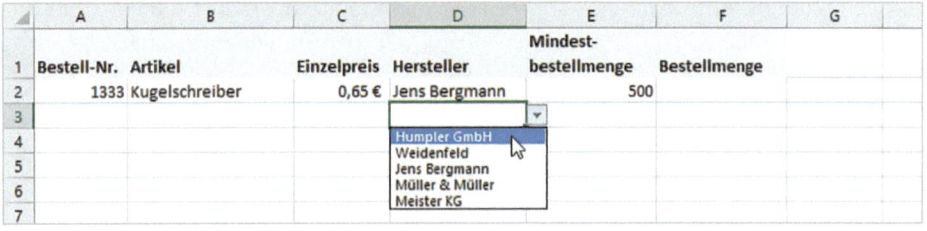

Bild 2.67 Auswahl aus Liste

Hinweise

▶ Leider darf die Liste nur eine einzige Spalte umfassen. Handelt es sich um eine Tabelle mit mehreren Spalten, dann dürfen Sie nur die benötigte Spalte angeben.

▶ Falls Sie statt Zellbezügen die zulässigen Einträge im Feld *Quelle* eintragen möchten, müssen Sie die Werte mit Semikolon (;) trennen, z. B. Januar;Februar;März;....

Zulässige Eingaben mit einer Formel berechnen

Wenn die zulässige Eingabe mithilfe einer Formel ermittelt werden soll, dann wählen Sie im Fenster *Datenüberprüfung* unter *Zulassen* den Eintrag *Benutzerdefiniert*. Geben Sie dann im Feld *Formel* die Formel zusammen mit einem Gleichheitszeichen ein.

> **Achtung**: Die Datenüberprüfung akzeptiert ausschließlich Formeln, die als Ergebnis einen Wahrheitswert, also WAHR oder FALSCH, liefern.

Im Bild unten ein Beispiel: Bei der manuellen Eingabe von Bestellungen soll die jeweilige Mindestbestellmenge berücksichtigt werden: Die Bestellmenge in Spalte F muss größer oder gleich der Mindestbestellmenge sein, die Formel dazu: =F2>=E2

Bild 2.68 Zulässige Eingaben berechnen

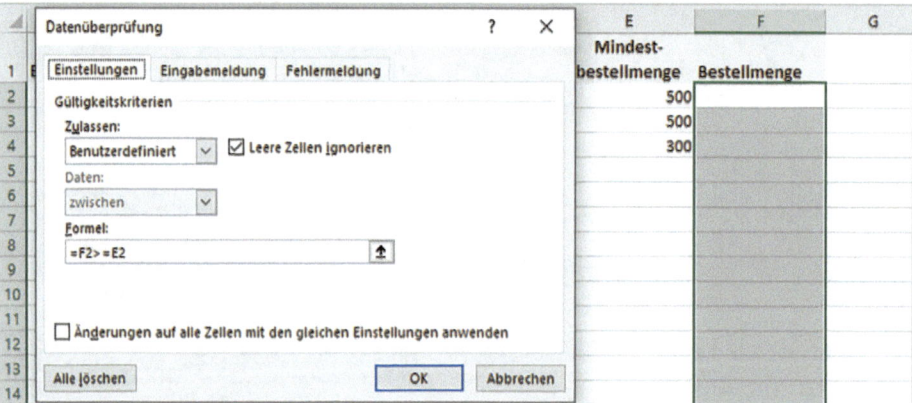

Tipps zur Datenüberprüfung

Änderungen der Datenüberprüfung übernehmen
Wenn Sie nachträglich die Überprüfungseinstellungen ändern möchten, dann genügt es, wenn Sie diese für eine einzelne Zelle vornehmen. Aktivieren Sie dann das Kontrollkästchen *Änderungen auf alle Zellen mit den gleichen Einstellungen anwenden*.

Datenüberprüfung auf weitere Zellen ausweiten
Der Zellbereich, in dem eine Datenüberprüfung erfolgt, lässt sich problemlos mit einer der beiden folgenden Methoden erweitern.

Fehler durch Eingabekontrollen vermeiden 2

- entweder wie beim Kopieren einer Formel über das Kästchen *AutoAusfüllen* und Ziehen mit der Maus

- Oder markieren Sie den Zellbereich, den Sie in die Datenüberprüfung einschließen möchten. Mindestens eine der markierten Zellen muss bereits eine Datenüberprüfung enthalten.

    - Klicken Sie auf *Datenüberprüfung* und bestätigen Sie die Rückfrage, ob die Datenüberprüfung auf die markierten Zellen erweitert werden soll mit *Ja*.

    - Das Fenster *Datenüberprüfung* öffnet sich mit der Regel. Klicken Sie zum Übernehmen auf *OK*.

Zellen mit Regeln zur Datenüberprüfung markieren

Klicken Sie im Register *Start* ▶ *Bearbeiten* auf *Suchen und Auswählen* und hier auf *Datenüberprüfung*. Excel markiert daraufhin alle Zellen, für die eine Datenüberprüfung festgelegt wurde, und Sie können nun beispielsweise für diese Zellen den Schreibschutz aufheben, wenn Sie anschließend das Tabellenblatt schützen möchten.

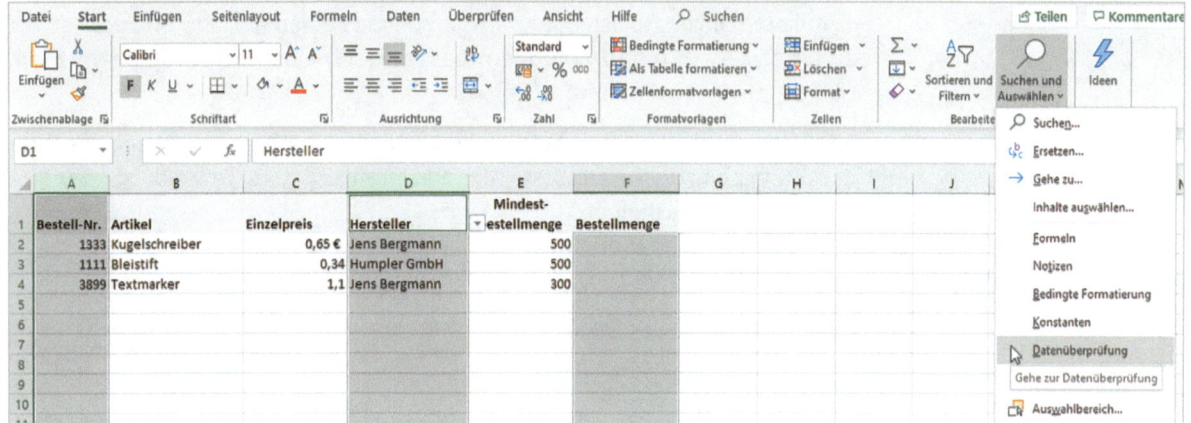

Bild 2.69 Zellen mit Datenüberprüfung markieren

Doppelte Eingaben vermeiden

Ein häufiges Problem in manchen Tabellen sind doppelte Werte, die eigentlich nur ein einziges Mal vorkommen dürften, z. B. doppelte Kundennummern in einer Kundenliste. Am besten vermeiden Sie solche Duplikate bereits bei der Eingabe. Hier ein Beispiel, das mithilfe der Datenüberprüfung und der Funktion ZÄHLENWENN verhindert, dass eine Kundennummer bei der Erfassung neuer Kunden doppelt vergeben wird.

1. Markieren Sie die gesamte Spalte mit den Kundennummern, z. B. Spalte A (A:A). Falls die Tabelle als Tabellenbereich formatiert wurde wie im Bild unten, markieren Sie die vorhandenen Kundennummern, hier A2:A5. Die Gültigkeitsüberprüfung wird in diesem Fall automatisch auf neu hinzugefügte Zeilen ausgedehnt.

Zellbereich als Tabellenbereich formatieren: Einfügen ▶ Tabelle.

2 Nützliche Tools

2 Öffnen Sie das Dialogfenster *Datenüberprüfung*, wählen Sie *Benutzerdefiniert* aus und geben Sie die folgende Formel ein:

Eine detaillierte Beschreibung der Funktion ZÄHLENWENN finden Sie auf Seite 240.

=ZÄHLENWENN(A:A;A2)=1

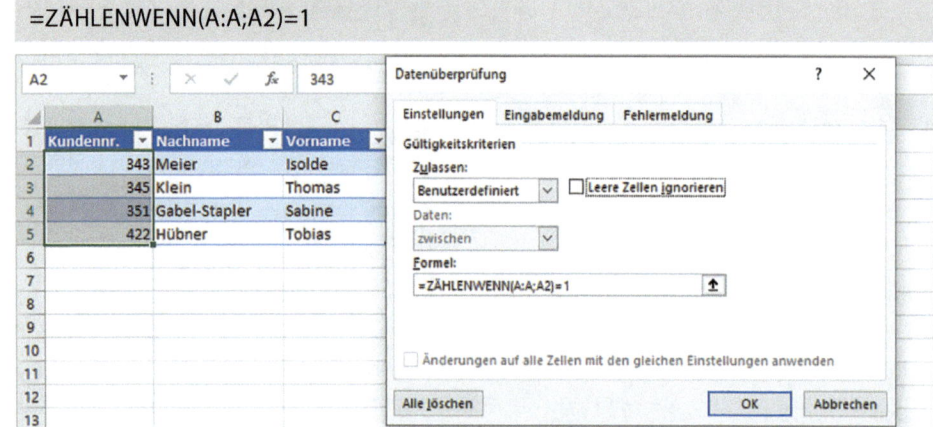

Bild 2.70 Formel zur Datenüberprüfung

Datenüberprüfung.xlsx, Blatt Doppelte Eingaben

3 Formulieren Sie im Register *Fehlermeldung* eine Fehlermeldung und wählen Sie den Typ *Stopp* aus, um zu verhindern, dass eine nicht zulässige Eingabe trotzdem übernommen werden kann.

4 Beim Versuch, in einer neu hinzugefügten Zeile eine bereits vorhandene Kundennummer einzugeben, müsste nun die unten abgebildete Meldung bzw. Ihre Fehlermeldung erscheinen.

Bild 2.71 Der Fehlertyp Stopp verhindert ein Übernehmen nicht zulässiger Werte

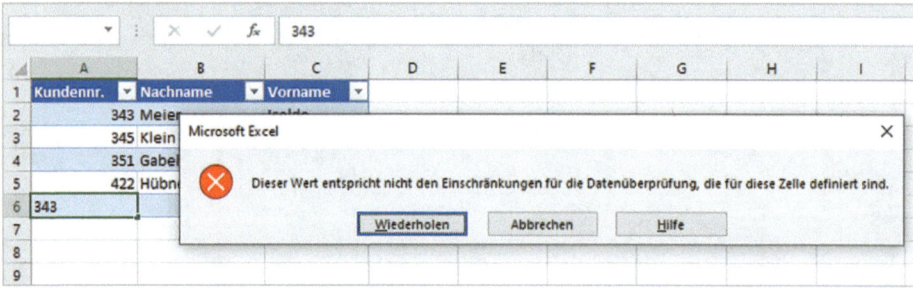

Details zur Funktion VERGLEICH siehe Seite 193.

Hinweis: Statt mit der Funktion ZÄHLENWENN lässt sich das Problem auch mit der Funktion VERGLEICH lösen. Auf das obige Beispiel bezogen geben Sie dann in die markierte Spalte die folgende Funktion ein:

=VERGLEICH(A2;A:A;0)=Zeile(A2)

2.7 Visualisierung mit Sparklines und Diagrammen

Diagramme sind unverzichtbar, um Zahlen und Zusammenhänge insbesondere aus dem Bereich Statistik anschaulich grafisch darzustellen. Auch dieses Buch nutzt Diagramme. Excel unterstützt alle wichtigen Diagrammtypen und verfügt über umfangreiche Werkzeuge zur Gestaltung. Alle Excel-Diagramme setzen eine Tabelle mit entsprechenden Zahlen voraus und bei jeder Änderung wird das Diagramm automatisch aktualisiert.

> Verzichten Sie möglichst auf 3D-Darstellungen, da diese meist zu optischen Verzerrungen führen. So erscheinen z. B. in einem 3D-Säulendiagramm die Säulen überhöht und in einem 3D-Kreisdiagramm wirken die Kreissegmente je nach Betrachtungswinkel und Drehung größer oder kleiner.

Diagramm einfügen

Zum Einfügen eines Diagramms klicken Sie im Register *Einfügen* ▶ *Diagramme* auf den gewünschten Diagrammtyp. Beachten Sie, dass zu jedem Diagrammtyp verschiedene Untertypen zur Verfügung stehen, diese erscheinen beim Klick auf das Symbol. So haben Sie z. B. über das Symbol *Säulen- oder Balkendiagramm einfügen* die Wahl zwischen Säulen und Balken jeweils in 2D- und 3D, wobei die Datenreihen gestapelt oder nebeneinander angeordnet werden können, wie im Bild unten.

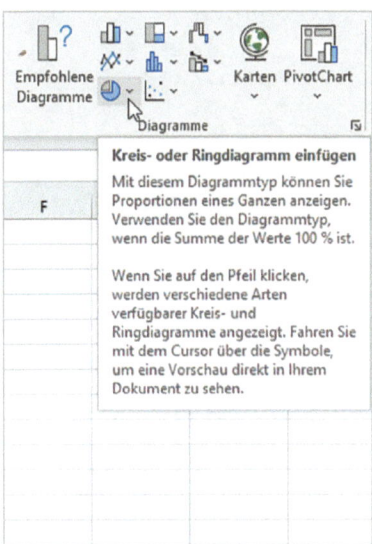

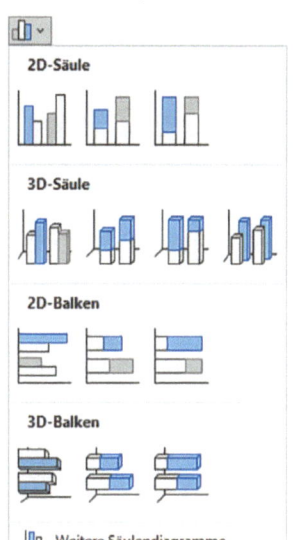

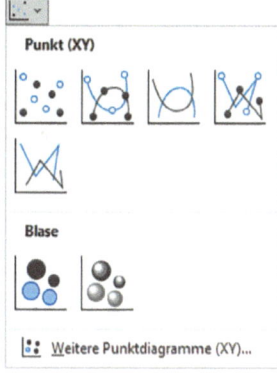

Bild 2.72 Register Einfügen, Diagramme

Bild 2.73 Untertypen Säulen- und Punktdiagramm

Bevor Sie auf einen Diagrammtyp klicken

▶ Wenn Sie zuvor eine beliebige Zelle innerhalb einer Tabelle markiert haben, dann erstellt Excel das Diagramm automatisch aus der gesamten Tabelle.

2 Nützliche Tools

▶ Soll das Diagramm nur ausgewählte Zeilen oder Spalten enthalten, dann markieren Sie diese einschließlich der Beschriftungen. Nicht zusammenhängende Bereiche markieren Sie mit gedrückter Strg-Taste, in diesem Fall müssen alle Bereiche dieselbe Anzahl Zellen umfassen.

▶ Oder markieren Sie eine beliebige Zelle außerhalb der Datentabelle, bevor Sie auf einen Diagrammtyp klicken. In diesem Fall erhalten Sie zunächst ein leeres Diagramm, dem Sie im zweiten Schritt die Datenreihen und Beschriftungen hinzufügen. Diese Vorgehensweise empfiehlt sich, wenn Zahlen auch als Beschriftungen dienen, z. B. Kalenderwochen oder Jahre. Diese werden sonst in den meisten Fällen fälschlicherweise als Datenreihe interpretiert. Nachfolgend ein Beispiel.

Beispiel: Ein leeres Balkendiagramm einfügen
Die unten abgebildeten Verkaufszahlen sollen in einem Balkendiagramm dargestellt werden. Da die Monate als Zahlen vorgegeben sind, wird am besten erst einmal ein leeres Diagramm eingefügt.

Markieren Sie eine beliebige Zelle außerhalb der Tabelle, im Bild unten F1 ❶, klicken Sie im Register *Einfügen* ▶ *Diagramme* auf *Säulen- oder Balkendiagramm einfügen* und beim Untertyp *2D-Balken* auf *Gruppierte Balken* ❷ (siehe Bild). Das leere Diagramm wird anschließend im aktuellen Arbeitsblatt eingefügt ❸.

Bild 2.74 Ein leeres Balkendiagramm einfügen

Diagramme.xlsx

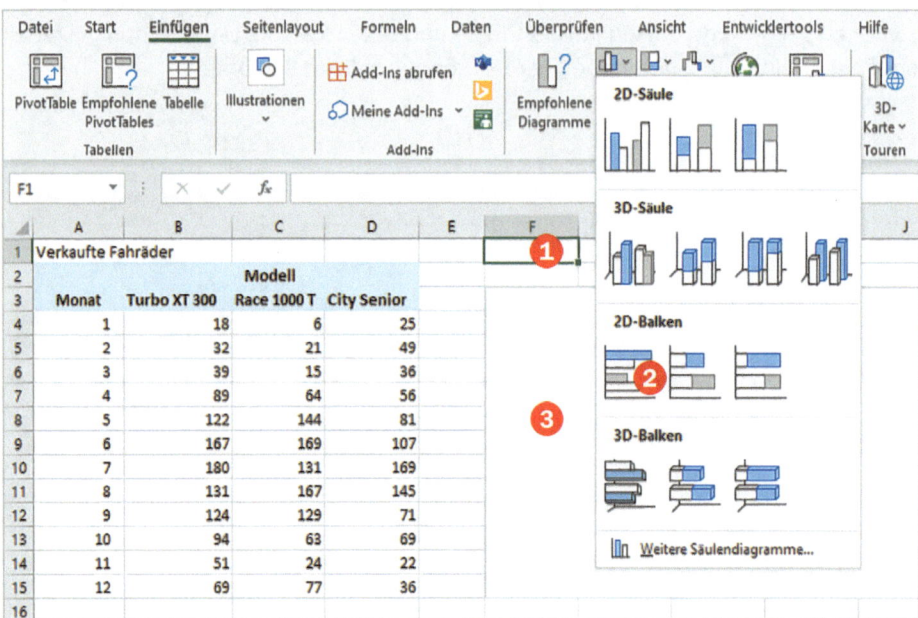

Datenreihen und Beschriftungen hinzufügen, bearbeiten oder entfernen

Egal, ob Sie ein leeres Diagramm eingefügt haben oder das Diagramm bereits Datenreihen und Beschriftungen enthält; im Fenster *Datenquelle auswählen* können Sie weitere Datenreihen hinzufügen, vorhandene nachträglich bearbeiten sowie Beschriftungen hinzufügen. Klicken Sie dazu in das Diagramm und im Register *Diagrammentwurf* auf *Daten auswählen*.

Bild 2.75 Datenreihen hinzufügen, ändern, entfernen

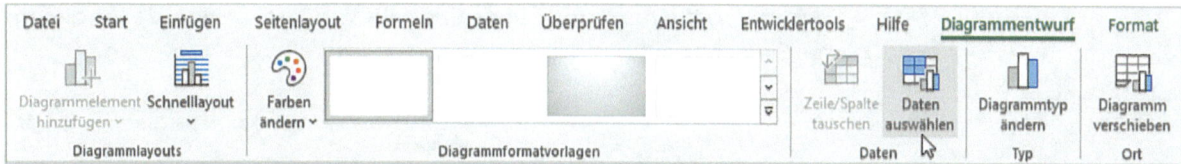

Datenreihen hinzufügen

Im Fenster *Datenquelle auswählen* (Bild unten) stehen die folgenden Möglichkeiten offen. Der Diagrammbereich ❶ wird von Excel automatisch ermittelt und kann ignoriert werden.

▸ Unter *Legendeneinträge (Reihen)* ❷ sehen Sie die bereits vorhandenen Datenreihen. Mit den Schaltflächen *Bearbeiten* und *Entfernen* können Sie die markierte Datenreihe nachträglich bearbeiten oder löschen. Zum Hinzufügen weiterer Datenreihen klicken Sie auf *Hinzufügen*. Mit den Pfeilen ❸ ändern Sie die Reihenfolge der Datenreihen im Diagramm.

▸ Die Beschriftung der horizontalen Achse (X-Achse) legen Sie unter *Horizontale Achsenbeschriftungen (Rubrik)* und mit der Schaltfläche *Bearbeiten* ❹ fest. Wenn keine Beschriftung gewählt wurde, werden die Datenpunkte automatisch fortlaufend nummeriert.

▸ Falls die Datenreihen leere Zellen aufweisen oder das Diagramm auch ausgeblendete Zeilen und/oder Spalten berücksichtigen soll, können Sie deren Behandlung über die Schaltfläche *Ausgeblendete und leere Zellen* ❺ steuern. Näheres hierzu weiter unten.

▸ Zum Übernehmen klicken Sie auf die Schaltfläche *OK*.

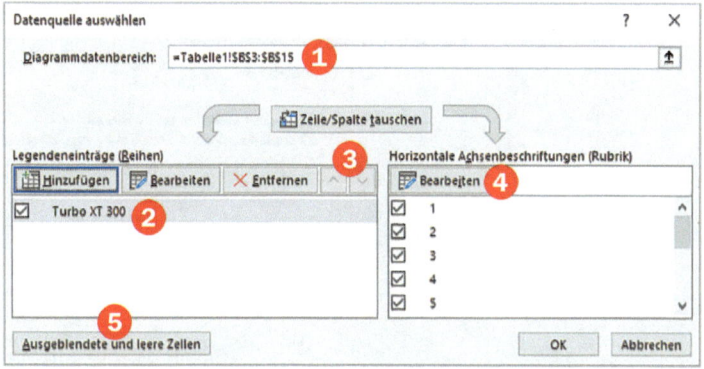

Bild 2.76 Datenreihen hinzufügen, bearbeiten und Achsenbeschriftung festlegen.

Beispiel: Eine Datenreihe hinzufügen

Klicken Sie im Fenster *Datenquelle auswählen* unter *Legendeneinträge (Reihen)* auf die Schaltfläche *Hinzufügen*. Klicken Sie im Fenster *Datenreihe bearbeiten* in das Feld *Reihenname* ❶ und geben Sie entweder eine Beschriftung ein oder klicken Sie in der Tabelle auf die entsprechende Zelle, hier C3. Diese Beschriftung erscheint später automatisch in der Legende. Im Feld *Reihenwerte* ❷ geben Sie an, wo sich die Zahlen der Datenreihe befinden. Markieren Sie dazu in der Tabelle den entsprechenden Zellbereich ❸. **Achtung**: Löschen Sie zuvor unbedingt die Standardvorgabe *{1}* aus diesem Feld. Klicken Sie zuletzt auf *OK*.

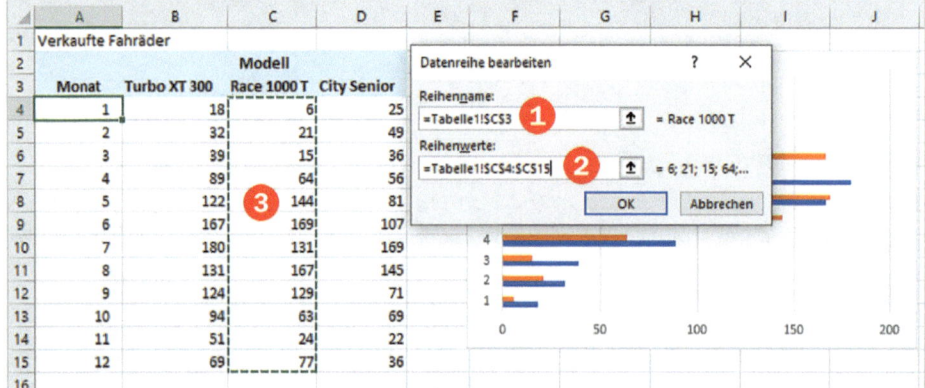

Bild 2.77 Datenreihe bearbeiten

Beschriftungen auswählen

Wenn keine Achsenbeschriftung festgelegt wurde, erhalten die Datenpunkte automatisch eine fortlaufende Nummerierung. Da diese im oben abgebildeten Beispiel mit den Monaten übereinstimmt, ist die zusätzlich Angabe der Achsenbeschriftung eigentlich nicht zwingend erforderlich. Falls Sie aber beispielsweise hier später Text statt der Zahlen verwenden, oder einen anderen Zeitraum angeben möchten, empfiehlt es sich trotzdem. Klicken Sie daher im Fenster *Datenquelle auswählen* unter *Horizontale Achsenbeschriftungen (Reihen)* auf *Bearbeiten* und wählen Sie die Monate in A4:A15 aus.

Bild 2.78 Achsenbeschriftungen festlegen

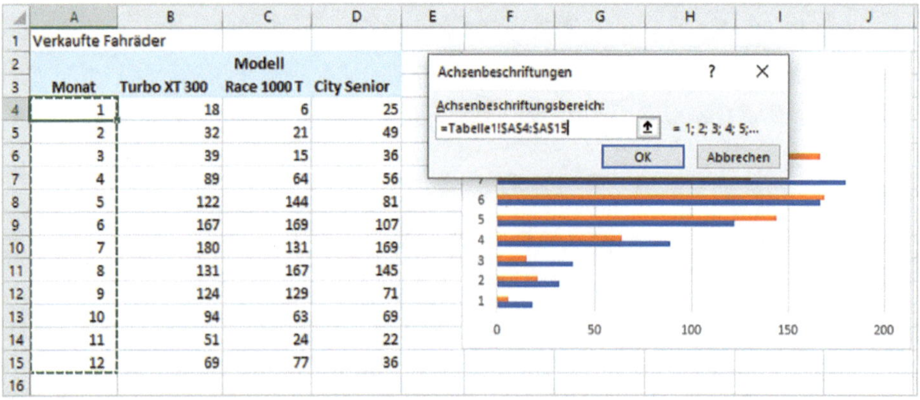

Fehlerwerte, leere und ausgeblendete Zellen in Datenreihen

Fehlerwerte, leere und ausgeblendete Zellen werden in der Standardeinstellung in Diagrammen wie folgt behandelt:

▶ Leere Zellen erscheinen im Diagramm als Lücken, so wird beispielsweise ein Liniendiagramm an diesen Punkten unterbrochen.

▶ Daten in ausgeblendeten Zeilen oder Spalten werden in der Standardeinstellung ebenfalls nicht im Diagramm dargestellt.

▶ Resultieren leere Zellen aus einer Formel, dann werden diese im Diagramm als 0-Werte dargestellt. Der Fehlerwert #NV wird dagegen im Diagramm nicht berücksichtigt. Ein Beispiel dafür finden Sie in diesem Buch auf Seite 179.

Die Einstellungen hierzu finden Sie im Fenster *Datenquelle auswählen*, das Sie über das Register *Diagrammentwurf* und das Symbol *Daten auswählen* öffnen (siehe Seite 103). Klicken Sie hier auf die Schaltfläche *Ausgeblendete und leere Zellen*.

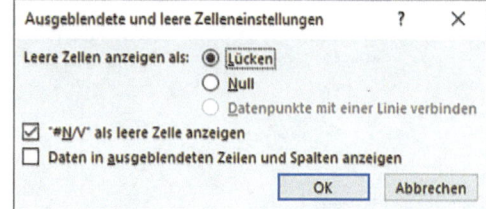

Bild 2.79 Ausgeblendete und leere Zellen

▶ Leere Zellen können als *Lücken* (Standardeinstellung) oder mit 0 (*Null*) dargestellt werden. Liniendiagramme lassen sich außerdem mit einer interpolierten Linie verbinden.

▶ Falls die Werte der Datenreihe mit einer Formel berechnet werden, können Sie die Behandlung des Fehlerwerts #NV als leere Zelle bei Bedarf auch deaktivieren (ab Excel 2019).

▶ Sollen Daten in ausgeblendeten Zeilen oder Spalten im Diagramm berücksichtigt werden, dann aktivieren Sie das Kontrollkästchen *Daten in ausgeblendeten Zeilen und Spalten anzeigen*.

Beispiel: Berechnete Mittelwerte ausblenden und im Diagramm darstellen

Ein typisches Beispiel für ausgeblendete Zellen ist die Darstellung von Mittelwerten im Diagramm. Damit im unten abgebildeten Beispiel die Mittelwerte in Spalte C ausgeblendet werden können und die Linie Mittelwert im Diagramm trotzdem erhalten bleibt, aktivieren Sie das Kontrollkästchen *Daten in ausgeblendeten Zeilen und Spalten anzeigen*, siehe oben.

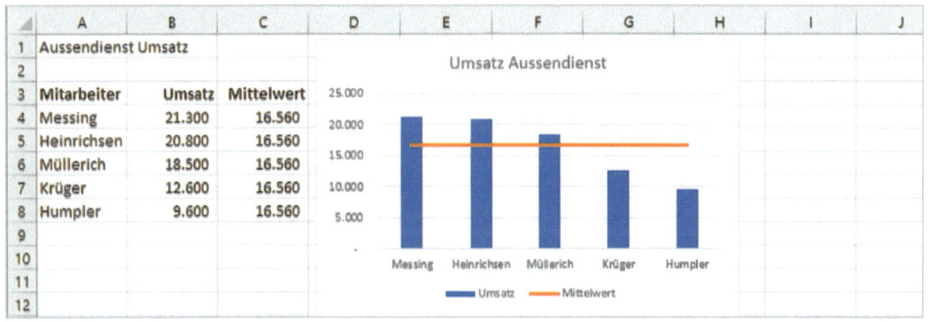

Bild 2.80 Beispiel Mittelwerte im Diagramm darstellen und Werte ausblenden

2 Nützliche Tools

Beschriftungen und andere Diagrammelemente hinzufügen

Um Diagrammtitel, Achsentitel, Legende oder eine Trendlinie einzufügen, klicken Sie entweder auf das Plussymbol ❶ neben der rechten oberen Diagrammecke oder im Menüband, Register *Diagrammentwurf* auf *Diagrammelement hinzufügen* ❷. In beiden Fällen finden Sie zu den einzelnen Elementen Untermenüs, über die Sie die Position oder die Berechnung (Trendlinie) wählen können.

Bild 2.81 Beschriftungen, Trendlinie und andere Diagrammelemente hinzufügen

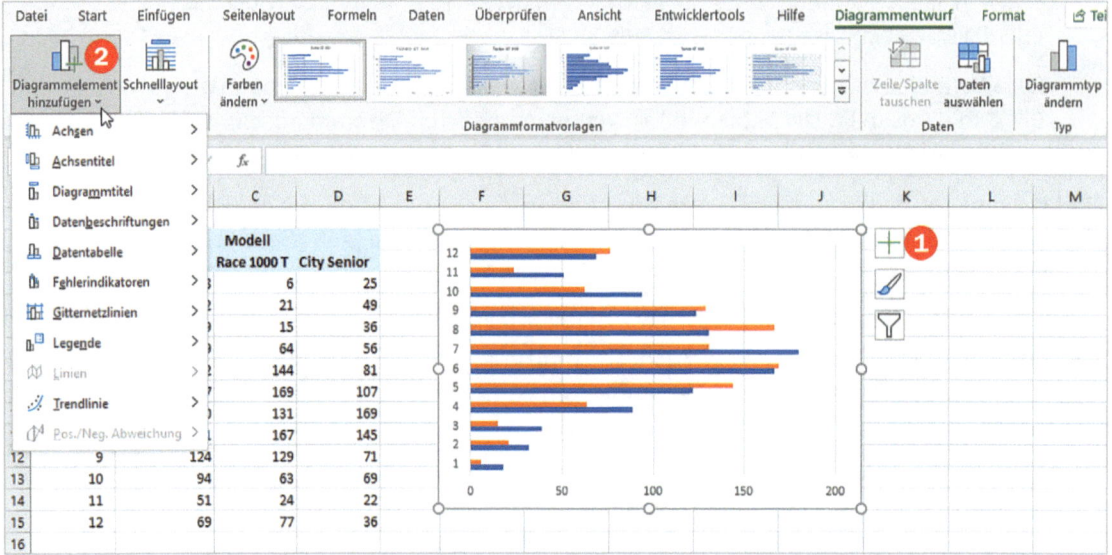

Beispiel Beschriftung der Achsen

Um im Beispiel oben die senkrechte Achse mit Monat zu beschriften, klicken Sie in das Diagramm und danach auf *Diagrammelement hinzufügen*. Wählen Sie *Achsentitel* ▶ *Primär vertikal*, geben Sie den Beschriftungstext ein und betätigen Sie die Eingabetaste. Genauso verfahren Sie beim Hinzufügen einer Legende, hier können Sie außerdem die Position wählen.

Bild 2.82 Achsentitel hinzufügen

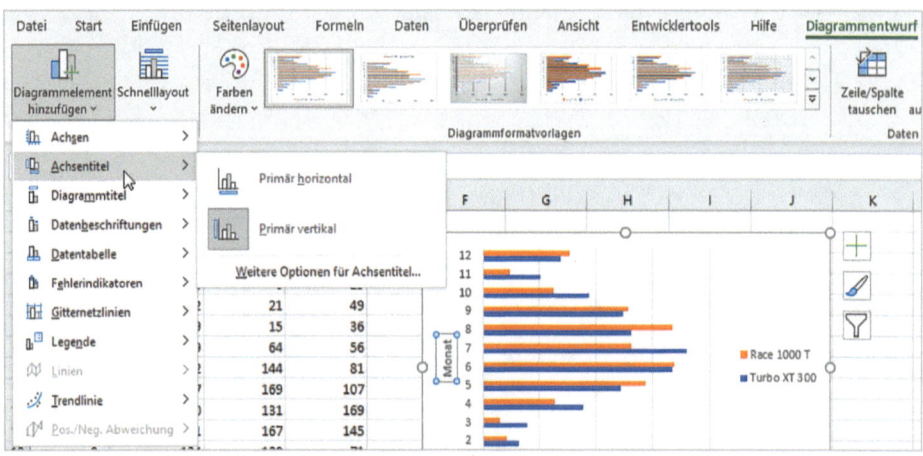

Diagrammelemente im Aufgabenbereich bearbeiten

Die genauere Bearbeitung von Diagrammelementen erfolgt in einem gesonderten Aufgabenbereich. Dieser erscheint am rechten Rand des Excel-Fensters und zeigt umfangreiche Bearbeitungsoptionen zum markierten Element an. Praktischerweise bleibt der Aufgabenbereich dauerhaft geöffnet, so dass Sie im Diagramm nur ein anderes Element markieren brauchen, um dessen Eigenschaften anschließend hier zu bearbeiten.

Aufgabenbereich öffnen

Zum Anzeigen des Aufgabenbereichs klicken Sie im Diagramm mit der rechten Maustaste auf das zu bearbeitende Element, z. B. Diagrammtitel oder eine Datenreihe, und auf den Befehl *xxx formatieren...* wobei *xxx* für das angeklickte Element steht, oder doppelklicken Sie auf das Diagrammelement.

Register und Optionen auswählen

Am Titel des Aufgabenbereichs erkennen Sie sofort, welches Diagrammelement gerade bearbeitet wird, im Bild unten der Diagrammbereich.

▸ Über den Dropdown-Pfeil, hier *Diagrammoptionen* ❶, können Sie ein anderes Diagrammelement auswählen oder klicken Sie im Diagramm auf das Element.

▸ Der Aufgabenbereich enthält verschiedene Register, die mit Symbolen ❷ gekennzeichnet sind. Abhängig vom ausgewählten Element finden Sie hier die Symbole *Füllung und Linie*, *Effekte*, *Größe und Eigenschaften* sowie *Datenreihen-* oder *Achsenoptionen*.

▸ Die eigentlichen Optionen befinden sich unterhalb in Abschnitten, die über die kleinen Pfeile ❸ aus- und wieder eingeklappt werden.

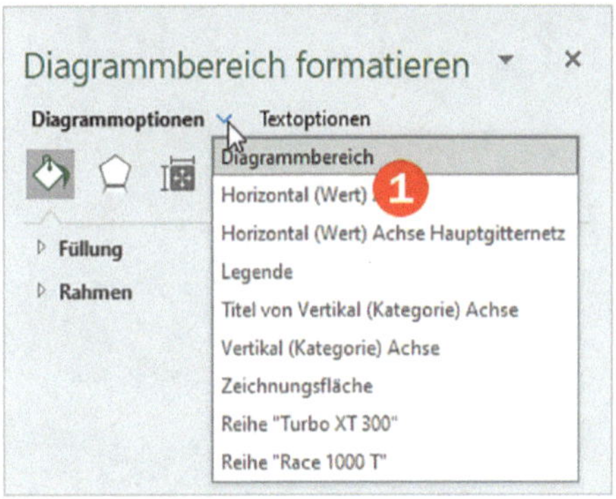

Je nach markiertem Element können daneben eventuell noch *Textoptionen* mit textspezifischen Bearbeitungsmöglichkeiten verfügbar sein.

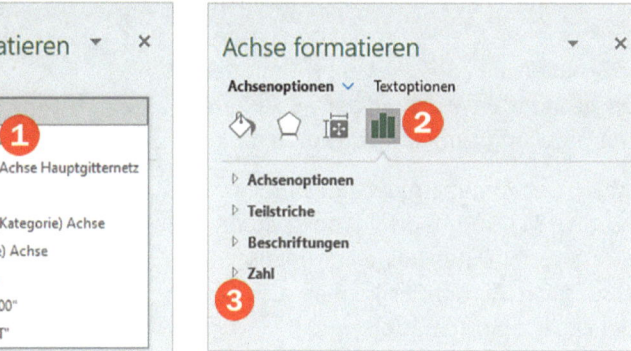

Bild 2.83 Diagrammelement auswählen

Bild 2.84 Textoptionen

Beispiel: Säulenabstände verringern

Um in Säulen- oder Balkendiagrammen die Abstände zwischen den Säulen bzw. Balken zu ändern, markieren Sie die Datenreihe und klicken im Aufgabenbereich *Datenreihen formatieren* auf das Register *Datenreihenoptionen*. Benutzen Sie dann beim Feld *Abstandsbreite* den Schieberegler oder die Pfeile im dazugehörigen Feld zum

Bild 2.85 Säulenabstände ändern

Vergrößern oder Verkleinern. Die Abstandsbreite gibt das Verhältnis des Abstands zur Säulenbreite an. Bei 100 % entspricht der Abstand exakt der Säulenbreite, 0 % fügt dagegen die Säulen oder Balken ohne Abstand aneinander.

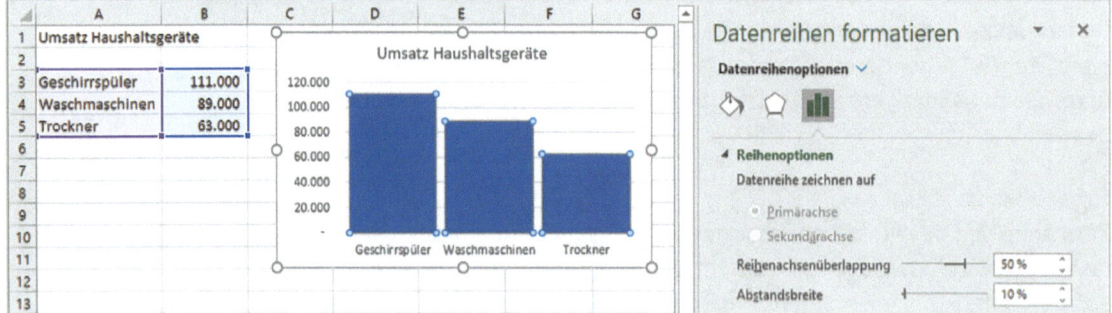

Besondere achsenspezifische Einstellungen

Wertebereich und Achseneinteilung

Standardmäßig werden Wertebereich und Einteilung der Größenachse automatisch gewählt. Falls Sie die Einteilung manuell vornehmen möchten, gehen Sie so vor:

Doppelklicken Sie auf die Größenachse und wählen Sie im Aufgabenbereich *Achse formatieren* das Register *Achsenoptionen*. Im Abschnitt *Achsenoptionen* können Sie unter *Grenzen* die Werte für Minimum, Maximum ❶ sowie unter *Hauptstriche* die Intervalle, im Bild 100, eingeben.

Bild 2.86 Minimum, Maximum und Hauptintervalle vorgeben

Auto rechts neben einem Wert bedeutet, dieser wird automatisch gewählt. Bei manuell vorgegebenen Werten erscheint stattdessen die Schaltfläche *Zurücksetzen* ❷, mit der Sie den geänderten Wert wieder auf automatische Einteilung zurücksetzen können.

Achtung: Bei Vorgabe eines festen Minimums und/oder Maximums erfolgt bei späteren Änderungen der Daten keine automatische Anpassung der Achsen. Es können also Säulen oder Linien abgeschnitten werden.

Hinweis: Auch für Teilstriche sind Intervallangaben möglich, diese erscheinen aber im Diagramm nur, wenn deren Anzeige unter *Achsenoptionen* ▶ *Teilstriche* und *Hilfstyp* explizit festgelegt wurde. Die Standardvorgabe ist bei Haupt- und Hilfstyp *Ohne*.

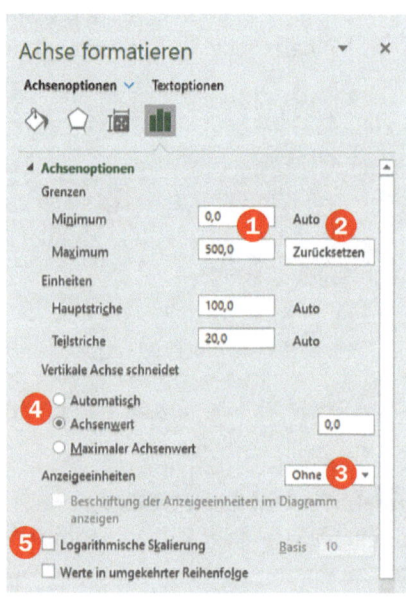

Tipp: Anzeigeeinheiten in Tausend oder Mio

Basiert Ihr Diagramm auf sehr großen Zahlen, dann können Sie zur besseren Lesbarkeit die Zahlen in Tausendern, Millionen usw. anzeigen lassen. Klicken Sie dazu im Abschnitt *Achsenoptionen* in das Feld *Anzeigeeinheiten* ❸, siehe Bild auf der vorherigen Seite und rechts.

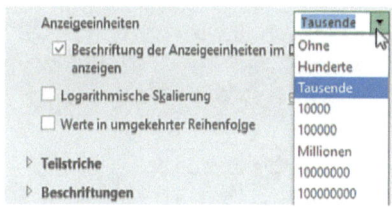

Schnittpunkt der horizontalen Achse festlegen

Auch den Schnittpunkt der horizontalen und vertikalen Achse können Sie über die Achsenoptionen festlegen. Wählen Sie dazu im Abschnitt *Achsenoptionen* (siehe Bild auf der vorhergehenden Seite) anstelle der Standardvorgabe *Automatisch* zwischen *Achsenwert* ❹ und Angabe eines bestimmten Werts und *Maximaler Achsenwert*. Hierzu einige Tipps:

▶ **Die horizontale Achse soll sich oben befinden**
Wählen Sie die Option *Maximaler Achsenwert*.

▶ **Bei negativen Werten Beschriftungen trotzdem unterhalb des Diagramms anzeigen**
Enthält ein Diagramm negative Werte, dann schneidet die horizontale Achse in der Standardeinstellung bei 0 und damit befinden sich auch die dazugehörigen Achsenbeschriftungen mitten im Diagramm. Wenn Sie dies als störend empfinden und die Achse samt Beschriftung am unteren Rand platzieren möchten, dann wählen Sie die Option *Achsenwert* und geben einen beliebigen negativen Wert z. B. -100.000 ein. Dieser Wert hat keinerlei Einfluss auf den Minimalwert oder die Achsenintervalle.

Logarithmische Skalierung

Um eine genauere Darstellung für sehr kleine Werte zu erzielen, können Sie für die Größenachse eines XY-Diagramms auch für eine oder beide Achsen eine logarithmische Skalierung wählen. Dazu markieren Sie die betreffende Achse, klicken im Aufgabenbereich *Achse formatieren* auf das Register *Achsenoptionen* und aktivieren im Abschnitt *Achsenoptionen* das Kontrollkästchen *Logarithmische Skalierung* ❺ (Bild auf der vorhergehenden Seite).

Zahlen formatieren

Die Zahlenformate der Größenachse werden in der Standardeinstellung aus der Tabelle übernommen. Falls gewünscht, können Sie für das Diagramm auch ein abweichendes Zahlenformat festlegen. Doppelklicken Sie dazu auf die Größenachse und wählen Sie im Aufgabenbereich *Achse formatieren* das Register bzw. Symbol *Achsenoptionen*.

Klicken Sie im Abschnitt *Zahl* in das Feld *Rubrik* und wählen Sie statt *Standard* ❶ (Bild auf der nächsten Seite) ein Format aus, z. B. *Zahl* ❷. Anschließend legen Sie die Anzahl der Dezimalstellen, die Anzeige des 1000er-Trennzeichens und das Aussehen negativer Zahlen fest. Wenn Sie ein benutzerdefiniertes Zahlenformat verwenden möchten, z. B. mit einem Zusatz, dann wählen Sie *Benutzerdefiniert* ❸, geben im Feld *For-

Siehe „Benutzerdefinierte Datums- und Uhrzeitformate" auf Seite 64.

Bild 2.87 Zahlenformate Größenachse

matcode Ihr Zahlenformat ein ④ und klicken zum Übernehmen auf die Schaltfläche *Hinzufügen* ⑤.

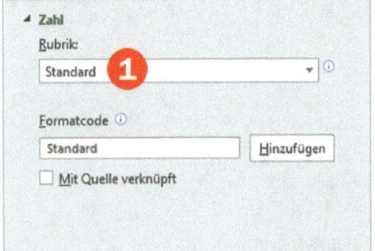 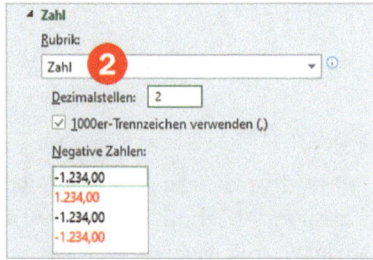 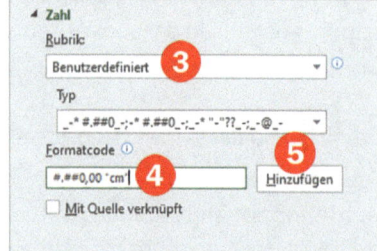

Teilstriche auf Achse anzeigen, Liniendiagramm zur Achse verlängern

Standardmäßig erscheinen weder auf der Größen- noch auf der Beschriftungsachse Teilstriche zur Achsenbeschriftung. Falls Sie trotzdem, z. B. in einem Liniendiagramm, Teilstriche auf einer Achse benötigen, dann gehen Sie so vor:

Doppelklick auf die entsprechende Achse und im Aufgabenbereich *Achse formatieren* Klick auf das Register *Achsenoptionen*. Wählen Sie im Abschnitt *Teilstriche* im Feld *Haupttyp* die gewünschte Position.

Bild 2.88 Teilstriche auf X-Achse anzeigen

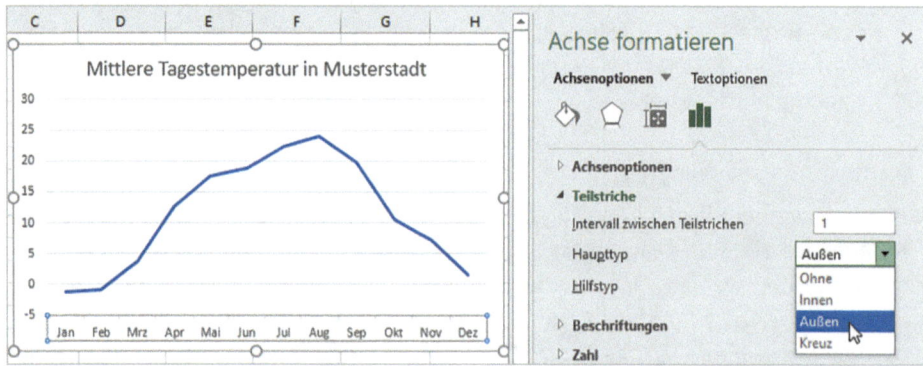

Allerdings befinden sich im Diagramm die Datenpunkte zwischen den Teilstrichen. Grund: Auch die Beschriftung der Achse befindet sich zwischen den Teilstrichen, so dass die Datenpunkte genau über dem Text erscheinen, wie im Bild unten. Aus diesem Grund beginnt auch die Diagrammlinie nicht exakt an der Größenachse sondern beim ersten Datenpunkt.

Bild 2.89 Standardeinstellung: Datenpunkte zwischen Teilstrichen

Bild 2.90 Datenpunkt befindet sich genau über Teilstrichen

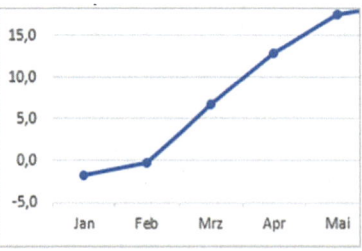 

Visualisierung mit Sparklines und Diagrammen 2

Linien bis zur vertikalen Achse verlängern

Wenn in einem Liniendiagramm die Linie bis zur Größenachse verlängert und die Datenpunkte über den Teilstrichen angezeigt werden sollen, wie im nachfolgenden Bild, dann doppelklicken Sie auf die waagrechte Achse, klicken im Aufgabenbereich *Achse formatieren* auf das Symbol/Register *Achsenoptionen* und wählen im Abschnitt *Achsenoptionen* unter *Achsenposition* die Option *Auf Teilstrichen* anstatt *Zwischen Teilstrichen*.

Für die Achsenposition spielt es keine Rolle, ob die Teilstriche sichtbar sind oder nicht. Diese wurden hier nur zur Verdeutlichung zusätzlich eingeblendet.

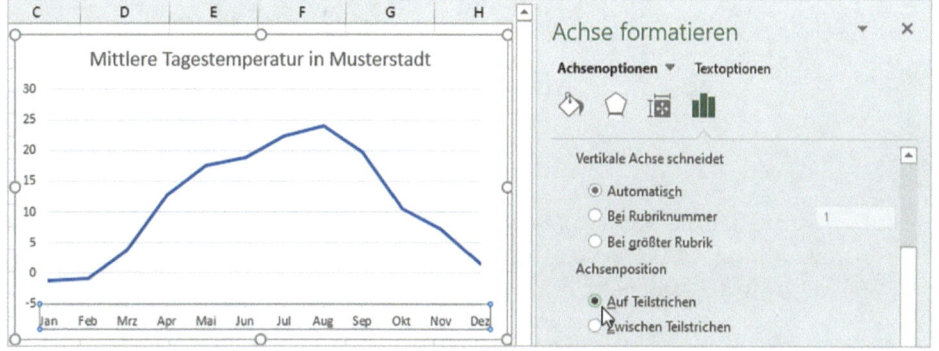

Bild 2.91 Achsenposition auf Teilstrichen

Zwei unterschiedliche Diagrammtypen kombinieren (Kombidiagramm)

Beispiel: Säulendiagramm mit Mittelwert als Linie

Häufig wird in Diagrammen der Mittelwert in Form einer zusätzlichen Linie benötigt, im Bild unten als Beispiel Umsätze von Außendienstmitarbeitern. Der Mittelwert wurde als Linie eingefügt.

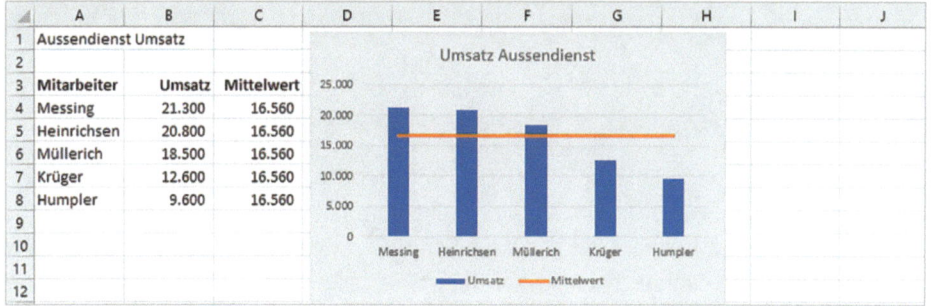

Bild 2.92 Säulendiagramm mit Mittelwert als Linie

Die Vorgehensweise

1. Berechnen Sie in einer weiteren Spalte, hier in C4, den Mittelwert mit der Funktion MITTELWERT und kopieren Sie die Formel anschließend nach unten.

   C4:   =MITTELWERT($B$4:$B$8)   Ergebnis: 16.560

2. Rechtsklick in das Diagramm und Befehl *Daten auswählen...* (oder Register *Diagrammentwurf* und Symbol *Daten auswählen*).

111

2 Nützliche Tools

3. Klicken Sie im Fenster *Datenquelle auswählen* unter *Legendeneinträge (Reihen)* auf *Hinzufügen* und wählen Sie die Mittelwerte aus, wie im Bild unten. Die Datenreihe erscheint im Diagramm zunächst als weitere Säulenreihe.

Bild 2.93 Mittelwerte in einer weiteren Spalte berechnen und als Datenreihe hinzufügen

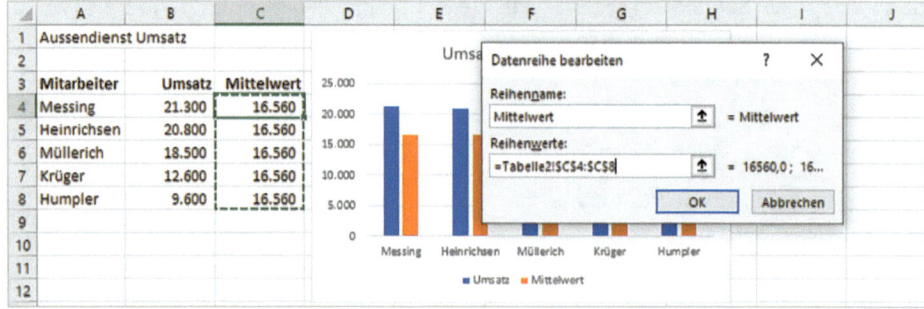

4. Klicken Sie mit der rechten Maustaste auf eine beliebige Säule der Datenreihe *Mittelwert* und auf *Datenreihen-Diagrammtyp ändern*. Oder markieren Sie die Datenreihe und klicken im Menüband, Register *Entwurf* auf *Diagrammtyp ändern*.

Bild 2.94 Datenreihe Mittelwert markieren und Datenreihen-Diagrammtyp ändern

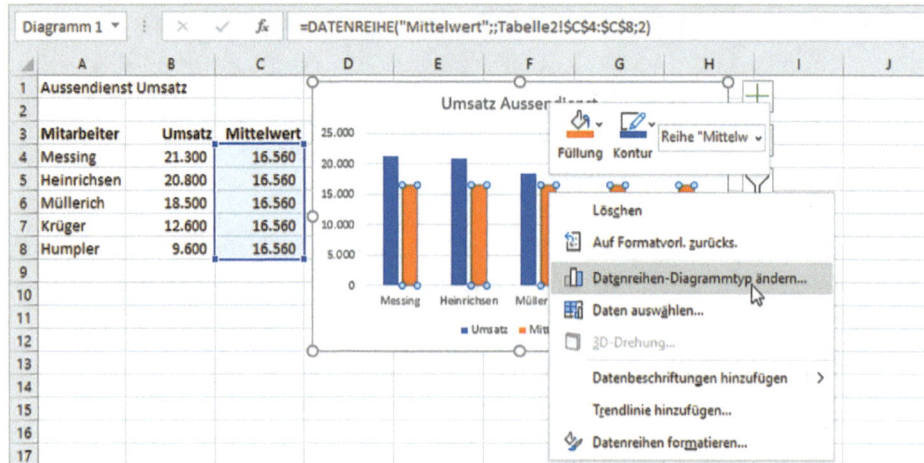

Ältere Excel-Versionen bezeichnen diesen Diagrammtyp auch als *Verbunddiagramm*.

5. Das gleichnamige Fenster öffnet sich und der Diagrammtyp *Kombi*, d. h. eine Kombination zweier unterschiedlicher Diagrammtypen, ist im Normalfall bereits ausgewählt ❶ (Bild auf der nächsten Seite). Sie können nun entweder einen der Vorschläge ❷ wählen oder jeder Datenreihe gesondert einen Diagrammtyp zuweisen. Diesen wählen Sie im unteren Bereich neben der jeweiligen Datenreihe ❸ mit Klick in das Feld *Diagrammtyp* aus, hier *Gruppierte Säulen* und *Linie*.

Achtung: Wenn die Datenreihen unmittelbar miteinander vergleichbar sein sollen, wie in diesem Beispiel, müssen sich beide auf dieselbe Achse beziehen. Das Kontrollkästchen *Sekundärachse* ❹ darf dann nicht aktiviert sein.

Visualisierung mit Sparklines und Diagrammen 2

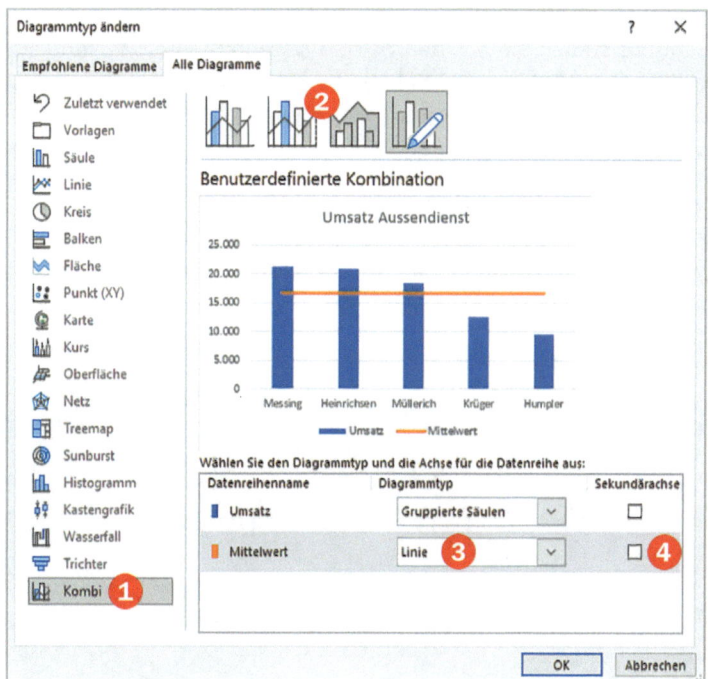

Bild 2.95 Datenreihen-Diagrammtyp ändern

Ein Beispiel für den Einsatz einer Sekundärachse finden Sie im nächsten Punkt.

Datenreihe auf einer Sekundärachse darstellen

Manchmal sollen in einem Diagramm Werte dargestellt und verglichen werden, die auf unterschiedlichen Messskalen beruhen, z. B. Körpergröße in cm und Gewicht in kg. In solchen Fällen sollte die zweite Datenreihe an einer sogenannten Sekundärachse dargestellt werden, wie im unten abgebildeten Beispiel, das Niederschlag in mm und Temperatur in ° Celsius als Liniendiagramm darstellt.

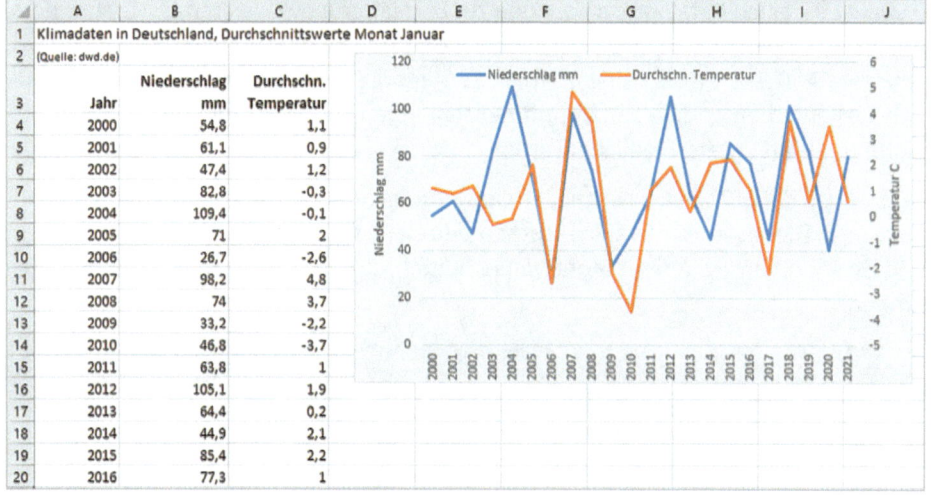

Bild 2.96 Beispieldiagramm mit Sekundärachse

Quelle: dwd.de

Hinweis: Zur Darstellung eines möglichen Zusammenhangs zwischen den beiden Datenreihen eignet sich statt eines Liniendiagramms auch ein Punkt- (XY) Diagramm. Dann erübrigt sich die Sekundärachse.

113

2 Nützliche Tools

Temperatur_Niederschlag.xlsx

Die Vorgehensweise

Im ersten Schritt erstellen Sie aus den beiden Datenreihen ein Liniendiagramm. **Achtung:** Damit die Jahre von Excel nicht als weitere Datenreihe interpretiert werden, beginnen Sie am besten mit einem leeren Diagramm und fügen über den Befehl *Daten auswählen* die Datenreihen und Beschriftungen hinzu.

Doppelklicken Sie dann auf die Datenreihe Temperatur (oder Rechtsklick und Befehl *Datenreihen formatieren…*). Aktivieren Sie im gleichnamigen Aufgabenbereich das Symbol bzw. Register *Datenreihenoptionen* und wählen Sie unter *Datenreihe zeichnen auf* die Option *Sekundärachse*, siehe Bild unten.

Bild 2.97 Datenreihe auf Sekundärachse zeichnen

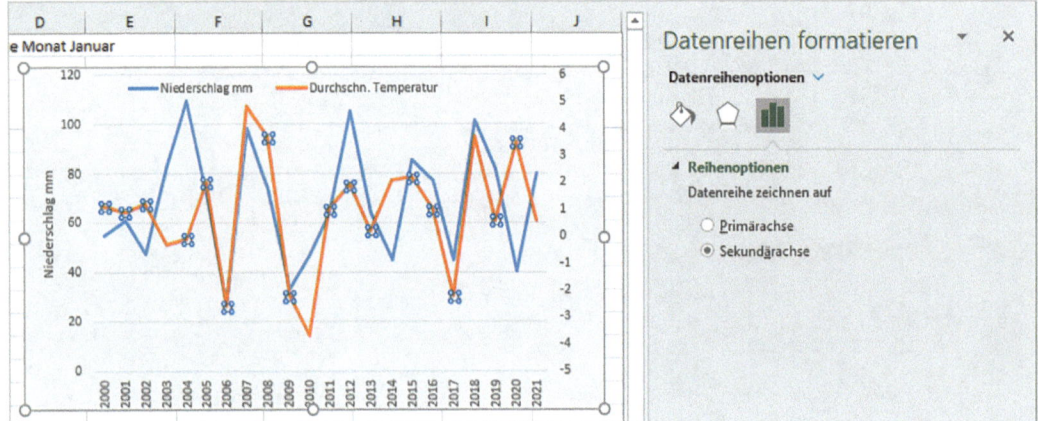

Diagramm formatieren

Diagrammformatvorlagen nutzen

Im Menüband, Register *Diagrammentwurf*, finden Sie in der Gruppe *Diagrammformatvorlagen* ❶ einen Katalog von Vorlagen zur Formatierung des gesamten Diagramms. Die hierzu verwendeten Farben beruhen auf den aktuellen Designfarben (Register *Seitenlayout ▶ Designs* bzw. *Farben*). Über das Symbol *Farben ändern* ❷ wählen Sie aus den Designfarben andere Farbzusammenstellungen für das Diagramm, z. B. Farbabstufungen statt unterschiedlicher Farben.

Eine weitere Möglichkeit zur schnellen Gestaltung findet sich über das Symbol *Schnelllayout* ❸. Diese steuern im Gegensatz zu den Diagrammformatvorlagen die Anzeige und Position von weiteren Diagrammelementen, z. B. Legende oder Datenbeschriftungen.

Bild 2.98 Diagrammformatvorlagen

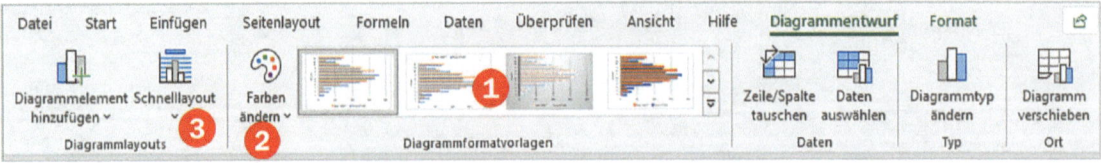

Individuelle Farben für Datenreihen

Wenn Sie den Datenreihen bestimmte Farben zuweisen möchten, dann müssen Sie die jeweilige Datenreihe zuvor markieren, dazu genügt ein Mausklick, anschließend können Sie im Register *Format* eine Füllfarbe auswählen. Schneller geht's mit einem Rechtsklick, dann erscheint in der Minisymbolleiste das Symbol *Füllung*.

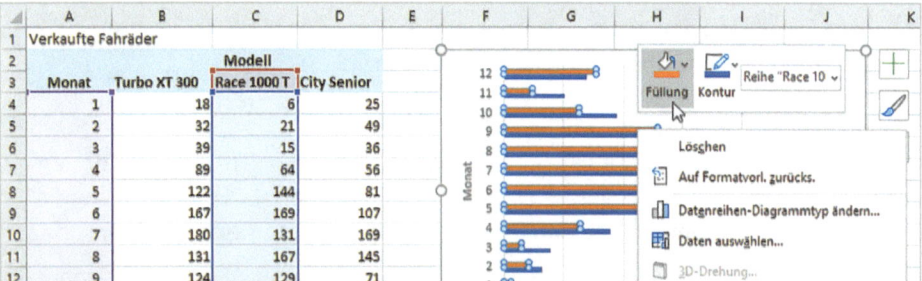

Bild 2.99 : Farbe der Datenreihe ändern

> **Beachten Sie beim Markieren von Datenreihen und Datenpunkten**
> Ein Mausklick auf einen beliebigen Punkt einer Datenreihe, z. B. eine Säule in einem Säulendiagramm, markiert die gesamte Datenreihe und damit alle Säulen. In diesem Fall wird die neue Farbe automatisch auch in die Legende übernommen. Klicken Sie dagegen in einer bereits markierten Datenreihe auf einen bestimmten Datenpunkt, dann wird nur dieser markiert.
>
> Ein Kreisdiagramm enthält nur eine einzige Datenreihe, in diesem Fall müssen Sie nach dem Markieren der Datenreihe die Datenpunkte einzeln markieren und einfärben. Die Farben werden in der Legende berücksichtigt.

Tabellendaten mit Sparklines visualisieren

Eine besondere Diagrammvariante sind die Sparklines. Hierbei handelt es sich um Minidiagramme ohne Beschriftungen, die in einer einzigen Zelle Platz finden und sich in erster Linie für einen grafischen Überblick oder Vergleich, z. B. mehrerer Messwerte, eignen. Im Beispiel unten dienen sie zum Temperaturvergleich.

1 Zum Einfügen klicken Sie im Register *Einfügen*, Gruppe *Sparklines*, auf die gewünschte Darstellung. Excel bietet *Linien*, *Säulen* sowie *Gewinn/Verlust* zur Darstellung negativer Zahlen an.

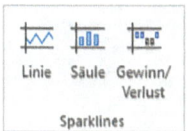

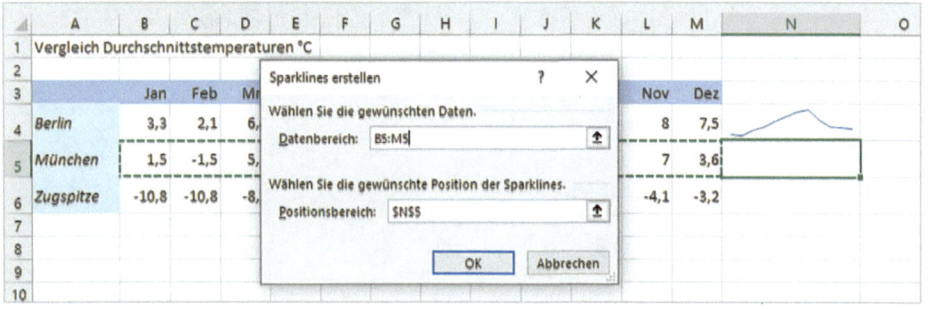

Bild 2.100 Datenbereich und Positionsbereich wählen

Sparklines.xlsx

2. Wählen Sie anschließend den Datenbereich aus, sowie im Feld *Positionsbereich* die Zelle, in die die Sparkline eingefügt werden soll, siehe Bild auf der vorherigen Seite.

3. Passen Sie Spaltenbreite und Zeilenhöhe der Zelle an, bis die Anzeige Ihren Wünschen entspricht.

4. Die Sparkline kann anschließend wie eine Formel anhand des AutoAusfüllkästchens in die restlichen Zellen kopiert werden.

Eine Gruppe von Sparklines für mehrere Datenreihen erstellen

Sparklines können immer nur eine einzige Datenreihe darstellen, aber Sie können mit wenigen Klicks gleich für mehrere Datenreihen Sparklines als Gruppe erzeugen. Ein weiterer Vorteil: Formatierungen wirken sich automatisch auf die gesamte Gruppe aus.

▶ Dazu markieren Sie als Datenbereich alle betreffenden Datenreihen, im Bild unten B2:E3, und legen die nötige Anzahl Zellen, hier F2:F3, als Positionsbereich fest. Auf diese Weise erzeugte Sparklines bilden eine Gruppe, d. h. beim Anklicken werden alle dazugehörigen Sparklines markiert und Formatänderungen wirken sich auf die gesamte Gruppe aus.

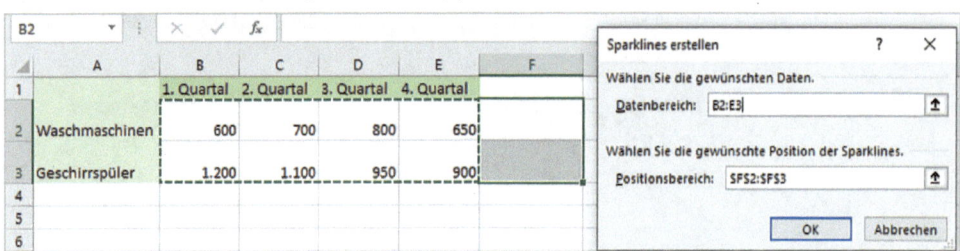

Bild 2.101 Sparklines in mehrere Zellen einfügen

Sparkline löschen

Excel 2019 und älter: Register *Entwurf*.

Zum Entfernen einer Sparkline markieren Sie die Zelle und klicken im Register *Sparkline* ▶ *Gruppieren* auf die Schaltfläche *Löschen*. Handelt es sich um eine Gruppe, dann können Sie mit Klick auf den Dropdown-Pfeil zwischen Löschen der angeklickten Sparkline und der gesamten Gruppe wählen. Alternativ können Sie auch die Schaltfläche *Löschen* und die Auswahl *Alle Löschen* im Register *Start* benutzen.

Bild 2.102 Sparkline-Gruppe löschen

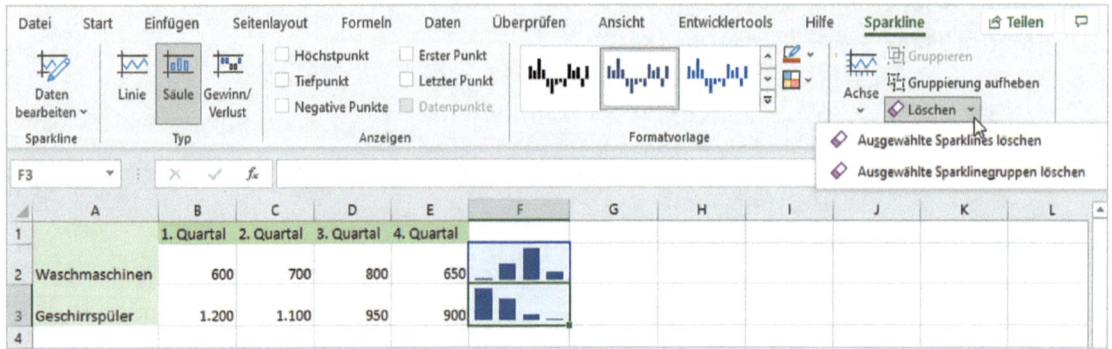

Sparklines formatieren

Sobald eine Zelle mit einer Sparkline markiert ist, stehen Ihnen im Register *Sparklines* verschiedene Werkzeuge zur weiteren Bearbeitung zur Verfügung. Wie bei der Formatierung müssen Sie zuerst die betreffenden Zellen oder die Gruppe markieren.

Excel 2019 und älter: Register *Sparklinetools - Entwurf*.

Sie können etwa über die Kontrollkästchen der Gruppe *Anzeigen* ❶ bestimmte Punkte hervorheben, als Beispiel im Bild unten die Tiefstwerte (*Tiefpunkt*) und Minustemperaturen (*Negative Punkte*). Außerdem können Sie eine *Sparklinefarbe* wählen und über *Datenpunktfarbe* den ausgewählten Datenpunkten, hier negative Punkte und Höchstpunkt, jeweils eine gesonderte Farbe zuweisen ❷.

Bild 2.103 Datenpunkte hervorheben

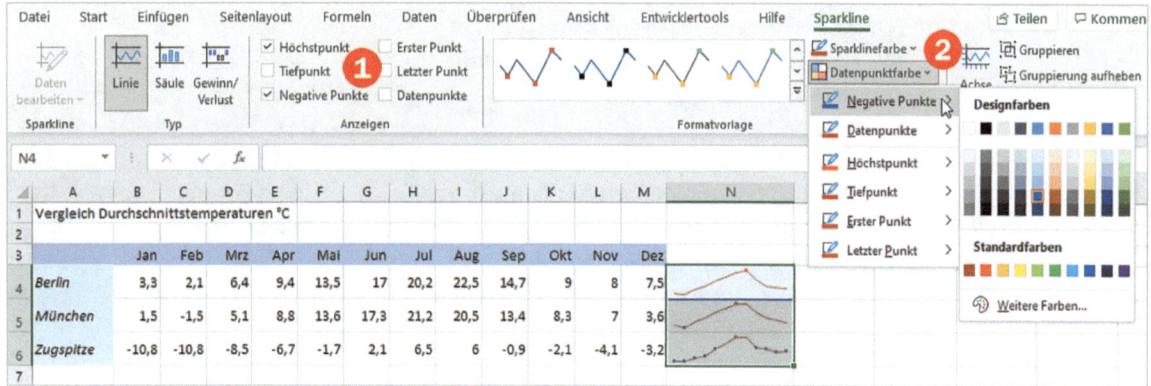

Achseneinteilung wählen

Um die Werte vergleichbar zu machen, wie in unserem Beispiel beim Temperaturvergleich deutscher Großstädte mit der Zugspitze, empfiehlt sich eine einheitliche Achseneinteilung. Klicken Sie dazu auf *Achse* und wählen Sie für Minimalwert und Höchstwert jeweils die Option *Identisch für alle Sparklines*.

Bild 2.104 Achseneinteilung

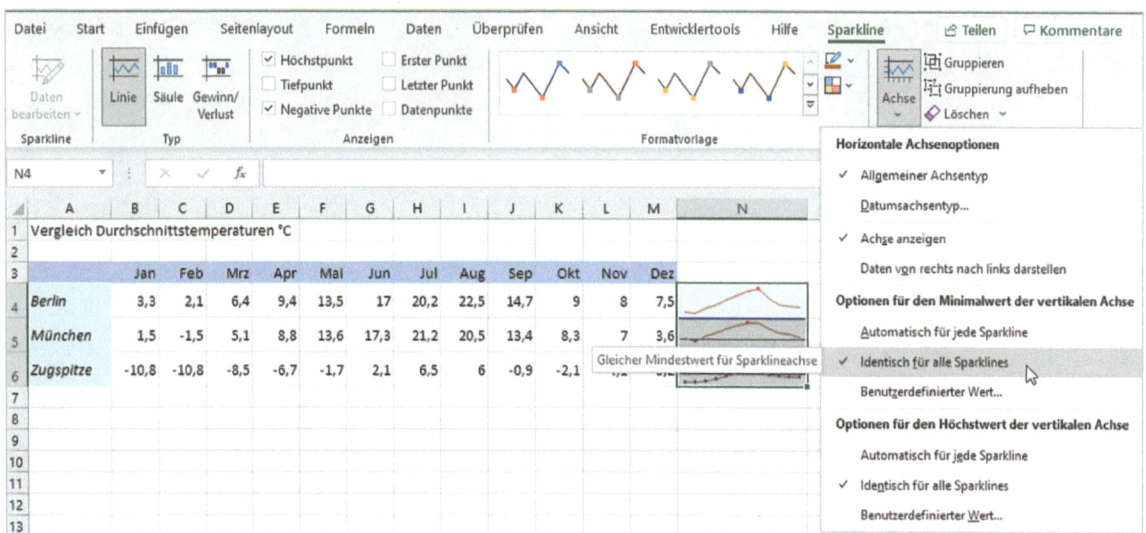

2 Nützliche Tools

2.8 Mathematische Formeln darstellen

Eine visuelle Darstellung von mathematischen Formeln statt der Excel-Formel oder Funktion kann in vielen Fällen hilfreich sein. Da mathematische Formeln zahlreiche Sonderzeichen beinhalten, stellt Excel, wie auch die Office-Anwendungen Word und PowerPoint, einen speziellen Formel-Editor mit einem umfassenden Katalog an Bausteinen (z. B. für Brüche, Wurzeln, hoch- oder tiefgestellte Zeichen oder Integrale) zur Verfügung, zusammen mit einer Sammlung mathematischer Symbole, Operatoren und vieles mehr.

> **Formeln des Formel-Editors werden von Excel nicht berechnet!**
> Mit dem Formel-Editor fügen Sie mathematische Formeln nur zu visuellen Zwecken in ein Tabellenblatt ein, eine Berechnung durch Excel ist nicht möglich.

1. Statt in eine Zelle werden mit dem Formel-Editor erstellte Formeln in ein Textfeld eingefügt. Klicken Sie daher auf das Register *Einfügen* ▶ *Illustrationen* ▶ *Formen* und wählen Sie *Textfeld*. Oder klicken Sie im selben Register in der Gruppe *Text* auf *Textfeld* und ziehen Sie anschließend mit der Maus ein rechteckiges Feld in der gewünschten Größe auf.

   Beachten Sie: Wenn Sie die Formel in ein Diagramm einfügen möchten, dann markieren Sie zuvor das Diagramm. Damit wird das eingefügte Textfeld als Diagrammelement behandelt und z. B. zusammen mit diesem verschoben.

2. Klicken Sie dann in das Textfeld und im Register *Einfügen* ▶ *Symbole* auf *Formel*.

   Mit Klick auf den Dropdown-Pfeil des Symbols erhalten Sie verschiedene integrierte Formeln, z. B. Kreisoberfläche, zur Auswahl, ein Klick direkt auf das Symbol fügt dagegen zunächst eine leere Formel ein.

Bild 2.105 Formel in Textfeld einfügen

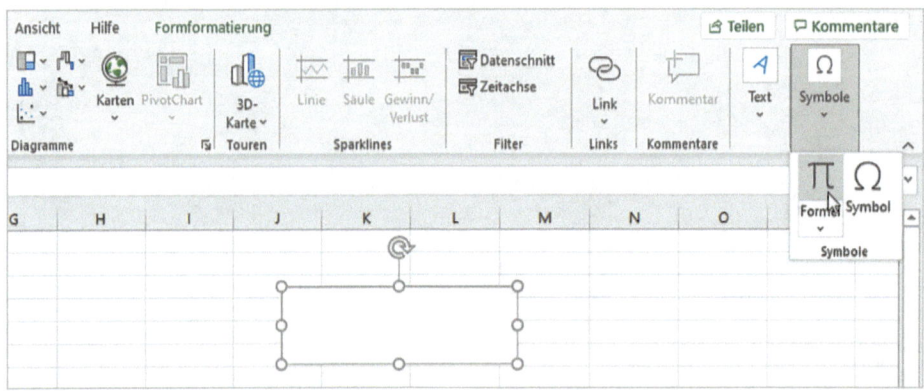

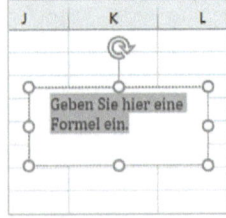

3. Klicken Sie im Textfeld auf den Platzhalter *Geben Sie hier eine Formel ein* und im Menüband auf das Register *Formel*. Hier finden Sie die folgenden Möglichkeiten, siehe Bild auf der nächsten Seite.

Mathematische Formeln darstellen 2

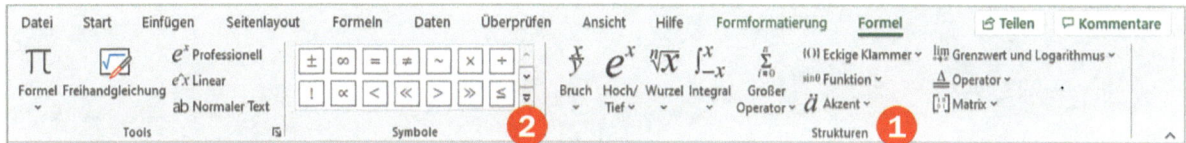

Bild 2.106 Register Formel

▸ **Bruch, Wurzel, hoch- oder tiefgestellte Zeichen, Klammern usw.**
Klicken Sie in der Gruppe *Strukturen* ❶ auf das entsprechende Symbol, z. B. *Bruch* oder *Wurzel* wie im Bild unten, und wählen Sie das genauere Aussehen. Die Struktur erscheint mit kleinen Platzhaltern im Textfeld. Klicken Sie auf die Platzhalter, um hier weitere Eingaben vorzunehmen.

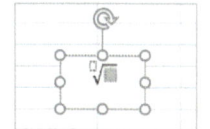

Tipp: Die Pfeiltasten nach rechts bzw. nach links markieren schnell den nächsten bzw. vorherigen Platzhalter.

▸ **Mathematische Symbole, griechische Buchstaben**
Klicken Sie in der Gruppe *Symbole* auf die Schaltfläche *Weitere* ❷, um den gesamten Katalog zu öffnen. Standardmäßig erscheinen zunächst grundlegende mathematische Sonderzeichen wie im Bild unten. Mit Klick auf den Pfeil in der rechten oberen Ecke ❸ erhalten Sie weitere Zeichen, z. B. griechische Buchstaben, Operatoren, Pfeile usw. zur Auswahl.

Zahlen, einfache Buchstaben, Gleichheitszeichen und gängige Operatoren, z. B. +, -, >, < usw., geben Sie dagegen am einfachsten über die Tastatur ein.

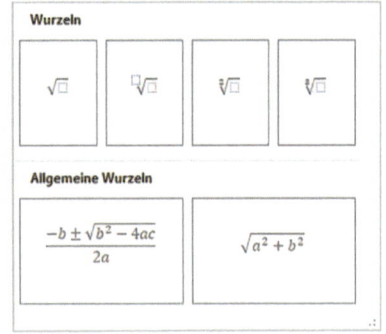

Bild 2.107 Beispiel Struktur Wurzel

Bild 2.108 Sonderzeichen bzw. Zeichenkategorie auswählen

Weitere Möglichkeiten

Formel per Stift eingeben
Falls Ihr Gerät auch die Eingabe per Touchpad oder Stift unterstützt, können Sie eine Formel auch per Hand eingeben: Klicken Sie dazu im Register *Formel* ▸ *Tools* auf *Freihandgleichung*.

Lineares oder professionelles Format?
In der Gruppe *Tools* finden Sie auch die Symbole *Professionell* und *Linear*, mit denen Sie die Darstellung der Formel ändern können.

3 Datums-, Uhrzeit- und Textfunktionen

3.1   Datumsfunktionen   122

3.2   Berechnungen mit Zeitwerten   137

3.3   Textfunktionen   144

3.4   Länderspezifische Datums- und Zahlenformate mit Power Query umwandeln   155

3 Datums-, Uhrzeit- und Textfunktionen

3.1 Datumsfunktionen

Alle Datumswerte, sofern ihre Schreibweise einem der gängigen Datumsformate entspricht, sind für Excel serielle (fortlaufende) Zahlen, die als Datum formatiert sind. Ausnahme: Datumsangaben vor dem 01.01.1900 werden als Text behandelt, da dieser Tag den Beginn der „Excel-Zeitrechnung" darstellt. Daher entspricht der 01.01.1900 der Zahl 1, der 02.01.1900 der Zahl 2 usw. und aus diesem Grund werden Datumswerte von Excel auch korrekt sortiert. Uhrzeiten sind Dezimalzahlen auf der Basis eines Tages, wobei die Zahl 1 für 24 Stunden steht, 0,5 bedeutet also 12 Stunden oder 12 Uhr mittags.

Wenn Sie also wissen möchten, wie viele Tage seit dem 01.01.1900 vergangen sind, dann brauchen Sie nur das aktuelle Datum in eine beliebige Zelle eingeben und als Zahl formatieren.

Berechnungen mit Datums- und Zeitwerten sind daher problemlos möglich. Über die Schaltfläche *Datum und Uhrzeit* stehen Ihnen in der Funktionsbibliothek des Registers *Formeln* verschiedene Funktionen zur Verfügung.

Aktuelles Datum bzw. aktuelle Uhrzeit

Die nachfolgenden Datumsbeispiele finden Sie in der Mappe

Datum_allgemein.xlsx

Die beiden Funktionen HEUTE und JETZT benötigen keine weiteren Argumente und liefern das aktuelle Datum (Systemdatum), allerdings mit einem kleinen Unterschied:

Funktion	Beschreibung	Beispiel Ergebnis
=HEUTE	Liefert das aktuelle Datum (Systemdatum)	11.04.2021
=JETZT	Liefert Datum und Uhrzeit	11.04.2021 15:46

F9 berechnet eine Funktion neu.

Siehe „Flüchtige oder volatile Funktionen" auf Seite 46 ff.

Beide Funktionen werden beim Öffnen der Excel-Arbeitsmappe und bei jeder Änderung eines Zellinhalts automatisch aktualisiert. Um die Uhrzeit in einer geöffneten Mappe manuell zu aktualisieren, klicken Sie im Register *Formeln*, Gruppe *Berechnung*, auf die Schaltfläche *Neu berechnen* oder verwenden Sie die Funktionstaste F9.

> **Achtung**: Wenn Sie das aktuelle Datum für Datumsberechnungen oder Vergleiche benötigen, dann sollten Sie ausschließlich die Funktion HEUTE verwenden, da Sie sonst unter Umständen falsche Ergebnisse erhalten.

Beachten Sie den Unterschied: Ein Datum, das mit einer Funktion eingefügt wird, ist veränderbar, d. h. es erscheint stets das aktuelle Datum. Benötigen Sie dagegen im Arbeitsblatt ein gleichbleibendes Datum, dann müssen Sie dieses Datum manuell über die Tastatur oder mit den Tasten Strg+. (Punkt) eingeben.

Teilwerte eines Datums

Tag, Monat und Jahr als Zahl

Die folgenden Datumsfunktionen geben einen Teil eines Datums als Zahl zurück und werden beispielsweise benötigt, wenn eine Tabelle, unabhängig vom Jahr, nach Mo-

Datumsfunktionen 3

naten sortiert oder gefiltert werden soll, oder um Tageswerte, z. B. Umsätze, zu größeren Zeiteinheiten (Monate, Quartale oder Jahre) zusammenzufassen. Beispielsweise lässt sich mithilfe der Funktion MONAT und dem Geburtsdatum ein, nach Monaten sortierter, Geburtstagskalender zusammenstellen, der das Jahr ignoriert.

Funktion	Beschreibung	Beispiel	Ergebnis
TAG(Datum)	Liefert aus einem Datum den Tag als Zahl	=TAG(23.01.2021)	23
MONAT(Datum)	Liefert aus einem Datum den Monat als Zahl	=MONAT(23.01.2021)	1
JAHR(Datum)	Liefert aus einem Datum das Jahr als Zahl	=JAHR(23.01.2021)	2021

Datumswerte zusammensetzen

Die Funktion DATUM erlaubt es umgekehrt, ein Datum aus Jahr, Monat und Tag als Zahlen zusammenzusetzen, wie im Bild unten. Die Syntax:

DATUM(Jahr;Monat;Tag)

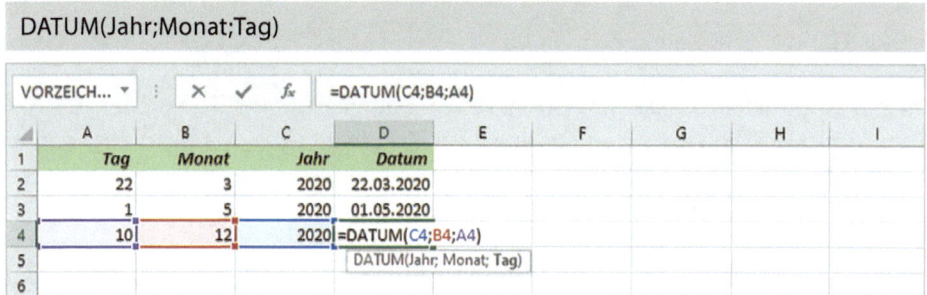

Bild 3.1 Beispiel: Die Zahlen der Spalten A, B und C zu einem Datum zusammenfügen

Wochentag ermitteln

Die Funktion WOCHENTAG liefert aus einem Datum den Wochentag als Zahl von 1 bis 7. **Achtung**: Das Argument *Typ* legt fest, mit welchem Wochentag die Woche beginnt. Sie müssen hier 2 angeben, da Excel die Zählung sonst mit dem Sonntag (=1) beginnt.

WOCHENTAG(Datum;Typ)

Bild 3.2 Wochentag als Zahl ermitteln

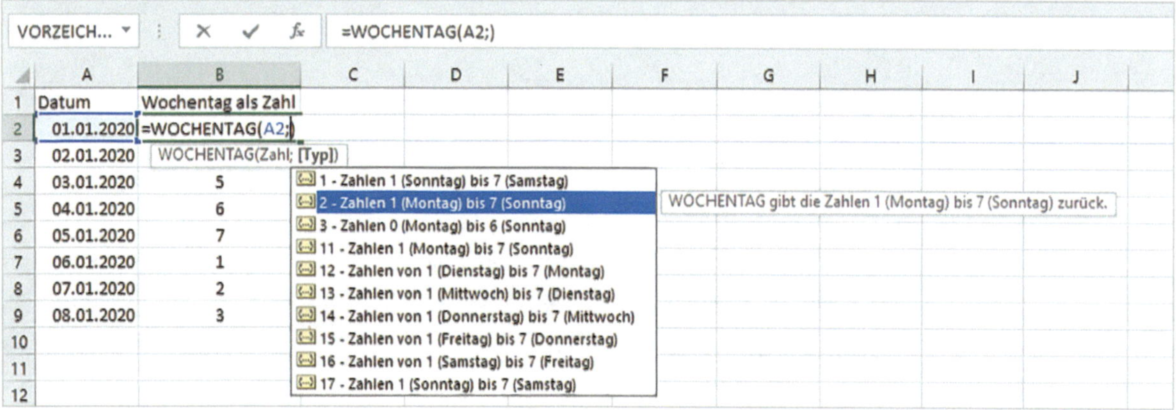

3 Datums-, Uhrzeit- und Textfunktionen

Kalenderwoche

In vielen Fällen benötigen Sie auch die Information, zu welcher Kalenderwoche ein bestimmtes Datum gehört. Hierzu stellt Excel zwei Funktionen mit unterschiedlichen Berechnungsmethoden zur Verfügung.

▶ ISOKALENDERWOCHE ermittelt die Kalenderwoche nach dem europäischen Wochennummerierungssystem. Demnach beginnt eine Woche mit dem Montag und die Woche mit dem ersten Donnerstag des Jahres ist die Kalenderwoche 1.

▶ KALENDERWOCHE erlaubt die Auswahl zwischen mehreren Systemen:
  - Bei der Berechnung nach System 1 ist die Woche mit dem 1. Januar die erste Kalenderwoche. **Achtung**: Dies ist auch die Standardeinstellung, wenn das Argument *Zahl_Typ* nicht angegeben wird.
  - System 2 bzw. Typ 21 entspricht ebenfalls der europäischen Norm.

ISOKALENDERWOCHE(Datum)

KALENDERWOCHE(Datum;Zahl_Typ)

Im Bild unten sehen Sie die unterschiedlichen Ergebnisse beider Funktionen. Bei der Funktion KALENDERWOCHE wurde in B3 das Argument *Zahl_Typ* nicht angegeben bzw. die Standardeinstellung Typ 1 verwendet. Zur korrekten Berechnung müssen Sie dagegen Typ 21 auswählen.

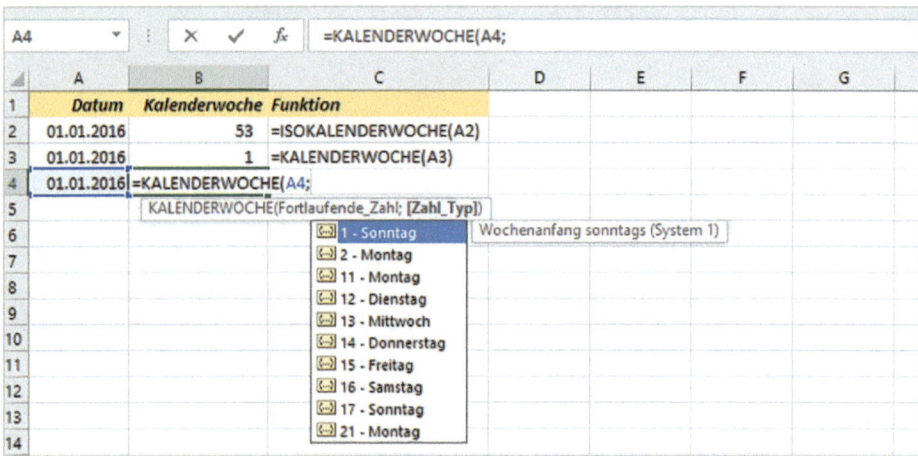

Bild 3.3 Berechnung der Kalenderwoche im Vergleich

Quartal berechnen

Für die Ermittlung des Quartals gibt es keine Funktion, dieses lässt sich aber leicht aus dem Monat eines Datums berechnen. Bevor Sie allerdings jetzt über die Funktion WENN oder WENNS nachdenken, es geht auch kürzer mit folgender Formel:

Funktion AUFRUNDEN, siehe Seite 363.

=AUFRUNDEN(MONAT(15.04.2021)/3;0)   Ergebnis: 2

Datumsfunktionen 3

Monat oder Wochentag als Text

Neben der Möglichkeit, ein Datum mit einem geeigneten Datumsformat so zu formatieren, dass Wochentag oder Monat als Text angezeigt werden, kann auch eine Funktion eingesetzt werden. Dazu steht in Excel die Funktion TEXT zur Verfügung. Diese wandelt eine Zahl entsprechend dem angegebenen Textformat in Text um, die Syntax lautet:

```
TEXT(Wert;Textformat)
```

Das Textformat muss in Anführungszeichen " " angegeben werden und entspricht den Regeln für benutzerdefinierte Zahlenformate. Eine Übersicht über die Datumsformate finden Sie in der Tabelle unten. Beachten Sie, dass Monatsformate stets mit Großbuchstaben (M) angegeben werden müssen, um Verwechslungen mit dem Uhrzeitformat Minuten zu vermeiden, diese werden in Kleinbuchstaben (m) angegeben.

Textformat	Ergebnis	Beispiel
"M"	Monat als ein- oder zweistellige Zahl	1; 12
"MM"	Monat als zweistellige Zahl	01; 02
"MMM"	Monat als Text, auf drei Zeichen abgekürzt	Jan; Feb
"MMMM"	Vollständiger Monatsname	Januar; Februar
"MMMMM"	Monat als einzelner Buchstabe (J - D)	J
"T"	Wochentag als Zahl von 1 bis 7	1; 2
"TT"	Wochentag als zweistellige Zahl mit führender 0	01; 02
"TTT"	Wochentag als Text, auf zwei Zeichen abgekürzt	Mo; Di; Mi
"TTTT"	Vollständiger Wochentag als Text	Montag; Dienstag

Im Bild unten zwei Beispiele: In Spalte B wurde der Monat mit dem Textformat "MMMM" in Text umgewandelt, in Spalte C der Wochentag mit dem Textformat "TTT".

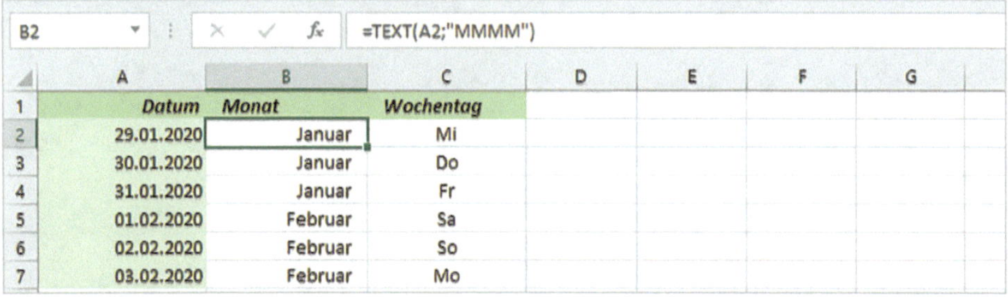

	A	B	C
1	Datum	Monat	Wochentag
2	29.01.2020	Januar	Mi
3	30.01.2020	Januar	Do
4	31.01.2020	Januar	Fr
5	01.02.2020	Februar	Sa
6	02.02.2020	Februar	So
7	03.02.2020	Februar	Mo

B2: =TEXT(A2;"MMMM")

Bild 3.4 Wochentag und Monat als Text.

Hinweis: Mit TEXT und der Angabe eines Zahlenformats lassen sich auch Zahlen in Text umwandeln und formatieren. Für Zahlenformate gelten dieselben Regeln wie für benutzerdefinierte Zahlenformate.

Benutzerdefinierte Zahlenformate, siehe Seite 62.

3 Datums-, Uhrzeit- und Textfunktionen

Differenz zwischen Datumswerten berechnen

Differenz in Tagen berechnen

Um die Differenz zwischen zwei Datumswerten in Tagen zu ermitteln, genügt eine einfache Formel. Als Beispiel soll berechnet werden, wie viele Tage Sie noch bis Weihnachten warten müssen: Mit der folgenden Formel erhalten Sie allerdings ein Ergebnis, das ausschließlich für das angegebene Jahr gilt, da sich das Datum entweder in einer Zelle befindet oder direkt in die Formel eingegeben wird.

    =24.12.2021 - HEUTE()

Funktion DATUM, siehe Seite 123.

Damit die Formel nicht nur im angegebenen Jahr, sondern für das jeweils aktuelle Jahr gültig ist, müssen Sie den 24.12. des aktuellen Jahres verwenden. Dazu setzen Sie mit der Funktion DATUM das Weihnachtsdatum aus dem aktuellen Jahr und den Zahlen 12 und 24 zusammen. Die Formel lautet dann:

    =DATUM(JAHR(HEUTE());12;24) - HEUTE()

> **Vorsicht bei negativen Datumswerten**
> Excel kann zwar bei Datumsberechnungen negative Zahlen, z. B. Tage, berechnen und anzeigen, nicht aber, wenn diese als Datum formatiert sind. Dann erscheint stattdessen das #-Zeichen.

Differenz in Jahren berechnen, z. B. Alter

Eine häufige Aufgabe ist die Berechnung des Alters. Dieses lässt sich auf verschiedenen Wegen berechnen, abhängig von der geforderten Genauigkeit. Die hier aufgezählten Möglichkeiten lassen sich natürlich auch auf andere Aufgabenstellungen, in denen die Differenz zwischen zwei Datumswerten in Jahren benötigt wird, übertragen.

Möglichkeit 1: Aus den Jahren berechnen

Wenn das Alter nicht auf den Tag genau benötigt wird, dann können Sie ganz einfach das Alter als Differenz zwischen dem aktuellen Jahr und dem Geburtsjahr berechnen. Die Formel dazu lautet:

    =JAHR(HEUTE())-JAHR(Geburtsdatum)

Das Ergebnis müssen Sie in der Regel anschließend noch als Standard oder als Zahl ohne Dezimalstellen formatieren, da es meist als Datum erscheint.

Bild 3.5 Das Alter einfach als Differenz von Jahren berechnen

	A	B	C	D	E	F	G
1	Geburtsdatum	Alter in					
2	13.06.1989	30	=JAHR(HEUTE())-JAHR(A2)				
3	05.12.1966	53					
4	18.01.1982	37					
5	28.11.1995	24					

Möglichkeit 2: Mit der Funktion BRTEILJAHRE

Die Funktion BRTEILJAHRE berechnet die Differenz zwischen zwei Datumswerten in Bruchteilen von Jahren und ermittelt somit das Alter wesentlich genauer. Die Syntax:

```
BRTEILJAHRE(Anfangsdatum; Enddatum; [Basis])
```

Das Argument *Basis* ist optional und eigentlich nur zur Berechnung von Zinstagen erforderlich: Damit können Sie festlegen, auf welcher Basis die Tage gezählt werden.

Mit BRTEILJAHRE erhalten Sie ein Ergebnis mit Dezimalstellen, d. h. Bruchteilen von Jahren. Um das Alter als ganze Zahl zu erhalten, dürfen Sie das Ergebnis aber nicht einfach kaufmännisch runden, da Sie sonst unter Umständen ein falsches Alter erhalten. Sie dürfen die Zahl also nicht ohne Dezimalstellen formatieren, sondern müssen die nicht benötigten Dezimalstellen mit der Funktion KÜRZEN abschneiden.

Bild 3.6 Alter mit BRTEILJAHRE berechnen

	A	B	C
1	Geburtsdatum	Alter in Bruchteilen von Jahren	Alter
2	13.06.1989	30,16666667	30
3	05.12.1966	52,68888889	52
4	18.01.1982	37,56944444	37
5	28.11.1995	23,70833333	23

C2: `=KÜRZEN(BRTEILJAHRE(A2;HEUTE());0)`

Hinweis: Mit der Funktion BRTEILJAHRE lassen sich auch Laufzeiten von Forderungen und Verbindlichkeiten vergleichen. In diesem Fall benötigen Sie auch das Argument *Basis*. Für die europäische Zählung der Zinstage (30 Tage pro Monat / 360 Tage im Jahr) muss 4 angegeben werden, 0 oder keine Angabe basiert zwar ebenfalls auf diesen Zahlen, liefert aber ein falsches Ergebnis, wenn das Ausgangsdatum ausgerechnet der 29. Februar eines Schaltjahrs ist.

Möglichkeit 3: Mit der Funktion DATEDIF

Als dritte Möglichkeit können Sie die Funktion DATEDIF zur Altersberechnung einsetzen. Leider ist diese Funktion nicht dokumentiert, kann also weder über den Funktionsassistenten noch aus der Formelbibliothek ausgewählt werden, sondern muss vollständig über die Tastatur eingegeben werden. Die Syntax:

Tipp: In der Excel-Hilfe wird DATEDIF mit einer Beschreibung aufgeführt.

```
DATEDIF(Ausgangsdatum;Enddatum;Einheit)
```

Die Argumente im Detail:

Argument	Beschreibung
Ausgangsdatum	Startdatum, z. B. das Geburtsdatum
Enddatum	Das Enddatum, z. B. das aktuelle Datum
Einheit	Wie soll die Differenz berechnet werden: "y" in vollständigen Jahren "m" in Monaten

3 Datums-, Uhrzeit- und Textfunktionen

Argument	Beschreibung
„d"	in Tagen
„ym"	in Monaten, ohne Berücksichtigung des Jahres
„md"	in Tagen, ohne Berücksichtigung des Monats

Die weiteren Möglichkeiten der Funktion DATEDIF

Die Funktion DATEDIF unterstützt mit dem Argument *Einheit* verschiedene Zeiteinheiten. Daher erweist sich diese Funktion auch in anderen Situationen als sehr praktisch.

Als Beispiel nehmen wir an, Sie möchten die Dauer der Betriebszugehörigkeit in Jahren, Monaten und Tagen berechnen. Die entsprechenden Formeln in Zeile 4 lauten (wobei sich hier das aktuelle Datum in B1 befindet):

=DATEDIF(B4;$B$1;"y")	Jahre
=DATEDIF(B4;$B$1;"ym")	Monate
=DATEDIF(B4;$B$1;"md")	Tage

Bild 3.7 Betriebszugehörigkeit mit DATEDIF berechnen

	A	B	C	D	E
1	Aktuelles Datum:	01.10.2021			
2				Mitarbeiter ist im Unternehmen:	
3	*Mitarbeiter*	*Eintritt Firma*	*Jahre*	*Monate*	*Tage*
4	*Moser Franz*	01.02.2021	0	8	0
5	*Baumholtz Ulf*	15.04.2010	11	5	16
6	*Tauwetter Irene*	08.03.2012	9	6	23

Zur besseren Nachvollziehbarkeit wurde hier das Datum in B1 fest eingetragen. Ersetzen Sie in der Formel den Bezug B1 durch HEUTE(), so erhalten Sie jeweils tagesaktuelle Ergebnisse!

Mit NETTOARBEITSTAGE die Differenz in Arbeitstagen berechnen

Häufig sollen bei der Berechnung der Datumsdifferenz in Tagen ausschließlich Arbeitstage berücksichtigt werden, nicht aber Wochenenden und Feiertage, z. B. zur Berechnung von Urlaubstagen oder Soll-Arbeitszeiten. Dazu verwenden Sie die Funktion NETTOARBEITSTAGE.INTL.

Seit der Version 2013 verfügt Excel über zwei Funktionen zur Berechnung der Nettoarbeitstage. Die neuere Funktion NETTOARBEITSTAGE.INTL berechnet die Anzahl der vollen Arbeitstage zwischen zwei Datumsangaben, wobei im Gegensatz zur älteren Funktion NETTOARBEITSTAGE angegeben werden kann, welche und wie viele Tage auf Wochenenden fallen. Die Syntax:

`NETTOARBEITSTAGE.INTL(Ausgangsdatum;Enddatum;[Wochenende]; [Freie_Tage])`

Beachten Sie außerdem:

▶ Ausgangs- und Enddatum werden bei der Berechnung mitgezählt.

Datumsfunktionen 3

▶ Bei der Eingabe des Parameters *Wochenende* erscheint eine Liste zulässiger Angaben, *1* bedeutet *Samstag und Sonntag*.

▶ Mit *Freie_Tage* geben Sie an, welche Tage z. B. als Feiertage berücksichtigt werden sollen. Diese müssen in einer gesonderten Tabelle, entweder im selben oder einem anderen Tabellenblatt, angegeben werden. Im unten abgebildeten Beispiel erhielt die Liste den Namen *Feiertage*. Aufgrund unterschiedlicher Feiertagsregelungen in den einzelnen Bundesländern können Ihre Angaben von der Abbildung abweichen.

Bild 3.8 Beispiel Urlaubstage berechnen

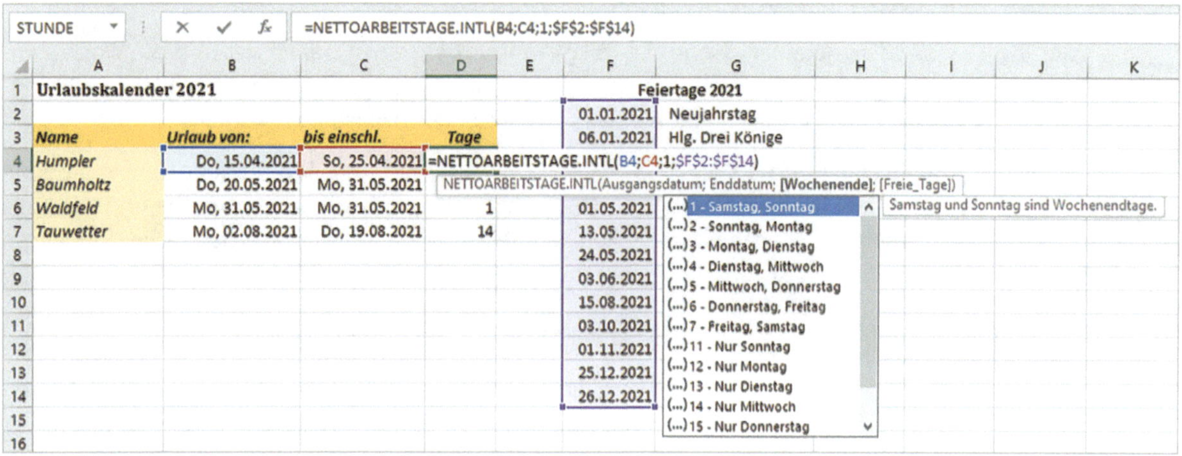

Beispiel: Die Arbeitstage eines Monats berechnen

Nettoarbeitstage.xlsx

Mit der Funktion NETTOARBEITSTAGE.INTL können Sie auch die Anzahl der Arbeitstage eines Monats berechnen. Im Bild unten berechnen wir in Spalte B mit der Funktion MONATSENDE zunächst das Ende des jeweiligen Monats, der Monatsanfang ist in Spalte A vorgegeben, die Syntax:

=MONATSENDE(Ausgangsdatum;Monate)

Hinweis: Das Argument *Monate* gibt an, wie viele Monate vor oder nach dem Ausgangsdatum liegen sollen. Handelt es sich um den selben Monat wie das Ausgangsdatum, wie in unserem Beispiel, dann muss 0 angegeben werden.

Bild 3.9 Arbeitstage eines Monats berechnen

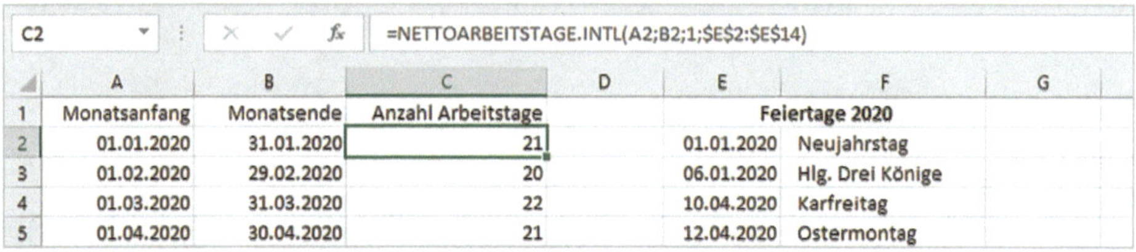

Damit das Ergebnis auch gleich als Datum formatiert ausgegeben wird, verwenden wir zusätzlich die Funktion TEXT, dann lautet die Formel in B2:

=TEXT(MONATSENDE(A2;0);"TT.MM.JJJJ")

In Spalte C kommt dann wieder die Funktion NETTOARBEITSTAGE.INTL zum Einsatz. Selbstverständlich könnte die gesamte Berechnung auch in einer einzigen Formel zusammengefasst werden.

Arbeitstage zu einem Datum addieren

Da in Excel ein Datum eigentlich eine fortlaufende Zahl (Tage) ist, brauchen Sie nur die Tage zu einem Datum addieren, wenn Sie beispielsweise die Fälligkeit einer Rechnung berechnen möchten.

Anders dagegen, wenn die Fälligkeit in Arbeitstagen berechnet und die Wochenenden nicht berücksichtigt werden sollen. Dann verwenden Sie die Funktion ARBEITSTAG. Auch diese Funktion gibt es (seit Excel 2013) in zwei Versionen:

Die ältere Version ARBEITSTAG berücksichtigt nur freie Tage (optional), während Sie bei der Funktion ARBEITSTAG.INTL zusätzlich angeben können, welche und wie viele Tage auf ein Wochenende fallen. Die freien Tage, z. B. Feiertage, geben Sie in einer gesonderten Liste an, siehe NETTOARBEITSTAGE.INTL.

=ARBEITSTAG.INTL(Ausgangsdatum;Tage;[Wochenende];[Freie_Tage])

Im Bild unten wurde zum Vergleich in Spalte C die Fälligkeit durch einfaches Addieren berechnet, die Wochenenden also mit eingerechnet. In Spalte D wurden dagegen mit ARBEITSTAG.INTL nur Arbeitstage berücksichtigt.

Bild 3.10 Vergleich einfaches Addieren und ARBEITSTAG.INTL

	A	B	C	D	E	F
1	Ausgangsdatum	Zahlungsfrist in Tagen	Fälligkeit mit Wochenenden	Formel	Fälligkeit ohne Wochenenden	Formel
2	15.01.2020	10	25.01.2020	=A2+B2	29.01.2020	=ARBEITSTAG.INTL(A2;B2;1)
3	20.01.2020	30	19.02.2020	=A3+B3	02.03.2020	=ARBEITSTAG.INTL(A3;B3;1)
4	01.02.2020	10	11.02.2020	=A4+B4	14.02.2020	=ARBEITSTAG.INTL(A4;B4;1)
5	03.02.2020	30	04.03.2020	=A5+B5	16.03.2020	=ARBEITSTAG.INTL(A5;B5;1)

Ergebnis als Datum formatiert anzeigen

Das Ergebnis der Funktion ARBEITSTAGE.INTL erscheint im Tabellenblatt zunächst als Zahl, die Sie anschließend noch als Datum formatieren müssen. Diesen Schritt kann man vermeiden, indem man mit der Funktion TEXT das Ergebnis sofort als Datum formatiert. Die Formel dazu in D2 lautet:

=TEXT(ARBEITSTAG.INTL(A2;B2;1);"TT.MM.JJJJ")

Bild 3.11 Fälligkeit formatiert ausgeben

D2 fx =TEXT(ARBEITSTAG.INTL(A2;B2;1);"TT.MM.JJJJ")

	A	B	C	D
1	Ausgangsdatum	Zahlungsfrist in Tagen	Fälligkeit unformatiert	Fälligkeit formatiert
2	15.01.2020	10	43859	29.01.2020
3	20.01.2020	30	43892	02.03.2020
4	01.02.2020	10	43875	14.02.2020

Arbeitsfreie Wochentage frei definieren

Statt des Parameters Wochenende können Sie auch die arbeitsfreien Tage für alle sieben Tage der Woche selbst definieren. 1 steht für einen arbeitsfreien Tag, 0 für einen Arbeitstag und die Woche beginnt mit Montag. Hier einige Beispiele:

0000011	Freie Tage: Samstag und Sonntag
0101000	Freie Tage: Dienstag und Donnerstag
1110000	Freie Tage: Montag, Dienstag, Mittwoch

Urlaubstage berechnen

Die Funktion NETTOARBEITSTAGE.INTL berechnet die Anzahl der Arbeitstage als Differenz zwischen zwei Datumswerten, ARBEITSTAG.INTL dagegen addiert zu einem Ausgangsdatum ganze Tage mit je 24 Stunden. Daher sind auch die Ergebnisse unterschiedlich zu interpretieren. Hier zwei Beispiele mit gleicher Ausgangslage.

Fall 1: Urlaubstage als Differenz berechnen

Wenn Sie, wie im Bild unten, die Anzahl der Urlaubstage mit NETTOARBEITSTAGE.INTL berechnen, erhalten Sie das korrekte Ergebnis 3, da der Samstag und Sonntag nicht berücksichtigt werden.

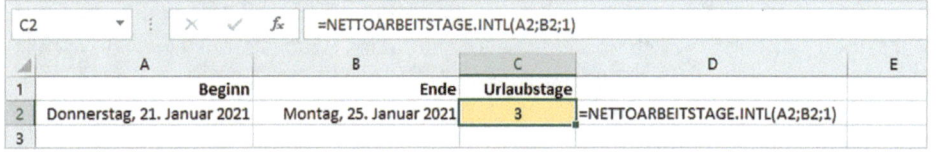

Bild 3.12 Urlaubstage mit NETTOARBEITSTAGE.INTL berechnen

Fall 2: Urlaubstage zum Ausgangsdatum addieren

Addieren Sie dagegen zum Ausgangsdatum (=Urlaubsbeginn) drei Urlaubstage mit ARBEITSTAG.INTL, dann erhalten Sie als Ergebnis den 26. Januar. Dadurch dass hier drei volle Arbeitstage mit je 24 Stunden addiert werden, erhalten Sie nicht den letzten Urlaubstag, sondern den ersten Arbeitstag nach dem Urlaub.

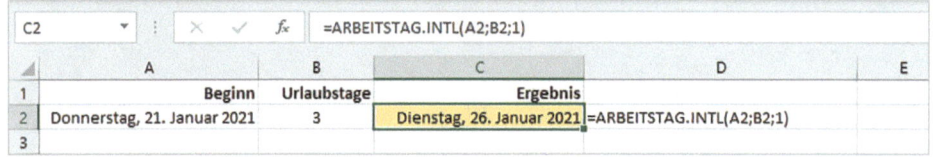

Bild 3.13 Tage mit ARBEITSTAG.INTL addieren

Geburtstagslisten

Ein häufiges Einsatzgebiet für Datumsfunktionen sind Geburtstagslisten bzw. eine Übersicht, wer heute oder in einem bestimmten Zeitraum Geburtstag hat. Diese Aufgabe lässt sich auf verschiedenen Wegen lösen, von einfach und schnell bis hin zu komplizierteren Formeln.

3 Datums-, Uhrzeit- und Textfunktionen

Ausgangspunkt für die verschiedenen Lösungsmöglichkeiten ist die unten abgebildete Tabelle, wobei für die folgenden Beispiele zwecks besserer Nachvollziehbarkeit das aktuelle Datum fest in B1 eingetragen wurde. In der Praxis verwenden Sie stattdessen in B1 oder statt Bezügen auf B1 die Funktion HEUTE().

Bild 3.14 Die Ausgangstabelle

	A	B
1	Aktuelles Datum:	19.02.2021
2		
3	Name	Geburtsdatum
4	Anna	23.08.1975
5	Eva	14.01.1984
6	Hugo	25.02.1978
7	Thomas	01.03.1971
8	Christian	16.07.1989
9	Andreas	24.05.1995
10	Klara	17.09.2001
11	Tobias	02.11.1994
12	Peter	23.05.1998
13	Sabine	30.08.1981
14	Birgit	29.04.1986
15	Claudia	05.05.1974
16		

Geburtstagslisten.xlsx

Eine sortierte Liste erstellen

Die einfachste Lösung besteht darin, dass Sie in einer weiteren Spalte den jeweiligen Geburtsmonat mit der Funktion MONAT ermitteln und nach dieser Spalte sortieren. Falls nötig, können Sie auch noch mit TAG den Tag des Monats ermitteln und anschließend nach diesen beiden Spalten sortieren.

Bild 3.15 Nach Monat und Tag sortierte Liste

C4 =MONAT(B4)

	A	B	C	D
1	Aktuelles Datum:	19.02.2021		
2				
3	Name	Geburtsdatum	Monat	Tag
4	Eva	14.01.1984	1	14
5	Tobias	02.02.1994	2	2
6	Johannes	19.02.1998	2	19
7	Hugo	25.02.1978	2	25
8	Thomas	01.03.1971	3	1
9	Birgit	29.04.1986	4	29
10	Peter	23.05.1998	5	23
11	Andreas	24.05.1995	5	24
12	Christian	16.07.1989	7	16
13	Anna	23.08.1975	8	23
14	Sabine	30.08.1981	8	30
15	Klara	17.09.2001	9	17
16	Claudia	05.11.1974	11	5
17				

Wer hat diesen Monat Geburtstag?

Details zu WENN und den weiteren Logikfunktionen lesen Sie in Kap. 4.1.

Diese Frage lässt sich mit der Funktion WENN beantworten. Um in einer weiteren Spalte einen Hinweis auf den Geburtstag im aktuellen Monat auszugeben, geben Sie in C4 die folgende Formel ein und kopieren diese anschließend nach unten.

=WENN(MONAT(B4)=MONAT($B$1);"hat in diesem Monat Geburtstag";"")

Datumsfunktionen 3

Bild 3.16 Hinweis auf aktuellen Monat mit der Funktion WENN ausgeben

	A	B	C
1	Aktuelles Datum:	19.02.2021	
2			
3	Name	Geburtsdatum	
4	Anna	23.08.1975	
5	Eva	14.01.1984	
6	Hugo	25.02.1978	hat diesen Monat Geburtstag
7	Thomas	01.03.1971	
8	Christian	16.07.1989	
9	Andreas	24.05.1995	
10	Klara	17.09.2001	
11	Johannes	19.02.1998	hat diesen Monat Geburtstag
12	Tobias	02.02.1994	hat diesen Monat Geburtstag
13	Peter	23.05.1998	

Formel in C4: `=WENN(MONAT(B4)=MONAT($B$1);"hat diesen Monat Geburtstag";"")`

Wer hat heute Geburtstag?

Möchten Sie dagegen einen Hinweis, wenn jemand heute Geburtstag hat, dann vergleichen Sie Monat und Tag und geben in C4 stattdessen die folgende Formel ein:

`=WENN(UND(MONAT(B4)=MONAT($B$1);TAG(B4)=TAG($B$1));"hat heute Geburtstag";"")`

Tipp: Kürzer geht es auch, wenn Sie mithilfe der Funktion TEXT einen reinen Zeichenvergleich von Tag und Monat durchführen. Im Bild unten wurden zur besseren Nachvollziehbarkeit Tag und Monat in Spalte C mit folgender Formel ausgegeben:

`=TEXT(B4;"TT.MM")`

Die Formel in D4 lautet dann:

`=WENN(C4=TEXT($B$1;"TT.MM");"hat heute Geburtstag!";"")`

Bild 3.17 Hinweis auf Geburtstag am heutigen Tag

	A	B	C	D
1	Aktuelles Datum:	19.02.2021		
2				
3	Name	Geburtsdatum	Monat Tag	
4	Thomas	01.03.1971	01.03	
5	Tobias	02.02.1994	02.02	
6	Claudia	05.11.1974	05.11	
7	Eva	14.01.1984	14.01	
8	Christian	16.07.1989	16.07	
9	Klara	17.09.2001	17.09	
10	Johannes	19.02.1998	19.02	hat heute Geburtstag!
11	Peter	23.05.1998	23.05	
12	Anna	23.08.1975	23.08	
13	Andreas	24.05.1995	24.05	

Geburtstage mit der bedingten Formatierung hervorheben

Wenn Sie die Geburtstage stattdessen mit der bedingten Formatierung hervorheben möchten, dann gehen Sie so vor:

3 Datums-, Uhrzeit- und Textfunktionen

Hinweis: Die bedingte Formatierung bietet unter *Regeln zum Hervorheben von Zellen* ebenfalls Datum an. Dies funktioniert hier aber nicht, da für Geburtstage ausschließlich Monate und Tage verglichen werden dürfen.

1. Markieren Sie den Zellbereich A4:B16, klicken auf *Bedingte Formatierung* (*Start*) und hier auf *Neue Regel*....

2. Wählen Sie den Regeltyp *Formel zur Ermittlung der zu formatierenden Zellen verwenden* und geben Sie im Feld *Werte formatieren, für die diese Formel wahr ist* die folgende Formel ein und wählen über die Schaltfläche *Formatierung*... anschließend eine Formatierung, hier gelbe Füllung.

=MONAT($B4:$B16)=MONAT($B$1)

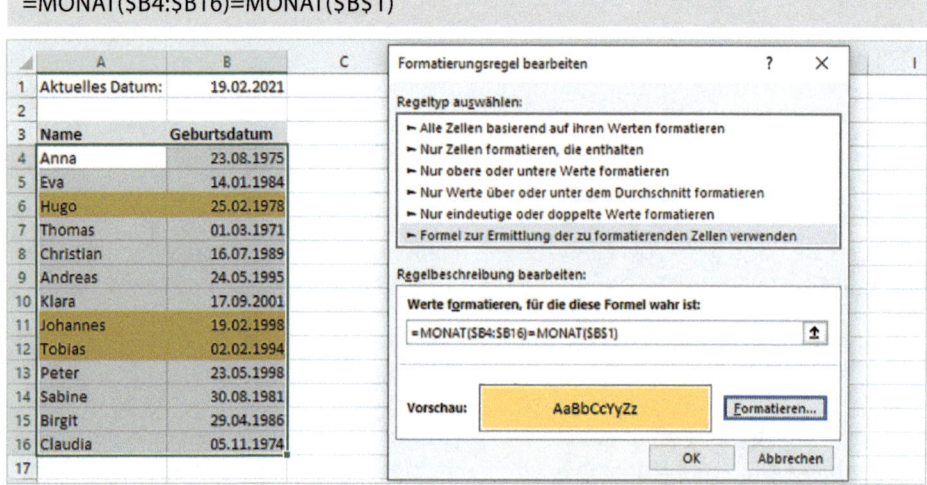

Bild 3.18 Wer hat im aktuellen Monat Geburtstag?

Wer hat heute Geburtstag?

Wenn Sie zusätzlich Personen hervorheben möchten, die am heutigen Tag Geburtstag haben, dann erstellen Sie eine zweite Regel zur bedingten Formatierung und verwenden die folgende Formel:

=TEXT($B4:$B16;"TT.MM")=TEXT($B$1;"TT.MM")

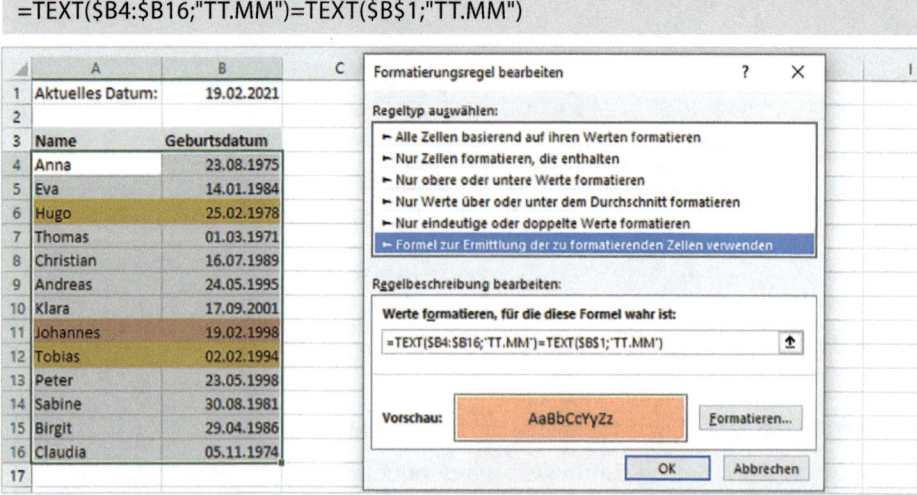

Bild 3.19 Wer hat heute Geburtstag?

Datumsfunktionen 3

Regelreihenfolge beachten

Wenn Sie auf einen Zellbereich gleich mehrere Regeln anwenden, wie im Bild oben, dann achten Sie auf die Reihenfolge der Regeln. Im Fenster *Manager für Regeln zur bedingten Formatierung* (öffnen über *Bedingte Formatierung* und Befehl *Regeln verwalten...*) können Sie über die Pfeilschaltflächen (s. Bild unten) die Reihenfolge ändern. Die Regeln werden von oben nach unten angewendet. Sollte also z. B. der Geburtstag am heutigen Datum nicht hervorgehoben werden, dann verschieben Sie diese Regel ganz nach oben.

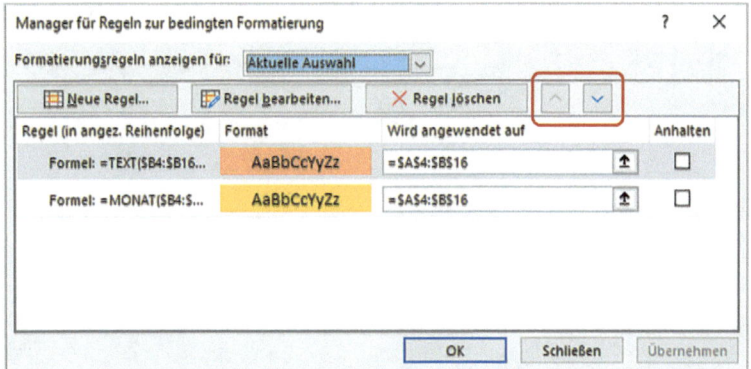

Bild 3.20 Reihenfolge der Regeln ändern

Wer hat in den nächsten Tagen Geburtstag?

Wann ist der nächste Geburtstag?

Etwas komplizierter wird es, wenn Sie wissen möchten, wer unabhängig vom Monat beispielsweise in den nächsten 10 Tagen Geburtstag hat. In diesem Fall wird zunächst einmal das Datum des nächsten Geburtstags benötigt, dieses setzt sich zusammen aus Tag und Monat des Geburtsdatums und dem aktuellen Jahr bzw. es muss 1 Jahr hinzuaddiert werden, wenn der Geburtstag in diesem Jahr schon zurückliegt. Die Formel in C4 lautet:

```
=WENN(DATUM(JAHR(HEUTE());MONAT(A5);TAG(A5))<HEUTE();DATUM(JAHR(HEUTE())+1;
MONAT(A5);TAG(A5));DATUM(JAHR(HEUTE());MONAT(A5);TAG(A5)))
```

Achtung: Sie erhalten als Ergebnis Zahlen und müssen diese noch als Datum formatieren!

Bild 3.21 Den nächsten Geburtstag ermitteln

	A	B	C
1	Aktuelles Datum:	19.02.2021	
2			
3	Name	Geburtsdatum	Nächster Geburtstag
4	Anna	23.08.1975	23.08.2021
5	Eva	14.01.1984	14.01.2022
6	Hugo	25.02.1978	25.02.2021
7	Thomas	01.03.1971	01.03.2021
8	Christian	16.07.1989	16.07.2021
9	Andreas	24.05.1995	24.05.2021
10	Klara	17.09.2001	17.09.2021

3 Datums-, Uhrzeit- und Textfunktionen

Achtung: nur in Microsoft 365 verfügbar!

Die Geburtstage der nächsten 10 Tage mit Namen als gesonderte Liste

Anschließend ermitteln Sie die Geburtstage und dazugehörigen Namen. Wenn Sie Microsoft 365 einsetzen, dann bietet sich dazu die Funktion FILTER an.

Detaillierte Informationen zur Funktion FILTER erhalten Sie in Kap. 5.4 auf Seite 219 ff.

Kopieren Sie die Spaltenüberschriften in A3:C3 in einen gesonderten Anzeigebereich, im Bild unten E1:G1, und geben Sie in E2 die folgende Funktion ein, der Ausgabebereich wird automatisch erweitert. **Achtung**: Auch hier müssen Sie die Zahlen wieder als Datum formatieren.

E2: =FILTER(A4:C16;(C4:C16>=$B$1)*(C4:C16<=$B$1+10)

Bild 3.22 Geburtstage in den nächsten 10 Tagen

	A	B	C	D	E	F	G
1	Aktuelles Datum:	19.02.2021			Name	Geburtsdatum	Nächster Geburtstag
2					Hugo	25.02.1978	25.02.2021
3	Name	Geburtsdatum	Nächster Geburtstag		Thomas	01.03.1971	01.03.2021
4	Anna	23.08.1975	23.08.2021		Johannes	19.02.1998	19.02.2021
5	Eva	14.01.1984	14.01.2022				
6	Hugo	25.02.1978	25.02.2021				
7	Thomas	01.03.1971	01.03.2021				
8	Christian	16.07.1989	16.07.2021				
9	Andreas	24.05.1995	24.05.2021				
10	Klara	17.09.2001	17.09.2021				
11	Johannes	19.02.1998	19.02.2021				
12	Tobias	02.02.1994	02.02.2022				

Geburtstage der nächsten 10 Tage mit der bedingten Formatierung hervorheben

1 Markieren Sie den Zellbereich A4:C16, klicken Sie im Register *Start* auf *Bedingte Formatierung* und auf *Neue Regel…*.

2 Wählen Sie den Regeltyp *Formel zur Ermittlung der zu formatierenden Zellen verwenden* und geben Sie im Feld *Werte formatieren, für die diese Formel wahr ist* die folgende Formel ein und wählen Sie über die Schaltfläche *Formatierung…* anschließend eine Formatierung, hier rote Füllung.

=UND($C4>=$B$1; $C4>=$B$1+10)

Bild 3.23 Bedingte Formatierung: Geburtstage in den nächsten 10 Tagen

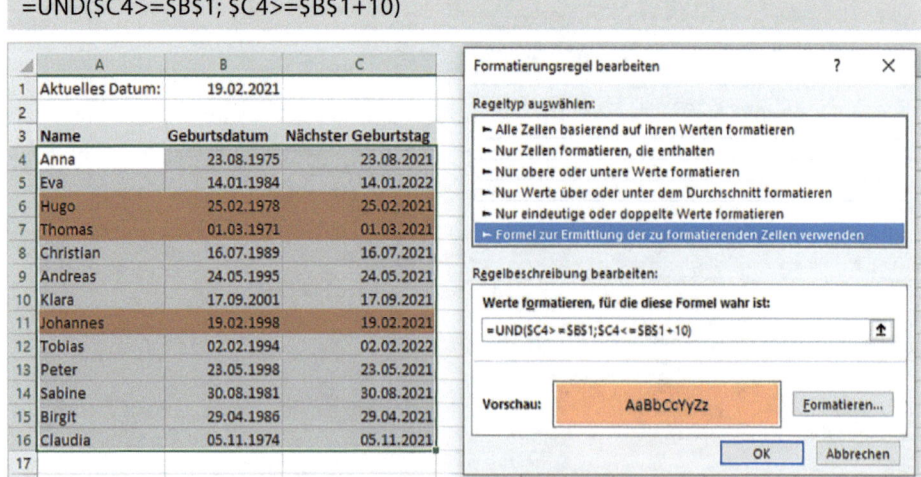

3 Berechnungen mit Zeitwerten

Runde Geburtstage hervorheben

Aus dem Jahr des nächsten Geburtstags und dem Geburtsjahr lässt sich in D4 leicht das Alter berechnen und anschließend nach unten kopieren:

D4:   =JAHR(C4)-JAHR(B4)

Wenn Sie runde Geburtstage besonders hervorheben möchten, z. B. mit grüner Farbe, dann verwenden Sie für die bedingte Formatierung die folgende Formel:

=REST($D4;10)=0

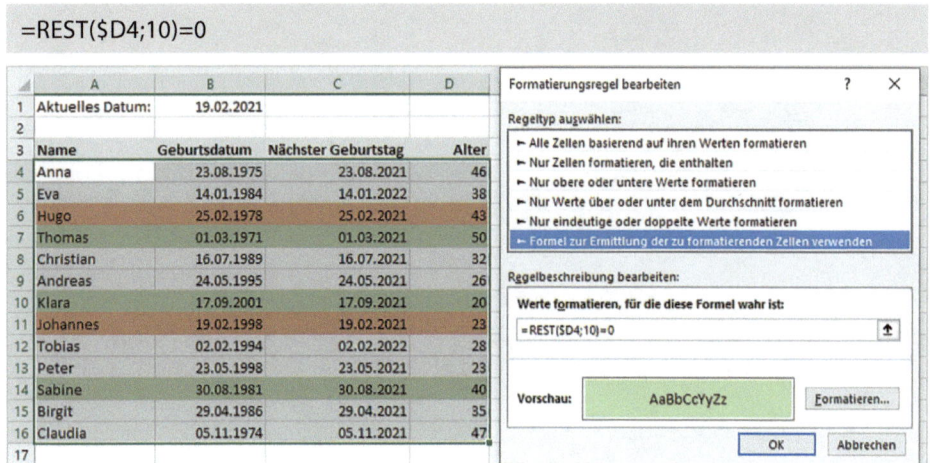

Bild 3.24 Runde Geburtstage hervorheben

3.2   Berechnungen mit Zeitwerten

Allgemeine Grundlagen

Auch Zeitangaben können für Berechnungen, z. B. Addition oder Differenz, verwendet werden. Beachten Sie aber, dass das Standard-Uhrzeitformat von Excel nicht mehr als 24 Stunden anzeigt. Daher können einige Ergebnisse, wie die Summe der Arbeitszeiten in G9, auf den ersten Blick nicht stimmen. Liefert ein Formelergebnis, wie im nachfolgenden Beispiel die Summe der Arbeitszeiten, mehr als 24 Stunden, so müssen Sie das Uhrzeitformat [h] verwenden.

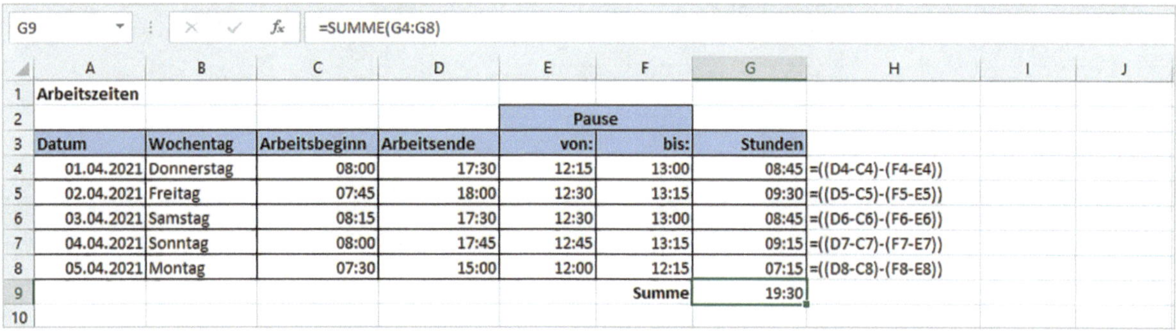

Bild 3.25 Das Ergebnis in G9 kann auf den ersten Blick nicht stimmen!

3 Datums-, Uhrzeit- und Textfunktionen

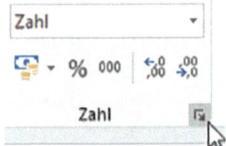

Bild 3.26 Uhrzeitformat mit mehr als 24 Stunden

Sie finden dieses Format im Dialogfenster *Zellen formatieren*, das Sie entweder über den Befehl aus dem Kontextmenü der rechten Maustaste öffnen oder mit Klick auf den kleinen Pfeil in der rechten unteren Ecke der Gruppe *Zahl* (Register *Start*). Klicken Sie hier auf das Register *Zahlen* und wählen Sie die Kategorie *Benutzerdefiniert*. Weisen Sie dann den Zellen das Format [h]:mm zu, die Sekunden ss können gelöscht werden.

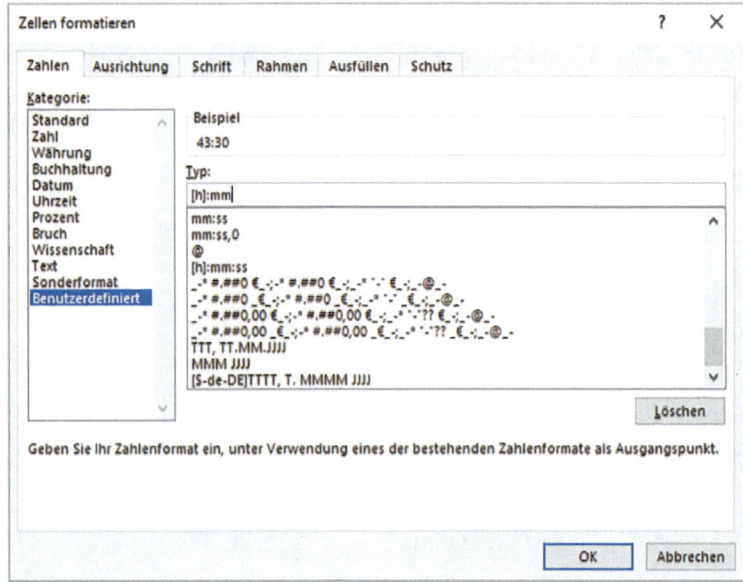

Die Sekunden (ss) dieses Formats löschen Sie einfach.

Uhrzeit in Dezimalzahl umwandeln

Arbeitszeiten.xlsx

Standardmäßig wird bei Berechnungen mit der Uhrzeit auch das Formelergebnis im Uhrzeitformat ausgegeben. Häufig benötigen Sie aber für weitere Berechnungen eine Dezimalzahl (Industriezeit), z. B. wenn Sie Arbeitszeiten mit dem Stundenlohn multiplizieren möchten, wie im unten abgebildeten Beispiel.

Bild 3.27 Beispiel Arbeitszeiten

	A	B	C	D	E	F	G	H
					\multicolumn{2}{c}{Pause}		
1	Arbeitszeiten							
2					Pause			
3	Datum	Wochentag	Arbeitsbeginn	Arbeitsende	von:	bis:	Stunden	
4	01.04.2021	Donnerstag	08:00	17:30	12:15	13:00	8,75	=((D4-C4)-(F4-E4))*24
5	02.04.2021	Freitag	07:45	18:00	12:30	13:15	9,50	=((D5-C5)-(F5-E5))*24
6	03.04.2021	Samstag	08:15	17:30	12:30	13:00	8,75	=((D6-C6)-(F6-E6))*24
7	04.04.2021	Sonntag	08:00	17:45	12:45	13:15	9,25	=((D7-C7)-(F7-E7))*24
8	05.04.2021	Montag	07:30	15:00	12:00	12:15	7,25	=((D8-C8)-(F8-E8))*24
9						Summe	43,50	
10								

▶ In solchen Fällen formatieren Sie die Ergebnisse in G4 bis G8 als Zahl mit zwei Nachkommastellen.

3 Berechnungen mit Zeitwerten

▶ Da das Datums- und Uhrzeitformat auf Tagen basiert, erhalten Sie allerdings zunächst Bruchteile von Tagen anstelle von Stunden. Um Stunden zu erhalten, müssen Sie daher in Spalte G das eigentliche Formelergebnis noch mit 24 multiplizieren (1 Tag = 24 Stunden).

Negative Uhrzeiten, z. B. Soll- und Istzeiten

Vielleicht haben Sie bereits festgestellt, dass Excel keine negativen Zeitdifferenzen darstellen kann und in solchen Fällen statt eines Ergebnisses ##### anzeigt. Im Bild unten als Beispiel eine vereinfachte Arbeitszeitabrechnung mit Soll- und Istzeiten. Die Differenz in Spalte G wird zwar berechnet, negative Werte werden aber nicht dargestellt. Dass trotzdem richtig gerechnet wird, zeigt ein Vergleich der Summen in Zeile 8.

	A	B	C	D	E	F	G
1	Datum	Beginn	Ende	Pause	Soll	Ist	Differenz
2	Montag, 17. Mai 2021	08:00	17:00	00:30	07:00	08:30	01:30
3	Dienstag, 18. Mai 2021	08:00	16:30	00:45	07:00	07:45	00:45
4	Mittwoch, 19. Mai 2021	07:45	15:00	00:35	07:00	06:40	#############
5	Donnerstag, 20. Mai 2021	08:10	16:00	00:50	07:00	07:00	00:00
6	Freitag, 21. Mai 2021	07:50	14:20	00:20	07:00	06:10	#############
7							
8				Summe	35:00	36:05	1:05
9							

G2: =F2-E2

Bild 3.28 Negative Zeitwerte werden zwar richtig berechnet, können aber nicht dargestellt werden.

Negative_Zeiten.xlsx

Hinweis: Im Bild wurden zur besseren Unterscheidung positive Uhrzeiten blau dargestellt und negative in roter Farbe. Dazu wurde folgendes benutzerdefiniertes Zahlenformat verwendet, das dritte Zahlenformat kommt zum Tragen, wenn das Ergebnis exakt 0 ist: [Blau]hh:mm;[Rot]-hh:mm;hh:mm

Siehe Benutzerdefinierte Zahlenformate, Seite 62.

Möglichkeit 1: Uhrzeiten als Dezimalzahlen anzeigen

Eine Möglichkeit besteht darin, die Uhrzeiten als Dezimalzahlen darzustellen. Dazu müssen die Differenzen der Spalte G jeweils mit 24 multipliziert werden, siehe oben.

Die Formel in G2: =(F2-E2)*24

	A	B	C	D	E	F	G
1	Datum	Beginn	Ende	Pause	Soll	Ist	Differenz
2	Montag, 17. Mai 2021	08:00	17:00	00:30	07:00	08:30	1,50
3	Dienstag, 18. Mai 2021	08:00	16:30	00:45	07:00	07:45	0,75
4	Mittwoch, 19. Mai 2021	07:45	15:00	00:35	07:00	06:40	-0,33
5	Donnerstag, 20. Mai 2021	08:10	16:00	00:50	07:00	07:00	0,00
6	Freitag, 21. Mai 2021	07:50	14:20	00:20	07:00	06:10	-0,83
7							
8				Summe	35:00	36:05	1,08
9							

Bild 3.29 Die Differenzen als Dezimalzahlen darstellen

Außerdem muss auch das Zahlenformat dieser Spalte entsprechend angepasst werden: [Blau]0,00;[Rot]-0,00;0,00

3 Datums-, Uhrzeit- und Textfunktionen

Möglichkeit 2: Im Uhrzeitformat darstellen und in Plus- und Minusstunden aufteilen

Wenn die Zeiten im Uhrzeitformat dargestellt werden sollen, dann bietet sich eine Aufteilung in zwei Spalten bzw. Plus- und Minusstunden an, wie im Bild unten. Die dazugehörigen Formeln lauten:

G2:   =WENN((F2-E2)>=0;F2-E2;"")

H2:   =WENN((F2-E2<0;ABS(F2-E2);"")

Die Funktion ABS liefert den Absolutwert einer Zahl, also ohne Vorzeichen und somit kann auch ein negatives Ergebnis angezeigt werden. Beide Spalten erhalten das benutzerdefinierte Format hh:mm bzw. [h]:mm, falls die Ergebnisse über 24 Stunden hinausgehen können. Die Farben werden den Spalten über das Symbol *Schriftfarbe* zugewiesen.

Bild 3.30 Aufteilung in Plus- und Minusstunden

	A	B	C	D	E	F	G	H
1	Datum	Beginn	Ende	Pause	Soll	Ist	Plusstd.	Minusstd.
2	Montag, 17. Mai 2021	08:00	17:00	00:30	07:00	08:30	01:30	
3	Dienstag, 18. Mai 2021	08:00	16:30	00:45	07:00	07:45	00:45	
4	Mittwoch, 19. Mai 2021	07:45	15:00	00:35	07:00	06:40		00:20
5	Donnerstag, 20. Mai 2021	08:10	16:00	00:50	07:00	07:00	00:00	
6	Freitag, 21. Mai 2021	07:50	14:20	00:20	07:00	06:10		00:50
7								
8				Summe	35:00	36:05	2:15	1:10
9								

Möglichkeit 3: Ergebnis als Text formatieren

Als dritte Möglichkeit können Sie auch die Differenz mithilfe der Funktion TEXT gleich im Uhrzeitformat formatieren. Der Nachteil: Sie erhalten die Differenz als Text und die Berechnung der Summe über G2:G6 ist nicht möglich. In diesem Fall muss die Summe in G8 aus der Differenz zwischen F8 und E8 berechnet werden. Die Formeln:

G2:   =WENN(F2-E2<0;TEXT(ABS(F2-E2);"-hh:mm");TEXT(F2-E2;"hh:mm"))

G8:   =WENN(F8-E8<0;TEXT(ABS(F8-E8);"-[h]:mm");TEXT(F8-E8;"[h]:mm"))

Auch hier benötigen Sie die Funktion ABS (Absolutwert) zur Berechnung der negativen Werte.

Bild 3.31 Ergebnis im Uhrzeitformat, aber als Text

	A	B	C	D	E	F	G	H
1	Datum	Beginn	Ende	Pause	Soll	Ist	Differenz	
2	Montag, 17. Mai 2021	08:00	17:00	00:30	07:00	08:30	01:30	
3	Dienstag, 18. Mai 2021	08:00	16:30	00:45	07:00	07:45	00:45	
4	Mittwoch, 19. Mai 2021	07:45	15:00	00:35	07:00	06:40	-00:20	
5	Donnerstag, 20. Mai 2021	08:10	16:00	00:50	07:00	07:00	00:00	
6	Freitag, 21. Mai 2021	07:50	14:20	00:20	07:00	06:10	-00:50	
7								
8				Summe	35:00	36:05	01:05	
9								

Berechnungen mit Zeitwerten 3

Tipp: Alternativ kann die Summe in G8 auch mit der Funktion SUMMENPRODUKT über F2:F6 und E2:E6 berechnet werden, dann lautet die Formel:

G8: =WENN(SUMMENPRODUKT(F2:F6-E2:E6)<0;TEXT(ABS(SUMMENPRO-DUKT(F2:F6-E2:E6));"-[h]:mm");SUMMENPRODUKT(F2:F6-E2:E6))

Näheres zur Funktion SUMMENPORODUKT finden Sie auf Seite 247.

Möglichkeit 4: Ohne Vorzeichen berechnen und mit der bedingten Formatierung hervorheben

Als letzte Möglichkeit können Sie die Zeitdifferenzen unter Verwendung der Funktion ABS grundsätzlich ohne Vorzeichen berechnen. In diesem Fall greifen Sie zur bedingten Formatierung, um positive und negative Werte optisch voneinander zu unterscheiden. Allerdings liefert die Summe über G2:G6 ein falsches Ergebnis, diese muss daher aus der Differenz zwischen F8 und E8 berechnet werden. Die Formeln:

G2: =ABS(F2-E2)

G8: =ABS(F8-E8)

	A	B	C	D	E	F	G	H
1	Datum	Beginn	Ende	Pause	Soll	Ist	Differenz	
2	Montag, 17. Mai 2021	08:00	17:00	00:30	07:00	08:30	1:30	
3	Dienstag, 18. Mai 2021	08:00	16:30	00:45	07:00	07:45	0:45	
4	Mittwoch, 19. Mai 2021	07:45	15:00	00:35	07:00	06:40	0:20	
5	Donnerstag, 20. Mai 2021	08:10	16:00	00:50	07:00	07:00	0:00	
6	Freitag, 21. Mai 2021	07:50	14:20	00:20	07:00	06:10	0:50	
7								
8				Summe	35:00	36:05	1:05	

Bild 3.32 Negative Uhrzeiten mit ABS berechnen und ohne Vorzeichen anzeigen

Die bedingte Formatierung dazu

Für die bedingte Formatierung markieren Sie G2:G8, klicken auf *Start ▶ Bedingte Formatierung ▶ Neue Regel* und wählen *Formel zur Ermittlung der zu formatierenden Werte wählen*. Geben Sie die folgende Formel ein und wählen Sie rote Schriftfarbe:

=$F2:$F8<$E2:$E8

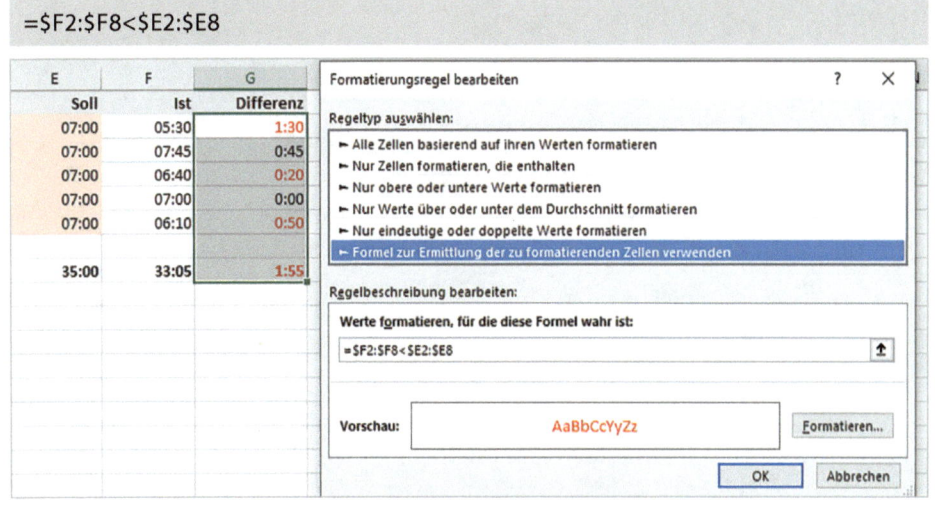

Bild 3.33 Unterscheidung positive und negative Zahlen durch bedingte Formatierung

3 Datums-, Uhrzeit- und Textfunktionen

Weitere Berechnungen mit Zeitwerten

Teile von Zeitangaben als Zahl

Wie beim Datum können Sie auch Teile von Zeitangaben, nämlich Stunden, Minuten und Sekunden als Zahl ermitteln. Dazu setzen Sie die folgenden Funktionen ein, wobei es sich bei Zahl jeweils um eine gültige Zeitangabe handeln muss:

STUNDE(Zahl)

MINUTE(Zahl)

SEKUNDE(Zahl)

Bild 3.34 Stunden, Minuten und Sekunden aus Uhrzeit

Im Bild unten einige Beispiele und rechts daneben die dazugehörigen Formeln.

	A	B	C	D
1	Uhrzeit	Stunde	Minute	Sekunde
2	12:35	12	35	0
3	09:15:04	9	15	4
4	02.06.2021 11:15:31	11	15	31

	A	B	C	D
1	Uhrzeit	Stunde	Minute	Sekunde
2	12:35	=STUNDE(A2)	=MINUTE(A2)	=SEKUNDE(A2)
3	09:15:04	=STUNDE(A3)	=MINUTE(A3)	=SEKUNDE(A3)
4	02.06.2021 11:15:31	=STUNDE(A4)	=MINUTE(A4)	=SEKUNDE(A4)

Zahl kann auch eine Dezimalzahl sein. So wurde im Beispiel unten die Uhrzeit 17:45 in B2 als Dezimalzahl formatiert (Standard) und aus B2 dann die Stunden und Minuten ermittelt.

Bild 3.35 Stunden und Minuten aus Uhrzeit als Dezimalzahl

C2   fx   =STUNDE(B2)

	A	B	C	D
1	Zeit	Dezimalzahl	Stunden	Minuten
2	17:45	0,739583333	17	45

Uhrzeit aus Zahlen zusammensetzen

Umgekehrt können Sie mit der Funktion ZEIT eine Uhrzeitangabe aus Zahlen jeweils zwischen 0 und 32767 zusammensetzen. Bei negativen Zahlen erhalten Sie den Fehlerwert *#ZAHL!*. Der Aufbau der Funktion:

ZEIT(Stunde;Minute;Sekunde)

Bild 3.36 Die Funktion ZEIT

Bild 3.37 Die formatierten Ergebnisse

Achtung: Wenn zuvor für die Ergebniszelle kein bestimmtes Zahlenformat festgelegt wurde (Standard), dann erscheint das Formelergebnis zunächst im Format AM bzw. PM wie im Bild unten links. Sie können das Ergebnis entweder als Dezimalzahl oder in einem anderen Zeitformat, z. B. hh:mm:ss wie im Bild unten rechts, formatieren.

D2   fx   =ZEIT(A2;B2;C2)

	A	B	C	D
1	Stunden	Minuten	Sekunden	Ergebnis
2	9	15	0	9:15 AM
3	13	30	15	1:30 PM
4	18	20	3	6:20 PM
5	-7	10	0	#ZAHL!

D2   fx   =ZEIT(A2;B2;C2)

	A	B	C	D
1	Stunden	Minuten	Sekunden	Ergebnis
2	9	15	0	09:15:00
3	13	30	15	13:30:15
4	18	20	3	18:20:03
5	-7	10	0	#ZAHL!

Hinweise: Ist die Stundenzahl größer als 23, wird diese durch 24 dividiert und der Rest als Stunden verwendet. Minuten größer als 59 werden in Stunden und Minuten umgerechnet und ein Sekundenwert über 59 wird in Stunden, Minuten und Sekunden umgerechnet, im Bild unten einige Beispiele.

D2 | =ZEIT(A2;B2;C2)

	A	B	C	D
1	Stunden	Minuten	Sekunden	Ergebnis
2	18	45	0	18:45:00
3	24	30	20	00:30:20
4	28	65	0	05:05:00
5				

Text in eine gültige Uhrzeit umwandeln

Die Funktion ZEITWERT wandelt als Text formatierte Zeitangaben in eine Zahl bzw. einen gültigen Zeitwert um. Die Syntax ist einfach:

```
ZEITWERT(Zeit)
```

Achtung: Das Argument *Zeit* muss als Text vorliegen, entweder indem die betreffende Zelle als Text formatiert ist oder in der Formel in "" angegeben wird, andernfalls erhalten Sie den Fehler #WERT!. Im Bild unten wurde die Zeit 17:45 in B2 als Zeit eingegeben und in B3 als Text.

C3 | =ZEITWERT(B3)

	A	B	C	D
1		Zeit	Zeitwert	Formatiert
2	Uhrzeit	17:45	#WERT!	
3	Text	17:45	0,73958333	17:45
4				

Bild 3.38 ZEITWERT konvertiert Text in Uhrzeit

Stunden in Minuten umrechnen

Liegt die Zeitangabe im Format hh:mm vor, wie im Bild unten links, dann verwenden Sie zum Umrechnen in Minuten in B2 die folgende Formel:

Hinweis: Details zur Funktion UMWANDELN finden Sie in Kapitel 8.

```
=STUNDE(A2)*60+MINUTE(A2)
```

Zum Umrechnen einer Uhrzeit als Dezimalzahl bietet sich dagegen die Funktion UMWANDELN an:

```
=UMWANDELN(A2;"hr";"mm")
```

B2 | =STUNDE(A2)*60+MINUTE(A2)

	A	B	C
1	Zeit	In Minuten	
2	02:00	120	=STUNDE(A2)*60+MINUTE(A2)
3	01:30	90	=STUNDE(A3)*60+MINUTE(A3)
4	04:15	255	=STUNDE(A4)*60+MINUTE(A4)
5			

Bild 3.39 Uhrzeitformat in Minuten umrechnen

B2 | =UMWANDELN(A2;"hr";"mn")

	A	B	C
1	Zeit	In Minuten	
2	2	120	=UMWANDELN(A2;"hr";"mn")
3	1,5	90	=UMWANDELN(A3;"hr";"mn")
4	4,25	255	=UMWANDELN(A4;"hr";"mn")
5			

Bild 3.40 Dezimalzahl in Minuten umrechnen

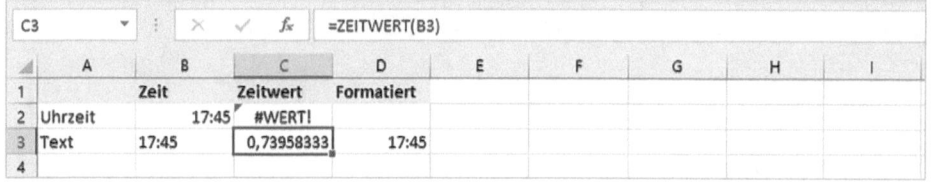

3 Datums-, Uhrzeit- und Textfunktionen

3.3 Textfunktionen

Text oder Zeichenfolgen aneinanderfügen

Die nachfolgenden Beispiele finden Sie in der Mappe

Textfunktionen_Textverketten.xlsx

Die Inhalte aus zwei oder mehr Spalten mit einer Formel zusammenzufügen, wird in der Praxis manchmal benötigt, um z. B. Adressen platzsparend auszudrucken. Excel kennt gleich mehrere Möglichkeiten zum Aneinanderfügen von Zeichenfolgen. Auch Zahlen lassen sich auf diese Weise miteinander verketten, allerdings behandelt dann Excel das Ergebnis als Text.

Beachten Sie, dass in vielen Fällen noch ein zusätzliches Trennzeichen dazwischen eingefügt werden muss, zum Beispiel im Bild unten jeweils ein Leerzeichen zwischen Anrede, Vorname und Nachname. Dieses geben Sie einfach in Anführungszeichen ein.

Verketten mit dem kaufmännischen &-Zeichen

Im einfachsten Fall fügen Sie in einer Formel die einzelnen Zeichenfolgen mit dem kaufmännischen &-Operator aneinander. Für das unten abgebildete Beispiel lautet die Formel in D2: =C2&" "&B2&" "&A2

Bild 3.41 Verketten mit dem &-Operator

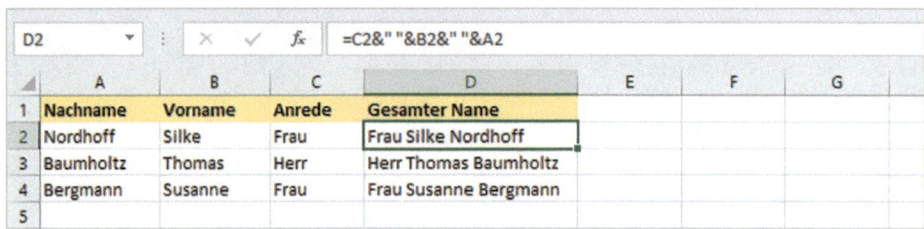

Die Funktionen VERKETTEN und TEXTKETTE

Genau das gleiche Ergebnis erzielen Sie auch mit den beiden Funktionen VERKETTEN und TEXTKETTE. Diese finden Sie in der Kategorie *Text* (Register *Formeln*), die Syntax ist identisch:

VERKETTEN(Text1;Text2;Text3;...)

TEXTKETTE(Text1;Text2;Text3;...)

Im Bild unten die beiden Funktionen zum Vergleich:

Bild 3.42 In der Abbildung wurde die obere Tabelle mit VERKETTEN und die untere Tabelle mit TEXTKETTE berechnet.

	A	B	C	D	E	F
1	Nachname	Vorname	Anrede	Gesamter Name		
2	Nordhoff	Silke	Frau	Frau Silke Nordhoff	=VERKETTEN(C2;" ";B2;" ";A2)	
3	Baumholtz	Jens	Herr	Herr Jens Baumholtz	=VERKETTEN(C3;" ";B3;" ";A3)	
4	Bergmann	Susanne	Frau	Frau Susanne Bergmann	=VERKETTEN(C4;" ";B4;" ";A4)	
5						
6	Nachname	Vorname	Anrede	Gesamter Name		
7	Nordhoff	Silke	Frau	Frau Silke Nordhoff	=TEXTKETTE(C7;" ";B7;" ";A7)	
8	Baumholtz	Jens	Herr	Herr Jens Baumholtz	=TEXTKETTE(C8;" ";B8;" ";A8)	
9	Bergmann	Susanne	Frau	Frau Susanne Bergmann	=TEXTKETTE(C9;" ";B9;" ";A9)	
10						

3 Textfunktionen

Tipps zur Verwendung dieser Funktionen

▶ Wenn Sie mit VERKETTEN mehrere Zellinhalte ohne zusätzliches Zeichen dazwischen verketten möchten, dann können Sie auch die Zellen nacheinander mit gleichzeitig gedrückter Strg-Taste anklicken (Mehrfachmarkierung). Excel fügt die Semikolons zur Trennung der Argumente automatisch ein.

▶ Werden bei der Funktion TEXTKETTE keine weiteren Zeichen dazwischen benötigt, dann können Sie bei dieser Funktion im Gegensatz zu VERKETTEN auch einen Zellbereich, z. B. A2:D2 wie im Bild, angeben und so Tipparbeit sparen.

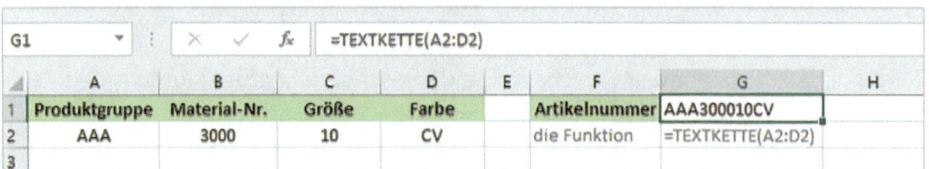

Bild 3.43 Die Funktion TEXTKETTE mit Bereichsangabe

Die Funktion TEXTVERKETTEN

Die Funktion TEXTVERKETTEN bietet sich an, wenn mehrere Zeichenfolgen immer mit demselben Zeichen dazwischen verkettet werden sollen. Sie bietet gegenüber VERKETTEN einige Vorteile:

- Sie brauchen das Trennzeichen nur einmal eingeben.
- Aus leeren Zellen resultierende überflüssige Trennzeichen lassen sich mit dem Parameter *Leer_ignorieren* vermeiden (WAHR = leere Zellen ignorieren).

Bild 3.44 Beispiel: Mit TEXTVERKETTEN überflüssige Trennzeichen vermeiden

TEXTVERKETTEN(Trennzeichen;Leer_ignorieren;Text1;Text2;...)

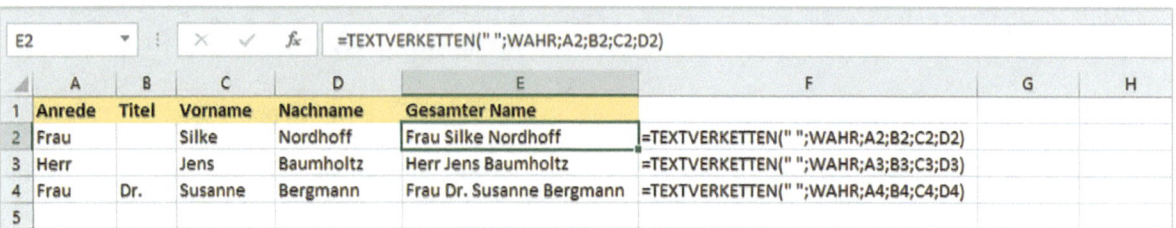

Tipp: Liegen die zu verkettenden Zellen in der richtigen Reihenfolge nebeneinander vor wie im Bild oben, dann ist statt einzelner Zellangaben auch eine Bereichsangabe zulässig, hier A2:C2 statt A2;B2;C2.

Zahlen verketten

Auch Zahlen können mit einer der oben genannten Methoden verkettet werden, z. B. mit dem &-Operator. Das Problem dabei: Excel behandelt das Ergebnis als Text und dieses kann somit nicht für weitere Berechnungen verwendet werden. Als Beispiel wurden im Bild unten die Zahl aus Spalte A mit der Zahl aus Spalte B und einem Komma dazwischen verkettet. Das Ergebnis sieht zwar aus wie eine Dezimalzahl, aber die

Summe in Spalte C liefert das Ergebnis 0. Um wieder eine Zahl zu erhalten, verwenden Sie die Funktion WERT, wie im Bild rechts. Die Funktion WERT wandelt Text in eine gültige Zahl um.

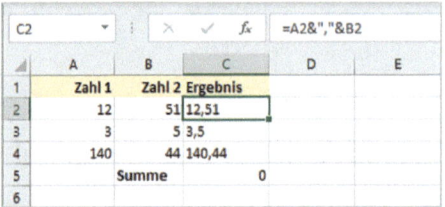

Bild 3.45 Das Ergebnis als Text

Bild 3.46 Das Ergebnis mit WERT in eine Zahl umgewandelt

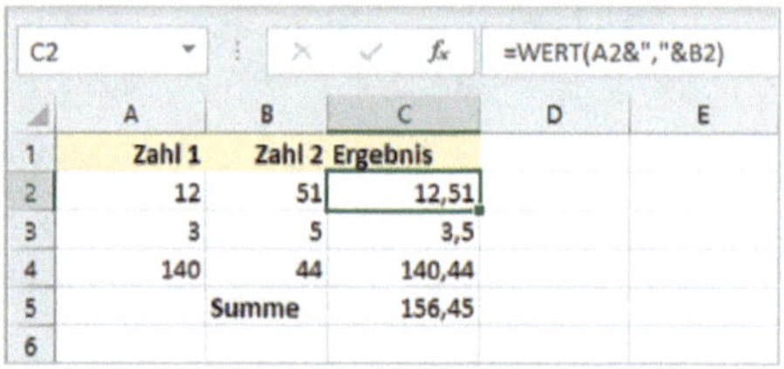

Hinweis: Dass das Komma als Zeichenfolge dazwischen eingefügt wurde, spielt keine Rolle. Auch ohne dieses Zeichen würden Sie Text als Ergebnis erhalten.

Text mit formatierten Zahlen verketten

Beim Verketten von Zahlen mit Text wird das Zahlenformat nicht übernommen. Wenn Sie formatierte Zahlen im verketteten Text benötigen, bietet wieder die Funktion TEXT die Lösung. Beispiel: Aus dem Text "Zahlbar bis" und dem Datum soll eine Zeichenfolge gebildet werden. Ohne die Funktion TEXT würden Sie das Ergebnis erhalten: *Zahlbar bis 11452*.

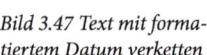

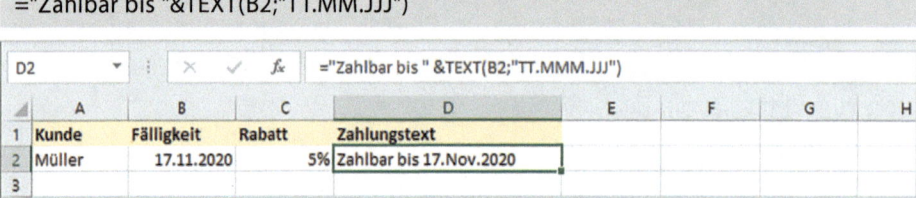

Bild 3.47 Text mit formatiertem Datum verketten

Die Funktion TEXT

Die Funktion TEXT kommt immer dann zum Einsatz, wenn eine Zahl oder ein Datum formatiert angezeigt werden soll. Der Aufbau:

TEXT(zu formatierender Wert;gewünschter Formatcode)

Der Formatcode wird als Zeichenfolge angegeben und muss somit in Anführungszeichen stehen, z. B. "TT.MM.JJJJ" für ein Datumsformat oder "#.##0,00 €" wenn ein Währungsformat benötigt wird. Als Formatcode können sämtliche Formate verwendet werden, die Sie auch im Dialogfenster *Zellen formatieren* ▶ *Zahlen* in der Kategorie *Benutzerdefiniert* finden.

Formel als Text im Tabellenblatt anzeigen

Falls Sie im Tabellenblatt, beispielsweise zu Infozwecken, eine Formel anzeigen möchten, verwenden Sie die Funktion FORMELTEXT, die Syntax ist einfach:

FORMELTEXT(Bezug)

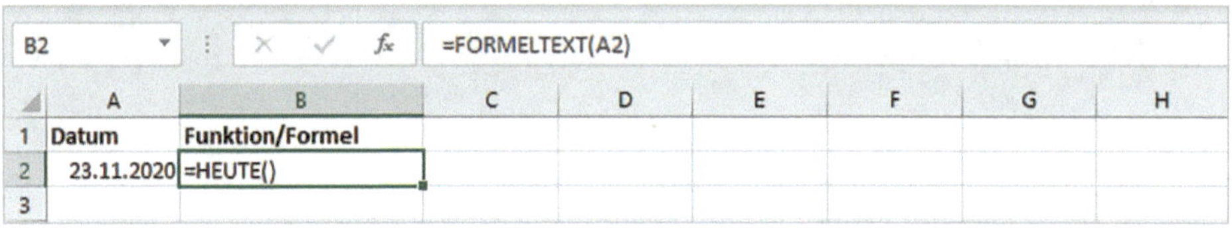

Bild 3.48 Formel einer Zelle anzeigen

Zeichenfolgen aus Text extrahieren

Häufig muss in einer Tabelle der Inhalt einer Spalte in zwei oder mehr Spalten aufgeteilt werden. Für solche Aufgaben stellt Excel verschiedene Funktionen bereit.

Zeichenfolgen anhand ihrer Position ermitteln

Manchmal enthalten Zellinhalte gleich mehrere Informationen in einer einzigen Zeichenkette. So können beispielsweise Artikelnummern aus Modell, Warengruppe und Farbe zusammengesetzt sein. Damit nach einem dieser Merkmale sortiert oder gefiltert werden kann, müssen Sie die benötigten Informationen zunächst herausziehen.

Im einfachsten Fall beginnt die gesuchte Zeichenfolge an einer bestimmten Position und besitzt eine feste Länge. Für solche Fälle lassen sich die Textfunktionen LINKS, RECHTS und TEIL einsetzen, im Bild unten einige Beispiele.

Funktion	Beschreibung und Syntax
LINKS	=LINKS(Text;Anzahl_Zeichen) Liefert die angegebene Anzahl Zeichen, beginnend mit dem ersten **linken** Zeichen
RECHTS	=RECHTS(Text;Anzahl_Zeichen) Liefert die angegebene Anzahl Zeichen, beginnend mit dem ersten **rechten** Zeichen
TEIL	=TEIL(Text;Erstes_Zeichen;Anzahl_Zeichen) Liefert die angegebene Anzahl Zeichen, beginnend ab der unter Erstes_Zeichen festgelegten Position. Damit erhalten Sie Zeichenfolgen, die sich innerhalb anderer Zeichenfolgen befinden.

Nachteil: Alle drei Funktionen erfordern als Argument die Anzahl der benötigten Zeichen und können daher nur eingesetzt werden, wenn die gesuchte Zeichenfolge eine feste Länge besitzt und an einer genau definierten Position beginnt.

3 Datums-, Uhrzeit- und Textfunktionen

Bild 3.49 Beispiele Zeichenfolgen ermitteln

Textfunktionen_Bereinigen.xlsx

	A	B	C	D	E	F	G
1	Artikel-Nr.	Warengruppe	Modell	Farbe			
2	AA-12345-10	AA	12345	=RECHTS(A2;2)			
3	AB-19900-10	AB	19900				
4	AB-19900-20	AB	19900	20			
5	BB-26700-20	BB	26700	20			
6	BB-26700-30	BB	26700	30			
7	CA-26700-35	=LINKS(A7;2)	=TEIL(A7;4;5)	=RECHTS(A7;2)			
8							

Tipp: Als Alternative kann bei einem vorgegebenen Trennzeichen in vielen Fällen der Inhalt einer Spalte auch über das Tool *Text in Spalten* (Register *Daten* ▶ *Datentools*) aufgeteilt werden.

Position einer Zeichenfolge ermitteln

Ist die Position der gesuchten Zeichenfolge nicht bekannt, dann muss diese erst einmal ermittelt werden. Dazu setzen Sie entweder die Funktion FINDEN oder SUCHEN ein. Der Aufbau beider Funktionen ist identisch, der einzige Unterschied: FINDEN unterscheidet zwischen Groß- und Kleinschreibung, SUCHEN dagegen nicht.

FINDEN unterscheidet zwischen Groß- und Kleinschreibung.

SUCHEN ignoriert Groß- und Kleinschreibung.

FINDEN(Suchtext;Text;Erstes_Zeichen)

SUCHEN(Suchtext;Text;Erstes_Zeichen)

- Als *Suchtext* geben Sie die gesuchte Zeichenfolge in Anführungszeichen " " ein.
- *Text* legt die zu durchsuchende Zeichenfolge fest.
- Unter *Erstes_Zeichen* geben Sie die Position an, ab der die Suche im Text beginnen soll.

Beispiel Telefonnummern trennen

Dieses Beispiel funktioniert nur, wenn ein einheitliches Trennzeichen verwendet wird.

Sie möchten Telefonnummern in Ortsvorwahl und Rufnummer trennen, als Trennzeichen wird der Schrägstrich verwendet. Da FINDEN nur die Position des gesuchten Zeichens liefert, benötigen Sie zusätzlich noch die Funktion LINKS. Um das Beispiel besser nachvollziehbar zu machen, wurde im Bild unten zuerst in Spalte C die Position des Trennzeichens ermittelt und in Spalte E dann die eigentliche Vorwahlnummer. Da der Schrägstrich nicht erscheinen soll, muss von der Position noch 1 abgezogen werden.

Bild 3.50 Vorwahl ermitteln

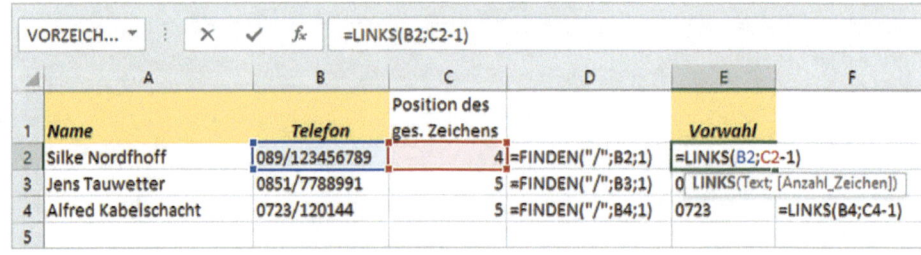

Zusammengefasst in einer einzigen Funktion lautet der Ausdruck in E2:

=LINKS(B2;FINDEN("/";B2;1)-1)

Nun muss noch die Rufnummer ermittelt werden, dies geschieht am besten mithilfe der Funktion RECHTS. Da allerdings nicht bekannt ist, ab welcher Position von Rechts sich der Schrägstrich befindet, benötigen Sie außerdem die Anzahl der Zeichen der gesamten Telefonnummer. Dazu verwenden Sie die Funktion LÄNGE(Text).

Anstatt RECHTS lässt sich auch die Funktion TEIL einsetzen.

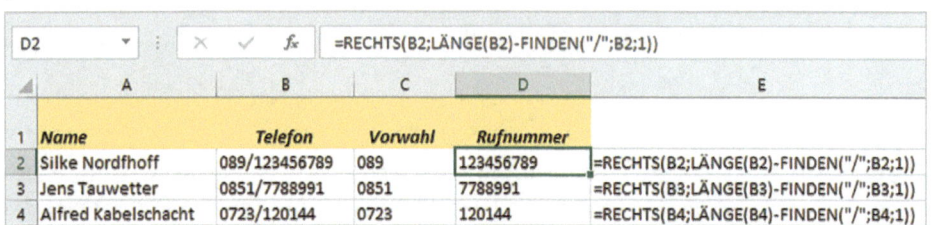

Bild 3.51 Rufnummer ermitteln

Zeichenfolgen ersetzen

Textteile austauschen mit WECHSELN

Um in einer Zelle eine bestimmte Zeichenfolge durch eine andere zu ersetzen, verwenden Sie die Funktion WECHSELN. Die Länge der jeweiligen Zeichenfolgen spielt keine Rolle:

WECHSELN(Text;Alter_Text;Neuer_Text;[ntes_Auftreten])

Das optionale Argument *ntes_Auftreten* regelt die Vorgehensweise, wenn die zu ersetzende Zeichenfolge in der Zelle mehrmals vorkommt. Wird das Argument weggelassen, werden alle Zeichenfolgen ersetzt. Geben Sie hier dagegen *1* an, so wird nur das erste Vorkommen ersetzt, mit *2* das zweite Vorkommen usw. Hier ein Beispiel, in dem das Wort *Werbe* durch Marketing ersetzt wird.

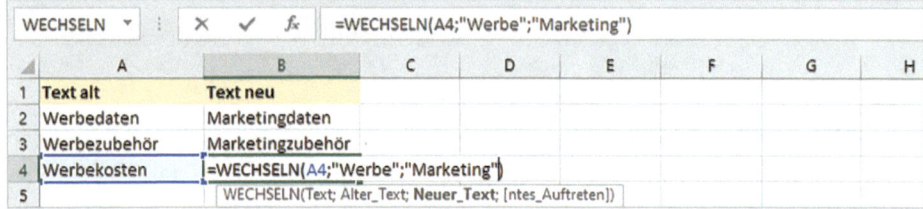

Bild 3.52 Beispiel Zeichenfolge ersetzen

Hinweise

▶ Sie können die Funktion WECHSELN auch einsetzen, um nicht erwünschte Zeichen aus einem Text zu entfernen. Dazu verwenden Sie als Argument *Neuer_Text* einfach nur zwei Anführungszeichen "".

▶ Zum Entfernen nicht druckbarer Zeichen sollten Sie es zuerst mit der Funktion SÄUBERN probieren, siehe Seite 151. Mit WECHSELN müssen Sie dagegen das

3 Datums-, Uhrzeit- und Textfunktionen

Bild 3.53 Zeilenumbruch entfernen

zu entfernende Zeichen angeben. Bei nicht druckbaren Zeichen erledigen Sie dies mit der Funktion ZEICHEN und einer Zahl von 1 bis 255 (Codezahl). Im Bild unten wird z. B. mit WECHSELN und ZEICHEN(10) der Zeilenumbruch entfernt.

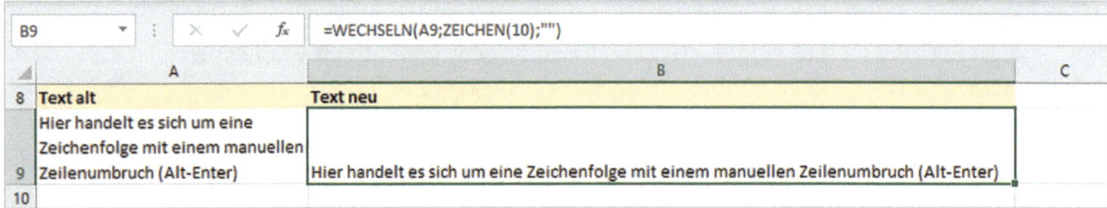

Codezahl ermitteln

Die Codezahl eines Zeichens sehen Sie im Feld *Zeichencode*, wenn Sie im Register *Einfügen* ▶ *Symbole* auf *Symbol* klicken und das betreffende Zeichen markieren. Oder geben Sie das Zeichen einfach in eine beliebige Zelle, z. B. A1, ein. Die Codezahl ermitteln Sie dann in einer zweiten Zelle mit der Funktion =CODE(A1).

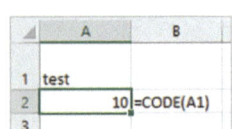

Achtung: CODE liefert nur die Codezahl des ersten Zeichens! Im Bild links befindet sich ein manueller Zeilenumbruch (Alt+Eingabetaste=Zahl 10) vor dem eigentlichen Text.

Eine feste Anzahl Zeichen ersetzen

Wenn Sie dagegen eine feste Anzahl Zeichen in einer Zeichenfolge ersetzen möchten, dann verwenden Sie die Funktion ERSETZEN.

=ERSETZEN(Alter_Text;Erstes_Zeichen;Anzahl_Zeichen;Neuer_Text)

Argument	Beschreibung
Alter_Text	Gibt die Zelle bzw. den Text an, in dem Sie Zeichen ersetzen möchten.
Erstes_Zeichen	Legt die Position fest, ab der mit dem Ersetzen begonnen werden soll.
Anzahl_Zeichen	Anzahl der Zeichen, die innerhalb von Alter_Text ersetzt werden soll.
Neuer_Text	Hier geben Sie den neuen Text ein. Die Anzahl der Zeichen muss nicht mit der unter Anzahl_Zeichen angegebenen Zahl übereinstimmen.

Beispiel: Sie möchten Telefonnummern so ändern, dass anstelle der beiden führenden Nullen das + Zeichen angezeigt wird, also z. B. +49 statt 0049. Die Funktion lautet in C2: =ERSETZEN(B2;1;2;"+")

Bild 3.54 Beispiel ERSETZEN

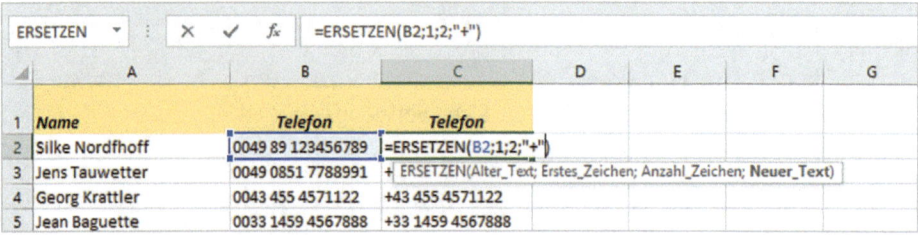

In Groß- oder Kleinbuchstaben umwandeln

Mit den beiden Funktionen GROSS und KLEIN können Sie angegebenen Text in Groß- oder Kleinbuchstaben umwandeln und die Funktion GROSS2 wandelt den ersten Buchstaben jedes Wortes innerhalb einer Zeichenfolge in einen Großbuchstaben um. Die Syntax ist immer gleich, in der Tabelle einige Beispiele:

Funktion	Beispiel	Ergebnis
GROSS	=GROSS(müller)	MÜLLER
KLEIN	=KLEIN(MüLLER)	müller
GROSS2	=GROSS2(müller)	Müller

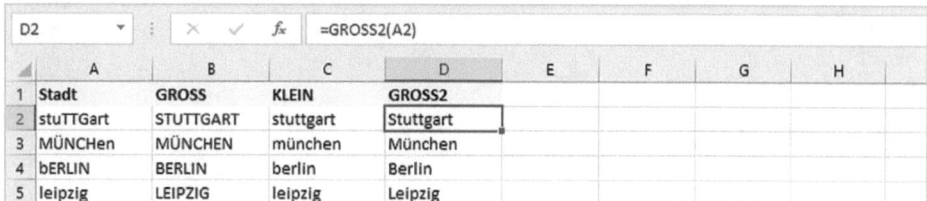

Bild 3.55 Beispiele Groß- und Kleinschreibung

Hinweis: Diese Funktionen haben nur Auswirkung auf Text, Zahlen und Datumsangaben, z. B. Monate, werden ignoriert.

Leerzeichen, Zeilenumbrüche und andere Steuerzeichen aus Text entfernen

Der Text importierter Tabellen enthält manchmal Zeilenumbrüche oder andere, unsichtbare Steuerzeichen. Mit der Funktion SÄUBERN bereinigen Sie Text von derartigen Zeichen. Überflüssige Leerzeichen vor oder nach dem eigentlichen Text dagegen lassen sich schnell mit der Funktion GLÄTTEN entfernen.

Textfunktionen_Bereinigen.xlsx

Funktion	Beschreibung und Syntax
GLÄTTEN	=GLÄTTEN(Text) Entfernt alle Leerzeichen vor und hinter einem Text. Wortzwischenräume werden nicht gelöscht. Beim Import aus anderen Programmen enthält Text manchmal unerwünschte Leerzeichen, die sich mithilfe dieser Funktion entfernen lassen.
SÄUBERN	=SÄUBERN(Text) Entfernt alle nicht druckbaren Zeichen, z. B. Zeilenumbruch, aus dem Text, auch diese Funktion leistet bei importierten Daten manchmal gute Dienste.

Achtung: Die Funktion SÄUBERN entfernt nur die ersten 32 Zeichen des ASCII-Zeichensatzes. Falls noch Zeichen stehen bleiben, z. B. geschütztes Leerzeichen (160), dann müssen Sie zusätzlich die Funktion WECHSELN einsetzen, siehe Seite 149.

3 Datums-, Uhrzeit- und Textfunktionen

Hierzu einige Beispiele:

Bild 3.56 Zeilenumbrüche mit SÄUBERN entfernen. Der Text in Spalte B ist aufgrund des Zeilenumbruchs abgeschnitten.

	A	B	C	D
1	ArtikelID	Artikelbezeichnung	Bezeichnung ohne Zeilenumbruch	
2	100411	Tischleuchte schwenkbar, Halogen	Tischleuchte schwenkbar, Halogen	
3	100503	Glas mundgeblasen 10 St.	Christbaumkugeln rot, Glas mundgeblasen 10 St.	
4	100510	Kunststoff H 1,20 m	Weihnachtsbaum aufblasbar, Kunststoff H 1,20 m	
5	200503	Kunststoff, 6 St.	Christbaumkugeln silber, Kunststoff, 6 St.	
6	307001	Standardqualität 500 Blatt	Kopierpapier weiss A4, Standardqualität 500 Blatt	

Bild 3.57 Leerzeichen mit GLÄTTEN entfernen. Vor den Namen in Spalte A und B befindet sich teilweise ein Leerzeichen.

	A	B	C	D	E	F	G	H
1	Name	Vorname		Name bereinigt	Vorname bereinigt			
2	Muster	Rainer		Muster	Rainer			
3	Baumholtz	Philipp		Baumholtz	Philipp			
4	Meier-Lustig	Irene		Meier-Lustig	Irene			
5	Zimmermann	Sabine		Zimmermann	Sabine			
6	Kabelschacht	Alfred		Kabelschacht	Alfred			

Im Bild unten ein Beispiel, bei dem sich in B2 links vom Text geschützte Leerzeichen befinden, die weder mit GLÄTTEN noch mit SÄUBERN entfernt werden. Die Lösung: Mit CODE wird die Nummer des ersten Zeichens ermittelt, anschließend kann dieses Zeichen mit WECHSELN entfernt werden.

Bild 3.58 Geschütztes Leerzeichen entfernen

	A	B	C	D	E	F	G	H
1	Name	Stadt	GLÄTTEN	SÄUBERN	CODE	WECHSELN		
2	Maier	München	München	München	160	München		
3	Moser	Wien	Wien	Wien	87	Wien		

Text in Zahl umwandeln

Beim Import aus anderen Anwendungen kommt es häufig vor, dass Zahlen, die Sie in Excel für Berechnungen benötigen, als Text gespeichert sind. Dann müssen Sie die Inhalte in Zahlen umwandeln. Dazu gibt es folgende Möglichkeiten:

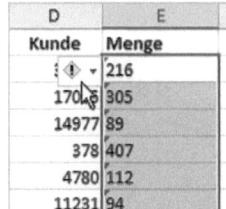

Automatische Fehlererkennung von Excel

Im einfachsten Fall sind Zellen, die als Text gespeicherte Zahlen enthalten, mit einem grünen Dreieck gekennzeichnet. Sobald Sie eine dieser Zellen markieren, erscheint außerdem eine, mit einem Ausrufezeichen versehene Schaltfläche, die Sie auf einen Fehler hinweist und per Klick verschiedene Lösungen und Hilfen anbietet.

1. Markieren Sie alle Zellen der betreffenden Spalte und klicken Sie auf dieses Fehlersymbol. Sie erhalten den Hinweis, dass Zahlen als Text gespeichert wurden.

2. Klicken Sie dann auf *In eine Zahl umwandeln*.

Textfunktionen 3

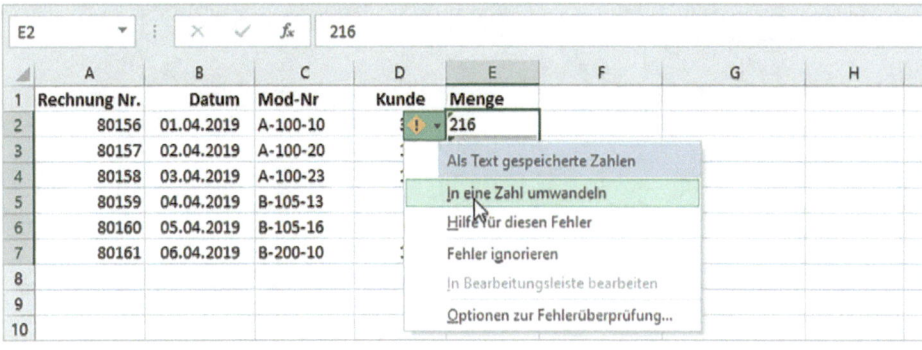

Bild 3.59 In Zahl umwandeln

Textfunktionen_ Text_in_Zahl.xlsx

Mit der Funktion WERT in eine Zahl umwandeln

Sollte diese Möglichkeit nicht verfügbar sein, können Sie als Alternative die Funktion WERT verwenden. Diese wandelt ein als Text angegebenes Argument oder den Inhalt einer Zelle in eine Zahl um. Am einfachsten geschieht dies in einer zusätzlichen Hilfsspalte mit der einfachen Syntax:

WERT(Text)

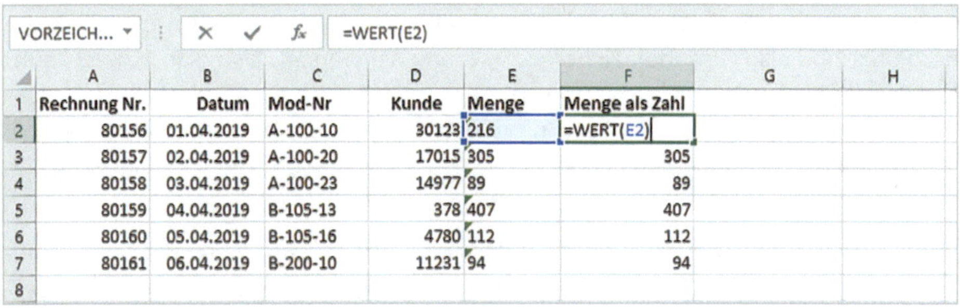

Bild 3.60 Die Funktion WERT verwenden

Mit 1 multiplizieren

Als weitere Möglichkeit können Sie auch als Text gespeicherte Zahlen mit 1 multiplizieren. Wenn Sie dann noch die zusätzliche Hilfsspalte vermeiden möchten, dann nehmen Sie die Zwischenablage zu Hilfe. So gehen Sie vor:

1   Geben Sie in eine beliebige Zelle die Zahl 1 ein, markieren Sie diese Zelle und kopieren Sie den Inhalt mit Strg+C in die Zwischenablage ❶. **Hinweis**: Diese Zahl können Sie später wieder löschen, da sie nur zum Kopieren benötigt wird.

2   Markieren Sie den Zellbereich mit den umzuwandelnden Zahlen, im Bild unten E2:E7 ❷.

3   Klicken Sie im Register *Start* ▶ *Zwischenablage* auf den Dropdown-Pfeil der Schaltfläche *Einfügen* und auf *Inhalte einfügen…* ❸.

153

4 Klicken Sie im gleichnamigen Fenster unter *Vorgang* auf die Option *Multiplizieren* ❹ und dann auf *OK*.

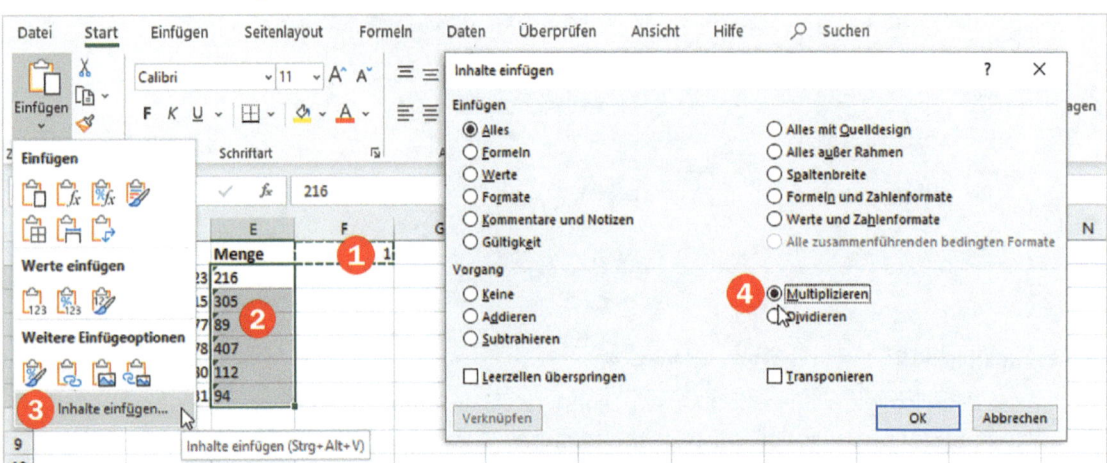

Bild 3.61 Als Text gespeicherte Zahlen über die Zwischenablage mit 1 multiplizieren

Länderabhängige Zahlen aus Text konvertieren

Häufig bereitet bei importierten Daten die unterschiedliche länderspezifische Schreibweise von Zahlen Probleme. So wird im angelsächsischen Raum als Dezimalzeichen der Punkt und als Tausenderzeichen das Komma verwendet, also z. B. 1,789.25 statt 1.789,25. Zahlen aus dem Web enthalten dagegen häufig ein Leerzeichen als Tausenderzeichen, z. B. 1 000. Beides wird von Excel als Text behandelt, mit dem keine Berechnungen möglich sind. Leider versagt hier auch die automatische Fehlererkennung von Excel, so dass Sie den Text auf andere Weise in eine Zahl konvertieren müssen.

Abhilfe schafft die Funktion ZAHLENWERT (Kategorie *Text*) mit folgender Syntax, wobei als Dezimal- und Gruppentrennzeichen das im ursprünglichen Zahlenformat verwendete Zeichen angegeben wird.

```
ZAHLENWERT (Text;Dezimaltrennzeichen;Gruppentrennzeichen)
```

Die Funktion ZAHLENWERT ignoriert zudem Leerzeichen, auch wenn sich diese innerhalb von Zahlen befinden, so dass sich mit ihrer Hilfe auch Leerstellen aus Zahlen entfernen lassen, wie im Bild unten.

C2 | =ZAHLENWERT(B2;".";",")

	A	B	C	D	E
1	ProduktID	Umsatz	Umsatz als Zahl		
2	A500	11,235.20	11235,2		
3	A4520	2,5087.00	25087		
4	A459	81,057.69	81057,69		
5	A332	17,456.67	17456,67		
6	A299	31,451.50	31451,5		
7					

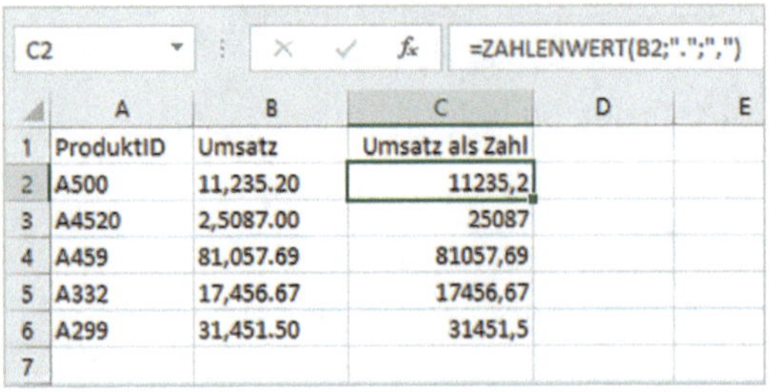

Bild 3.62 Komma und Punkt vertauschen

C2 | =ZAHLENWERT(B2)

	A	B	C	D	E
1	ProduktID	Verkauft	Verkauft als Zahl		
2	A400	15 355	15355		
3	A410	2 789	2789		
4	A459	11 045	11045		
5	A332	23 123	23123		
6	A299	19 951	19951		
7					

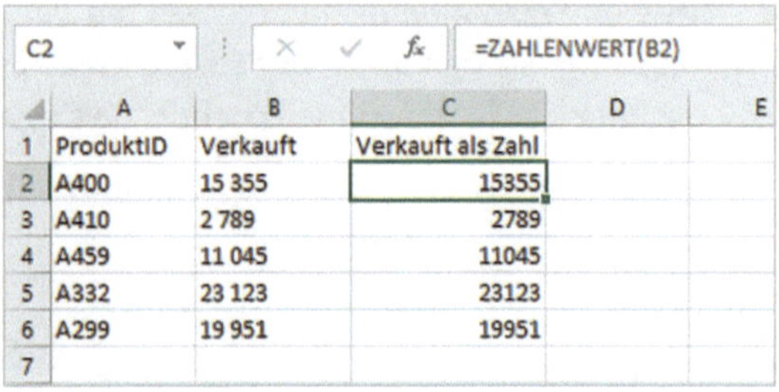

Bild 3.63 Leerzeichen entfernen

Formel in Zahl umwandeln

Wenn Sie statt der Funktionen WERT oder ZAHLENWERT (siehe oben) im Tabellenblatt eine Zahl benötigen, dann wandeln Sie ganz einfach die Formeln mithilfe der Zwischenablage in einen Wert um. Markieren Sie alle Zellen mit der Formel und kopieren Sie den Inhalt in die Zwischenablage, z. B. mit Strg+C. Behalten Sie die Markierung bei, klicken Sie zum Einfügen auf den Dropdown-Pfeil der *Einfügen*-Schaltfläche (Register *Start*, Gruppe *Zwischenablage*) und auf *Werte* bzw. *Werte und Zahlenformat*.

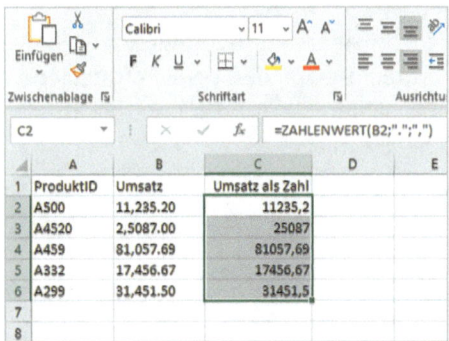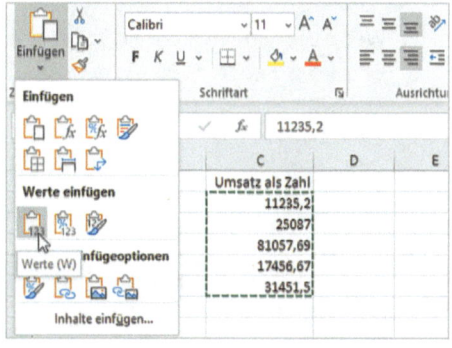

Bild 3.64 Formel in Wert umwandeln

Die Formeln wurden durch die Formelergebnisse bzw. Werte ersetzt, wie ein Blick in die Bearbeitungsleiste zeigt. Die ursprüngliche Spalte mit den Zahlen als Text, hier in Spalte B, kann anschließend gelöscht werden, wenn sie nicht mehr benötigt wird.

3.4 Länderspezifische Datums- und Zahlenformate mit Power Query umwandeln

Das Problem länderabhängiger Schreibweisen von Zahlen, Datum und Uhrzeit, die dann von Excel meist falsch oder als Text interpretiert werden, lässt sich statt mit umständlichen Formeln auch auf relativ einfache Weise auf dem Weg über Power Query bzw. *Abrufen und Transformieren* lösen.

Im Bild unten ein Beispiel, bei dem das Datum in Spalte A in amerikanischer Schreibweise in der Reihenfolge MM-TT-JJJJ und mit Bindestrich als Trennzeichen vorliegt. Die Beträge in Spalte B verwenden als Tausenderzeichen ein Komma und das Dezimalzeichen Punkt. Beide werden folglich von Excel als Text behandelt, was sich auch schnell an der linksbündigen Ausrichtung erkennen lässt.

Achtung Nutzer von Excel 2013: Power Query ist in dieser Version nicht integriert, kann aber als kostenloses Add-In von der Microsoft Webseite heruntergeladen und anschließend installiert werden.

Bild 3.65 Beispiel: Datum und Zahlen in abweichender Schreibweise

3 Datums-, Uhrzeit- und Textfunktionen

> **Was Sie auf keinen Fall tun dürfen**
> Versuchen Sie in diesem Fall nicht, die betreffenden Zellen als Datum oder Zahl zu formatieren. Im schlimmsten Fall interpretiert nämlich Excel z. B. den 5. Januar 2021 (1-5-21) als 1. Mai (01.05.21).

1. Markieren Sie eine beliebige Zelle innerhalb der Tabelle und klicken Sie im Register *Daten* ▶ *Daten abrufen und transformieren* auf *Aus Tabelle/Bereich* ❶.

2. Wenn die Tabelle nicht als Tabellenbereich formatiert wurde, öffnet sich anschließend das Fenster *Tabelle erstellen* und fordert Sie auf, den Bereich festzulegen. Kontrollieren Sie den Tabellenbereich ❷, achten Sie auf das Kontrollkästchen *Tabelle hat Überschriften* ❸ und bestätigen Sie mit *OK*.

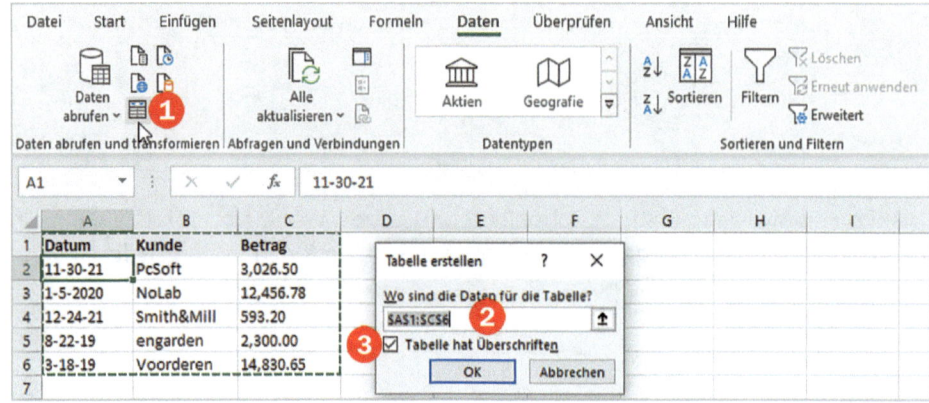

Bild 3.66 Daten abrufen und transformieren setzt einen als Tabelle formatierten Bereich voraus

3. Anschließend wird die Tabelle in den Power Query-Editor geladen und in diesem geöffnet, siehe Bild unten. Hier nehmen Sie nun die Umwandlung vor.

Bild 3.67 Die Tabelle erscheint im Power Query-Editor

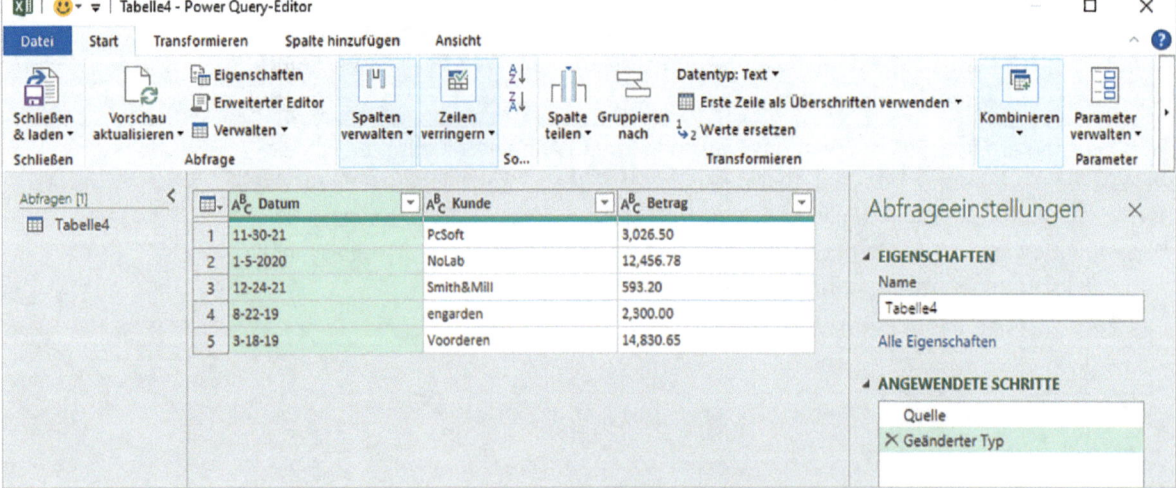

Länderspezifische Datums- und Zahlenformate mit Power Query umwandeln 3

4 Das Symbol *ABC* links von der Spaltenüberschrift bedeutet, dass die betreffende Spalte vom Typ *Text* ist. Klicken Sie bei der ersten Spalte, *Datum*, auf dieses Symbol ❹ und wählen Sie *Mit Gebietsschema...* ❺.

5 Im Fenster *Typ mit Gebietsschema ändern* wählen Sie zuerst den Datentyp aus, für dieses Spalte *Datum* ❻. Im Feld unterhalb wählen Sie das Gebietsschema aus, hier *Englisch (USA)* ❼. Klicken Sie dann auf *OK*.

Bild 3.68 Datentyp mit Gebietsschema ändern

Bild 3.69 Datentyp und Gebietsschema auswählen

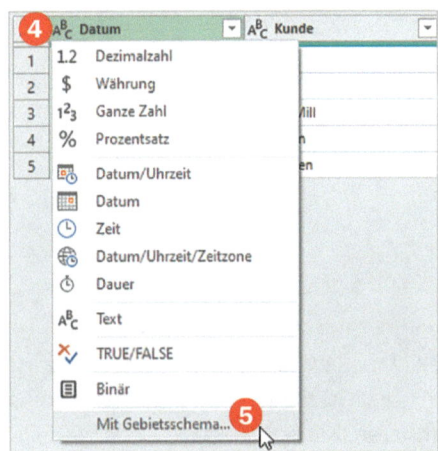
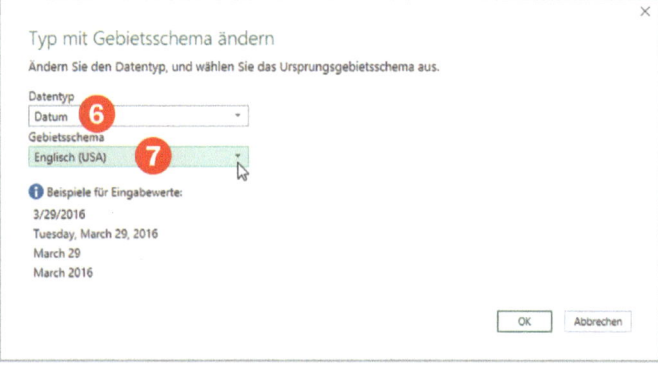

6 Um die Beträge umzuwandeln, klicken Sie in der Spaltenüberschrift *Betrag* ebenfalls auf das Symbol Datentyp (hier *ABC*) und auf *Mit Gebietsschema....* Wählen Sie den Datentyp *Währung* und wieder das Gebietsschema *Englisch (USA)*.

7 Die Spalten *Datum* und *Betrag* müssten anschließend in der korrekten Schreibweise erscheinen und an den Symbolen der jeweiligen Spaltenüberschrift erkennen Sie den Datentyp, wie im Bild unten rechts.

Bild 3.70 Wählen Sie den Datentyp Währung aus

Bild 3.71 Die fertig umgewandelten Spalten

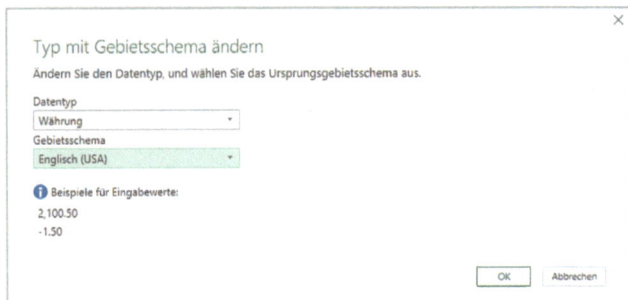
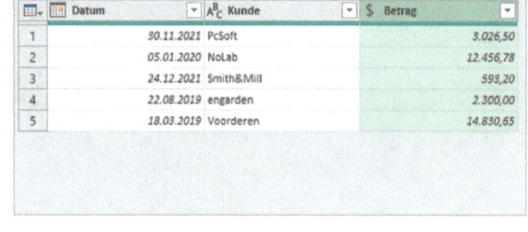

8 Klicken Sie zuletzt im Menüband des Power Query-Editors auf das Register *Start* und hier auf *Schließen & laden*.

9 Der Power Query-Editor wird geschlossen und die Tabelle wird mit den geänderten Datentypen als Verbindung zur ursprünglichen Tabelle in einem neuen Tabellenblatt geladen, siehe Bild auf der nächsten Seite.

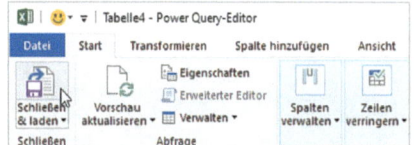

3 Datums-, Uhrzeit- und Textfunktionen

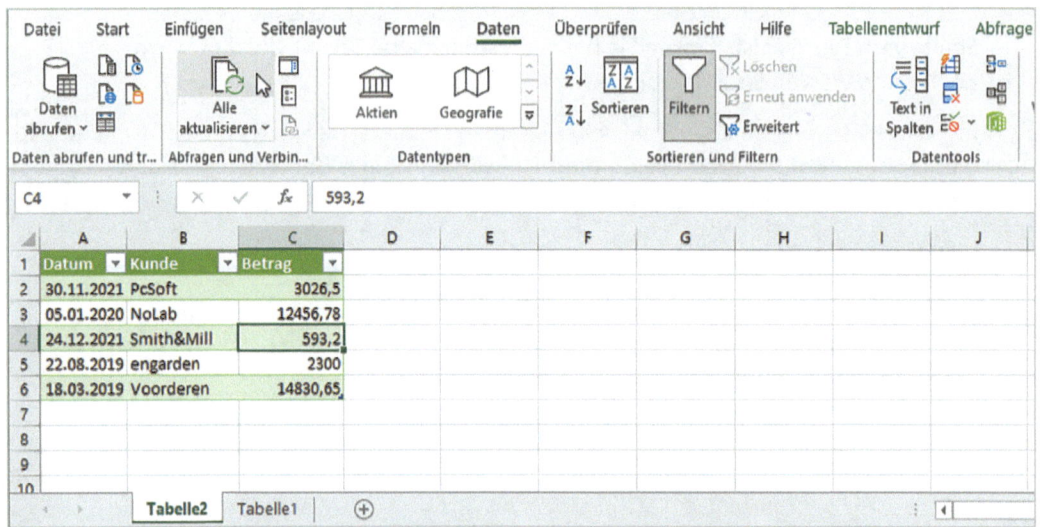

Bild 3.72 Die geänderten Daten werden als Tabellenbereich in ein neues Tabellenblatt eingefügt

Hinweise: Die Originaldaten im ursprünglichen Tabellenblatt bleiben unverändert. Nachträgliche Änderungen werden nicht automatisch in die zweite Tabelle übernommen, sondern erst, wenn Sie die Tabelle aktualisieren. Klicken Sie dazu in der Tabelle und im Register *Daten* auf *Aktualisieren* oder Rechtsklick und Befehl *Aktualisieren*.

Tipp: Um unerwünschte Änderungen an den Ausgangsdaten zu verhindern, blenden Sie das Blatt einfach aus: Rechtsklick auf das Blattregister und Befehl *Ausblenden*.

4 Logikfunktionen und Bedingungen

4.1 Wahrheitstests und Logikfunktionen   160

4.2 Die Anzeige von Fehlerwerten unterdrücken   171

4.3 Zellinhalte prüfen   173

4.4 Tipps und Beispiele   177

4.1 Wahrheitstests und Logikfunktionen

Häufig ist es notwendig, auf unterschiedliche Sachverhalte flexibel zu reagieren, z. B. unterschiedliche Eingaben bei der Berechnung des Verpflegungsmehraufwands bei beruflich bedingter Abwesenheit oder wenn eine Formel in einer größeren Tabelle kopiert und auf mehrere Daten angewendet werden soll. In diesen Fällen verwendet man Logikfunktionen - allen voran die WENN-Funktion. Die nachfolgend behandelten Funktionen finden Sie in der Kategorie *Logik* bzw. *Logisch*, entweder im Register *Formeln* ▶ *Funktionsbibliothek* oder im Funktionsassistenten.

Prüfen von Aussagen

Eine Aussage ist ein Satz oder eine Formel, die entweder WAHR oder FALSCH ergibt, beide werden auch als Wahrheitswerte bezeichnet. Hier einige Beispiele:

- Die Zahl 6 ist eine ungerade Zahl = FALSCH
- Multipliziert man 7 mit 5, erhält man 35 = WAHR

Alle Aussagen können eindeutig beantwortet werden, es gibt keine Zwischenlösung im Sinne von vielleicht oder „Jein". Falls Sie die nachfolgenden Aussagen testen möchten, geben Sie diese nach einem Gleichheitszeichen (=) einfach in beliebige Zellen eines Excel-Arbeitsblatts ein. Nach Drücken der Eingabetaste erscheint statt der Aussage das Ergebnis WAHR oder FALSCH.

Aussage	Ergebnis
=ISTUNGERADE(7)	WAHR
=7*5=35	WAHR
=LÄNGE("Transporter") = LÄNGE("LKW")	FALSCH
=NICHT(NICHT(1=1))	WAHR
=ISTZAHL("vier")	FALSCH
=WAHR=WAHR	WAHR
=WAHR=FALSCH	FALSCH
=FALSCH=FALSCH	WAHR

Mit der Eingabe der Formeln richten Sie quasi an Excel eine Frage in der Form: Ist 5 mal 7 gleich 35? Oder ist 7 eine ungerade Zahl? Excel liefert kein Rechenergebnis, sondern antwortet mit WAHR oder FALSCH.

Obwohl die obige Prüfung von Aussagen vordergründig trivial erscheint, ist die Kenntnis über die richtige Formulierung von Wahrheitsprüfungen die Voraussetzung für zahlreiche Funktionen und bedingte Formatierungen.

Wahrheitstests und Logikfunktionen 4

Beachten Sie außerdem

In Excel entspricht der Wert WAHR der Zahl 1 und der Wert FALSCH der Zahl 0. Man spricht auch von Booleschen Variablen. Wenn Sie also mit einem logischen Wert weitere Berechnungen vornehmen wollen, müssen Sie das bei arithmetischen Operationen berücksichtigen. So ist z. B. der Wert 3 dividiert durch FALSCH(=0) wegen der Division durch Null nicht definiert.

Aussage	Ergebnis
=WAHR*WAHR	1
=WAHR+WAHR	2
=WAHR+FALSCH	1
=WAHR/FALSCH	#DIV/0!
=FALSCH/WAHR	0

Aussage	Ergebnis
=WAHR*1	1
=FALSCH*1	0
= - - (FALSCH)	0
=FALSCH-WAHR	-1
=3/FALSCH	#DIV/0!

Die Funktion WENN

Eine der wichtigsten Funktionen, die Funktion WENN, dürfte den meisten Anwendern zumindest in Grundzügen bereits bekannt sein. Diese Funktion macht die Verwendung von Werten oder Berechnungen vom Ergebnis eines Wahrheitstests abhängig. Ihre Syntax lautet:

WENN(Wahrheitstest;Wert_wenn_wahr;Wert_wenn_falsch)

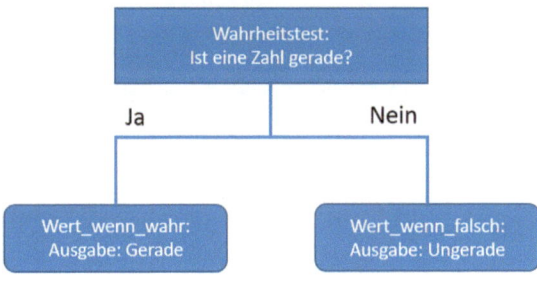

Bild 4.1 Aufbau der WENN-Funktion

▶ **Wahrheitstest**
Als Wahrheitstest geben Sie eine Bedingung an, die geprüft werden soll. Diese liefert als Ergebnis die Werte WAHR oder FALSCH (Ja oder Nein).

▶ **Wert_wenn_wahr**
Das Argument *Wert_wenn_wahr* legt den Wert fest, der verwendet wird, wenn der Wahrheitstest das Ergebnis WAHR ergibt.

▶ **Wert_wenn_falsch**
Liefert der Wahrheitstest das Ergebnis FALSCH, so wird das Argument *Wert_wenn_falsch* verwendet.

Hinweis:
Ältere Excel-Versionen (bis einschl. 2016) verwenden in der WENN-Funktion etwas andere Bezeichnungen für die Argumente: Prüfung;Dann_Wert; Sonst_Wert.

4 Logikfunktionen und Bedingungen

> **Beachten Sie außerdem**
> - Die Argumente *Wert_wenn_wahr* und *Wert_wenn_falsch* können eine Zahl, eine Formel, Text oder eine weitere Funktion sein. Text muss sich in Anführungszeichen befinden.
> - Wird das Argument *Wert_wenn_wahr* nicht angegeben und der Wahrheitstest liefert das Ergebnis WAHR, dann erscheint als Ergebnis 0. Wird dagegen *Wert_wenn_falsch* nicht angegeben, so liefert die Funktion das Ergebnis des Wahrheitstests, also FALSCH. Wenn stattdessen die Zelle leer bleiben soll, dann geben Sie hier zwei Anführungszeichen "" an.
> - Das Argument *Wahrheitstest* liefert als Ergebnis einen der beiden Wahrheitswerte, WAHR oder FALSCH. Die Anzeige FALSCH im Fenster *Funktionsargumente* weist also nicht auf eine fehlerhafte Eingabe hin!

Beispiel 1: Urlaubstag abhängig vom Alter

Wenn_allgemein.xlsx

Jeder Mitarbeiter, der 40 Jahre oder älter ist, bekommt einen Tag mehr Urlaub. Sie könnten zwar theoretisch für jeden einzelnen Mitarbeiter anhand seines Alters den Urlaubstag manuell in die Tabelle eintragen, allerdings ändert sich das Alter laufend und Sie müssten die zusätzlichen Urlaubstage jedes Mal neu eingeben. Zudem ist diese Methode aufwändig und fehleranfällig. Wenn Sie dagegen die Funktion WENN einsetzen, dann genügt eine einzige Formel, die Sie anschließend kopieren.

Die Angabe der Argumente hängt ab von der Formulierung des Wahrheitstests:

C2:   =WENN(B2>=40;1;0)   oder   =WENN(B2<40;;1)

Bild 4.2 Wenn-Funktion zusätzlicher Urlaubstag

Bei der zweiten Alternative kann das Argument *Wert_wenn_wahr* auch weggelassen werden.

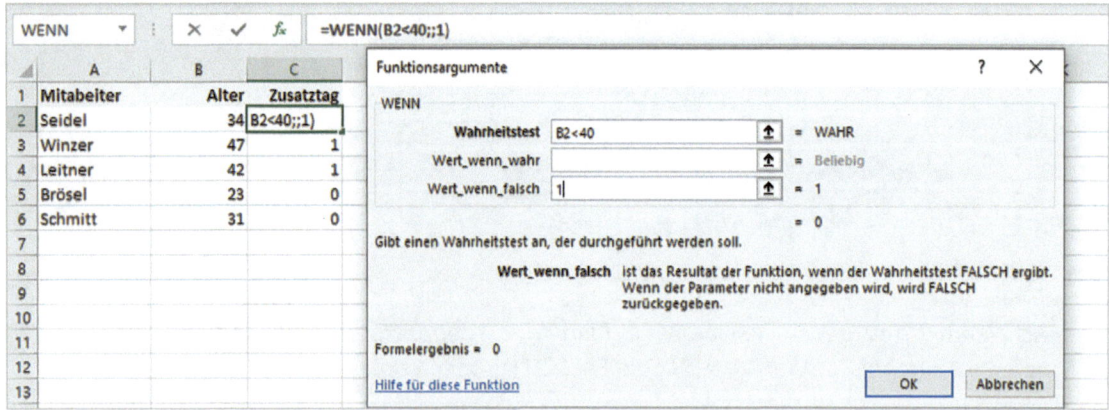

Allerdings ist es in der Regel sinnvoller, den Vergleichswert und die zusätzlichen Urlaubstage in Zellen einzugeben. Bei Änderungen muss dann nur der Inhalt der Zellen und nicht die gesamte Formel geändert werden.

Beispiel 2: Provision abhängig vom Umsatz berechnen

Sie möchten in der unten abgebildeten Tabelle für die Mitarbeiter im Außendienst die Höhe der monatlichen Provision berechnen. Bei einem Umsatz von 5.000 Euro oder mehr erhält der Mitarbeiter 5 % des Umsatzes als Provision, sonst 3 %. Diese Werte wurden in eine gesonderte Tabelle eingetragen.

	A	B	C	D	E	F	G	H
1	Name	Umsatz	Provision %	Provisionsbetrag			Umsatz	Provision
2	Müller	4.800,00				ab	5.000,00	5%
3	Kabelschacht	5.600,00				sonst		3%
4	Winkelmann	6.200,00						
5	Schnorrer	3.450,00						
6	Höpfli	2.900,00						
7	Bleifuss	5.100,00						

Bild 4.3 Beispiel Provision abhängig vom Umsatz

1 Markieren Sie C2 und fügen Sie die Funktion *WENN* ein, entweder mit Klick auf das Symbol *Funktion einfügen* ƒx und dem Funktionsassistenten (Kategorie *Logik*) oder per Tastatureingabe wie im Bild unten.

2 Geben Sie nun nacheinander die Funktionsargumente ein. **Achtung**: Da die Funktion anschließend kopiert werden soll, sind für die Zellen G2, H2 und H3 absolute Zellbezüge mit $-Zeichen erforderlich!

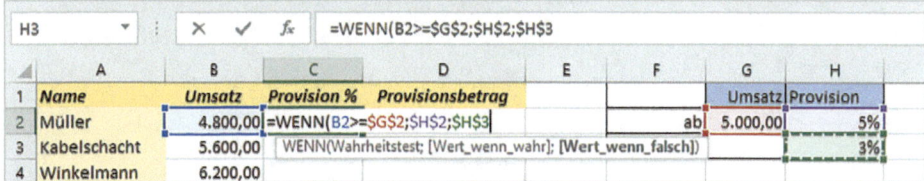

Bild 4.4 Die Wenn-Funktion

Hier nochmals die WENN-Funktion in C2, zur besseren Übersicht ohne $-Zeichen:

C2: =WENN(B2>=G2;H2;H3)

3 Anschließend kopieren Sie die Funktion in die restlichen Zeilen der Liste und formatieren die Ergebnisse im Prozentformat. Berechnen Sie dann in D2 den Provisionsbetrag mit der Formel =C2*B2 und kopieren Sie diese Formel ebenfalls.

D2		ƒx	=C2*B2					
	A	B	C	D	E	F	G	H
1	Name	Umsatz	Provision %	Provisionsbetrag			Umsatz	Provision
2	Müller	4.800,00	3%	144,00		ab	5.000,00	5%
3	Kabelschacht	5.600,00	5%	280,00		sonst		3%
4	Winkelmann	6.200,00	5%	310,00				
5	Schnorrer	3.450,00	3%	103,50				
6	Höpfli	2.900,00	3%	87,00				
7	Bleifuss	5.100,00	5%	255,00				

Bild 4.5 Die Ergebnisse in der Tabelle

Tipp: Sie können sich natürlich auch die Spalte Provision % sparen und den Provisionsbetrag gleich in der WENN-Funktion berechnen.

D2: =WENN(B2>=$G$2;B2*$H$2;B2*$H$3)

4 Logikfunktionen und Bedingungen

Mehrere Wahrheitstests mit verschachtelter WENN-Funktion

Hinweis: Eventuell kommen statt einer mehrfach verschachtelten WENN-Funktion auch andere Funktionen in Frage, z. B. SVERWEIS oder WENNS, siehe weiter unten.

Sind mehr als zwei Wahrheitstests erforderlich, dann wird je nach Aufgabenstellung entweder als *Wahrheitstest* oder *Wert_wenn_wahr* bzw. *Wert_wenn_falsch* eine weitere WENN-Funktion oder eine andere Logikfunktion eingefügt. Funktionen als Argument werden entweder über die Tastatur oder im Funktionsassistent über die Bearbeitungsleiste eingefügt.

Beispiel: Bestellmenge anhand der Mindestbestellmenge ermitteln

Sie möchten ermitteln, welche Artikel nachbestellt werden müssen und in welcher Stückzahl. Folgende Bedingungen sind zu beachten:

- Eine Nachbestellung ist nur erforderlich, wenn der gesamte Lagerbestand kleiner ist als der Sollbestand.
- Ist die fehlende Menge größer als die Mindestbestellmenge, dann wird diese bestellt, ansonsten die Mindestbestellmenge.

1 Fügen Sie in F3 die Funktion WENN ein, im Bild unten mit dem Funktionsassistenten, und geben Sie den Wahrheitstest Lager1+Lager2<Sollbestand ein ❶.

2 Klicken Sie in das Feld *Wert_wenn_wahr* ❷ und anschließend in der Bearbeitungsleiste auf die Funktion WENN ❸.

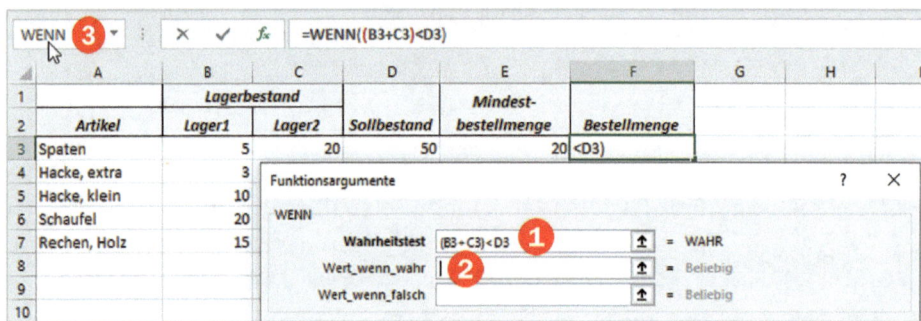

Bild 4.6 Zweite WENN-Funktion einfügen

3 Im Fenster *Funktionsargumente* erscheinen nun die Argumente der zweiten Funktion. Vergleichen Sie als Wahrheitstest die fehlende Menge (D3-(B3+C3) mit der Mindestbestellmenge in D3. Als *Wert_wenn_wahr* geben Sie E3 an und als *Wert_wenn_falsch* die fehlende Menge ❹.

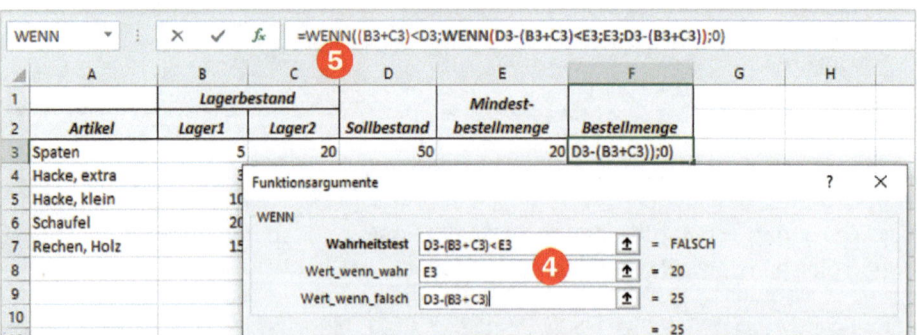

Bild 4.7 Die Argumente der zweiten WENN-Funktion

164

4 Nun fehlt nur noch das Argument *Wert_wenn_wahr* der ersten WENN-Funktion. Klicken Sie in der Bearbeitungsleiste auf das erste WENN ❺: Nun erscheinen wieder die Funktionsargumente der ersten WENN-Funktion, geben Sie als *Wert_wenn_falsch* 0 ein und übernehmen Sie die Funktion mit *OK*.

Wahrheitstests nacheinander mit WENNS prüfen

Wenn nacheinander mehrere Bedingungen geprüft werden sollen, kann ab Excel 2019 statt mehrfach verschachtelter WENN-Funktionen auch die Funktion WENNS eingesetzt werden. WENNS kann in einer einzigen Funktion bis zu 127 Wahrheitstests nacheinander durchführen, der Aufbau ist dadurch im Vergleich zu verschachtelten WENN-Funktionen wesentlich einfacher und übersichtlicher:

Achtung: Die Funktion WENNS ist erst ab Excel 2019 verfügbar!

    WENNS(Wahrheitstest1;Wert_wenn_wahr1; Wahrheitstest2;Wert_wenn_wahr2;
    Wahrheitstest3;Wert_wenn_wahr3; ...)

Beispiel Mengenstaffel

Als Beispiel die Rabattberechnung anhand einer Mengenstaffel. Bei der Eingabe über den Funktionsassistenten sieht die Funktion wie unten abgebildet aus.

Dieses Beispiel ließe sich auch mit der Funktion SVERWEIS berechnen.

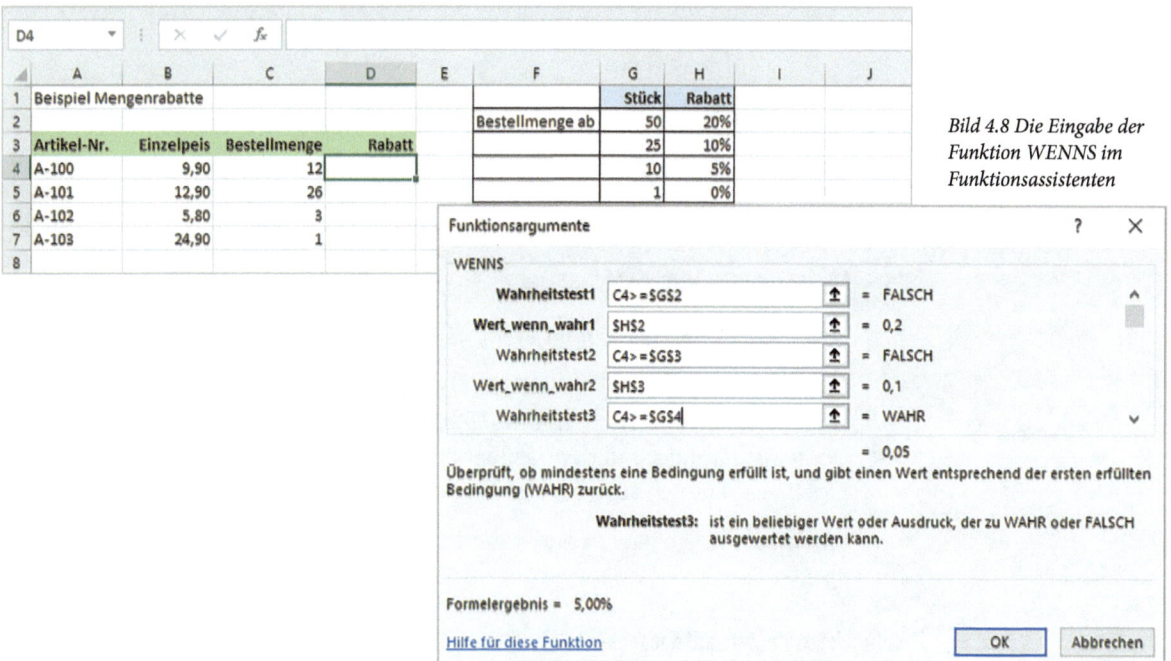

Bild 4.8 Die Eingabe der Funktion WENNS im Funktionsassistenten

WENNS.xlsx

Weitere Zeilen zur Eingabe der Wahrheitswerte werden während der Eingabe der Argumente automatisch hinzugefügt. Beachten Sie, dass Sie bei der Eingabe im Funktionsassistenten und einer Vielzahl von Argumenten eventuell die Bildlaufleiste des Fensters *Funktionsargumente* benutzen müssen, um alle Argumente anzuzeigen. Hier nochmals die Formel in D4, zur besseren Übersicht ohne die eigentlich erforderlichen festen Zellbezüge.

D4:   =WENNS(C4>=G2;H2;C4>=G3;H3;C4>=G4;H4;C4>=G5;H5)

Wo ist das Argument Wert_wenn_falsch?

Da WENNS im Gegensatz zu WENN kein Argument *Wert_wenn_falsch* anbietet, geben Sie als Ersatz anstelle eines weiteren Wahrheitstests einfach *WAHR* als dessen Ergebnis und den dazugehörigen Wert an (im Bild unten H5). Damit wird dieser Wert verwendet, wenn die vorangegangenen Bedingungen nicht erfüllt wurden. Für dieses Beispiel könnte also die Funktion auch wie folgt lauten:

D4:   =WENNS(C4>=G2;H2;C4>=G3;H3;C4>=G4;H4;WAHR;H5)

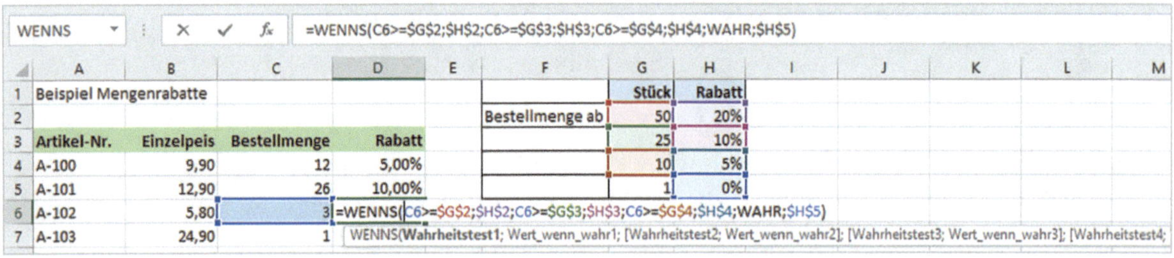

Bild 4.9 Geben Sie statt des Wahrheitstests einfach das Ergebnis WAHR und den dazugehörigen Wert an

ERSTERWERT

Ab Excel 2019 verfügbar.

Um einem bestimmten Wert ein Ergebnis zuzuordnen oder Werte zu klassifizieren, kommt neben WENN und WENNS eventuell auch die Funktion ERSTERWERT in Frage.

ERSTERWERT(Ausdruck;Wert1;Ergebnis1;[Wert2];[Ergebnis2];[Wert3];...)

Siehe auch SVERWEIS auf Seite 182 ff.

▶ *Ausdruck*: zu vergleichender Wert, vergleichbar dem Suchkriterium von SVERWEIS.

Hinweis: ERSTERWERT kann u. U. auch eine Verweisfunktion, z. B. SVERWEIS, ersetzen.

▶ *Wert1* und *Ergebnis1*, *Wert2* und *Ergebnis2* usw. sind jeweils der Wert für eine Übereinstimmung und der dazugehörige Rückgabewert. Bis zu 126 Werte und Ergebnisse können ausgewertet werden.

▶ Wenn kein übereinstimmender Wert gefunden wird, erhalten Sie das Ergebnis #NV.

Beispiel: Schulnoten und dazugehöriger Notentext

ERSTERWERT.xlsx

In der unten abgebildeten Tabelle liegen die Schulnoten als Zahl in Spalte B vor. In Spalte C soll nun der dazugehörige Notentext eingetragen werden. Im Gegensatz zu SVERWEIS werden Werte und Ergebnisse nicht als Matrix angegeben, sondern entweder in der Funktion mit: 1;"Sehr gut";2;"Gut";3;"Befriedigend";.... *Ausdruck* ist der zu vergleichende Wert, hier die Schulnote in B3. Alternativ können *Wert1*, *Ergebnis1* usw. auch als Zellbezüge eingegeben werden wie im Bild unten.

Bild 4.10 Notentext zuordnen mit ERSTERWERT

	A	B	C	D	E	F	G	H	I
1	Schulnoten								
2	Name	Note	Notentext						
3	Moser	2	=ERSTERWERT(B3;$E$3;$F$3;$E$4;$F$4;$E$5;$F$5;$E$6;$F$6;$E$7;$F$7;$E$8;$F$8)						
4	Zeisig	3	Befriedigend		2	Gut			
5	Brösel	1	Sehr gut		3	Befriedigend			
6	Meinich	5	Mangelhaft		4	Ausreichend			
7	Stieglitz	4	Ausreichend		5	Mangelhaft			
8	Schädlich	2	Gut		6	Ungenügend			

Fehler abfangen: Um mögliche Fehler abzufangen, z. B. eine (ungültige) Note größer als 6, kann man zusätzlich als letzten Wert einen Standardwert ohne dazugehörigen Rückgabewert festlegen. Dieser wird ausgegeben, wenn keine Übereinstimmung gefunden wurde, im Bild unten ein Fragezeichen.

=ERSTERWERT(B3;1;"Sehr gut";2;"Gut";3;"Befriedigend";4;"Ausreichend";5;
"Mangelhaft";6;"Ungenügend";"?")

	A	B	C	D	E	F	G	H	I
1	Schulnoten								
2	Name	Note	Notentext						
3	Moser	2	Gut		1	Sehr gut			
4	Zeisig	3	Befriedigend		2	Gut			
5	Brösel	1	Sehr gut		3	Befriedigend			
6	Meinich	5	Mangelhaft		4	Ausreichend			
7	Stieglitz	7	?		5	Mangelhaft			
8	Schädlich	2	Gut		6	Ungenügend			

Bild 4.11 Fehler mit Standardwert abfangen

Logikfunktionen zum Verknüpfen mehrerer Wahrheitstests

Nicht selten müssen zwei oder mehr Bedingungen gleichzeitig anstatt nacheinander geprüft werden. Dann kommen die Logikfunktionen UND, ODER, XODER und NICHT (Kategorie *Logik*) zum Einsatz. Diese liefern als Ergebnis die Wahrheitswerte WAHR oder FALSCH. Sie werden nur selten eigenständig im Arbeitsblatt eingesetzt, sondern dienen hauptsächlich dazu, innerhalb einer Formel oder Funktion mehrere Bedingungen miteinander zu verknüpfen.

Tipp: Bei komplexen Bedingungen erweist es sich manchmal als sehr praktisch, wenn Sie diese zunächst in einer beliebigen Hilfszelle auf WAHR oder FALSCH prüfen und erst danach mit dem Ergebnis weiterarbeiten.

Funktion UND

Verknüpft man zwei oder mehr Bedingungen mit UND, dann muss jede Bedingung WAHR sein, damit man als Ergebnis WAHR erhält.

UND(Wahrheitswert1;Wahrheitswert2;Wahrheitswert3;…)

Funktion NICHT

NICHT(Wahrheitswert)

Die Funktion NICHT kehrt den Wahrheitswert um: Aus einem FALSCH-Ausdruck wird WAHR und umgekehrt. Wird eine beliebige Zahl als Argument eingegeben, erhalten Sie das Ergebnis FALSCH und bei Text als Argument den Fehlerwert #WERT.

Funktion ODER

Verknüpft man zwei oder mehr Bedingungen mit ODER, dann muss mindestens eine Bedingung WAHR sein, damit man als Ergebnis WAHR erhält. Allerdings erhalten Sie auch das Ergebnis WAHR, wenn beide Bedingungen WAHR sind.

```
ODER(Wahrheitswert1;Wahrheitswert2;Wahrheitswert3;...)
```

Funktion XODER

XODER ist im Gegensatz zu ODER ein ausschließendes Oder im Sinne von „entweder-oder". Bei zwei Bedingungen bedeutet dies, es darf nur eine der Bedingungen WAHR sein.

In Excel ist die Funktion XODER mit mehr als drei Argumenten also kein ausschließendes Oder.

```
XODER(Wahrheitswert1;Wahrheitswert2;Wahrheitswert3;...)
```

Achtung: Enthält die Funktion XODER mehr als zwei Argumente, so gilt in Excel: Das Ergebnis ist WAHR, wenn die Anzahl der Argumente eine ungerade Zahl ist und das Ergebnis ist FALSCH, wenn die Anzahl der Argumente eine gerade Zahl ist.

Einige Beispiele zum Vergleich

Zum Vergleich werden im Bild unten jeweils die Inhalte der Spalten A und B sowie D und E miteinander verglichen und in Spalte G die Ergebnisse ausgegeben. Im Bild daneben die Funktion NICHT.

Bild 4.12 UND, ODER und XODER zum Vergleich

Bild 4.13 Die Funktion NICHT

G2 =UND(A2=B2;D2=E2)

	A	B	C	D	E	F	G	H
1			UND				Ergebnis	
2	A	B	FALSCH	A	A	WAHR	FALSCH	
3	A	A	WAHR	B	B	WAHR	WAHR	
4	A	B	FALSCH	A	B	FALSCH	FALSCH	
5								
6			ODER					
7	A	B	FALSCH	A	A	WAHR	WAHR	
8	A	A	WAHR	B	B	WAHR	WAHR	
9	A	B	FALSCH	A	B	FALSCH	FALSCH	
10								
11			XODER					
12	A	B	FALSCH	A	A	WAHR	WAHR	
13	A	A	WAHR	B	B	WAHR	FALSCH	
14	A	B	FALSCH	A	B	FALSCH	FALSCH	
15								

C1 =NICHT(A1=B1)

	A	B	C	D
1	A	B	WAHR	
2	A	A	FALSCH	
3				
4				
5				
6				
7				
8				
9				
10				

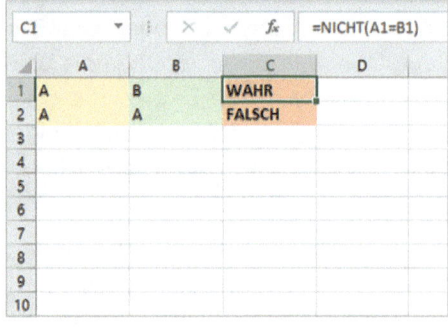

Logikfunktionen.xlsx

Mit den Logikfunktionen UND und ODER lassen sich bis zu 30 Bedingungen abfragen. Bei der Eingabe mit dem Funktionsassistenten bzw. im Fenster *Funktionsargumente* erscheint daher nach Eingabe einer Bedingung (*Wahrheitswert2*) automatisch ein weiteres Feld zur Eingabe der nächsten Bedingung.

4 Wahrheitstests und Logikfunktionen

Beispiel 1: Versandkosten, abhängig von zwei Bedingungen

Häufig ist es die WENN-Funktion, in der zwei oder mehr Wahrheitstests benötigt werden. Daher hier als Beispiel, wie Sie in der WENN-Funktion mit ODER zwei Wahrheitstests kombinieren.

Ausgangssituation: Ab einem Bestellwert von mindestens 300 Euro **oder** einer Entfernung unter 75 km erfolgt die Lieferung kostenlos. Für alle anderen Lieferungen werden für die Lieferung 10 Euro berechnet. Dazu muss die Funktion wie folgt lauten:

`=WENN(ODER(Bestellwert>=300;Entfernung<75);0;10)`

Bild 4.14 Beispiel ODER

	A	B	C	D	E	F	G	H	I
1	Kosten für Lieferung								
2									
3			Lieferung		Kunde	Bestellwert	Entfernung km	Lieferung	
4	Bestellwert ab	300,00 €			Schulze	254,00 €	56	0,00	
5	oder Entfernung unter km	75	0,00		Kunz	785,00 €	123	0,00	
6	sonst		10,00		Wiesenhagel	69,00 €	92	10,00	
7					Blattner	348,00 €	189	0,00	
8									

H4: `=WENN(ODER(F4>=$B$4;G4<$B$5);$C$5;$C$6)`

Beispiel 2: Gewichtseinstufung anhand des Body-Mass-Index

Im zweiten Beispiel wird anhand des Body-Mass-Index (BMI) ermittelt, ob eine Person normalgewichtig ist. Der Body-Mass-Index berechnet sich wie folgt:

BMI = Körpergewicht in kg / (Körpergröße in m)^2

Normalgewichtig sind nach der Klassifikation der DGE Männer mit einem BMI zwischen 20 und 25 und Frauen mit einem BMI zwischen 19 und 24. Es sind also gleich mehrere Bedingungen zu berücksichtigen und die Formel in E2 lautet:

Quelle: DGE, Ernährungsbericht (1992).

`=ODER(UND(C2=$G$2;D2>=$H$2;D2<=$I$2);UND(C2=$G$3;D2>=$H$3;D2<=$I$3))`

Bild 4.15 Normalgewicht Ja/Nein?

	A	B	C	D	E	F	G	H	I	J
1	Größe	Gewicht	Geschlecht	BMI	Normalgewicht Ja/Nein			Untergrenze	Obergrenze	
2	1,70	70	m	24,22	WAHR		m	20	25	
3	1,79	90	m	28,09	FALSCH		w	19	24	
4	1,65	68	w	24,98	FALSCH					
5	1,63	55	w	20,70	WAHR					
6	1,75	95	m	31,02	FALSCH					
7										

E2: `=ODER(UND(C2=$G$2;D2>=$H$2;D2<=$I$2);UND(C2=$G$3;D2>=$H$3;D2<=$I$3))`

Hinweis: Dies ist in erster Linie ein Beispiel zur Demonstration der verschiedenen Logikfunktionen. Falls Sie eine vollständige Klassifikation in Untergewicht, Normalgewicht und Übergewicht vornehmen möchten, stellen die Funktionen SVERWEIS und XVERWEIS die besseren und vor allem übersichtlicheren Lösungen dar.

4 Logikfunktionen und Bedingungen

Die Ergebnisse WAHR und FALSCH als 1 und 0 anzeigen

Bild 4.16 Mit Wahrheitswerten sind keine Berechnungen möglich.

Um mit Wahrheitswerten zu rechnen, werden manchmal als Ergebnis von Logikfunktionen anstelle von WAHR oder FALSCH die Zahlen 1 (WAHR) und 0 (FALSCH) benötigt, beispielsweise, wenn die Summe der WAHR-Werte benötigt wird. Hierzu wurden im Bild etwa in C2 einfach die Spalten A und B miteinander verglichen mit der Formel =A2=B2.

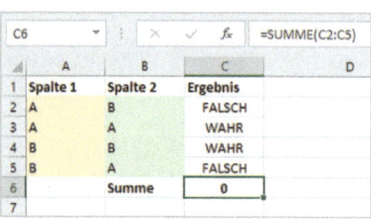

Um WAHR und FALSCH in Zahlen umzuwandeln, haben Sie verschiedene Möglichkeiten:

▶ **Multiplikation mit 1**
Multiplizieren Sie einfach das Ergebnis mit 1, im Bild unten in Spalte G. Dann lautet die Formel in G2: =(E2=F2)*1

▶ **Die Funktion N verwenden**
Die Funktion N (im Bild in Spalte K) wandelt Wahrheitswerte ebenfalls in die Zahlen 1 und 0 um, und die Formel in K2 lautet: =N(I2=J2)

▶ **Summe mit SUMMENPRODUKT berechnen**
Als dritte Alternative können Sie auch mit der Funktion SUMMENPRODUKT die Ergebnisse mit 1 multiplizieren. Diese Funktion wurde in C6 verwendet:
=SUMMENPRODUKT(C2:C5*1)

Bild 4.17 Die Zahlen 1 und 0 als Ergebnis erhalten

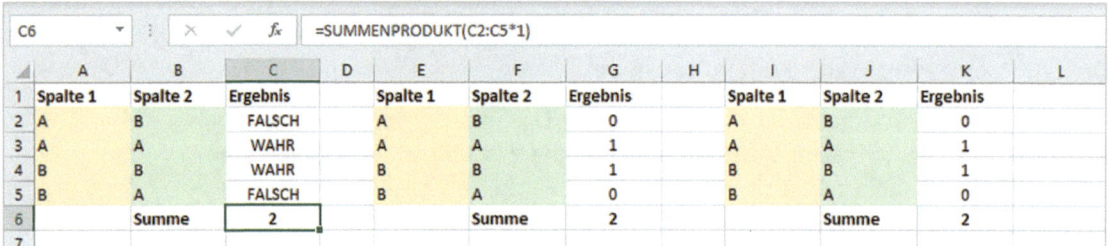

Ja oder Nein anzeigen

Falls Ja und Nein statt der Wahrheitswerte angezeigt werden sollen, müssen Sie diese zuerst mit einer der oben beschriebenen Methoden in Zahlen umwandeln und die Zellen anschließend mit einem benutzerdefinierten Zahlenformat versehen.

Bild 4.18 Ja oder Nein anzeigen

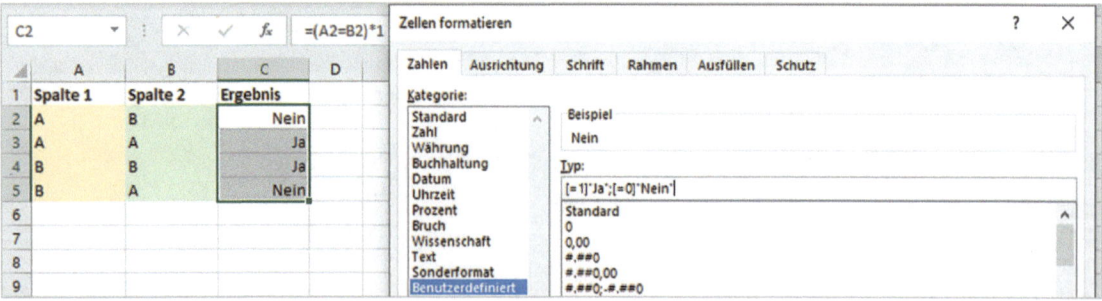

Die Anzeige von Fehlerwerten unterdrücken 4

1. Dazu markieren Sie den Bereich C2:C5, klicken mit der rechten Maustaste in diesen Bereich und auf *Zellen formatieren*.

2. Klicken Sie im nachfolgenden Dialogfenster auf das Register *Zahlen* und hier auf die Kategorie *Benutzerdefiniert*. Geben Sie dann das folgende benutzerdefinierte Format ein: [=1]"Ja";[=0]"Nein" (siehe Bild oben).

4.2 Die Anzeige von Fehlerwerten unterdrücken

Häufig dienen Excel-Tabellen auch als Vorlagen, in die später nur noch die Daten eingegeben werden. Solche Vorlagen enthalten auch bereits alle, zur Berechnung erforderlichen Formeln. Wenn sich diese allerdings auf Zellen beziehen, in denen noch keine Werte vorhanden sind, erhalten Sie in einigen Fällen die typischen Fehlerwerte wie z. B. #NV oder #DIV/0. Um solche Fehlerwerte zu unterdrücken, stellt Excel verschiedene Funktionen zur Verfügung.

Beliebigen Text statt Fehlerwert anzeigen

Mit der Funktion WENNFEHLER können Sie statt eines Fehlerwerts eine Zahl oder beliebigen Text als Ergebnis ausgeben lassen. Berücksichtigt werden alle Fehlerwerte wie #DIV/0, #NV, #WERT und #BEZUG. Die Syntax dieser Funktion:

Fehlerbehandlung.xlsx

`WENNFEHLER(Wert bzw. Formel;Wert_falls_Fehler)`

Im unten abgebildeten Beispiel erhalten Sie in der mittleren Tabelle für das zweite Quartal anstelle des Mittelwerts den Fehlerwert #DIV/0, da hier noch keine Zahlen vorliegen. Als Abhilfe wurde in der Tabelle rechts daneben die Berechnung des Mittelwerts in die Funktion WENNFEHLER eingeschlossen. Wenn die Funktion MITTELWERT einen Fehlerwert liefert, dann wird als Ergebnis der, als *Wert_falls_Fehler* angegebene Wert angezeigt, im abgebildeten Beispiel „Keine Werte vorhanden".

`=WENNFEHLER(MITTELWERT(K1:K3);"Keine Werte vorhanden")`

Bild 4.19 Beispiel Mittelwertberechnung ohne Werte

	A	B	C	D	E	F	G	H	I	J	K	L
1	1. Quartal	Januar	5.000		2. Quartal	April			2. Quartal	April		
2		Februar	6.800			Mai				Mai		
3		März	8.000			Juni				Juni		
4												
5		Summe	19.800			Summe	0			Summe	0	
6		Mittelwert	6.600			Mittelwert	#DIV/0!			Mittelwert	Keine Werte vorhanden	
7												

ISTFEHLER

Als zweite Möglichkeit könnte in solchen Fällen stattdessen auch die Funktion ISTFEHLER (Kategorie *Information*) eingesetzt werden. Diese Funktion prüft ebenfalls, ob das

4 Logikfunktionen und Bedingungen

ISTFEHLER, siehe Seite 173 ff.

Ergebnis einer Formel ein Fehlerwert ist, liefert aber nur die Werte WAHR oder FALSCH. Daher müssen Sie diese Funktion noch mit einer WENN-Funktion verbinden, für das vorherige Beispiel wäre die Formel also wesentlich komplexer und müsste lauten:

    =WENN(ISTFEHLER(MITTELWERT(K1:K3))=WAHR;"Keine Werte";MITTELWERT(K1:K3))

Den Fehlerwert Nicht vorhanden (#NV) ersetzen

Die Funktion WENNNV ersetzt ausschließlich den Fehlerwert #NV, den beispielsweise Verweisfunktionen wie SVERWEIS liefern, wenn der gesuchte Wert nicht gefunden wird. Sie kann nützlich sein, wenn nur #NV abgefangen, alle übrigen Fehlerwerte dagegen angezeigt werden sollen.

    WENNNV(Wert:Wert_bei_NV)

Beispiel: Anhand der Artikelnummern soll das Gesamtgewicht einer Lieferung berechnet werden. Das Gewicht je Artikel wird in Spalte C mit SVERWEIS aus der zweiten Tabelle ermittelt und mit der Menge multipliziert und in D2 mit der Funktion SUMME das Gesamtgewicht. Die Formel in C2 lautet:

    =SVERWEIS(A2;$F$2:$H$7;3;FALSCH)*B2

Kopiert man diese Funktion nach unten in Zeilen, in denen keine Artikelnummer angegeben ist, erscheint #NV. Der Fehlerwert #WERT in C4 und D2 resultiert dagegen daraus, dass das Gewicht dieses Artikels in der Gewichtstabelle keine Zahl ist (H2).

Bild 4.20 #NV erscheint, wenn ein Wert nicht gefunden wird

	A	B	C	D	E	F	G	H
1	Artikelnr.	Anzahl	Gewicht Artikel	Gesamtgewicht		Artikelnr.	Bezeichnung	Gewicht
2	145	1	3,6	#WERT!		123	Artikel 1	12&
3	151	2	5			134	Artikel 2	2,00
4	123	5	#WERT!			145	Artikel 3	3,60
5			#NV			146	Artikel 4	14,70
6			#NV			151	Artikel 5	2,50
7			#NV			155	Artikel 6	0,25

Wird die Formel SVERWEIS um WENNNV ergänzt, verschwindet #NV, der Fehlerwert #WERT bleibt dagegen erhalten und weist auf den tatsächlich vorhandenen Fehler hin.

    =WENNNV(SVERWEIS(A2;$F$2:$H$7;3;FALSCH)*B2;"")

Bild 4.21 WENNNV unterdrückt nur den Fehlerwert #NV

	A	B	C	D	E	F	G	H
1	Artikelnr.	Anzahl	Gewicht Artikel	Gesamtgewicht		Artikelnr.	Bezeichnung	Gewicht
2	145	1	3,6	#WERT!		123	Artikel 1	12&
3	151	2	5			134	Artikel 2	2,00
4	123	5	#WERT!			145	Artikel 3	3,60
5						146	Artikel 4	14,70
6						151	Artikel 5	2,50
7						155	Artikel 6	0,25

4.3 Zellinhalte prüfen

Die IST-Funktionen

Manche Formeln können nur mit gültigen Zahlen berechnet werden, in anderen Fällen sind (noch) leere Zellen die Ursache für Fehlerwerte. Um Fehlerwerte als Formelergebnis, insbesondere in Vorlagen, zu vermeiden, können Sie statt einer Gültigkeitsprüfung auch in der Formel prüfen, ob beispielsweise die angegebene Zelle leer ist oder eine Zahl enthält. Zur Überprüfung von Zellinhalten stellt Excel in der Kategorie *Informationen* mehrere Funktionen bereit, die alle mit IST beginnen. Auch diese Funktionen kommen meist in Verbindung mit anderen Funktionen, z. B. WENN, zum Einsatz.

Die Kategorie *Informationen* versteckt sich in der Funktionsbibliothek im Register *Formeln* hinter der Schaltfläche *Mehr Funktionen*.

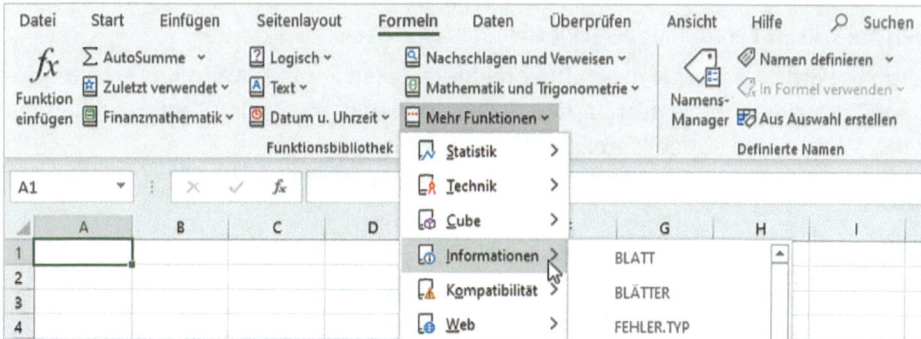

Bild 4.22 Klicken Sie in der Funktionsbibliothek auf Mehr Funktionen

Alle IST-Funktionen besitzen denselben Aufbau und liefern die Wahrheitswerte WAHR und FALSCH. Als Beispiel die Funktion ISTLEER. Diese prüft, ob die angegebene Zelle leer ist, als Argument *Wert* wird ein Zellbezug oder ein Name angegeben.

Information.xlsx

ISTLEER(Wert)

Übersicht IST-Funktionen

Funktion	Beschreibung	Beispiel
ISTLEER	Liefert WAHR, wenn die angegebene Zelle leer ist	ISTLEER(A1) =FALSCH
ISTFEHL	WAHR, wenn die Zelle einen Fehlerwert enthält, mit Ausnahme von #NV	
ISTFEHLER	WAHR, wenn die Zelle einen beliebigen Fehlerwert enthält (#NV, #WERT!, #BEZUG!, #DIV/0!, #ZAHL!, #NAME?, #NULL!)	
ISTLOG	WAHR, wenn die Zelle einen WAHRHEITSWERT enthält	ISTLOG(WAHR)=WAHR
ISTNV	WAHR, wenn die Zelle den Fehlerwert #NV (nicht verfügbar) enthält	
ISTTEXT	WAHR, wenn es sich um Text handelt	ISTTEXT("Otto")=WAHR

4 Logikfunktionen und Bedingungen

Funktion	Beschreibung	Beispiel
ISTKTEXT	Liefert WAHR, wenn es sich um keinen Text handelt	ISTKTEXT(25)=WAHR
ISTZAHL	Liefert das Ergebnis WAHR, wenn es sich um eine Zahl handelt. Da Datumswerte serielle Zahlen sind, erhalten Sie auch bei einem Datum das Ergebnis WAHR.	ISTZAHL(25)=WAHR ISTZAHL(01.01.2019) = WAHR
ISTGERADE ISTUNGERADE	Liefert WAHR, wenn es sich um eine gerade bzw. ungerade Zahl handelt	ISTGERADE(25)=FALSCH ISTUNGERADE(25)=WAHR
ISTBEZUG	Liefert WAHR, wenn es sich um einen Zellbezug handelt	ISTBEZUG(A1)=WAHR ISTBEZUG("Text")=FALSCH
ISTFORMEL	Ergibt WAHR, wenn die angegebene Zelle eine Formel enthält	ISTFORMEL(A1)=WAHR

Beispiel 1: Keine Berechnung bei fehlenden Werten

Oftmals wird eine Formel gleich über mehrere Zeilen kopiert. Allerdings erhalten Sie dann Formelergebnisse auch in den Zeilen, in denen noch keine Zahlen vorhanden sind, wie im unten abgebildeten Beispiel eines Kassenbuchs.

Bild 4.23 Kassenbuch - einfache Formel

Information.xlsx

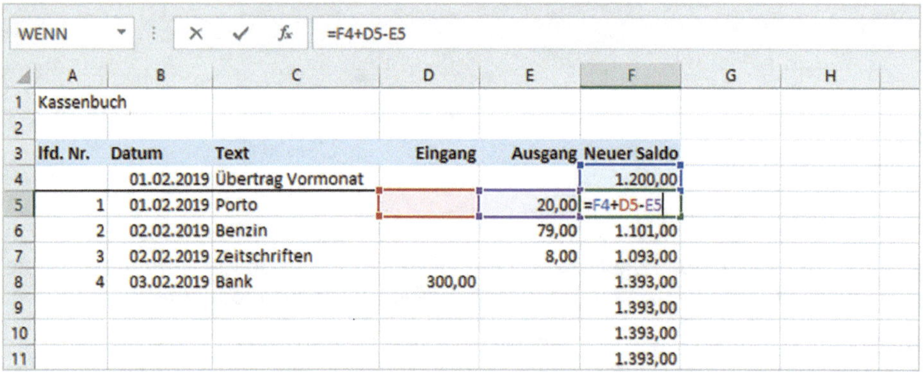

Achtung: Zellen mit Formeln werden von Excel nicht als leer betrachtet. Dies gilt auch, wenn die Formel als Ergebnis "" anzeigt und die Zelle somit scheinbar leer ist.

Setzen Sie in solchen Fällen, abhängig vom Formelergebnis die Funktion ISTZAHL oder bei Text die Funktion LÄNGE ein.

Als Abhilfe prüfen Sie mit der WENN-Funktion, ob ein Eingangs- oder Ausgangsbetrag vorhanden ist. Wenn ja, dann wird der Saldo mit der oben angegebenen Formel berechnet, ansonsten bleibt die Zelle leer. Dazu werden weitere Funktionen benötigt:

▶ Zur Prüfung, ob die Zellen D5 und E5 leer sind, wird die Funktion ISTLEER eingesetzt. Da zwei Zellen, nämlich D5 und E5 zu überprüfen sind, werden die beiden Funktionen mit UND verknüpft, und die Formel in F5 lautet:

F5:   =WENN(UND(ISTLEER(D5);ISTLEER(E5));"";F4+D5-E5)

Achtung: ISTLEER liefert auch FALSCH, wenn die angegebene Zelle als einziges Zeichen ein (unsichtbares) Leerzeichen oder eine Formel enthält!

▶ Da jedoch die Berechnung des Saldos nur mit gültigen Zahlen möglich ist, bietet sich statt ISTLEER als bessere Lösung die Funktion ISTZAHL an. Diese besitzt dieselbe Syntax und liefert nur WAHR, wenn die Zelle eine gültige Zahl oder ein Datum enthält. In diesem Fall lautet die Formel in F5:

F5:   =WENN(ODER(ISTZAHL(D5);ISTZAHL(E5));F4+D5-E5;"")

Wird die Formel über die gesamte Spalte kopiert, so wird nur dann ein Ergebnis berechnet, wenn ein Eingangs- oder Ausgangsbetrag vorhanden ist, wie im Bild unten.

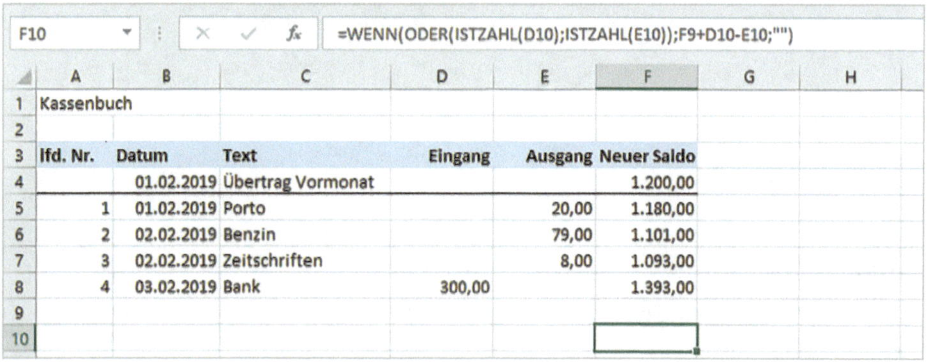

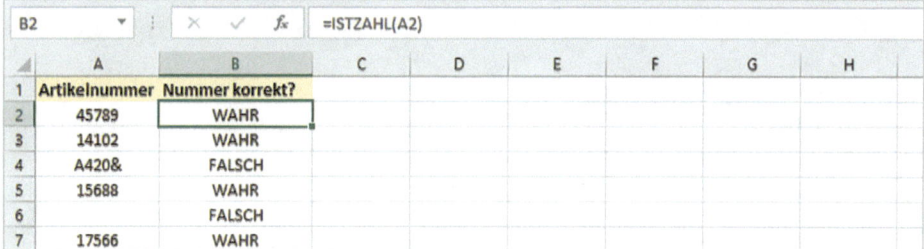

Bild 4.24 Kassenbuch - Berechnung unterdrücken

Beispiel 2: Zellen auf gültige Zahlen überprüfen

Ob eine Liste mit Artikelnummern wirklich nur gültige Zahlen enthält oder Artikelnummern fehlen bzw. sich Fehler eingeschlichen haben, können Sie mit ISTZAHL überprüfen, wie im Beispiel unten.

Bild 4.25 Auf gültige Zahl prüfen

Informationen zu Arbeitsmappe und Zelle

Neben den IST-Funktionen finden Sie in der Kategorie *Information* noch einige andere nützliche Funktionen, hier eine kleine Übersicht.

Funktion	Beschreibung	Beispiel
BLATT	Liefert die relative Position des angegebenen Tabellenblattes innerhalb der Arbeitsmappe als Zahl. Sie erhalten z. B. das Ergebnis 2, wenn sich das angegebene Blatt an zweiter Stelle befindet.	BLATT("Kassenbuch") =2
BLÄTTER	Wird diese Funktion ohne Argumente verwendet, so erhalten Sie die Anzahl der Arbeitsblätter in der aktuellen Arbeitsmappe. Das Ergebnis schließt auch eventuell ausgeblendete Blätter mit ein.	BLÄTTER()=3

4 Logikfunktionen und Bedingungen

Funktion	Beschreibung	Beispiel
N	Wandelt WAHR in die Zahl 1 und FALSCH in 0 um. Außerdem wird damit ein Datum in eine fortlaufende Zahl umgewandelt.	N(WAHR)=1 N(01.01.2020)=43466
TYP	Gibt den Datentyp der angegebenen Zelle als Zahl zurück. Eine nützliche Funktion, wenn weitere Aktionen vom Typ des Inhalts einer Zelle abhängig sind. Enthält die angegebene Zelle eine Formel, dann liefert TYP den Typ des Formelergebnisses. Eine Übersicht über die Rückgabewerte erhalten Sie in der Excel-Hilfe.	TYP(4711) = 1 TYP("Otto") = 2
ZELLE	Liefert, abhängig vom Argument Infotyp, Informationen zur angegebenen Zelle, z. B. die Zeile oder Spalte als Zahl oder den Dateinamen und Pfad der aktuellen Mappe.	ZELLE("Spalte";B5)=2

Beispiel: Die Funktion ZELLE

Informationen zur aktuellen Arbeitsmappe und einzelnen Zellen erhalten Sie mit der Funktion ZELLE, der Aufbau:

ZELLE(Infotyp;Bezug)

Der Parameter *Infotyp* legt die gewünschte Information fest, z. B. Zelladresse, Zeile, Spalte, Dateiname oder Inhalt. Unter *Bezug* geben Sie die betreffende Zelle oder einen Zellbereich an, bei Angabe eines Zellbereichs beziehen sich allerdings die Parameter *Inhalt*, *Adresse*, *Zeile* und *Spalte* immer auf die erste Zelle des Bereichs. In Bild 4.26 sehen Sie einige Beispiele, alle Formeln beziehen sich auf A3.

Tipp: Dateinamen anzeigen

Der Parameter *Dateiname* liefert den Dateinamen zusammen mit dem Dateipfad und erfordert keinen Bezug. Wenn die Mappe noch nicht gespeichert wurde, bleibt als Ergebnis die Zelle leer.

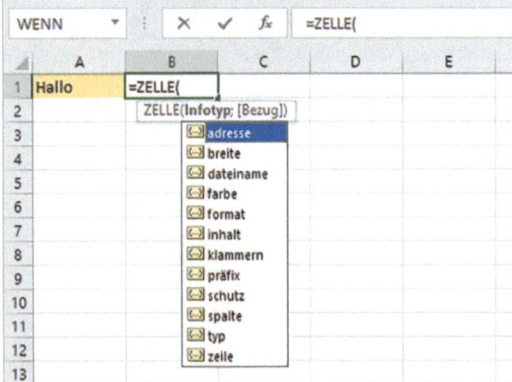

Bild 4.26 Die Parameter der Funktion Zelle

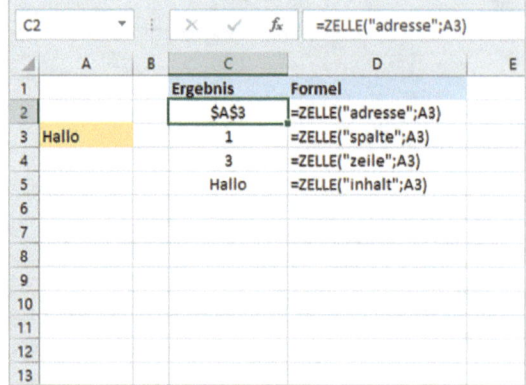

Bild 4.27 Beispiele

4.4 Tipps und Beispiele

Eine ABC-Analyse erstellen

Es gibt in Excel mehrere Möglichkeiten, eine ABC-Analyse zu erstellen. Hier ein Beispiel, das auf der Funktion WENN bzw. WENNS basiert.

Die ABC-Analyse ist eine klassische betriebswirtschaftliche Methode zur Einteilung von Kunden, Lieferanten, Produkten usw. Diese werden anhand einer absteigenden Rangliste in die drei Kategorien A, B und C eingeteilt. Die Einteilung der Kategorien basiert auf individuellen Überlegungen/Erfahrungen, hier ein Beispiel:

Klasse	Anteil am Gesamtumsatz	Bereich
A	80 %	oberster Anteil, sehr wichtig
B	15 %	Anteil zwischen 80 % und 95 %
C	5 %	die restlichen 5 %, weniger wichtig

Beispiel Kundenumsätze

Als Beispiel die Einteilung von Kunden anhand ihrer Umsätze. Im ersten Schritt werden die Kunden absteigend nach Umsätzen sortiert, siehe Bild unten. In Spalte C wird dann der kumulierte Umsatz berechnet und in Spalte D der kumulierte Prozentanteil. Die Klasseneinteilung ist aus der Hilfstabelle ersichtlich.

	A	B	C	D	E	F	G	H	I
1	Kunde	Umsatz	Kum. Umsatz	kum. Anteil	ABC		Klasseneinteilung		
2	Moser	75.300	75.300	24,02%			A	bis	80%
3	Lechner	68.500	143.800	45,87%			B	bis	95%
4	Leitinger	58.300	202.100	64,47%			C		
5	Bräsig	51.000	253.100	80,73%					
6	Kleinlich	22.000	275.100	87,75%					
7	Kabelschach	12.500	287.600	91,74%					
8	Baumholtz	9.800	297.400	94,86%					
9	Grübel	7.200	304.600	97,16%					
10	Hinz	3.200	307.800	98,18%					
11	Karg	2.000	309.800	98,82%					
12	Hummel	1.300	311.100	99,23%					
13	Fürsich	1.100	312.200	99,59%					
14	Dark	800	313.000	99,84%					
15	Kunz	500	313.500	100,00%					
16	Summe	313.500							

Bild 4.28 Ausgangstabelle ABC-Analyse

ABC-Analyse.xlsx

Tipp: Die Berechnung der kumulierten Umsätze und Prozentanteile erfolgt am einfachsten über die Schnellanalyse:

B2:B15 markieren, Symbol *Schnellanalyse*, Register *Ergebnisse*, Auswahl *Laufende Summe*.

Im nächsten Schritt erfolgt die eigentliche ABC-Analyse in Spalte E. Dazu geben Sie in E2 die folgende Formel ein und kopieren diese anschließend nach unten in die restlichen Zeilen. Hier die Formel zwecks besserer Nachvollziehbarkeit mit Werten:

E2: =WENNS(C2<$B$16*0,8;"A";C2<$B$16*0,95;"B";WAHR;"C")

4 Logikfunktionen und Bedingungen

Und hier die Formel in E2 mit Bezügen:

E2: =WENNS(C2<$B$16*$I$2;$G$2;C2<$B$16*$I$3;$G$3;WAHR;$G$4)

Wenn statt WENNS die Funktion WENN eingesetzt wird, dann lautet die Formel in E2:

E2: =WENN(C2<$B$16*$I$2;$G$2;WENN(C2<$B$16*$I$3;$G$3;$G$4))

Bild 4.29 ABC-Analyse mit Hilfsspalte

	A	B	C	D	E	F	G	H	I
1	Kunde	Umsatz	Kum. Umsatz	kum. Anteil	ABC		Klasseneinteilung		
2	Moser	75.300	75.300	24,02%	A		A	bis	80%
3	Lechner	68.500	143.800	45,87%	A		B	bis	95%
4	Leitinger	58.300	202.100	64,47%	A		C		
5	Bräsig	51.000	253.100	80,73%	B				
6	Kleinlich	22.000	275.100	87,75%	B				
7	Kabelschach	12.500	287.600	91,74%	B				
8	Baumholtz	9.800	297.400	94,86%	B				
9	Grübel	7.200	304.600	97,16%	C				
10	Hinz	3.200	307.800	98,18%	C				
11	Karg	2.000	309.800	98,82%	C				
12	Hummel	1.300	311.100	99,23%	C				
13	Fürsich	1.100	312.200	99,59%	C				
14	Dark	800	313.000	99,84%	C				
15	Kunz	500	313.500	100,00%	C				
16	Summe	313.500							

ABC-Analyse ohne Hilfsspalten

Zur Ergänzung eine zweite Lösung, die ohne Hilfsspalten auskommt, aber ebenfalls eine absteigende Sortierung voraussetzt. Dazu lautet die Formel in C2 wie folgt; beachten Sie die gemischten Zellbezüge zur Summenberechnung: SUMME($B$2:B3)

C2: =WENNS(SUMME($B$2:B3)<$B$16*0,8;"A";SUMME($B$2:B3)<$B$16*0,95;"B"; WAHR;"C")

Bild 4.30 ABC-Analyse ohne Hilfsspalten

	A	B	C	D	E	F	G
1	Kunde	Umsatz	ABC		Klasseneinteilung		
2	Moser	75.300	A		A	bis	80%
3	Lechner	68.500	A		B	bis	95%
4	Leitinger	58.300	A		C		
5	Bräsig	51.000	B				
6	Kleinlich	22.000	B				
7	Kabelschach	12.500	B				
8	Baumholtz	9.800	B				
9	Grübel	7.200	C				
10	Hinz	3.200	C				
11	Karg	2.000	C				
12	Hummel	1.300	C				
13	Fürsich	1.100	C				
14	Dark	800	C				
15	Kunz	500	C				
16	Summe	313.500					

Fehlerwerte mit der bedingten Formatierung ausblenden

Neben den, unter Punkt 4.2 auf Seite 171 beschriebenen Funktionen zur Unterdrückung der Ausgabe von Fehlerwerten, können Fehlerwerte auch mit der bedingten Formatierung unsichtbar gemacht werden. Allerdings darf der Fehlerwert, z B. #NV, nicht einfach als Vergleichswert eingegeben werden, sondern Sie benötigen die Funktion ISTFEHLER oder ISTNV, siehe Seite 173.

Beispiel

Fehlerwerte_Bedingte_Formatierung.xlsx

Als Beispiel eine Tabelle, in die regelmäßig die monatlichen Verkaufszahlen eingetragen werden. In Spalte C wird die Differenz zum Vormonat berechnet und als Liniendiagramm dargestellt. Allerdings liefert die einfache Formel in C3 (=B3-B2) wie im Bild unten nicht das gewünschte Ergebnis. Beim Kopieren der Formel über die restlichen Monate erhalten Sie bei fehlenden Werten das Ergebnis 0 und dieser Wert erscheint auch im Diagramm.

	A	B	C
1	Monat	Verkauft	Differenz z. Vormonat
2	Januar	200	200
3	Februar	450	250
4	März	280	-170
5	April	300	20
6	Mai		-300
7	Juni		0
8	Juli		0
9	August		0
10	September		0
11	Oktober		0
12	November		0
13	Dezember		0
14			

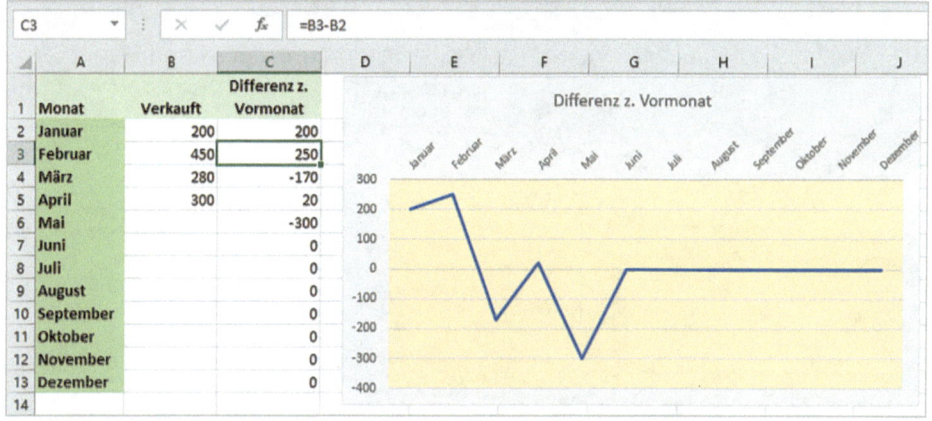

Bild 4.31 Bei leeren Zellen erscheint das Ergebnis 0

Die Ausgabe der 0-Werte in der Tabelle und im Diagramm lässt sich mit folgender Formel unterdrücken, diese wird anschließend bis C13 kopiert.

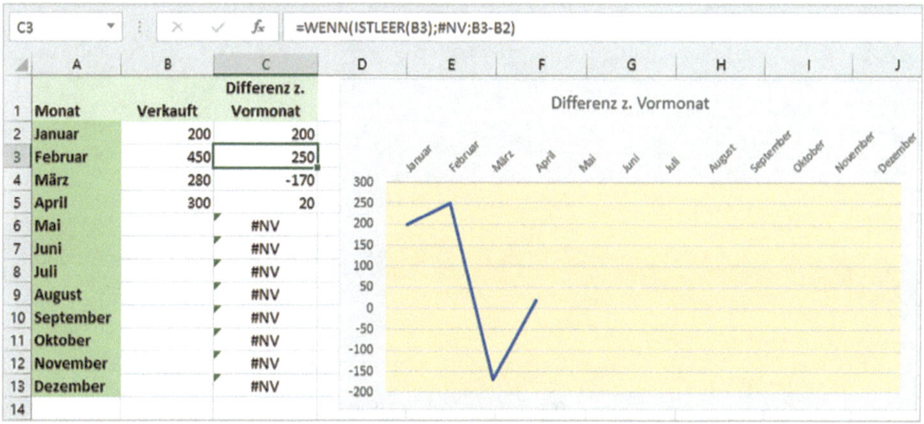

```
C3: =WENN(ISTLEER(B3);#NV;B3-B2)
```

	A	B	C
1	Monat	Verkauft	Differenz z. Vormonat
2	Januar	200	200
3	Februar	450	250
4	März	280	-170
5	April	300	20
6	Mai		#NV
7	Juni		#NV
8	Juli		#NV
9	August		#NV
10	September		#NV
11	Oktober		#NV
12	November		#NV
13	Dezember		#NV
14			

Bild 4.32 Formel nur für nicht leere Zellen berechnen

4 Logikfunktionen und Bedingungen

Zur Erklärung: Leere Zellen als Ergebnis einer Formel werden in Diagrammen trotzdem mit 0 dargestellt, der Fehlerwert #NV wird dagegen nicht berücksichtigt. Würden Sie also in der WENN-Funktion das Argument *Wert_wenn_wahr* mit Leer bzw. "" angeben, dann würden diese leeren Zellen trotzdem im Diagramm mit 0 erscheinen.

Fehlerwerte ausblenden
Mit der bedingten Formatierung blenden Sie anschließend in der Tabelle die Fehlerwerte #NV aus:

1 Markieren Sie den Bereich C3:C13, klicken Sie im Register *Start* auf *Bedingte Formatierung* und auf *Neue Regel*.

2 Wählen Sie *Formel zur Ermittlung der zu formatierenden Zellen verwenden* und geben Sie die folgende Formel ein, alternativ könnten Sie statt ISTNV auch die Funktion ISTFEHLER verwenden.

`=ISTNV($C3)`

3 Wählen Sie dann über *Formatieren...* weiße Schriftfarbe und klicken Sie auf *OK*.

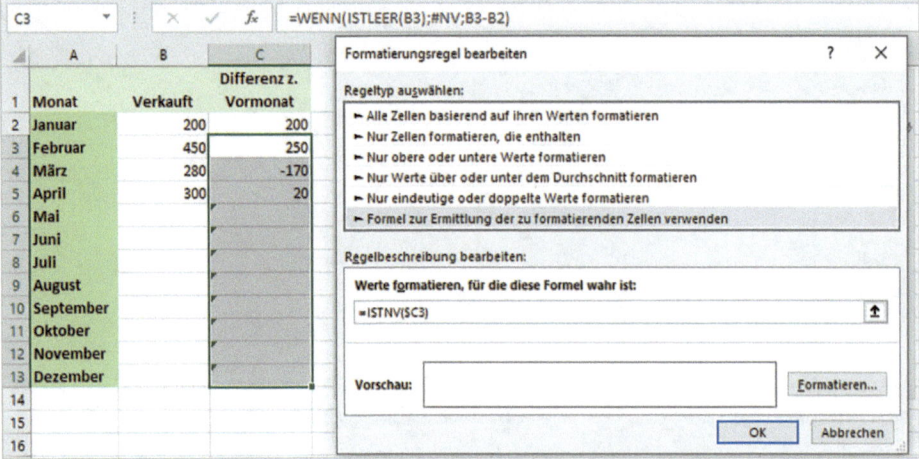

Bild 4.33 Fehlerwerte mit bedingter Formatierung und Formel ausblenden

5 Nachschlage- und Verweisfunktionen

5.1 Werte in einer Matrix mit den Verweisfunktionen finden 182

5.2 Tabellen mit INDEX und VERGLEICH durchsuchen 193

5.3 Zelladressen ermitteln 205

5.4 Mehrere Rückgabewerte erhalten 219

5.5 Weitere Einsatzmöglichkeiten 228

5 Nachschlage- und Verweisfunktionen

Die Nachschlage- und Verweisfunktionen von Excel dienen dazu, einen Zellbereich (Matrix) zu durchsuchen und bestimmte Inhalte oder die Position eines Inhalts zu ermitteln. Sie finden die nachfolgend beschriebenen Funktionen in der Kategorie *Nachschlagen und Verweisen* der Formelbibliothek.

5.1 Werte in einer Matrix mit den Verweisfunktionen finden

Spalte einer Matrix mit SVERWEIS durchsuchen

Aufbau und Funktionsweise von SVERWEIS

SVERWEIS = Senkrecht-Verweis

Die Funktion SVERWEIS (Senkrecht-Verweis) gehört zu den am häufigsten eingesetzten Nachschlage- und Verweisfunktionen von Excel. Sie durchsucht die erste Spalte einer Tabelle mit mehreren Zeilen und Spalten (Matrix) von oben nach unten nach einem vorgegebenen Suchkriterium und liefert bei der ersten Übereinstimmung einen Wert aus dieser Zeile und der angegebenen Spalte (Spaltenindex). Wird kein Wert gefunden, der dem Suchkriterium entspricht, liefert die Funktion den Fehlerwert #NV (nicht verfügbar). Die Funktion besitzt folgenden Aufbau:

SVERWEIS(Suchkriterium;Matrix;Spaltenindex;Bereich_Verweis)

- *Suchkriterium*: Der Wert, nach dem die Tabelle (Matrix) durchsucht wird. Dieser muss sich unbedingt in der ersten Spalte der Tabelle befinden.

- *Matrix*: Geben Sie hier den gesamten zu durchsuchenden Tabellenbereich an, hierfür kann auch ein Bereichsname verwendet werden. Die erste Spalte der Matrix muss den gesuchten Wert enthalten, dies können Zahlen, Datumswerte oder Zeichenfolgen sein. Bei Text wird nicht zwischen Groß- und Kleinbuchstaben unterschieden.

- Der *Spaltenindex* gibt an, in der wievielten Spalte der Matrix sich der gesuchte Wert befindet. Der Spaltenindex ist eine fortlaufende Zahl, er beginnt mit der ersten Spalte der Matrix und darf nicht verwechselt werden mit der Spaltennummerierung des Tabellenblattes! Der Spaltenindex 3 bedeutet z. B. den Wert aus der dritten Spalte des auszuwertenden Tabellenbereichs.

- *Bereich_Verweis* legt fest, ob nur bei genauer Übereinstimmung mit dem Suchkriterium ein Ergebnis angezeigt werden soll oder ob auch der nächstliegende Wert als Ergebnis verwendet werden darf.
    - WAHR oder 1 oder keine Angabe bedeutet, es ist keine exakte Übereinstimmung mit dem Suchkriterium erforderlich und SVERWEIS liefert als Ergebnis den nächstgelegenen Wert aus der darüber liegenden Zeile. In diesem Fall muss die Matrix unbedingt nach der ersten Spalte sortiert sein!

- Mit FALSCH oder 0 erhalten Sie dagegen nur bei exakter Übereinstimmung mit dem Suchkriterium ein Ergebnis, andernfalls den Wert #NV (nicht verfügbar). **Achtung:** Falls die erste Spalte der Matrix zwei oder mehr übereinstimmende Werte enthält, so wird nur der erste Wert gefunden.
- **Tipp**: Hilfe zu *Bereich_Verweis* erhalten Sie sowohl im Funktionsassistent als auch bei der Eingabe über die Tastatur. In diesem Fall können die Werte WAHR bzw. FALSCH auch übernommen werden.

> **Eine wichtige Voraussetzung für den Einsatz von SVERWEIS**
>
> SVERWEIS kann nur nach einem Kriterium suchen, das sich in der ersten Spalte der Matrix befindet! Unter Umständen müssen Sie also zuvor die Tabelle umstellen. Wenn sich der gesuchte Wert rechts von der Spalte mit dem Suchkriterium befindet, können Sie die Matrix auch so festlegen, dass diese mit der Spalte beginnt, die das Suchkriterium enthält.
>
> **Tipp**: Falls Sie Microsoft Office 365 nutzen, dann sollten Sie sich auch mit der wesentlich flexibleren Funktion XVERWEIS befassen, siehe weiter unten. Diese ist allerdings nicht für Excel 2019 und älter verfügbar.

Beispiel 1: Genaue Übereinstimmung mit dem Suchkriterium

Ein typischer Fall für den Einsatz der Funktion SVERWEIS: Sie benötigen für eine Auswertung zusätzliche Daten oder Informationen, diese befinden sich allerdings in einer anderen Tabelle oder in einem anderen Arbeitsblatt. Im unten abgebildeten Beispiel sind für die monatliche Auswertung der Arbeitsstunden Nachname, Kostenstelle und Standort erforderlich, diese befinden sich in der Personalliste im Blatt *Personal*. Anhand des Suchkriteriums Personalnummer können in diesem Fall mit SVERWEIS die fehlenden Daten ermittelt und eingefügt werden.

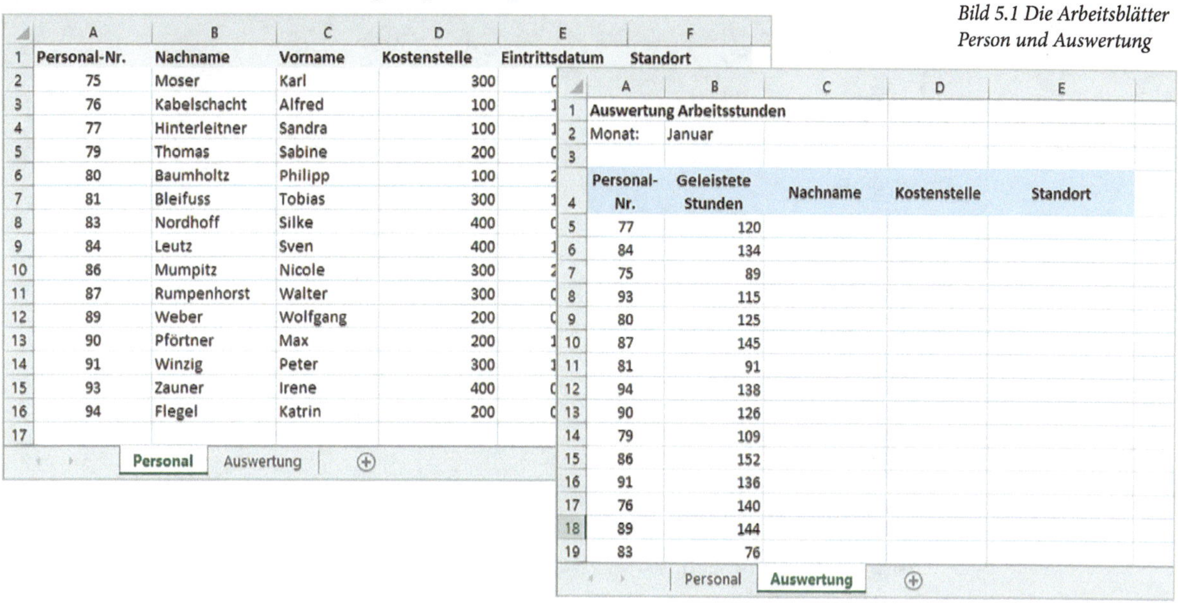

SVERWEIS.xlsx

Bild 5.1 Die Arbeitsblätter Person und Auswertung

5 Nachschlage- und Verweisfunktionen

Zur Ermittlung des Nachnamens markieren Sie im Blatt *Auswertung* die Zelle C5 und geben hier die Funktion SVERWEIS wie folgt ein.

```
C5: =SVERWEIS(A5;Personal!$A$2:$F$16;2;FALSCH)
```

- Suchkriterium ist die Personalnummer in A5,
- Matrix ist der Bereich A2:F16 im Blatt Personal,
- der Nachname befindet sich in der zweiten Spalte der Matrix, daher Spaltenindex 2.
- Da eine genaue Übereinstimmung der Personalnummern erforderlich ist, muss als *Bereich_Verweis* FALSCH oder 0 angegeben werden. Würde dagegen das Argument weggelassen oder WAHR angegeben, so würden Sie den Nachnamen des Mitarbeiters aus der darüber liegenden Zeile und somit ein falsches Ergebnis erhalten.

Kopieren Sie anschließend die Formel in die restlichen Zeilen der Spalte. Mit derselben Funktion ermitteln Sie auch in Spalte D die Kostenstelle und in Spalte E den Standort, der einzige Unterschied: Für die Kostenstelle geben Sie Spaltenindex 4 und für den Standort Spaltenindex 6 an.

Tipp: Sie sparen Arbeit, wenn Sie beim Suchkriterium in Spalte A einen gemischten Zellbezug, also $A5 verwenden. Dadurch können Sie die Funktion in C5 in die Spalten D und E kopieren und brauchen anschließend nur jeweils den Spaltenindex ändern.

Bild 5.2 Die Ergebnisse im Blatt Auswertung

	A	B	C	D	E
1	Auswertung Arbeitsstunden				
2	Monat:	Januar			
3					
4	Personal-Nr.	Geleistete Stunden	Nachname	Kostenstelle	Standort
5	77	120	Hinterleitner	100	München
6	84	134	Leutz	400	Regensburg
7	75	89	Moser	300	München
8	93	115	Zauner	400	Regensburg
9	80	125	Baumholtz	100	Ulm
10	87	145	Rumpenhorst	300	Pfarrkirchen
11	81	91	Bleifuss	300	München
12	94	138	Flegel	200	Ulm
13	90	126	Pförtner	200	Ulm
14	79	109	Thomas	200	Ulm
15	86	152	Mumpitz	300	Ulm
16	91	136	Winzig	300	München
17	76	140	Kabelschacht	100	Regensburg
18	89	144	Weber	200	Pfarrkirchen
19	83	76	Nordhoff	400	Regensburg

Formel in D5: =SVERWEIS($A5;Personal!$A$2:$F$16;4;FALSCH)

Beispiel 2: Einen Näherungswert finden

Anders verhält es sich, wenn Sie beispielsweise anhand des Prüfungsergebnisses in Punkten die dazugehörige Note aus einer zweiten Tabelle, der Notentabelle, ermitteln möchten wie in Bild 5.3 unten. Da die Notentabelle nicht jede einzelne Punktzahl, sondern Spannen enthält, muss als *Bereich_Verweis* der Wert WAHR angegeben werden, alternativ können Sie in diesem Fall das Argument auch leer lassen. Wird die genaue Punktzahl in der Notentabelle nicht gefunden, so liefert SVERWEIS die nächstgelegene Note aus der Zeile darüber. **Achtung**: Wird ein Näherungswert benötigt, muss die Matrix, in diesem Fall die Notentabelle, nach der ersten Spalte mit der Anzahl der erforderlichen Punkte sortiert sein.

Suchkriterium ist die jeweils erzielte Punktzahl, die Notentabelle bildet die Matrix. Die Note befindet sich in der zweiten Spalte der Matrix, daher Spaltenindex 2.

> Da SVERWEIS in Verbindung mit dem Bereichsverweis WAHR den nächstgelegenen Wert aus der darüber liegenden Zeile der Matrix liefert, muss diese unbedingt auf- oder absteigend sortiert sein!

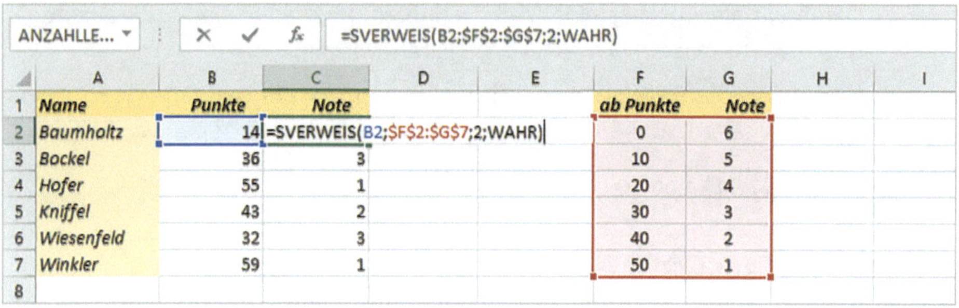

ANZAHLLE... | =SVERWEIS(B2;$F$2:$G$7;2;WAHR)

	A	B	C	D	E	F	G	H	I
1	Name	Punkte	Note			ab Punkte	Note		
2	Baumholtz	14	=SVERWEIS(B2;$F$2:$G$7;2;WAHR)			0	6		
3	Bockel	36	3			10	5		
4	Hofer	55	1			20	4		
5	Kniffel	43	2			30	3		
6	Wiesenfeld	32	3			40	2		
7	Winkler	59	1			50	1		
8									

Bild 5.3 Mit SVERWEIS anhand der Punktzahl die Note ermitteln

SVERWEIS mit zwei Suchkriterien

SVERWEIS kann nur nach einem einzigen Suchkriterium suchen. Manchmal hängt aber das benötigte Ergebnis von zwei Suchkriterien ab, z. B. die Telefonnummer von Nachname und Vorname, falls der Nachname mehrfach in einer Telefonliste vorhanden ist.

Beispiel: Telefonnummer anhand von Nachname und Vorname finden

Als Beispiel soll aus der unten abgebildeten Telefonliste eine Telefonnummer gefunden werden. Der Nachname als Suchkriterium reicht nicht aus, da z. B. Müller mehrmals in der Liste vorkommt. Also muss der Vorname als zweites Suchkriterium herangezogen werden.

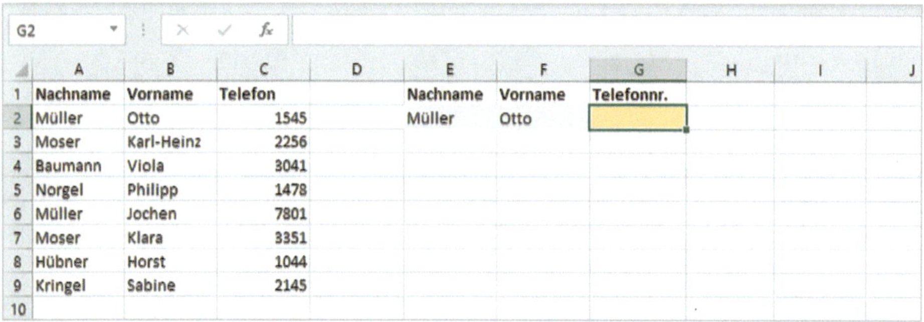

G2

	A	B	C	D	E	F	G	H	I	J
1	Nachname	Vorname	Telefon		Nachname	Vorname	Telefonnr.			
2	Müller	Otto	1545		Müller	Otto				
3	Moser	Karl-Heinz	2256							
4	Baumann	Viola	3041							
5	Norgel	Philipp	1478							
6	Müller	Jochen	7801							
7	Moser	Klara	3351							
8	Hübner	Horst	1044							
9	Kringel	Sabine	2145							
10										

Bild 5.4 Die Ausgangstabelle

SVERWEIS_2Suchkriterien.xlsx

5 Nachschlage- und Verweisfunktionen

Dazu werden als Suchkriterium Nachname und Vorname mit dem &-Operator verkettet, dieses lautet dann beispielsweise MüllerOtto, Groß- und Kleinschreibung spielt im Übrigen bei SVERWEIS keine Rolle.

Damit diese Zeichenfolge in der Tabelle bzw. Matrix gefunden werden kann, müssen hier die Spalten Nachname und Vorname ebenfalls mit & verkettet werden. Dazu nehmen wir die Funktion WAHL zu Hilfe und stellen mit dieser Funktion die Matrix zusammen, die dann von SVERWEIS durchsucht wird.

WAHL(Index;Wert1;[Wert2];...)

Befassen wir uns zunächst mit WAHL
WAHL ermittelt einen Wert anhand seiner Position (Index) aus einer Liste (*Wert1*; *Wert2*;...), die Werte können Bezüge sein oder mit der Funktion eingegeben werden.

Matrixformeln und -konstanten, siehe Seite 58.

- Damit wir als Ergebnis eine Matrix erhalten, müssen als *Index* die Spalten in geschweiften Klammern {1.2} vorgegeben werden.
- *Wert1*, also die erste Spalte, wird gebildet, indem wir den Bereich A2:A9 mit B2:B9 verketten: A2:A9&B2:B9. Als *Wert2* (zweite Spalte) geben wir C2:C9 an.

=WAHL({1.2};A2:A9&B2:B9;C2:C9)

Diese Funktion wird in die Funktion SVERWEIS als Argument *Matrix* eingefügt

Bild 5.5 Suchkriterium

Schritt 1: die Funktion SVERWEIS mit dem Suchkriterium E2&F2.

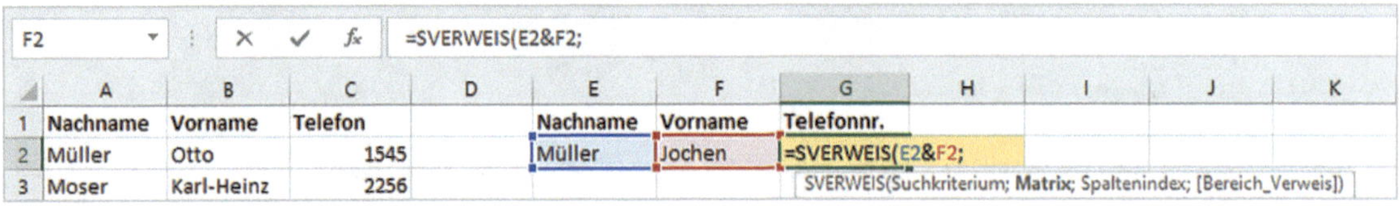

	A	B	C	D	E	F	G	H	I	J	K
1	Nachname	Vorname	Telefon		Nachname	Vorname	Telefonnr.				
2	Müller	Otto	1545		Müller	Jochen	=SVERWEIS(E2&F2;				
3	Moser	Karl-Heinz	2256				SVERWEIS(Suchkriterium; **Matrix**; Spaltenindex; [Bereich_Verweis])				

Bild 5.6 Funktion WAHL

Schritt 2: als Argument *Matrix* die Funktion WAHL eingeben, siehe oben.

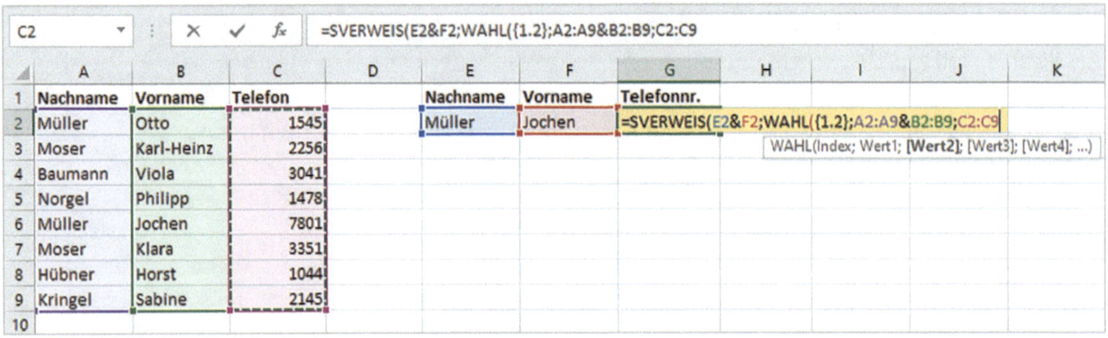

C2 =SVERWEIS(E2&F2;WAHL({1.2};A2:A9&B2:B9;C2:C9

	A	B	C	D	E	F	G	H	I	J	K
1	Nachname	Vorname	Telefon		Nachname	Vorname	Telefonnr.				
2	Müller	Otto	1545		Müller	Jochen	=SVERWEIS(E2&F2;WAHL({1.2};A2:A9&B2:B9;C2:C9)				
3	Moser	Karl-Heinz	2256				WAHL(Index; Wert1; [Wert2]; [Wert3]; [Wert4]; ...)				
4	Baumann	Viola	3041								
5	Norgel	Philipp	1478								
6	Müller	Jochen	7801								
7	Moser	Klara	3351								
8	Hübner	Horst	1044								
9	Kringel	Sabine	2145								
10											

Schritt 3: SVERWEIS vervollständigen. Beachten Sie, dass WAHL durch das Verketten der beiden ersten Spalten eine Matrix mit zwei statt drei Spalten liefert. Die gesuchte Telefonnummer befindet sich in der zweiten Spalte, also Spaltenindex 2.

Werte in einer Matrix mit den Verweisfunktionen finden 5

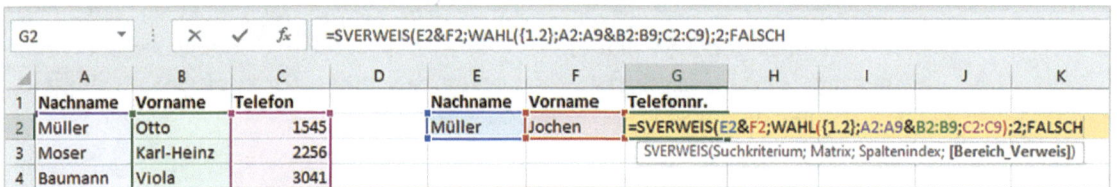

Bild 5.7 SVERWEIS abschließen

Die vollständige Funktion in G2:

=SVERWEIS(E2&F2;WAHL({1.2};A2:A9&B2:B9;C2:C9);2;FALSCH)

Hinweis: Als Nutzer von Microsoft 365 können Sie stattdessen die Funktion XVERWEIS einsetzen. Diese erlaubt im Gegensatz zu SVERWEIS das Verketten von Spalten, da hier Suchmatrix und Rückgabematrix getrennt festgelegt werden. Details zu XVERWEIS finden Sie auf Seite 192 ff.

Zum besseren Verständnis der Funktion WAHL

In der einfachsten Form geben Sie Index und Wertliste in der folgenden Form an und erhalten das Ergebnis C (Index 3 = der dritte Wert in Spalte A, die Überschrift in A1 wird nicht eingerechnet).

WAHL, siehe auch Seite 204.

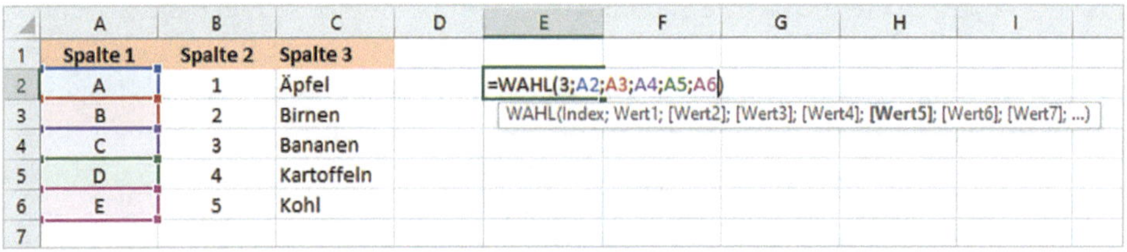

Bild 5.8 Wert aus einer Liste anhand des Index ermitteln

Ob die Werte vertikal (Spalte) oder horizontal (Zeile) angeordnet sind, wie im Bild unten, spielt keine Rolle. In diesem Beispiel erhalten Sie mit Index 3 das Ergebnis Äpfel.

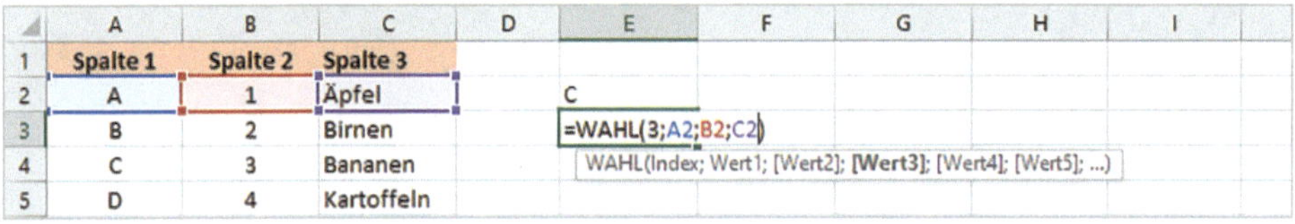

Bild 5.9 Ob neben- oder untereinander, spielt keine Rolle

Wenn Sie als Ergebnis eine Matrix mit zwei Spalten erhalten möchten, dann geben Sie als Index die Spalten 1 und 2 an, also {1.2}, wie im Bild unten. Bei drei Spalten müsste der Index lauten {1.2.3}.

Bild 5.10 Eine Matrix als Ergebnis der Funktion WAHL

187

Siehe Matrixformeln eingeben, Kapitel 1.7.

Achtung: Umfasst das Ergebnis mehrere Spalten und Zeilen, dann muss die Funktion als Matrixformel eingegeben werden, also vorher Ausgabebereich markieren und Eingabe mit **Strg**+**Umschalt**+**Eingabetaste** abschließen. Ausnahme: Microsoft 365 erweitert bei Matrixformeln den Ausgabebereich automatisch.

Mit WVERWEIS eine Tabelle waagrecht durchsuchen

Die Funktion WVERWEIS (Waagrecht-Verweis) hat den gleichen Aufbau wie die Funktion SVERWEIS. Im Gegensatz zu SVERWEIS durchsucht diese Funktion waagrecht von links nach rechts die erste Zeile einer Matrix und liefert den Wert aus der, mit dem Zeilenindex angegebenen, Zeile. Diese Funktion setzen Sie daher ein, wenn die erste Zeile der zu durchsuchenden Tabelle das Suchkriterium enthält.

WVERWEIS(Suchkriterium;Matrix;Zeilenindex;Bereich_Verweis)

Das Beispiel im Bild 5.11 unten kennen Sie vielleicht aus Katalogen von Reiseveranstaltern, in denen Hotels je nach Saison zu verschiedenen Preisen angeboten werden. In C13 soll aus der Hotelpreisliste der Preis der jeweiligen Hotels zum angegebenen Datum ermittelt werden.

Sowohl WVERWEIS als auch SVERWEIS funktionieren auch mit Datumswerten als Suchkriterium, wie das Beispiel zeigt.

Als Suchkriterium dient das Anreisedatum in C11. Außerdem wird hier der Zeilenindex nicht in der Formel sondern in C12 angegeben, so dass auch nach anderen Hotels gesucht werden kann. Als Matrix geben Sie den Bereich A3:H8 an und da der Anreisetermin meist zwischen den angegebenen Datumswerten liegt, ist außerdem als *Bereich_Verweis* WAHR erforderlich.

Bild 5.11 Beispiel WVERWEIS

	A	B	C	D	E	F	G	H
1	Preis pro Tag (Übernachtung, Frühstück & Halbpension							
2			ab Datum					
3	Zeile	Hotel	01.01.2021	15.04.2021	15.06.2021	10.09.2021	11.11.2021	31.12.2021
4	2	Bella Vista	33	45	65	75	55	40
5	3	Club Amigo	42	48	80	69	55	50
6	4	Sole mio	50	60	75	85	60	55
7	5	Mare Club	63	75	105	110	95	85
8	6	Casa sole	79	85	119	125	110	90
9								
10	Preis ermitteln							
11	Anreisedatum		01.07.21					
12	gewünschtes Hotel Zeile		3					
13	Preis pro Übernachtung		80	=WVERWEIS(C11;A3:H8;C12;WAHR)				
14								

Verweise.xlsx

In C13: `=WVERWEIS(C11;A3:H8;C12;WAHR)`

Die Funktion VERWEIS

Eine mögliche Alternative zu SVERWEIS und WVERWEIS stellt die Funktion VERWEIS dar. VERWEIS kann als Vektor- und als Matrixversion eingesetzt werden, Microsoft empfiehlt allerdings statt der Matrixversion die Verwendung von SVERWEIS, WVER-

WEIS oder XVERWEIS, da diese wesentlich flexibler sind. VERWEIS in der Vektorversion durchsucht eine zuvor festgelegte Spalte oder Zeile (Suchvektor) nach dem angegebenen Suchkriterium und liefert aus einem ebenfalls festgelegten Bereich (Ergebnisvektor) den dazugehörigen Wert in derselben Spalte oder Zeile. Wird kein Wert gefunden, der mit dem Suchkriterium exakt übereinstimmt, so verwendet VERWEIS automatisch den nächstkleineren Wert des Suchvektors und liefert dessen dazugehörigen Wert. Die Syntax:

> VERWEIS(Suchkriterium;Suchvektor;Ergebnisvektor)

▸ *Suchkriterium* stellt den Wert dar, nach dem der Suchvektor, d. h. eine Zeile oder Spalte, durchsucht wird.

▸ Mit *Suchvektor* wird der zu durchsuchende Zellbereich festgelegt. Dies kann eine Zeile oder Spalte sein und zwar immer nur eine einzige. **Wichtig**: Die Tabelle muss nach den Werten des Suchvektors aufsteigend sortiert sein.

▸ Das optionale Argument *Ergebnisvektor* legt bei Bedarf den Ausgabebereich für das gewünschte Ergebnis fest. Dieser darf nur eine Tabellenzeile oder -spalte umfassen und *Ergebnisvektor* und *Suchvektor* müssen dieselbe Anzahl Elemente bzw. Zellen enthalten.

Beispiel: Sie möchten wissen, wie hoch der Lagerbestand eines bestimmten Artikels ist (Bild 5.12). Die Nummer des gesuchten Artikels befindet sich in B1 (850), der dazugehörige Lagerbestand wird in B2 mit VERWEIS ermittelt. Als Suchvektor dient der Bereich B5:B11, Ergebnisvektor ist der Bereich D5:D11.

B2: =VERWEIS(B1;B5:B11;D5:D11)

	A	B	C	D	E
1	Artikel Nr.	850			
2	Lagerbestand	25	=VERWEIS(B1;B5:B11;D5:D11)		
3					
4	Warengruppe	Artikelnr.	Bezeichnung	Lagerbestand	Einzelpreis
5	P001	700	Gartenzwerg	30	28,90
6	P001	701	Gartenlaterne	25	33,20
7	P001	704	Vogeltränke	3	78,00
8	P002	850	Kugelgrill "Meisterklasse"	25	295,00
9	P002	852	Einweggrill	15	19,90
10	P002	893	Grillwagen "Profi"	5	195,00
11	P002	894	Grillzange	84	25,80

Bild 5.12 Beispiel VERWEIS

Verweise.xlsx

> Der Vorteil dieser Funktion gegenüber SVERWEIS liegt darin, dass sich das Suchkriterium nicht zwingend in der ersten Spalte der Tabelle befinden muss.
>
> **Nachteil**: Wenn das angegebene Suchkriterium nicht gefunden wird, dann liefert VERWEIS automatisch den nächstkleineren Wert. Dies lässt sich dagegen mit SVERWEIS ausschließen.

Mit XVERWEIS eine beliebige Spalte oder Zeile durchsuchen

Nicht in Excel 2019 und älter verfügbar!

Statt SVERWEIS, WVERWEIS und VERWEIS (Vektorversion) kann auch die Funktion XVERWEIS eingesetzt werden. Sie vereint alle Eigenschaften der genannten Funktionen und kann sogar noch mehr. Leider ist diese praktische Funktion derzeit nur in Verbindung mit Microsoft 365 verfügbar. Die Syntax:

> XVERWEIS(Suchkriterium; Suchmatrix; Rückgabematrix; [wenn_nicht_gefunden]; [Vergleichsmodus]; [Suchmodus])

Beachten Sie, dass XVERWEIS genau wie SVERWEIS, WVERWEIS und VERWEIS nur den ersten gefundenen Wert liefert. Die Argumente:

- *Suchkriterium*: Nach welchem Wert soll gesucht werden (siehe SVERWEIS)?
- *Suchmatrix*: Zellbereich, der durchsucht werden soll, dies kann im Gegensatz zu SVERWEIS eine beliebige Spalte oder Zeile (statt WVERWEIS) sein. Auch die Angabe mehrerer Spalten/Zeilen ist möglich, ein Beispiel finden Sie weiter unten.
- *Rückgabematrix*: Zellbereich, der den benötigten Wert enthält (Rückgabewert). Dieser muss ein zusammenhängender Zellbereich sein und kann auch mehrere Spalten oder Zeilen umfassen.
- *Wenn_nicht_gefunden*: Mit diesem optionalen Argument können Sie angeben, welcher Wert zurückgegeben wird, wenn keine Übereinstimmung mit dem Suchkriterium gefunden wird. Dies kann eine Zahl oder beliebiger Text sein. Wird dieses Argument weggelassen, erhalten Sie #NV, wenn keine Übereinstimmung gefunden wird.
- Standardmäßig liefert XVERWEIS nur bei genauer Übereinstimmung mit dem Suchkriterium ein verwertbares Ergebnis. Mit dem optionalen Argument *Vergleichsmodus* können Sie den Übereinstimmungstyp festlegen:
    - Keine Angabe oder 0 bedeutet, Sie erhalten nur bei genauer Übereinstimmung ein Ergebnis, ansonsten #NV. Dasselbe Ergebnis erhalten Sie auch, wenn Sie als Suchmodus 0 angeben.
    - Mit -1 erhalten Sie das nächstkleinere Element aus der Zeile darüber, falls keine genaue Übereinstimmung gefunden wird.
    - 1 liefert dagegen den nächstgrößeren Wert aus der Zeile darunter, falls keine Übereinstimmung vorliegt.
    - 2 erlaubt die Verwendung der Platzhalterzeichen * und ?. Die Verwendung dieser Zeichen dürfte den meisten Anwendern bekannt sein: ? steht für ein einzelnes Zeichen und * ersetzt eine beliebige Anzahl von Zeichen.
- Das optionale Argument *Suchmodus* legt die Suchrichtung fest: 1 oder keine Angabe bedeutet, die Suche erfolgt von oben nach unten bzw. von links nach rechts. Mit -1 beginnt dagegen die Suche unten oder ganz rechts.

Werte in einer Matrix mit den Verweisfunktionen finden

> **XVERWEIS bietet im Vergleich zu SVERWEIS, WVERWEIS und VERWEIS gleich mehrere Vorteile.**
> - Das Suchkriterium muss sich nicht in der ersten Spalte der zu durchsuchenden Tabelle (Matrix) befinden.
> - Als Suchmatrix kann sowohl eine Zeile als auch eine Spalte angegeben werden.
> - Die Rückgabematrix kann sich auch links vom Suchkriterium befinden. Werden mehrere Rückgabewerte benötigt, können die betreffenden Spalten (oder Zeilen) als Rückgabematrix angegeben werden. Einzige Voraussetzung: Diese muss ein zusammenhängender Zellbereich sein.

Beispiel 1: Artikelbezeichnung anhand der Artikelnummer finden

Sie möchten aus der unten abgebildeten Artikelliste anhand der Artikelnummer dessen Bezeichnung finden. Die Artikelnummer befindet sich in B3 und daneben in C3 soll die Bezeichnung mit XVERWEIS ermittelt werden.

Bild 5.13 Die Artikelliste

	A	B	C	D	E	F	G
1	Artikelliste						
2		ArtikelNr.	Bezeichnung				
3		309911					
4							
5	Lagerort	ArtikelID	Artikelbezeichnung	Einzelpreis	Lagerbestand	Produktgruppe	
6	H-1	100010	Arbeitsdrehstuhl, Holz mit Rollen	89,00	1	Büromöbel	
7	H-1	100023	Arbeitsdrehstuhl mit Bodengleitern und verchromtem Fußring	129,00	0	Büromöbel	
8	H-1	100234	Arbeitsdrehstuhl Tec 20 mit Rollen	59,00	1	Büromöbel	
9	H-1	309911	Flachablageschrank 110,0 x 76,5 x 42,0cm 5 Schubladen	699,00	0	Büromöbel	
10	H-1	309921	Flachablageschrank 110,0 x 76,5 x 42,0cm 3 Schubladen	599,00	10	Büromöbel	
11	G-3	100200	Kugelschreiber, transparent mit Innenbeleuchtung	1,50	200	Bürobedarf	
12	G-4	100245	Bleistifte, extra hart, 100 St.	6,23	15	Bürobedarf	
13	G-5	100248	PROFI Kugelschreiber, farbig sortiert, 100 St.	13,00	0	Bürobedarf	

- Suchkriterium ist die Artikelnummer in B3,
- als Suchmatrix geben Sie den Bereich mit den Artikelnummern, hier B6:B33 an
- und als Rückgabematrix den Bereich mit den Artikelbezeichnungen, also C6:C33. Die übrigen Argumente können vorerst weggelassen werden und die Formel in C3 lautet:

XVERWEIS.xlsx

```
C3: =XVERWEIS(B3;B6:B33;C6:C33)
```

Falls Sie diese Aufgabe mit SVERWEIS lösen möchten, lautet die Funktion in C3:

```
C3: =SVERWEIS(B3;B6:F33;2;FALSCH)
```

XVERWEIS mit mehreren Rückgabewerten

Wenn Sie zur Artikelbezeichnung auch noch Preis und Lagerbestand benötigen, müssten Sie bei der Verwendung von SVERWEIS diese Funktion jedes Mal neu eingeben. XVERWEIS erledigt dies dagegen in einer einzigen Funktion, Sie brauchen nur als Rückgabematrix einfach alle benötigten Spalten angeben. Die Funktion in C3 lautet dann:

```
C3: =XVERWEIS(B3;B6:B33;C6:E33)
```

5 Nachschlage- und Verweisfunktionen

Beachten Sie: Die Rückgabematrix muss ein zusammenhängender Zellbereich sein, Mehrfachmarkierung mit gedruckter Strg-Taste ist nicht möglich.

Excel erweitert den Ausgabebereich automatisch auf die Zellen D3 und E3, zu erkennen am Erweiterungsrahmen. Dieser erscheint nur, wenn die Zelle mit der eigentlichen Formel, also C3, markiert ist.

Bild 5.14 Mehrere Rückgabewerte ausgeben

	A	B	C	D	E	F
1	Artikelliste					
2		ArtikelNr.	Bezeichnung		Preis	Lagerbestand
3		309911	=XVERWEIS(B3;B6:B33;C6:E33)		699	0
4						
5	Lagerort	ArtikelID	Artikelbezeichnung		Einzelpreis	Lagerbestand	Produktgruppe
6	H-1	100010	Arbeitsdrehstuhl, Holz mit Rollen		89,00	1	Büromöbel
7	H-1	100023	Arbeitsdrehstuhl mit Bodengleitern und verchromtem Fußring		129,00	0	Büromöbel
8	H-1	100234	Arbeitsdrehstuhl Tec 20 mit Rollen		59,00	1	Büromöbel
9	H-1	309911	Flachablageschrank 110,0 x 76,5 x 42,0cm 5 Schubladen		699,00	0	Büromöbel
10	H-1	309921	Flachablageschrank 110,0 x 76,5 x 42,0cm 3 Schubladen		599,00	10	Büromöbel
11	G-3	100200	Kugelschreiber, transparent mit Innenbeleuchtung		1,50	200	Bürobedarf
12	G-4	100245	Bleistifte, extra hart, 100 St.		6,23	15	Bürobedarf
13	G-5	100248	PROFI Kugelschreiber, farbig sortiert, 100 St.		13,00	0	Bürobedarf
14	G-6	100251	Klebestift, Sparkleber extrastark 10,0 g		0,35	600	Bürobedarf
15	G-7	100256	IQ Kugelschreiber, Oberfläche metallic 10 St.		4,33	60	Bürobedarf

Beispiel 2: XVERWEIS mit zwei und mehr Suchkriterien

Da bei XVERWEIS Suchmatrix und Rückgabematrix zwei getrennte Argumente darstellen, gestaltet sich im Gegensatz zu SVERWEIS die Verwendung mehrerer Suchkriterien einfach. Hier das Beispiel von Seite 185, aber mit der Funktion XVERWEIS.

Bild 5.15 Zwei und mehr Suchkriterien

	A	B	C	D	E	F	G
1	Nachname	Vorname	Telefon		Nachname	Vorname	Telefonnr.
2	Müller	Otto	1545		Müller	Jochen	7801
3	Moser	Karl-Heinz	2256				=XVERWEIS(E2&F2;A2:A9&B2:B9;C2:C9)
4	Baumann	Viola	3041				
5	Norgel	Philipp	1478				
6	Müller	Jochen	7801				
7	Moser	Klara	3351				
8	Hübner	Horst	1044				
9	Kringel	Sabine	2145				
10							

- Als Suchkriterium werden Nachname und Vorname E2 und F2 zum Ausdruck E2&F2 verkettet.
- Als Suchmatrix verketten Sie die Nachnamen in Spalte A mit den Vornamen in Spalte B zum Ausdruck: A2:A9&B2:B9
- Rückgabematrix sind die Telefonnummern in C2:C9.

G2: =XVERWEIS(E2&F2;A2:A9&B2:B9;C2:C9)

Beispiel 3: Eine Tabelle senkrecht und waagrecht durchsuchen

Mit einer verschachtelten XVERWEIS-Funktion kann eine Tabelle sowohl senkrecht als auch waagrecht durchsucht werden, ähnlich wie mit den Funktionen INDEX und VERGLEICH.

Als Beispiel die Zimmerpreise eines Hotels, in E2 soll abhängig von Datum und Zimmerkategorie der Preis ermittelt werden.

	A	B	C	D	E	F	G
1			Datum	Kategorie	Preis		
2			03.04.2021	B	100		
3							
4			ab Datum				
5		Zimmerkategorie	01.01.2021	15.03.2021	01.06.2021	20.09.2021	05.11.2021
6		A	135	120	160	140	120
7		B	110	100	130	115	100
8		C	95	90	100	110	90
9		D	80	85	100	95	80
10		E	75	79	90	85	80

Bild 5.16 Zimmerpreis ermitteln

- Erstes Suchkriterium ist die Zimmerkategorie in D2, nach dieser wird der Bereich B6:B10 durchsucht (Suchmatrix).
- Anschließend wird mit der zweiten XVERWEIS-Funktion zunächst der Bereich C5:G5 nach dem angegebenen Datum in C2 durchsucht, und Rückgabematrix ist der Bereich C6:G10. **Achtung**: Genaue Übereinstimmung mit dem Suchkriterium ist nicht erforderlich, sondern es soll der Wert links davon, das nächstkleinere Datum verwendet werden, daher wird als Vergleichsmodus -1 angegeben.

=XVERWEIS(D2;B6:B10;XVERWEIS(C2;C5:G5;C6:G10;;-1))

5.2 Tabellen mit INDEX und VERGLEICH durchsuchen

Position eines Werts mit VERGLEICH finden

Die Funktion VERGLEICH durchsucht ebenfalls eine Matrix, liefert aber im Gegensatz zu den oben behandelten Verweisfunktionen keinen Wert, sondern die relative Position des gesuchten Werts innerhalb der Matrix. Dies kann eine Spalte oder Zeile sein. **Achtung**: VERGLEICH liefert nur den ersten gefundenen Wert, die Syntax:

VERGLEICH(Suchkriterium;Suchmatrix;Vergleichstyp)

5 Nachschlage- und Verweisfunktionen

Achtung: Das Argument *Suchmatrix* darf nur jeweils eine Zeile oder Spalte umfassen! Geben Sie beispielsweise A1:D25 als Suchmatrix an, so erhalten Sie als Ergebnis den Fehler #NV.

- *Suchkriterium* ist wieder der Wert, nach dem gesucht werden soll.
- *Suchmatrix* kann eine Tabellenzeile oder -spalte sein.
- Das Argument *Vergleichstyp* ist optional und steuert die Art der Suche:
  - Vergleichstyp 1 (oder keine Angabe) liefert die Position des größten Wertes, der kleiner oder gleich dem Suchkriterium ist. Die Werte in der Suchmatrix müssen deshalb **aufsteigend** sortiert sein.
  - Vergleichstyp 0 liefert den ersten Wert, der dem Suchkriterium exakt entspricht, die Werte können in beliebiger Reihenfolge angeordnet sein.
  - Vergleichstyp -1 gibt die Position des kleinsten Wertes zurück, der größer oder gleich dem Suchkriterium ist. Die Werte der Suchmatrix müssen **absteigend** sortiert sein.

Die drei Abbildungen unten verdeutlichen nochmals die unterschiedlichen Vergleichstypen und ihre Wirkung. Die Position der gefundenen Zahl darf nicht verwechselt werden mit der Zeile des Tabellenblatts:

- In Bild 5.17 links liegt eine genaue Übereinstimmung mit dem Suchkriterium vor, es wird der Vergleichstyp 0 verwendet und der gesuchte Wert befindet sich in Zeile 2. Die Sortierung spielt keine Rolle.
- In Bild 5.18 wird Vergleichstyp -1 verwendet und der gesuchte Wert (5,5) befindet sich bei absteigender Sortierung in Zeile 3.
- Im Bild 5.19 ganz rechts liefert der Vergleichstyp 1 die Zeile 4 als Position, die Werte sind aufsteigend sortiert.

Bild 5.17 Vergleichstyp 0

Bild 5.18 Vergleichstyp -1

Bild 5.19 Vergleichstyp 1

	A	B	C	D	E
1	7		Position der Zahl, die gleich 6 ist		
2	6		2		
3	5,5		=VERGLEICH(6;A1:A7;0)		
4	3,5				
5	3				
6	2				
7	1				
8					

	A	B	C	D	E
1	7		Position der Zahl, größer als 5		
2	6		3		
3	5,5		=VERGLEICH(5;A1:A7;-1)		
4	3,5				
5	3				
6	2				
7	1				
8					

	A	B	C	D	E
1	1		Position der Zahl, kleiner als 5		
2	2		4		
3	3		=VERGLEICH(5;A1:A7;1)		
4	3,5				
5	5,5				
6	6				
7	7				
8					

Vereinfachte Suche mit XVERGLEICH

Nicht in Excel 2019 oder älter verfügbar.

Wesentlich einfacher und weniger verwirrend ist die Funktion XVERGLEICH, die zusätzlich zum Vergleichstyp bzw. Vergleichsmodus auch die Wahl des Suchmodus, vom ersten zum letzten oder vom letzten zum ersten Element, erlaubt. Unterschiedliche Sortierungen, wie bei der Funktion VERGLEICH sind damit überflüssig. Leider steht aktuell diese Funktion nur Nutzern von Microsoft 365 zur Verfügung. Die Syntax:

    =XVERGLEICH(Suchkriterium;Suchmatrix;[Vergleichsmodus];[Suchmodus])

Der Unterschied zu VERGLEICH: Mit Ausnahme des Vergleichsmodus 0 (genaue Übereinstimmung und Sortierung egal) sind die Werte immer gleich, also aufsteigend, sortiert und die Suchrichtung wird mit dem Suchmodus festgelegt (vom ersten zum letzten Element = 1; vom letzten zum ersten Element = -1).

Um also die Position der Zahl, die größer ist als 5, zu erhalten (vgl. Bild 5.18), geben Sie bei aufsteigender Sortierung die folgende Funktion ein:

D3: =XVERGLEICH(5;A1:A7;1;1)

Bild 5.20 XVERGLEICH größer Suchwert

Bild 5.21 XVERGLEICH kleiner Suchwert

Beispiel 1: Preis aus einer Preistabelle ermitteln (VERGLEICH)

Als Beispiel soll aus einer nach Mengen gestaffelten Preistabelle anhand von Artikelnummer und Menge der dazugehörige Preis ermittelt werden, siehe Bild unten. Dieser befindet sich in der Preistabelle am Schnittpunkt der gesuchten Zeile mit der gesuchten Spalte, daher wird VERGLEICH zweimal benötigt: Die erste Funktion ermittelt die Spalte, in der sich der gesuchte Wert befindet, und die zweite die Zeile der Suchmatrix.

Bild 5.22 Beispiel VERGLEICH

INDEX_VERGLEICH_1.xlsx

Mit der folgenden Formel ermitteln Sie in D10 den Zeilenindex (Zeile innerhalb der Suchmatrix) der gesuchten Artikelnummer (*Suchkriterium*: B10, *Suchmatrix*: A4:A7) und erhalten das Ergebnis 3. Die Suchkriterien müssen exakt übereinstimmen, daher Vergleichstyp 0.

D10:   =VERGLEICH(B10;A4:A7;0)   Ergebnis: 3

Die zweite Formel in D11 liefert den Spaltenindex (*Suchkriterium*: B11, *Suchmatrix*: B3:F3). Für die Menge, z. B. 25 kg, wird der nächstkleinere Wert benötigt, daher Vergleichstyp 1.

D11:   =VERGLEICH(B11;B3:F3;1)   Ergebnis: 2

Leider erhalten Sie mit diesen Formeln noch nicht das gewünschte Ergebnis, den Preis, sondern nur dessen relative Position in der Matrix. Anhand dieser Positionsangaben ermitteln Sie nun mit der Funktion INDEX den gesuchten Wert.

Mit INDEX einen Wert anhand seiner Position ermitteln

Die Funktion INDEX benötigt zur Ermittlung eines Wertes seine genaue Position innerhalb der Matrix, d. h. in welcher Zeile (Zeilenindex) und Spalte (Spaltenindex) er sich befindet. Diese Angaben haben wir zuvor mit VERGLEICH ermittelt.

Hinweis: INDEX existiert in zwei Versionen, als Matrix- und als Bezugsfunktion, für dieses Beispiel benötigen Sie die Matrixfunktion, die Syntax:

INDEX(Matrix;Zeilenindex;Spaltenindex)

Sie brauchen also für unser Beispiel nur noch in B12 mit INDEX den Preis ermitteln, die Formel dazu lautet:

B12: =INDEX(B4:F7;D10;D11)

Natürlich ist dies auch mit verschachtelten Funktionen in einer einzigen Formel möglich, dann sieht die Formel so aus:

B12: =INDEX(B4:F7;VERGLEICH(B10;A4:A7;0); VERGLEICH(B11;B3:F3;1))

Bild 5.23 Beispiel INDEX

	A	B	C	D	E	F	G	H
1	Preistabelle							
2				ab Menge kg				
3	Artikel Nr.	10	20	30	40	50		
4	100	5,00	9,00	13,50	16,00	20,00		
5	200	4,50	8,20	12,80	17,00	22,00		
6	300	10,00	18,00	26,00	34,00	42,00		
7	400	1,20	2,00	3,40	4,10	5,00		
8								
9	Gesuchter Artikel:							
10	Artikel Nr.	300	Zeile	3	=VERGLEICH(B10;A4:A7;0)			
11	Menge kg	25	Spalte	2	=VERGLEICH(B11;B3:F3;1)			
12	Preis	=INDEX(B4:F7;D10;D11)						
13		INDEX(Matrix; Zeile; [Spalte])						
14		INDEX(Bezug; Zeile; [Spalte]; [Bereich])						

Beispiel 2: Benachbarte Werte auslesen

Die täglichen Höchsttemperaturen eines Monats wurden für mehrere Städte in einer Tabelle festgehalten. Jetzt soll für jede Stadt der höchste Wert im gemessenen Zeitraum ermittelt und zusammen mit dem Datum angezeigt werden.

Tabellen mit INDEX und VERGLEICH durchsuchen 5

	A	B	C	D	E	F	G	H	I	J	K
1	Tageshöchsttemperaturen in C										
2											
3		Stuttgart	München	Berlin	Köln			Stuttgart	München	Berlin	Köln
4	01.08.2019	31,1	27,6	28,2	26,2		Max. Temperatur	31,1 °C	29,3 °C	30,2 °C	27,8 °C
5	02.08.2019	25,6	24,7	26,2	27,8		Datum	01.08.2019	13.08.2019	10.08.2019	02.08.2019
6	03.08.2019	27,5	23,4	21,3	20,4						
7	04.08.2019	20,1	15,6	14,7	17,3						
8	05.08.2019	21,5	16,2	17,8	18,5						
9	06.08.2019	23,3	18,9	20,1	19,1						
10	07.08.2019	25,5	17,3	23,2	21,1						
11	08.08.2019	20,2	18,5	24,2	23,4						
12	09.08.2019	21,3	19,7	26,4	25,3						
13	10.08.2019	23,5	20,8	30,2	26,5						
14	11.08.2019	21,2	20,9	25,4	24,3						
15	12.08.2019	20,4	19,7	23,5	22,5						
16	13.08.2019	21,5	29,3	24,1	23,4						
17	14.08.2019	20,2	17,7	22,3	21,5						
18	15.08.2019	18,9	15,3	20,4	19,8						
19											

1 In H4 wird mit der Funktion MAX der höchste Wert für Stuttgart ermittelt und die Formel anschließend nach rechts kopiert.

INDEX_VER-GLEICH_2.xlsx

2 Darunter wird in H5 mit den beiden Funktionen INDEX und VERGLEICH das dazugehörige Datum ermittelt:

- Die Funktion INDEX durchsucht den Bereich $A$4:$E$18 (Matrix), die absoluten Zellbezüge werden benötigt, damit die Formel auf die übrigen Städte kopiert werden kann. Die Zeile wird mit VERGLEICH ermittelt:
- VERGLEICH sucht in Spalte B nach der Zeile mit der höchsten Temperatur (Suchkriterium in H4), genaue Übereinstimmung ist erforderlich:

=VERGLEICH(H4;B4:B18;0)

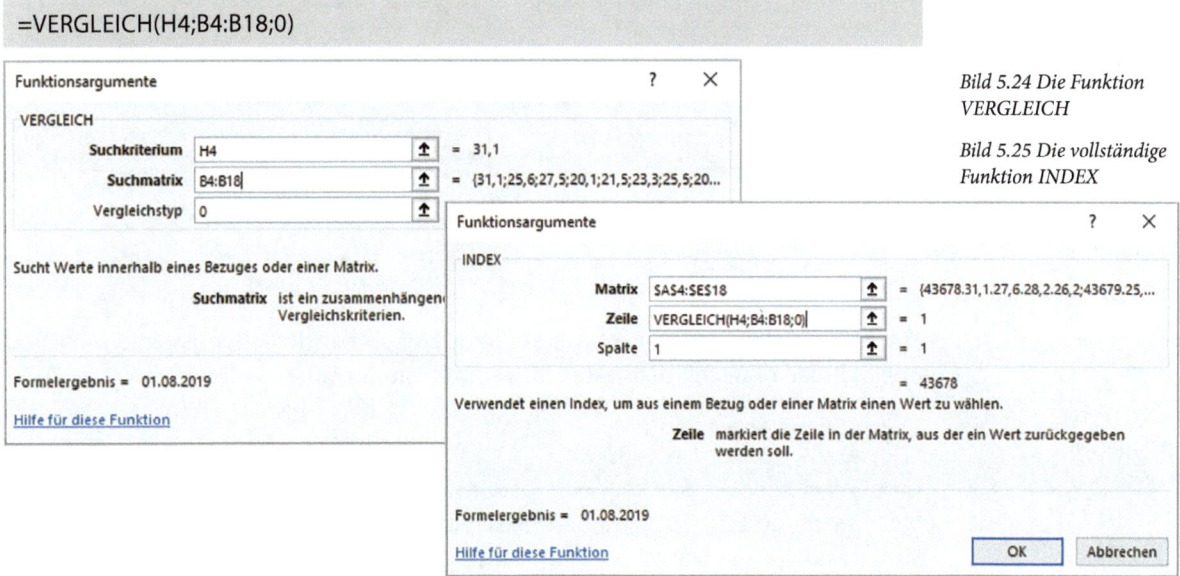

Bild 5.24 Die Funktion VERGLEICH

Bild 5.25 Die vollständige Funktion INDEX

197

3. Anschließend vervollständigen Sie noch die Funktion INDEX um die Spaltenangabe 1 (das Datum befindet sich in der ersten Spalte). Die vollständige Funktion in H5 lautet:

H5: =INDEX($A$4:$E$18; VERGLEICH(H4;B4:B18;0);1)

4. Zuletzt müssen die Ergebnisse noch als Datum formatiert werden, da Index nur den Wert, also ohne Formatierung ermittelt.

> **Achtung**: VERGLEICH liefert nur den ersten gefundenen Wert! Sollte also beispielsweise an zwei Tagen der selbe Höchstwert gemessen worden sein, so erhalten Sie nur das Datum des ersten Tages.

XVERWEIS, siehe Seite 190.

Hinweis: Wenn Ihnen die Funktion XVERWEIS zur Verfügung steht, dann verwenden Sie besser diese zur Lösung der Aufgabe. Die Formel in H5 lautet dann ganz einfach:

H5: =XVERWEIS(H4;B4:B18;$A$4:$A$16)

Beispiel 3: Ganze Spalte oder Zeile mit INDEX auslesen

Matrixformeln eingeben, siehe Kapitel 1.7.

Wenn Sie als Zeilenindex 0 angeben, dann liefert INDEX den Inhalt der gesamten Spalte und umgekehrt erhalten Sie mit Spaltenindex 0 die gesamte Zeile der Matrix. In diesem Fall müssen Sie INDEX als Matrixformel eingeben.

Hier als Beispiel eine Tabelle mit den Arbeitsstunden der Mitarbeiter je Kalenderwoche. Im Bereich N3:N6 sollen nun die Stunden aller Mitarbeiter in einer bestimmten Kalenderwoche herausgesucht werden. Da die vorgegebene Kalenderwoche in N2 mit der Spaltenabfolge in der Matrix übereinstimmt, kann diese als Spaltenindex verwendet werden.

Bild 5.26 Kalenderwoche, ganze Spalte

	A	B	C	D	E	F	G	H	I	J	K	L	M	N	O
1		Kalenderwoche												KW	
2	Mitarbeiter	1	2	3	4	5	6	7	8	9	10		Mitarbeiter	4	
3	Moser	15,0	35,0	40,0	42,0	20,0	35,0	45,0	48,0	38,0	41,0		Moser	=INDEX(B3:K6;0;N2)	
4	Brösel	0,0	0,0	20,0	25,0	25,0	38,0	20,0	32,0	26,0	22,0		Brösel	25,0	
5	Humpler	23,0	30,0	35,0	36,0	29,0	39,0	22,0	23,0	25,0	24,0		Humpler	36,0	
6	Meinich	30,0	40,0	40,0	20,0	45,0	41,0	38,0	40,0	42,0	41,0		Meinich	20,0	
7															

Microsoft 365 erweitert den Ausgabebereich automatisch, hier genügt es, wenn Sie die Funktion in N3 eingeben.

Zur Eingabe der Funktion markieren Sie N3:N6, geben folgende Funktion ein und übernehmen diese mit den Tasten Strg+Umschalt+Eingabe.

=INDEX(B3:K6;0;N2)

Umgekehrt könnten Sie auch eine ganze Zeile, hier die Stunden eines bestimmten Mitarbeiters, auslesen, dann geben Sie als Spaltenindex 0 an, den Mitarbeiter müssten Sie entweder in der Funktion als Zeilenindex vorgeben, z. B. 2 für den Mitarbeiter Brösel, oder mit Vergleich ermitteln.

Tabellen mit INDEX und VERGLEICH durchsuchen 5

Auch diese Aufgabe lässt sich mit XVERWEIS lösen: Suchkriterium ist die Kalenderwoche oder der Name des Mitarbeiters, Suchmatrix je nach Kriterium die Kalenderwochen oder Mitarbeiternamen und Rückgabematrix der gesamte Bereich B3:K6.

Beispiel: Werte aus einer Entfernungsmatrix auslesen

Als weiteres Beispiel für die Einsatzmöglichkeiten von INDEX und VERGLEICH die unten abgebildete Entfernungstabelle einiger deutscher Städte.

Bild 5.27 Entfernungstabelle

Entfernungstabelle vervollständigen

In der Entfernungsmatrix fehlen noch die Entfernungsangaben oberhalb der Diagonalen. Da es egal ist, ob Sie beispielsweise von München nach Hamburg fahren oder umgekehrt, sind die Entfernungen dieselben wie im unteren Teil, allerdings gespiegelt, also Zeilen und Spalten vertauscht.

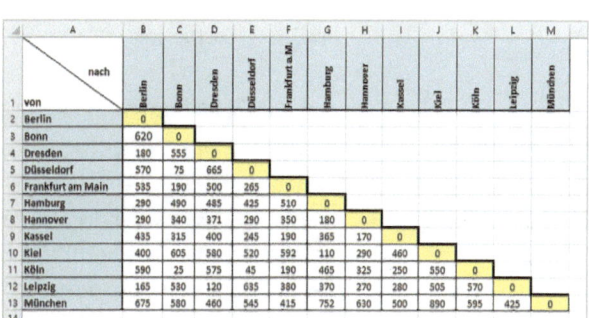

Um die vorhandenen Werte in den oberen Bereich zu übernehmen, setzen Sie die Funktion INDEX zusammen mit den Funktionen ZEILE und SPALTE ein, siehe Bild 5.28. Als Argument *Zeile* verwenden Sie die aktuelle Spalte und als Argument *Spalte* die aktuelle Zeile und die Formel in C2 lautet:

Entfernungstabelle.xlsx

C2: =INDEX($A$1:$M$13;SPALTE();ZEILE())

Beachten Sie, dass beide Funktionen nicht die relative Position innerhalb der Matrix sondern die Zeilen- und Spaltennummer des Tabellenblatts liefern. Falls sich oberhalb der eigentlichen Matrix eine Überschrift befindet, müssen deren Zeilen von der ermittelten Zeile subtrahiert werden.

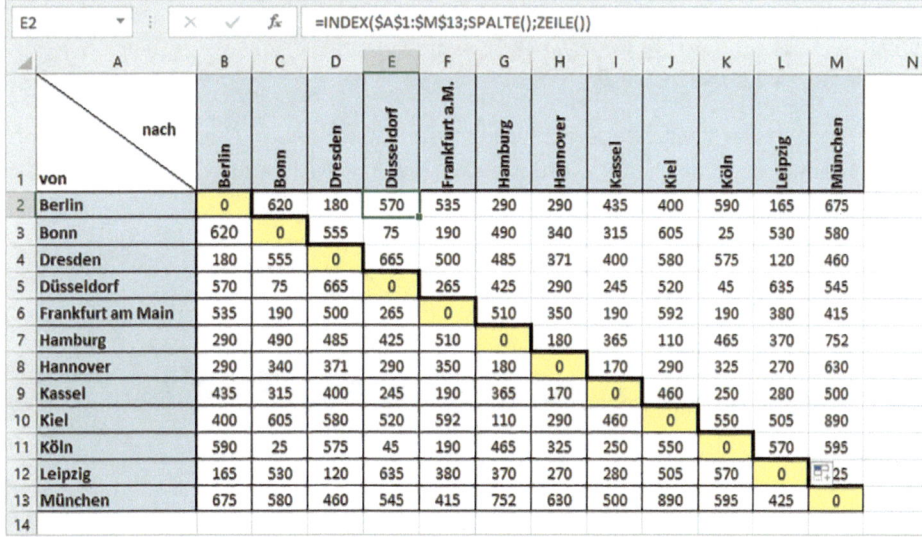

Bild 5.28 Die fertige Entfernungsmatrix

199

Alternative: Spalten und Zeilen mit MTRANS vertauschen

Alternativ könnten Sie auch die Funktion MTRANS einsetzen. Diese gibt die Werte einer Zeile in einer Spalte aus und umgekehrt und entspricht dem Befehl *Transponieren* beim Einfügen aus der Zwischenablage (*Einfügen* ▶ *Transponieren*).

Achtung: Diese Funktion muss zeilenweise und als Matrixformel eingegeben werden. Wenn Sie Excel 2019 oder älter einsetzen, müssen Sie den Bereich C2:M2 markieren und die Eingabe mit Strg+Umschalt+Eingabetaste abschließen. Die Funktion lautet:

    {=MTRANS(B3:B13)}

In D3:M3 lautet die Funktion dann: {=MTRANS(C4:C13)}, usw.

Aufgabe 1: Entfernung zwischen zwei Städten auslesen

Unterhalb der Entfernungstabelle soll nun die Entfernung zwischen den beiden Städten München und Hamburg ausgegeben werden. Dazu wird jeweils mit der Funktion VERGLEICH ermittelt, in welcher Zeile sich der Ausgangsort München und in welcher Spalte sich das Ziel Hamburg befindet. Zur besseren Nachvollziehbarkeit wurden diese im Bild unten gesondert ermittelt.

Bild 5.29 Start und Ziel als Zeile und Spalte ermitteln

	A	B	C	D	E	F	G	H	I	J	K	L	M	N
10	Kiel	400	605	580	520	592	110	290	460	0	550	505	890	
11	Köln	590	25	575	45	190	465	325	250	550	0	570	595	
12	Leipzig	165	530	120	635	380	370	270	280	505	570	0	425	
13	München	675	580	460	545	415	752	630	500	890	595	425	0	
14														
15	Von:		Zeile:											
16	München		13	=VERGLEICH(A16;A1:A13;0)										
17														
18	Nach:		Spalte:											
19	Hamburg		7	=VERGLEICH(A19;A1:M1;0)										
20														

Diese beiden Ergebnisse brauchen Sie anschließend nur in die Funktion INDEX einsetzen, um das gewünschte Ergebnis zu erhalten:

    =INDEX(A1:M13;B16;B19)

Wenn Sie statt der Zwischenberechnungen die Funktionen in einer einzigen Formel zusammenfassen, dann lautet diese wie unten. **Achtung**: Die Matrixbezüge müssen in allen Funktionen identisch sein.

    B16: =INDEX(A1:M13;VERGLEICH(A16;A1:A13;0);VERGLEICH(A19;A1:M1;0))

Bild 5.30 Entfernung in einer einzigen Formel zusammenfassen

	A	B	C	D	E	F	G	H	I	J	K	L	M
14													
15	Von:	Entfernung:											
16	München	752	=INDEX(A1:M13;VERGLEICH(A16;A1:A13;0);VERGLEICH(A19;A1:M1;0))										
17													
18	Nach:												
19	Hamburg												
20													

5 Tabellen mit INDEX und VERGLEICH durchsuchen

Tipp: Start und Ziel auswählen statt eingeben

Um die Sache zu vereinfachen, können Ausgangsort und Ziel auch als Auswahlfelder gestaltet werden. Theoretisch könnten Sie dazu die Gültigkeitsprüfung in Verbindung mit der Auswahl aus einer Liste einsetzen. Noch besser eignet sich in diesem Fall aber das Formularsteuerelement Kombinationsfeld, da dieses auch gleich die Position des ausgewählten Werts und damit die Argumente für die Funktion INDEX liefert.

1. Dazu fügen Sie zunächst zwei Kombinationsfelder ein: Register *Entwicklertools* ▶ *Steuerelemente* ▶ *Einfügen* ▶ *Formularsteuerelemente* ▶ *Kombinationsfeld*.

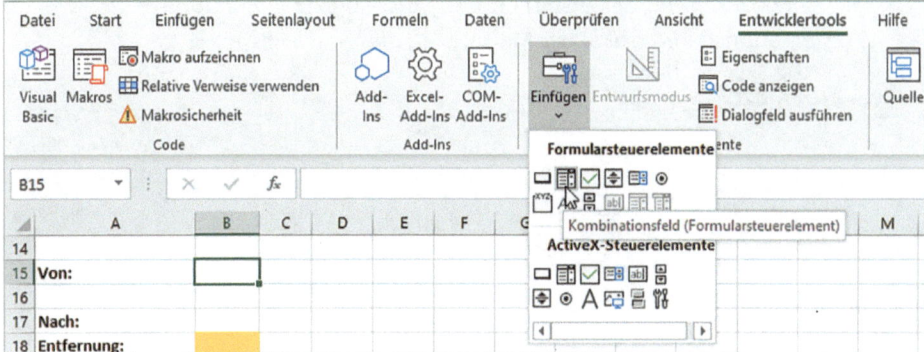

Bild 5.31 Kombinationsfeld einfügen

2. Ziehen Sie dann mit der Maus nacheinander die beiden Kombinationsfelder an der gewünschten Stelle auf. **Tipp**: Halten Sie die Alt-Taste gedrückt, um das Kombinationsfeld exakt in die Zellen einzupassen.

3. Klicken Sie dann mit der rechten Maustaste in das erste Kombinationsfeld (Von:) und auf *Steuerelement formatieren*....

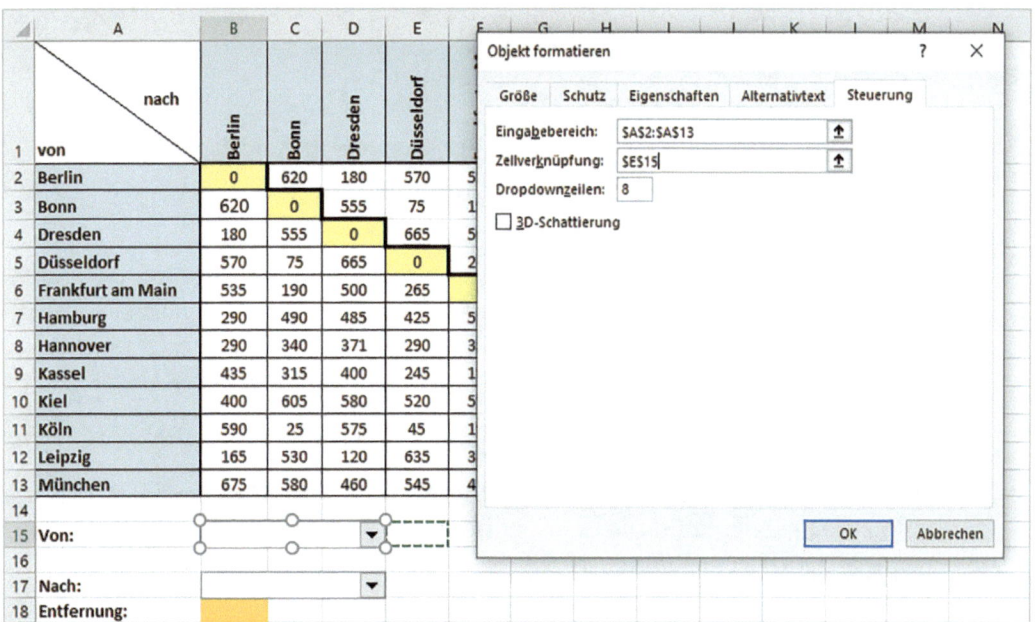

Bild 5.32 Steuerelement formatieren

5 Nachschlage- und Verweisfunktionen

Eingabebereich ist die Spalte mit den auszuwählenden Städten, also A2:A13. Als Zellverknüpfung geben Sie die Zelle rechts daneben an, hier E15. Genauso verfahren Sie mit dem zweiten Kombinationsfeld. **Achtung**: Kombinationsfelder lassen als Eingabebereich nur Text in Zeilen untereinander zu, dies ist in unserem Fall jedoch kein Problem, da in der Entfernungsmatrix die Reihenfolge der Städte identisch ist. Geben Sie also auch hier wieder als Eingabebereich A2:A13 an, Zellverknüpfung ist hier E17.

4   Anschließend können Sie die Entfernung mit INDEX ermitteln, als *Zeile* geben Sie die Zellverknüpfung des ersten und als *Spalte* die Zellverknüpfung des zweiten Kombinationsfelds an. **Achtung**: Matrix ist in diesem Fall B2:M13!

B18: =INDEX(B2:M13;E15;E17)

Bild 5.33 Start und Ziel über Kombinationsfeld auswählen

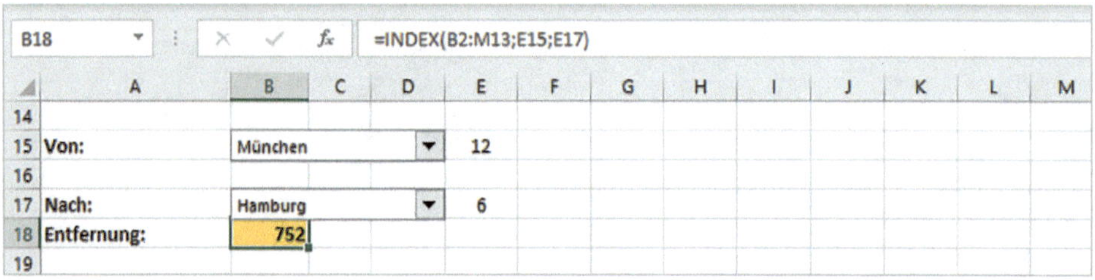

Falls Sie die Zahlen in E15 und E17 als störend empfinden, formatieren Sie die Schrift am einfachsten in der Farbe des Tabellenhintergrunds, z. B. Weiß.

Aufgabe 2: Die beiden Städte mit der maximalen Entfernung aus der Tabelle ermitteln

Man kann die Aufgabenstellung auch umkehren und die Entfernungsmatrix z. B. nach der größten oder kleinsten Entfernung zwischen zwei Städten durchsuchen. Auch hierzu sind mehrere Funktionen erforderlich, die wir Schritt für Schritt betrachten.

1. Schritt: Größte Entfernung ermitteln
Die größte Entfernung ist schnell mit der Funktion MAX gefunden:

B16: =MAX(B2:M139)

2. Schritt: Position des größten Werts finden
Um die Position des gesuchten Werts zu ermitteln, setzen wir die Funktion ZÄHLENWENN ein. Suchkriterium ist der größte Wert, hier in B16, komplizierter ist dagegen die Bestimmung der Matrix, d. h. des Bereichs der durchsucht werden soll.

ZÄHLENWENN(Bereich;Suchkriterium)

Da jeder Wert zweimal vorkommt, soll nur der linke untere Teil durchsucht werden. Um Zeile für Zeile zu durchsuchen, muss außerdem der Bezug dynamisch sein, dies erreicht man mit der Funktion INDEX.

Tabellen mit INDEX und VERGLEICH durchsuchen 5

Hinweis: Der Ausdruck B2:INDEX(Bezug) gibt statt eines Werts einen Bezug zurück, also z. B. B2 statt 0. Die Tabelle unten verdeutlicht dieses Prinzip.

Zeile der Matrix	Formel	Ergebnis als Bezug
2	B2: INDEX(B2:M2;1)	B2:B2
3	B3: INDEX(B3:M3;2)	B3:C3
4	B4: INDEX(B4:M4;3)	B4:D4
13	B13: INDEX(B13:M13;12)	B13:M13

Im Bild unten wird mit ZÄHLENWENN und INDEX in einer Hilfsspalte die Zeile und in einer Hilfszeile die Spalte ermittelt und mit der bedingten Formatierung hervorgehoben. Die Formeln werden in N2 und B14 eingegeben und können kopiert werden.

Hilfsspalte in N2: =ZÄHLENWENN(B2:INDEX($A$1:$M$13;ZEILE();ZEILE());$B$16)

Hilfszeile in B14: =ZÄHLENWENN(INDEX($A$1:$M$13;SPALTE();SPALTE()):B13;$B$16)

Das Argument Zeile wird mit der Funktion ZEILE ermittelt. Diese setzen wir auch als Spalte ein, da die Anzahl Zeilen und Spalten identisch sind.

Bild 5.34 Position in einer Hilfsspalte und Hilfszeile ermitteln

Als Ergebnis erhalten Sie in Spalte J und in Zeile 13 jeweils das Ergebnis 1.

	A	B	C	D	E	F	G	H	I	J	K	L	M	N
1	von \ nach	Berlin	Bonn	Dresden	Düsseldorf	Frankfurt a.M.	Hamburg	Hannover	Kassel	Kiel	Köln	Leipzig	München	Hilfsspalte
2	Berlin	0	620	180	570	535	290	290	435	400	590	165	675	0
3	Bonn	620	0	555	75	190	490	340	315	605	25	530	580	0
4	Dresden	180	555	0	665	500	485	371	400	580	575	120	460	0
5	Düsseldorf	570	75	665	0	265	425	290	245	520	45	635	545	0
6	Frankfurt am Main	535	190	500	265	0	510	350	190	592	190	380	415	0
7	Hamburg	290	490	485	425	510	0	180	365	110	465	370	752	0
8	Hannover	290	340	371	290	350	180	0	170	290	325	270	630	0
9	Kassel	435	315	400	245	190	365	170	0	460	250	280	500	0
10	Kiel	400	605	580	520	592	110	290	460	0	550	505	890	0
11	Köln	590	25	575	45	190	465	325	250	550	0	570	595	0
12	Leipzig	165	530	120	635	380	370	270	280	505	570	0	425	0
13	München	675	580	460	545	415	752	630	500	890	595	425	0	1
14	Hilfszeile	0	0	0	0	0	0	0	0	1	0	0	0	
15														
16	Grösste Entfernung:	890												
17														

3. Schritt: Dazugehörigen Ort ermitteln

Anhand der Hilfsspalte kann nun der Ausgangsort und über die Hilfszeile der Zielort ausgelesen werden. Die Formel für den Ausgangsort in B17:

B17: =INDEX(A2:A13;VERGLEICH(1;N2:N13;0);1)

5 Nachschlage- und Verweisfunktionen

Bild 5.35 Ausgangsort und Zielort auslesen

Den Zielort in B18 erhalten Sie mit der Formel:

B18: =INDEX(B1:M1;1;VERGLEICH(1;B14:M14;0))

	A	B	C	D	E	F	G	H	I	J	K	L	M	N
11	Köln	590	25	575	45	190	465	325	250	550	0	570	595	0
12	Leipzig	165	530	120	635	380	370	270	280	505	570	0	425	0
13	München	675	580	460	545	415	752	630	500	890	595	425	0	1
14	Hilfszeile	0	0	0	0	0	0	0	0	1	0	0	0	
15														
16	Grösste Entfernung:	890												
17	Ausgangsort	München												
18	Zielort	Kiel												
19														

Die Funktion WAHL

Siehe Beispiel SVERWEIS mit zwei Suchkriterien auf Seite 185.

Die Funktion WAHL haben Sie eventuell in Verbindung mit SVERWEIS und zwei Suchkriterien bereits kennengelernt. WAHL ermittelt einen Wert anhand seiner Position (Index) aus einer Liste von Werten (Wert1; Wert2;...). Diese werden im Gegensatz zu INDEX als Wertliste und nicht als Zellbereich angegeben.

WAHL(Index;Wert1;[Wert2];...)

- *Index* ist eine ganze Zahl zwischen 1 und 254.
- Die *Werte* können Bezüge sein oder mit der Funktion eingegeben werden.

Beispiel: Auf welchen Wochentag fällt Weihnachten?
Hier ein einfaches Beispiel, das für mehrere Jahre ermittelt, auf welchen Wochentag der 24. Dezember des jeweiligen Jahres fällt. Die Wochentage (Montag, Dienstag ,...) werden in diesem Beispiel als Argumente eingegeben. Der Indexwert des jeweiligen Wochentags von 1 bis 7 wird mit der Funktion WOCHENTAG aus dem Datum ermittelt, diese liefert den Wochentag als Zahl. Die vollständige Funktion in B4:

B4: =WAHL(WOCHENTAG(A4;2)"Montag";"Dienstag";"Mittwoch";"Donnerstag"; "Freitag";"Samstag";"Sonntag")

Bild 5.36 Wochentag Weihnachten

WAHL_ERSTERWERT. xlsx

	A	B
1	Wochentage Weihnachten	
2		
3		Wochentag
4	24.12.2019	=WAHL(WOCHENTAG(A4;2);"Montag";"Dienstag";"Mittwoch";"Donnerstag";"Freitag";"Samstag";"Sonntag")
5	24.12.2020	Donnerstag
6	24.12.2021	Freitag
7	24.12.2022	Samstag
8	24.12.2023	Sonntag
9	24.12.2024	Dienstag
10	24.12.2025	Mittwoch
11	24.12.2026	Donnerstag

5.3 Zelladressen ermitteln

Im Gegensatz zu beispielsweise VERGLEICH ermitteln die nachfolgenden Funktionen nicht die relative Position innerhalb einer Tabelle/Matrix, sondern die Adresse im Tabellenblatt. Sie werden deshalb in der Regel nicht als eigenständige Funktionen sondern als Ergänzung in anderen Funktionen eingesetzt.

ZEILE(N) und SPALTE(N)

Die Funktionen ZEILE und SPALTE liefern als Ergebnis die Zeilen- bzw. Spaltennummer des angegebenen Bezugs als Zahl. **Achtung:** Auch die Spalte wird als Zahl und nicht mit dem Spaltenbuchstaben zurückgegeben. ZEILEN und SPALTEN ermitteln, wie viele Zeilen oder Spalten der angegebene Zellbereich umfasst. Der Aufbau dieser Funktionen ist immer gleich.

Funktion	Beschreibung	Beispiel
ZEILE(Bezug)	Gibt die Zeilennummer des angegebenen Zellbezugs zurück. Wenn kein Bezug angegeben ist, wird die Zeilennummer der aktuellen Zeile, in der sich die Funktion befindet, ausgegeben.	ZEILE(A8) = 8
SPALTE(Bezug)	Gibt die Spaltennummer des angegebenen Zellbezugs zurück. Wenn kein Bezug angegeben wird, liefert SPALTE die Nummer der aktuellen Spalte, in der sich die Funktion befindet.	SPALTE(A8) = 1
ZEILEN(Bezug)	Liefert die Anzahl der Zeilen des angegebenen Zellbereichs	ZEILEN(A1:C10) = 10
SPALTEN(Bezug)	Liefert die Anzahl der Spalten des angegebenen Zellbereichs	SPALTEN(A1:C10) = 3

Hier zwei Beispiele: In Bild 5.37 wird in A2 die Zeilen- und in B2 die Spaltennummer der rot hervorgehobenen Zelle D3 ermittelt und in Bild 5.38 die Anzahl der Zeilen und Spalten. Die dazugehörige Funktion sehen Sie jeweils unterhalb.

	A	B	C	D	E	F	G	H	I
1	Zeile	Spalte							
2	3	4							
3	=ZEILE(D3)	=SPALTE(D3)							
4									

Bild 5.37 Zeilen- und Spaltennummer

	A	B	C	D	E	F	G	H	I	J
1	Beispieltabelle							Zeilen	Spalten	
2								11	6	
3	Kundennr.	Nachname	Vorname	PLZ	Ort	Land		=ZEILEN(A3:F13)	=SPALTEN(A3:F13)	
4	450	Meister	Jürgen	55129	Mainz	DE				
5	452	Klug	Otto	16818	Langen	DE				
6	453	Humpler	Emil	94315	Straubing	DE				
7	454	Schräg	Sabine	94032	Passau	DE				
8	455	Kabelschacht	Alfred	78464	Konstanz	DE				
9	457	Einstein	Jaqueline	24107	Kiel	DE				
10	459	Mumpitz	Nadine	82223	Eichenau	DE				
11	460	Norgel	Philipp	93078	Pentling	DE				
12	462	Waldner	Alois	2340	Mödling	AT				
13	463	Brösel	Anna	4020	Linz	AT				
14										

Bild 5.38 Anzahl Zeilen und Spalten

ZEILE_SPALTE.xlsx

5 Nachschlage- und Verweisfunktionen

Weitere Beispiele

Die Zeilennummer der aktuellen Zeile:

A10:   =Zeile()   Ergebnis:10

Nummer der Spalte Z:

A11:   =Spalte(Z:Z)   Ergebnis: 26

Anzahl der Spalten des Tabellenblatts:

A1:   =SPALTEN(A:XFD)   Ergebnis: 16.384

Variable Zellbezüge mit INDIREKT

Wenn Sie in einer Formel auf den Inhalt einer bestimmten Zelle zugreifen, dann verwenden Sie vermutlich einen Zellbezug in der Schreibweise A1, also Spalte und Zeile oder $A$1. Befindet sich die Zelle in einem anderen Arbeitsblatt, dann setzen Sie noch den Blattnamen, gefolgt von einem Ausrufezeichen davor, z. B. Tabelle1!A1. Um also z. B. in D3 den Inhalt der Zelle A3 anzuzeigen, genügt die einfache Formel =A3.

Manchmal muss aber die Zelladresse variabel sein und z. B. berechnet oder aus anderen Zellen abgeleitet und zusammengesetzt werden. Dann kommt die Funktion INDIREKT zum Einsatz, die Schreibweise:

INDIREKT(Bezug;[A1]

- *Bezug* gibt die Zelle an.
- Der optionale Parameter *A1* legt die Schreibweise fest: WAHR oder keine Angabe steht für die gewohnte Schreibweise A1 (Spalte, Zeile), während mit FALSCH auch die Schreibweise Zeile, Spalte (Z1,S1) verwendet werden kann.

Falls die Spalte als Zahl vorliegt, verwenden Sie die Funktion ADRESSE.

Als Ergebnis erhalten Sie den Inhalt der unter Bezug angegebenen Zelle. Beachten Sie, dass in der Schreibweise A1 die Spalte als Buchstabe angegeben werden muss.

Ein einfaches Beispiel

Im Bild unten soll in E4 der Lagerbestand eines bestimmten Artikels ermittelt werden. Die Spalte befindet sich in E2 und die Zeilennummer in E3. Mit INDIREKT setzen Sie nun in E4 den Zellbezug aus den Inhalten der Zellen E2 und E3 mit folgendem Ausdruck zusammen: E2&E3 und erhalten als Ergebnis den Inhalt der Zelle B5.

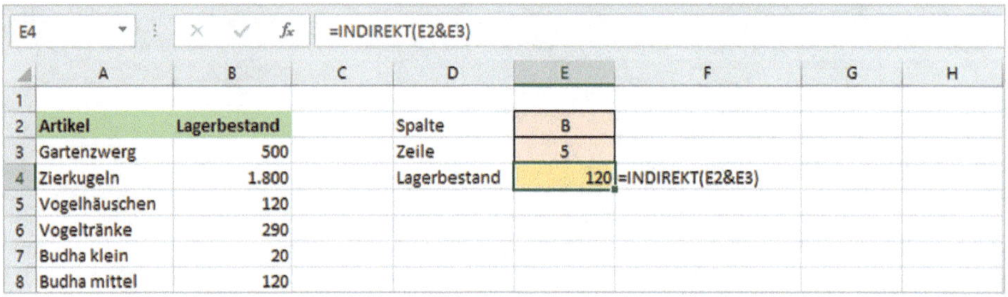

Bild 5.39 Mit INDIREKT Zellbezug aus Zellinhalten erzeugen

INDIREKT_1.xlsx

	A	B	C	D	E	F	G	H
1								
2	Artikel	Lagerbestand		Spalte	B			
3	Gartenzwerg	500		Zeile	5			
4	Zierkugeln	1.800		Lagerbestand	120	=INDIREKT(E2&E3)		
5	Vogelhäuschen	120						
6	Vogeltränke	290						
7	Budha klein	20						
8	Budha mittel	120						

5 Zelladressen ermitteln

Weitere Beispiele

Im Bild unten einige Beispiele, etwa um den Inhalt der letzten nicht leeren Zelle in Spalte A auszugeben. Beachten Sie, dass bei Verwendung des Tabellennamens wie in C5 Tabellenname und Zellbezug mit ! getrennt werden.

Bild 5.40 Beispiele INDIREKT

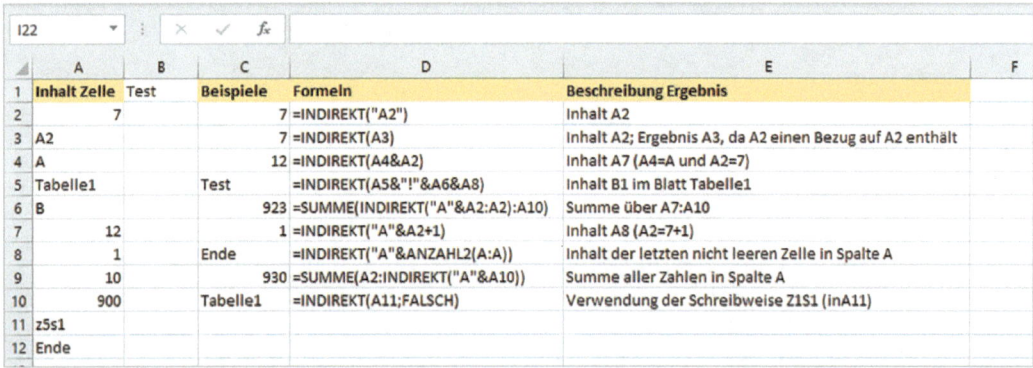

INDIREKT_3.xlsx

Variabler Zugriff auf Arbeitsblätter

Mit INDIREKT erhalten Sie auch variablen Zugriff auf andere Arbeitsblätter. Voraussetzung: Die benötigten Werte müssen sich in jedem Tabellenblatt in derselben Zelle befinden. Bezüge auf andere Arbeitsmappen werden außerdem nur korrekt angezeigt, wenn diese geöffnet sind, andernfalls liefert INDIREKT den Fehlerwert #BEZUG.

Als Beispiel eine kleine Auswertung über mehrere Tabellenblätter. Die Verkaufszahlen der einzelnen Verkaufsbezirke befinden sich in den Blättern *Nord*, *Mitte* und *Süd*, als Beispiel im Bild unten das Blatt *Nord*. Die Tabellen sind identisch aufgebaut, d. h. die Umsätze befinden sich immer in derselben Zelle (Bild 5.41).

INDIREKT_2.xlsx

Mit der Funktion INDIREKT führen Sie nun im Blatt *Auswertung 1* die Verkaufszahlen der Badewannenenten für alle Bezirke zusammen. Der Name des jeweiligen Tabellenblatts geht aus Spalte A hervor, diesen verketten Sie mit der Zelle B4. **Achtung**: Da Excel Blattname und Zellbezug mit ! trennt, benötigen Sie auch noch ein Ausrufezeichen. Die Funktion in B4 lautet also:

Bild 5.41 Verkaufszahlen des Bezirks Nord

Bild 5.42 Zugriff auf die Tabellenblätter mit INDIREKT

```
B4: =INDIREKT(A4&"!B4")
```

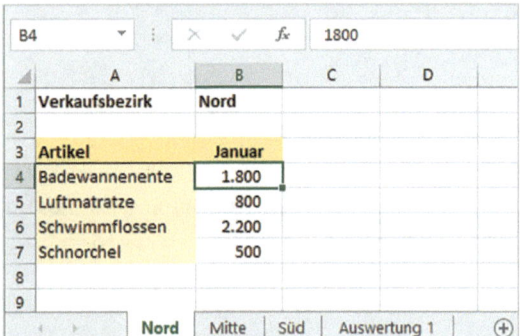

Zelladresse mit ADRESSE in der Schreibweise A1 ausgeben

Die Funktion ADRESSE liefert aus Zeilen- und Spaltennummer einen Zellbezug als Zeichenfolge, z. B. A1. Diese kann dann mit der Funktion INDIREKT ausgewertet werden. Der Vorteil gegenüber INDIREKT: Umständliche und fehleranfällige Verkettungen können so vermieden werden. Der Aufbau der Funktion:

ADRESSE(Zeile;Spalte;[Abs];[A1];[Tabellenname])

Die Argumente:
- *Zeile*, numerischer Wert, der die Zeile festlegt. Kann direkt oder als Bezug eingegeben oder z. B. mit der Funktion ZEILE ermittelt werden.
- *Spalte*, numerischer Wert, der die Spalte festlegt, siehe Argument Zeile.
- Das optionale Argument *Abs* legt den Bezugstyp fest:
  - 1 oder keine Angabe: absoluter (unveränderlicher) Zellbezug, z. B. $A$1.
  - 2 = Zeile fest, Spalte relativ, z. B. $A1.
  - 3 = Zeile relativ, Spalte fest, z. B. A$1.
  - 4 = relativer Bezug
- Mit dem optionalen Argument *A1* geben Sie die Schreibweise an: WAHR oder keine Angabe bedeutet A1-Schreibweise, FALSCH = Z1S1.
- Mit *Tabellenname* kann zusätzlich der Name des Arbeitsblatts angegeben werden. Wird dieser weggelassen, gilt der Bezug für das aktuelle Tabellenblatt.

Hier ein einfaches Beispiel, das jeweils die Adresse der letzten nicht leeren Zelle einer Spalte, hier Spalte A, und die Adresse der letzten Tabellenzelle ermittelt. In Verbindung mit INDIREKT kann zusätzlich auch der Inhalt der jeweiligen Zelle ausgegeben werden.

Bild 5.43 Beispiel ADRESSE und INDIREKT

	A	B	C	D	E	F	G
1	**Beispieltabelle**				Adresse letzte Zelle in Spalte A	A8	=ADRESSE(ZEILEN(A3:A8)+2;1;4)
2					Inhalt letzte Zelle in Spalte A	Moritz	=INDIREKT(ADRESSE(ZEILEN(A3:A8)+2;1;4))
3	Otto	100	Äpfel		Adresse letzte Tabellenzelle	C8	=ADRESSE(ZEILEN(A3:C8)+2;SPALTEN(A3:C8);4)
4	Emil	200	Birnen		Inhalt letzte Tabellenzelle	Kiwi	=INDIREKT(ADRESSE(ZEILEN(A3:C8)+2;SPALTEN(A3:C8);4))
5	Sabine	300	Kartoffeln				
6	Julia	400	Zitronen				
7	Max	500	Bananen				
8	Moritz	600	Kiwi				
9							

Beispiel Zugriff auf Arbeitsblätter mit INDIREKT und ADRESSE

INDIREKT_ADRESSE.xlsx

Als zweites Beispiel wandeln wir das Beispiel von Seite 207 ab und erstellen eine Auswertung über die Monate Januar bis März. Im Bild auf der nächsten Seite als Beispiel das Blatt *Nord*, die übrigen Blätter *Mitte* und *Süd* sind identisch aufgebaut. Zu diesem Zweck erstellen wir die Auswertung im Blatt *Auswertung 2* mit INDIREKT in Verbindung mit der Funktion ADRESSE.

Zelladressen ermitteln 5

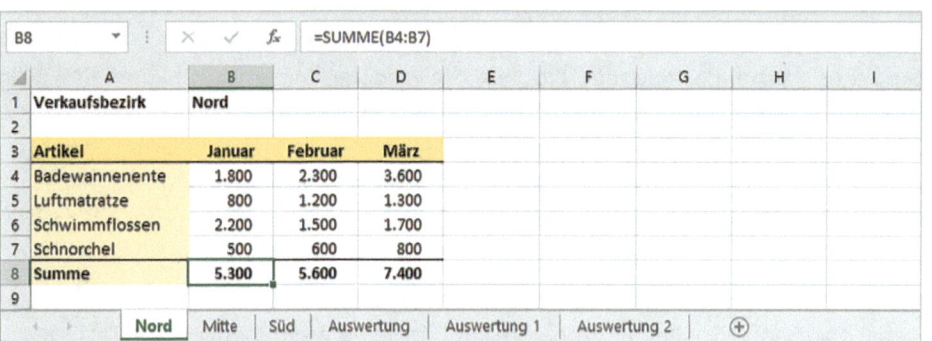

Bild 5.44 Beispiel Tabellenblatt Nord

Die Funktion in B4 lautet dann

B4: =INDIREKT(ADRESSE(8;SPALTE();2;1;$A4))

Bild 5.45 Arbeitsblattübergreifender Zugriff mit ADRESSE und INDIREKT

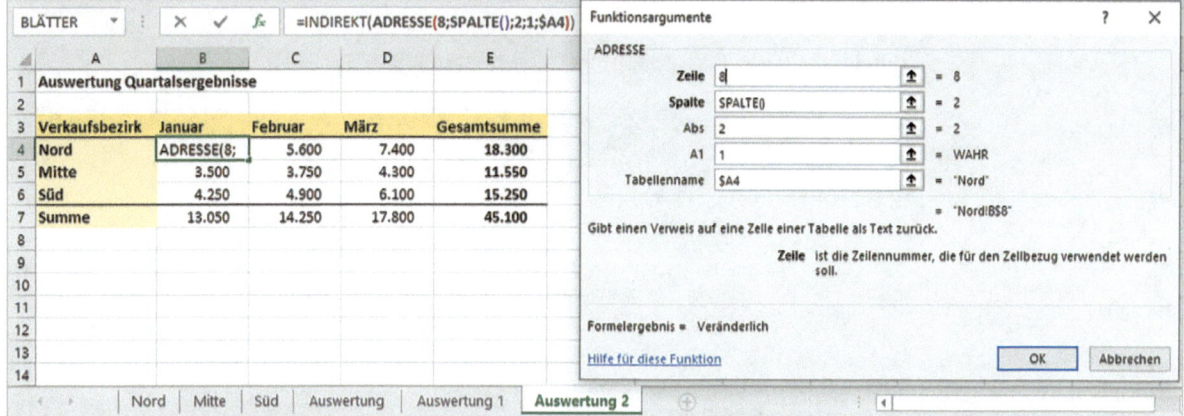

Der Aufbau der Funktion ADRESSE

▶ *Zeile*: Die Summen befinden sich in jedem Blatt in Zeile 8.

▶ *Spalte*: Der Monat Januar befindet sich in jedem Blatt in derselben Spalte wie in der Auswertung. Wird diese mit der Funktion SPALTE ohne Bezugsangabe ermittelt, dann kann die Formel problemlos kopiert werden.

▶ Damit die Formel nach rechts und nach unten kopiert werden kann, geben Sie beim Argument *Abs* 2 an (Zeile fest, Spalte relativ).

▶ Die Schreibweise des Zellbezugs legen Sie im Argument *A1* mit 1 (=A1) fest.

▶ Der Tabellenname befindet sich im aktuellen Blatt jeweils in Spalte A, daher $A4.

Variable Zellbereiche mit BEREICH.VERSCHIEBEN

Sie kennen sicher das folgende Problem: Sie möchten mit einer Funktion eine Liste auswerten, allerdings soll der Zellbereich dynamisch sein, also automatisch um nachträglich am Ende der Liste angefügte Zeilen erweitert werden. Eine einfache Lösung dieses Problems sind intelligente Tabellenbereiche, die Sie über *Einfügen* ▶ *Tabelle* erstellen. Eine Alternative ist die Funktion BEREICH.VERSCHIEBEN, damit Sie den Datenbereich nicht nach jeder Änderung manuell anpassen müssen.

BEREICH.VERSCHIEBEN verschiebt und/oder vergrößert einen Zellbereich um die angegebene Anzahl Spalten und/oder Zeilen und liefert als Ergebnis einen Zellbereich. Die Funktion eignet sich als Argument überall dort, wo Sie Bezüge auf Zellbereiche benötigen, deren Größe variabel ist, und kann in vielen Fällen die oben beschriebenen Funktionen ZEILEN, SPALTEN, INDIREKT und ADRESSE ersetzen.

Die Syntax:

BEREICH.VERSCHIEBEN(Bezug;Zeilen;Spalten;[Höhe];[Breite])

Argument	Beschreibung
Bezug	Bezug gibt den Ausgangspunkt des zu verschiebenden Bereichs an, hier genügt die linke obere Ecke des Zellbereichs.
Zeilen	Anzahl der Zeilen, um die der Bezug nach unten verschoben werden soll, negative Werte verschieben den Bereich nach oben.
Spalten	Anzahl der Spalten, um die der Bezug nach rechts verschoben werden soll, negative Angaben verschieben nach links.
Höhe	Optional, die Anzahl der Zeilen des neuen Bereichs; wenn nichts angegeben ist, wird die ursprüngliche Höhe verwendet.
Breite	Optional, die Anzahl der Spalten des neuen Bereichs; wenn nichts angegeben ist, wird die ursprüngliche Breite verwendet.

Hinweis: BEREICH.VERSCHIEBEN liefert als Ergebnis einen Zellbereich. Wenn Sie Microsoft 365 nutzen, dann können Sie die Funktion einfach in eine beliebige Zelle eingeben und Excel erweitert den Ausgabebereich automatisch. Mit Excel 2019 oder älter müssen Sie den gesamten Ergebnisbereich markieren und die Eingabe der Funktion mit Strg+Umschalt+Eingabe abschließen. Ansonsten erhalten Sie den Fehlerwert #WERT.

Beispiel 1: Ausschnitt aus einer Tabelle

Als einfaches Beispiel für die Funktionsweise von BEREICH.VERSCHIEBEN soll aus der unten abgebildeten Tabelle von A3:C9 der Zellbereich A6:C7 an anderer Stelle, hier ab E1, angezeigt werden.

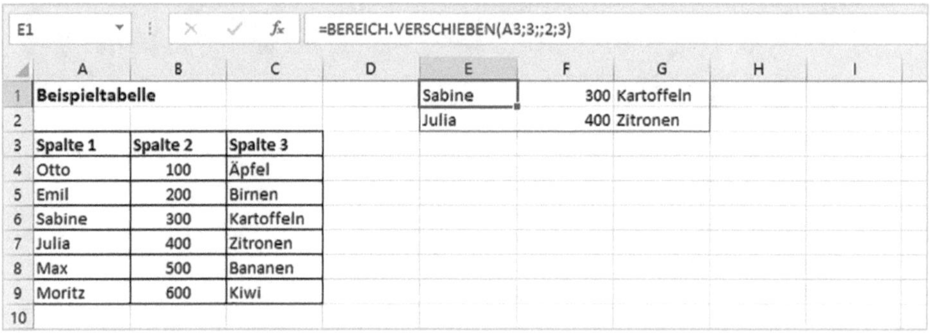

Zelladressen ermitteln

Bild 5.46 Zellbereich aus Tabelle mit BEREICH.VERSCHIEBEN

BEREICH.VERSCHIE-BEN.xlsx

Der Ergebnisbereich umfasst zwei Zeilen und drei Spalten, markieren Sie also im ersten Schritt E1:G2. Geben Sie dann die folgende Funktion ein und schließen Sie mit Strg+Umschalt+Eingabe ab. Bei Excel 365 genügt es, wenn Sie E1 anklicken und hier die Funktion eingeben.

E1: =BEREICH.VERSCHIEBEN(A3;3;;2;3)

- Als *Bezug* kann theoretisch jede beliebige Zelle der Tabelle angegeben werden. In der Praxis ist der Bezug auf die obere linke Ecke der Tabelle am leichtesten nachvollziehbar, also geben Sie in diesem Beispiel A3 an.
- Der Bezug soll um 3 *Zeilen* nach unten verschoben werden.
- Die *Spalten* werden beibehalten, also geben Sie hier 0 ein oder lassen das Argument *Spalten* leer, in diesem Fall muss das Semikolon trotzdem angegeben werden.
- Da 2 Zeilen aus der Tabelle benötigt werden, beträgt die neue *Höhe* 2.
- Als *Breite* geben Sie 3 (Spalten) an.

Beispiel 2: Börsenkurse auswerten

In einer Tabelle werden die Börsenkurse täglich aktualisiert, es kommen also jeden Tag am Ende der Tabelle neue Werte hinzu. Der Mittelwert in D4 soll aber immer nur für die letzten Tage berechnet werden, deren Anzahl wird in E3 angegeben. Zur Lösung der Aufgabe setzen Sie in der Funktion MITTELWERT anstelle eines festen Zellbereichs die Funktion BEREICH.VERSCHIEBEN ein.

Geben Sie die nachfolgende Formel in D4 ein und testen Sie anschließend, was passiert, wenn Sie am Ende der Tabelle weitere Zeilen mit beliebigen Kursen eingeben oder die Anzahl der Tage in E3 ändern.

D4: =MITTELWERT(BEREICH.VERSCHIEBEN(B4;ANZAHL(B:B)-E3;0;E3;1))

- *Bezug* ist die linke obere Ecke des zu verschiebenden Bereichs, hier B4.
- Nun benötigen Sie die Anzahl der Zeilen, um die der Bezug nach unten verschoben werden soll. Dazu ermitteln Sie mit der Funktion ANZAHL zunächst die Anzahl der nicht leeren Zellen im angegebenen Bereich. Da ANZAHL aus-

schließlich Zahlen berücksichtigt, kann als Bereich die gesamte Spalte B (B:B) angegeben werden. Allerdings werden nur die letzten fünf Werte des Zellbereichs benötigt, Sie müssen also vom Ergebnis noch 5 Zeilen bzw. den Inhalt von E3 subtrahieren.

- Da der Bereich ausschließlich um Zeilen nach unten verschoben wird, kann das Argument *Spalten* leer bleiben oder geben Sie 0 an.
- Die *Höhe* des neuen Bereichs befindet sich in E3 und als *Breite* geben Sie 1 an.

Bild 5.47 Mittelwert der letzten 5 Tage

BEREICH.VERSCHIEBEN.xlsx

	A	B	C	D	E	F
1	Börsenkurse der XY AG					
2						
3	Datum	Kurs (€)		Mittelwert der letzten	5	Tage
4	01.01.	12,456		9,4848		
5	02.01.	12,569				
6	03.01.	11,974				
7	04.01.	10,216				
8	05.01.	9,205				
9	06.01.	10,115				
10	07.01.	11,126				
11	08.01.	10,978				
12	09.01.	9,321				
13	10.01.	9,568				
14	11.01.	9,881				
15	12.01.	8,945				
16	13.01.	9,135				
17	14.01.	9,870				
18	15.01.	10,020				
19	16.01.	9,454				

D4: =MITTELWERT(BEREICH.VERSCHIEBEN(B4;ANZAHL(B:B)-E3;0;E3;1))

Tipp: Falls Sie das Ergebnis der Funktion BEREICH.VERSCHIEBEN kontrollieren möchten, geben Sie diese (ohne MITTELWERT) in einen beliebigen Zellbereich ein, siehe Beispiel 1. Anschließend brauchen Sie die Funktion nur in die Zwischenablage kopieren (**Achtung:** in der Bearbeitungsleiste markieren und kopieren) und in die Funktion MITTELWERT als Argument einfügen.

Beispiel 3: Diagramm aus automatisch erweiterbarem Zellbereich erstellen

BEREICH.VERSCHIEBEN kann auch benutzt werden, wenn beim Hinzufügen neuer Daten in der Tabelle auch das dazugehörige Diagramm automatisch erweitert werden soll. Hier ein Beispiel mit den wöchentlichen Verkaufszahlen eines Autohauses.

Bild 5.48 Die Ausgangstabelle (Auszug)

	A	B	C
1	Verkaufszahlen		
2			
3	Kalenderwoche	PKW	Nutzfahrzeuge
4	KW 1	12	28
5	KW 2	18	33
6	KW 3	22	28
7	KW 4	35	19
8	KW 5	42	25

Namen definieren

Da Excel-Diagramme als Datenreihe keine Formel akzeptieren, müssen Sie im ersten Schritt für jede Datenreihe sowie die Beschriftung jeweils einen Namen vergeben und den dazugehörigen Bereich mit BEREICH.VERSCHIEBEN definieren. Am einfachsten geben Sie zuerst die Funktion in eine beliebige Zelle des Tabellenblatts ein und kopieren diese anschließend in den Namensmanager. Die Funktion kann dann wieder aus dem Tabellenblatt gelöscht werden. Beachten Sie bei der Formeleingabe, dass die Namen feste (absolute) Zellbezüge erfordern.

1 Beginnen wir mit der ersten Datenreihe (PKW) in Spalte B; hierzu geben Sie in eine beliebige Zelle die folgende Funktion ein:

=BEREICH.VERSCHIEBEN($B$4;0;0;ANZAHL($B:$B);1)

Zur Erklärung: Bezug ist die erste Zelle der Datenreihe, hier B4. Da der Zellbereich weder verschoben, noch vergrößert oder verkleinert wird, geben Sie bei den Argumenten *Zeilen* und *Spalten* jeweils 0 ein; die *Höhe* des Zellbereichs ermitteln Sie mit der Funktion ANZAHL über die gesamte Spalte B und die *Breite* beträgt 1.

Hinweis: Mit Excel 2019 oder älter erhalten Sie das Ergebnis #WERT, da die Funktion nicht als Matrixformel eingegeben wurde. Dies soll uns hier aber nicht weiter stören.

2 Markieren Sie die vollständige Funktion in der Bearbeitungsleiste und kopieren Sie diese mit Strg+C in die Zwischenablage. Brechen Sie anschließend die Formelbearbeitung mit der Esc-Taste ab.

3 Klicken Sie im Register *Formeln* auf *Namen definieren*. Die Datenreihe erhält den Namen *ReihePKW* und im Feld *Bezieht sich auf* fügen Sie mit Strg+V die Formel ein. **Achtung:** Als *Bereich* muss unbedingt das aktuelle Arbeitsblatt, hier *Verkauf*, ausgewählt werden! Übernehmen Sie den Namen mit *OK*.

Bild 5.49 Formel für die erste Datenreihe

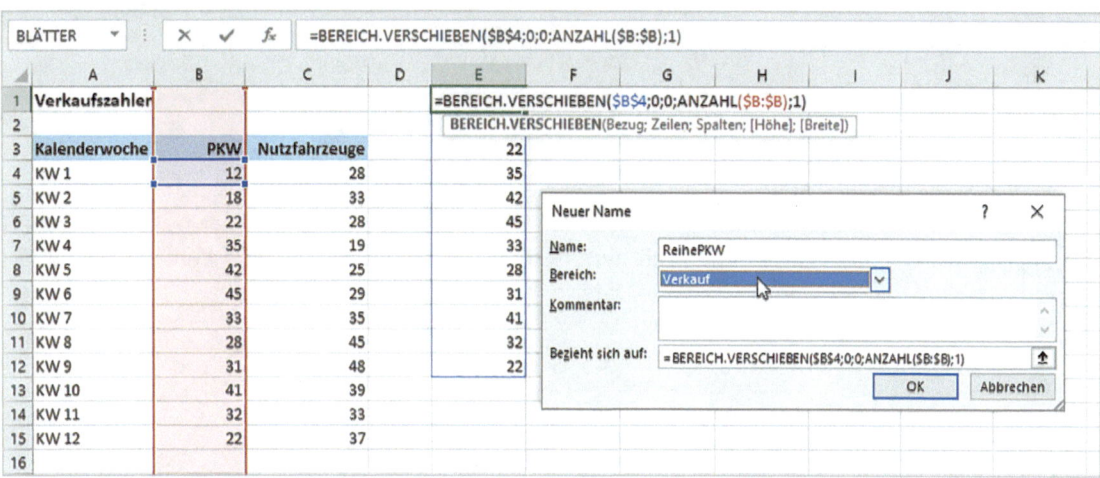

4 Wiederholen Sie diese drei Schritte für die zweite Datenreihe (Nutzfahrzeuge). Diese erhält den Namen *ReiheNutzfahrzeuge* und die Funktion lautet:

=BEREICH.VERSCHIEBEN($C$4;0;0;ANZAHL($C:$C);1)

5 Zuletzt fehlen nur noch die Beschriftungen in Spalte A. Diese erhalten den Namen *Beschriftungen* und die dazugehörige Funktion lautet:

=BEREICH.VERSCHIEBEN($A$4;0;0;ANZAHL2($A:$A)-2;1)

Achtung: Diese Spalte enthält Text, daher muss die Anzahl nicht leerer Zellen mit ANZAHL2 ermittelt und davon die beiden Zeilen 1 und 3 subtrahiert werden.

6 Löschen Sie im Tabellenblatt die Formel BEREICH.VERSCHIEBEN.

Diagramm einfügen

1 Klicken Sie auf eine beliebige leere Zelle im Tabellenblatt und danach im Register *Einfügen* ▶ *Diagramme* auf den gewünschten Diagrammtyp, hier ein einfaches gruppiertes Säulendiagramm.

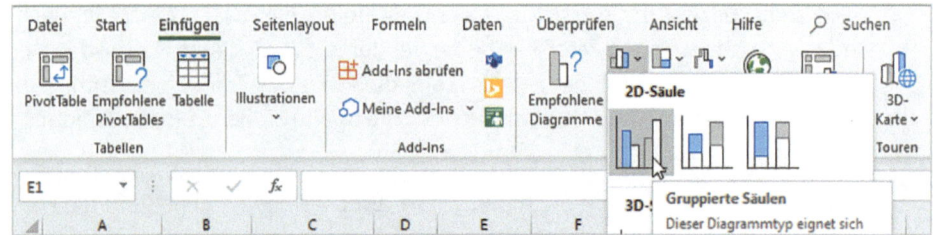

Bild 5.50 Diagramm einfügen und Typ auswählen

2 Eine leere Diagrammfläche wird in das Tabellenblatt eingefügt. Klicken Sie in das Diagramm und danach im Register *Diagrammtools-Entwurf* auf *Daten auswählen*.

Bild 5.51 Klicken Sie auf Daten auswählen

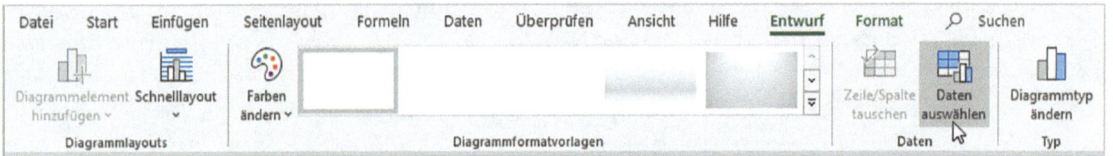

3 Klicken Sie im Fenster *Datenquelle auswählen* im Bereich *Legendeneinträge (Reihen)* auf *Hinzufügen*. Geben Sie im Feld *Reihenname* die Bezeichnung *PKW* und im Feld *Reihenwerte* nach dem Gleichheitszeichen den Namen der ersten Datenreihe zusammen mit dem Namen des Tabellenblatts ein: =Verkauf!PKW. Übernehmen Sie die erste Datenreihe mit *OK*.

Bild 5.52 Die erste Datenreihe hinzufügen

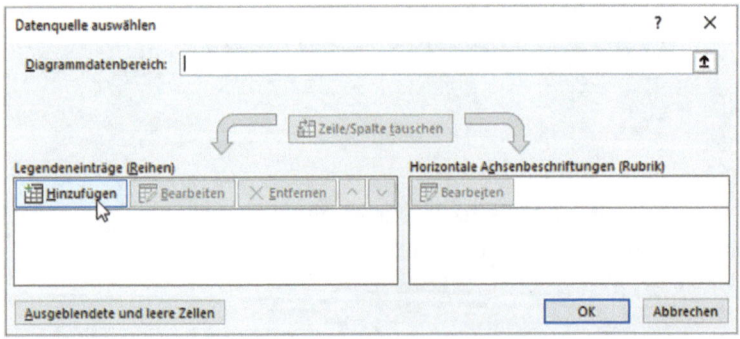
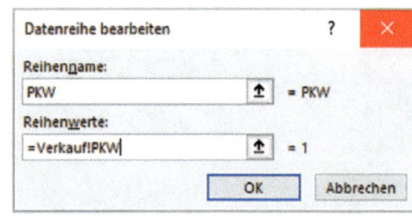

4 Klicken Sie erneut auf *Hinzufügen*, geben Sie als Namen für die zweite Datenreihe *Nutzfahrzeuge* ein und als *Reihenwerte* = Verkauf!ReiheNutzfahrzeuge.

5 Nun fehlen noch die Beschriftungen: Klicken Sie im Fenster *Datenquelle auswählen* im Bereich *Horizontale Achsenbeschriftungen (Rubrik)* auf *Bearbeiten* und geben Sie als Beschriftungsbereich an: =Verkauf!Beschriftungen.

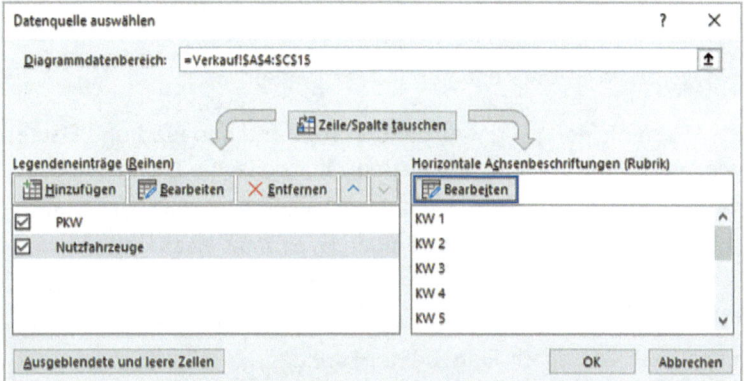

Bild 5.53 Datenreihen und Achsenbeschriftung im Fenster Datenquelle auswählen

6 Schließen Sie zuletzt das Fenster mit *OK*. Anschließend können Sie das Diagramm noch nach Belieben formatieren.

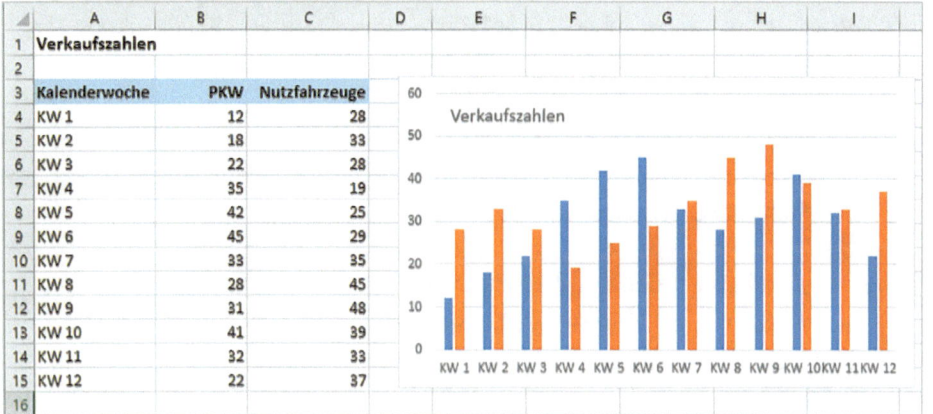

Bild 5.54 Das Ergebnis im Tabellenblatt

Wenn Sie nun ab Zeile 16 weitere Kalenderwochen samt Verkaufszahlen eingeben, werden diese den Datenreihen im Diagramm automatisch hinzugefügt. Beim Löschen von Werten wird das Diagramm ebenfalls automatisch angepasst.

Damit haben Sie ein Werkzeug an der Hand, das eine flexible Anpassung von Datenbereichen auch für Diagramme erlaubt, und könnten anschließend dieses Beispiel so abwandeln, dass immer nur die letzten 10 Kalenderwochen im Diagramm erscheinen, siehe Beispiel 2.

5 Nachschlage- und Verweisfunktionen

Mit Hyperlink zu Zellen, Arbeitsblättern und Webseiten navigieren

Im Gegensatz zu den übrigen Funktionen liefert die Funktion HYPERLINK kein Ergebnis in der Zelle, sondern erlaubt über eine Verknüpfung das schnelle Navigieren zu einer bestimmten Zelle oder einem Zellbereich oder zu einem bestimmten Arbeitsblatt. Außerdem lassen sich auf diese Weise auch Dateien öffnen oder Webseiten im Intranet oder Internet anzeigen. Der Aufbau der Funktion:

HYPERLINK(Hyperlink_Adresse;[Freundlicher_Name])

- Als *Hyperlink_Adresse* geben Sie den vollständigen Pfad und Dateinamen sowie den Zellbezug an, z. B. D:\Daten\Mitarbeiter\Beispieldatei.xlsx.
- *Freundlicher_Name* ist die optionale Bezeichnung, die später statt des eigentlichen und oft wenig aussagefähigen Hyperlinks erscheint.

Hyperlink erstellen

Ein Hyperlink lässt sich durch Eingabe der Funktion HYPERLINK, entweder über den Funktionsassistenten oder direkte Eingabe in die Zelle, erzeugen. Der einfachste Weg führt jedoch über einen kleinen Assistenten.

> **Tipp:** Falls Sie zu einer Zelle oder einem Zellbereich navigieren möchten, sollten Sie Namen vergeben. Dies ist zwar nicht zwingend notwendig, da auch eine Zelladresse angegeben werden kann, erleichtert aber den Überblick in umfangreichen Tabellenblättern und Arbeitsmappen.

Klicken Sie mit der rechten Maustaste auf die Zelle, in die der Hyperlink eingefügt werden soll, und auf den Befehl *Link*. Oder markieren Sie die Zelle und klicken im Register *Einfügen* ▶ *Link* auf *Link einfügen…*, oder drücken Sie die Tasten **Strg+K**.

Navigation innerhalb der aktuellen Arbeitsmappe

Wählen Sie links *Aktuelles Dokument* ❶ und danach entweder unter *Zellbezug* ❷ ein Arbeitsblatt oder unter *Festgelegte Namen* ❸ den Namen der gewünschten Zelle.

Bild 5.55 Hyperlink einfügen

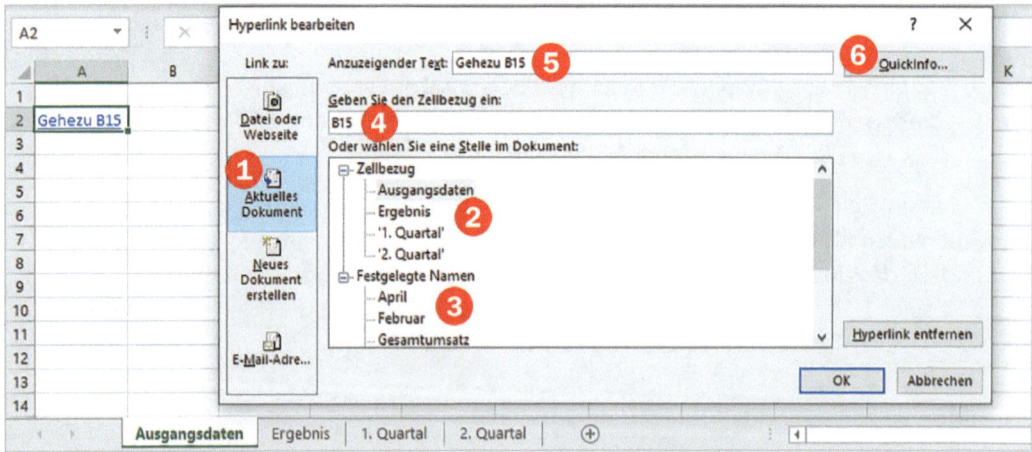

▶ Wenn Sie nur ein bestimmtes Arbeitsblatt auswählen, gilt in diesem Blatt standardmäßig der Zellbezug A1. Sie können jedoch im Feld *Geben Sie den Zellbezug ein* ❹ jederzeit auch eine andere Adresse, z. B. B15, eingeben.

▶ Wählen Sie dagegen einen Namen (*Festgelegte Namen*) aus, so spielt es keine Rolle, in welchem Blatt sich die Zelle oder der Zellbereich befindet.

▶ In der Standardeinstellung erscheint in der Zelle als Hyperlinktext der ausgewählte Name bzw. der Name des Arbeitsblatts zusammen mit der Zelladresse in der Schreibweise *Blattname!A1*. Im Feld *Anzuzeigender Text* ❺ können Sie optional angeben, welcher Text stattdessen angezeigt werden soll.

▶ Falls im Tabellenblatt weitere Informationen zum Hyperlink benötigt werden, dann klicken Sie auf *Quickinfo...* ❻ und geben Ihren Text ein. Dieser erscheint beim Zeigen anstelle des Standardtexts, siehe Bild unten.

Wie im Browser werden Hyperlinks zumeist in blauer Schrift und unterstrichen dargestellt, beim Zeigen erscheint der Mauszeiger als Hand und beim Anklicken gelangen Sie zu der betreffenden Stelle. Bereits besuchte Hyperlinks sind an der geänderten Schriftfarbe zu erkennen, im Bild unten einige Beispiele.

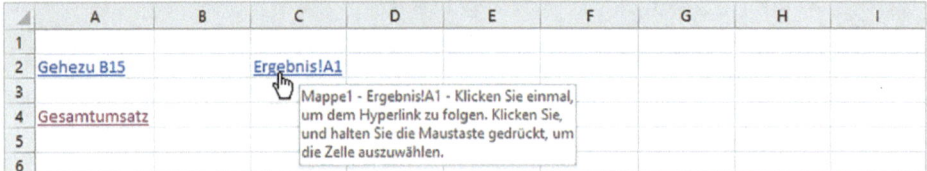

Bild 5.56 Beispiele Hyperlinks

Andere Datei öffnen und anzeigen

Um mittels Hyperlink eine andere Datei zu öffnen und anzuzeigen, klicken Sie im Fenster *Link einfügen* auf *Datei oder Webseite* ❶. Es erscheinen alle Unterordner des Ordners Dokumente, öffnen Sie den gewünschten Ordner mit Doppelklick oder wählen Sie mit Klick auf den Dropdown-Pfeil *Suchen in* ❷ einen Ordner oder ein anderes Laufwerk aus. Klicken Sie auf die Datei ❸, geben Sie im Feld *Anzuzeigender Text* statt des kompletten Suchpfads einen aussagefähigeren Hinweis ein und klicken Sie auf *OK*.

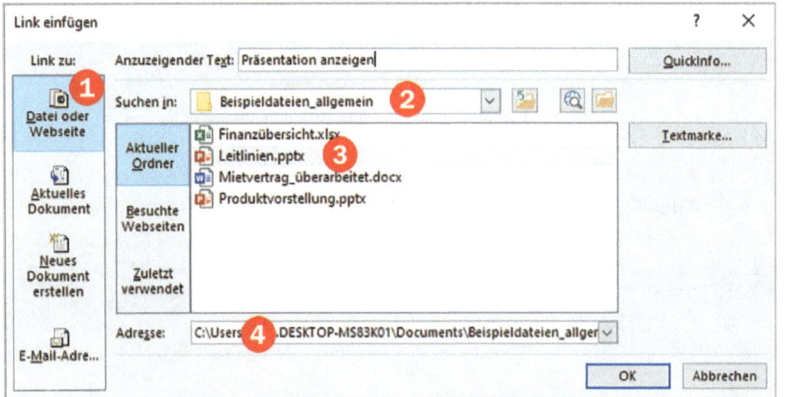

Bild 5.57 Datei auswählen

Achtung: Die Adresse ❹ darf nicht überschrieben werden!

Hinweis: Der Dateityp spielt keine Rolle, Sie können also z. B. auch eine PowerPoint-Präsentation, ein Bild oder ein Word-Dokument auswählen. Beachten Sie aber, dass eine Datei, auf die per Hyperlink verwiesen wird, weder umbenannt, verschoben oder gelöscht werden sollte, da sonst der Hyperlink ins Leere läuft.

Webseiten anzeigen

Genauso gehen Sie auch vor, wenn Sie per Hyperlink eine bestimmte Webseite anzeigen möchten. In diesem Fall geben Sie im Feld *Adresse* die URL der benötigten Seite ein. **Tipp:** Am einfachsten kopieren Sie diese im Browser mit Klick in das Adressfeld und Strg+C in die Zwischenablage und fügen diese anschließend hier ein.

Die Funktion HYPERLINK direkt eingeben

Wenn Sie die Funktion mit dem Funktionsassistenten oder direkt in eine Zelle eingeben möchten, dann berücksichtigen Sie folgende Punkte:

▶ Die Adresse muss vollständig und in Anführungszeichen angegeben werden, also z. B.:

=HYPERLINK("http://Bildner-verlag.de";"Seite anzeigen")

▶ Um zu einer Zelle in der aktuellen Arbeitsmappe zu springen, müssen Dateiname, Blattname und Zelladresse oder Name angegeben werden. Der Dateiname muss sich in eckigen Klammern befinden, z. B.:

=HYPERLINK("[Mappe1.xlsx]Tabelle1!B10";"Gehe zu B10"

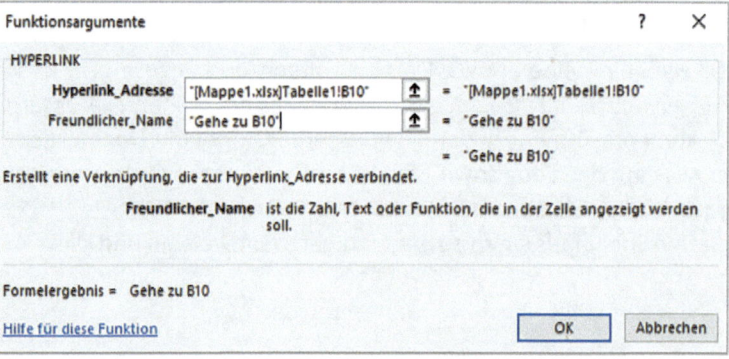

Bild 5.58 Aktuelle Arbeitsmappe

▶ Um eine andere Datei aufzurufen, muss der vollständige Suchpfad angegeben werden. Ausnahme: Wenn sich die betreffende Datei im selben Ordner wie die aktuelle Arbeitsmappe befindet, kann dieser weggelassen werden.

=HYPERLINK("D:\Daten\Beispielordner\[Mappe1.xlsx]Tabelle1!A10")

=HYPERLINK("[Beispieldatei.xlsx]Tabelle3!A10")

5.4 Mehrere Rückgabewerte erhalten

Die in Punkt 5.1 und 5.2 beschriebenen Funktionen haben alle einen großen Nachteil: Sie liefern nur den ersten gefundenen Wert. Was aber, wenn der gesuchte Wert in der Tabelle mehrmals vorkommt und man alle Ergebnisse angezeigt haben möchte?

Als Beispiel eine Liste der deutschen Bundesländer mit Einwohnerzahlen. Aus dieser sollen alle Bundesländer mit mehr als 10 Mio. Einwohnern angezeigt werden, wie im Bild unten. Dazu gibt es je nach Excel-Version verschiedene Lösungswege.

Eine Lösung mit Excel 2019 oder älter finden Sie auf Seite 226 ff.

▶ Wenn Sie Microsoft 365 einsetzen, erledigen Sie dies mit der Funktion FILTER.

▶ Mit Excel 2019 oder älter brauchen Sie dagegen mehrere Funktionen.

	A	B	C	D	E	F
1	Bundesland	Einwohner 2019		Bundesland	Einwohner 2019	
2	Baden-Württemberg	11.100.394		Baden-Württemberg	11.100.394	
3	Bayern	13.124.737		Bayern	13.124.737	
4	Berlin	3.669.491		Nordrhein-Westfalen	17.947.221	
5	Brandenburg Brandenburg	2.521.893				
6	Bremen	681.202				
7	Hamburg	1.847.253				
8	Hessen	6.288.080				
9	Mecklenburg-Vorpommern	1.608.138				
10	Niedersachsen	7.993.608				
11	Nordrhein-Westfalen	17.947.221				
12	Rheinland-Pfalz	4.093.903				
13	Saarland	986.887				
14	Sachsen	4.071.971				
15	Sachsen-Anhalt	2.194.782				
16	Schleswig-Holstein	2.903.773				
17	Thüringen	2.133.378				
18						

Bild 5.59 Ausgangsdaten und rechts daneben die Ergebnistabelle

Quelle: Wikipedia

Die Funktion FILTER

Die FILTER-Funktion filtert einen Tabellenbereich (Matrix) anhand von Kriterien und zeigt die Ergebnisse in einem gesonderten Bereich an. Im Gegensatz zu den üblichen Excel-Filtermethoden erhalten Sie also die Ergebnisse als eigene Tabelle.

Nicht in Excel 2019 und älter verfügbar!

FILTER(Matrix;einschließen;[wenn_leer])

Argument	Beschreibung
Matrix	Der zu filternde Tabellenbereich
einschließen	Hier geben Sie die Filterkriterien an, z. B. B5:B10>100
wenn_leer	Rückgabewert, wenn keine Werte vorhanden sind, die dem angegebenen Kriterium entsprechen. Wird nichts angegeben, erscheint in solchen Fällen der Fehlerwert #KALK!.

Als einfaches Beispiel das Filtern aller Bundesländer (Bild 5.59) mit mehr als 10.000.000 Einwohnern. Dazu geben Sie in D2 die folgende Funktion ein:

5 Nachschlage- und Verweisfunktionen

> D2: =FILTER(A2:B17;B2:B17>10000000)

- Da in der Ergebnistabelle Bundesland und Einwohnerzahl ausgegeben werden sollen, wird als Matrix die gesamte Tabelle (ohne Überschriften), also A2:B17 angegeben.
- Verglichen werden die Einwohnerzahlen im Bereich B2:B17 und der Vergleichswert wird in diesem Fall in der Funktion vorgegeben, also B2:B17>10000000.

FILTER_1.XLSX

Nach dem Übernehmen mit der Eingabetaste wird der Ausgabebereich automatisch erweitert. Es handelt sich also bei FILTER um eine Matrixformel, auch wenn im Gegensatz zu früheren Excel-Versionen die geschweiften Klammern { } nicht sichtbar sind, und Änderungen oder Löschen sind nur mit der ursprünglichen Formel in D2 möglich.

Bild 5.60 Die Funktion FILTER

	A	B	C	D	E	F
1	Bundesland	Einwohner 2019		Bundesland	Einwohner 2019	
2	Baden-Württemberg	11.100.394		Baden-Württemberg	11.100.394	
3	Bayern	13.124.737		Bayern	13.124.737	
4	Berlin	3.669.491		Nordrhein-Westfalen	17.947.221	
5	Brandenburg Brandenburg	2.521.893				
6	Bremen	681.202				
7	Hamburg	1.847.253				
8	Hessen	6.288.080				
9	Mecklenburg-Vorpommern	1.608.138				
10	Niedersachsen	7.993.608				
11	Nordrhein-Westfalen	17.947.221				
12	Rheinland-Pfalz	4.093.903				
13	Saarland	986.887				
14	Sachsen	4.071.971				
15	Sachsen-Anhalt	2.194.782				

Formel in D2: =FILTER(A2:B17;B2:B17>=10000000)

> **Achtung**
> Matrix und der Zellbereich, mit dem das Suchkriterium verglichen wird, müssen dieselben Zeilen umfassen. Der Ausgabebereich wird automatisch erweitert. Achten Sie also bei der Eingabe dieser Funktion unbedingt darauf, dass ausreichend Platz für die Ergebnistabelle vorhanden ist. Sie erhalten sonst den Fehler #Überlauf!

Filter mit mehreren Kriterien

Die Funktion FILTER erlaubt auch mehrere Kriterien:

▶ Wenn alle Kriterien erfüllt sein müssen (**Und**), werden diese mit dem Operator für Multiplikation * verbunden.

▶ Wenn sie dagegen mit dem + Operator verbunden werden, dann genügt es, wenn mindestens eines der Kriterien erfüllt ist (**Oder**).

Und-Verbindung

Als Beispiel für eine Und-Verbindung das Weinlager im Bild 5.61: Es sollen alle Rotweine (Kategorie Rot) aus Italien herausgefiltert werden, die Filterkriterien befinden sich in G1 und G2. Die dazugehörige Funktion lautet:

F5: =FILTER(A2:B24;(D2:D24=G1)*(C2:C24=G2);"Nicht vorhanden")

Als Matrix geben Sie nur die Spalten an, die in der Ergebnistabelle benötigt werden, in diesem Beispiel Bestellnummer und Bezeichnung. Diese müssen allerdings einen zusammenhängenden Zellbereich bilden. Die Spalten, nach denen gefiltert wird, müssen dagegen nicht zwingend in der Matrix angegeben werden. Matrix und zu durchsuchende Spalten müssen aber unbedingt dieselben Zeilen umfassen.

Bild 5.61 Zwei Filterkriterien verwenden

	A	B	C	D	E	F	G
1	BestellNr	Bezeichnung	Land	Kategorie		Kategorie:	Rot
2	A-123	Steile Kellertreppe	Deutschland	Weiß		Land	Italien
3	K-399	Merlot, DOC Montepulciano	Italien	Rot			
4	A-129	Müller Thurgau	Deutschland	Weiß		Bestellnr.	Bezeichnung
5	K-445	Vino Montepulciano	Italien	Rot		K-399	Merlot, DOC Montepulciano
6	K-780	Rosso de Gran Sasso	Italien	Rot		K-445	Vino Montepulciano
7	D-788	Rheingau Schattenhang	Deutschland	Weiß		K-780	Rosso de Gran Sasso
8	D-902	Riesling "Kirchenspiel"	Deutschland	Weiß		H-002	Vino de la Casa, Umbrien
9	G-770	Chateau la Fleur	Frankreich	Rot		K-444	Sangiovese Riserva
10	H-111	Pinot Noir	Frankreich	Rot			
11	H-356	Sauvignon	Italien	Weiß			
12	U-400	Chardonnay	Frankreich	Weiß			
13	U-700	Château Moulin Rouge	Frankreich	Rot			
14	H-002	Vino de la Casa, Umbrien	Italien	Rot			
15	B-003	Kremser Kiesgrube trocken	Österreich	Rot			
16	H-555	Chardonnay	Italien	Weiß			
17	K-444	Sangiovese Riserva	Italien	Rot			
18	B-222	Grüner Veltliner "Arkadenhof"	Österreich	Weiß			
19	B-231	Grüner Veltliner, Landwein	Österreich	Weiß			

Tipp: Benötigen Sie im Ergebnisbereich Werte aus einem nicht zusammenhängenden Zellbereich, dann setzen Sie zusätzlich zum Ermitteln der Matrix die Funktion WAHL ein. Ein Beispiel, wie Sie mit WAHL eine Matrix aus beliebigen Spalten bilden, finden Sie in Verbindung mit SVERWEIS auf Seite 185 ff.

FILTER_1.xlsx, Blatt Weinlager

Oder-Verbindung

Benötigen Sie dagegen alle Weine aus Frankreich **oder** Italien, dann lautet die Funktion:

F5: =FILTER(A2:D24;(C2:C24=G1)+(C2:C24=G2);"Nicht vorhanden")

Bild 5.62 Oder-Verbindung

Rückgabematrix sortieren (SORTIEREN und SORTIERENNACH)

Nicht in Excel 2019 oder älter!

Die Funktion FILTER gibt die Ergebnisse in der ursprünglichen Reihenfolge in der Ausgangstabelle aus. Wenn die Rückgabewerte sortiert ausgegeben werden sollen, dann setzen Sie die Funktion SORTIEREN ein.

SORTIEREN(Matrix;[Sortierindex];[Sortierreihenfolge];[nach_Spalte])

Argument	Beschreibung
Matrix	Tabelle oder Bereich, der sortiert werden soll, dabei kann es sich um den dynamischen Rückgabebereich einer Matrixformel handeln (z. B. FILTER).
Sortierindex	Zahl, die die Spalte (oder Zeile, s. Argument nach_Spalte) angibt, nach der sortiert werden soll, z. B. 2 = zweite Spalte. Fehlt das Argument, dann wird nach der ersten Spalte sortiert.
Sortierreihenfolge	1 = aufsteigende Sortierung, -1 = absteigende Sortierung. Die Standardeinstellung ist aufsteigend.
nach_Spalte	Gibt an, ob spaltenweise (WAHR) oder zeilenweise (FALSCH) sortiert wird. Die Standardeinstellung ist Sortieren nach Zeilen (FALSCH).

Beispiel 1: Gefilterte Bundesländer sortieren

Um die gefilterten Bundesländer mit mehr als 10 Mio. Einwohnern (siehe Beispiel im Bild 5.60 auf Seite 220) absteigend zu sortieren, schließen Sie einfach die Funktion FILTER in die Funktion SORTIEREN ein.

D2: = SORTIEREN(FILTER(A2:B17;B2:B17>10000000);2;-1)

Bild 5.63 Rückgabematrix der FILTER-Funktion sortieren

	A	B	C	D	E	F
1	Bundesland	Einwohner 2019		Bundesland	Einwohner 2019	
2	Baden-Württemberg	11.100.394		Nordrhein-Westfalen	17.947.221	
3	Bayern	13.124.737		Bayern	13.124.737	
4	Berlin	3.669.491		Baden-Württemberg	11.100.394	
5	Brandenburg Brandenburg	2.521.893				
6	Bremen	681.202				
7	Hamburg	1.847.253				
8	Hessen	6.288.080				
9	Mecklenburg-Vorpommern	1.608.138				
10	Niedersachsen	7.993.608				
11	Nordrhein-Westfalen	17.947.221				

Formelzeile: =SORTIEREN(FILTER(A2:B17;B2:B17>=10000000);2;-1;FALSCH)

Beispiel 2: Alle Bundesländer sortieren

Sie können natürlich auch eine ungefilterte Tabelle sortieren, dann erhalten Sie das Ergebnis wie bei der FILTER-Funktion in Form einer Matrix. Um alle Bundesländer nach Einwohnerzahlen absteigend zu sortieren, geben Sie in D2 die folgende Funktion ein und erhalten damit das unten abgebildete Ergebnis:

=SORTIEREN(A2:B17;2;-1)

Bild 5.64 Alle Bundesländer sortieren

	A	B	C	D	E
1	Bundesland	Einwohner 2019		Bundesland	Einwohner 2019
2	Baden-Württemberg	11.100.394		Nordrhein-Westfalen	17.947.221
3	Bayern	13.124.737		Bayern	13.124.737
4	Berlin	3.669.491		Baden-Württemberg	11.100.394
5	Brandenburg Brandenburg	2.521.893		Niedersachsen	7993608
6	Bremen	681.202		Hessen	6288080
7	Hamburg	1.847.253		Rheinland-Pfalz	4093903
8	Hessen	6.288.080		Sachsen	4071971
9	Mecklenburg-Vorpommern	1.608.138		Berlin	3669491
10	Niedersachsen	7.993.608		Schleswig-Holstein	2903773
11	Nordrhein-Westfalen	17.947.221		Brandenburg Brandenb	2521893
12	Rheinland-Pfalz	4.093.903		Sachsen-Anhalt	2194782
13	Saarland	986.887		Thüringen	2133378
14	Sachsen	4.071.971		Hamburg	1847253
15	Sachsen-Anhalt	2.194.782		Mecklenburg-Vorpomr	1608138
16	Schleswig-Holstein	2.903.773		Saarland	986887
17	Thüringen	2.133.378		Bremen	681202

D2: =SORTIEREN(A2:B17;2;-1)

Die Funktion SORTIERENNACH

Excel stellt mit SORTIERENNACH noch eine zweite Funktion zum Sortieren zur Verfügung. Diese gibt die Ergebnisse ebenfalls in Form einer Matrix aus, unterscheidet sich aber in einigen Punkten von SORTIEREN.

- Das Sortierkriterium, also die Spalte (oder Zeile), nach der sortiert wird, wird als Zellbereich (Matrix) angegeben statt als Index.
- Es kann nach mehreren Spalten sortiert werden, wobei die jeweilige Reihenfolge für jede Matrix gesondert festgelegt wird.

=SORTIERENNACH(Matrix;Nach_Matrix1;[Sortierreihenfolge1]; [Nach_Matrix2;Sortierreihenfolge2];...)

Argument	Beschreibung
Matrix	Die Ausgangstabelle bzw. der gesamte zu sortierende Zellbereich
Nach_Matrix1	Bereich, nach dem sortiert werden soll, z. B. A1:A20
Sortierreihenfolge1	Reihenfolge, in der sortiert werden soll: 1 = aufsteigend; -1 = absteigend
Nach_Matrix2	Zweiter Bereich, nach dem sortiert werden soll, usw.

Beachten Sie, dass alle *Nach-Matrix*-Argumente entweder eine Zeile oder Spalte umfassen und dieselbe Größe haben müssen. Wenn nach zwei oder mehr Bereichen sortiert wird, muss die *Sortierreihenfolge* für jede Matrix angegeben werden.

Beispiel: Liste nach Nachname und Vorname sortieren

Als Beispiel sortieren wir die unten abgebildete Namensliste nach Nachname und Vorname. Dazu geben Sie in E2 folgende Funktion ein:

Bild 5.65 Beispiel: Namensliste nach Nachname und Vorname sortieren

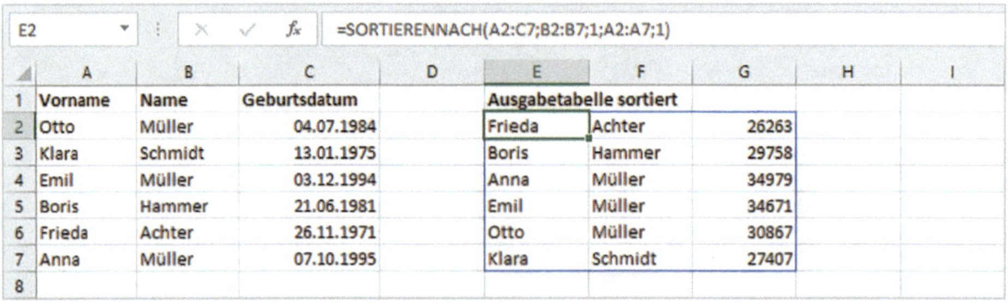

E2: =SORTIERENNACH(A2:C7;B2:B7;1;A2:A7;1)

	A	B	C	D	E	F	G
1	Vorname	Name	Geburtsdatum		Ausgabetabelle sortiert		
2	Otto	Müller	04.07.1984		Frieda	Achter	26263
3	Klara	Schmidt	13.01.1975		Boris	Hammer	29758
4	Emil	Müller	03.12.1994		Anna	Müller	34979
5	Boris	Hammer	21.06.1981		Emil	Müller	34671
6	Frieda	Achter	26.11.1971		Otto	Müller	30867
7	Anna	Müller	07.10.1995		Klara	Schmidt	27407

Hinweis: SORTIEREN, SORTIERENNACH und FILTER geben nur die Werte ohne Formatierung zurück wie im oben abgebildeten Beispiel. Sie müssen also den Ausgabebereich G2:G7 oder noch besser die Spalte G:G als Datum formatieren.

Rückgabematrix ohne Duplikate (EINDEUTIG)

Nicht verfügbar für Excel 2019 und älter!

Um aus einer Tabelle eine Liste mit eindeutigen Werten zu erhalten, gibt es bis einschließlich Excel 2019 die Möglichkeiten, Spezialfilter ohne Duplikate oder eine passende Pivot-Tabelle zu erstellen. Microsoft 365 stellt für solche Aufgaben jetzt auch die Funktion EINDEUTIG zur Verfügung.

EINDEUTIG(array,[nach_Spalte],[genau_einmal])

Argument	Beschreibung
array	Der Bereich, aus dem die eindeutigen Werte zurückgegeben werden sollen.
nach_Spalte	WAHR gibt die eindeutigen Werte aus den Spalten des angegebenen Bereichs zurück, FALSCH oder keine Angabe gibt die eindeutigen aus den Zeilen des angegebenen Bereichs zurück
genau_einmal	Logischer Wert, der das Ergebnis genauer definiert: WAHR: alle Werte, die exakt einmal vorkommen FALSCH oder keine Angabe: alle unterschiedlichen Werte, egal wie oft diese vorkommen.

Beispiel: Eine Kundenliste aus Bestellungen erzeugen

Ihnen liegt die unten abgebildete Liste mit Einzelbestellungen vor, aus der Sie ab H2 eine Kundenliste erstellen möchten.

Hinweis: Die Bestellliste hat den Bereichsnamen *Auftraege* erhalten und ist als dynamische Tabelle formatiert (*Einfügen ▶ Tabelle*). Dies hat den Vorteil, dass nachträglich neu angefügte Zeilen und Spalten automatisch in der Ergebnisliste berücksichtigt werden.

Die Funktion in H2 lautet in diesem Fall wie folgt, wobei die Argumente *nach_Spalte* und *genau_einmal* auch entfallen können.

H2: =EINDEUTIG(Auftraege[Kunde];FALSCH)

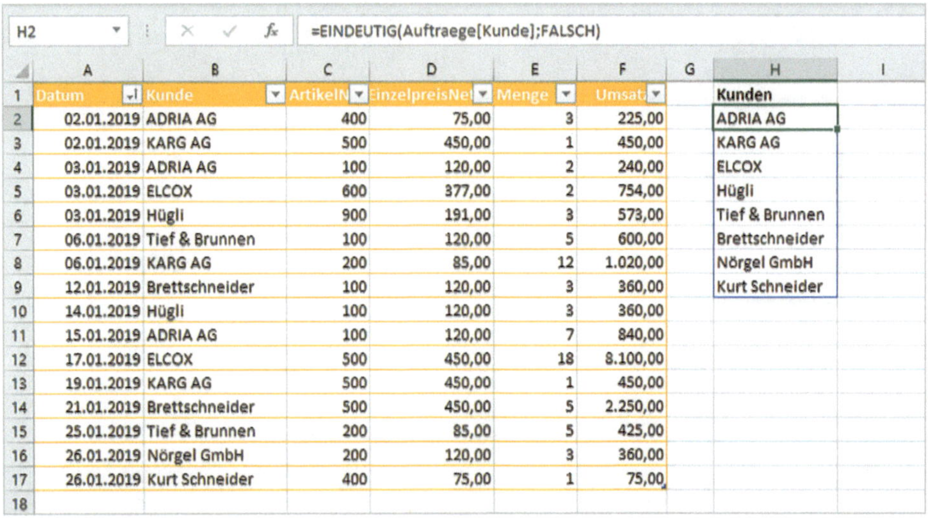

5 Mehrere Rückgabewerte erhalten

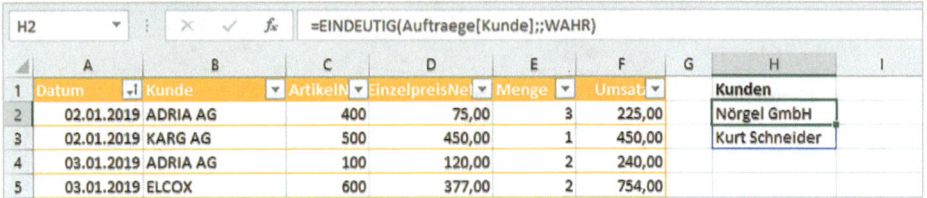

Bild 5.66 Kundenliste aus Bestellungen erzeugen

EINDEUTIG.xlsx

Wäre der Zellbereich nicht als Tabelle formatiert, dann müsste statt des Bereichsnamens und der Spalte der Bereich B2:B15 als Array angegeben werden. Nachteil: Neu hinzugekommene Aufträge am Ende der Liste erscheinen nicht in der Kundenliste.

```
H2: =EINDEUTIG(B2:B15)
```

Wie bei allen Funktionen von Microsoft 365, die mehrere Ergebnisse liefern, wird auch hier der Ausgabebereich automatisch erweitert.

Nur Werte, die exakt einmal vorkommen

Um eine Liste aller Kunden zu erhalten, die genau ein einziges Mal bestellt haben, geben Sie als Argument *genau_einmal* WAHR an.

Bild 5.67 Nur Werte, die exakt einmal vorkommen

In manchen Tabellen, die als Datenbank genutzt werden, darf in einer bestimmten Spalte jeder Wert nur ein einziges Mal vorkommen, z. B. die Kundennummer in einer Kundenliste oder die Artikelnummer in einer Artikelliste.

Kundenliste sortieren

Damit die Rückgabeliste alphabetisch sortiert ausgegeben wird, schließen Sie die Funktion in die Funktion SORTIEREN ein.

```
=SORTIEREN(EINDEUTIG(Auftraege[Kunde];FALSCH))
```

225

5 Nachschlage- und Verweisfunktionen

Bild 5.68 Rückgabeliste sortieren

Mehrere Rückgabewerte mit Excel 2019 und älter

Leider ist in Excel 2019 und älteren Versionen die Funktion FILTER nicht verfügbar, stattdessen müssen Sie sich mit INDEX und weiteren Funktionen behelfen, wenn Sie nicht auf VBA zurückgreifen wollen.

Beispiel: Bevölkerung Bundesländer

Als Beispiel nehmen wir wieder die Tabelle mit den Bevölkerungszahlen der deutschen Bundesländer (siehe Seite 219) und lassen alle Länder mit mehr 10.000.000 Einwohnern auflisten, wie im Bild unten.

Bild 5.69 Alle Bundesländer mit mehr als 10.000.000 Einwohnern

FILTER_Excel_2019.xlsx

Da es in Excel 2019 und älter die FILTER-Funktion nicht gibt, lässt sich die Aufgabe ohne VBA nur mit INDEX und VERGLEICH lösen. Die Funktion in E2 lautet wie folgt.

E2:=WENNFEHLER(KGRÖSSTE($B$2:$B$17;ZÄHLENWENN($B$2:$B$17;">10000000")+1-ZEILE(A1));"")

Zum besseren Verständnis teilen wir die Formel in einzelne Schritte auf und beginnen mit der Ermittlung aller Werte, die größer sind als 10.000.000.

Mehrere Rückgabewerte erhalten 5

1 Dazu setzen wir die Funktion KGRÖSSTE ein. Diese sucht aus einer Matrix den k-größten Wert heraus, wobei k den Rang des gesuchten Elements angibt, also den erstgrößten Wert, den zweitgrößten Wert usw.

Eine genauere Beschreibung der Funktion KGRÖSSTE finden Sie auf Seite 260 ff.

KGRÖSSTE(Matrix;k)

Matrix ist der Bereich B2:B17, k muss dagegen erst bestimmt werden. Dazu dient die Funktion ZÄHLENWENN.

2 Würden Sie mit ZÄHLENWENN einfach die Anzahl der Werte ermitteln und diese Funktion nach unten kopieren, erhalten Sie in allen Zeilen dasselbe Ergebnis, nämlich 3 wie im Bild unten in Spalte G. Wenn Sie dagegen die aktuelle Zeilennummer vom Ergebnis abziehen, erhalten Sie für jede Zeile einen niedrigeren Wert, wie im Bild unten in Spalte H. Allerdings muss zuvor noch die Überschriftzeile hinzuaddiert werden.

H2: =ZÄHLENWENN($B$2:$B$17;">10000000")+1-ZEILE(A1)

Bild 5.70 Anzahl der Bundesländer und Rangfolge ermitteln

	A	B	C	D	E	F	G	H
1	Bundesland	Einwohner 2019		Bundesland	Einwohner 2019		Anzahl Werte	Rangfolge
2	Baden-Württemberg	11.100.394					3	3
3	Bayern	13.124.737					3	2
4	Berlin	3.669.491					3	1
5	Brandenburg Brandenburg	2.521.893					3	0
6	Bremen	681.202					3	-1
7	Hamburg	1.847.253					3	-2

3 Setzt man nun diesen Ausdruck als Argument k in die Funktion KGRÖSSTE ein und kopiert die Formel nach unten, erhält man das unten abgebildete Ergebnis.

=KGRÖSSTE($B$2:$B$17;ZÄHLENWENN($B$2:$B$17;">10000000")+1-ZEILE(A1))

Bild 5.71 Einwohnerzahlen mit KGRÖSSTE

	A	B	C	D	E	F	G	H
1	Bundesland	Einwohner 2019		Bundesland	Einwohner 2019		KGRÖSSTE	Rangfolge
2	Baden-Württemberg	11.100.394					11100394	3
3	Bayern	13.124.737					13124737	2
4	Berlin	3.669.491					17947221	1
5	Brandenburg Brandenburg	2.521.893					#ZAHL!	0
6	Bremen	681.202					#ZAHL!	-1
7	Hamburg	1.847.253					#ZAHL!	-2
8	Hessen	6.288.080					#ZAHL!	-3
9	Mecklenburg-Vorpommern	1.608.138					#ZAHL!	-4
10	Niedersachsen	7.993.608					#ZAHL!	-5
11	Nordrhein-Westfalen	17.947.221					#ZAHL!	-6
12	Rheinland-Pfalz	4.093.903					#ZAHL!	-7
13	Saarland	986.887					#ZAHL!	-8
14	Sachsen	4.071.971					#ZAHL!	-9
15	Sachsen-Anhalt	2.194.782					#ZAHL!	-10
16	Schleswig-Holstein	2.903.773					#ZAHL!	-11
17	Thüringen	2.133.378					#ZAHL!	-12

Damit haben wir auch schon die Formel zur Ermittlung der Einwohnerzahlen. Der Fehler *#ZAHL!* entsteht beim Kopieren dadurch, dass KGRÖSSTE mit 0 und negativen

Werten nicht umgehen kann. Dies lässt sich jedoch mit der Funktion WENNFEHLER vermeiden. Geben Sie also in E2 folgende Funktion ein und kopieren Sie die Formel nach unten.

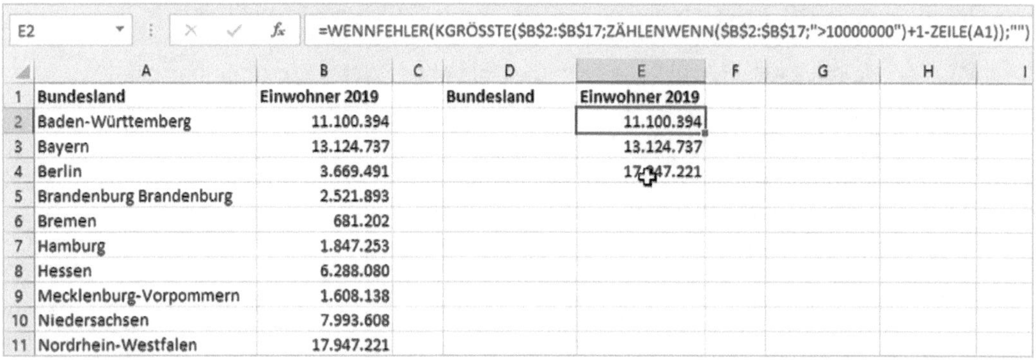

E2:=WENNFEHLER(KGRÖSSTE($B$2:$B$17;ZÄHLENWENN($B$2:$B$17;">10000000")+1-ZEILE(A1));"")

Bild 5.72 Die gefundenen Einwohnerzahlen

Das dazugehörige Bundesland in D2 ermitteln Sie anhand der Einwohnerzahl mit INDEX und VERGLEICH und kopieren dann die Formel ebenfalls.

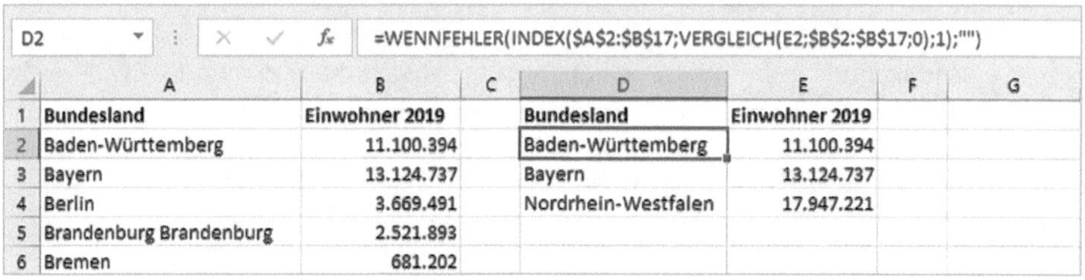

D2: =WENNFEHLER(INDEX($A$2:$B$17;VERGLEICH(E2;$B$2:$B$17;0);1);"")

Bild 5.73 Das Bundesland wird anhand der Einwohnerzahl ermittelt

5.5 Weitere Einsatzmöglichkeiten

Die Adresse eines bestimmten Werts in einer Matrix finden

Die Funktionen SVERWEIS, VERGLEICH usw. haben einen Nachteil: Sie akzeptieren jeweils nur eine Zeile oder Spalte als Suchmatrix. Geben Sie in diesen Funktionen z. B. den Bereich A2:C6 als Suchmatrix an, erhalten Sie als Ergebnis den Fehlerwert #NV.

Beispiel: Adresse des höchsten Werts in einer Matrix ermitteln
Als Beispiel soll aus der unten abgebildeten Matrix die Adresse des höchsten Werts ermittelt werden. Der Wert selbst ist mit der Formel =MAX(A2:C6) schnell berechnet, wie hier in F1.

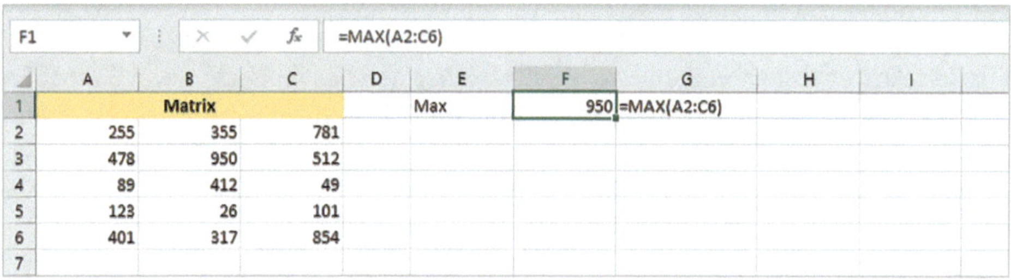

Weitere Einsatzmöglichkeiten 5

Bild 5.74 Beispielmatrix

Zelladressen in Matrix.xlsx

Will man nicht Zeile für Zeile oder Spalte durchsuchen, wie im Beispiel Entfernungsmatrix auf Seite 199, dann ermitteln Sie mit der Funktion SUMMENPRODUKT jeweils die Zeile und Spalte und bilden aus diesen mit der Funktion ADRESSE die Zelladresse. Zur Verdeutlichung werden die einzelnen Funktionen zunächst gesondert berechnet.

1 Die Zeile finden Sie mit der folgenden Funktion, hier in F2:

F2: =SUMMENPRODUKT((A2:C6=F1)*ZEILE(2:6))

2 Die Spalte wird in F3 mit dieser Funktion ermittelt:

F3: =SUMMENPRODUKT((A2:C6=F1)*SPALTE(A:C))

3 Die Zelladresse erhalten Sie dann in F4 mit der Funktion ADRESSE; der Parameter *[Abs]* legt fest, ob Sie eine relative (4), wie im Bild unten, oder eine absolute Zelladresse (1) erhalten.

F4: =ADRESSE(F2;F3;4)

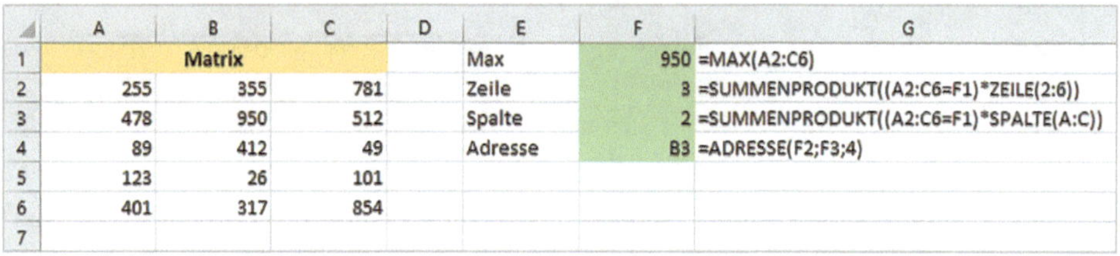

Bild 5.75 Die einzelnen Funktionen

Wenn Sie alles in einer einzigen Funktion zusammenfassen möchten, dann brauchen Sie nur die Funktionen zur Ermittlung der Zeile und Spalte in die Funktion ADRESSE kopieren.

Bild 5.76 Adresse in einer einzigen Funktion

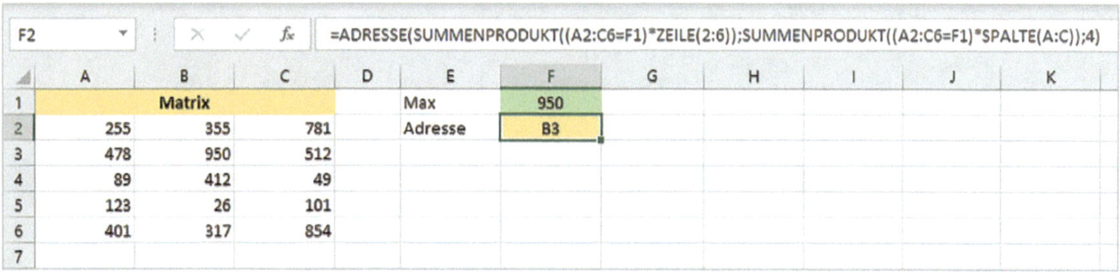

229

5 Nachschlage- und Verweisfunktionen

Entfernung zwischen zwei Adressen per Hyperlink abrufen

Ein automatisches Übernehmen der Km ist mit dieser Methode leider nicht möglich.

Für Reisekostenabrechnungen und ähnliche Zwecke ist es hilfreich, wenn Sie zur Ermittlung der Entfernung zwischen zwei Adressen nicht ständig zwischen Excel und Browser bzw. Google Maps wechseln müssen, sondern schnell aus Excel heraus den Google Routenplaner aufrufen und dabei die Adressen gleich mit übergeben. Anschließend brauchen Sie nur noch die Km-Angaben ablesen.

Im Bild unten die Ausgangstabelle mit Start- und Zieladresse; Postleitzahl, Ort und Straße befinden in verschiedenen Spalten. Beachten Sie, dass zusätzlich auch das Land, und zwar auf englisch angegeben werden sollte. Außerdem wird noch die Webadresse von Google Maps benötigt, diese befindet sich hier in A2.

Hyperlink_Entfernung.xlsx

Achtung: Verwenden Sie in den Adressangaben keine Umlaute, also z. B. ae statt ä und ss statt ß, andernfalls müssten diese Zeichen zusätzlich UTF8 codiert werden.

1. Im ersten Schritt werden die Adressangaben mit dem &-Operator verknüpft, hier jeweils rechts von Start- und Zieladresse in Spalte F. Als Trennzeichen verwenden wir + statt Leerzeichen. Die Formeln dazu:

   F5:   =B5&"+"&C5&"+"&D5&"+"&E5

   F6:   =B6&"+"&C6&"+"&D6&"+"&E6

Bild 5.77 Start- und Zieladresse

2. Im nächsten Schritt verknüpfen wir in F1 in der Funktion HYPERLINK diese beiden Ergebnisse mit der Adresse von Google Maps. Außerdem erfordert Google Maps noch folgende Parameter: *saddr* zum Kennzeichnen der Startadresse und *daddr* für die Zieladresse, sowie *t* für die gewünschte Ansicht, hier verwenden wir *t=h* (hybrid). **Wichtig**: Alle Parameter müssen mit & verknüpft werden.

Bild 5.78 Die Funktion HYPERLINK

F1:   =HYPERLINK(A2&"?saddr="&F5&"&daddr="&F6&"&t=h&om=0";"Anzeigen")

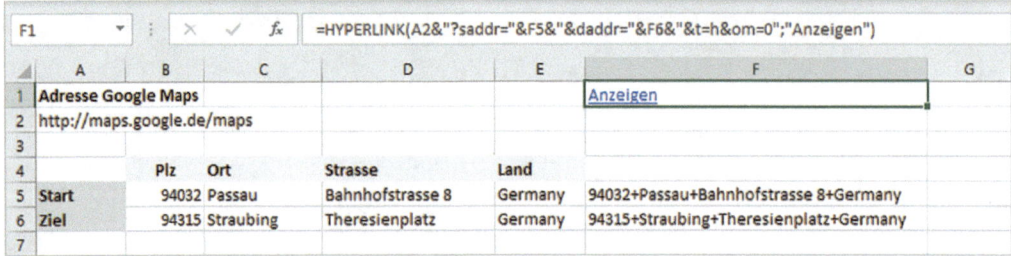

Zum Testen klicken Sie auf den Hyperlink in F1. Daraufhin öffnet sich Ihr Standardbrowser mit Google Maps und den gewünschten Informationen.

Bild 5.79 Das Ergebnis in Google Maps

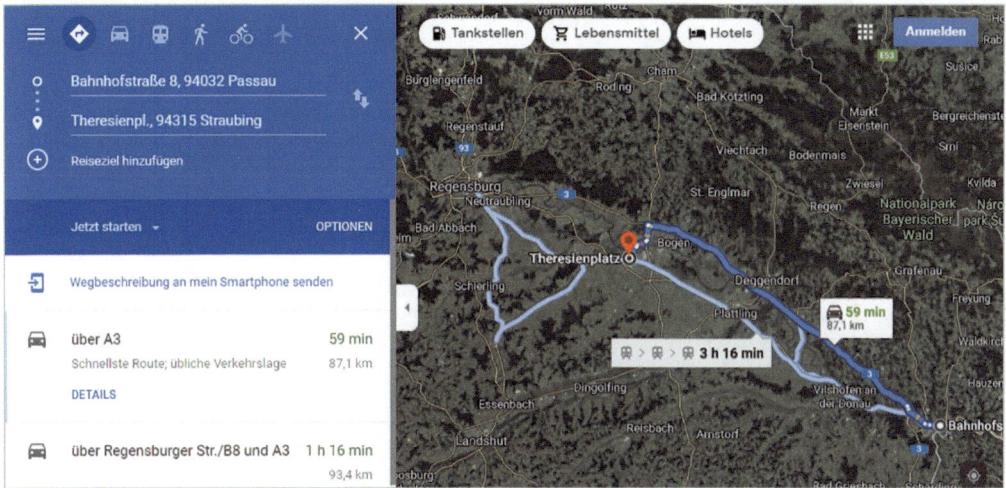

Das Verknüpfen der einzelnen Adressangaben kann natürlich auch innerhalb der Funktion HYPERLINK erfolgen. Oder kopieren Sie nachträglich die beiden Formeln in F5 und F6 in die Funktion in F1 und ersetzen hier die Zelladressen.

Die Formel funktioniert auch wenn, wie im Bild unten, die Postleitzahl fehlt oder Sie statt der Straße z. B. einfach Hauptbahnhof eingeben.

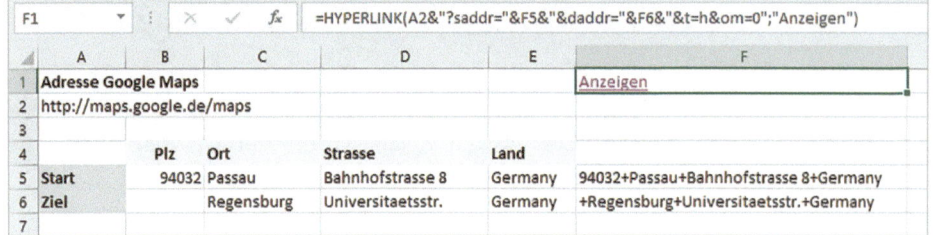

Bild 5.80 Beispiel mit fehlender Postleitzahl

Geografische Informationen abrufen

Excel 365 stellt im Register *Daten* sogenannte verknüpfte Datentypen zur Verfügung, mit denen Sie Informationen aus dem Internet, genauer gesagt Wikipedia, abrufen und in eine Tabelle einfügen können, derzeit sind allerdings nur die Typen *Aktien* und *Geografie* verfügbar. Beachten Sie außerdem, dass die dazugehörigen Informationen nicht immer korrekt sind und manchmal auch ganz fehlen können.

Beispiel: Informationen zu ausgewählten Bundesländern

Als Beispiel erstellen wir eine Tabelle mit einigen Bundesländern und rufen zu diesen Informationen wie Fläche, Bevölkerungszahl usw. ab. Damit auch nachträglich hin-

5 Nachschlage- und Verweisfunktionen

zugefügte Länder berücksichtigt werden, formatieren wir den Zellbereich als Tabelle (Register *Start* ▶ *Als Tabelle formatieren*). Markieren Sie dann die Länder und klicken Sie im Register *Daten* ▶ *Datentypen* auf *Geografie*.

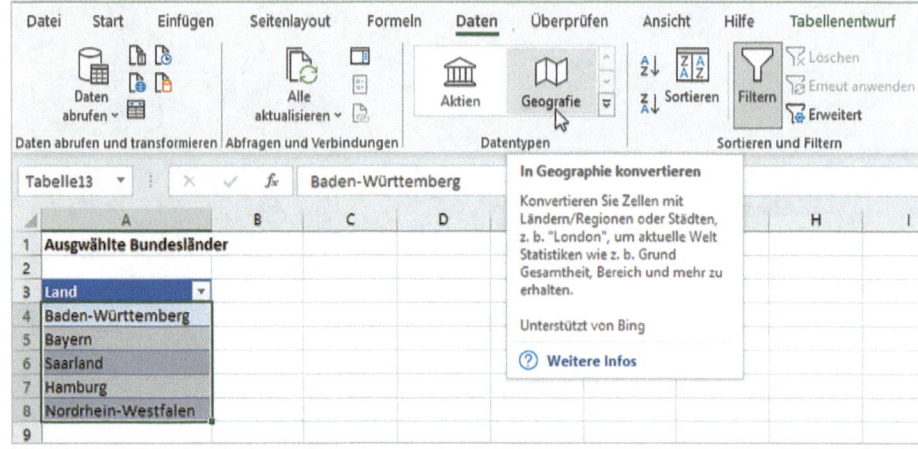

Bild 5.81 Datentyp Geografie

Ein Beispiel für den Datentyp Aktien finden Sie auf Seite 419.

Bild 5.82 Weitere Spalten hinzufügen

Links von jedem Land erscheint das Symbol *Karte* ❶ über das Sie beim Anklicken verschiedene Informationen erhalten. Zum Einfügen in die Tabelle klicken Sie auf das Symbol *Spalte hinzufügen* ❷ und danach auf ein Feld, z. B. Bevölkerung ❸. Im Bild unten einige weitere Beispiele.

Falls eine Information nicht verfügbar ist, erscheint in der Zelle der Fehlerwert #FELD!, wie unten.

Einige Spalteninhalte, im Bild unten in der Spalte *Hauptstadt* die Städte Stuttgart, München und Düsseldorf, weisen ebenfalls das Kartensymbol auf. Das bedeutet, dass auch zu diesen Städten Informationen abgerufen werden können.

Bild 5.83 Die Spalten Bevölkerung, Hauptstadt und Anführer (Regierung)

Land	Bevölkerung	Hauptstadt/Gr	Anführer
Baden-Württemberg	10.786.227	Stuttgart	Winfried Kretschmann (Ministerpräsident)
Bayern	13.124.737	München	#FELD!
Saarland	990.509	Saarbrücken	#FELD!
Hamburg	1.802.041	#FELD!	Peter Tschentscher (Bürgermeister); Katharina Fegebank (Bürgermeister)
Nordrhein-Westfalen	17.912.134	Düsseldorf	#FELD!

Ein Waffel-Diagramm erzeugen

Ein Rechteck- oder Waffeldiagramm lässt sich wie ein Kreisdiagramm einsetzen und eignet sich am besten zum Vergleich einer Größe mit der Grundgesamtheit. Beispielsweise, um den Umsatzanteil eines Produkts am Gesamtumsatz zu zeigen oder den Frauenanteil im Bundestag. Als Beispiel im Bild rechts der Frauenanteil in der IT-Abteilung einer fiktiven Firma.

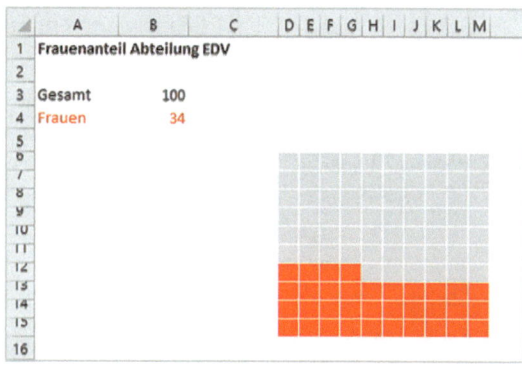

Bild 5.84 Beispiel Waffeldiagramm

Der Diagrammtyp Waffeldiagramm wird von Excel nicht zur Verfügung gestellt, kann aber leicht nachgebaut werden. Sie benötigen dazu nur eine 10 x 10 Matrix mit fortlaufenden Zahlen von 1 bis 100 und etwas bedingte Formatierung. Beachten Sie außerdem, dass als Ausgangsdaten Prozentanteile erforderlich sind, diese werden im Gegensatz zum Kreisdiagramm nicht automatisch berechnet.

Matrix mit fortlaufenden Zahlen erzeugen

Im ersten Schritt erzeugen Sie eine 10 x 10 Matrix mit fortlaufenden Zahlen von 1 bis 100, beginnend in der linken unteren Ecke (siehe Bild auf der nächsten Seite). Diese bildet das Raster des Waffeldiagramms. Wenn Sie die Zahlen nicht manuell eingeben bzw. als Reihe ausfüllen möchten, dann erledigen Sie dies mit einer Formel.

▶ **Microsoft 365**

Wenn Sie Microsoft 365 einsetzen, geht dies am einfachsten und schnellsten mit der Funktion SEQUENZ und folgender Formel in D6. Damit die Zahlen in absteigender Folge erzeugt werden, benötigen Sie zusätzlich noch die Funktion SORTIEREN mit dem Parameter -1. Nach Betätigen der Eingabetaste wird der Ausgabebereich automatisch erweitert.

Details zur Funktion SEQUENZ finden Sie auf Seite 378.

D6:   =SORTIEREN(SEQUENZ(10;10;1;1);;-1)

Bild 5.85 Raster bzw. Nummerierung mit der Funktion SEQUENZ ausfüllen

	A	B	C	D	E	F	G	H	I	J	K	L	M	N	O
1	Frauenanteil Abteilung EDV														
2															
3	Gesamt	100													
4	Frauen	34													
5															
6				91	92	93	94	95	96	97	98	99	100		
7				81	82	83	84	85	86	87	88	89	90		
8				71	72	73	74	75	76	77	78	79	80		
9				61	62	63	64	65	66	67	68	69	70		
10				51	52	53	54	55	56	57	58	59	60		
11				41	42	43	44	45	46	47	48	49	50		
12				31	32	33	34	35	36	37	38	39	40		
13				21	22	23	24	25	26	27	28	29	30		
14				11	12	13	14	15	16	17	18	19	20		
15				1	2	3	4	5	6	7	8	9	10		
16															
17															

Waffeldiagramm.xlsx

5 Nachschlage- und Verweisfunktionen

▶ **Alternative, Excel 2019 und älter**

Als Alternative bzw. wenn Sie Excel 2019 und älter einsetzen, geben Sie in D6 die folgende Funktion ein und kopieren diese anschließend über 10 Zeilen und Spalten.

=SPALTEN($A1:A$10)+10*(ZEILEN($A1:A$10)-1)

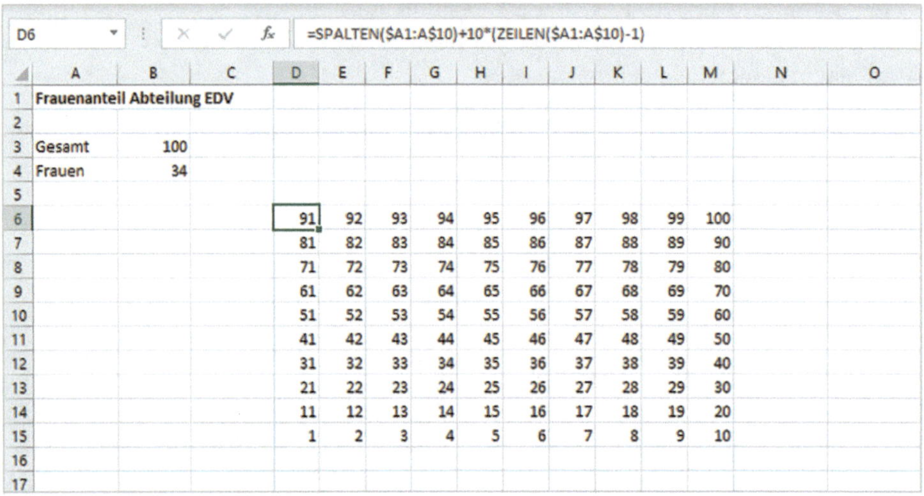

Bild 5.86 Nummerierung mit SPALTEN und ZEILEN ausfüllen

Bedingte Formatierung

Im nächsten Schritt wird die Matrix mit einer bedingten Formatierung versehen. Markieren Sie die Matrix, hier D6:M15, klicken Sie im Register *Start* auf *Bedingte Formatierung* und auf *Neue Regel*. Zuerst erhalten alle Zellen graue Hintergrundfarbe:

Bild 5.87 Bedingte Formatierung, erste Regel: Alle Zellen grau

1   Wählen Sie den Regeltyp *Nur Zellen formatieren, die enthalten* und legen Sie darunter folgende Regel fest: Zellwert kleiner oder gleich =$B$3.

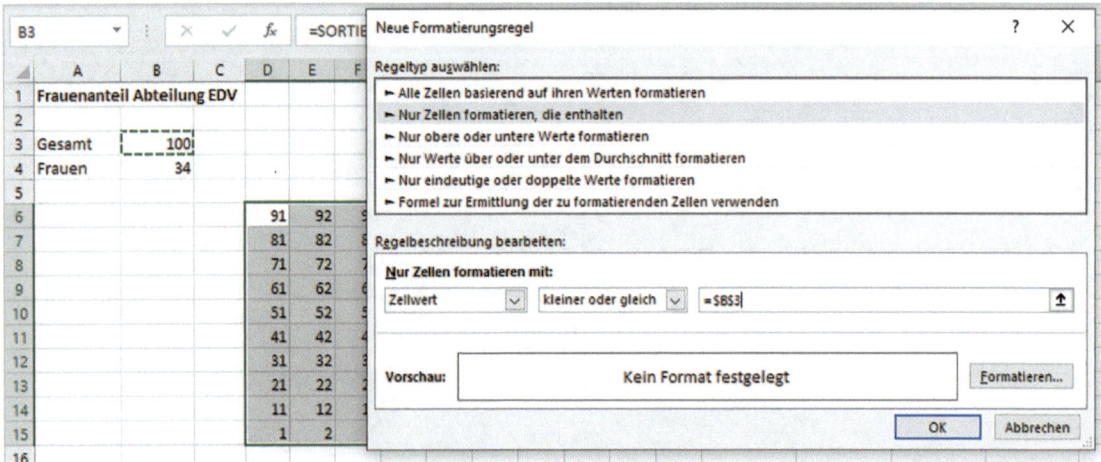

234

2   Klicken Sie auf die Schaltfläche *Formatieren…* und wählen Sie im Register *Ausfüllen* graue Farbe. Wenn die Zahlen nicht sichtbar sein sollen, dann klicken Sie im selben Fenster auch noch auf das Register *Schrift* und wählen hier dieselbe Farbe als Schriftfarbe. Schließen Sie dann nacheinander die Fenster mit *OK*.

3   Klicken Sie dann erneut auf *Bedingte Formatierung* ▶ *Neue Regel* ▶ *Nur Zellen formatieren, die enthalten* und legen Sie die zweite Regel fest: Zellwert kleiner oder gleich =$B$4. Über die Schaltfläche *Formatieren…* wählen Sie diesmal Rot, sowohl als Hintergrund- als auch als Schriftfarbe.

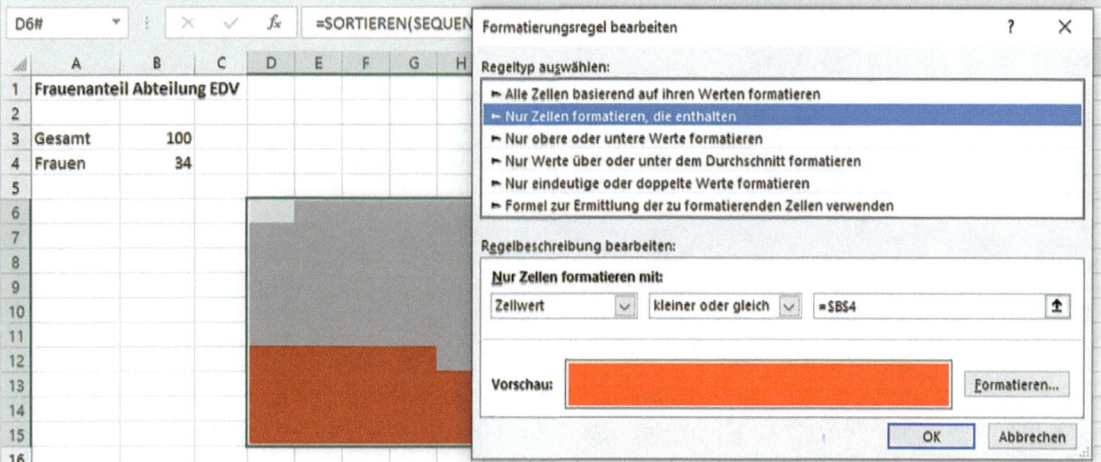

Bild 5.88 Zweite Regel: Zellen rot einfärben

Achten Sie unbedingt auf die Reihenfolge der beiden Regeln: Die Regeln der bedingten Formatierung werden von oben nach unten angewendet. Sollte das gesamte Raster grau ausgefüllt sein, so klicken Sie auf *Bedingte Formatierung* ▶ *Regeln verwalten* und verschieben über die Pfeile ❶ die Regel mit der roten Füllfarbe nach oben ❷, siehe Bild unten.

Bild 5.89 Achten Sie auf die richtige Reihenfolge der Regeln

Raster mit Gitternetzlinien formatieren

Zuletzt erhält das Waffeldiagramm noch Gitternetzlinien: Markieren Sie das Raster, klicken Sie mit der rechten Maustaste in den markierten Bereich und auf *Zellen for-*

5 Nachschlage- und Verweisfunktionen

matieren.... Wählen Sie im gleichnamigen Fenster das Register *Rahmen* und hier die Rahmenfarbe weiß und klicken Sie danach auf die Symbole *Außen* und *Innen*.

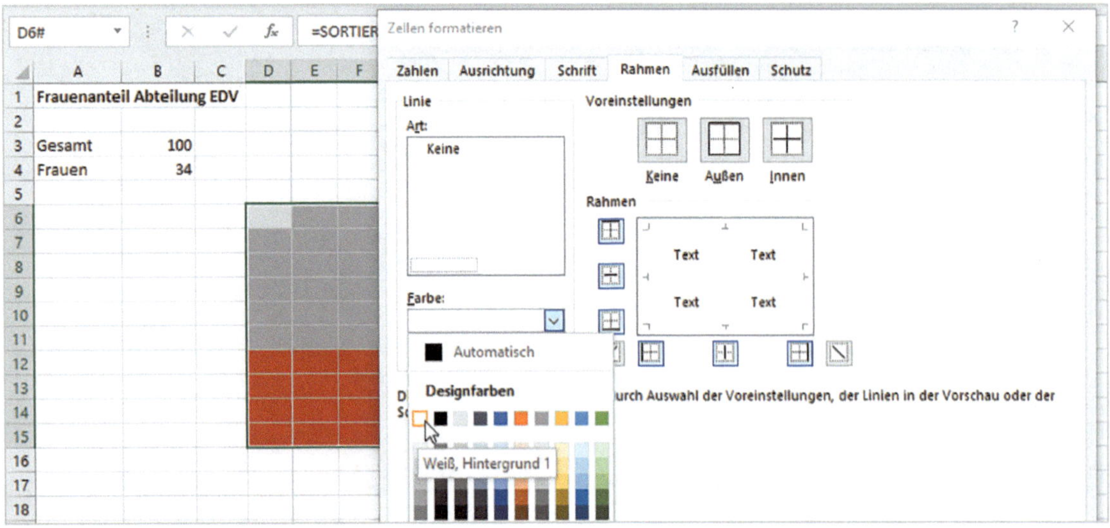

Bild 5.90 Raster mit weißen Rahmenlinien versehen

Gitternetz ausblenden

Zuletzt brauchen Sie eigentlich nur noch die Gitternetzlinien des Tabellenblattes ausblenden indem Sie im Register *Ansicht* ▶ *Anzeigen* das Kontrollkästchen *Gitternetzlinien* deaktivieren.

6 Allgemeine Auswertungsfunktionen

6.1   Zellen oder Werte zählen   238

6.2   Summenberechnungen   243

6.3   Mittelwerte   249

6.4   Rangfolge, größte und kleinste Werte   257

6.5   Fehlerwerte und ausgeblendete Zellen ignorieren   263

6.6   Zellen anhand ihrer Füllfarbe auswerten   269

6 Allgemeine Auswertungsfunktionen

Häufig werden in Excel zusammenfassende Auswertungen über kleinere und mittlere Tabellen benötigt. Zu diesem Zweck stellt Excel zahlreiche Auswertungsfunktionen zur Verfügung. Die Funktionen SUMME, ANZAHL, ANZAHL2 und MITTELWERT dürften allgemein bekannt sein, daneben gibt es aber auch noch zahlreiche, weniger bekannte Möglichkeiten. Die verschiedenen Datenbank (DB)-Funktionen, z. B. DBSUMME usw. werden allerdings nur kurz gestreift, da sich dieselben Ergebnisse mit anderen Funktionen und Tools wesentlich einfacher berechnen lassen.

> Nicht ganz nachvollziehbar ist die Zuordnung dieser Funktionen: Manche sind in der Kategorie Statistik zu finden, andere dagegen in der Kategorie Mathematik und Trigonometrie.

Die meisten der hier vorgestellten Funktionen finden Sie im Register *Formeln* ▶ *Funktionsbibliothek* über die Schaltfläche *Mehr Funktionen*, Auswahl *Statistik* bzw. im Funktionsassistenten in der Kategorie *Statistik*. Da allerdings die Zuordnung zu einer Kategorie nicht immer eindeutig ist, befinden sich einige davon auch in der Kategorie *Mathematik und Trigonometrie*.

Hinweis: Für die Auswertung und Zusammenfassung umfangreicher Tabellen eignet sich unter Umständen das komfortable Tool *PivotTable* wesentlich besser als die hier vorgestellten Funktionen. Eine kleine Einführung hierzu finden Sie zu Beginn des Kapitels 7, Ausgewählte statistische Funktionen. Falls Sie näher in dieses interessante Thema einsteigen möchten, empfehle ich Ihnen das Buch „Excel Spezial: Daten abrufen, aufbereiten & mit Pivot-Tabellen auswerten" (ISBN 978-3-8328-0409-1).

6.1 Zellen oder Werte zählen

Anzahl der Zellen oder Werte ermitteln (ANZAHL und ANZAHL2)

Die Funktion ANZAHL ist neben der SUMME eine der meistgenutzten Excel-Funktionen. Doch Vorsicht, hier versteckt sich eine kleine Falle: Es gibt zwei Funktionen, nämlich ANZAHL und ANZAHL2. Beide erlauben auch die Angabe nicht zusammenhängender Zellbereiche, die Sie am einfachsten nacheinander mit gedrückter Strg-Taste markieren, das Semikolon wird dann automatisch eingefügt.

    ANZAHL(Wert1;[Wert2];...)

    ANZAHL2(Wert1;[Wert2];...)

Der Unterschied:

▶ **ANZAHL**
   Die Funktion ANZAHL zählt ausschließlich Zahlen, hierzu zählen auch Datumswerte, ignoriert aber Text und leere Zellen.

▶ **ANZAHL2**
   ANZAHL2 berücksichtigt alle Inhalte (außer leere Zellen) und wird verwendet, wenn der Zellbereich, den Sie zum Zählen heranziehen möchten, Text enthält, z. B. Namen oder Artikelnummern mit Buchstaben.

Als Beispiel eine einfache Gegenüberstellung

Als Beispiel im Bild unten eine Artikelübersicht. Die Artikelnummern in Spalte A setzen sich aus Buchstaben und Zahlen zusammen, werden also von Excel als Text behandelt. Würden Sie die Anzahl der Artikel anhand der Artikelnummer und mit der Funktion ANZAHL berechnen, so würden Sie trotz korrekter Syntax das Ergebnis 0 erhalten. Also muss in F2 die Gesamtzahl aller Artikel mit der Funktion ANZAHL2 berechnet werden.

Anders dagegen die Anzahl aller lagernden und bestellten Artikel in F6: Hier muss die Funktion ANZAHL eingesetzt werden, damit Text, in diesem Fall der Stern *, im angegebenen Zellbereich nicht berücksichtigt wird.

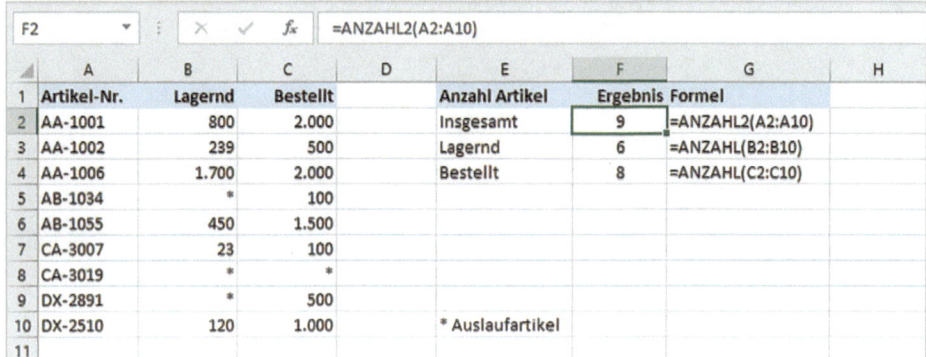

Bild 6.1 ANZAHL und ANZAHL2 im Vergleich

Anzahl_Zählenwenn.xlsx

Leere Zellen zählen mit ANZAHLLEEREZELLEN

Die Funktion ANZAHLLEEREZELLEN liefert das Gegenteil von ANZAHL und ANZAHL2, nämlich die Anzahl aller leeren Zellen im angegebenen Bereich, die Syntax:

ANZAHLLEEREZELLEN(Bereich)

Bereich kann ein beliebiger, auch mehrere Zeilen und Spalten umfassender Zellbereich sein. Gezählt werden ausschließlich leere Zellen oder leere Zeichenfolgen "" die aus Formeln resultieren. Die Zahl 0 wird nicht als leere Zelle gewertet, s. Bild unten.

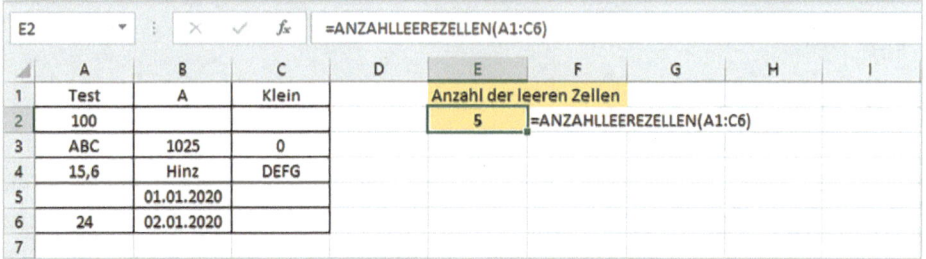

Bild 6.2 ANZAHLLEEREZELLEN

Tipp: Fehlende Daten bzw. leere Zellen anzeigen

ANZAHLLEEREZELLEN lässt sich beispielsweise einsetzen, um die Anzahl der Zellen zu ermitteln, in denen eine Eingabe fehlt. Wenn Sie aber konkret diejenigen Daten her-

6 Allgemeine Auswertungsfunktionen

ausfiltern möchten, bei denen ein bestimmter Wert fehlt, dann erledigen Sie dies entweder mit dem Autofilter: Register *Daten* ▶ *Sortieren und Filtern* ▶ *Filter* und Auswahl *(Leere)* oder setzen die Funktion FILTER (Excel 365) ein.

Funktion FILTER, siehe Seite 219.

Beispiel fehlende Preise: Im Bild unten als Beispiel eine Tabelle, aus der alle Artikel mit fehlendem Preis herausgefiltert werden sollen. Die Funktion in E3 lautet:

E3: =FILTER(A3:C10;C3:C10="")

Hinweis: FILTER ersetzt in der Ergebnismatrix grundsätzlich alle leeren Inhalte durch 0, egal ob der Zellbereich Text oder Zahlen enthält.

Bild 6.3 Leere Zellen filtern

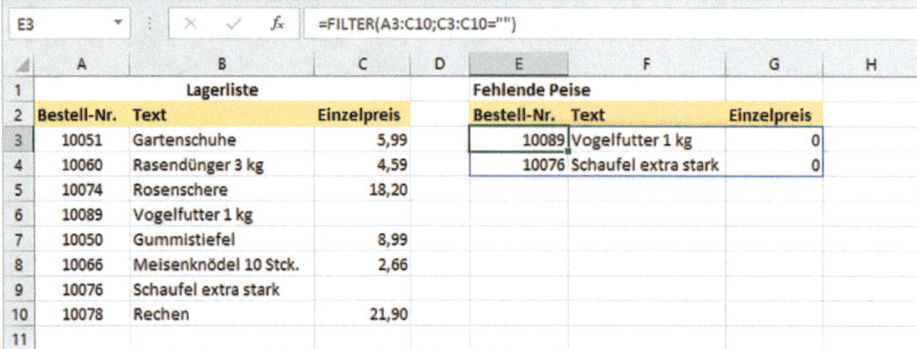

Nur bestimmte Werte/Inhalte zählen mit ZÄHLENWENN und ZÄHLENWENNS

Wenn die Ermittlung der Anzahl mit einer Bedingung verknüpft ist, z. B. die Anzahl aller Kunden mit einem Umsatz über 500 €, dann verwenden Sie die Funktionen ZÄHLENWENN oder ZÄHLENWENNS.

▶ **ZÄHLENWENN**
ZÄHLENWENN ermittelt aus dem vorgegebenen Zellbereich die Anzahl aller nichtleeren Zellen, deren Inhalt mit einem vorgegebenen Suchkriterium übereinstimmt, die Syntax lautet:

ZÄHLENWENN(Bereich;Suchkriterien)

- Als *Bereich* geben Sie den Zellbereich an, dessen Inhalte (nichtleere Zellen) gezählt werden sollen.
- Das *Suchkriterium* kann eine Zahl, eine Zeichenfolge oder ein Ausdruck mit einem Vergleichsoperator oder Platzhalter (? oder *) sein. Text und Ausdrücke mit Vergleichsoperatoren müssen in Anführungszeichen eingeschlossen sein.

▶ **ZÄHLENWENNS**
Diese Funktion unterstützt im Gegensatz zu ZÄHLENWENN auch mehrere Auswahlkriterien. Dazu geben Sie einfach nacheinander jeweils Kriterienbereich und das dazugehörige Suchkriterium an. **Achtung**: Alle Kriterienbereiche müssen die-

selbe Anzahl Zeilen und Spalten umfassen! Es können bis zu 127 Kriterienbereiche und Kriterien angegeben werden, die Syntax:

```
ZÄHLENWENNS(Kriterienbereich1;Kriterien1;[Kriterienbereich2]; [Kriterien2];[Kriterienbereich3];[Kriterien3];...)
```

Beispiel 1: Anzahl Artikel aus einer Liste ermitteln

Ein einziges Suchkriterium: ZÄHLENWENN

Wenn Sie beispielsweise die Anzahl der Artikel je Warengruppe ermitteln möchten, wie im Bild unten, dann verwenden Sie die Funktion ZÄHLENWENN, da hier nur ein einziges Suchkriterium erforderlich ist.

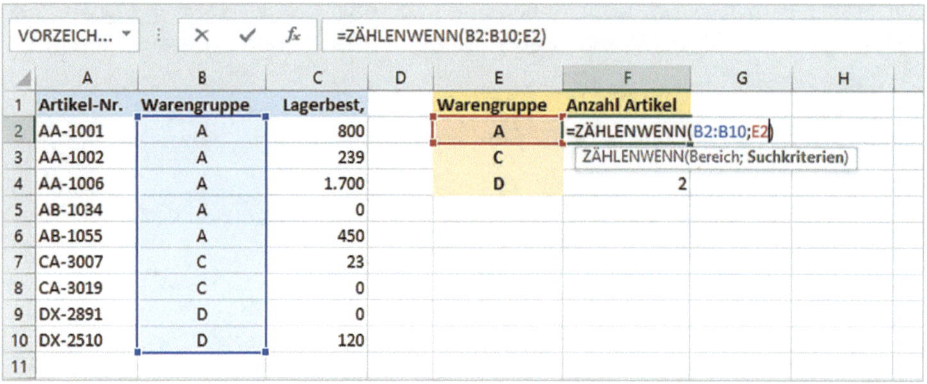

VORZEICH... | =ZÄHLENWENN(B2:B10;E2)

	A	B	C	D	E	F	G	H
1	Artikel-Nr.	Warengruppe	Lagerbest,		Warengruppe	Anzahl Artikel		
2	AA-1001	A	800		A	=ZÄHLENWENN(B2:B10;E2)		
3	AA-1002	A	239		C	ZÄHLENWENN(Bereich; Suchkriterien)		
4	AA-1006	A	1.700		D	2		
5	AB-1034	A	0					
6	AB-1055	A	450					
7	CA-3007	C	23					
8	CA-3019	C	0					
9	DX-2891	D	0					
10	DX-2510	D	120					
11								

Bild 6.4 Beispiel: Anzahl Artikel je Warengruppe

Anzahl_Zählenwenn.xlsx

> **Vorsicht Falle!** Machen Sie bitte nicht den Fehler, als Suchkriterium einen Bezug auf einen passenden Wert in der Tabelle zu verwenden, im Bild oben z. B. B2 für Warengruppe A. Möglicherweise kommt später jemand auf die Idee, die Tabelle z. B. nach Lagerbestand zu sortieren, dann steht in B2 unter u. U. eine andere Warengruppe.
>
> Wenn Sie das Suchkriterium nicht in die Formel eingeben möchten, dann legen Sie am besten eine gesonderte Auswertungstabelle mit den benötigten Kriterien an, wie im Bild oben.

Zwei Suchkriterien: ZÄHLENWENNS

Benötigen Sie die Anzahl aller Artikel in Warengruppe A, deren Lagerbestand größer ist als 500, dann setzen Sie die Funktion ZÄHLENWENNS ein.

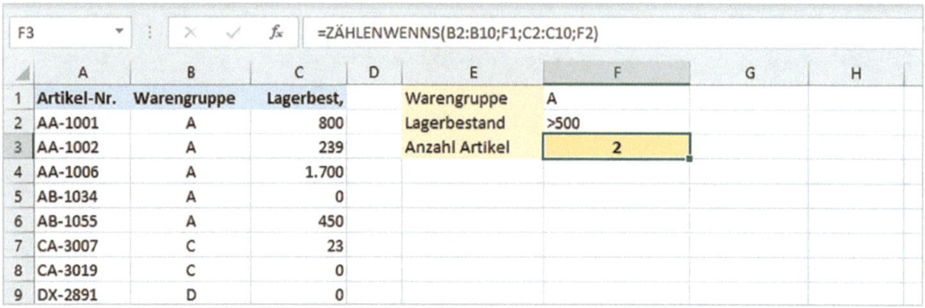

F3 | =ZÄHLENWENNS(B2:B10;F1;C2:C10;F2)

	A	B	C	D	E	F	G	H
1	Artikel-Nr.	Warengruppe	Lagerbest,		Warengruppe	A		
2	AA-1001	A	800		Lagerbestand	>500		
3	AA-1002	A	239		Anzahl Artikel	2		
4	AA-1006	A	1.700					
5	AB-1034	A	0					
6	AB-1055	A	450					
7	CA-3007	C	23					
8	CA-3019	C	0					
9	DX-2891	D	0					

Bild 6.5 ZÄHLENWENNS mit zwei Suchkriterien

6 Allgemeine Auswertungsfunktionen

Die Funktion in F3 lautet:

F3: =ZÄHLENWENNS(B2:B10;F1;C2:C10;F2)

Die Arbeitsweise von ZÄHLENWENNS

ZÄHLENWENNS arbeitet die Kriterien zeilenweise ab, beginnt also mit der ersten Zeile der angegebenen Kriterienbereiche (im unten abgebildeten Beispiel Zeile 3), vergleicht diese miteinander und liefert als Ergebnis 1, wenn in dieser Zeile alle Zellen den Kriterien entsprechen. Anschließend wird die Prüfung in der nächsten Zeile fortgesetzt; wenn auch hier alle Zellen den Kriterien entsprechen, erhöht sich das Zwischenergebnis um 1 usw., bis alle Zellen ausgewertet sind.

Bild 6.6 ZÄHLENWENNS mit mehreren Kriterien

Als Beispiel wird aus der Tabelle im Bild unten mit ZÄHLENWENNS ermittelt, wie viele Teilnehmer eines Lehrgangs mit zwei Prüfungen beide Prüfungen bestanden haben.

	A	B	C	D	E	F
1		Bestanden Ja/Nein			Beide Prüfungen bestanden	
2	Teilnehmer	Prüfung 1	Prüfung 2		Anzahl Teilnehmer	=ZÄHLENWENNS(B3:B11;"Ja";C3:C11;"Ja")
3	Müller	Ja	Ja			
4	Lehner	Nein	Ja			
5	König	Ja	Ja			
6	Baumholtz	Ja	Ja			
7	Kabelschacht	Nein	Nein			
8	Hurtig	Ja	Ja			
9	Kremser	Ja	Ja			
10	Mihail	Ja	Ja			
11	Schwab	Ja	Nein			

Vergleichsoperatoren als Suchkriterium

Mit Nullwerten ist in diesem Fall die Zahl 0 gemeint.

Wenn in der Funktion ZÄHLENWENN Vergleichsoperatoren für das Suchkriterium benötigt werden, z. B. um mit >0 Nullwerte auszuschließen, dann muss das gesamte Suchkriterium als Ausdruck in Anführungszeichen eingegeben werden. Befindet sich dagegen der Ausdruck in einer Zelle wie in Bild 6.5, wird der Inhalt ohnehin als Text gewertet.

Beispiel: Im Bild unten soll die Anzahl der Teilnehmer mit mindestens 50 Punkten ermittelt werden. Dazu geben Sie als Suchkriterium den folgenden Ausdruck ein: ">=50".

Bild 6.7 Anzahl Teilnehmer mit mindestens 50 Punkten

	A	B	C	D	E	F
1	Teilnehmer	Punkte		Anzahl Teilnehmer mit mindestens 50 Punkten	5	
2	Müller	98				
3	Lehner	51				
4	König	62				
5	Baumholtz	38				
6	Kabelschacht	71				
7	Hurtig	23				
8	Kremser	49				
9	Mihail	88				

E1: =ZÄHLENWENN(B2:B9;">=50")

6 Summenberechnungen

Wenn sich der Vergleichswert in einer Zelle befindet, wie im etwas abgewandelten Beispiel unten, dann müssen Sie Vergleichsoperator und Zellbezug mit dem &-Operator verknüpfen und der Ausdruck lautet dann ">="&D2.

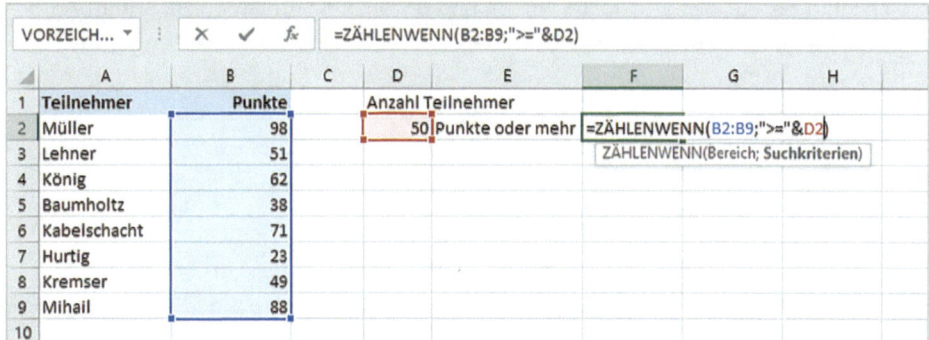

Bild 6.8 Vergleichsoperator und Zellbezug verknüpfen

6.2 Summenberechnungen

Einfache Summen (SUMME)

Die Verwendung der Funktion SUMME dürfte allen Excel-Anwendern bekannt sein, auf diese wird hier daher nur kurz eingegangen.

Summe gleichzeitig über mehrere Spalten berechnen

Über das Symbol *Summe* bzw. *AutoSumme* im Menüband (Register *Start* ▶ *Bearbeiten* oder Register *Formeln* ▶ *Funktionsbibliothek*) erhalten Sie eine intelligente Summe, die z. B. die Summe gleich für mehrere Spalten gleichzeitig berechnet, wie im Bild unten. Sie brauchen dazu nur die betreffenden Spalten markieren und auf *AutoSumme* klicken.

Gleiches gilt auch für Zeilensummen, in diesem Fall markieren Sie die noch leere Ergebnisspalte mit, bevor Sie auf *AutoSumme* klicken.

Bild 6.9 Summe für mehrere Spalten gleichzeitig berechnen

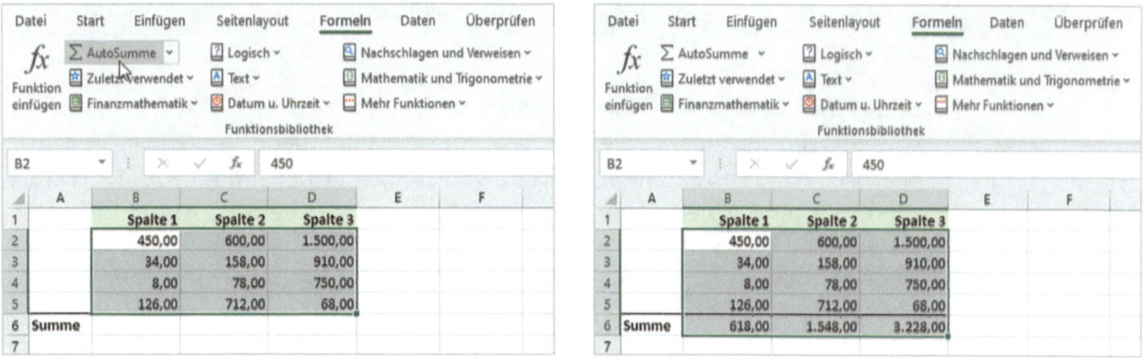

243

6 Allgemeine Auswertungsfunktionen

Nicht zusammenhängende Zellbereiche addieren

Sollen zwei oder mehr nicht zusammenhängende Zellbereiche addiert werden, dann geben Sie die Funktion SUMME ein und markieren nacheinander die Zellbereiche mit gleichzeitig gedrückter Strg-Taste, wie im Bild unten. Ein Semikolon zur Trennung der Argumente wird automatisch zwischen den beiden Bereichsangaben eingefügt.

Bild 6.10 Nicht zusammenhängende Bereiche addieren

	A	B	C	D	E	F	G	H
1	Spalte 1	Spalte 2	Spalte 3		Summe Spalte 1 und Spalte 3	=SUMME(A2:A5;C2:C5		
2	450,00	600,00	1.500,00			SUMME(Zahl1; [Zahl2]; ...)		
3	34,00	158,00	910,00					
4	8,00	78,00	750,00					
5	126,00	712,00	68,00					
6								

Summenberechnung mit Bedingungen (SUMMEWENN und SUMMEWENNS)

Um die Summenberechnung auf bestimmte Werte einzuschränken, stellt Excel die Funktionen SUMMEWENN und SUMMEWENNS zur Verfügung.

Hinweis: Beide Funktionen finden Sie nicht in der Kategorie Statistik sondern in der Kategorie Mathematik und Trigonometrie.

▶ SUMMEWENN unterstützt nur ein einziges Suchkriterium.

▶ Mit SUMMEWENNS sind bis zu 127 Kriterienbereiche und Kriterien möglich.

Die Funktion SUMMEWENN

Die Funktion SUMMEWENN ist wie folgt aufgebaut:

SUMMEWENN(Bereich;Suchkriterien;Summe_Bereich)

Argument	Beschreibung
Bereich	Gibt an, welcher Zellbereich nach dem angegebenen Suchkriterium durchsucht wird
Suchkriterien	Als *Suchkriterien* können Zahlen, Text oder Ausdrücke angegeben werden. In Ausdrücken können neben Vergleichsoperatoren auch die Platzhalter * (beliebig viele Zeichen) und ? (genau 1 Zeichen) verwendet werden. Text und Ausdrücke müssen in Anführungszeichen "" eingeschlossen sein.
Summe_Bereich	Hier geben Sie den Zellbereich an, dessen Werte addiert werden sollen.

Beispiel 1: Mit SUMMEWENN die Umsatzsumme je Warengruppe berechnen

Summewenn.xlsx

Als Beispiel berechnen wir die Umsatzsumme je Warengruppe. Verwenden Sie keinen Bezug auf die Warengruppe in Spalte B als Suchkriterium (Stichwort: Tabelle sortieren), sondern legen Sie hierzu eine gesonderte Auswertungstabelle an, wie im Bild unten. Die Funktion in F2 lautet:

F2: =SUMMEWENN($B$2:$B$7;E2;$C$2:$C$7)

Summenberechnungen 6

	A	B	C	D	E	F	G
1	Artikel	Warengruppe	Umsatz			Umsatzsumme	
2	Notebook	Computer	120.000		Computer	200.000	=SUMMEWENN($B$2:$B$7;E2;$C$2:$C$7)
3	Monitor	Computer	30.000		Haushaltsgeräte	244.000	=SUMMEWENN($B$2:$B$7;E3;$C$2:$C$7)
4	Drucker	Computer	50.000				
5	Waschmaschine	Haushaltsgeräte	110.000				
6	Geschirrspüler	Haushaltsgeräte	96.000				
7	Kaffeemaschine	Haushaltsgeräte	38.000				
8							

Bild 6.11 Beispiel 1

Beispiel 2: SUMMEWENN mit Vergleichsoperator

Ausdrücke mit Vergleichsoperatoren als Suchkriterium müssen in Anführungszeichen ("") angegeben werden. Benötigen Sie Vergleichsoperatoren zusammen mit einem Zellbezug, dann verketten Sie die beiden Ausdrücke mit dem &-Zeichen und das Kriterium lautet im Bild unten beispielsweise: ">"&E2.

Bild 6.12 Beispiel 2

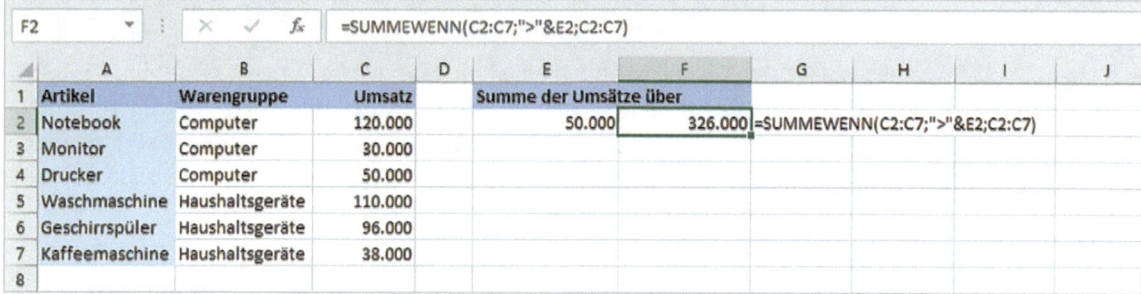

SUMMEWENN mit Platzhalter, Beispiel Postleitzahlenbereich

Hier ein Beispiel, wie Sie Platzhalter bei der Summenberechnung einsetzen. Um nur die Umsätze des Postleitzahlenbereichs 8 zu erhalten, lautet die Formel in G2:

```
G2: =SUMMEWENN(B2:B13;F2&"*";D2:D13)
```

Bild 6.13 Umsatzsumme Postleitzahlenbereich 8

	A	B	C	D	E	F	G	H
1	Kunde	PLZ	Ort	Umsatz		Umsatz PLZ-Bereich		
2	Hintermoser	94032	Passau	45.000,00 €		8	22850	
3	Klein	55129	Mainz	500,00 €				
4	Müller-Maus	48156	Münster	4.570,00 €				
5	Lüderitz	71560	Mittelfischbach	489,00 €				
6	Thundorfer	16818	Langen	708,00 €				
7	Hardenbach	78464	Konstanz	60,00 €				
8	Hacker	60314	Frankfurt	6.900,00 €				
9	Bechler	88131	Lindau	15.000,00 €				
10	Meyer	84307	Eggenfelden	1.800,00 €				
11	Lang	57632	Eulenberg	2.304,00 €				
12	Schmitz	14547	Fichtenwalde	360,00 €				
13	Rodriguez	82467	Garmisch-Partenkirchen	6.050,00 €				
14								

245

6 Allgemeine Auswertungsfunktionen

Mehrere Kriterien mit der Funktion SUMMEWENNS verwenden

Die Funktion SUMMEWENNS erlaubt die Verwendung mehrerer Suchkriterien aus verschiedenen Spalten. Kriterienbereich und das dazugehörige Kriterium werden jeweils nacheinander angegeben und bilden ein Paar.

Auch SUMMEWENNS erlaubt Vergleichsoperatoren und Platzhalter als Kriterien, siehe SUMMEWENN.

SUMMEWENNS(Summe_Bereich; Kriterien_Bereich1;Kriterien1;Kriterien_Bereich2; Kriterien2;...)

Argument	Beschreibung
Summe_Bereich	Der zu addierende Zellbereich
Kriterien_Bereich1	Der Bereich, der nach *Kriterien1* durchsucht wird
Kriterien1	Kriterien für Kriterien_Bereich1. Kriterien_Bereich1 und Kriterien1; Kriterien_Bereich2 und Kriterien2 usw. bilden je ein Suchpaar.

Achtung: Beachten Sie die geänderte Reihenfolge der Argumente gegenüber SUMMEWENN. Zudem müssen *Summe_Bereich* und alle Kriterienbereiche denselben Umfang haben bzw. dieselbe Anzahl Zellen umfassen und es werden nur Werte addiert, für die in allen angegebenen Kriterienbereichen die jeweilige Bedingung erfüllt ist. Auf diese Weise lassen sich maximal 127 Kriterien und Kriterienbereiche vergleichen.

Beispiel: Summe der verkauften Menge eines Artikels in einem bestimmten Monat

Als Beispiel wird im Bild unten aus einer Verkaufsstatistik für einen bestimmten Artikel (Artikelnummer 4812) die Summe aller verkauften Mengen des angegebenen Monats (1 = Januar) berechnet. Summenbereich ist die Menge in Spalte D, *Kriterienbereich1* ist die Spalte A mit der Artikelnummer und das dazugehörige *Suchkriterium1* befindet sich in F4. *Kriterienbereich2* sind die Monate in Spalte C und *Suchkriterium2* ist G4.

Bild 6.14 Summe unter Verwendung mehrerer Kriterien berechnen

Diese Aufgabe lässt sich auch mit der Funktion DBSUMME lösen. Da der Aufbau identisch ist mit der Funktion DBMITTELWERT, finden Sie nähere Details auf Seite 253.

	A	B	C	D	E	F	G	H	I
1	Verkaufsstatistik								
2						Anzahl verkaufte Artikel pro Monat			
3	Artikel-Nr.	Warengruppe	Monat	Menge		Artikel-Nr.	Monat	Menge	
4	4812	A	1	15		4812	1	20	
5	5012	B	1	3					
6	4811	A	1	26					
7	4811	A	1	18					
8	4812	A	1	4					
9	4812	A	1	1					
10	5110	B	2	7					
11	5012	B	2	25					
12	4811	A	2	13					
13	3001	D	2	75					
14	5012	B	2	21					
15	4812	A	3	17					
16	5110	B	3	11					
17	4811	A	3	8					

H4: =SUMMEWENNS(D4:D17;A4:A17;F4;C4:C17;G4)

Die Funktion SUMMENPRODUKT

Nützliche Dienste bei komplexen Formeln leistet manchmal die Funktion SUMMEN-PRODUKT (Kategorie *Mathematik und Trigonometrie*). Grob vereinfacht multipliziert diese Funktion zwei oder mehr Zellbereiche, diese werden als Matrizen bzw. Arrays bezeichnet, miteinander (Produkte) und berechnet anschließend die Summe der Ergebnisse. Beachten Sie, dass alle Arrays hinsichtlich der Anzahl Zeilen und Spalten identisch sein müssen!

SUMMENPRODUKT.xlsx

    SUMMENPRODUKT(Array1;Array2;Array3;...)

Zwei Bereiche multiplizieren und Summe berechnen

Um die Funktionsweise von SUMMENPRODUKT zu verdeutlichen, wurden im Bild links unten die Werte aus Spalte A (*Matrix 1*) und Spalte B (*Matrix 2*) in Spalte D miteinander multipliziert und anschließend darunter in D8 die Summe berechnet. Die Funktion SUMMENPRODUKT im Bild rechts rechnet genauso, aber in einer einzigen Formel.

Bild 6.15 Matrizen miteinander multiplizieren und Summe berechnen

Bild 6.16 Das Ergebnis mit der Funktion SUMMENPRODUKT

	A	B	C	D	E	F
1	Matrix 1	Matrix 2		Produkte	Formel	
2	10	5		50	=A2*B2	
3	50	2		100	=A3*B3	
4	5	24		120	=A4*B4	
5	2	18		36	=A5*B5	
6	15	3		45	=A6*B6	
7						
8			Summe	351	=SUMME(D2:D6)	
9						

	A	B	C	D	E
1	Matrix 1	Matrix 2			
2	10	5			
3	50	2			
4	5	24			
5	2	18			
6	15	3			
7					
8	Summe			351	=SUMMENPRODUKT(A2:A6;B2:B6)
9					

Beispiel 1: SUMMENPRODUKT mit einer Bedingung

SUMMENPRODUKT kann auch zusammen mit einer Bedingung verwendet werden, als Beispiel im Bild unten die Umsätze eines bestimmten Verkaufsbezirks. In C12 wurde mit SUMMENPRODUKT die Gesamtsumme berechnet. Die Formel in C13 soll dagegen nur Werte berechnen, wenn die Inhalte von B2:B11 mit B13 übereinstimmen.

Bild 6.17 SUMMENPRODUKT mit Bedingung

C13 =SUMMENPRODUKT((B2:B11=B13)*1;C2:C11;D2:D11)

	A	B	C	D	E	F	G	H
1	Verkäufer	VK-Bezirk	Einzelpreis	Menge				
2	Huber	Nord	78,90	10				
3	Berger	Süd	123,00	3				
4	Müller	Mitte	56,00	5				
5	Kohlschratt	Nord	396,00	4				
6	Marger	Nord	213,00	1				
7	Schmidt	Mitte	65,00	5				
8	Fünfziger	Nord	25,00	15				
9	Ammer	Süd	369,00	6				
10	Vogel	Süd	78,90	18				
11	Franz	Mitte	427,00	7				
12	Gesamtsumme		10.558,20	=SUMMENPRODUKT(C2:C11;D2:D11)				
13	Summe	Mitte	3.594,00	=SUMMENPRODUKT((B2:B11=B13)*1;C2:C11;D2:D11)				
14								

Erklärung: Die Bedingung lautet: (B2:B11=B13). Allerdings liefert diese die Wahrheitswerte WAHR bzw. FALSCH, daher wird das Ergebnis noch mit 1 multipliziert. Die Bedingung wird als erstes Argument der Funktion SUMMENPRODUKT eingegeben, anschließend folgen die beiden miteinander zu multiplizierenden Arrays Einzelpreis und Menge bzw. C2:C11 und D2:D11. Die Funktion in C13 lautet daher:

```
C13: =SUMMENPRODUKT((B2:B11=B13)*1;C2:C11;D2:D11)
```

Alternativ erzielen Sie das dasselbe Ergebnis mit folgender, etwas abgewandelter Funktion:

```
=SUMMENPRODUKT((B2:B11=B13)*C2:C11*D2:D11)
```

Beispiel 2: Zwei Bedingungen

In diesem Beispiel wird die Umsatzsumme unter Vorgabe von zwei Bedingungen berechnet: Kategorie A und Bereich Nord, die Formel dazu in G2 lautet:

```
G2: =SUMMENPRODUKT((A2:A9=E2)*(B2:B9=F2)*(C2:C9))
```

Bild 6.18 Umsatzsumme unter Vorgabe von zwei Bedingungen

	A	B	C	D	E	F	G	H	I
1	Bereich	Kategorie	Umsatz		Bereich	Kategorie	Umsatzsumme		
2	Nord	A	3.000		Nord	A	6.300		
3	Mitte	B	2.500						
4	Mitte	A	1.800		=SUMMENPRODUKT((A2:A9=E2)*(B2:B9=F2)*(C2:C9))				
5	Süd	B	4.100						
6	Nord	B	900						
7	Süd	C	1.500						
8	Mitte	C	2.200						
9	Nord	A	3.300						
10									

Beispiel 3: SUMMENPRODUKT mit Konstanten

Das nächste Beispiel berechnet in C8 und C9 die Summe der Umsatzsteuer getrennt nach 19% (hier USt. 1) und 7% (USt. 2). Wenn die Bedingung zutrifft, dann soll der Einzelpreis mit B8 bzw. B9 multipliziert werden. Da die Argumente in der Schreibweise A2:A5;B6 den Fehlerwert #WERT liefern, müssen Sie die Formel im Argument angeben: A2:A6*B8. Die Funktion in C8 lautet:

```
C8: =SUMMENPRODUKT((B2:B6=2)*1;A2:A6*B8)
```

Bild 6.19 SUMMENPRODUKT mit einer Konstanten

	A	B	C	D	E	F
1	Einzelpreis	USt.				
2	4,80	2				
3	5,95	2				
4	12,80	1				
5	34,90	1				
6	2,50	2				
7						
8	Summe Ust. Betrag 1	19%	9,06	=SUMMENPRODUKT((B2:B6=1)*1;A2:A6*B8)		
9	Summe Ust. Betrag 2	7%	0,93	=SUMMENPRODUKT((B2:B6=2)*1;A2:A6*B9)		
10						

6.3 Mittelwerte

Durchschnitt mit MITTELWERT berechnen

Was umgangssprachlich meist als Durchschnitt bezeichnet wird, ist eigentlich das sogenannte arithmetische Mittel. Es wird berechnet, indem man alle Zahlen der angegebenen Gruppe addiert und dann durch die Anzahl der Zahlen dividiert. In Excel verwenden Sie dafür die Funktion MITTELWERT.

Am schnellsten lässt sich der Mittelwert über das Menüband, Register *Formeln* ▶ *Funktionsbibliothek* und Klick auf den Dropdown-Pfeil *AutoSumme* berechnen. Um mehrere Mittelwerte über mehrere Spalten oder Zeilen gleichzeitig einzufügen, markieren Sie die noch leeren Zielzellen, klicken auf den Pfeil *AutoSumme* und dann auf *Mittelwert*.

Siehe auch Funktion SUMME auf Seite 243.

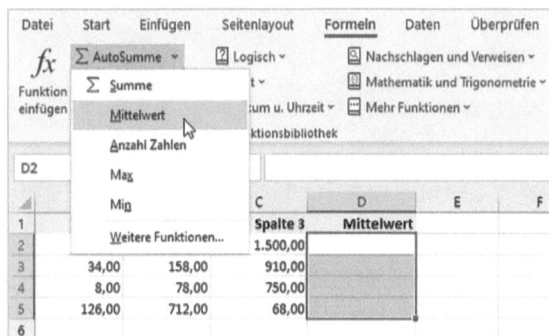 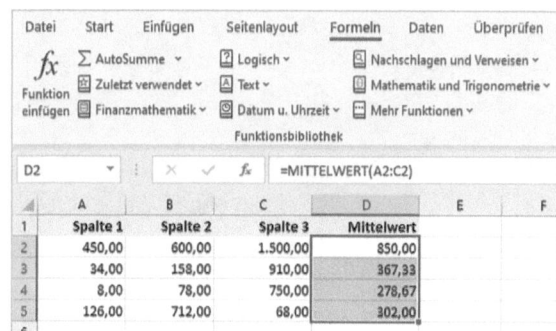

Bild 6.20 Mittelwerte für mehrere Zeilen berechnen

Mittelwert mit Bedingungen (MITTELWERTWENN und MITTELWERTWENNS)

Auch die Berechnung des Mittelwerts lässt sich mit einem oder mehreren Suchkriterien verknüpfen, dazu verwenden Sie die Funktionen MITTELWERTWENN und MITTELWERTWENNS. Beide berechnen das arithmetische Mittel (Durchschnitt) von Zellen, die vorgegebenen Kriterien entsprechen. Wie bei SUMMEWENN und SUMMEWENNS besteht der Hauptunterschied darin, dass MITTELWERTWENN nur ein einziges Kriterium und MITTELWERTWENNS bis zu 127 Kriterien unterstützt.

Die Funktion MITTELWERTWENN

MITTELWERTWENN(Bereich;Kriterien;Mittelwert_Bereich)

Argument	Beschreibung
Bereich	Der Zellbereich, der nach dem angegebenen Suchkriterium durchsucht wird
Kriterien	*Kriterien* legt die Bedingung fest und kann eine Zahl, Text oder ein Ausdruck sein. In Ausdrücken können Vergleichsoperatoren und Platzhalter * (beliebig viele Zeichen) und ? (genau 1 Zeichen) verwendet werden. Text und Ausdrücke müssen in Anführungszeichen "" eingeschlossen sein.
Mittelwert_Bereich	Der Zellbereich, aus dessen Werten der Mittelwert berechnet wird

Der Aufbau ist ähnlich der Funktion SUMME-WENN, nur die Argumente haben eine etwas andere Bezeichnung.

6 Allgemeine Auswertungsfunktionen

Beispiel Sportwettbewerb: Auswertung nach Geschlechtern

Bei der Auswertung eines Sportwettbewerbs sollen die durchschnittlichen Punktzahlen für Männer (m) und Frauen (w) getrennt berechnet werden. *Bereich* ist das Geschlecht in B2:B8, das Kriterium befindet sich in E2 bzw. in E3 und als *Mittelwert_Bereich* werden die erzielten Punkte in C2:C9 angegeben.

```
=MITTELWERTWENN(B2:B9;E2;C2:C9)
```

Bild 6.21 Beispiel MITTELWERTWENN

	A	B	C	D	E	F	G
1	Name	Geschlecht	Punkte		Durchschnittliche Punktzahl		
2	Schwab	m	46		m	33,8	
3	Bergmann	w	33		w	29,5	
4	Baumholtz	m	29				
5	Moser	w	38				
6	Wiese	w	21				
7	Faller	w	26				
8	Sarov	m	42				
9	Lienitz	m	18				

Mittelwerte.xlsx

Mittelwert ohne 0-Werte berechnen

Enthält der unter *Bereich* angegebene Zellbereich leere Zellen, so werden diese von MITTELWERT ignoriert, nicht aber die Zahl 0. Wenn 0-Werte nicht in die Berechnung des Mittelwerts einfließen sollen, dann verwenden Sie die Funktion MITTELWERTWENN und als *Kriterien* "<>0". Damit im unten abgebildeten Beispiel der Feiertag mit 0 Stunden bei der Berechnung der durchschnittlichen Arbeitszeit pro Tag nicht berücksichtigt wird, geben Sie in F4 folgende Formel ein:

```
F4: =MITTELWERTWENN(C3:C7;"<>0";C3:C7)
```

Bild 6.22 Mittelwert ohne 0-Werte

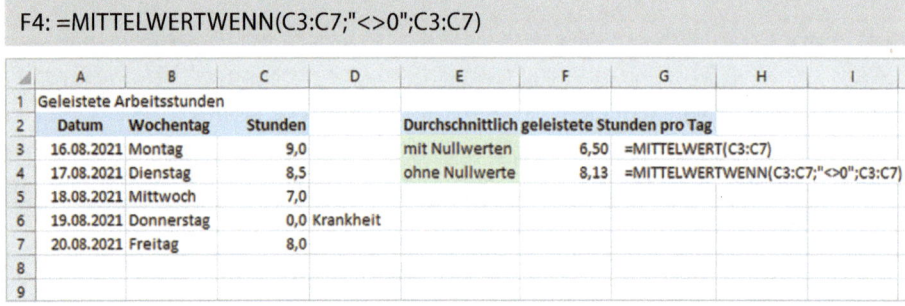

Die Funktion MITTELWERTWENNS mit mehreren Kriterien

Wenn mehrere Kriterien für die Berechnung des Mittelwerts herangezogen werden, dann verwenden Sie die Funktion MITTELWERTWENNS. Der Aufbau unterscheidet sich nur wenig von der Funktion SUMMEWENNS.

```
MITTELWERTWENNS(Mittelwert_Bereich; Kriterien_Bereich1;Kriterien1;Kriterien_Bereich2;Kriterien2;…)
```

Mittelwerte 6

Argument	Beschreibung
Mittelwert_Bereich	Der zu addierende Zellbereich
Kriterien_Bereich1	Der Bereich, der nach *Kriterien1* durchsucht wird
Kriterien1	Kriterien für Kriterien_Bereich1. Wie bei der Funktion SUMMEWENNS bilden Kriterien_Bereich1 und Kriterien1; Kriterien_Bereich2 und Kriterien2 usw. jeweils ein Suchpaar.

Beachten Sie: *Mittelwert_Bereich* und alle Kriterienbereiche müssen denselben Umfang haben bzw. dieselbe Anzahl Zellen umfassen und es werden nur Werte berücksichtigt, für die in allen angegebenen Kriterienbereichen die jeweilige Bedingung erfüllt ist.

Beispiel Durchschnittspreis Immobilien

Als Beispiel soll aus der unten abgebildeten Tabelle der Durchschnittspreis (Mittelwert) für alle Einfamilienhäuser in Passau mit einer Fläche über 120 m² berechnet werden. Die Funktion dazu lautet in F1:

F1: =MITTELWERTWENNS(C4:C11;B4:B11;"Einfamilienhaus";D4:D11;"Passau';E4:E11;">120")

Bild 6.23 Mittelwert mit mehreren Bedingungen berechnen

	A	B	C	D	E	F
1	Durchschnittspreis Einfamilienhaus in Passau über 120 m²					570000
2						
3	Objekt-Nr.	Typ	Preis	Ort	Größe in m²	Garage?
4	A-10	Einfamilienhaus	350.000	Freyung	140	Ja
5	A-11	Einfamilienhaus	420.000	Passau	110	Nein
6	C-12	Reihenhaus	280.000	Freyung	120	Nein
7	D-13	Eigentumswohnung	180.000	Straubing	65	Ja
8	A-14	Einfamilienhaus	620.000	Passau	185	Ja
9	C-15	Reihenhaus	360.000	Passau	132	Nein
10	A-16	Einfamilienhaus	520.000	Passau	140	Ja
11	D-17	Eigentumswohnung	150.000	Passau	80	Nein

Kriterien zur Mittelwertberechnung verknüpfen

MITTELWERTWENNS eignet sich für mehrere Suchkriterien, die sich auf unterschiedliche Bereiche beziehen, wie im oben gezeigten Immobilienbeispiel. Komplizierter wird es, zumindest teilweise, wenn mehrere Kriterien auf denselben Bereich zutreffen müssen, also beispielsweise ein gemeinsamer Durchschnittspreis für Einfamilienhäuser und Reihenhäuser.

Hinweis: Derartige Aufgaben lassen sich größtenteils mit Funktionen lösen. Insbesondere bei größeren Tabellen stellen jedoch Pivot-Tabellen meist die schnellere und komfortablere Lösung dar.

Einen Bereich mit Zahlen auf zwei Kriterien durchsuchen

Als erstes Beispiel wird der Durchschnittspreis aller Immobilien mit einer Fläche zwischen 100 und 150 Quadratmetern ermittelt.

Hinweis: Zur besseren Nachvollziehbarkeit wurden hier die Kriterien in die Formel geschrieben, stattdessen können selbstverständlich auch Bezüge auf H4 und I4 verwendet werden.

Hier gilt für die Funktion MITTELWERTWENNS: Wenn der Kriterienbereich Zahlen enthält, kann dieser mit MITTELWERTWENNS auch zweimal nacheinander nach zwei unterschiedlichen Kriterien durchsucht werden. In diesem Fall lautet die Formel in I5:

```
=MITTELWERTWENNS(C4:C11;E4:E11;">100";E4:E11;"<150")
```

Bild 6.24 Kriterienbereich mit Zahlen (Größe in m²)

Text auf zwei Kriterien durchsuchen

Leider funktioniert die oben verwendete Formel nicht, wenn es sich beim Kriterienbereich um Text handelt, z. B. wenn ein gemeinsamer Durchschnittspreis für Reihenhäuser und Einfamilienhäuser berechnet werden soll. In diesem Fall verwenden Sie die Funktion MITTELWERT und bestimmen den Zellbereich mit der Funktion WENN. Die beiden Bedingungen werden mit + verknüpft und die Formel in I5 lautet:

```
=MITTELWERT(WENN((B4:B11=H4)+(B4:B11=I4);C4:C11))
```

Achtung Excel 2019 und älter: Die Formel muss als Matrixformel eingegeben bzw. mit **Strg+Umschalt+Eingabe** übernommen werden!

Bild 6.25 Textbereich auf zwei Kriterien durchsuchen

Mittelwerte

Durchschnittspreis Reihenhäuser und Einfamilienhäuser über 130 Quadratmeter

Noch komplizierter wird es, wenn der Durchschnittspreis über alle Einfamilien- und Reihenhäuser mit einer Fläche über 130 m² berechnet werden soll. In diesem Fall greifen Sie statt auf eine verschachtelte WENN-Abfrage besser auf die Datenbankfunktion DBMITTELWERT zurück, die Syntax:

Eine weitere mögliche Lösung ist die Verwendung der Funktion TEILERGEBNIS, siehe Seite 263.

DBMITTELWERT(Datenbank;Datenbankfeld;Suchkriterien)

Argument	Beschreibung
Datenbank	Die gesamte Tabelle einschließlich der Spaltenüberschriften
Datenbankfeld	Die Spalte, über die der Mittelwert berechnet werden soll. Sie kann entweder als Index, z. B. 2 für die zweite Tabellenspalte, oder mit der genauen Spaltenüberschrift angegeben werden, z. B. "Alter".
Suchkriterien	Zellbereich mit den Kriterien. Dieser muss in der ersten Zeile exakt dieselben Spaltenüberschriften wie die Tabelle und darunter alle erforderlichen Kriterien enthalten.

DBMITTELWERT gehört zur selten verwendeten Kategorie Datenbank. Zu dieser Kategorie zählen alle Funktionen, die mit DB... beginnen.

DBMITTELWERT und auch alle übrigen Datenbankfunktionen funktionieren damit ähnlich wie der Spezial- oder erweiterte Filter von Excel (*Daten* ▶ *Sortieren und Filtern* ▶ *Erweitert*), der ebenfalls einen gesonderten Kriterienbereich nutzt.

Im Beispiel unten bildet der Bereich A3:F11 die Datenbank, der Preis befindet sich in Spalte 3 und die Suchkriterien in H3:I5, die Spaltenüberschriften eingerechnet.

I6: =DBMITTELWERT(A3:F11;3;H3:I5)

Bild 6.26 Mittelwert mit DBMITTELWERT berechnen

	A	B	C	D	E	F	G	H	I
1									
2									
3	Objekt-Nr.	Typ	Preis	Ort	Größe in m²	Garage?		Typ	Größe in m²
4	A-10	Einfamilienhaus	350.000	Freyung	140	Ja		Einfamilienhaus	>130
5	A-11	Einfamilienhaus	420.000	Passau	110	Nein		Reihenhaus	>130
6	C-12	Reihenhaus	280.000	Freyung	120	Nein		Durchschnittspreis	462500
7	D-13	Eigentumswohnung	180.000	Straubing	65	Ja			
8	A-14	Einfamilienhaus	620.000	Passau	185	Ja			
9	C-15	Reihenhaus	360.000	Passau	132	Nein			
10	A-16	Einfamilienhaus	520.000	Passau	140	Ja			
11	D-17	Eigentumswohnung	150.000	Passau	80	Nein			
12									

Weitere DB-Funktionen

Excel kennt noch weitere Datenbankfunktionen. Diese beginnen alle mit DB und besitzen denselben Aufbau wie DBMITTELWERT. Sie können also beispielsweise zur Summenberechnung mit DBSUMME im Kriterienbereich mehrere Kriterien beliebig miteinander kombinieren, siehe oben, oder mit DBANZAHL und DBANZAHL2 Werte unter Berücksichtigung von Kriterien zählen. Da allerdings Pivot-Tabellen in solchen Fällen meist die schnellere und komfortablere Lösung darstellen, wird auf eine genauere Beschreibung der DB-Funktionen verzichtet.

Wahrheitswerte und als Text formatierte Zahlen berücksichtigen

MITTELWERT ignoriert die Wahrheitswerte WAHR und FALSCH sowie Zahlen, die als Text formatiert sind. Wenn diese Werte in die Berechnung des Mittelwerts einbezogen werden sollen, dann verwenden Sie statt MITTELWERT die Funktion MITTELWERTA. Der Wahrheitswert WAHR wird als 1 gewertet und FALSCH als 0.

```
MITTELWERTA(Wert1;[Wert2];...)
```

Als Beispiel eine kleine Gegenüberstellung. Im oberen Teil wurden die Mittelwerte mit MITTELWERT berechnet, im unteren Teil mit MITTELWERTA. Eine Abweichung ergibt sich überall dort, wo der angegebene Bereich entweder Wahrheitswerte oder als Text formatierte Zahlen, hier in D4 und D8, enthält.

Bild 6.27 Vergleich MITTELWERT und MITTELWERTA

MITTELWERTA.xlsx

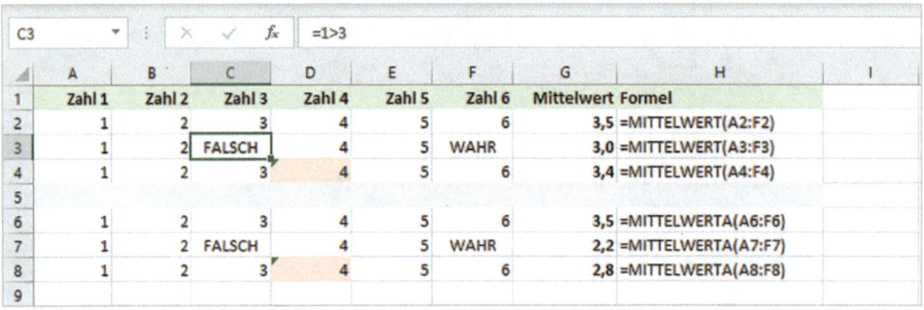

	A	B	C	D	E	F	G	H
1	Zahl 1	Zahl 2	Zahl 3	Zahl 4	Zahl 5	Zahl 6	Mittelwert	Formel
2	1	2	3	4	5	6	3,5	=MITTELWERT(A2:F2)
3	1	2	FALSCH	4	5	WAHR	3,0	=MITTELWERT(A3:F3)
4	1	2	3	4	5	6	3,4	=MITTELWERT(A4:F4)
5								
6	1	2	3	4	5	6	3,5	=MITTELWERTA(A6:F6)
7	1	2	FALSCH	4	5	WAHR	2,2	=MITTELWERTA(A7:F7)
8	1	2	3	4	5	6	2,8	=MITTELWERTA(A8:F8)
9								

Der praktische Nutzen

▸ Enthält eine Spalte Formeln, die Wahrheitswerte als Ergebnis liefern, kann auch hieraus der Durchschnitt berechnet werden.

▸ Man kann MITTELWERTA benutzen, um in einer umfangreichen Tabelle festzustellen, ob eine bestimmte Spalte als Text formatierte Zahlen enthält. Einfach beide Mittelwerte berechnen, wenn die Ergebnisse abweichen, befindet sich in der Spalte unter anderem auch Text

Gewichteter Mittelwert

Bei der üblichen Berechnung des Mittelwerts, alle Zahlen addieren und durch die Anzahl der Zahlen dividieren, haben alle Zahlen die gleiche Bedeutung. Dies ergibt aber nicht immer auch das richtige Ergebnis.

Hier als Beispiel die Einkaufspreise eines Produkts. Die unterschiedlichen Preise der einzelnen Bestellungen, wie im Bild unten, können z. B. abhängig sein von der bestellten Menge oder der Nachfrage. Berechnen Sie einfach nur den Mittelwert aller Einkaufspreise, wie hier in C7, dann erhalten Sie das Ergebnis 2,52.

Beziehen Sie dagegen auch die bestellte Menge ein, indem Sie den jeweiligen Preis mit der Menge multiplizieren und anschließend die Gesamtsumme durch die Summe der Mengen dividieren, dann erhalten Sie mit 2,42 einen niedrigeren Mittelwert, da die größeren Mengen zu einem niedrigeren Preis stärker berücksichtigt werden. Hierzu setzen Sie die Funktion SUMMENPRODUKT ein und die Formel in C6 lautet:

C6: =SUMMENPRODUKT(B2:B4;C2:C4)/SUMME(B2:B4)

Details zur Funktion SUMMENPRODUKT, siehe Seite 247.

	A	B	C	D
1	Datum	Menge	Einkaufspreis pro Stück	
2	05.02.2020	50	2,86	
3	09.06.2020	150	2,20	
4	13.11.2020	120	2,51	
5				
6	Gewichteter Mittelwert		2,42	=SUMMENPRODUKT(B2:B4;C2:C4)/SUMME(B2:B4)
7	Einfacher Mittelwert		2,52	=MITTELWERT(C2:C4)
8				

Bild 6.28 Gewichteten Mittelwert mit SUMMENPRODUKT berechnen

Gewichteter_Mittelwert.xlsx

Weitere Mittelwerte (Median und Modalwert)

Neben dem arithmetischen Mittel oder umgangssprachlich Durchschnitt (MITTELWERT) werden noch zwei weitere Kennzahlen häufig eingesetzt.

▶ **Median**
Der Median halbiert die Verteilung der Werte, d. h. die eine Hälfte der Zahlenwerte ist größer als der Median, und die andere Hälfte kleiner als der Median. In der Statistik wird der Median beispielsweise zur Darstellung der Einkommensverteilung häufig herangezogen. In Excel erfolgt die Berechnung des Median mit der Funktion MEDIAN.

MEDIAN(Zahl1;[Zahl2];...)

▶ **Modalwert**
Der Modalwert ist dagegen die am häufigsten vorkommende Zahl einer Zahlengruppe. Er wird in Excel mit der Funktion MODUS.EINF berechnet.

MODUS.EINF(Zahl1;[Zahl2];...)

	A	B	C	D	E	F
1	Name	Note		Mittelwert	3,0	=MITTELWERT(B2:B11)
2	Schwab	6		Median	2,5	=MEDIAN(B2:B11)
3	Bergmann	4		Modalwert	2,0	=MODUS.EINF(B2:B11)
4	Baumholtz	2				
5	Moser	3				
6	Wiese	2				
7	Faller	1				
8	Sarov	2				
9	Lienitz	5				
10	Muster	3				
11	Müller	2				
12	Anzahl TN	10				
13						

Bild 6.29 Beispiel Prüfungsnoten

Modalwert.xlsx

Mittelwert, Median und Modalwert liefern unterschiedliche Ergebnisse, die sich zum Teil sogar erheblich unterscheiden können, wie ein Vergleich am Beispiel Prüfungsnoten im Bild oben zeigt.

▶ Ein Median von 2,5 bedeutet, fünf von insgesamt 10 Teilnehmern haben eine Note, die besser ist als 2,5 und fünf Teilnehmer haben eine schlechtere Note.

▶ Die am häufigsten vorkommende Note ist 2 (Modalwert).

Beachten Sie bei der Berechnung des Modalwerts

Enthält eine Zahlenreihe mehrere Modalwerte, dann liefert MODUS.EINF nur den ersten Wert. Die Funktion MODUS.VIELF berücksichtigt dagegen alle Modalwerte.

Achtung Excel 2019 und älter: MODUS.VIELF liefert ein Array mit mehreren Ergebnissen und muss mit Excel 2019 und älter als Matrixformel eingegeben, d. h. mit Strg+Umschalt+Eingabetaste abgeschlossen werden.

MODUS.VIELF(Zahl1;Zahl2];...)

Im Bild unten ein Vergleich der beiden Funktionen. MODUS.EINF liefert nur den ersten gefundenen Modalwert, hier 1, MODUS.VIELF dagegen die drei Modalwerte 1,2 und 3, jede dieser Zahlen ist fünfmal in der Tabelle enthalten.

Bild 6.30 Mehrere Modalwerte

Die dazugehörigen Zahlen wurden zwecks besserer Übersicht farbig hervorgehoben.

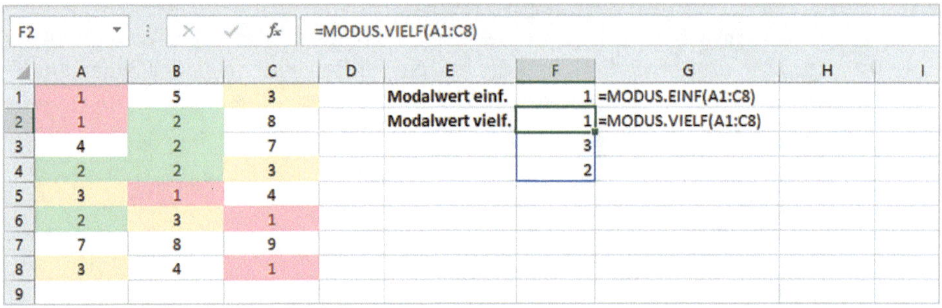

	A	B	C	D	E	F	G
1	1	5	3		Modalwert einf.	1	=MODUS.EINF(A1:C8)
2	1	2	8		Modalwert vielf.	1	=MODUS.VIELF(A1:C8)
3	4	2	7			3	
4	2	2	3			2	
5	3	1	4				
6	2	3	1				
7	7	8	9				
8	3	4	1				
9							

6.4 Rangfolge, größte und kleinste Werte

Die Funktionen MIN und MAX

Genau wie SUMME, ANZAHL und MITTELWERT dürften auch die beiden Funktionen MIN und MAX allgemein bekannt sein.

- MIN liefert den kleinsten Wert,
- MAX den größten Wert aus einer Zahlenreihe.

Hinweise: Beide Funktionen ignorieren leere Zellen, Wahrheitswerte und Text. Wenn auch Wahrheitswerte und als Text formatierte Zahlen einbezogen werden sollen, dann verwenden Sie die Funktionen MINA und MAXA. Die Syntax dieser Funktionen ist identisch mit MIN und MAX.

Siehe auch MITTELWERTA auf Seite 254.

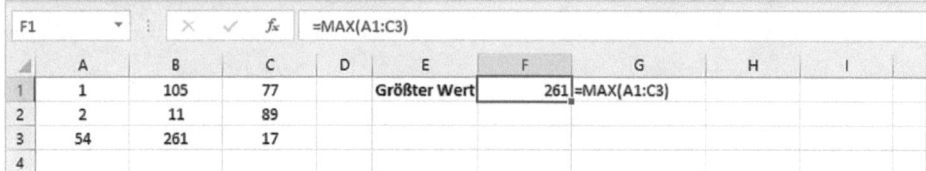

Bild 6.31 Beispiel Funktion MAX

Größten und kleinsten Wert nur für bestimmte Zahlen suchen

Wie beim Mittelwert und der Summe können auch größter und kleinster Wert nur mit MINWENNS und MAXWENNS über bestimmte Zahlen ausgegeben werden, die Syntax ist bei beiden Funktionen identisch:

MINWENNS und MAXWENNS sind erst ab Excel 2019 verfügbar!

MINWENNS(Min_Bereich; Kriterienbereich1; Kriterien1; [Kriterienbereich2; Kriterien2]; …)

MAXWENNS(Max_Bereich; Kriterienbereich1; Kriterien1; [Kriterienbereich2; Kriterien2]; …)

Argument	Beschreibung
Min_Bereich Max_Bereich	Zellbereich, aus dem der kleinste bzw. größte Wert ermittelt werden soll
Kriterienbereich1	Bereich, der nach dem mit Kriterien1 angegebenen Kriterium durchsucht wird
Kriterien1	Suchkriterium für Kriterienbereich1. Beide bilden, genau wie die folgenden Kriterien und Kriterienbereiche, jeweils ein Paar.

Siehe auch SUMME-WENNS auf Seite 246.

Beachten Sie, dass *Min_Bereich* bzw. *Max_Bereich* und alle Kriterienbereiche gleich groß sein bzw. dieselbe Anzahl Zeilen und/oder Spalten umfassen müssen.

MAXWENNS und MINWENNS.xlsx

6 Allgemeine Auswertungsfunktionen

Im Bild unten als Beispiel die Auswertung eines Sportfestes, in der für Männer und Frauen je Gruppe die jeweils höchste und niedrigste Punktzahl ermittelt wird. Die erste Funktion in H4 (Bester männlicher Teilnehmer in Gruppe A) lautet:

Bild 6.32 MAXWENNS und MINWENNS

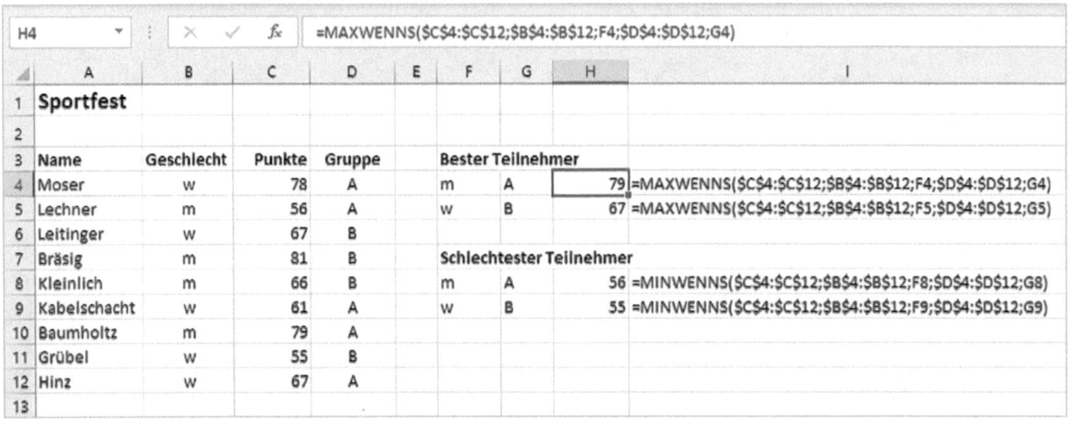

=MAXWENNS($C$4:$C$12;$B$4:$B$12;F4;$D$4:$D$12;G4)

	A	B	C	D	E	F	G	H	I
1	Sportfest								
2									
3	Name	Geschlecht	Punkte	Gruppe		Bester Teilnehmer			
4	Moser	w	78	A		m	A	79	=MAXWENNS($C$4:$C$12;$B$4:$B$12;F4;$D$4:$D$12;G4)
5	Lechner	m	56	A		w	B	67	=MAXWENNS($C$4:$C$12;$B$4:$B$12;F5;$D$4:$D$12;G5)
6	Leitinger	w	67	B					
7	Bräsig	m	81	B		Schlechtester Teilnehmer			
8	Kleinlich	m	66	B		m	A	56	=MINWENNS($C$4:$C$12;$B$4:$B$12;F8;$D$4:$D$12;G8)
9	Kabelschacht	w	61	A		w	B	55	=MINWENNS($C$4:$C$12;$B$4:$B$12;F9;$D$4:$D$12;G9)
10	Baumholtz	m	79	A					
11	Grübel	w	55	B					
12	Hinz	w	67	A					
13									

Ranglisten mit RANG.GLEICH erstellen

Im einfachsten Fall lässt sich der Rang einer Zahl innerhalb einer Liste von Zahlen durch auf- oder absteigendes Sortieren ermitteln. Unabhängig von der Sortierung ist dagegen die Ermittlung mit der Funktion RANG.GLEICH.

RANG.GLEICH(Zahl;Bezug;[Reihenfolge])

Hinweis: Aus Kompatibilitätsgründen zu älteren Excel-Versionen ist auch noch die Funktion RANG verfügbar. Diese sollte aber nach Empfehlung von Microsoft nicht mehr verwendet werden.

Argument	Beschreibung
Zahl	Die Zahl, für welche der Rang ermittelt werden soll
Bezug	Liste oder Bereich aller Werte, innerhalb derer die Rangfolge ermittelt wird
Reihenfolge	Optional, legt aufsteigende oder absteigende Reihenfolge fest. 0 oder keine Angabe: Der höchste Wert erhält Rang 1; 1: Der niedrigste Wert erhält Rang 1.

Rang_Grösste_Kleinste.xlsx

Als Beispiel die Einwohnerzahlen der deutschen Bundesländer. *Zahl* ist die jeweilige Einwohnerzahl, als *Bezug* werden alle Zahlen in B2:B17 herangezogen und die *Reihenfolge* 0 legt das Bundesland mit den meisten Einwohnern als Rang 1 fest. Die Formel in C2 lautet:

C2: =RANG.GLEICH(B2;$B$2:$B$17;0)

6 Rangfolge, größte und kleinste Werte

Bild 6.33 Rangliste der deutschen Bundesländer nach Einwohnerzahl

	A	B	C
1	Bundesland	Einwohner 2019	Rang
2	Baden-Württemberg	11.100.394	3
3	Bayern	13.124.737	2
4	Berlin	3.669.491	8
5	Brandenburg Brandenburg	2.521.893	10
6	Bremen	681.202	16
7	Hamburg	1.847.253	13
8	Hessen	6.288.080	5
9	Mecklenburg-Vorpommern	1.608.138	14
10	Niedersachsen	7.993.608	4
11	Nordrhein-Westfalen	17.947.221	1
12	Rheinland-Pfalz	4.093.903	6
13	Saarland	986.887	15
14	Sachsen	4.071.971	7
15	Sachsen-Anhalt	2.194.782	11
16	Schleswig-Holstein	2.903.773	9
17	Thüringen	2.133.378	12

C2: =RANG.GLEICH(B2;$B$2:$B$17;0)

Quelle: Wikipedia

Hinweis: Falls dieselbe Zahl zweimal in der Liste enthalten ist, erhalten beide Zahlen denselben Rang und der nachfolgende Rang wird weggelassen. So existiert beispielsweise im Bild unten in der Tabelle links Rang 4 zweimal und Rang 5 fehlt.

Fortlaufende Rangfolge bei gleichen Zahlen

Um bei zwei gleichen Zahlen trotzdem eine fortlaufende Rangfolge zu erhalten, bezieht man in einer Hilfsspalte einen zweiten Wert ein, dies kann z. B. die Zeilennummer sein, wie in der Tabelle unten rechts.

In der rechten Tabelle wurde die Hilfsspalte in Spalte G berechnet, indem zum Umsatz ein sehr kleiner Wert hinzuaddiert wurde. Die Formel dazu in G2:

`G2: =F2+ZEILE()/1000000`

Aus dieser Hilfsspalte wird anschließend in H2 die Rangfolge berechnet mit:

`H2: =RANG.GLEICH(G2;$G$2:$G$8;0)`

	A	B	C	D	E	F	G	H
1	Verkäufer	Umsatz	Rang		Verkäufer	Umsatz	Hilfsspalte	Rang
2	Leitinger	8.500	1		Leitinger	8.500	8500,000002	1
3	Bräsig	6.700	4		Bräsig	6.700	6700,000003	5
4	Kleinlich	2.500	7		Kleinlich	2.500	2500,000004	7
5	Kabelschacht	6.500	6		Kabelschacht	6.500	6500,000005	6
6	Baumholtz	7.200	3		Baumholtz	7.200	7200,000006	3
7	Grübel	6.700	4		Grübel	6.700	6700,000007	4
8	Hinz	7.800	2		Hinz	7.800	7800,000008	2

Bild 6.34 Fortlaufende Rangfolge bei gleichen Zahlen

Hinweis: Formatieren Sie die Ergebnisse in der Hilfsspalte ohne oder mit zwei Nachkommastellen. Die Hilfsspalte wurde hier nur zu Demonstrationszwecken mit mehreren Nachkommastellen dargestellt.

6 Allgemeine Auswertungsfunktionen

Top Ten ermitteln mit KGRÖSSTE und KKLEINSTE

Mit den Funktionen KGRÖSSTE und KKLEINSTE lassen sich Werte anhand ihres Rangs aus einer Liste ermitteln. Benötigen Sie beispielsweise die drei größten Werte, dann setzen Sie dazu KGRÖSSTE ein, die Syntax:

KGRÖSSTE(Matrix;k)

▶ *Matrix* ist der Wertebereich, aus dem der k-größte Wert bestimmt werden soll.

▶ *k* ist der Rang des gewünschten Elements, z. B. 1 = erstgrößter Wert, 2 = zweitgrößter Wert usw.

Bild 6.35 Die drei höchsten Umsätze

Als Beispiel werden in Bild 6.35 aus Spalte B die drei höchsten Umsätze bestimmt, die Formel in E2 lautet:

Bild 6.36 KGRÖSSTE und doppelte Zahlen

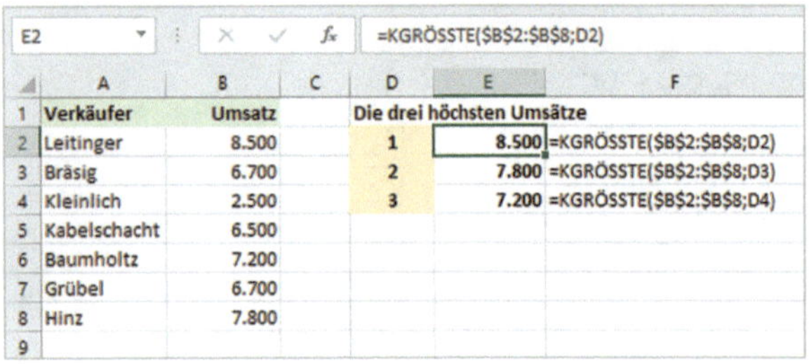

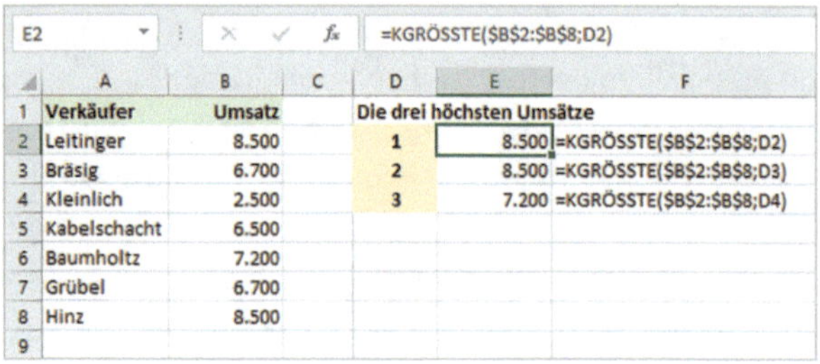

E2: =KGRÖSSTE($B$2:$B$8;D2)

	A	B	C	D	E	F
1	Verkäufer	Umsatz		Die drei höchsten Umsätze		
2	Leitinger	8.500		1	8.500	=KGRÖSSTE($B$2:$B$8;D2)
3	Bräsig	6.700		2	7.800	=KGRÖSSTE($B$2:$B$8;D3)
4	Kleinlich	2.500		3	7.200	=KGRÖSSTE($B$2:$B$8;D4)
5	Kabelschacht	6.500				
6	Baumholtz	7.200				
7	Grübel	6.700				
8	Hinz	7.800				

	A	B	C	D	E	F
1	Verkäufer	Umsatz		Die drei höchsten Umsätze		
2	Leitinger	8.500		1	8.500	=KGRÖSSTE($B$2:$B$8;D2)
3	Bräsig	6.700		2	8.500	=KGRÖSSTE($B$2:$B$8;D3)
4	Kleinlich	2.500		3	7.200	=KGRÖSSTE($B$2:$B$8;D4)
5	Kabelschacht	6.500				
6	Baumholtz	7.200				
7	Grübel	6.700				
8	Hinz	8.500				

Hinweise

Ein weiteres Beispiel für den Einsatz von KGRÖSSTE finden Sie auf Seite 226 ff.

▶ Wenn *k* eine negative Zahl oder größer ist als die Anzahl der Werte in der Matrix, dann erscheint der Fehlerwert #ZAHL!.

▶ KGRÖSSTE sucht nach der Position und nicht nach Werten, d. h. intern wird die Matrix absteigend sortiert und daraus der Wert ermittelt. Dies bedeutet bei mehrfach vorhandenen Zahlen, dass diese Zahl zweimal als Ergebnis erscheint, wie in Bild 6.36 oben, und erst als drittgrößter Wert der eigentlich zweitgrößte.

Dieser Effekt lässt sich am einfachsten mit einer Hilfsspalte vermeiden, siehe Seite 259. Addieren Sie in dieser Spalte zu den Umsätzen die jeweilige Zeilennummer, dividiert durch 1000000, also ZEILE()/1000000.

Die Summe der drei höchsten Werte

Dies funktioniert natürlich auch mit dem Mittelwert.

Wird die Summe der drei höchsten Umsätze benötigt, siehe Bild oben, dann berechnen Sie diese am einfachsten mit der Funktion SUMME z. B. unterhalb in E5. Sie können diese aber auch in einer einzigen Formel berechnen, ohne zuvor die einzelnen Werte zu ermitteln. Dies geschieht mit der folgenden Matrixformel in D2.

=SUMME(KGRÖSSTE(B2:B8;ZEILE(1:3)))

6 Rangfolge, größte und kleinste Werte

Achtung Excel 2019 und älter: Die Funktion muss als Matrixformel mit den Tasten Strg+Umschalt+Eingabetaste abgeschlossen werden und erscheint damit in { } Klammern!

	A	B	C	D	E	F	G	H	I
				=SUMME(KGRÖSSTE(B2:B8;ZEILE(1:3)))					
1	Verkäufer	Umsatz		Summe der drei höchsten Umsätze					
2	Leitinger	8.500		23.500					
3	Bräsig	6.700							
4	Kleinlich	2.500							
5	Kabelschacht	6.500							
6	Baumholtz	7.200							
7	Grübel	6.700							
8	Hinz	7.800							

Bild 6.37 Summe der 3 höchsten Umsätze in einer einzigen Formel

Zur Erklärung: Als k-Wert wird hier die Funktion ZEILE(1:3) verwendet. ZEILE gibt die Zeilennummer eines Bezugs zurück und ein Bezug auf die gesamte erste ZEILE(1:1) ergibt logischerweise 1. Beim Kopieren der Formel nach unten ändert sich der Zeilenbezug und lautet ZEILE(2:2), ZEILE(3:3) usw. Um die drei größten Umsätze zu erhalten, brauchen also in der Matrixformel nur die Zeilen 1:3 als k-Wert angegeben werden.

Falls statt der 3 höchsten Umsätze die Summe der 10 höchsten Umsätze benötigt wird, lautet der Ausdruck ZEILE(1:10).

Die Anzahl der größten Werte variabel halten

Mithilfe der Funktion SEQUENZ können Sie auch die Anzahl der zu ermittelnden größten oder kleinsten Werte (siehe KKLEINSTE weiter unten) variabel halten und als Zahl in eine Zelle, im Beispiel im Bild unten in F1, eingeben. Die höchsten Umsätze werden dann mit folgender Formel ermittelt, wobei der Wert in F1 die Anzahl vorgibt.

Achtung: SEQUENZ ist in den Versionen bis einschließlich 2019 nicht verfügbar!

Details zur Funktion SEQUENZ finden Sie in Kapitel 8.

F2: =KGRÖSSTE(C2:C18;SEQUENZ(F1))

	A	B	C	D	E	F	G	H
				=KGRÖSSTE(C2:C18;SEQUENZ(F1))				
1	Auftragsdatum	Kunde	Umsatz		Höchste Umsätze	10		
2	02.01.2020	KARG AG	438,00			2.700,00		
3	02.01.2020	BRAIN	120,00			2.250,00		
4	03.01.2020	ELCOX	150,00			1.350,00		
5	03.01.2020	Hügli	240,00			1.275,00		
6	03.01.2020	Heimlich und Brenner	438,00			1.022,00		
7	06.01.2020	KARG AG	375,00			900,00		
8	06.01.2020	Tief & Brunnen	900,00			600,00		
9	12.01.2020	Brettschneider	1.350,00			600,00		
10	14.01.2020	Hügli	600,00			510,00		
11	15.01.2020	EGW Werke	1.022,00			438,00		
12	17.01.2020	ELCOX	200,00					
13	18.01.2020	KARG AG	510,00					
14	21.01.2020	Brettschneider	2.250,00					
15	25.01.2020	Tief & Brunnen	600,00					
16	30.01.2020	Tief & Brunnen	75,00					
17	30.01.2020	WGT GmbH	2.700,00					
18	01.02.2020	Heimlich und Brenner	1.275,00					

Bild 6.38 Anzahl der höchsten Umsätze aus F1 ermitteln

Zur Erklärung: SEQUENZ erzeugt eigentlich eine Datenreihe mit der angegebenen Anzahl Zeilen (hier in F1). Wenn Anfangswert und Schrittweite nicht angegeben werden, beginnt diese automatisch mit 1 und erhöht sich jeweils um 1. Um die Anzahl der höchsten Umsätze zu ändern, brauchen Sie nur in F1 eine andere Zahl, z. B. 5, eingeben. Da SEQUENZ eine Matrixfunktion ist, wird bei der Neuberechnung der Ausgabebereich automatisch angepasst.

Die Funktion KKLEINSTE

Analog zur Funktion KGRÖSSTE liefert KKLEINSTE den k-kleinsten Wert, also z. B. den kleinsten, zweitkleinsten, drittkleinsten usw. Wert aus einer Liste. Die Argumente und die Funktionsweise sind identisch mit KGRÖSSTE.

KKLEINSTE(Matrix;k)

Beispiel: Die drei kleinsten Werte ohne 0

Hier ein Beispiel, das die drei kleinsten Zahlen aus einer Liste ermittelt und dabei die Zahl 0 ausschließt. Dazu wird die Funktion WENN mit der Bedingung >0 eingeschlossen und die Funktion in D2 lautet:

D2:   =KKLEINSTE(WENN($A$2:$A$10>0;$A$2:$A$10);C2)

Achtung Matrixformel! Die obige Formel in Verbindung mit einer Bedingung muss bis einschließlich Excel 2019 als Matrixformel eingegeben, d. h. mit den Tasten Strg+Umschalt+Eingabetaste abgeschlossen werden.

Bild 6.39 Die drei kleinsten Werte ohne 0

	A	B	C	D	E
1	Zahl		Die kleinsten Werte		
2	566		1	12	=KKLEINSTE(WENN($A$2:$A$10>0;$A$2:$A$10);C2)
3	1489		2	18	=KKLEINSTE(WENN($A$2:$A$10>0;$A$2:$A$10);C3)
4	12		3	55	=KKLEINSTE(WENN($A$2:$A$10>0;$A$2:$A$10);C4)
5	84				
6	0				
7	55				
8	3978				
9	18				
10	840				
11					

6.5 Behandlung von Fehlerwerten und ausgeblendeten Zellen

Gefilterte Tabellen mit TEILERGEBNIS auswerten

Normalerweise beziehen Funktionen wie z. B. SUMME oder MITTELWERT alle Zeilen des angegebenen Bereichs ein. Also auch alle Zeilen, die mit dem Befehl *Zellen* ▶ *Format* ▶ *Ausblenden und Einblenden* oder durch das Filtern der Tabelle z. B. mit dem AutoFilter ausgeblendet wurden. Möchten Sie dagegen ausgeblendete Zeilen aus der Berechnung ausschließen, dann berechnen Sie Auswertungen wie Summe oder Mittelwert mit der Funktion TEILERGEBNIS, eine Übersicht über die unterstützten Funktionen finden Sie in der Tabelle unten.

`TEILERGEBNIS(Funktion;Bezug1;[Bezug2];...)`

▶ *Bezug* ist der Zellbereich, für den die Funktion berechnet werden soll. **Achtung**: TEILERGEBNIS zeigt nur Wirkung bei ausgeblendeten Zeilen, nicht aber bei ausgeblendete Spalten. Als Bezug eignen sich also sinnvollerweise nur Tabellenspalten.

▶ Das Argument *Funktion* ist eine Zahl und gibt die anzuwendende Funktion an. Die Zahlen 1 bis 11 beziehen ausgeblendete Zeilen mit ein, während 101 bis 111 ausgeblendete Zeilen ausschließen.

Zahl (einschl. ausgeblendete Werte)	Zahl (ohne ausgeblendete Werte)	Funktion
1	101	MITTELWERT
2	102	ANZAHL
3	103	ANZAHL2
4	104	MAX
5	105	MIN
6	106	PRODUKT
7	107	STABW
8	108	STABWN
9	109	SUMME
10	110	VARIANZ
11	111	VARIANZEN

Tipp: Geben Sie die Funktion direkt und ohne Funktionsassistent in die Zelle ein, dann kann die Zahl bequem aus einer Liste übernommen werden.

Achtung: Der Unterschied zwischen den beiden Zahlengruppen macht sich nur bei Zeilen bemerkbar, die über den Befehl *Zellen* ▶ *Format* ▶ *Ausblenden und Einblenden* ausgeblendet wurden. Zeilen dagegen, die bei Verwendung des AutoFilters aktuell nicht sichtbar sind, werden nie in die Berechnung einbezogen.

Beispiel: Körpergröße von Männern und Frauen

Als Beispiel eine Tabelle mit Körpergrößen von Männern und Frauen. Diese wurde mit dem AutoFilter versehen (Register *Daten* ▶ *Sortieren und Filtern* ▶ *Filtern*).

Während die Ergebnisse in B2:B5 mit ANZAHL, MITTELWERT, MIN und MAX berechnet wurden und auch beim Filtern der Tabelle, im Bild unten nach Frauen (w), unverändert bleiben, passen sich die Teilergebnisse in E2:E5 sofort an den Filter an.

```
E2:    =TEILERGEBNIS(2;A8:A28)
E3:    =TEILERGEBNIS(1;A8:A28)
E4:    =TEILERGEBNIS(5;A8:A28)
E5:    =TEILERGEBNIS(4;A8:A28)
```

Bild 6.40 TEILERGEBNIS und AutoFilter

TEILERGEBNIS.xlsx

E2 | =TEILERGEBNIS(2;A8:A28)

	A	B	C	D	E	F	G	H
1	Gesamtergebnisse			Teilergebnisse				
2	ANZAHL	21		ANZAHL	10	=TEILERGEBNIS(2;A8:A28)		
3	MITTELWERT	1,74		MITTELWERT	1,694	=TEILERGEBNIS(1;A8:A28)		
4	MIN	1,61		MIN	1,61	=TEILERGEBNIS(5;A8:A28)		
5	MAX	1,95		MAX	1,77	=TEILERGEBNIS(4;A8:A28)		
6								
7	Größe	Gender						
9	1,66	w						
11	1,76	w						
12	1,65	w						
13	1,68	w						
14	1,72	w						
16	1,77	w						
20	1,73	w						
24	1,74	w						
26	1,62	w						
27	1,61	w						
29								

Hinweis: Damit durch das Filtern bzw. Ausblenden von Tabellenzeilen nicht auch der Auswertungsbereich ausgeblendet wird, sollte sich dieser unter- oder oberhalb der Tabelle, wie in diesem Beispiel, oder in einem gesonderten Arbeitsblatt befinden.

Tipp: Auswertungsfunktion flexibel wählen

Das Argument *Funktion* als Zahl macht es möglich, dass die Auswertungsfunktion flexibel über ein Auswahl- bzw. Kombinationsfeld ausgewählt werden kann.

1. Dazu wurde eine Liste der verfügbaren Funktionen in einem gesonderten Tabellenblatt angelegt und der Bereich A2:A12 mit dem Namen *Funktionsliste* versehen. **Wichtig**: Die Reihenfolge der Funktionen muss exakt eingehalten werden, da ein Kombinationsfeld nicht den ausgewählten Wert, sondern dessen Index liefert, also z. B. 4, wenn die vierte Funktion der Liste (A2:A12) ausgewählt wurde. Die Zahlen in Spalte B sind daher eigentlich überflüssig und wurden nur zwecks besserer Nachvollziehbarkeit hinzugefügt (Bild 6.41).

Behandlung von Fehlerwerten und ausgeblendeten Zellen

2 Anschließend wurde im ursprünglichen Tabellenblatt in B2 ein Kombinationsfeld eingefügt (*Entwicklertools* ▶ *Steuerelemente* ▶ *Einfügen* ▶ *Formularsteuerelement Kombinationsfeld*).

3 Mit Rechtsklick auf das Kombinationsfeld und dem Befehl *Steuerelement formatieren...* wird anschließend der Bereich *Funktionsliste* als Eingabebereich zugewiesen und als Zellverknüpfung C2 festgelegt.

Bild 6.41 Die Liste mit den Funktionen

Bild 6.42 Steuerelement formatieren

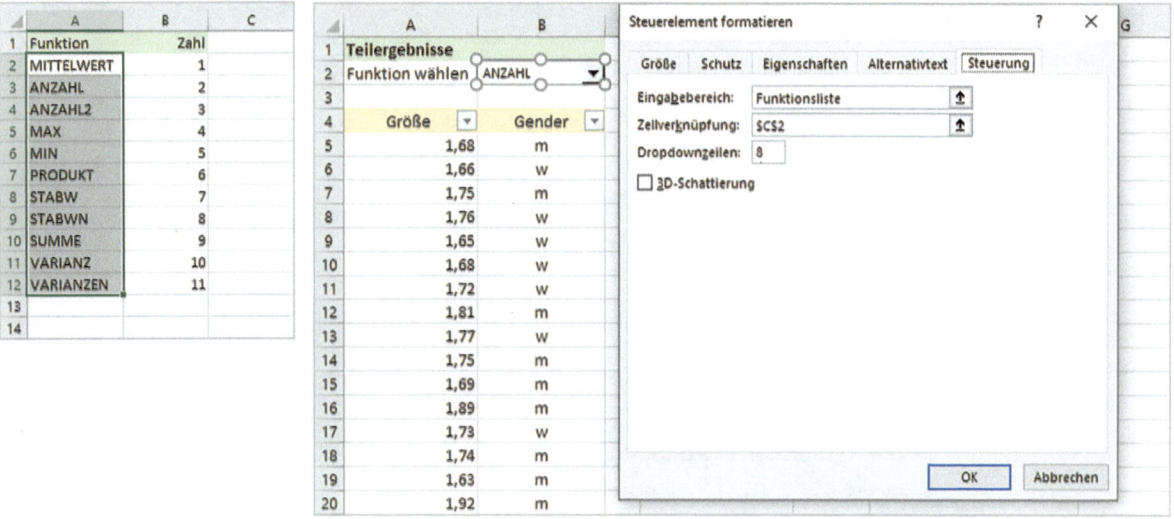

4 Die Funktion TEILERGEBNIS in D2 lautet dann:

D2:   =TEILERGEBNIS(C2;A5:A15)

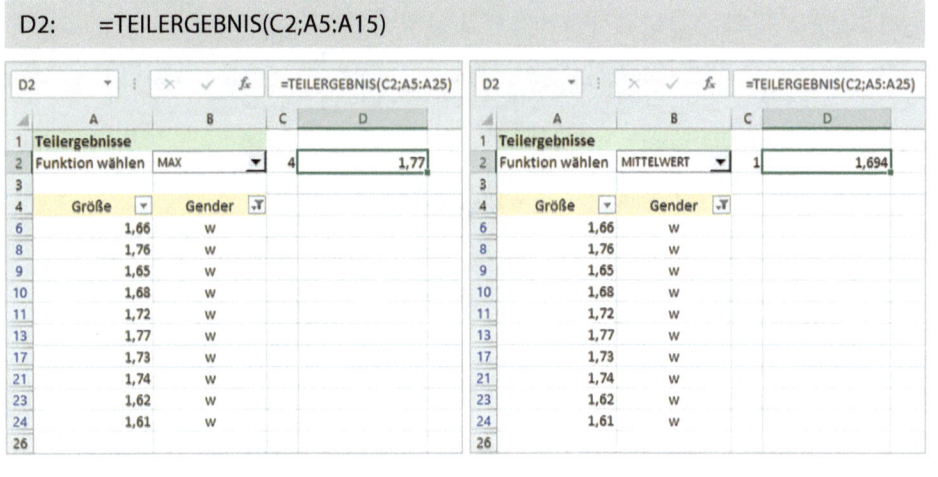

Bild 6.43 Funktion im Kombinationsfeld auswählen

Tipp: Falls Werte in ausgeblendeten Zellen nicht berücksichtigt werden sollen, addieren Sie in der Funktion TEILERGEBNIS einfach 100 zur verknüpften Zelle. Hier C2+100.

Falls Sie etwaige Fehleingaben abfangen möchten, packen Sie die Funktion in die WENN-Funktion:

D2:   =WENN(TEILERGEBNIS(C2>11;"Falsche Eingabe";A5:A15))

Hinweis: Neben der oben beschriebenen Funktion können Sie auch das gleichnamige Tool nutzen, das Sie im Register *Daten* ▶ *Gliederung* ▶ *Teilergebnis* finden. Allerdings setzt dieses Werkzeug im Gegensatz zur Funktion eine Sortierung nach der zu gruppierenden Spalte voraus. Dies wäre im hier verwendeten Beispiel die Spalte Gender.

Ausgeblendete Zeilen und/oder Fehlerwerte ignorieren (AGGREGAT)

Die meisten der in diesem Kapitel behandelten Funktionen, wie z. B. SUMME, ANZAHL, MITTELWERT, MEDIAN, MAX, MIN, KGRÖSSTE, KKLEINSTE usw. liefern einen Fehlerwert, wenn die Ausgangswerte bzw. die Matrix Fehlerwerte enthalten. Als Beispiel im Bild unten die Funktion KGRÖSSTE.

Bild 6.44 KGRÖSSTE mit Fehlerwert in der Liste

Statt komplizierter Abfragen mit WENN und WENNFEHLER, lassen sich in solchen Fällen die genannten Funktionen und noch einige mehr (siehe Tabelle unten) auch mit der Funktion AGGREGAT berechnen. Zusätzlich unterstützt AGGREGAT auch das Ausschließen ausgeblendeter Zeilen aus der Berechnung. Je nach Syntax der gewünschten Funktion liegt AGGREGAT als Bezugs- und als Arrayversion vor. Die Syntax der Arrayversion:

AGGREGAT(Funktion;Optionen;Array;[k])

Syntax der Bezugsversion:

AGGREGAT(Funktion;Optionen;Bezug1;[Bezug2];[Bezug3]…)

▶ *Funktion* ist ein numerischer Wert, der die zu verwendende Funktion festlegt:

Zahl	Funktion	Zahl	Funktion
1	MITTELWERT	11	VAR.P
2	ANZAHL	12	MEDIAN
3	ANZAHL2	13	MODUS.EINF
4	MAX	14	KGRÖSSTE
5	MIN	15	KKLEINSTE
6	PRODUKT	16	QUANTIL.INKL
7	STABW.S	17	QUARTILE.INKL

Zahl	Funktion
8	STABW.N
9	SUMME
10	VAR.S

Zahl	Funktion
18	QUANTIL.EXKL
19	QUARTILE.EXKL

▶ *Optionen* ist ebenfalls ein numerischer Wert, der angibt, welche Werte im Berechnungsbereich ignoriert, also aus der Berechnung ausgeschlossen werden sollen.

Option	Verhalten
0	Geschachtelte Teilergebnis- und AGGREGAT-Funktionen ignorieren. Dies ist auch die Standardeinstellung, wenn nichts angegeben wird.
1	Ausgeblendete Zeilen, geschachtelte Teilergebnis- und AGGREGAT-Funktionen ignorieren
2	Fehlerwerte, geschachtelte Teilergebnis- und AGGREGAT-Funktionen ignorieren
3	Ausgeblendete Zeilen, Fehlerwerte, geschachtelte Teilergebnis- und AGGREGAT-Funktionen ignorieren
4	Nichts ignorieren
5	Ausgeblendete Zeilen ignorieren
6	Fehlerwerte ignorieren
7	Ausgeblendete Zeilen und Fehlerwerte ignorieren

Tipp: Wenn Sie die AGGREGAT-Funktion per Tastatur eingeben, dann erhalten Sie automatisch eine Liste aller Funktionen und können die dazugehörige Zahl übernehmen.

▶ *Bezug* oder *Array* legt fest, für welchen Bereich der Aggregatwert berechnet wird.

▶ *k* muss für alle Funktionen angegeben werden, die neben dem Bereich ein zweites Argument erfordern, z. B. Rang des gesuchten Elements mit KGRÖSSTE und KKLEINSTE.

Achtung: Genau wie TEILERGEBNIS ist auch die AGGREGAT-Funktion nur für Datenspalten bzw. vertikale Bereiche vorgesehen. Das bedeutet, dass sich zwar ausgeblendete Zeilen auf das Ergebnis auswirken, nicht aber ausgeblendete Spalten.

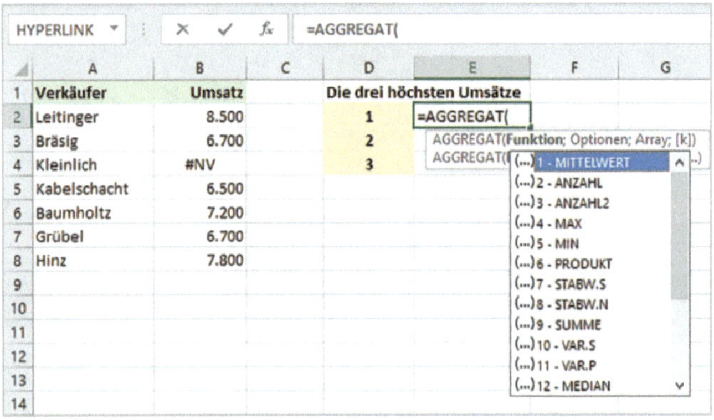

Bild 6.45 Funktion aus Liste übernehmen

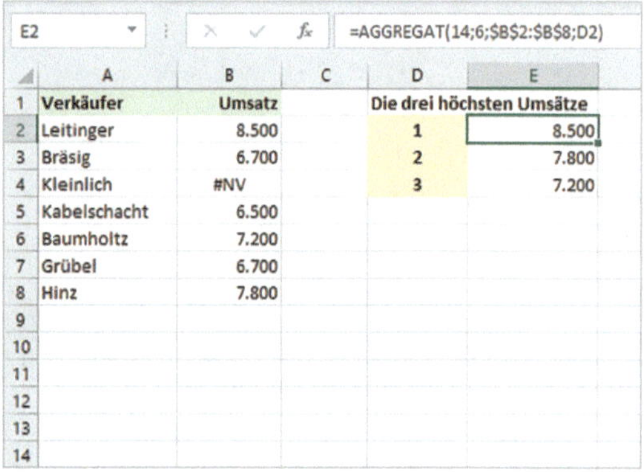

Bild 6.46 KGRÖSSTE trotz Fehlerwert

6 Allgemeine Auswertungsfunktionen

Damit im Beispiel von Seite 266 der Fehlerwert in der Liste ignoriert wird, geben Sie die folgende Funktion in E2 ein und kopieren diese anschließend nach unten, siehe Bild 6.46.

```
=AGGREGAT(14;6;$B$2:$B$8;D2)
```

Mittelwert, Summe, Min und Max mit der Funktion AGGREGAT berechnen

Auch die Funktionen MITTELWERT, SUMME, MIN und MAX liefern einen Fehler, wenn die Liste einen Fehlerwert enthält. Im Bild unten noch einige Beispiele, wie Sie mit AGGREGAT trotzdem Ergebnisse erhalten.

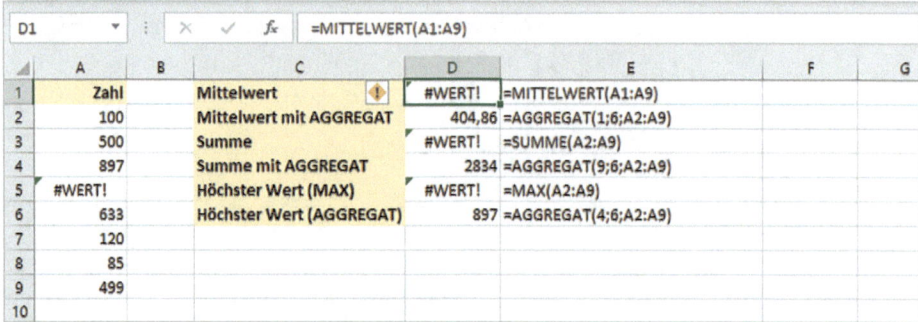

Bild 6.47 Beispiele AGGREGAT

Ausgeblendete/gefilterte Zeilen ausschließen

Dynamische Auswertungen in Verbindung mit dem AutoFilter wie im Bild unten können auch mit der Funktion AGGREGAT erstellt werden. Hier wurden am Beispiel der Körpergröße von Männern und Frauen ANZAHL, MITTELWERT, MIN und MAX ermittelt (siehe auch das Beispiel auf Seite 264).

Bild 6.48 Gefilterte Zeilen ausschließen, Beispiele

	A	B	C
1	Teilergebnisse		
2	ANZAHL	10	=AGGREGAT(2;5;A8:A28)
3	MITTELWERT	1,694	=AGGREGAT(1;5;A8:A28)
4	MIN	1,61	=AGGREGAT(5;5;A8:A28)
5	MAX	1,77	=AGGREGAT(4;5;A8:A28)
6			
7	Größe	Gender	
9	1,66	w	
11	1,76	w	
12	1,65	w	
13	1,68	w	
14	1,72	w	
16	1,77	w	
20	1,73	w	
24	1,74	w	
26	1,62	w	
27	1,61	w	
29			
30			

	A	B	C
1	Teilergebnisse		
2	ANZAHL	11	=AGGREGAT(2;5;A8:A28)
3	MITTELWERT	1,781818182	=AGGREGAT(1;5;A8:A28)
4	MIN	1,63	=AGGREGAT(5;5;A8:A28)
5	MAX	1,95	=AGGREGAT(4;5;A8:A28)
6			
7	Größe	Gender	
8	1,68	m	
10	1,75	m	
15	1,81	m	
17	1,75	m	
18	1,69	m	
19	1,89	m	
21	1,74	m	
22	1,63	m	
23	1,92	m	
25	1,79	m	
28	1,95	m	
29			

6.6 Zellen anhand ihrer Füllfarbe auswerten

Um Zellen anhand Ihrer Füllfarbe zu finden, beispielsweise wenn mit SUMMEWENN die Summe über alle Zellen mit gelber Füllfarbe berechnet werden soll, gibt es verschiedene Möglichkeiten. Im Bild unten die Ausgangstabelle für die nachfolgenden Beispiele in der die Lagerbestände einzelner Produkte manuell mit grüner oder gelber Farbe gekennzeichnet wurden.

	A	B
1	Produktnr.	Lagerbestand Stck.
2	1005	300
3	1188	15
4	1025	822
5	1278	0
6	1301	22
7	1497	56
8	2365	67
9	2509	108
10	2666	300
11	3002	20
12	4711	1
13		

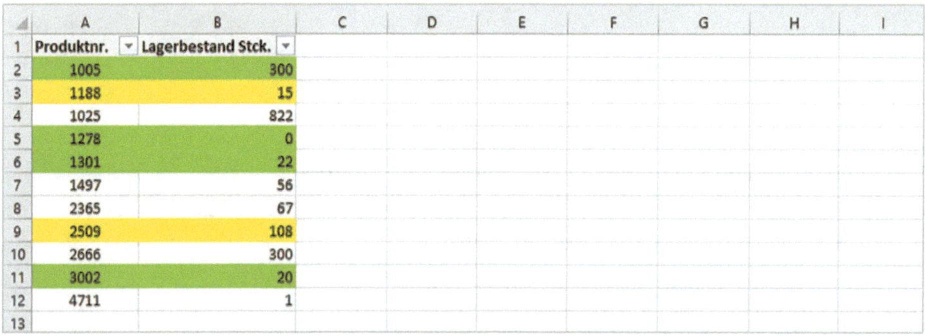

Bild 6.49 Ausgangsdaten mit farbiger Kennzeichnung

Farben.xlsm

Achtung: die Mappe enthält ein Makro das nur funktioniert, wenn Sie beim Öffnen auf *Inhalte aktivieren* klicken.

Hinweis: Die nachfolgenden Lösungsvorschläge benötigen Sie meist nicht, wenn die Zellen mit einer bedingten Formatierung hervorgehoben wurden. In solchen Fällen berechnen Sie die Summen je Farbe mit SUMMEWENN bzw. SUMMEWENNS in Verbindung mit derselben Regel, die Sie für die bedingte Formatierung verwendet haben.

Nach Farbe filtern und das Ergebnis mit der Funktion TEILERGEBNIS berechnen

Eine einfache Möglichkeit besteht darin, dass Sie die Tabelle nach Farben filtern und anschließend die Summe oder eine andere Zusammenfassung mit der Funktion TEILERGEBNIS berechnen. Dazu blenden Sie neben den Spaltenüberschriften der Tabelle die Filterpfeile ein (Register *Daten* ▶ *Filtern*), klicken auf den Pfeil einer der Überschriften, dann auf *Nach Farbe filtern* und auf die betreffende Farbe.

Funktion TEILERGEBNIS, siehe Seite 263.

Anschließend berechnen Sie unterhalb der gesamten Tabelle, hier in B14 die Summe mit TEILERGEBNIS und folgender Formel.

```
=TEILERGEBNIS(109;B2:B12)
```

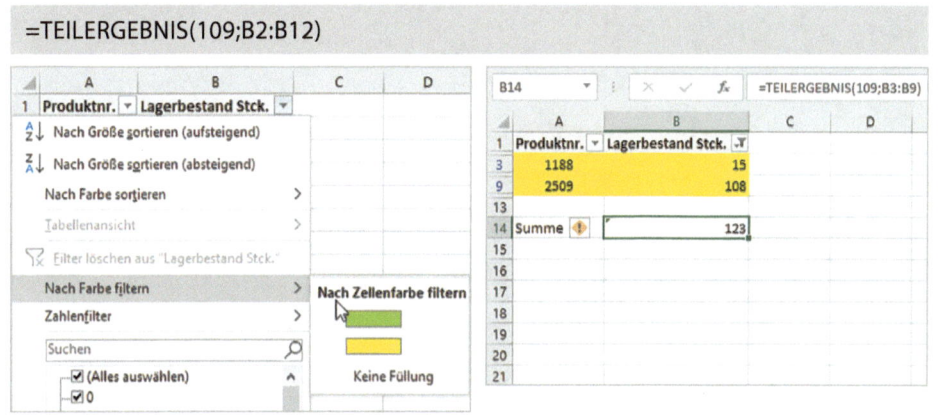

Bild 6.50 Nach Farbe filtern

Bild 6.51 Teilergebnis, z. B. Summe berechnen

6 Allgemeine Auswertungsfunktionen

Zellfarben über den Farbindex identifizieren

Selbstverständlich lässt sich der Farbwert einer Zelle auch mit einer eigenen VBA-Funktion lösen, Details dazu würden aber den Rahmen dieses Buches sprengen.

Jede Farbe wird in Excel intern über ihre Nummer bzw. ihren Farbwert definiert. Als zweite Möglichkeit können Sie daher den Farbwert jeder Zelle ermitteln und als Kriterium für SUMMEWENN und Co. verwenden. Leider existiert zum gegenwärtigen Zeitpunkt keine Tabellenblattfunktion, die die Farbnummer einer Zelle liefert. Sie müssen sich also mit dem alten Excel-Makro ZELLE.ZUORDNEN behelfen. Beachten Sie aber folgende Einschränkungen:

▶ Die Arbeitsmappe muss unbedingt als .xlsm Mappe gespeichert werden (*Speichern unter*, dann in das Feld *Excel-Arbeitsmappe (*.xlsx)* und auf den Typ *Excel-Arbeitsmappe mit Makros (*.xlsm)* klicken).

▶ ZELLE.ZUORDNEN liefert nur für die Standardfarben mit dem Farbindex von 1 bis 56 den korrekten Farbwert Nicht einsetzbar ist ZELLE.ZUORDNEN dagegen bei Designfarben, benutzerdefinierten Farben und Farben, die über die bedingte Formatierung zugewiesen wurden.

▶ Falls die Farbe einer Zelle nachträglich geändert wird, erfolgt keine automatische Aktualisierung. Dies passiert erst bei manueller Neuberechnung mit F9 oder Register *Formeln* ▶ Symbol *Blatt berechnen*.

ZELLE.ZUORDNEN ist keine Funktion, sondern ein Makro, das noch aus alten Excel-Versionen stammt. Aus diesem Grund kann ZELLE.ZUORDNEN auch nicht einfach in eine Zelle eingegeben werden, sondern muss als benannte Formel aufgerufen werden.

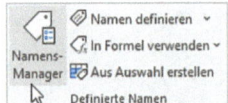

Schritt 1: Einen Namen für die Formel erstellen

1 Klicken Sie im Register *Formeln* auf *Namens-Manager* ❶ und im gleichnamigen Fenster auf die Schaltfläche *Neu...* ❷.

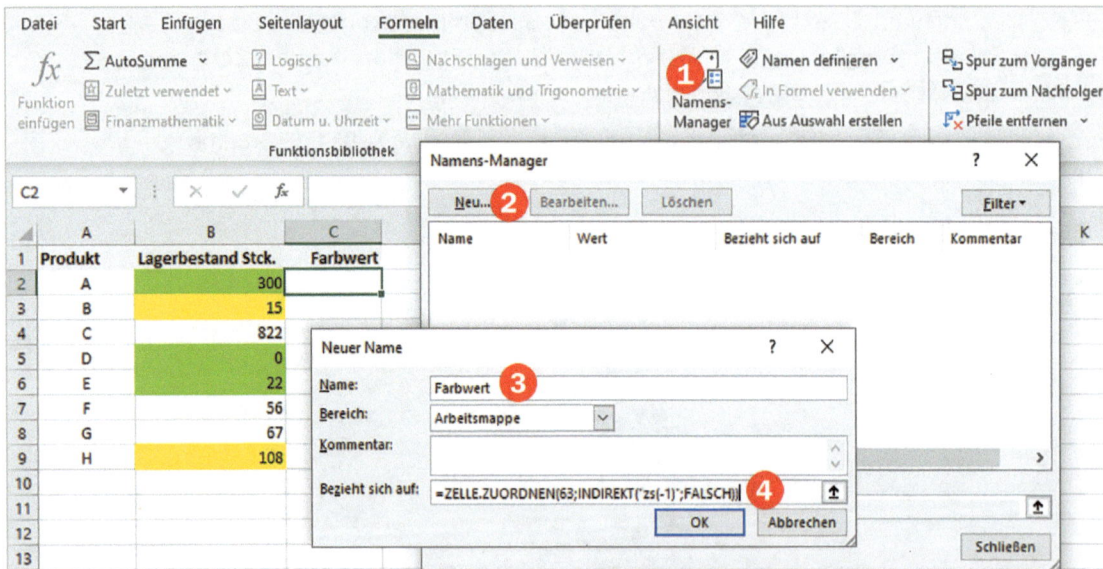

Zellen anhand ihrer Füllfarbe auswerten 6

2 Geben Sie dann einen Namen für die Formel ein, hier Farbwert ❸. Im Feld *Bezieht sich auf* ❹ geben Sie folgende Formel ein und klicken zum Übernehmen auf *OK*. Schließen Sie dann auch den Namens-Manager.

```
=ZELLE.ZUORDNEN(63;INDIREKT("ZS(-1)";FALSCH))
```

Zur Erklärung

- Der erste Parameter, hier 63 legt fest, welche Zelleigenschaft zurückgegeben werden soll, 63 steht für die Füllfarbe. Wenn Sie dagegen die Schriftfarbe ermitteln möchten, dann geben Sie stattdessen 24 ein.
- Die Funktion INDIREKT legt den Zellbezug fest: Befindet sich die Zelle mit der zu ermittelnden Farbe jeweils eine Spalte links (-1) von der aktuellen Zelle, dann adressieren Sie diese mit dem Bezug "ZS(-1)", FALSCH besagt, dass Z1S1 statt der Bezugsart A1 verwendet wird.

Details zur Funktion INDIREKT siehe Seite 206.

Schritt 2: Benannte Formel aufrufen

Mit dieser Formel wird nun in einer Hilfsspalte rechts von den eingefärbten Zellen (siehe Formel oben) der Farbwert ermittelt:

3 Geben Sie in der ersten Zelle der Hilfsspalte, hier C2 das Gleichheitszeichen und die ersten Zeichen des Formelnamens ein. Dieser erscheint dieser in der Auswahlliste und kann mit Doppelklick übernommen werden. Betätigen Sie anschließend die Eingabetaste und kopieren Sie die Formel nach unten.

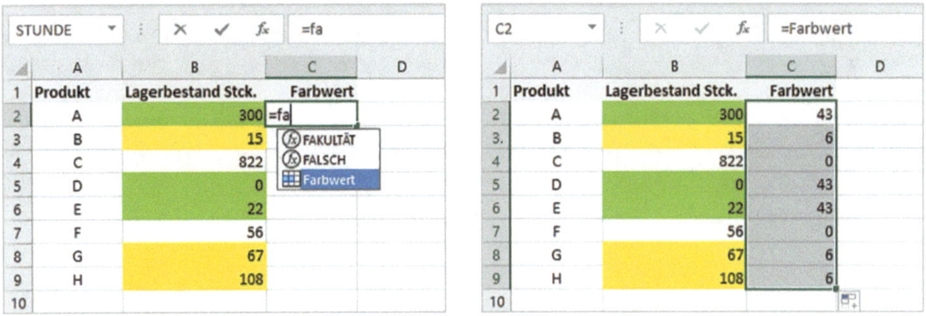

Bild 6.52 Formel über ihren Namen einfügen und kopieren

Anschließend kann in einer weiteren Tabelle, wie im Bild unten, die Summe der jeweiligen Farbe mit SUMMEWENN berechnet werden.

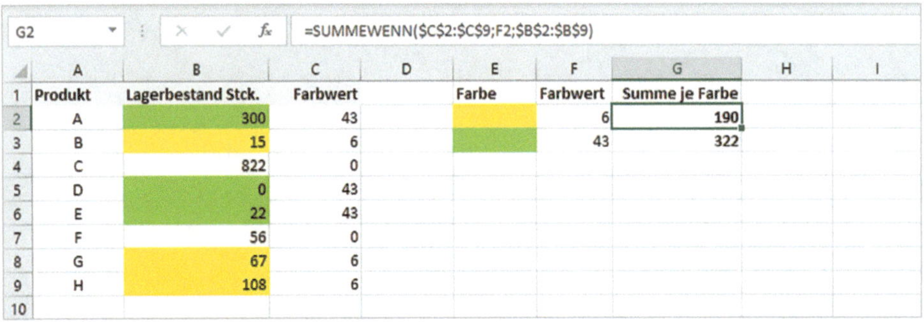

Bild 6.53 Summe je Farbe berechnen

271

Dazu wurde in E2 und E3 nochmals der Farbwert ermittelt, die Formel in G2 lautet:

G2:   =SUMMEWENN($C$2:$C$9;F2;$B$2:$B$9)   Ergebnis: 190

Farbwert neu berechnen

Wenn die Farbe einer Zelle nachträglich geändert wurde, wie z. B. B5 in rot statt gelb, dann muss der Farbwert manuell neu berechnet werden:

Bild 6.54 Bei Farbänderungen muss der Farbwert manuell neu berechnet werden

Klicken Sie entweder im Register Formeln Berechnung auf *Neu berechnen* ❶ (Gesamte Arbeitsmappe) oder auf *Blatt berechnen* ❷. Oder verwenden Sie die Tasten F9 (Arbeitsmappe berechnen) bzw. Umschalt+F9 (Blatt berechnen).

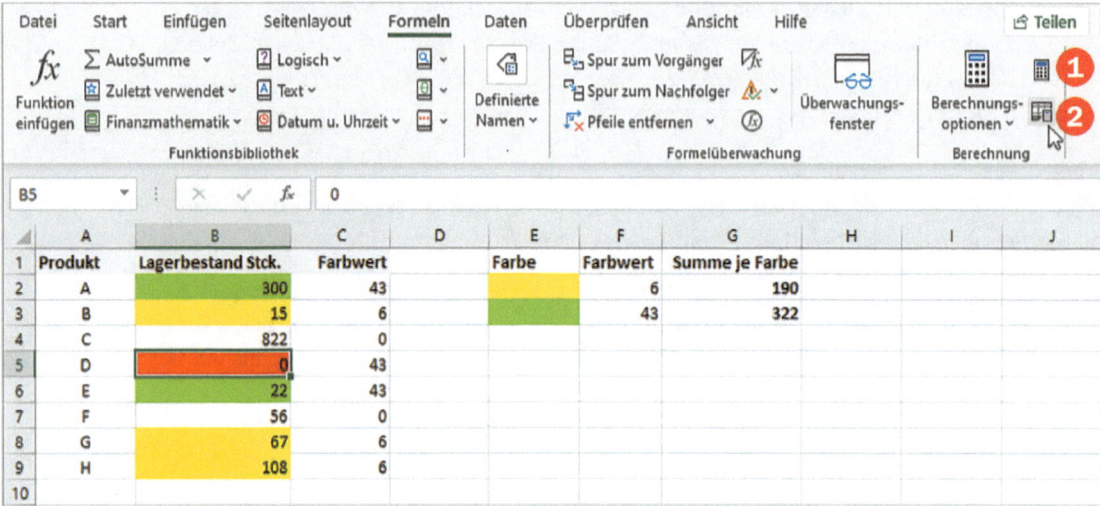

Hinweis: Die Daten für das zweite Beispiel finden Sie ebenfalls in der Mappe Farben.xlsm. Beachten Sie, dass beim ersten Öffnen die in der Mappe enthaltenen Makros deaktiviert werden und erst nach einem Klick auf *Inhalt aktivieren* verwendet werden können.

7 Ausgewählte statistische Funktionen

7.1 Umfangreiche Daten mit Pivot-Tabellen auswerten 274
7.2 Statistische Maßzahlen 285
7.3 Zufallszahlen 307
7.4 Verteilungsfunktionen 313
7.5 Korrelationsanalysen 334
7.6 Regressions- und Trendanalysen 339
7.7 Weitere Funktionen 356

7 Ausgewählte statistische Funktionen

Die gängigen Auswertungsfunktionen wie z. B. MITTELWERT, ANZAHL, MIN oder MAX und verwandte Funktionen werden in Kapitel 6 ausführlich beschrieben. Darüber hinaus stellt Excel noch zahlreiche weitere Funktionen für statistische Analysen bereit, mit denen sich die meisten Aufgaben auf diesem Gebiet lösen lassen. Dieses Kapitel beschreibt ausgewählte Statistikfunktionen und ihre Verwendung.

Da eine Funktion oder Formel nicht immer am schnellsten zum Ziel führt, beginnt dieses Kapitel mit einer kurzen Einführung in die Erstellung und Verwendung von Pivot-Tabellen. Diese können bei großen Datenmengen Funktionen wie ZÄHLENWENN, MITTELWERTWENN usw. überflüssig machen.

7.1 Umfangreiche Daten mit Pivot-Tabellen auswerten

Was Sie über Pivot-Tabellen wissen sollten

Excel stellt mit den Pivot-Tabellen ein äußerst flexibles Werkzeug zur Auswertung und Zusammenfassung großer Datenmengen dar. Die Bezeichnung Pivot-Tabelle (PivotTable) beruht auf dem englischen Begriff „pivot" = Dreh- oder Angelpunkt und bedeutet, dass Sie mit Pivot-Tabellen Daten unter verschiedenen Gesichtspunkten nach dem Baukasten-Prinzip zusammenfassen, anordnen und auswerten können, ohne dabei die Ausgangsdaten zu verändern. Ein weiterer Vorteil: Eine Pivot-Tabelle ist interaktiv, d. h. sie kann vom Benutzer jederzeit verändert werden, beispielsweise um nach bestimmten Kriterien zu filtern oder um Daten auszublenden. Die Ausgangsdaten werden dadurch nicht verändert.

Falls Sie sich näher mit diesem interessanten Werkzeug befassen möchten, empfehle ich Ihnen das Buch „Excel Spezial - Daten abrufen, aufbereiten & mit Pivot-Tabellen auswerten" BILDNER Verlag GmbH 2020, ISBN 978-3-8328-0409-1

Eine vollständige Beschreibung von Pivot-Tabellen und ihren Möglichkeiten würde den Rahmen dieses Kapitels sprengen, daher werden an dieser Stelle nur einfache Häufigkeitsauszählungen und deren prozentuale Darstellung vorgestellt.

Folgende Besonderheiten sind im Umgang mit Pivot-Tabellen zu beachten

- Dateneingabe und Änderung der Daten sind in Pivot-Tabellen nicht möglich, da diese entweder schreibgeschützt sind oder die Änderungen nicht in die Originaldaten übernommen werden.
- Die Ausgangsdaten werden durch Pivot-Tabellen grundsätzlich nicht verändert.
- Im Gegensatz zu Funktionen erfolgt nach einer Änderung der Daten in der Ausgangstabelle **keine automatische Aktualisierung**. Pivot-Tabellen müssen vom Benutzer manuell aktualisiert werden!

Voraussetzungen

Für die Auswertung mit einer Pivot-Tabelle müssen die Ausgangsdaten folgende Voraussetzungen erfüllen:

▶ Die Daten müssen als zusammenhängender Tabellenbereich vorliegen, d. h. sie dürfen keine leeren Spalten und möglichst auch keine Leerzeilen aufweisen. Einzelne leere Zellen stellen dagegen kein Problem dar.

▶ Die erste Tabellenzeile muss eindeutige Spaltenüberschriften enthalten.

▶ Die Tabelle muss in mindestens einer Spalte mehrfach vorkommende Werte enthalten. Nur diese lassen sich mit Pivot-Tabellen zusammenfassen und auswerten.

▶ Eventuell vorhandene Teilergebnisse (gemeint ist damit nicht die Funktion, sondern Teilergebnisse, die über das Register *Daten* ▶ *Gliederung* erzeugt wurden) oder Filter müssen zuvor entfernt werden.

▶ Innerhalb der auszuwertenden Spalten müssen alle Daten vom gleichen Typ sein, beispielsweise Zahlen, Text oder Datumswerte.

▶ Die Datentabelle kann neben Text und Zahlen auch Formeln enthalten. Diese werden bei der Auswertung wie Werte behandelt.

▶ Falls eine Variable sehr viele Ausprägungen aufweist, z. B. Alter, können diese in Pivot-Tabellen zu Gruppen zusammengefasst werden.

Tipp: Formatieren Sie die Ausgangsdaten als Tabelle (*Einfügen* ▶ *Tabelle*). Der Vorteil: Wenn sich bei späteren Aktualisierungen der Umfang der Datentabelle ändern sollte, dann braucht der Datenbereich für die Pivot-Tabelle nicht jedes Mal neu festgelegt werden, es genügt, wenn Sie die Pivot-Tabelle aktualisieren.

Pivot-Tabelle mit einfacher Häufigkeitsauszählung erstellen

Beispiel Fragebogenauswertung

Zur Auswertung von Umfragen werden meist einfache Häufigkeitsauszählungen benötigt, die für jede Variable die Häufigkeit ihrer Ausprägungen ermitteln. Als einfaches Beispiel die Gästebefragung eines Hotels, in der die Gäste anhand eines Fragebogens verschiedene Merkmals des Hotels bewerteten.

Pivot_Tabellen_1.xlsx

Die zentrale Frage lautete: Bitte bewerten Sie das Hotel in folgenden Punkten, indem Sie maximal 6 Sterne vergeben. ★ ★ ★ ★ ★ ★ (6 Sterne) = Sehr gut, ★ (1 Stern) = sehr schlecht, bewertet wurden u. a. Lage, Ausstattung, Service, Zimmer und Restaurant.

Die Ergebnisse der einzelnen Fragebögen wurden in eine Excel-Tabelle übertragen (das Bild auf der nächsten Seite zeigt einen Ausschnitt) und Sie möchten nun wissen, wie oft für jedes zu bewertende Kriterium 6 Sterne, 5 Sterne usw. vergeben wurden.

Alternative ZÄHLENWENN: Sie könnten auch mit der Funktion ZÄHLENWENN für jede Spalte die Anzahl der 6 Sterne, 5 Sterne usw. ermitteln. Wesentlich schneller und einfacher, insbesondere bei größeren Datenmengen lässt sich diese Aufgabe mit Pivot-Tabellen erledigen.

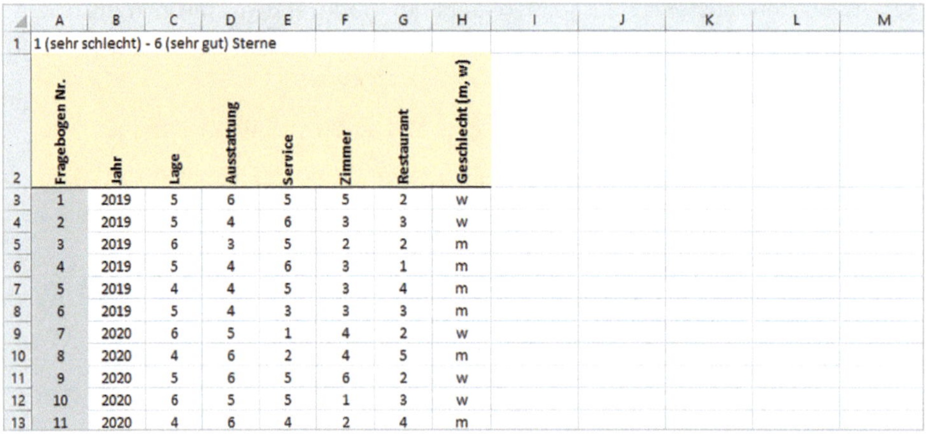

7 Ausgewählte statistische Funktionen

Bild 7.1 Rohdaten Fragebogen (Ausschnitt)

1. Markieren Sie eine beliebige Zelle innerhalb des auszuwertenden Datenbereichs oder den gesamten Datenbereich einschließlich der Überschriften und klicken Sie im Menüband, Register *Einfügen* auf *Pivot-Table* ❶.

2. Im Fenster *PivotTable erstellen* ist die Option *Tabelle oder Bereich auswählen*, bereits voreingestellt und im Feld *Tabelle/Bereich* sehen Sie den Tabellenbereich ❷. Im Tabellenblatt selbst können Sie den Zellbereich anhand des Laufrahmens kontrollieren oder durch Markieren manuell festlegen.

3. Zum Platzieren der Pivot-Tabelle sollte die Standardeinstellung *Neues Arbeitsblatt* ❸ beibehalten werden. Klicken Sie dann auf *OK*.

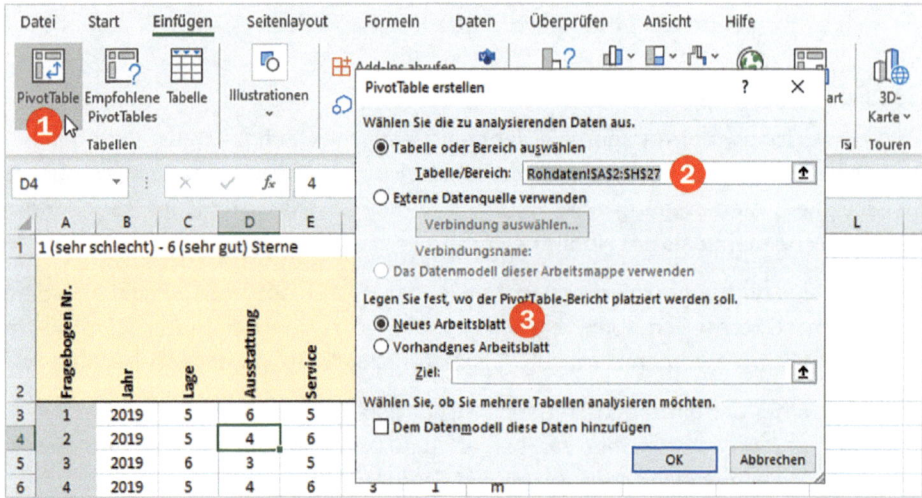

Bild 7.2 PivotTable einfügen

4. Ein neues Arbeitsblatt wird zusammen mit einer leeren Pivot-Tabelle ❹ eingefügt, gleichzeitig erscheint am rechten Bildschirmrand der Bereich *PivotTable-Felder*. Aus den Spaltenüberschriften der Tabelle wurden Felder gebildet, diese sind in der Feldliste ❺ aufgeführt und aus ihnen wird die Pivot-Tabelle zusammengestellt.

7 Umfangreiche Daten mit Pivot-Tabellen auswerten

5   Unterhalb befinden sich die vier Bereiche ❻ einer Pivot-Tabelle, diese setzt sich zusammen aus den Bereichen *Filter*, *Spalten*, *Zeilen* und *Werte* (siehe Bild unten), wobei mit Ausnahme des Wertebereichs nicht alle Bereiche zwingend verwendet werden müssen.

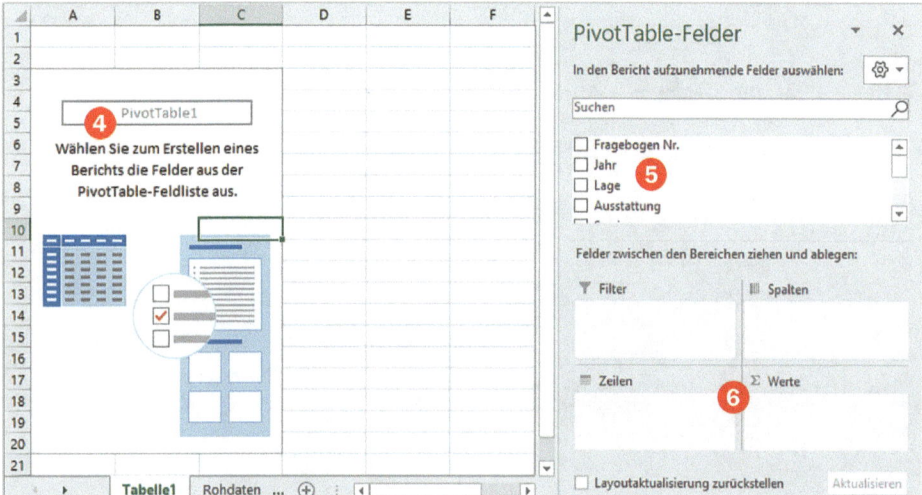

Bild 7.3 PivotTable und Feldliste

6   Das Zusammenstellen der Pivot-Tabelle erfolgt durch Anordnen bzw. Ziehen der Felder mit der Maus. Als erstes soll die Lage ausgewertet werden: Ziehen Sie daher dieses Feld in den Bereich *Zeilen* ❼. In der Tabelle erscheinen nun alle Ausprägungen als Zeilenbeschriftung ❽. Da wir wissen möchten, wie häufig jeder der Werte vorkommt, ziehen Sie das Feld *Lage* erneut aus der Liste und diesmal in den Bereich *Werte* ❾. Die beiden Bereiche *Filter* und *Spalten* werden vorerst nicht benötigt und bleiben leer.

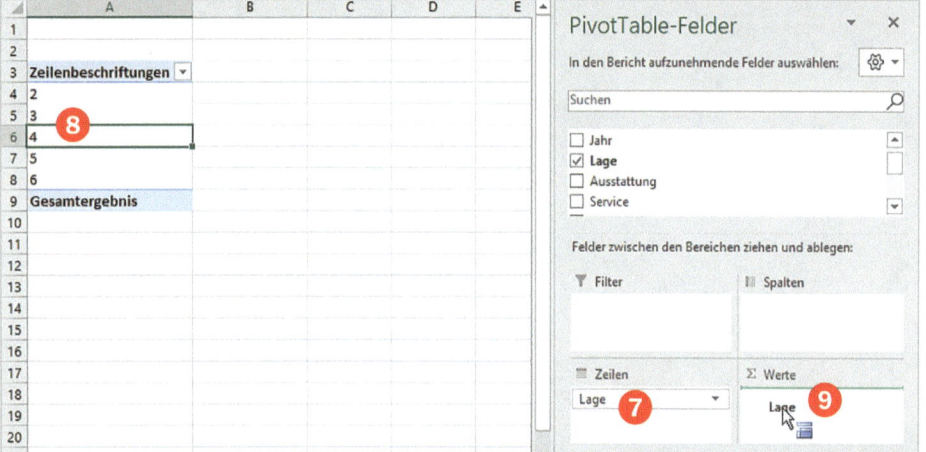

Bild 7.4 Ziehen Sie das Feld Lage in den Bereich Zeilen und in den Bereich Werte

7   Die Pivot-Tabelle enthält nun alle erforderlichen Werte. Leider werden numerische Werte automatisch addiert, so auch in unserem Beispiel in Spalte B (siehe

7 Ausgewählte statistische Funktionen

Bild unten) und schnell zu erkennen an der Überschrift *Summe von Lage*. Um eine andere Auswertungsfunktion zu wählen, klicken Sie in der Pivot-Tabelle mit der rechten Maustaste auf ein beliebiges Summenergebnis, zeigen auf *Werte zusammenfassen nach* und klicken auf *Anzahl*.

Bild 7.5 Berechnungsfunktion ändern

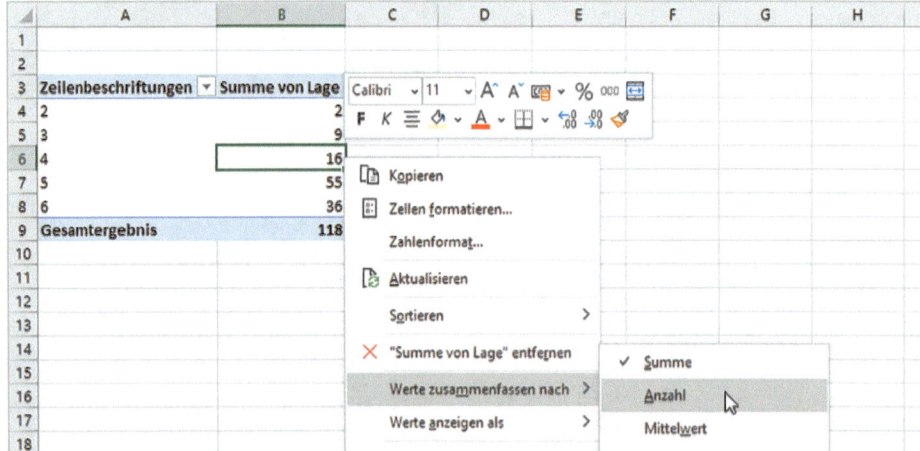

8   Damit ist die erste Häufigkeitsauszählung bis auf einige Kleinigkeiten fertig.

- Falls Sie die Zeilenbeschriftungen ändern möchten, klicken Sie einfach auf die betreffende Zelle und geben Ihren Text ein, siehe Bild unten.
- Damit anstelle des Textes *Zeilenbeschriftungen* der Name der Variablen angezeigt wird, klicken Sie auf das Register *Entwurf* und auf *Berichtslayout*. Wählen Sie *Im Gliederungsformat anzeigen*. Die fertige Tabelle könnte dann etwa aussehen, wie in Bild 7.6.

Bild 7.6 Zeilenbeschriftungen ändern

Bild 7.7 Berichtslayout ändern

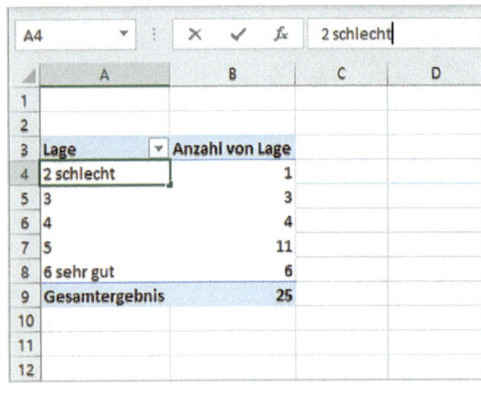

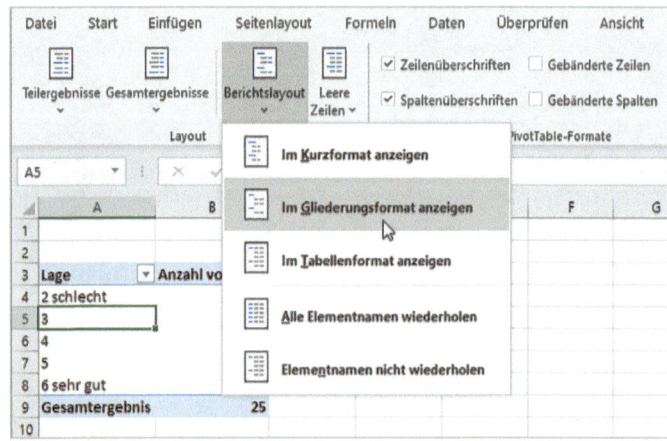

In Excel 2019 und älter sind diese beiden Register zusätzlich mit *PivotTable-Tools* beschriftet.

Hinweise zum Umgang mit der Pivot-Tabelle
▶   **Die PivotTable-Tools**

7 Umfangreiche Daten mit Pivot-Tabellen auswerten

Sobald Sie in den Bereich der Pivot-Tabelle geklickt haben, sind im Menüband die zusätzlichen Register *PivotTable-Analyse* und *Entwurf* verfügbar.

▶ **Den Bereich PivotTable-Felder anzeigen**
Ebenfalls zusammen mit der aktivierten Pivot-Tabelle erscheint am rechten Bildschirmrand die Feldliste. Sollte dies nicht der Fall sein, so klicken Sie im Menüband, Register *PivotTable-Analyse* ▶ *Einblenden* auf *Feldliste*.

▶ **Feld entfernen**
Ein überflüssiges Feld entfernen Sie aus der Pivot-Tabelle indem Sie in der Feldliste einfach das Kontrollkästchen deaktivieren oder das Feld im Bereich *PivotTable-Felder* aus dem jeweiligen Bereich heraus in das Arbeitsblatt ziehen.

▶ **Pivot-Tabelle aktualisieren**
Falls sich die Ausgangsdaten nachträglich ändern sollten, müssen Sie die Pivot-Tabelle manuell aktualisieren. Entweder per Rechtsklick in die Tabelle und Befehl *Aktualisieren*, oder klicken Sie in die Tabelle und im Menüband, Register *PivotTable-Analyse* auf *Aktualisieren* oder betätigen Sie die Tasten **Alt+F5**.

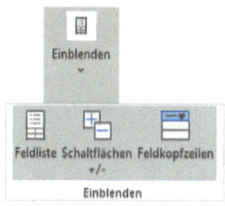

Bild 7.8 Die zusätzlichen Register

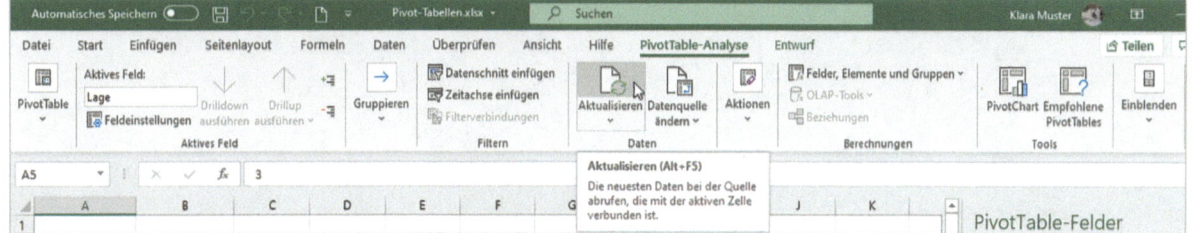

Prozentuale Häufigkeiten anzeigen

Wenn statt der absoluten die prozentualen Häufigkeiten benötigt werden, dann klicken Sie mit der rechten Maustaste in der Spalte *Anzahl von Lage* auf ein beliebiges Ergebnis, zeigen auf *Werte anzeigen als* und wählen im Untermenü *% des Spaltengesamtergebnisses*.

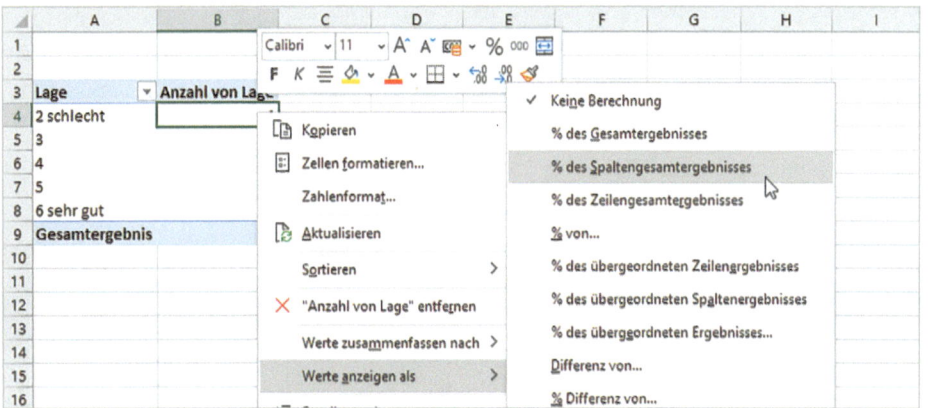

Bild 7.9 Prozentuale Häufigkeiten anzeigen

7 Ausgewählte statistische Funktionen

Zahlen und Prozentwerte anzeigen

Wenn Sie Zahlen und Prozentanteile benötigen, dann ziehen Sie einfach das betreffende Feld, z. B. *Lage* zweimal in den Bereich *Werte*. Achten Sie darauf, dass für beide Spalten die Anzahl statt der Summe ermittelt wird und wandeln Sie anschließend eine der beiden Spalten in die Anzeige von Prozentwerten um, siehe oben. Die Spaltenüberschrift kann beliebig geändert werden.

Bild 7.10 Zahlen und Prozentanteile

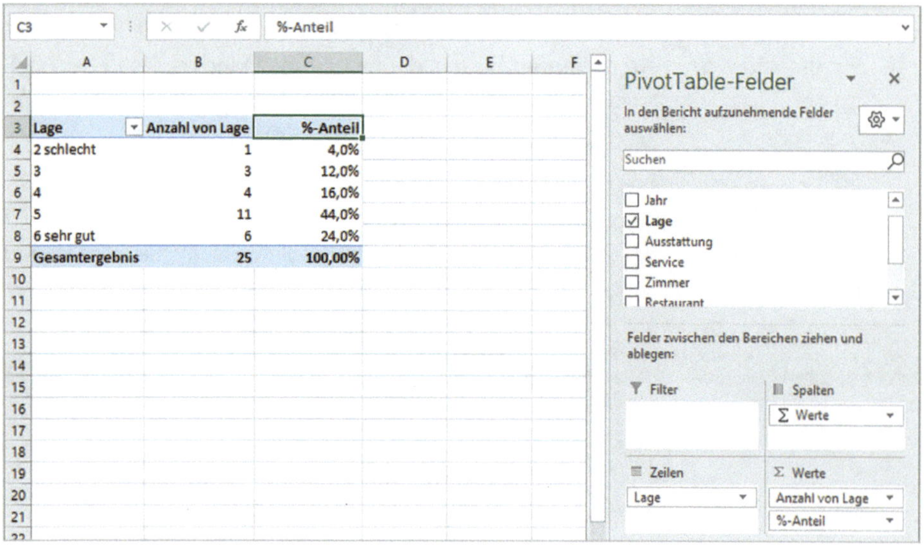

Eine Kreuztabelle erstellen

Mit Pivot-Tabellen sind auch so genannte Kreuztabellen schnell erstellt. Möchten Sie beispielsweise die Antworten von Männern und Frauen miteinander vergleichen, dann ziehen Sie einfach das Feld *Geschlecht* in den Bereich *Spalten*. Dadurch werden aus den beiden Ausprägungen m und w zwei Spalten gebildet und die Werte entsprechend berechnet.

Bild 7.11 Eine einfache Kreuztabelle

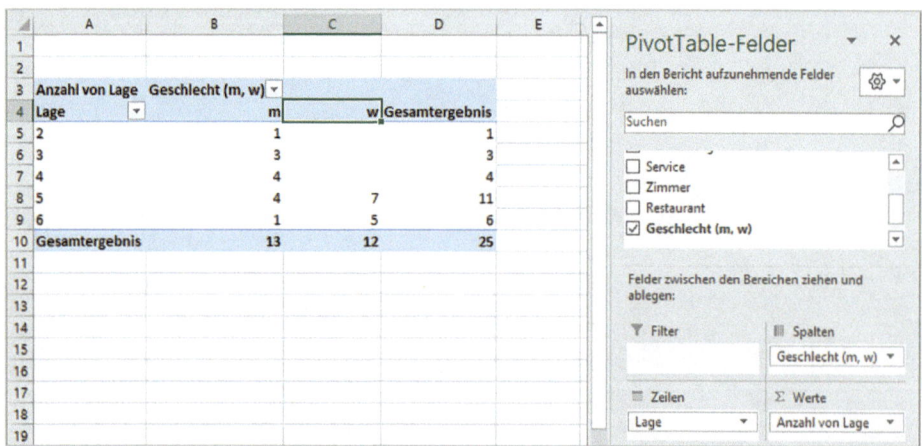

280

Spalten und Zeilenergebnisse

Zusätzlich berechnet Excel in der Regel sowohl Spalten- als auch Zeilenergebnisse. Wenn diese überflüssig sind bzw. stören, dann klicken Sie zum Ausblenden im Menüband, Register *Entwurf* auf *Gesamtergebnisse* und aktivieren nur die benötigten Ergebnisse.

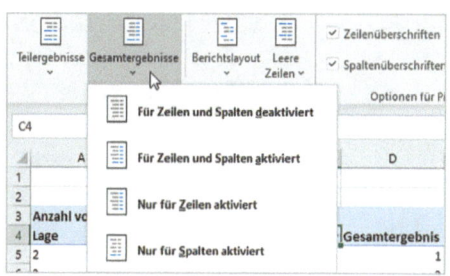

Häufigkeitsklassen bilden

Zur Auswertung von Variablen mit sehr vielen Ausprägungen wie z. B. Alter oder Körpergewicht, müssen erst einmal Klassen gebildet werden. Dies kann in der Ausgangstabelle z. B. mit den Funktionen WENN, WENNS oder SVERWEIS erfolgen. Wird die Auswertung mit einer Pivot-Tabelle vorgenommen, ist auch hier eine Klassenbildung möglich.

Beispiel Umfrage zur Hausarbeit

Als Beispiel die Ergebnisse einer Umfrage zur Erledigung der Hausarbeit. Erhoben wurden nicht nur die Häufigkeit pro Woche sondern auch Geschlecht und Alter. Im Bild unten ein Ausschnitt.

Bild 7.12 Ausschnitt Ausgangsdaten der Umfrage

Pivot_Tabellen_2.xlsx

Für eine Häufigkeitsauszählung nach Alter benötigen wir zunächst Altersklassen, diese sollen in 10er-Intervallen gebildet werden. Dazu gehen Sie wie folgt vor:

1. Im ersten Schritt erstellen Sie aus den Ausgangsdaten eine Pivot-Tabelle und ziehen dann das Feld *Alter* in den Bereich *Zeilen*. Dadurch wird zunächst aus jedem vorkommenden Alter eine Zeilenbeschriftung erstellt.

2. Klicken Sie anschließend mit der rechten Maustaste in der Pivot-Tabelle auf eine beliebige Zeilenbeschriftung und auf *Gruppieren....* Oder klicken Sie in die betreffende Spalte und im Menüband, Register *PivotTable-Analyse* ▶ *Gruppieren* auf *Feld gruppieren*.

7 Ausgewählte statistische Funktionen

3 Im Fenster *Gruppierung* legen Sie nun Start- und Endwert sowie das Klassenintervall fest. Standardmäßig werden diese automatisch aus dem kleinsten und größten Wert der Tabelle gebildet. Geben Sie stattdessen als Startwert 10 und als Endwert 100 ein, das Intervall 10 im Feld *Nach* kann hier beibehalten werden. Klicken Sie zum Übernehmen auf *OK*.

Bild 7.13 Nach Alter gruppieren

Bild 7.14 Automatischer Start- und Endwert

Bild 7.15 Start und Ende manuell festlegen

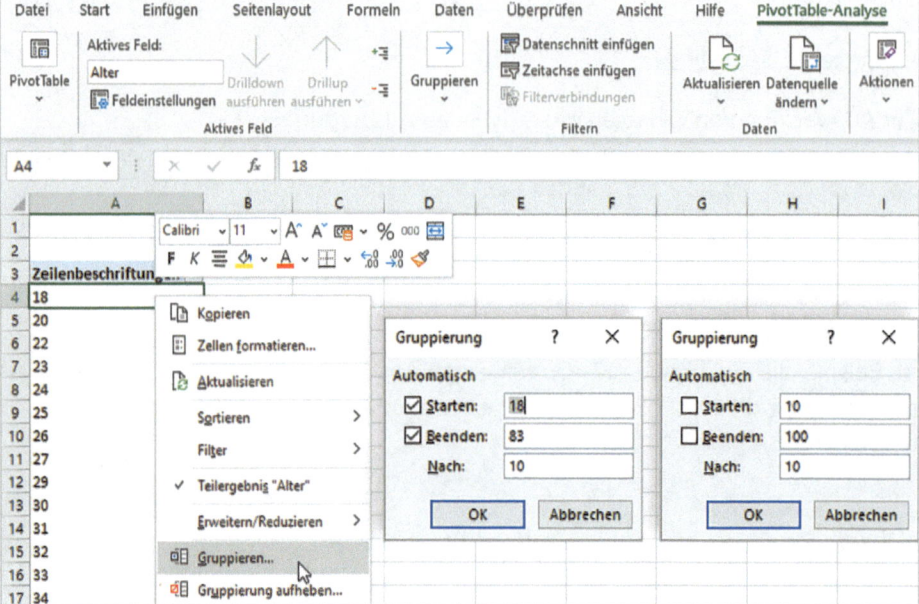

4 Um Anzahl der Befragen in der jeweiligen Altersklasse zu ermitteln, ziehen Sie anschließend das Feld *Alter* zusätzlich in den Bereich *Werte*. Sollte hier automatisch die Summe gebildet werden, müssen Sie außerdem stattdessen *Anzahl* wählen (Rechtsklick ▶ *Werte zusammenfassen nach*).

Bild 7.16 Häufigkeit nach Altersklassen

5 Damit Sie nun in Form einer Kreuztabelle sehen, wie sich die Häufigkeit der Hausarbeit auf die Altersklassen verteilt, wie in Bild 7.17, ziehen Sie das Feld *Hausarbeit* in den Bereich *Spalten*.

Bild 7.17 Altersklassen und Hausarbeit

Alter	Anzahl Befragte
10-19	1
20-29	12
30-39	13
40-49	10
50-59	11
60-69	5
70-79	1
80-89	1
Gesamtergebnis	54

Anzahl Befragte	Hausarbeit				
Alter	1 immer	2 häufig	3 selten	4 nie	Gesamtergebnis
10-19		1			1
20-29	4	4	3	1	12
30-39	3	4	4	2	13
40-49	3	4	2	1	10
50-59	3	2	2	4	11
60-69		2	2	1	5
70-79				1	1
80-89		1			1
Gesamtergebnis	13	18	13	10	54

Behandlung fehlender Werte

Fehlende Werte einfach ausblenden

Sind die betreffenden Zellen der Ausgangstabelle leer, so werden diese in der Pivot-Tabelle bzw. in der Zeilenbeschriftung zwar ausgewiesen, jedoch fehlt die dazugehörige Zahl, wie im Bild unten. Um auch die dazugehörige Zeile auszublenden, klicken Sie auf die Pfeilschaltfläche der Zeilenbeschriftungen ❶ und deaktivieren Sie leere Werte ❷.

	A	B	C
1			
2	❶		
3	Staubsaugen pro Woche	Häufigkeit	
4	0	5	
5	1	8	
6	2	7	
7	3	14	
8	4	3	
9	5	5	
10	6	1	
11	7	6	
12	(Leer)		
13	Gesamtergebnis	49	
14			

	A	B	C
1			
2	❷		
3	Staubsaugen pro Woche	Häufigkeit	
4	0	5	
5	1	8	
6	2	7	
7	3	14	
8	4	3	
9	5	5	
10	6	1	
11	7	6	
12	Gesamtergebnis	49	
13			
14			

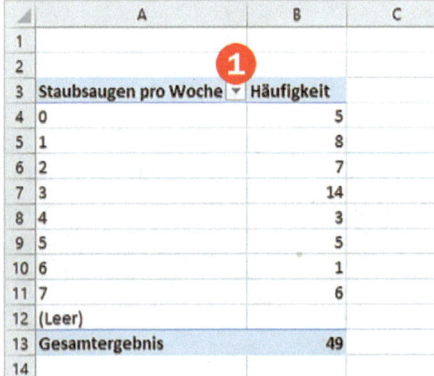

Bild 7.18 Fehlende Angaben ausblenden

Anzahl der fehlenden Werte anzeigen

Wenn dagegen die Anzahl der fehlenden Antworten ebenfalls benötigt wird, dann darf die Ausgangstabelle keine leeren Zellen enthalten. Häufig wird zu diesem Zweck eine Ausprägung vereinbart, die in den Antwortvorgaben nicht enthalten ist, z. B. 99 (die Häufigkeit pro Woche kann in unserem Beispiel maximal 7 = täglich annehmen).

	A	B	C	D	E	F	G	H
1								
2								
3	Staubsaugen pro Woche	Häufigkeit	% Anteil					
4	0	5	9,3%					
5	1	8	14,8%					
6	2	7	13,0%					
7	3	14	25,9%					
8	4	3	5,6%					
9	5	5	9,3%					
10	6	1	1,9%					
11	7	6	11,1%					
12	99	5	9,3%					
13	Gesamtergebnis	54	100,0%					
14								

Bild 7.19 Fehlende Werte anzeigen

Tipp: Mit Hilfe von Suchen und Ersetzen lassen sich die fehlenden Werte in der Ausgangstabelle schnell ersetzen. Markieren Sie die betreffende Spalte, klicken Sie im Register *Start* ▶ *Bearbeiten* auf *Suchen und Auswählen* und auf *Ersetzen*. Lassen Sie das Feld *Suchen nach* leer und geben Sie im Feld *Ersetzen durch* die Zeichenfolge oder Zahl für die fehlenden Werte ein.

Bild 7.20 Leere Zellen ersetzen

Die Funktion PIVOTDATENZUORDNEN

Benötigen Sie für weitere Auswertungen nur einzelne Werte einer Pivot-Tabelle, die sich entweder in einem anderen Arbeitsblatt oder in einer anderen Arbeitsmappe befindet? Oder möchten Sie ein Diagramm erstellen, das nur bestimmte Werte einer Pivot-Tabelle einbezieht? Dazu benötigen Sie Verweise auf die entsprechenden Zellen der Pivot-Tabelle. Excel verwendet in diesem Fall anstelle eines Zellbezugs automatisch die Funktion PIVOTDATENZUORDNEN, sobald Sie nach Eingabe des Gleichheitszeichens auf die gewünschte Zelle klicken, siehe Bild unten.

Bild 7.21 Excel verwendet automatisch die Funktion PIVOTDATENZUORDNEN

Vorteil: Diese Funktion bezieht sich nicht auf die Zelle, z. B. C8 und C7, sondern auf einen bestimmten Wert eines Feldes. So ist sichergestellt, dass dieser auch nach dem Aktualisieren der Tabelle oder Ändern des Berichtslayouts noch korrekt ist.

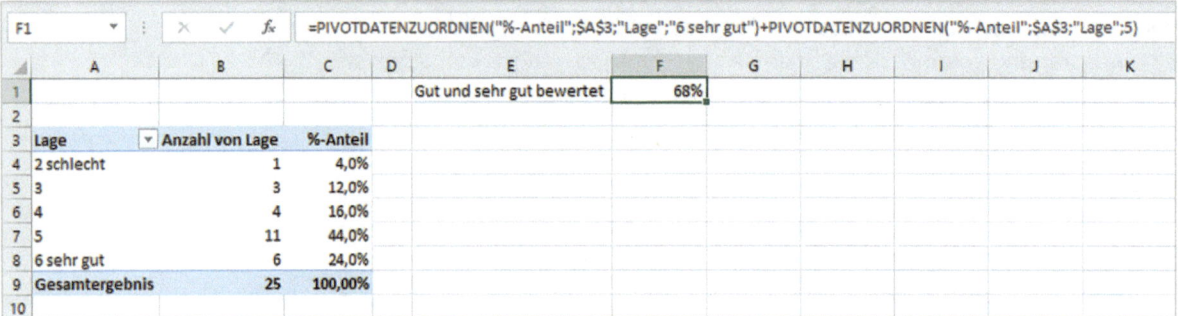

Die Funktion besitzt folgenden Aufbau:

PIVOTDATENZUORDNEN(Datenfeld;PivotTable;Feld1;Element1;Feld2;Element2;...)

Nachteile der Funktion

▶ Die Funktion kann zwar in angrenzende Zellen kopiert werden, allerdings wird der Zellbezug nicht angepasst. Daran ändert auch das Umwandeln in einen relativen Zellbezug in der Formel nichts. Werden mehrere Werte aus der Pivot-Tabelle benötigt, dann muss also die Funktion jedes Mal neu eingegeben werden.

▶ Wenn sich die Pivot-Tabelle in einer anderen Arbeitsmappe befindet, dann muss diese Mappe beim späteren Öffnen ebenfalls geöffnet sein, andernfalls erhalten Sie den Fehlerwert #BEZUG.

7.2 Statistische Maßzahlen

Mittelwerte spielen nicht nur in der Statistik eine große Rolle und werden daher in Kapitel 6, Allgemeine Auswertungsfunktionen ausführlich besprochen. Meist werden jedoch noch weitere statistische Maßzahlen benötigt.

Häufigkeiten und Klassenbildung

- Für einfache Häufigkeitsauszählungen bietet sich neben den, in Punkt 7.1 beschriebenen Pivot-Tabellen, auch noch die Funktion ZÄHLENWENN an, eine ausführliche Beschreibung dieser Funktion finden Sie auf Seite 240 ff.
- Merkmale mit sehr vielen Ausprägungen wie z. B. Alter müssen häufig zunächst einmal in Klassen eingeteilt werden. Dazu eignen sich je nach Aufgabenstellung die Funktionen WENN, WENNS sowie Verweisfunktionen wie z. B. SVERWEIS.
- Möchten Sie wissen, welcher Wert am häufigsten vorkommt (Modalwert), dann verwenden Sie die Funktion MODUS.EINF, siehe Seite 255.

Häufigkeiten für Klassen berechnen

Die Funktion HÄUFIGKEIT fasst Daten in Klassen zusammen und berechnet für diese gleichzeitig die Häufigkeit, die Syntax:

HÄUFIGKEIT(Daten;Klassen)

Argument	Beschreibung
Daten	Als Argument *Daten* geben Sie den auszuwertenden Zellbereich an. Es werden ausschließlich Zahlen berücksichtigt, Text und leere Zellen werden dagegen ignoriert.
Klassen	Das Argument *Klassen* umfasst die Klasseneinteilung in der Auswertungstabelle. Den Klassen werden alle Werte zugeordnet, die kleiner oder gleich der angegebenen Klassengrenze sind.

Beachten Sie außerdem:

- Die Funktion HÄUFIGKEIT erfordert eine Ergebnistabelle, die gleichzeitig auch die Klasseneinteilung festlegt. Die Ergebnistabelle sollte außerdem eine zusätzliche Zelle für Werte aufweisen, die oberhalb der höchsten angegebenen Klassengrenze liegen (Überlauf), da solche Werte sonst nicht berücksichtigt werden.
- Die Funktion muss in Excel 2019 oder älter als Matrixformel eingegeben werden. Daher vorher den gesamten Ausgabebereich markieren und die Eingabe mit den Tasten **Strg**+**Umschalt**+**Eingabe** abschließen.

Beispiel Altersklassen

Sie möchten eine Umfrage auswerten und die Anzahl der Teilnehmer je Altersklasse ermitteln, siehe Bild unten. Dazu benötigen Sie zunächst eine Ergebnistabelle, die gleichzeitig die Altersklassen festlegt. In unserem Beispiel gehören zu Altersklasse 1 alle Personen bis einschließlich 20 Jahre, Altersklasse 2 umfasst alle zwischen 21 und einschließlich 30 usw. und zu Altersklasse 6 gehören alle, die älter sind als 60. Die Formel in F2 lautet:

```
F2: =HÄUFIGKEIT(B2:B12;E2:E6)
```

Hinweis: Als Argument *Klassen* werden nur die vorhandenen Klassengrenzen in E2:E6 angegeben. Werte, die über der höchsten vorhandenen Klassengrenze liegen, hier über 60 Jahre, werden automatisch in die nächste Zelle unterhalb, hier in F7 eingefügt. Die Altersklasse und die dazugehörige Beschriftung in D7 und E7 dienen nur zur Information.

Bild 7.22 Beispiel Einteilung in Altersklassen

Häufigkeit.xlsx

	A	B	C	D	E	F
1	Teilnehmer	Alter		Altersklasse	Alter bis	Anzahl Teilnehmer
2	Nordhauser	14		1	20	3
3	Gruber	26		2	30	3
4	Kleinlich	69		3	40	2
5	Högel	31		4	50	0
6	König	18		5	60	2
7	Hackmann	22		6	älter	1
8	Dörfler	12				
9	Rüstig	53				
10	Bramitz	58				
11	Erlmeier	35				
12	Sommer	27				

Achtung Matrixformel: Excel 365 erweitert nach der Eingabe in F2 der Ergebnisbereich automatisch bis einschließlich F7. Verwenden Sie dagegen Excel 2019 oder eine ältere Version, müssen Sie den Ausgabebereich F2:F7 vor Eingabe der Formel markieren und diese mit den Tasten **Strg+Umschalt+Eingabe** abschließen. Dadurch wird die Formel automatisch in geschweifte Klammern eingeschlossen.

Häufigkeitsverteilung als Diagramm darstellen

Zur Visualisierung von Häufigkeitsverteilungen kommt in der Statistik meist ein Histogramm zum Einsatz. Excel berechnet für diesen Diagrammtyp die Häufigkeit je Klasse automatisch und die Einteilung der Klassen können Sie beliebig festlegen. Die Funktion HÄUFIGKEIT wird dazu also nicht benötigt, es sei denn, die Zahlen sollen auch als Tabelle dargestellt werden.

Vorgehensweise beim Erstellen des Histogramms
Als Beispiel soll aus der unten abgebildeten Liste (Ausschnitt) die Altersverteilung als Histogramm dargestellt werden.

1. Da ein Histogramm nur eine einzige Datenreihe bzw. Spalte der Tabelle darstellen kann, markieren Sie ausschließlich die betreffende Spalte der Ausgangstabelle, im Bild unten das Alter in Spalte C.

7 Statistische Maßzahlen

2 Klicken Sie im Register *Einfügen* auf *Statistikdiagramm einfügen* und wählen Sie den Typ *Histogramm*.

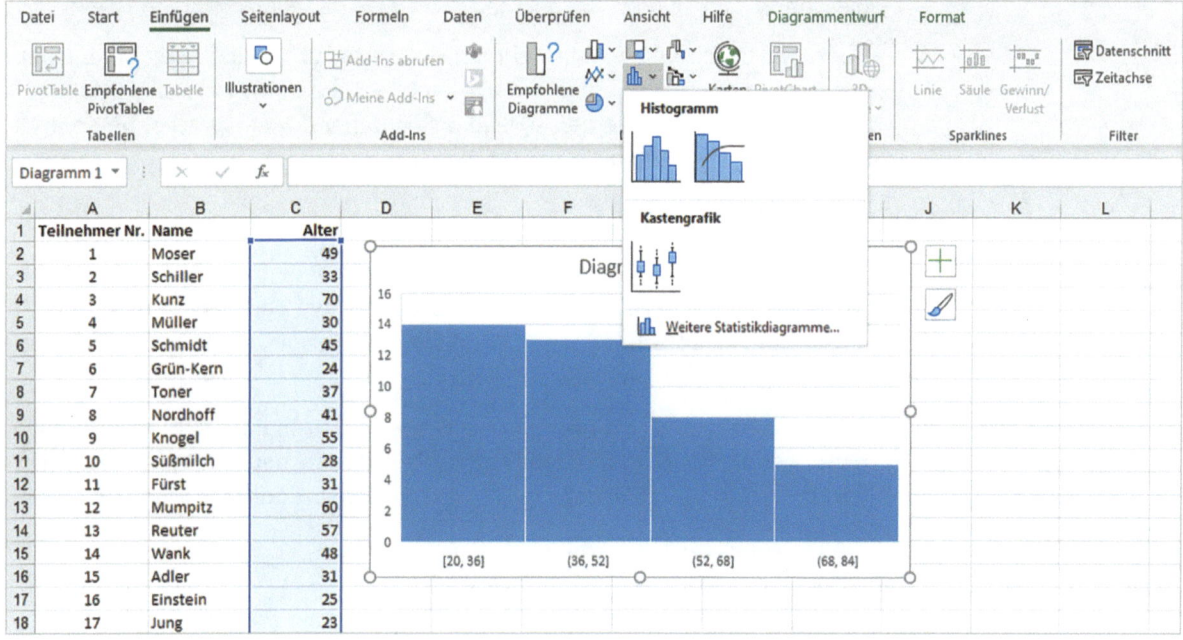

Bild 7.23 Histogramm einfügen

3 Excel wählt die Klasseneinteilung aus den vorgegebenen Daten zunächst automatisch. Die Unter- und Obergrenzen sind aus der Beschriftung der X-Achse ersichtlich und entsprechen vermutlich nicht Ihren Vorstellungen. Zum Ändern klicken Sie mit der rechten Maustaste auf die X-Achse und auf *Achse formatieren...*.

4 Am rechten Bildschirmrand öffnet sich der Aufgabenbereich *Achse formatieren*. Achten Sie darauf, dass die *Achsenoptionen* ausgewählt sind (Symbol) ❶. Im Abschnitt *Achsenoptionen* legen Sie die Einstellungen für die Intervalle fest:

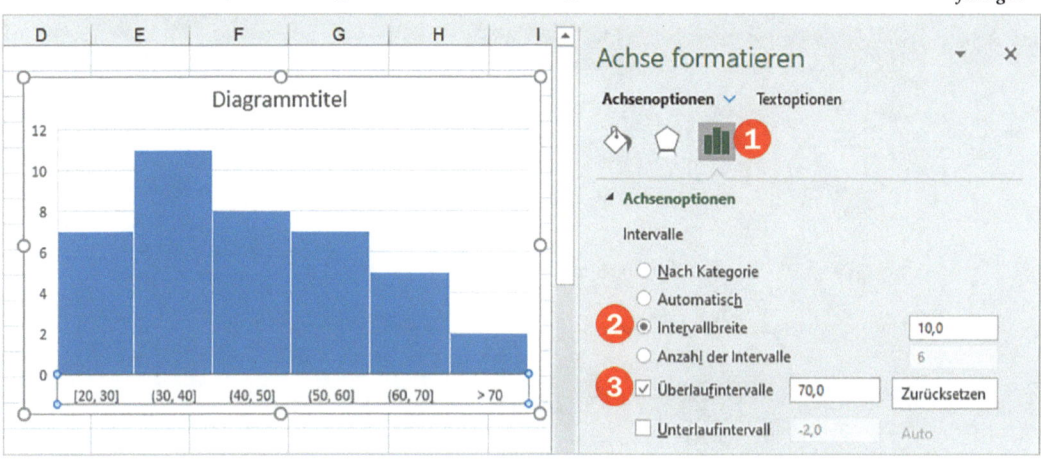

Bild 7.24 Intervalle festlegen

287

Um die Intervalle zu bestimmen, können Sie entweder die Anzahl oder die Intervallbreite vorgeben. Für eine Einteilung in 10er-Schritten, wie im Bild, wählen Sie die Option *Intervallbreite* ❷ und geben im Feld daneben die Breite 10 ein.

5   Über- und Unterlaufintervalle nehmen alle Werte auf, die über oder unter einem bestimmten Wert liegen. In unserem Beispiel soll aus dem Alter über 70 ein Überlaufintervall gebildet werden, aktivieren Sie daher das entsprechende Kontrollkästchen ❸ und geben Sie im Feld daneben den Wert 70 ein.

Alterspyramide als Diagramm

Für die Gegenüberstellung von Altersgruppen von Männern und Frauen in Form einer Alterspyramide hat Excel keinen passenden Diagrammtyp parat. Sie müssen also ein Balkendiagramm entsprechend umfunktionieren. Als Beispiel wird aus der unten abgebildeten Tabelle eine Alterspyramide erstellt.

1   Damit die Balken für Männer und Frauen jeweils nach links und rechts weisen, benötigen Sie für eines der Geschlechter, hier Frauen, negative Werte. Dazu multiplizieren Sie in einer Hilfsspalte (*Frauen2*) den ursprünglichen Wert mit -1.

Bild 7.25 In der Ausgangstabelle muss ein Geschlecht mit negativem Vorzeichen dargestellt werden

Alterspyramide.xlsx

	A	B	C	D	E
1	Altersgruppe	Männer	Frauen	Frauen2	Gesamt
2	16-20	3	8	-8	11
3	21-25	7	7	-7	14
4	26-30	5	6	-6	11
5	31-35	12	9	-9	21
6	36-40	15	10	-10	25
7	41-45	10	12	-12	22
8	46-50	9	8	-8	17
9	51-55	11	7	-7	18
10	56-60	6	3	-3	9
11	>60	5	7	-7	12

2   Markieren Sie die Spalten *Altersgruppe*, *Männer* ❶ und *Frauen2* ❷, klicken Sie im Menüband, Register *Einfügen*, auf *Säulen- oder Balkendiagramm einfügen* und auf *Gestapelte Balken (2D-Balken)* ❸.

Bild 7.26 Fügen Sie ein gestapeltes Balkendiagramm ein

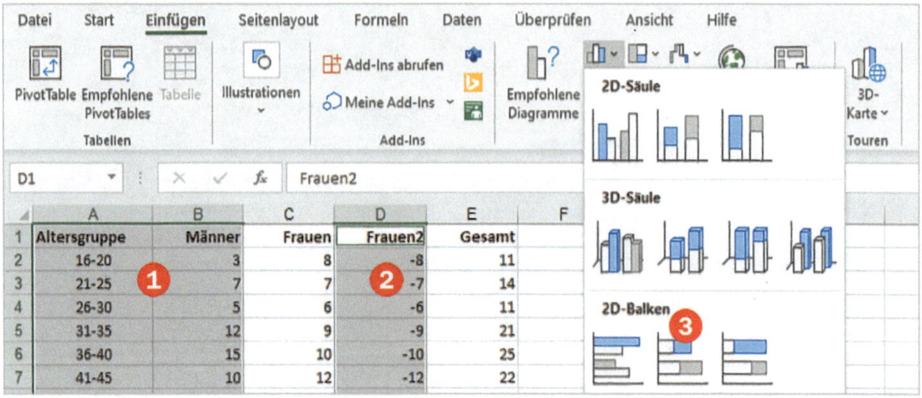

Statistische Maßzahlen 7

Das Diagramm sieht zunächst aus, wie im Bild unten; um daraus eine Alterspyramide zu erhalten, sind noch einige Bearbeitungsschritte notwendig.

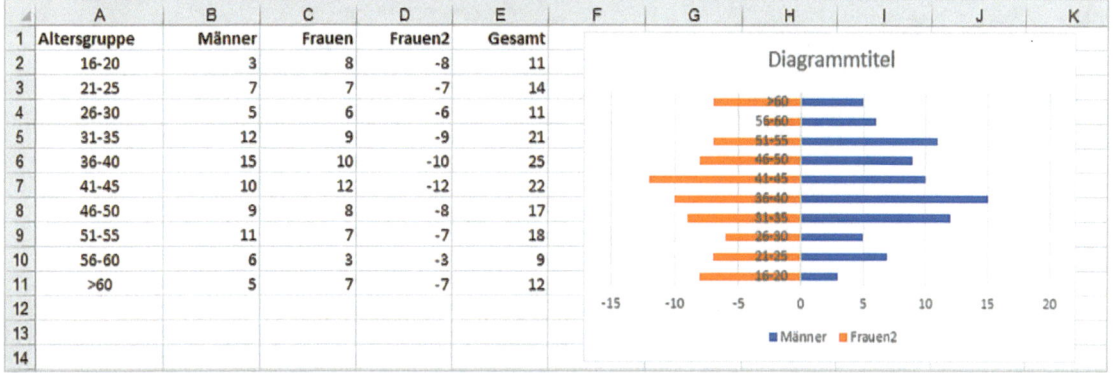

Bild 7.27 Das Balkendiagramm nach dem Einfügen

3. Zunächst soll die Beschriftung der vertikalen Achse aus der Mitte heraus an den linken Rand gerückt werden. Klicken Sie dazu mit der rechten Maustaste auf die waagrechte X-Achse ❶ und auf *Achse formatieren*.

4. Im Aufgabenbereich *Achse formatieren* können Sie nun unter *Achsenoptionen* ❷ und *Vertikale Achse schneidet* die Position dieser Achse festlegen. Wählen Sie die Option *Achsenwert* ❸ und geben Sie im Feld daneben einen Wert ein, hier -90. Dieser Wert hat keinen Einfluss auf die Achseneinteilung und sollte daher ausreichend groß gewählt werden.

Bild 7.28 Vertikale Achse nach links rücken

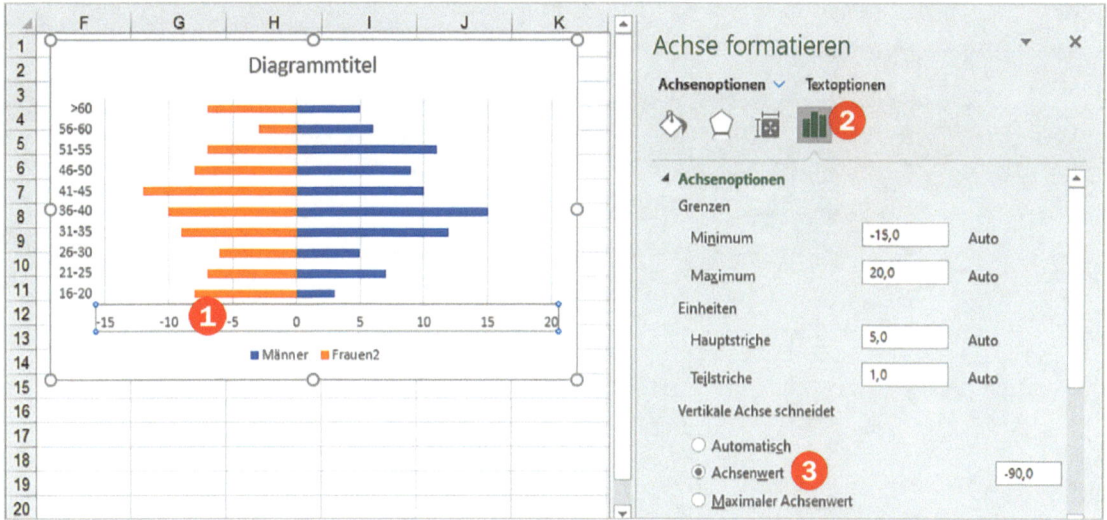

5. Die Anzeige des Vorzeichens bei den negativen Werten der X-Achse lässt sich mit einem Zahlenformat unterdrücken. Klicken Sie im Aufgabenbereich unter *Achsenoptionen* auf den Abschnitt *Zahl* ❹, geben Sie im Feld *Formatcode* ❺ das folgende Zahlenformat ein: 0;0 und klicken Sie auf *Hinzufügen* ❻. **Hinweis:** Das Zahlenformat nach dem Semikolon legt das Aussehen negativer Zahlen fest.

289

7 Ausgewählte statistische Funktionen

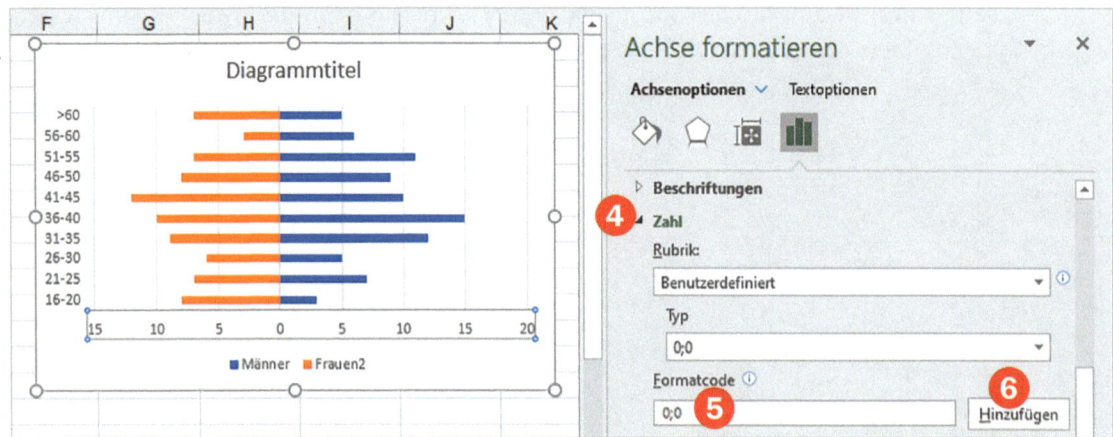

Bild 7.29 Zahlenformat X-Achse

Bild 7.30 Balkenabstände verringern

6   Wenn jetzt noch die Abstände zwischen den Balken verringert oder ganz beseitigt werden sollen, dann klicken Sie mit der linken Maustaste auf einen beliebigen Balken. Die gesamte Datenreihe wird markiert ❼ und im Aufgabenbereich sehen Sie nun die Überschrift *Datenreihen formatieren*. Unter *Reihenoptionen* bearbeiten Sie die Abstände zwischen den Balken: Setzen Sie die *Abstandsbreite* ❽ auf 0 % (siehe Bild unten). Farben, Titel und sonstige Formate des Diagramms legen Sie nach Belieben fest.

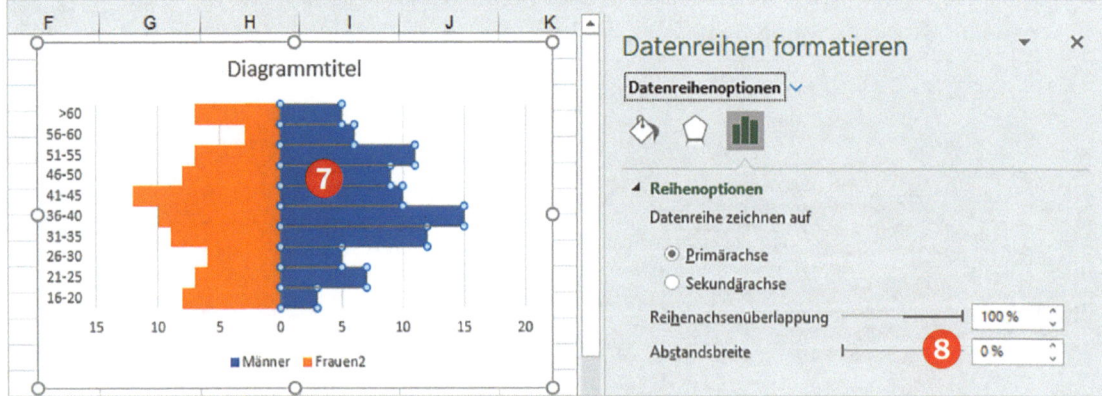

290

Streuungsmaße (Standardabweichung und Varianz)

Die Funktionen zur Berechnung der verschiedenen Mittelwerte sind in Kapitel 6.3 ausführlich beschrieben. Häufig stellt sich die jedoch die zusätzliche Frage „Wie gut repräsentiert der Mittelwert die Gesamtheit?".

Bei Schulnoten von 1 bis 6 beispielsweise kann ein Mittelwert (arithmetisches Mittel) von 3,0 im Extremfall bedeuten, dass alle Schüler dieselbe Note, nämlich 3,0 erreicht haben. Denselben Mittelwert von 3,0 erhalten Sie aber auch, wenn sich die Einzelnoten aus einerseits sehr guten und andererseits sehr schlechten Noten zusammensetzen. Daher werden in der Regel noch Streuungsmaße einbezogen, die die Differenz zwischen den Einzelergebnissen und dem Mittelwert messen. Generell gilt: Je geringer die Streuung der Einzelwerte, umso treffender werden sie durch den Mittelwert repräsentiert. Man unterscheidet die folgenden gängigen Streuungsmaße.

Durchschnittliche absolute Abweichung

Die durchschnittliche absolute Abweichung ist das arithmetische Mittel aller Abweichungen vom Mittelwert und wird in Excel berechnet mit der Funktion MITTELABW. Die Syntax ist einfach und unterscheidet sich nicht von der Funktion MITTELWERT.

$$\frac{1}{n}\sum |x - \bar{x}|$$

    MITTELABW(Zahl1;[Zahl2];...)

x=Mittelwert
n=Stichprobenumfang

Das arithmetische Mittel der Abweichungen vom Mittelwert wird auch als Standardfehler bezeichnet.

Varianz

Ein weiteres häufig verwendetes Streuungsmaß ist die mittlere quadratische Abweichung vom arithmetischen Mittel, diese wird als Varianz bezeichnet. Excel stellt zu ihrer Berechnung die folgenden Funktionen zur Verfügung, die Verwendung hängt davon ab, ob Sie mit der Grundgesamtheit arbeiten oder eine Stichprobe verwenden.

Funktion	Beschreibung
VAR.P(Zahl1;[Zahl2];...)	Berechnet die Varianz, ausgehend von der Grundgesamtheit. Wahrheitswerte und Text werden ignoriert.
VARIANZENA(Wert1;[Wert2];...)	Berechnet die Varianz, ausgehend von der Grundgesamtheit einschließlich logischer Werte und als Text formatierter Zahlen. WAHR = 1, Text und FALSCH = 0.
VAR.S(Zahl1;[Zahl2];...)	Schätzt die Varianz, ausgehend von einer Stichprobe. Wahrheitswerte und als Text formatierte Zahlen werden ignoriert.
VARIANZA(Wert1;[Wert2];...)	Schätzt die Varianz, ausgehend von einer Stichprobe einschließlich logischer Werte und Text. WAHR wird als 1 interpretiert, Text und FALSCH als 0.

Grundgesamtheit:

$$\frac{\sum (x - \bar{x})^2}{n}$$

Stichprobe:

$$\frac{\sum (x - \bar{x})^2}{(n-1)}$$

Standardabweichung

Die Standardabweichung wird als Quadratwurzel aus der Varianz berechnet. Dabei fallen größere Abweichungen vom Mittelwert erheblich größer ins Gewicht als kleinere Abweichungen. Je kleiner die Standardabweichung, desto näher befinden sich alle Werte am Mittelwert.

7 Ausgewählte statistische Funktionen

Auch hier unterscheidet Excel zwischen Grundgesamtheit und Stichprobe und ob Text und Wahrheitswerte berücksichtigt werden.

$$\sqrt{\frac{\sum (x-\bar{x})^2}{n}}$$

Funktion	Beschreibung
STABW.N(Zahl1;[Zahl2];...)	Berechnet die Standardabweichung ausgehend von der Grundgesamtheit. Wahrheitswerte und als Text formatierte Zahlen werden ignoriert.
STABWNA(Wert1;[Wert2];...)	Berechnet die Standardabweichung, ausgehend von der Grundgesamtheit einschließlich logischer Werte und Text. WAHR wird als 1 interpretiert, Text und FALSCH als 0.
STABW.S(Zahl1;[Zahl2];...)	Schätzt die Standardabweichung, ausgehend von einer Stichprobe. Wahrheitswerte und als Text formatierte Zahlen werden ignoriert.
STABWA(Wert1;[Wert2];...)	Schätzt die Standardabweichung, ausgehend von einer Stichprobe einschließlich logischer Werte und Text. WAHR wird als 1 interpretiert, Text und FALSCH als 0.

$$\sqrt{\frac{\sum (x-\bar{x})^2}{(n-1)}}$$

Hinweis: Die Funktion STABW aus älteren Excel-Versionen sollte nach Empfehlung von Microsoft nicht mehr verwendet werden.

Beispiel 1: Vergleich von Schulnoten

Zur Verdeutlichung ein Vergleich der Mittelwerte und der verschiedenen Streuungsmaße am Beispiel von Schulnoten. Die Mittelwerte der Noten beider Gruppen sind ähnlich. Allerdings sind die Noten in Gruppe 1 weitgehend homogen und entsprechend gering fallen auch die Streuungsmaße aus. Gruppe 2 dagegen umfasst einerseits viele gute Noten, auf der anderen Seite aber auch viele schlechte Noten, daher fallen hier Varianz und Abweichungen wesentlich höher aus.

Bild 7.31 Mittelwerte und Streuungsmaße

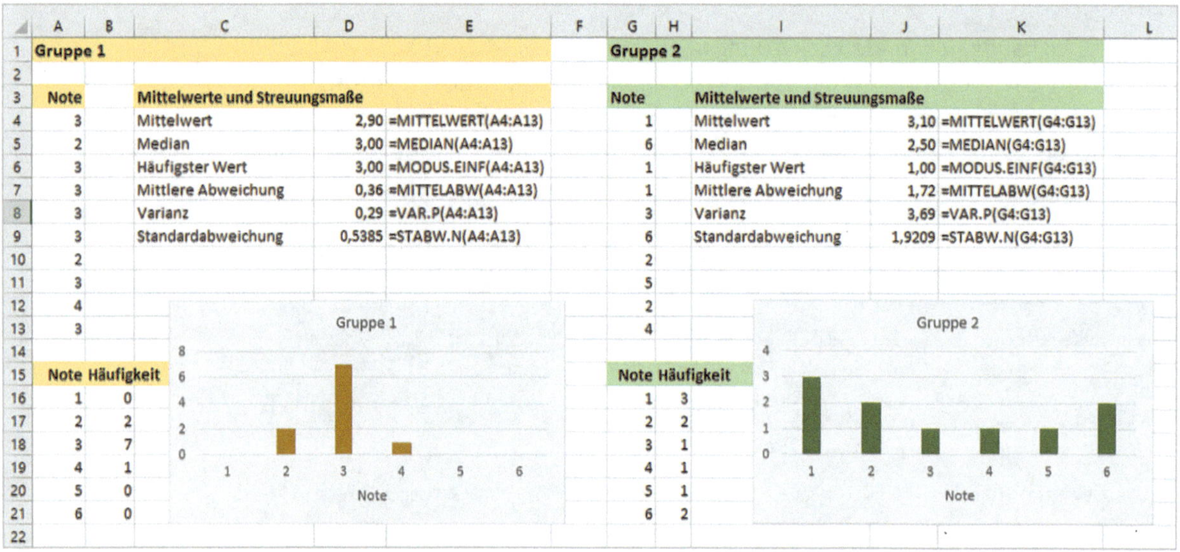

Streuungsmaße.xlsx

Die Verteilung der Noten wird auch durch die Diagramme unterhalb visualisiert: Zuerst wurden in B16:B21 die Notenhäufigkeiten für Gruppe 1 mit der Funktion HÄUFIGKEIT ermittelt, dann dieser Bereich markiert und über *Einfügen* ▶ *Diagramme* ▶ *Säulen- oder Balkendiagramme* ein 2D-Säulendiagramm erstellt. Genauso wurde auch mit der Notenhäufigkeit für Gruppe 2 in H16:H21 verfahren.

Statistische Maßzahlen 7

Hinweis: Da es sich bei diesem Beispiel um die Grundgesamtheit handelt, wurde die Varianz mit VAR.P und die Standardabweichung mit STABW.N berechnet.

Beispiel 2: Altersstruktur von Hotelgästen

Als zweites Beispiel die Altersstruktur eines Hotels: Die Geschäftsführung wünscht für künftige Planungen eine Analyse des Alters der Hotelgäste, die Datenbasis liefert eine Stichprobe von 100 Gästen, siehe Bild 7.32.

Hinweis: Die Ausgangsdaten müssen nicht zwingend in einer einzigen Spalte untereinander angeordnet sein, sondern können sich auch nebeneinander in mehreren Spalten nebeneinander befinden, wie im Bild unten. Vorheriges Sortieren der Ausgangstabelle ist ebenfalls nicht erforderlich.

Häufigkeitsklassen bilden

Im ersten Schritt werden Altersklassen gebildet und die Häufigkeiten ermittelt. Diese werden in einer gesonderten Tabelle mit der Funktion HÄUFIGKEIT berechnet:

```
G3:    =HÄUFIGKEIT(A3:D27;F3:F13)
```

Funktion HÄUFIGKEIT, siehe Seite 285.

Achtung: Mit Excel 2019 und älter muss HÄUFIGKEIT als Matrixformel eingegeben werden, also zuvor G3:G14 markieren und mit Strg+Umschalt+Eingabe abschließen.

Bild 7.32 Einteilung in Altersklassen

	A	B	C	D	E	F	G
1		Alter der Gäste				Altersklassen	
2		Stichprobe n=100				Klassen-obergrenze	Absolute Häufigkeit
3	40	46	48	31		0	0
4	48	61	27	54		10	1
5	50	37	40	54		20	2
6	31	36	42	34		30	10
7	25	28	11	42		40	13
8	49	55	34	53		50	34
9	22	65	59	57		60	26
10	61	43	47	34		70	10
11	67	52	43	50		80	3
12	60	50	52	25		90	1
13	64	51	41	58		100	0
14	37	57	50	56		110	0
15	53	49	45	46			
16	54	49	55	45			
17	67	43	53	46			
18	48	73	59	9			
19	55	55	39	61			
20	54	29	49	61			
21	69	41	57	46			
22	74	81	54	26			
23	50	44	70	45			
24	48	49	53	45			
25	54	34	25	23			
26	29	55	75	46			
27	35	42	19	46			
28							

Alterstruktur.xlsx

7 Ausgewählte statistische Funktionen

Altersverteilung im Diagramm darstellen

Tipp: Wie Sie nachträglich die Daten mit wenig Aufwand trotzdem in einer Spalte untereinander anordnen, dafür finden Sie ein Beispiel auf Seite 305.

Die Anordnung der Ausgangsdaten in mehreren Spalten, wie in diesem Beispiel, hat einen Nachteil bei der Darstellung der Altersverteilung als Diagramm: Da Excel mehrere Spalten immer als einzelne Datenreihen interpretiert, muss das Diagramm aus den ermittelten Häufigkeiten erstellt werden. Aus diesem Grund muss auch ein 2D-Säulendiagramm statt des Diagrammtyps Histogramm gewählt werden.

1. Markieren Sie den Bereich G4:G13, klicken Sie im Register *Einfügen* ▶ *Diagramme* auf *Säulen- oder Balkendiagramm* und auf *2D-Säule / Gruppierte Säulen*.

   Hinweis: Die beiden Klassen 0 (<=0) und 110 (>100) haben nur Überlauffunktion bei der Berechnung mit der Funktion HÄUFIGKEIT und werden im Diagramm nicht benötigt.

2. Damit die X-Achse korrekt beschriftet wird, klicken Sie in das Diagramm und im Register *Diagrammentwurf* ▶ *Daten* auf *Daten auswählen*. Klicken Sie dann im Fenster *Datenquelle auswählen* unter *Horizontale Achsenbeschriftungen (Rubrik)* auf *Bearbeiten* und geben Sie F4:F13 als Achsenbeschriftungsbereich an.

Bild 7.33 Beschriftung X-Achse hinzufügen

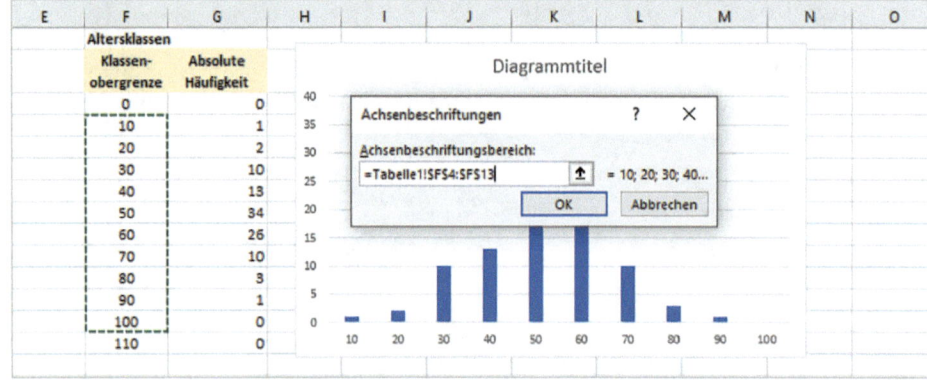

Bild 7.34 Abstandsbreite der Säulen verringern

Tipp: Falls Ihnen die Klassenobergrenzen als Achsenbeschriftung zu wenig aussagekräftig erscheinen, dann fügen Sie der Häufigkeitstabelle eine weitere Spalte mit einer Beschreibung, z. B. >0-10 hinzu und verwenden diese als Beschriftung.

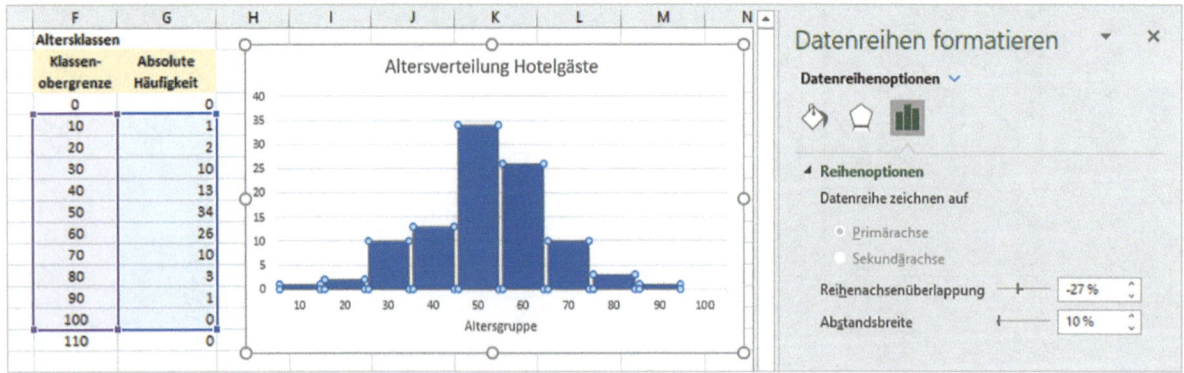

294

3   Die Abstandsbreite zwischen den Säulen verringern Sie im Aufgabenbereich *Datenreihen formatieren* (Rechtsklick auf eine beliebige Säule und Befehl *Datenreihen formatieren...*). Geben Sie im Feld *Abstandsbreite* ca. 10 % ein.

4   Diagrammtitel und Achsentitel (Altersgruppen) fügen Sie über das Register *Diagrammentwurf ▶ Diagrammelement hinzufügen* hinzu.

Mittelwerte und Streuungsmaße berechnen

Für dieses Beispiel werden ebenfalls Mittelwerte und Streuungsmaße berechnet. Da es sich um eine Stichprobe handelt, wird hier STABW.S zur Berechnung der Standardabweichung verwendet.

	A	B	C	D	E	F	G	H	I
1		Alter der Gäste							
2		Stichprobe n=100				Mittelwert	47		
3	40	46	48	31		Median	49		
4	48	61	27	54		Modalwert	46		
5	50	37	40	54		Standardabweichung	13,66045313		
6	31	36	42	34		Min	9		
7	25	28	11	42		Max	81		
8	49	55	34	53		Spannweite	72		
9	22	65	59	57					
10	61	43	47	34					

Bild 7.35 Mittelwerte und Streuungsmaße

Die Formeln lauten:

G2 (Mittelwert):	=MITTELWERT(A3:D27)	Ergebnis: 47
G3 (Median):	=MEDIAN(A3:D27)	Ergebnis: 49
G4 (Modalwert):	=MODUS.EINF(A3:D27)	Ergebnis: 46
G5 (Standardabw.):	=STABW.S (A3:D27)	Ergebnis: 13,66045
G6 (Min):	=MIN (A3:D27)	Ergebnis: 9
G7 (Max):	=MAX (A3:D27)	Ergebnis: 81
G8 (Spannweite):	=G7-G6	Ergebnis: 72

Verteilungsmaße (QUANTILE und QUARTILE)

Quantile und Quartile

Hinweise auf die Verteilung der Daten einer Stichprobe erhalten Sie über die Quantile. Diese zerlegen eine, der Größe nach geordnete Wertereihe in Abschnitte, genauer gesagt bestimmte Mengenverhältnisse und werden häufig herangezogen, um eine Grundgesamtheit in gleich große Gruppen aufzuteilen. So zerlegen beispielsweise Dezile eine Wertereihe in zehn Abschnitte, Quartile in vier Abschnitte usw.. Der Median ist also nichts anderes als ein 50% Quantil, das eine Stichprobe in zwei Hälften teilt. Auch die Farbskalen und Symbolsätze der bedingten Formatierung von Excel beruhen auf Quantilen, siehe Seite 76 ff..

Hinweis: Hier geht es um empirische Quantile, also Kennzahlen von Stichproben und nicht um Kennzahlen von Wahrscheinlichkeitsverteilungen.

7 Ausgewählte statistische Funktionen

Die Funktion QUARTILE.INKL

Am gebräuchlichsten sind Quartile, mit denen Sie beispielsweise ermitteln können, ab welchem Betrag ein Einkommen zu den untersten oder obersten 25% gehört. In Excel verwenden Sie zur Ermittlung von Quartilen die Funktion QUARTILE.INKL.

> QUARTILE.INKL(Matrix;Quartil)

- *Matrix*: Ein Array oder Zellbereich mit numerischen Werten, deren Quartile bestimmt werden sollen.
- *Quartil*: Eine Zahl, die den Rückgabewert festlegt. Diese kann bei der Tastatureingabe der Funktion ausgewählt werden.

Quartil gleich	Rückgabewert
0	Minimalwert, entspricht der Funktion MIN
1	Das untere Quartil (25%)
2	Median bzw. 50% Quantil, entspricht der Funktion MEDIAN
3	Das obere Quartil (75%)
4	Maximalwert, entspricht der Funktion MAX

Als Beispiel im Bild unten eine Stichprobe von männlichen Körpergrößen. Die Anzahl der Werte, also wie viele Männer jeweils zu den unteren und oberen 25% gehören, lässt sich anschließend mit der Funktion ZÄHLENWENN ermitteln. Hier die Formeln für das untere Quartil (25% = 1) in E6 und die dazugehörige Anzahl in F6:

E6:	=QUARTILE.INKL(A2:A19;1)	Ergebnis: 1,68
F6:	=ZÄHLENWENN(A2:A19;"<="&E6)	Ergebnis: 5

Bild 7.36 Quartile berechnen

Quantile.xlsx

	A	B	C	D	E	F	G
1	Körpergrößen Männer				Wert	Anzahl	Formel
2	1,68			Anzahl	18		
3	1,66			MITTELWERT	1,75		
4	1,75			MEDIAN	1,75		
5	1,76			MIN	1,63		=MIN(A2:A19)
6	1,65			25% Quartil	1,68	5	=QUARTILE.INKL(A2:A19;1)
7	1,68			50% Quartil	1,75		=QUARTILE.INKL(A2:A19;2)
8	1,72			75% Quartil	1,79	5	=QUARTILE.INKL(A2:A19;3)
9	1,81			MAX	1,92		=MAX(A2:A19)
10	1,77						
11	1,75			33% Quantil	1,7083	6	=QUANTIL.INKL(A2:A19;0,33)
12	1,69			66% Quantil	1,7622	6	=QUANTIL.INKL(A2:A19;0,66)
13	1,89						
14	1,88						
15	1,74						
16	1,63						
17	1,92						
18	1,74						
19	1,79						

Das Ergebnis 1,68 als 25% Quartil sagt aus, dass 25% oder ein Viertel der betrachteten Männer kleiner sind als 1,68, dies sind in diesem Beispiel 5 Personen.

Die Funktion QUANTIL.INKL

Im Gegensatz zu QUARTILE.INKL lassen sich mit der Funktion QUANTIL.INKL beliebige Quantile berechnen.

```
=QUANTIL.INKL(Array;k)
```

▶ Das Argument *k* legt den Quantilwert fest und muss zwischen 0 und 1 liegen. Möchten Sie beispielsweise wissen, ab welcher Körpergröße eine Person zum oberen Drittel gehört, dann verwenden Sie als k-Wert 0,66 (=66%).

Die Funktionen QUARTILE.EXKL und QUANTIL.EXKL im Vergleich

Excel kennt neben den Funktionen QUARTILE.INKL und QUANTIL.INKL auch noch die beiden Funktionen QUARTILE.EXKL und QUANTIL.EXKL. Beide besitzen dieselbe Syntax wie die oben beschriebenen Inklusiv-Versionen, liefern aber aufgrund der abweichenden Berechnungsweise etwas andere Ergebnisse, wie das Bild unten zeigt:

In F3:F5 wurden die Quartile aus den Zahlen in C2:C11 mit QUARTILE.INKL berechnet, in G3:G5 dagegen mit QUARTILE.EXKL. Das zweite Quartil bzw. der Medianwert ist bei beiden Methoden identisch, das erste und das dritte Quartil weichen dagegen voneinander ab.

	A	B	C	D	E	F	G
						=QUARTILE.INKL(C2:C11;1)	
1	Index INKL	Index EXKL	Zahl		Anzahl Werte	10	
2	0	1	80			QUARTILE.INKL	QUARTILE.EXKL
3	1	2	110		25 % Quartil	197	166,25
4	2	3	185		50 % Quartil	294,5	294,5
5	3	4	233		75 % Quartil	427,5	451,5
6	4	5	289				
7	5	6	300				
8	6	7	360				
9	7	8	450				
10	8	9	456				
11	9	10	520				

Bild 7.37 Vergleich QUARTILE.INKL und QUARTILE.EXKL

Der Unterschied

Zur Erklärung des Unterschieds betrachten wir das 25% Quartil genauer. Beide Funktionen berechnen die Position des 25% Quartils aus dem größten Index, multipliziert mit 0,25. Allerdings ordnet die Inklusiv-Version (QUARTILE.INKL) dem kleinsten Wert den Index 0 zu, die Exklusiv-Version (QUARTILE.EXKL) dagegen den Wert 1. Zur Verdeutlichung wurden diese Indexwerte im Bild oben den aufsteigend sortierten Zahlen in C2:C11 in den Spalten A und B hinzugefügt.

Im Bild unten wurde in F7 und F8 jeweils die relative Position berechnet mit folgenden Formeln:

F7:	=A11*0,25	Ergebnis: 2,25
G7:	=B11*0,25	Ergebnis: 2,50

Bild 7.38 Die unterschiedlichen Berechnungswege

Die jeweiligen Positionen im Index sind grau hervorgehoben.

	A	B	C	D	E	F	G	H
1	Index INKL	Index EXKL	Zahl		Anzahl Werte	10		
2	0	1	80			QUARTILE.INKL	QUARTILE.EXKL	
3	1	2	110		25 % Quartil	197	166,25	
4	2	3	185		50 % Quartil	294,5	294,5	
5	3	4	233		75 % Quartil	427,5	451,5	
6	4	5	289					
7	5	6	300		Position 1. Quartil	2,25	2,50	
8	6	7	360		25 % Quartil ber.	197	166,25	
9	7	8	450		Formel	=C4+(C5-C4)*0,25	=C3+(C4-C3)*0,75	
10	8	9	456					
11	9	10	520					
12								

Für QUARTILE.INKL liegt daher der Wert zwischen den Indexwerten 2 und 3 und damit den Zahlen 185 und 233, für QUARTILE.EXKL dagegen zwischen den Zahlen 110 und 185. Addiert man nun zur jeweils kleineren Zahl anteilig die Differenz zwischen den beiden Zahlen, erhält man ebenfalls das jeweilige Quartil. Achtung: Beim exklusiven Quartil wird von der nächsthöheren Zahl ausgegangen, daher Multiplikation mit 0,75.

Dieser Weg lässt sich natürlich auch auf die Berechnung des 75% Quartils übertragen.

Fazit: Beide Funktionsvarianten können eingesetzt werden, sollten dann aber jeweils konsequent verwendet werden. Auch die Bildung des Mittelwerts zwischen dem Inklusivwert und dem Exklusivwert ist denkbar.

> **Achtung**: Die Funktionen QUARTILE.INKL, QUANTIL.INKL sowie QUARTILE.EXKL und QUANTIL.EXKL liefern einen Fehlerwert, wenn die Matrix einen Fehlerwert, z. B. #NV enthält! Um trotzdem ein Ergebnis zu erhalten, verwenden in solchen Fällen die Funktion AGGREGAT, siehe Seite 266. Diese unterstützt alle vier Funktionen zur Quantilsberechnung.

Lage- und Streuungswerte als Boxplot-Diagramm darstellen

Die Lage und Verteilung von Quartilen wird in der Statistik in einem Bopxlot-Diagramm, auch als Box-Whisker-Plot oder Kastengrafik bezeichnet, dargestellt. Dieser Diagrammtyp ist seit der Version 2016 auch in Excel verfügbar, zu finden unter der Bezeichnung *Kastengrafik* nach einem Klick auf *Statistikdiagramm einfügen* (Menüband, Register *Einfügen ▶ Diagramme*).

Quelle: Wikipedia.de

Zur Erklärung: Ein Boxplot- oder Kastendiagramm vermittelt einen Eindruck darüber, in welchem Bereich die Daten liegen und wie sie sich über diesen Bereich verteilen. Es besteht aus einem Rechteck, genannt Box, und zwei Linien, die dieses Rechteck verlängern. Diese Linien werden durch einen Strich abgeschlossen und als Antennen (Whisker) bezeichnet.

7 Statistische Maßzahlen

Die Box entspricht dem Bereich, in dem die mittleren 50% der Daten liegen (auch als Interquartilsabstand bezeichnet) und der Strich in der Box repräsentiert den Median. Die Antennen stellen die außerhalb der Box liegenden Werte dar, ihre Länge wird durch Minimum und Maximum bestimmt. Sogenannte Ausreißer, also Werte die weit ober- oder unterhalb liegen, können gesondert dargestellt werden.

Beispiel: Körpergröße von Männern und Frauen

Als Beispiel stellen wir die Verteilung der Körpergrößen von Männern und Frauen dar. Die Daten stammen aus der Tabelle im Bereich A1:B37, im Bild unten ein Ausschnitt.

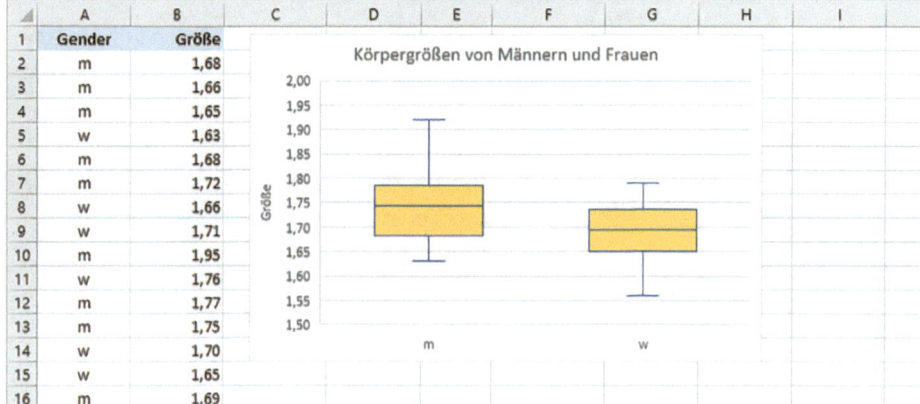

Bild 7.39 Box-Plot zur Verteilung der Körpergrößen

Quantile.xlsx, Blatt Kastengrafik

1. Zum Erstellen des Diagramms markieren Sie die Ausgangsdaten, hier A5:B37, klicken im Register *Einfügen* ▶ *Diagramme* auf *Statistikdiagramm einfügen* und anschließend auf *Kastengrafik*.

2. Im nächsten Schritt sollten Sie, um die Verteilung besser zu verdeutlichen, für dieses Beispiel den Wertebereich der Größenachse eingrenzen, da diese standardmäßig bei 0 beginnt: Ein Rechtsklick auf die Größenachse und der Befehl *Achse formatieren...* öffnet den gleichnamigen Aufgabenbereich; hier können Sie unter *Achsenoptionen* das Minimum manuell festsetzen. In diesem Beispiel geben wir 1,5 an.

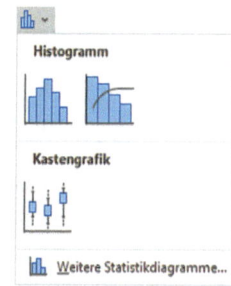

Bild 7.40 Minimum Größenachse festlegen

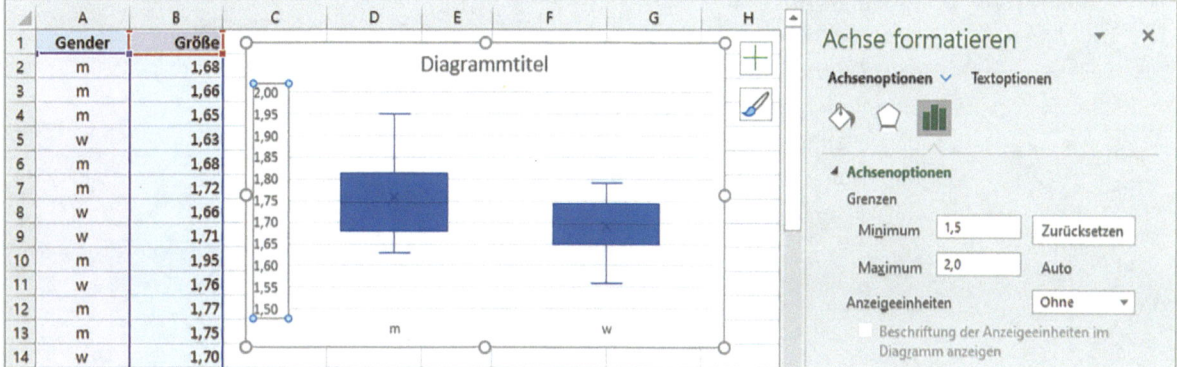

7 Ausgewählte statistische Funktionen

Tipp: Ist der Aufgabenbereich bereits geöffnet, genügt es wenn Sie einfach in eine Box klicken.

3. Im nächsten Schritt passen Sie die Darstellung von Box und Antennen an. Klicken Sie mit der rechten Maustaste auf eine beliebige Box und im Kontextmenü auf *Datenreihen formatieren…*. Im gleichnamigen Aufgabenbereich können Sie nun die Reihenoptionen bearbeiten (Bild 7.41).

   Hinweis: Um die Lage des Medians besser hervorzuheben, wurde im abgebildeten Beispiel außerdem eine hellere Füllfarbe gewählt.

   - *Innere Punkte anzeigen* zeigt die Lage jedes Datenpunkts im Diagramm an.
   - Mit *Ausreißerpunkte anzeigen* stellen Sie, falls vorhanden, die Ausreißerwerte ober- oder unterhalb der Antennen dar.
   - *Mittelwertmarkierungen anzeigen* ❶ fügt in der Box zusätzlich zum Median (Linie) noch das arithmetische Mittel (Funktion MITTELWERT) hinzu, gekennzeichnet durch ein x. Falls gewünscht, können diese mit einer Linie verbunden werden (*Mittelwertlinie anzeigen*).
   - Außerdem können Sie angeben, ob bei der Quartilsberechnung der Median mit einbezogen wird oder nicht. Dazu wählen Sie *Inklusive Median* oder *Exklusive Median* ❷.

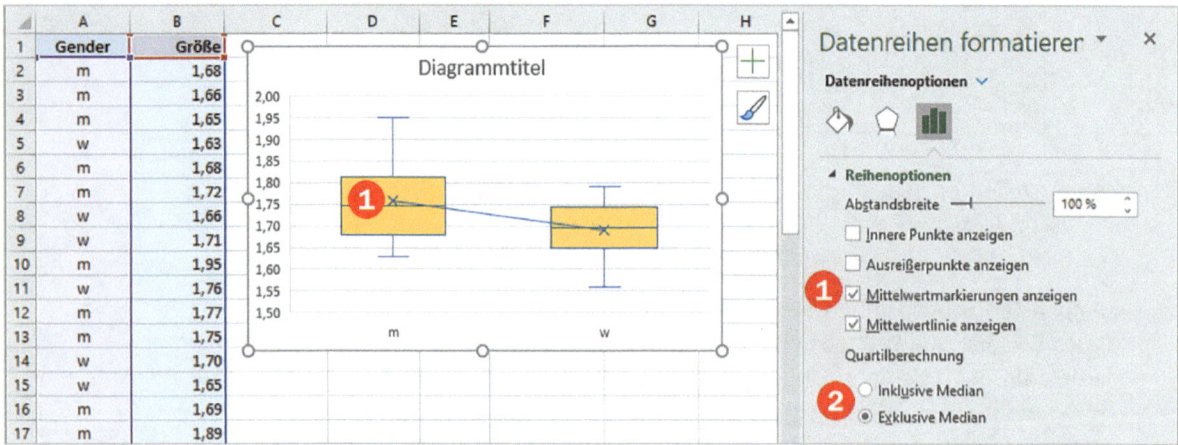

Bild 7.41 Die Darstellung steuern Sie über die Datenreihenoptionen

Bild 7.42 Werte aus dem Diagramm ablesen

Tipp: Werte anzeigen
Um den Median oder die Werte der Quartile abzulesen, zeigen Sie mit der Maus auf die jeweilige Begrenzung. Gleiches gilt auch für Minimum, Maximum und Ausreißerwerte.

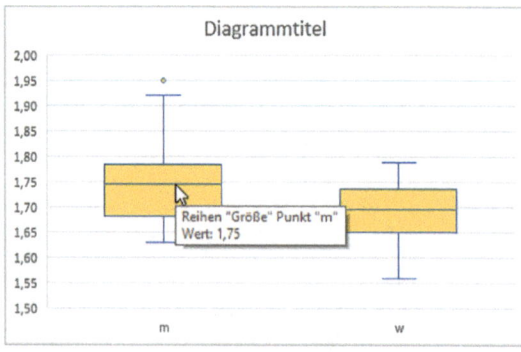

Konfidenzintervalle von Stichproben berechnen

Bei Stichproben ist es wichtig, aus den Stichprobenergebnissen die Grundgesamtheit zu schätzen und diese Schätzung mit einem Vertrauensniveau, dem Konfidenzniveau zu versehen. Ein Konfidenzniveau von 95% bedeutet beispielsweise, dass ein statistischer Kennwert auf der Basis einer Stichprobe auch bei der Grundgesamtheit innerhalb des errechneten Konfidenzintervalls liegt.

Konfidenzintervall für den Mittelwert

Zur Berechnung des 1-Alpha Konfidenzintervalls für den Erwartungswert einer Zufallsvariablen stellt Excel die beiden Funktionen KONFIDENZ.T und KONFIDENZ.NORM zur Verfügung. Beide verwenden dieselbe Syntax bzw. dieselben Argumente, der Unterschied besteht darin, dass KONFIDENZ.T auf einer Student.t Verteilung basiert und KONFIDENZ.NORM die Normalverteilung verwendet.

KONFIDENZ.T(Alpha;Standabwn;Umfang)

KONFIDENZ.NORM(Alpha;Standabwn;Umfang)

$$\bar{x} \pm 1.96 \left(\frac{\sigma}{\sqrt{n}} \right)$$

Argument	Beschreibung
Alpha	Eine Zahl zwischen 0 und 1, die die Irrtumswahrscheinlichkeit bei der Berechnung des Konfidenzintervalls angibt. Das Konfidenzintervall ist gleich 100*(1-Alpha)%, was bedeutet, dass ein Wert von 0,05 für Alpha einem Konfidenzniveau von 95% entspricht.
Standabwn	Die als bekannt angenommene Standardabweichung der Grundgesamtheit.
Umfang	Umfang der Stichprobe.

Beispiel Fahrzeit zur Arbeit

Nehmen wir an, Sie haben stichprobenartig an 16 Tagen die einfache Fahrzeit zur Arbeit gemessen und in einer Tabelle, ähnlich der unten abgebildeten notiert.

	A	B	C	D	E	F
1	Fahrzeit für die Fahrt zur Arbeit					
2	lfd. Nr.	Zeit Min				
3	1	24		Mittelwert	31,5625	=MITTELWERT(B3:B18)
4	2	30		Standardabweichung	6,7327	=STABW.S(B3:B18)
5	3	35		Anzahl Werte	16	=ANZAHL(B3:B18)
6	4	36		Konfidenzintervall	3,2990	=KONFIDENZ.NORM(0,05;E4;16)
7	5	43				
8	6	25		Obergrenze	34,8615	=E3+E6
9	7	33		Untergrenze	28,2635	=E3-E6
10	8	36				
11	9	22				
12	10	26				
13	11	30				
14	12	37				
15	13	45				
16	14	28				
17	15	25				
18	16	30				

Bild 7.43 Beispiel Konfidenzintervall für die mittlere Fahrzeit zur Arbeit

Konfidenz.xlsx

7 Ausgewählte statistische Funktionen

Der auf der Basis der Stichprobe errechnete Mittelwert, hier die in E3 mittlere Fahrzeit von 31,5625 Minuten ist eine Schätzgröße und lässt sich nicht ohne Weiteres auf die Grundgesamtheit, d. h. alle Fahrten zur Arbeit, übertragen. Mit der Funktion KONFIDENZ.NORM erhalten wir in E6 die halbe Breite des 95%-Konfidenzintervalls, hier 3,299 Minuten.

E6:	=KONFIDENZ.NORM(0,05;E4;16)	Ergebnis: 3,299

Das bedeutet, dass das Konfidenzintervall für den zugrunde liegenden Erwartungswert einer Zufallsvariablen einer mittleren Fahrzeit zur Arbeit von 31,5625 Minuten ± 3,299 Minuten entspricht, also zwischen 34,8615 (Obergrenze) und 28,2635 Minuten (Untergrenze) liegt. Ober- und Untergrenze können sehr einfach mit folgenden Formeln berechnet werden:

Obergrenze:	=E3+E6	Ergebnis 34,8615
Untergrenze:	=E3-E6	Ergebnis 28,2635

Hinweise

▶ Zwecks Kompatibilität mit älteren Versionen existiert in Excel auch noch die Funktion KONFIDENZ. Diese basiert ebenfalls auf der Normalverteilung, sollte aber nach Empfehlung von Microsoft nicht verwendet werden.

▶ Laut einschlägiger Literatur sollten bei einer Stichprobe von n > 30 die Quantile der Normalverteilung, also KONFIDENZ.NORM herangezogen werden, was das Konfidenzintervall gegenüber KONFIDENZ.T etwas verkleinert.

Die Analyse-Funktion Populationskenngrößen

Die wichtigsten Lage- und Streuungsparameter, die hier beschrieben werden, lassen sich auch im Paket erzeugen und in einer Auswertung zusammenfassen. Dazu benutzen Sie die *Datenanalyse*, die zusammen mit dem Add-In *Analyse-Funktionen* verfügbar ist. Allerdings erhalten Sie als Ergebnis ausschließlich Werte, d. h. die zur Berechnung verwendeten Formeln und Funktionen sind im Tabellenblatt nicht ersichtlich.

Add-In aktivieren, siehe Kapitel 1.8, Weitere Funktionen als Add-In laden

Achtung: Damit Sie diese Analyse-Funktion nutzen können, müssen Sie vor der ersten Verwendung das Add-In Analyse-Funktionen aktivieren.

Quelle: Deutscher Wetterdienst dwd.de

Beispiel: Die mittleren Temperaturen im Monat August über die Jahre 1960 bis 2020
Die unten abgebildete Beispieltabelle umfasst die mittleren Tagestemperaturen in Deutschland im Monat August.

Wetterdaten.xlsx

1 Klicken Sie im Menüband, Register *Einfügen* auf *Datenanalyse* ❶, klicken Sie auf *Populationskenngrößen* ❷ und danach auf *OK*.

Statistische Maßzahlen 7

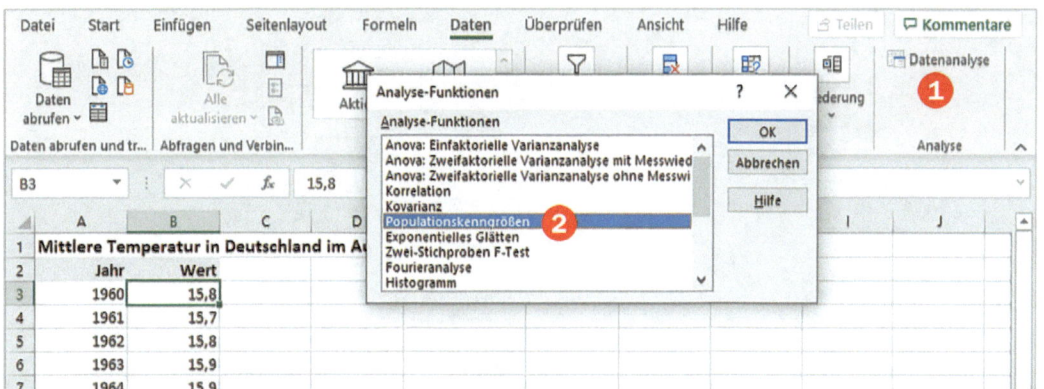

Bild 7.44 Klicken Sie auf Datenanalyse Populationskenngrößen

2   Im nachfolgenden Fenster legen Sie die weiteren Optionen fest:

- Der *Eingabebereich* legt die auszuwertenden Daten fest, hier die Temperaturen in B3:B63. Diese befinden sich in einer Spalte untereinander, daher muss unter *Geordnet nach:* die Option *Spalten* ausgewählt werden.

- Wenn der Eingabebereich eine Überschrift mit einschließt, aktivieren Sie zusätzlich das Kontrollkästchen *Beschriftungen in erster Zeile*.

- Die *Ausgabe* kann in eine neue Arbeitsmappe, in ein neues Tabellenblatt oder im selben Tabellenblatt erfolgen. In diesem Fall wählen Sie *Ausgabebereich* und geben daneben die linke obere Ecke der Ausgabetabelle an, hier E3.

- Über die Kontrollkästchen legen Sie die zu berechnenden Werte fest. Mit *Statistische Kenngrößen* erhalten Sie alle gängigen Maßzahlen, z. B. Mittelwert, Standardabweichung usw.. Das Konfidenzniveau für den Mittelwert, hier 95% kann gesondert vorgegeben werden, außerdem der jeweils k-größte und k-kleinste Wert (im Bild die zweithöchste und zweitkleinste Temperatur).

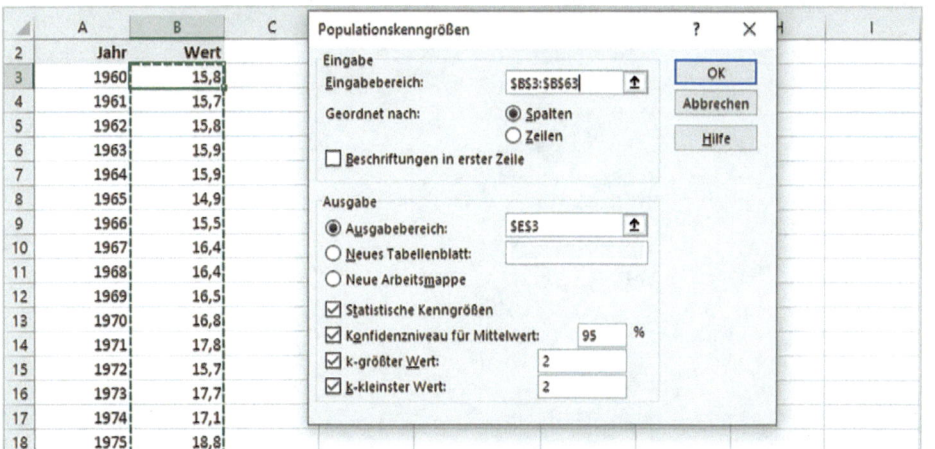

Bild 7.45 Optionen für Populationskenngrößen

Das Ergebnis sehen Sie im Bild auf der nächsten Seite, eine Zusammenstellung der verwendeten Funktionen finden Sie in der Tabelle unterhalb.

7 Ausgewählte statistische Funktionen

Bild 7.46 Die Ergebnisse der Analyse-Funktion Populationskenngrößen

	A	B	C	D	E	F	G	H
1	Mittlere Temperatur in Deutschland im August					Quelle: Deutscher Wetterdienst dwd.de		
2	Jahr	Wert						
3	1960	15,8			Spalte1			
4	1961	15,7						
5	1962	15,8			Mittelwert	17,2196721		
6	1963	15,9			Standardfehler	0,17578582		
7	1964	15,9			Median	17		
8	1965	14,9			Modus	15,8		
9	1966	15,5			Standardabweichung	1,37293113		
10	1967	16,4			Stichprobenvarianz	1,88493989		
11	1968	16,4			Kurtosis	-0,46414203		
12	1969	16,5			Schiefe	0,50600391		
13	1970	16,8			Wertebereich	5,7		
14	1971	17,8			Minimum	14,9		
15	1972	15,7			Maximum	20,6		
16	1973	17,7			Summe	1050,4		
17	1974	17,1			Anzahl	61		
18	1975	18,8			k-größter Wert(2)	20		
19	1976	16,2			k-kleinster Wert(2)	15,1		
20	1977	15,9			Konfidenzniveau(95,0%)	0,35162399		
21	1978	15,1						

Kenngröße	Excel-Funktion bzw. Formel
Mittelwert	MITTELWERT
Standardfehler	Hierzu ist keine Excel-Funktion vorhanden, die Berechnung erfolgt mit der Formel =STABW.S()/WURZEL(n)
Median	MEDIAN
Modus	MODUS.EINF
Standardabweichung	STABW.S
Stichprobenvarianz	VAR.S
Kurtosis (Exzess)	KURT
Schiefe	SCHIEFE
Spannweite (Wertebereich)	Die Spannweite wird als Differenz von Maximum und Minimum berechnet: =MAX()-MIN()
Minimum	MIN
Maximum	MAX
Summe	SUMME
Anzahl	ANZAHL
k-größter Wert	KGRÖSSTE
k-kleinster Wert	KKLEINSTE
Konfidenzniveau (95%)	KONFIDENZ.T, hier: KONFIDENZ(0,05;1,3729;61)

Kurtosis/Exzess und Schiefe, siehe Seite 322.

Exkurs: Als Matrix vorliegende Ausgangsdaten in einer Spalte anordnen

Wie Sie gesehen haben, erlauben manche Funktionen, z. B. HÄUFIGKEIT die Anordnung der Ausgangsdaten auch als Matrix, d. h. über mehrere Zeilen und Spalten hinweg. Andere Funktionen dagegen, z. B. die Analyse-Funktion Populationskenngrößen werten jede Spalte getrennt aus und setzen somit voraus, dass sich die Ausgangswerte in einer einzigen Spalte untereinander befinden. Kopieren der Daten ist in solchen Fällen die eine Möglichkeit. Wesentlich schneller ist der Weg über eine Funktion oder das Umwandeln in eine einspaltige Matrixkonstante.

Es gibt noch eine weitere Möglichkeit, nämlich die Werte mit einem Makro in eine Spalte kopieren. Allerdings setzt dies VBA-Kenntnisse voraus, die nicht Gegenstand dieses Buches sind.

Daten mit einer Funktion in einer Spalte untereinander anordnen

Wenn Sie die Werte mit Hilfe einer Funktion untereinander anordnen möchten, dann bietet sich, wieder einmal, die Funktion INDEX an. Als Beispiel im Bild unten in A2:E4 eine 3 x 5 Matrix mit beliebigen Zahlen.

Geben Sie in die Zelle, ab der die Spalte beginnen soll, hier in G1, die folgende Funktion ein und kopieren Sie diese anschließend nach unten, bis die Reihe vollständig ist. Wenn der Fehlerwert *#BEZUG!* erscheint, ist das Ende erreicht.

Funktion INDEX, siehe Seite 196.

    =INDEX($A$2:$E$4;AUFRUNDEN(ZEILE(E1)/5;0);REST(ZEILE(E1)-1;5)+1)

Hinweise: Die Adresse E1 dient nur als Fixpunkt zum Erzeugen des Zeilenindex, Sie könnten auch jede andere beliebige Spalte, beginnend mit Zeile 1 angeben. Die Zahl 5 ist die Anzahl der Spalten, aus denen die Matrix besteht.

	A	B	C	D	E	F	G
1							1
2	1	2	3	4	5		2
3	6	7	8	9	10		3
4	11	12	13	14	15		4
5							5
6							6
7							7
8							8
9							9
10							10
11							11
12							12
13							13
14							14
15							15
16							

Bild 7.47 Daten mit der Funktion INDEX anordnen

Werte_in_Spalte.xlsx

In eine einspaltige Matrixkonstante umwandeln

Als zweite Möglichkeit können Sie die Daten zuerst in eine Matrixkonstante umwandeln, die Sie dann in einer Spalte oder Zeile des Tabellenblatts ausgeben. So gehen Sie vor:

7 Ausgewählte statistische Funktionen

Bild 7.48 Die Ausgangsdaten als Matrix über mehrere Zeilen und Spalten

	A	B	C	D
1		Alter der Gäste		
2		Stichprobe n=100		
3	40	46	48	31
4	48	61	27	54
5	50	37	40	54
6	31	36	42	34
7	25	28	11	42
8	49	55	34	53
9	22	65	59	57
10	61	43	47	34
11	67	52	43	50
12	60	50	52	25

1 Markieren Sie die Zelle, ab der die umgewandelte Spalte eingefügt werden soll, dies kann eine beliebige leere Zelle außerhalb des Tabellenbereichs sein, z. B. F1.

2 Geben Sie in diese Zelle die folgende Formel ein: =A3:D27, betätigen anschließend die Taste **F9** und übernehmen dann die Formel mit der Eingabetaste.

Die Zelle enthält damit die 24 x 4 Matrixkonstante {40.46.48.31;48.61. ...}, siehe Bild unten. Excel 365 erweitert gleichzeitig den Ausgabebereich, in älteren Excel-Versionen sehen Sie dagegen nur den Inhalt von F1.

Bild 7.49 Die erzeugte Matrixkonstante

F2 ={40.46.48.31;48.61.27.54;50.37.40.54;31.36.42.34;25.28.11.42;49.55.34.53;22.65.59.57;61.43.47.34; 67.52.43.50;60.50.52.25;64.51.41.58;37.57.50.56;53.49.45.46;54.49.55.45;67.43.53.46;48.73.59.9; 55.55.39.61;54.29.49.61;69.41.57.46;74.81.54.26;50.44.70.45;48.49.53.45;54.34.25.23;29.55.75.46;

	A	B	C	D	E	F	G	H	I	J	K	L
2		Stichprobe n=100				48	61	27	54			
3	40	46	48	31		50	37	40	54			
4	48	61	27	54		31	36	42	34			
5	50	37	40	54		25	28	11	42			
6	31	36	42	34		49	55	34	53			
7	25	28	11	42		22	65	59	57			
8	49	55	34	53		61	43	47	34			

3 Im nächsten Schritt wandeln Sie die Matrixkonstante in eine einspaltige Matrixkonstante um, indem Sie einfach den Punkt (.) durch Semikolon (;) ersetzen. Markieren Sie die Zelle F1, klicken Sie im Register *Start* ▶ *Bearbeiten* ▶ auf *Suchen und Auswählen* und hier auf *Ersetzen*. Geben Sie im Feld *Suchen nach* einen Punkt (.) und im Feld *Ersetzen durch* ein Semikolon (;) ein und klicken Sie auf *Alle ersetzen*.

Bild 7.50 Punkt durch Semikolon ersetzen

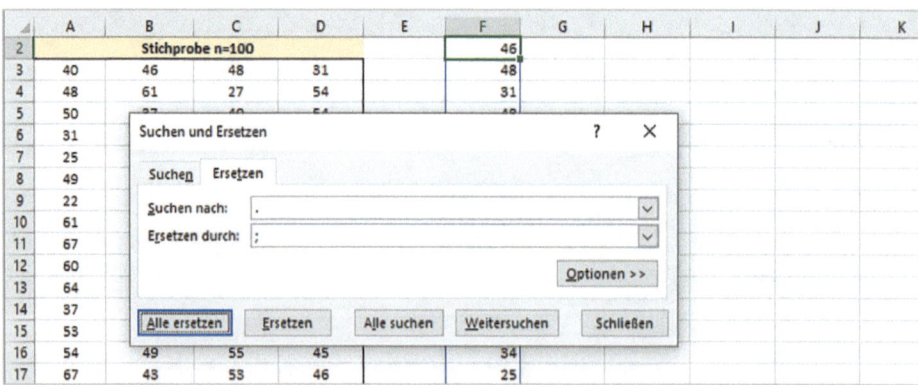

306

4   Mit Excel 365 erhalten Sie nun automatisch eine einspaltige Matrix im Tabellenblatt (im Bild oben in Spalte F), bei älteren Excel-Versionen müssen Sie diese erst ausgeben lassen: Markieren Sie den Ausgabebereich, hier F1:F100, editieren Sie den Zellinhalt mit **F2** und betätigen dann die Tasten **Strg+Umschalt+Eingabetaste**.

Tipp: Bei sehr umfangreichen Daten lässt sich die Anzahl der zu markierenden Zellen mit ANZAHL aus der vorliegenden Matrix ermitteln, in diesem Beispiel ANZAHL(A3:D27).

Umwandeln in eine einzeilige Matrix

Falls Sie die Daten statt in einer Spalte in einer einzeiligen Matrix ausgeben möchten, lassen Sie stattdessen das Semikolon (;) durch den Punkt (.) ersetzen.

7.3 Zufallszahlen

Um Situationen durchzuspielen, kann es sinnvoll sein, eine Zelle oder einen größeren Zellbereich mit zufälligen Zahlen zu füllen. Zu diesem Zweck lassen sich in Excel die folgenden Funktionen einsetzen.

Hinweis: Excel verwendet zum Erzeugen von Zufallszahlen den Mersenne Twister-Algorithmus.

Zufallszahlen generieren

ZUFALLSZAHL

Die Funktion ZUFALLSZAHL erfordert keine weiteren Argumente und liefert als Ergebnis eine Zahl zwischen 0 und 1, also eine Zahl mit mehreren Nachkommastellen.

```
ZUFALLSZAHL()
```

Möchten Sie eine größere Zahl erhalten, z. B. zwischen 0 und 100, dann müssen Sie das Ergebnis mit 100 multiplizieren und die Formel lautet:

```
=ZUFALLSZAHL()*100
```

Wird eine ganze Zahl als Ergebnis benötigt, dann verwenden Sie die Formel in Verbindung mit der Funktion GANZZAHL. Je nach Einsatzzweck können Sie alternativ auch eine der anderen Rundungsfunktionen, z. B. KÜRZEN oder RUNDEN verwenden.

```
=GANZZAHL(ZUFALLSZAHL()*100)
```

Zufallszahl aus einem bestimmten Wertebereich generieren

Um eine Zufallszahl innerhalb eines vorgegebenen Wertebereichs zu erzeugen, verwenden Sie die Funktion ZUFALLSBEREICH, wobei *Untere_Zahl* die kleinste und *Obere_Zahl* die größtmögliche Zahl darstellt, die als Ergebnis zurückgegeben wird. Beachten Sie außerdem, dass ZUFALLSBEREICH im Gegensatz zu ZUFALLSZAHL eine ganze Zahl zurückgibt.

```
ZUFALLSBEREICH(Untere_Zahl;Obere_Zahl)
```

7 Ausgewählte statistische Funktionen

Beispiel: eine Zufallszahl zwischen 1 und 100 erzeugen.

=ZUFALLSBEREICH(1;100)

Tipp: Zufällige Datumswerte erzeugen
Mit der Funktion ZUFALLSBEREICH lassen sich auch zufällige Datumswerte erzeugen, als Beispiel wurden mit der folgenden Formel Datumswerte zwischen dem 01.01.2021 und dem 31.12.2021 erzeugt. Werden mehrere Datumswerte benötigt, dann kopieren Sie einfach die Formel in die angrenzenden Zellen. **Achtung**: Die Ergebnisse werden zunächst im Standardzahlenformat angezeigt und müssen noch als Datum formatiert werden!

=ZUFALLSBEREICH("1.1.2021";"31.12.2021")

Bild 7.51 Datumswerte mit ZUFALLSBEREICH erzeugen

	A	B	C	D
1	Datum			
2	20.09.2021	02.05.2021	12.05.2021	02.08.2021
3	24.04.2021	12.12.2021	05.09.2021	17.03.2021
4	13.12.2021	05.07.2021	07.07.2021	06.10.2021
5	12.05.2021	19.12.2021	05.10.2021	26.05.2021
6	01.04.2021	18.01.2021	05.01.2021	14.07.2021
7	12.08.2021	13.04.2021	16.04.2021	17.12.2021
8	20.11.2021	07.04.2021	04.11.2021	19.07.2021
9	15.04.2021	19.09.2021	31.05.2021	20.09.2021
10	18.12.2021	08.10.2021	03.10.2021	15.09.2021
11	29.07.2021	29.08.2021	08.11.2021	22.03.2021

Die Funktion ZUFALLSMATRIX

Hinweis: Diese Funktion steht derzeit nur in Excel 365 zur Verfügung.

Wesentlich flexibler als die Funktionen ZUFALLSZAHL und ZUFALLSBEREICH ist die Funktion ZUFALLSMATRIX. Diese erzeugt bei Bedarf auch eine ganze Matrix bzw. Tabelle aus Zufallszahlen, so dass sich Kopieren erübrigt.

=ZUFALLSMATRIX([Zeilen];[Spalten];[min];[max];[ganze_Zahl])

Argument	Beschreibung	Hinweise
Zeilen	Die Anzahl der Zeilen, die zurückgegeben werden soll.	**Hinweis**: Bleiben die beiden Argumente Zeilen und Spalten leer, dann erhalten Sie nur eine einzige Zufallszahl.
Spalten	Anzahl der gewünschten Spalten.	
min	Kleinster möglicher Rückgabewert.	Fehlen die Argumente min und/oder max, dann setzt Excel diese auf 0 und 1.
max	Größter möglicher Rückgabewert.	
ganze_Zahl	Legt fest, ob eine ganze oder eine Dezimalzahl zurückgegeben wird. WAHR= Ganze Zahl; FALSCH= Dezimalzahl.	Standardeinstellung FALSCH.

Beispiele

Um wie im Bild unten eine Tabelle mit 5 Zeilen und 3 Spalten mit zufällig erzeugten Dezimalzahlen zwischen 10 und 20 zu füllen, geben Sie in A2 folgende Funktion ein und übernehmen diese mit der Eingabetaste. Der Ausgabebereich wird automatisch erweitert.

```
A2: =ZUFALLSMATRIX(5;3;10;20;FALSCH)
```

Um als zweites Beispiel eine Matrix mit 5 Zeilen und 4 Spalten aus ganzen Zahlen zwischen 1 und 1000 zu erhalten, geben Sie in E2 die folgende Formel ein:

```
E2: =ZUFALLSMATRIX(5;4;1;1000;WAHR)
```

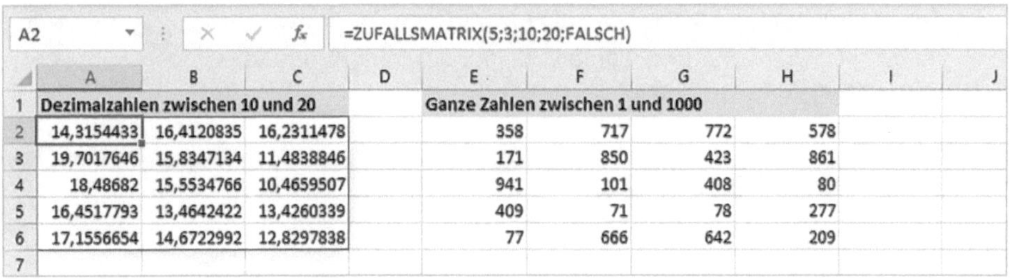

A2		:	×	✓	f_x	=ZUFALLSMATRIX(5;3;10;20;FALSCH)			
	A	B	C	D	E	F	G	H	I	J
1	Dezimalzahlen zwischen 10 und 20				Ganze Zahlen zwischen 1 und 1000					
2	14,3154433	16,4120835	16,2311478		358	717	772	578		
3	19,7017646	15,8347134	11,4838846		171	850	423	861		
4	18,48682	15,5534766	10,4659507		941	101	408	80		
5	16,4517793	13,4642422	13,4260339		409	71	78	277		
6	17,1556654	14,6722992	12,8297838		77	666	642	209		
7										

Bild 7.52 Zufallsmatrix erzeugen

Auch mit ZUFALLSMATRIX lassen sich Datumswerte erzeugen.

Neuberechnung von Zufallszahlen

Alle Funktionen zur Erzeugung von Zufallszahlen sind flüchtige oder volatile Funktionen, d. h. bei jeder Änderung in der Arbeitsmappe wie beispielsweise Eingeben oder Löschen von Zellinhalten erfolgt automatisch eine Neuberechnung.

Flüchtige Funktionen, siehe Seite 46.

Um die automatische Neuberechnung von Zufallszahlen zu unterbinden, gibt es verschiedene Möglichkeiten:

▶ **Zufallszahl beim Eingeben in eine Zahl umwandeln**
Sie können während der Eingabe die Zufallszahl in eine Zahl umwandeln: Dazu geben Sie die Funktion ZUFALLSZAHL oder ZUFALLSBEREICH in die Zelle ein, wandeln anschließend mit der Taste **F9** die Formel in eine Zahl um und übernehmen erst dann das Ergebnis mit der Eingabetaste.

Funktion oder Formel in eine Zahl umwandeln: F9

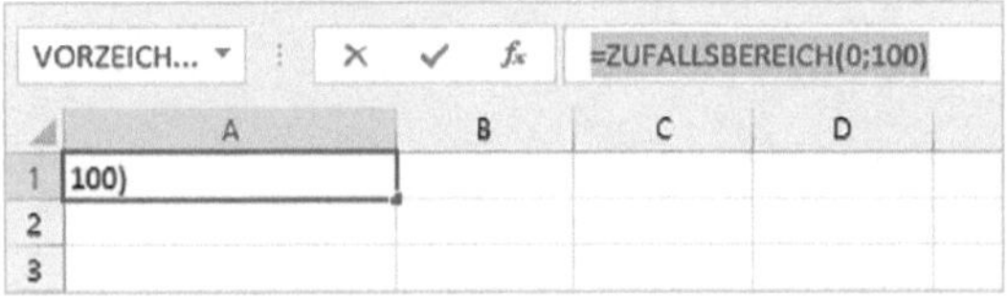

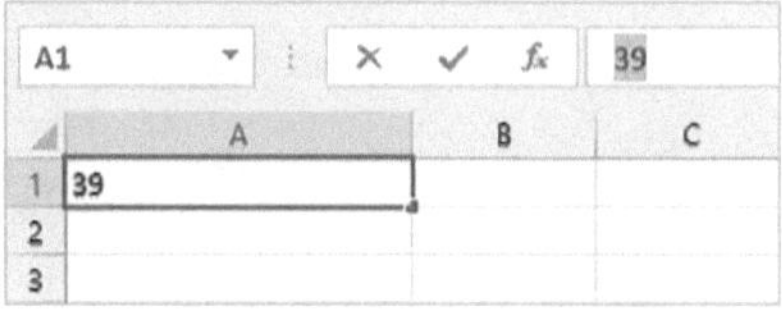

Auf diese Weise können Sie auch nachträglich noch die Funktion in eine Zahl umwandeln: Dazu markieren Sie die Zelle mit der Funktion, klicken in die Bearbeitungsleiste und betätigen die Taste **F9** und übernehmen die Zahl dann wieder mit der Eingabetaste.

VORZEICH...	:	×	✓	f_x	=ZUFALLSBEREICH(0;100)
	A	B	C	D	
1	100)				
2					
3					

A1	:	×	✓	f_x	39
	A	B	C		
1	39				
2					
3					

7 Ausgewählte statistische Funktionen

Hinweis: Diese Methode lässt sich auch auf die Funktion ZUFALLSMATRIX anwenden, falls Sie eine Tabelle mit unveränderlichen Zufallszahlen benötigen. Haben Sie dagegen eine Tabelle durch Kopieren der Funktionen ZUFALLSZAHL oder ZUFALLSBEREICH erstellt, dann müssen Sie entweder jede Formel einzeln umwandeln oder die zweite Methode, den Weg über die Zwischenablage einsetzen.

▶ **Formeln über die Zwischenablage als Werte einfügen**
Größere Tabellen mit Zufallszahlen wandeln Sie am einfachsten über die Zwischenablage in Zahlen um. Dazu markieren Sie den Zellbereich und kopieren ihn im ersten Schritt in die Zwischenablage ❶. Markieren Sie dann die Zelle ab der die Werte eingefügt werden sollen, dies kann auch die obere linke Zelle der ursprünglichen Tabelle sein, falls Sie die Formeln überschreiben möchten. Klicken Sie im Register *Start* ▶ *Zwischenablage* auf den Dropdown-Pfeil *Einfügen* hier auf *Inhalte einfügen...* ❷ und wählen Sie im nachfolgenden Dialogfenster unter *Einfügen* die Option *Werte* ❸.

Bild 7.53 Tabelle mit Zufallszahlen in Werte umwandeln

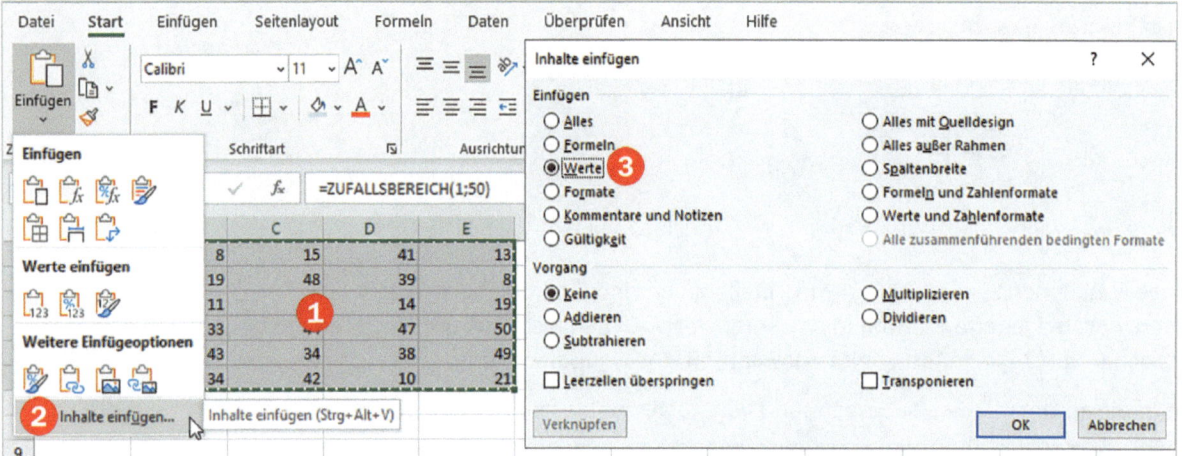

Verteilung von Zufallszahlen mit dem Add-In Zufallszahlengenerierung steuern

Mit den oben genannten Funktionen gibt Excel gleichmäßig verteilte Zufallszahlen zurück. Falls Sie die Verteilung der Zufallszahlen steuern möchten und beispielsweise normalverteilte Zufallszahlen erzeugen möchten, dann verwenden Sie am besten das Tool *Zufallszahlengenerierung*. Dieses Tool bietet gleich mehrere Vorteile:

Add-In laden, siehe Seite 60

▶ Sie können auch ohne Kopieren schnell eine größere Anzahl von Zufallszahlen erzeugen.

▶ Sie können die Werteverteilung vorgeben.

▶ Im Gegensatz zu den oben genannten Funktionen erhalten Sie automatisch Zahlen, d. h. das Umwandeln in Werte erübrigt sich.

Zufallszahlen 7

Die Zufallszahlengenerierung ist zusammen mit dem Add-In *Datenanalyse* verfügbar, so gehen Sie vor:

1. Klicken Sie im Register *Daten* auf *Datenanalyse* ❶ und um nachfolgenden Fenster auf *Zufallszahlengenerierung* ❷.

2. Im Fenster *Zufallszahlengenerierung* ❸ legen Sie anschließend die folgenden Parameter fest.

Bild 7.54 Das Tool Zufallszahlengenerierung

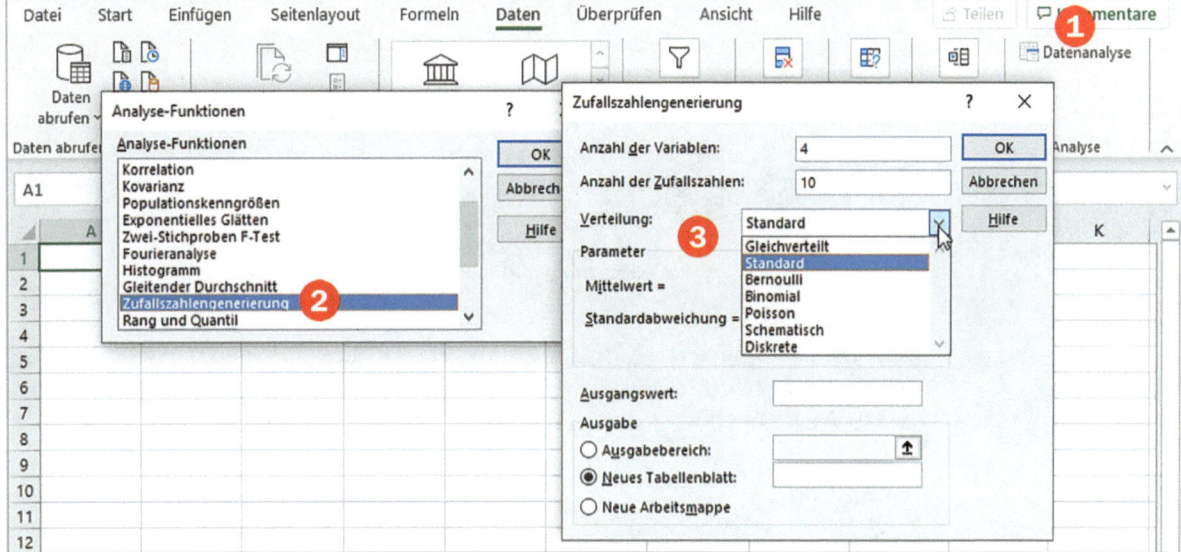

Parameter	Beschreibung
Anzahl der Variablen	Anzahl der gewünschten Spalten.
Anzahl der Zufallszahlen	Anzahl der gewünschten Zeilen. Geben Sie beispielsweise als Anzahl der Variablen 4 ein und als Anzahl der Spalten 10, dann erhalten Sie eine Tabelle mit 4 Spalten und 10 Zeilen.
Verteilung	Hier legen Sie die Verteilung der Zufallszahlen fest, z. B. *Gleichverteilung* oder *Standard* (Normal).
Parameter	Die Angabe der Parameter ist abhängig von der gewählten Verteilung. Bei der Auswahl *Gleichverteilt* geben Sie obere und untere Grenze an, die Auswahl *Standard* erfordert *Mittelwert* und *Standardabweichung*.
Ausgangswert	Der Ausgangswert ist optional und wird eigentlich nur benötigt, wenn bei einer späteren Erzeugung der Zufallszahlen wieder dieselben Werte ausgegeben werden sollen.
Ausgabe	Hier geben Sie an, wo die Zufallszahlen ausgegeben werden sollen. Bei der Auswahl *Ausgabebereich* genügt die Angabe der linken oberen Ecke.

Normalverteilte Zufallszahlen mit einer Funktion erzeugen

Zum Erzeugen normalverteilter Zufallszahlen können Sie als Alternative zum oben genannten Add-In auch die Funktion NORM.INV in Verbindung mit der Funktion ZUFALLSZAHL heranziehen. Diese gibt die Perzentile der Normalverteilung für den angegebenen Mittelwert und die angegebene Standardabweichung zurück, die Syntax:

NORM.INV(Wahrsch;Mittelwert;Standabwn)

Argument	Beschreibung
Wahrsch	Die zur Standardnormalverteilung gehörige Wahrscheinlichkeit.
Mittelwert	Das arithmetische Mittel der Verteilung.
Standabwn	Die Standardabweichung der Verteilung.

Hinweis: NORM.INV verwendet die Standardnormalverteilung, wenn *Mittelwert* = 0 und *Standabwn* = 1 ist.

Wenn Sie als Argument *Wahrsch* die Funktion ZUFALLSZAHL einsetzen, erhalten Sie eine normalverteilte Zufallszahl. Wird beispielsweise von Mittelwert 50 und der Standardabweichung 10 ausgegangen, wie im Bild unten, dann lautet die Formel in C3:

=NORM.INV(ZUFALLSZAHL();C1;C2)

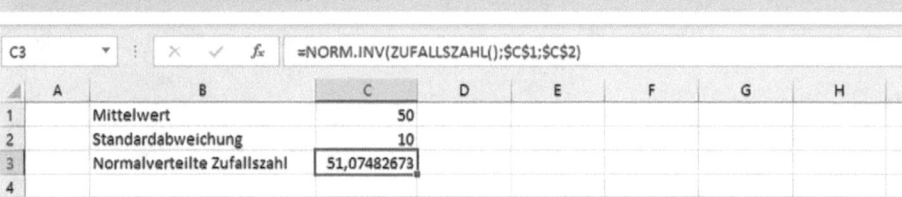

Bild 7.55 Normalverteilte Zufallszahl berechnen

Zufallsstichprobe mit Zufallszahlen generieren

In vielen Fällen wird statt der Grundgesamtheit eine Stichprobe ausgewertet. Die Statistik kennt viele Methoden, Stichproben zu bilden, im einfachsten Fall ziehen Sie mit Excel eine Zufallsstichprobe aus einer Tabelle. Um beispielsweise eine Zufallsstichprobe von 100 Elementen aus insgesamt 1.000 zu ziehen, gehen Sie wie folgt vor:

1. Berechnen Sie in einer zusätzlichen Hilfsspalte in der ersten Zeile eine Zufallszahl, entweder mit ZUFALLSZAHL oder mit ZUFALLSBEREICH und kopieren Sie die Formel nach unten in die restlichen Zeilen der Tabelle.

2. Um die ständige Neuberechnung zu verhindern, wandeln Sie anschließend auf dem Weg über die Zwischenablage (siehe Seite 310) die Formeln in Zahlen um.

3. Sortieren Sie die Tabelle nach der Hilfsspalte (aufsteigend oder absteigend), kopieren Sie die ersten oder letzten Elemente in ein anderes Arbeitsblatt und verwenden Sie diese als Stichprobe.

7.4 Verteilungsfunktionen

Eine Verteilung beschreibt den Zusammenhang zwischen einer Zufallsvariablen und deren wahrscheinliches Auftreten für bestimmte Werte. Excel stellt in der Kategorie Statistik alle bekannten diskreten und stetigen Verteilungsfunktionen zur Verfügung.

Normalverteilung berechnen

Die Normalverteilung ist die am häufigsten verwendete stetige Verteilung. Ihre Wahrscheinlichkeitsdichtefunktion wird auch als Gauß-Funktion, Gaußsche Normalverteilung oder einfach Glockenkurve genannt. In Excel berechnen Sie die Normalverteilung mit der Funktion NORM.VERT:

NORM.VERT(x;Mittelwert;Standabwn;Kumuliert)

Argument	Beschreibung
x	Der Wert, dessen Wahrscheinlichkeit berechnet werden soll.
Mittelwert	Der Mittelwert der Verteilung, entweder vorgegeben oder mit der Funktion MITTELWERT berechnet. **Der Mittelwert legt die höchste Stelle der Kurve fest.**
Standabwn	Die Standardabweichung der Verteilung. Auch diese kann entweder vorgegeben oder mit der Funktion STABW.S berechnet werden. **Die Standardabweichung steuert Breite und Steilheit der Kurve.**
Kumuliert	Ein Wahrheitswert, der die Form der Funktion bestimmt. Wenn kumulativ WAHR ist, wird die kumulative Verteilungsfunktion zurückgegeben. Ist der Wert FALSE, wird die Dichtefunktion zurückgegeben. Siehe auch Bild auf der nächsten Seite.

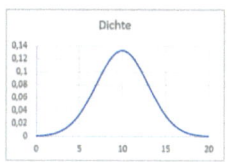

Die Normalverteilung ist symmetrisch, glockenförmig und eingipflig, wie im Bild rechts und auf der nächsten Seite im Diagramm der Dichtefunktion. Die Fläche unter der Dichtekurve hat immer den Wert 1. Die Wahrscheinlichkeit, dass eine Zufallsvariable einen Wert zwischen x1 und x2 annimmt, ermittelt man, indem man die entsprechende Fläche unter der Dichtekurve berechnet. Daraus folgt für den Mittelwert die Wahrscheinlichkeit von 50%.

Die Standardabweichung beschreibt die Breite der Normalverteilung. Die Halbwertsbreite der Normalverteilung ist etwa das 2,4-fache der Standardabweichung, es gelten folgende Näherungswerte:

- Etwa zwei Drittel bzw. 68,27% aller Stichprobenwerte liegen innerhalb der Entfernungen der Standardabweichung (± σ) vom Mittelwert.
- Bei einer Entfernung von zwei Standardabweichungen (±2σ) sind es 95,45%.
- Bei einer Entfernung von drei Standardabweichungen (±2σ) sind es 99,73%.

7 Ausgewählte statistische Funktionen

In der grafischen Darstellung als Diagramm, siehe Bild unten, liegen die Wendepunkte bei Mittelwert + Standardabweichung und Mittelwert - Standardabweichung. Die Verteilung in B2 wurde mit folgender Formel berechnet:

B2: =NORM.VERT(A2;$F$1;$F$2;WAHR)

Die Formel zur Berechnung der Dichtefunktion in C2 lautet:

C2: =NORM.VERT(A2;$F$1;$F$2;FALSCH)

Bild 7.56 Normalverteilung: Verteilungs- und Dichtefunktion

	A	B	C	D	E	F
1	x	Verteilung	Dichte		Mittelwert	10
2	0	0,00042906	0,00051409		Standardabw.	3
3	1	0,0013499	0,00147728			
4	2	0,00383038	0,00379866			
5	3	0,00981533	0,00874063			
6	4	0,02275013	0,01799699			
7	5	0,04779035	0,03315905			
8	6	0,09121122	0,05467002			
9	7	0,15865525	0,08065691			
10	8	0,25249254	0,10648267			
11	9	0,36944134	0,12579441			
12	10	0,5	0,13298076			
13	11	0,63055866	0,12579441			
14	12	0,74750746	0,10648267			
15	13	0,84134475	0,08065691			
16	14	0,90878878	0,05467002			
17	15	0,95220965	0,03315905			
18	16	0,97724987	0,01799699			
19	17	0,99018467	0,00874063			
20	18	0,99616962	0,00379866			
21	19	0,9986501	0,00147728			
22	20	0,99957094	0,00051409			

Normalverteilung_1.xlsx

Die Standardnormalverteilung

Mit Mittelwert=0 und Standardabweichung=1 erhalten Sie die Standardnormalverteilung. Diese kann alternativ auch mit der Funktion NORM.S.VERT ermittelt werden.

NORM.S.VERT(x;Kumuliert)

Die Funktion NORM.INV

Die Funktion NORM.INV ist die Umkehrfunktion zu NORM.VERT und liefert die Quantile der Normalverteilung.

NORM.INV(Wahrsch;Mittelwert;Standardabwn)

Argument	Beschreibung
Wahrsch	Die Wahrscheinlichkeit, zu der das Quantil gesucht wird.
MIttelwert	Mittelwert der Verteilung.
Standardabwn	Die Standardabweichung der Verteilung.

7 Verteilungsfunktionen

Beispiel 1: Normalverteilung (Dichtefunktion) berechnen und im Diagramm darstellen

1 Für dieses Beispiel geben Sie in Spalte A die Zahlen von 0 bis 200 in 10er-Schritten ein (A2:A22), siehe Bild unten. In E1 berechnen Sie den Mittelwert, in E2 geben Sie die Standardabweichung 15 ein.

Am einfachsten als Reihe erzeugen, z. B. mit Auto-Ausfüllen oder auch mit der Funktion SEQUENZ, siehe Kapitel 8, Seite 378.

E2: =MITTELWERT(A2:A22)   Ergebnis: 100

2 Die Formel in B2 zur Berechnung der Dichtefunktion wird nach unten kopiert.

B2: =NORM.VERT(A2;$E$1;$E$2;FALSCH)

	A	B	C	D	E
1	x	f(x)		Mittelwert x	100
2	0	5,9406E-12		Standardabweichung	15
3	10	4,05059E-10			
4	20	1,77087E-08			
5	30	4,96403E-07			
6	40	8,92202E-06			
7	50	0,000102819			
8	60	0,000759732			
9	70	0,003599398			
10	80	0,010934005			
11	90	0,021296534			
12	100	0,026596152			
13	110	0,021296534			
14	120	0,010934005			
15	130	0,003599398			
16	140	0,000759732			
17	150	0,000102819			
18	160	8,92202E-06			
19	170	4,96403E-07			
20	180	1,77087E-08			
21	190	4,05059E-10			
22	200	5,9406E-12			

Bild 7.57 Ausgangswerte berechnen

Normalverteilung_2.xlsx

3 Um daraus ein Diagramm zu erstellen, markieren Sie A2:B22, klicken im Register *Einfügen* ▶ *Diagramme* auf *Punkt (XY)- oder Blasendiagramm einfügen* und wählen den Untertyp *Punkte mit interpolierten Linien*.

Bild 7.58 Punktdiagramm mit interpolierten Linien einfügen

7 Ausgewählte statistische Funktionen

Tipp: Wenn Sie anschließend den Mittelwert und/oder die Standardabweichung in E1 und E2 ändern, sehen Sie, wie sich auch das Diagramm entsprechend ändert. Geben Sie z. B. als Standardabweichung 20 ein, dann wird die Kurve flacher.

Wendepunkte berechnen und einzeichnen

Die Wendepunkte berechnen wir in E3 und E4 und daneben in F3 und F4 die Dichtefunktion der Normalverteilung:

E3:	=E1+E2	Ergebnis: 120
E4:	=E1-E2	Ergebnis: 80
F3:	=NORM.VERT(E3;E1;E2;FALSCH)	
F4:	=NORM.VERT(E4;E1;E2;FALSCH)	

Bild 7.59 Wendepunkte berechnen

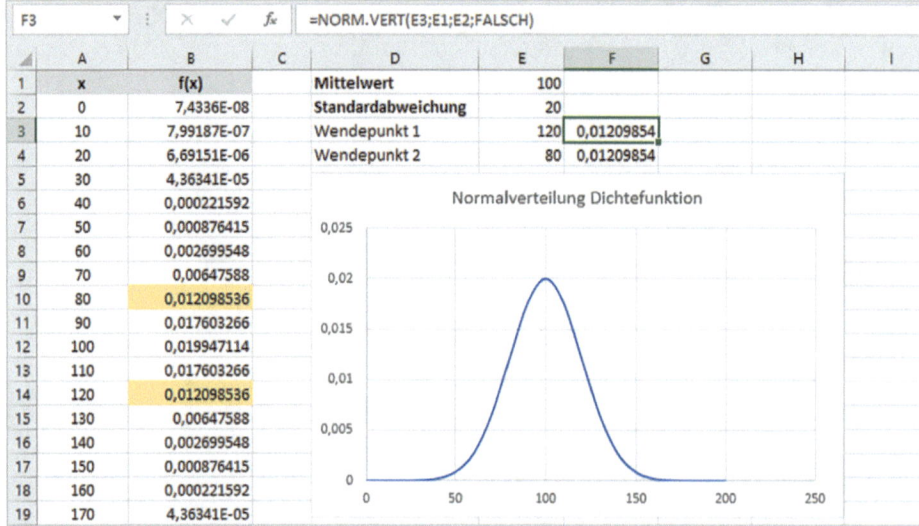

Hinweis: Als Ergebnis erhalten Sie dieselben Werte wie in Spalte B bei den x-Werten 80 und 120. Diese wurden in der Tabelle farbig hervorgehoben.

Wenn Sie die Wendepunkte und den Mittelwert im Diagramm einzeichnen möchten, dann verwenden Sie dazu benutzerdefinierte Fehlerindikatoren. Dazu fügen Sie zunächst die Wendepunkte und den Mittelwert jeweils als weitere Datenreihe hinzu. Beginnen wir mit dem ersten Wendepunkt in E3 und F3 (Wendepunkt 1).

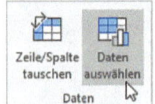

1. Klicken Sie in das Diagramm und im Register *Diagrammentwurf* ▶ *Daten* auf *Daten auswählen*.

2. Klicken Sie im Fenster *Datenquelle auswählen* unter *Legendeneinträge Reihen)* auf *Hinzufügen* ❶ (Bild auf der nächsten Seite).

3. Anschließend tragen Sie als X-Wert ❷ die Zelle E3 und als Y-Wert die Zelle F3 ❸ ein. Schließen Sie das Fenster mit *OK*.

Verteilungsfunktionen **7**

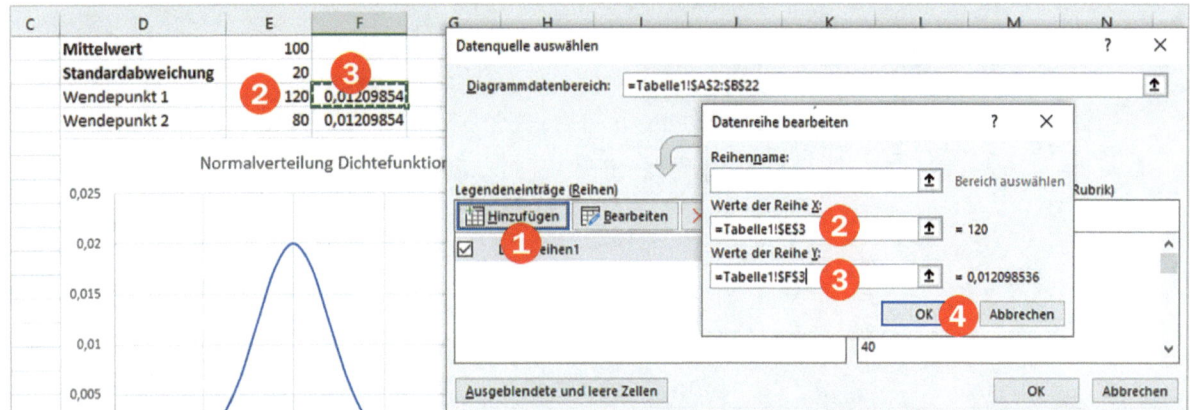

Bild 7.60 Wendepunkt als Datenreihe hinzufügen

4   Die Datenreihe ist nun zwar im Diagramm vorhanden, aber nicht sichtbar, da sie sich auf der Kurve des ersten Diagramms befindet. Klicken Sie im Register *Diagrammentwurf* ▶ *Diagrammlayouts* auf *Diagrammelement hinzufügen* ▶ *Fehlerindikatoren* und hier auf *Weitere Fehlerindikatoroptionen…*. Wählen Sie im nachfolgenden Fenster *Datenreihen2* und klicken Sie auf *OK*.

Bild 7.61 Fehlerindikatoroptionen bearbeiten

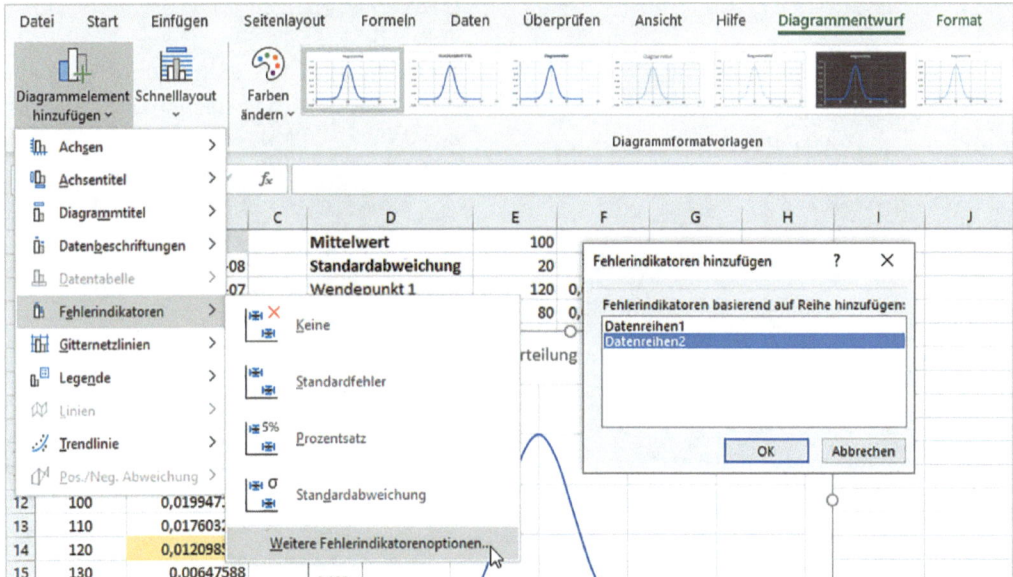

5   Im Aufgabenbereich können Sie nun die Fehlerindikatoren bearbeiten:
    - Unter *Richtung* wählen Sie die Option *Minus* ❶ und unter *Linienende* die Option *Ohne Abschluss* ❷.
    - Unter *Fehlerbetrag* klicken Sie auf die Option *Benutzerdefiniert* ❸ und danach auf die Schaltfläche *Wert eingeben*.
    - Geben Sie als *Positiver Fehlerwert* ={0} ein und als *Negativer Fehlerwert* F3 ❹.

Achtung: Unter *Positiver Fehlerwert* müssen die geschweiften Klammern beibehalten werden!

317

7 Ausgewählte statistische Funktionen

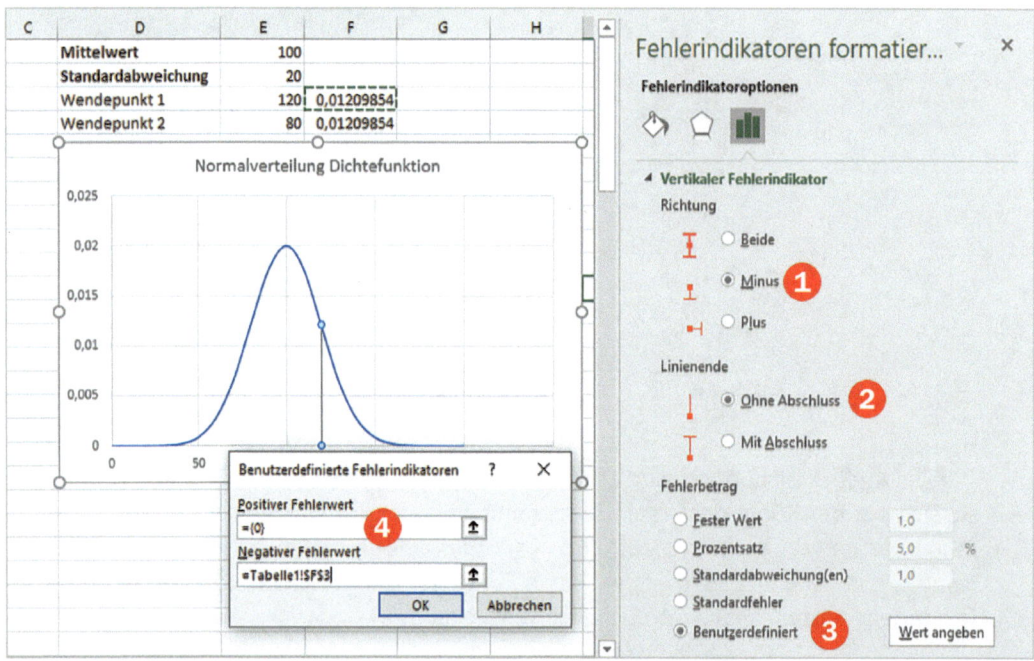

Bild 7.62 Fehlerwert eingeben

Bild 7.63 Linie formatieren

6   Anschließend können Sie bei Bedarf noch die Linie markieren und mit Klick auf das Symbol *Füllung und Linie* ❺ mit einer anderen Farbe versehen und/oder die Strichstärke ändern.

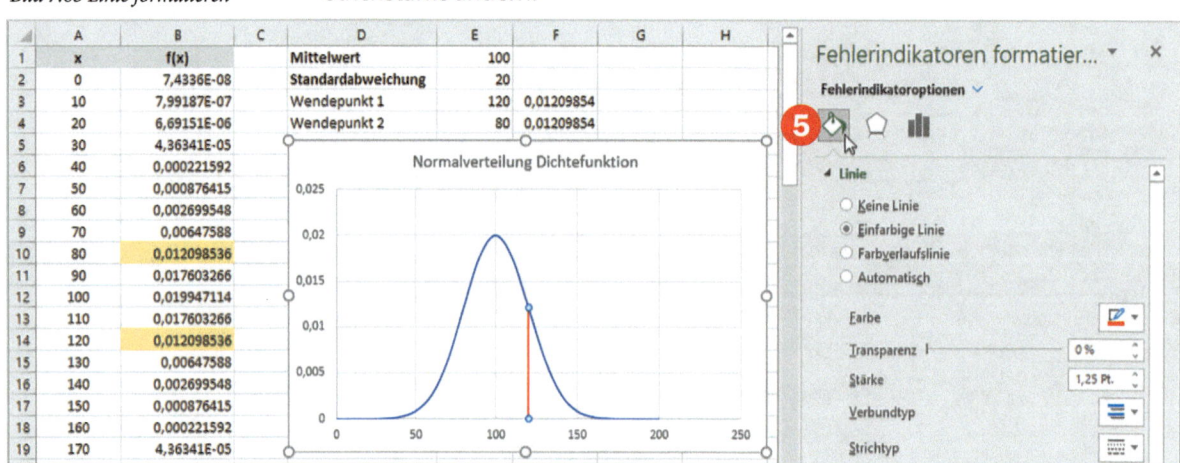

Wiederholen Sie dann diese Schritte für den Wendepunkt 2. Falls Sie auch für den Mittelwert eine Linie hinzufügen möchten, müssen Sie für diesen in F1 ebenfalls noch die Dichtefunktion mit NORM.VERT berechnen. Das Ergebnis sehen Sie im Bild auf der nächsten Seite.

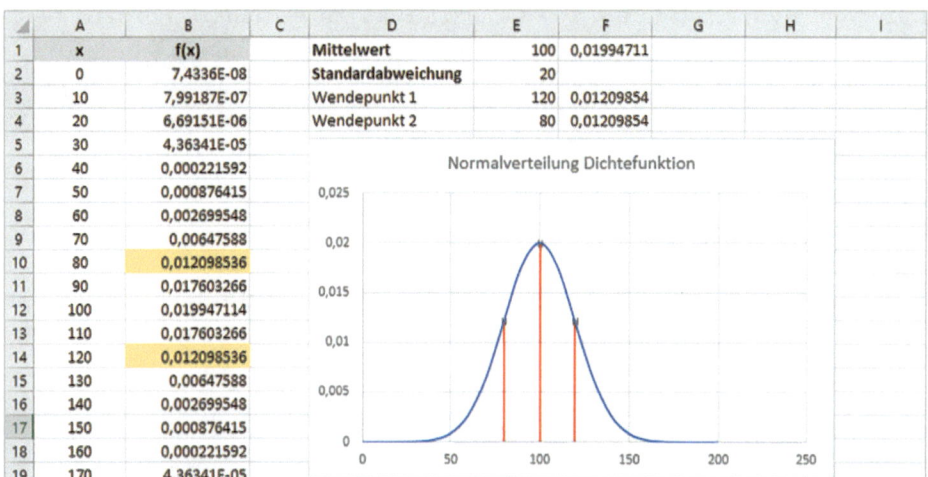

Bild 7.64 Dichtefunktion mit Mittelwert und Wendepunkten

Verteilungsfunktion berechnen

Wenn Sie bei der Berechnung der Normalverteilung mit NORM.VERT *WAHR* als Argument *Kumuliert* angeben, dann erhalten Sie statt der Dichtefunktion die Verteilungsfunktion, wie im Bild unten.

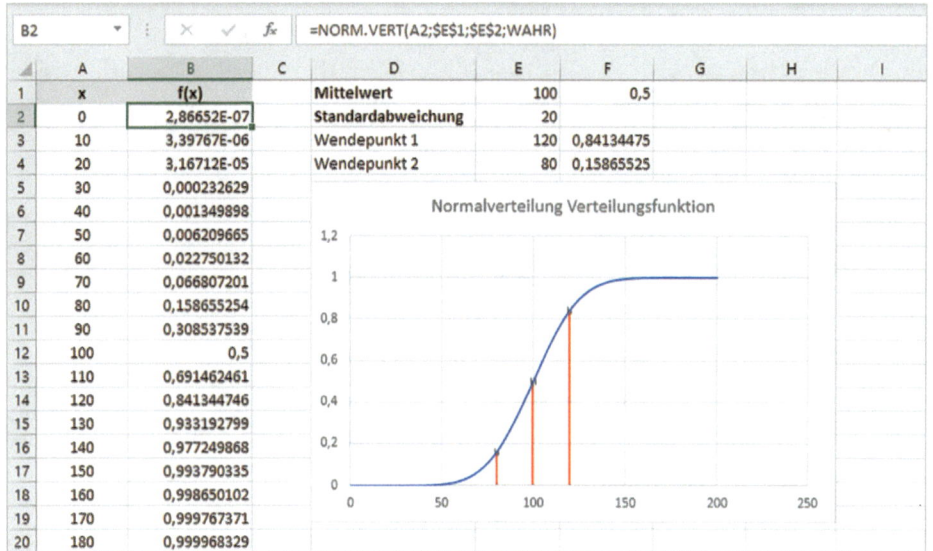

Bild 7.65 Verteilungsfunktion

Beispiel 2: Aufenthaltsdauern von Gästen in einer Kantine

Zur Planung der Kapazitäten einer Betriebskantine soll die Aufenthaltsdauer der Gäste untersucht werden. Zu diesem Zweck wurde eine zufällige Stichprobe von 20 Gästen erhoben. Wir gehen hier von der Annahme aus, dass die Aufenthaltsdauer der Gäste normalverteilt ist.

Normalverteilung_Kantine.xlsx

7 Ausgewählte statistische Funktionen

Dazu werden zunächst Mittelwert (43,8) und Standardabweichung (11,6962) der Aufenthaltsdauer berechnet. Anschließend werden in einer gesonderten Tabelle folgende Werte berechnet:

Anzahl Werte:	{=HÄUFIGKEIT(B2:21);D2:D10)}
Klassenmitte:	F2: =D2/2 ab F3: =(D2+D3)/2
Normalvert.:	=NORM.VERT(F2;$F$13;$F$14;FALSCH)

Da hier die Normalverteilung anhand einer Klasseneinteilung berechnet wird, wird die Klassenmitte als x-Wert verwendet. Zusätzlich wurde die Normalverteilung rechts daneben als Diagramm dargestellt (Bereich F2:G11).

Bild 7.66 Aufenthaltsdauer der Gäste

	A	B	C	D	E	F	G
1	Gast Nr.	Aufenthalts-dauer Min		Klassenober-grenzen	Anzahl Werte	Klassen-mitte	Normal-vert.
2	1	31		10	0	5	0,00014
3	2	38		20	0	15	0,00165
4	3	70		30	1	25	0,00937
5	4	33		40	9	35	0,02570
6	5	39		50	6	45	0,03393
7	6	60		60	2	55	0,02157
8	7	30		70	2	65	0,00660
9	8	49		80	0	75	0,00097
10	9	55		90	0	85	0,00007
11	10	41		100	0	95	0,00000
12	11	31					
13	12	42		Mittelwert		43,8	
14	13	48		Standardabw.		11,6962	
15	14	67					
16	15	40					
17	16	43					
18	17	50					
19	18	37					
20	19	33					
21	20	39					

Dichtefunktion der Aufenthaltsdauer (Diagramm, Bereich H1:L12)

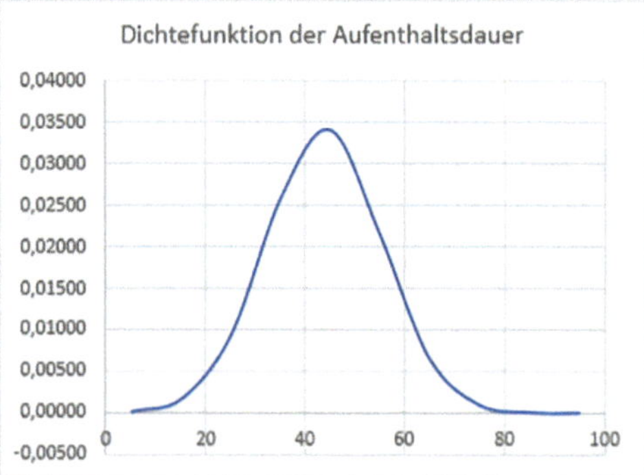

Im nächsten Schritt sollen einige Fragen beantwortet werden
Im Bild unten die einzelnen Fragen und Ergebnisse, Erklärungen und die dazugehörigen Formeln finden Sie weiter unten.

Bild 7.67 Einzelne Fragestellungen und Ergebnisse

C2 fx =NORM.VERT(30;C9;C10;WAHR)

	A	B	C	D
1	Fall	Wahrscheinlichkeit berechnen für	Ergebnis	Ankunftzeit
2	A	Ein Gast braucht nicht mehr als 30 Minuten	0,1190	12:00
3	B	Ein Gast speist mindestens 60 Minuten	0,0830	
4	C	Ein Gast speist zwischen 30 und 45 Minuten	0,4218	
5	D	Zu welcher Uhrzeit ist das Restaurant noch zur Hälfte voll	43,8000	12:43
6	E	Zu welcher Uhrzeit befinden sich noch 150 Gäste im Restaurant	47,5269	12:47
7	F	Ab wann gehen die letzten Gäste	63,0385	13:03
8				
9		Mittelwert	43,8	
10		Standardabweichung	11,6962	
11				

▸ **A: Mit welcher Wahrscheinlichkeit braucht ein Gast nicht mehr als 30 Minuten, um das Essen einzunehmen?**
Dazu berechnet man die Wahrscheinlichkeit x<=30 mit folgender Formel:

C2: =NORM.VERT(30;C9;C10;WAHR)   Ergebnis: 0,1190 = 11,9%

▸ **B: Mit welcher Wahrscheinlichkeit speist ein Gast mindestens 60 Minuten lang?**

C3: =1-(NORM.VERT(60;C9;C10;WAHR))   Ergebnis: 0,0830 = 8,3%

▸ **C: Mit welcher Wahrscheinlichkeit speist ein Gast zwischen 30 und 45 Minuten?**

C4: =NORM.VERT(45;C9;C10;WAHR)-NORM.VERT(30;C9;C10;WAHR)
    Ergebnis: 0,4218 = 42,2%

Bei den nächsten Fällen, der Berechnung der Uhrzeiten, gehen wir zunächst davon aus, dass alle Gäste gleichzeitig um 12:00 ankommen und sofort bedient werden. Die Berechnung erfolgt mit der Funktion NORM.INV.

▸ **D: Nach wie vielen Minuten bzw. zu welcher Uhrzeit ist die Kantine noch zur Hälfte voll, wenn keine Gäste mehr nachkommen?**
Gesucht ist die Wahrscheinlichkeit 0,5, die Formel dazu lautet wie folgt, diese wird in D5 umgerechnet in die Uhrzeit:

C5: =NORM.INV(0,5;C9;C10)   Ergebnis: 43,8 Minuten

D5: =$D$2+ZEIT(;;C5*60)   Ergebnis: 12:43

▸ **E: Nach wie vielen Minuten bzw. um welche Uhrzeit befinden sich noch 150 Gäste in der Kantine (maximale Anzahl Plätze 400)?**
150 Gäste entsprechen einem Anteil von 0,375 (150/400). Damit ist der Anteil der rechten Teilfläche unserer Verteilung festgelegt, der die Gäste mit überdurchschnittlicher Aufenthaltsdauer repräsentiert. Das gesuchte Quantil wird errechnet aus 1-0,375 und ergibt das 62,5% Quantil unserer normalverteilten Zufallsvariablen x.

C6: =NORM.INV(0,625;C9;C10)   Ergebnis: 47,53 Minuten

D6: =$D$2+ZEIT(;;C6*60)   Ergebnis: 12:47

▸ **F: Ab wann gehen die letzten 20 Gäste?**
20 Gäste entsprechen einem Anteil von 5% (20/400). Gesucht wird demnach das 95% Quantil der normalverteilten Zufallsvariablen x.

C7: =NORM.INV(0,95;C9;C10)   Ergebnis: 63,04

D7: = $D$2+ZEIT(;;C7*60)   Ergebnis: 13:03

Hinweis: Natürlich ist es nicht ganz realistisch zu behaupten, dass alle Gäste gleichzeitig in der Kantine eintreffen. Eine weitere Überprüfung erfolgt anhand der Exponentialverteilung, Näheres hierzu auf Seite 324 ff.

Daten auf Normalverteilung prüfen (Schiefe und Kurtosis)

Um vorliegende Daten auf Normalverteilung zu prüfen, gibt es in der Literatur verschiedene Methoden, darunter auch die Berechnung von Schiefe und Kurtosis.

Die Funktion SCHIEFE

Die Schiefe ist ein Maß, das die Art und Stärke der Asymmetrie einer Wahrscheinlichkeitserteilung, z. B. Normalverteilung, beschreibt. Sie zeigt an, wie stark die Verteilung nach rechts oder links geneigt ist. Da die Normalverteilung symmetrisch ist, d. h. eine Schiefe von 0 besitzt, ist die Schiefe eine mögliche Maßzahl, um eine Verteilung mit der Normalverteilung zu vergleichen.

- Bei einer positiven Schiefe (>0) verschiebt sich der Gipfel nach links und die Kurve läuft nach rechts flacher aus (linksgipflige, linkssteile Verteilung).
- Bei einer negativen Schiefe (<0) ist der Gipfel nach rechts verschoben und die Kurve läuft links flacher aus (rechtsgipflige, rechtssteile Verteilung).

In Excel berechnen Sie die Schiefe mit der Funktion SCHIEFE, die Syntax ist einfach:

$$\frac{n}{(n-1)(n-2)}\sum\left(\frac{x_i - \bar{x}}{s}\right)^3$$

`SCHIEFE(Zahl1;[Zahl2];...)`

Zahl1, *Zahl2* usw. können Zahlen, Matrizen, Namen oder Bezüge auf Zellen sein, die Zahlen enthalten.

Kurtosis/Exzess mit der Funktion KURT berechnen

Kurtosis und Exzess (Wölbung) sind Maßzahlen, die angeben wie flach oder steil eine Verteilung ist. Bei einer Normalverteilung beträgt der Exzess 0. Ein Exzess >0) weist auf eine relativ schmale, spitze Verteilung hin, ein Exzess <0 bedeutet eine relativ flache Verteilung. In Excel wird der Exzess mit der Funktion KURT berechnet, was eigentlich nicht ganz korrekt ist, denn KURT steht für Kurtosis und diese hat bei einer Normalverteilung den Wert 3. Syntax und Argumente sind gleich der Funktion SCHIEFE.

$$\left\{\frac{n(n+1)}{(n-1)(n-2)(n-3)}\sum\left(\frac{x_i - \bar{x}}{s}\right)^4\right\} - \frac{3(n-1)^2}{(n-2)(n-3)}$$

Hinweis: Falls Sie statt des Exzess die Kurtosis benötigen, addieren Sie zum Funktionsergebnis die Zahl 3.

`KURT(Zahl1;[Zahl2];...)`

Beispiel Körpergröße und Gewicht einer Stichprobe

Als Beispiel werden für Körpergröße und Gewicht einer Stichprobe Schiefe und Exzess (Kurtosis) berechnet. Im Bild unten ein Ausschnitt aus der Stichprobe (n= 35).

Bild 7.68 Beispiel Schiefe und Kurtosis

Schiefe_Kurtosis.xlsx

	A	B	C	D	E	F
1	Größe	Gewicht		Stichprobengröße = 35		
2	168	69,5			Größe	Gewicht
3	166	70,2		Schiefe	0,596317053	0,325388539
4	165	72,1		Kurtosis	0,605735111	-1,095774994
5	163	58,9				
6	168	63,0				
7	172	78,4				

Verteilungsfunktionen 7

Die Formeln für Schiefe und Exzess der Größe in E3 und E4 lauten:

E3:	=SCHIEFE(A2:A36)	Ergebnis: 0,5963
E4:	=KURT(A2:A36)	Ergebnis: 0,6057

Analog werden in F3 und F4 auch Schiefe und Exzess für das Gewicht berechnet. Liegen Schiefe und Exzess nahe 0, lässt dies auf eine annähernde Normalverteilung schließen.

Zusätzlich lassen sich mit Hilfe der Standardfehler von Schiefe und Exzess/Kurtosis die Wertebereiche ermitteln, in denen Schiefe und Kurtosis noch liegen dürfen, damit man von einer annähernden Normalverteilung sprechen kann. Da in Excel keine Funktion zur Berechnung des Standardfehlers existiert, muss dieser mit folgenden Formeln geschätzt werden, wobei 35 die Stichprobengröße unseres Beispiels ist, siehe Bild 7.69 auf der nächsten Seite.

E7:	=WURZEL((6/35))	Ergebnis: 0,4140
E8:	=WURZEL((24/35))	Ergebnis: 0,8281

Anschließend berechnen wir noch in E11 und E12 bzw. F11 und F12 das Verhältnis Schiefe zu Standardfehler und Exzess/Kurtosis zu Standardfehler indem wir Schiefe bzw. Kurtosis durch den jeweiligen Standardfehler teilen (z-standardisieren).

E11:	=E3/E7	Ergebnis: 1,4402
E12:	=E4/E8	Ergebnis: 0,7315

Diese Ergebnisse können nun zur Beurteilung herangezogen werden, ob eine Normalverteilung vorliegt oder nicht. Zusätzlich wurde für die Größe ein Histogramm erstellt.

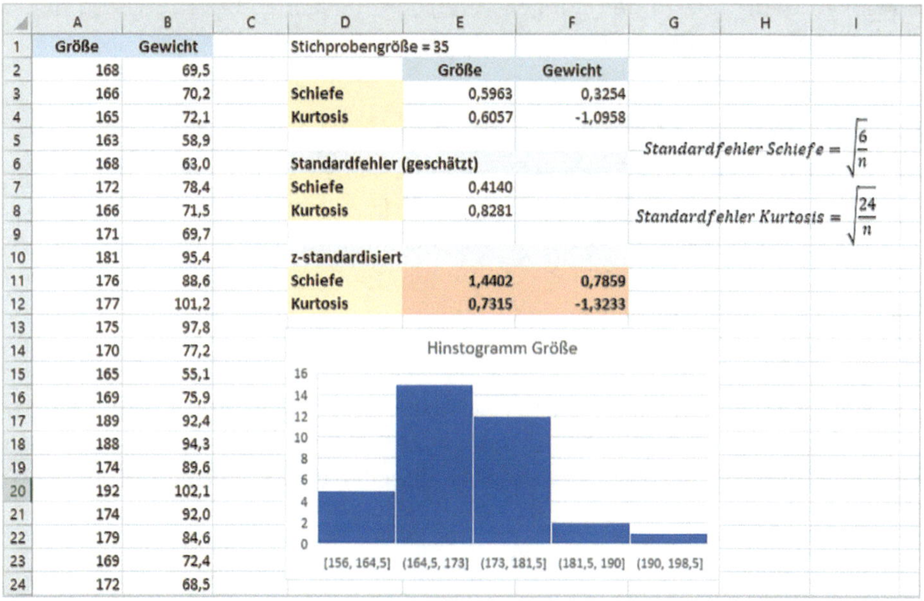

Bild 7.69 Standardfehler und z-standardisierte Werte

Hinweis: Streng genommen wird in diesem Beispiel eigentlich mit Exzess statt mit Kurtosis gerechnet. Allerdings ist der Begriff Kurtosis wesentlich gebräuchlicher.

Kurze Interpretation der Ergebnisse: Damit von einer Normalverteilung ausgegangen werden kann, sollte nach einer groben Daumenregel das Verhältnis Schiefe zu n bzw. Kurtosis zu n (z-standardisierte Werte) im Bereich von ± 1,96 bei einem Konfidenzniveau von 0,05 bzw. 95% liegen. Oder anders gesagt: Die Werte für Schiefe und Kurtosis sollten im Bereich des jeweiligen doppelten Standardfehlers liegen. Dies ist im vorliegenden Beispiel für Größe und Gewicht der Fall.

Exponentialverteilung

Die Exponentialverteilung ist eine stetige Wahrscheinlichkeitsverteilung über die Menge der nicht-negativen reellen Zahlen, die durch eine Exponentialfunktion gegeben ist. Damit lassen sich Zeiträume zwischen Ereignissen modellieren, z. B. wie lange ein Geldautomat für die Ausgabe von Geld benötigt. Beispielsweise können Sie so berechnen, wie wahrscheinlich es ist, dass dieser Vorgang eine Minute dauert. In Excel wird die Exponentialverteilung mit der Funktion EXPON.VERT berechnet.

EXPON.VERT(x;Lambda;Kumuliert)

Verteilungsfunktion

$$F(x; \lambda) = 1 - e^{-\lambda x}$$

Wahrscheinlichkeitsdichte

$$f(x; \lambda) = \lambda e^{-\lambda x}$$

Argument	Beschreibung
x	Der Wert für die Funktion, bzw. das Quantil, für das die Wahrscheinlichkeit berechnet werden soll.
Lambda	Lambda steht für Zahl der erwarteten Ereignisse pro Einheitsintervall und bestimmt für die Dichtefunktion den Anfangswert bei x=0, sowie den Grad des Abfalls der Kurve.
Kumuliert	Wahrheitswert, der angibt, in welcher Form die exponentielle Funktion zurückgegeben werden soll: WAHR gibt die kumulative Verteilungsfunktion zurück. FALSE gibt die Funktion Wahrscheinlichkeitsdichte zurück.

Hinweis: Im Gegensatz zu den übrigen Verteilungsfunktionen bietet Excel zu dieser Funktion keine Umkehrfunktion an.

Beispiel: Eintreffen in der Kantine

Als Beispiel greifen wir das Beispiel der Betriebskantine von Seite 319 erneut auf. Zusammen mit der Aufenthaltsdauer wurden auch die Ankunftszeiten der Gäste erfasst. Mit dieser Information untersuchen wir nun genauer, wie viele Gäste pro Zeiteinheit eintreffen. Wir vermuten, dass sich die Ankunft exponential verteilt und verwenden zur Beschreibung die Funktion EXPON.VERT.

1. Bestimmung von Lambda

Zunächst benötigen wir den Parameter Lambda. Dieser beschreibt Lage und Form der Exponentialverteilung und ergibt sich aus dem Mittelwert: Lambda=1/Mittelwert. Also berechnen wir in F3 den Mittelwert der Ankunftszeiten mit der Funktion MITTELWERT.

F3: =MITTELWERT(C2:C21)   Ergebnis: 12,08

Verteilungsfunktionen 7

Da wir die Verteilung der Gäste ab dem Öffnungszeitpunkt 11:45 (in F2 fest vorgegeben) untersuchen wollen, berechnen wir die Differenz zwischen dem Mittelwert und 11:45 und erhalten das Ergebnis 00:23. Da das Ergebnis im Uhrzeitformat ausgegeben wird, muss es anschließend in eine Dezimalzahl umgewandelt werden mit der Formel:

F5: = F4*60*24

Dieses Ergebnis wird als Standardzahl formatiert und lautet dann 23,80. Davon bilden wir in G6 den Kehrwert mit der Formel 1/F5 und erhalten 0,04202.

Da wir das Eintreffen der Gäste nicht in Minuten- sondern in 15-Minuten-Intervallen untersuchen möchten, muss in F7 Lambda noch entsprechend angepasst werden:

F7: =F6*15   Ergebnis: 0,63025

	A	B	C	D	E	F	G	H
1	Gast Nr.	Aufenthalts-dauer Min	Ankunft					
2	1	31	11:46		Restaurant öffnet um	11:45		
3	2	38	11:48		Mittelwert μ	12:08	=MITTELWERT(C2:C21)	
4	3	70	11:48		Differenz	00:23	=F3-F2	
5	4	33	11:50		Differenz (Dezimalzahl)	23,80	=F4*60*24	
6	5	39	11:50		Lambda λ = 1/μ	0,04202	=1/F5	
7	6	60	11:52		λ für Zeitraum 15 Min	0,63025	=F6*15	
8	7	30	11:52					
9	8	49	11:54					
10	9	55	11:58					
11	10	41	12:00					
12	11	31	12:09					
13	12	42	12:10					
14	13	48	12:10					
15	14	67	12:14					
16	15	40	12:25					
17	16	43	12:25					
18	17	50	12:27					
19	18	37	12:39					
20	19	33	12:40					
21	20	39	12:59					
22								

Bild 7.70 Lambda aus dem Mittelwert berechnen

Exponentialverteilung.xlsx

2. Hypothesentest auf Exponentialverteilung (Chi-Quadrat Anpassungstest)

Der Hypothesentest auf eine bestimmte Verteilung, darunter auch Normalverteilung und Expontialverteilung, ist in Excel im Vergleich zu anderen Statistikprogrammen eher aufwändig, weil die Prüfgröße mit den üblichen Formeln berechnet werden muss.

1. Zur Prüfung der Hypothese kopieren wir die Ausgangsdaten in ein zweites Blatt und bilden hier in E2: E6 Klassen über einen Zeitraum von 15 Minuten ab dem Öffnungszeitpunkt 12:00. Die Klassen 5 bis 13 werden in einer einzigen Klasse mit Obergrenze 15:00 (Schließen der Kantine) zusammengefasst.

2. Die Häufigkeiten werden in G2:G6 mit der Funktion HÄUFIGKEIT ermittelt. Achtung diese muss als Matrixfunktion eingegeben werden.

G2:G6: {=HÄUFIGKEIT(C2:C21;F2:F5)}

7 Ausgewählte statistische Funktionen

Bild 7.71 Klassenbildung und Häufigkeiten

	A	B	C	D	E	F	G	H	I
1	Gast Nr.	Aufenthalts-dauer Min	Ankunft		Klasse	Klassenober-grenze	Beobachtete Häufigkeiten	Erwartete Häufigkeit	Quadrierte Differenz
2	1	31	11:46		1	12:00	10		
3	2	38	11:48		2	12:15	4		
4	3	70	11:48		3	12:30	3		
5	4	33	11:50		4	12:45	2		
6	5	39	11:50		13	15:00	1		
7	6	60	11:52			Summe	20		
8	7	30	11:52						

G2: =HÄUFIGKEIT(C2:C21;F2:F5)

3   Die theoretische (erwartete) absolute Häufigkeit in Spalte H berechnen wir nun mit der Funktion EXPON.VERT, wobei der Wert 20 die Stichprobengröße darstellt. Die Formel in H3 wird dann in die restlichen Zeilen kopiert.

H2: =EXPON.VERT(E2;F10;WAHR)*20

H3: = (EXPON.VERT(E3;$F$10;WAHR)-EXPON.VERT(E2;$F$10;WAHR))*20

Bild 7.72 Erwartete Häufigkeiten berechnen

	A	B	C	D	E	F	G	H	I
1	Gast Nr.	Aufenthalts-dauer Min	Ankunft		Klasse	Klassenober-grenze	Beobachtete Häufigkeiten	Erwartete Häufigkeit	Quadrierte Differenz
2	1	31	11:46		1	12:00	10	9,3508	
3	2	38	11:48		2	12:15	4	4,9789	
4	3	70	11:48		3	12:30	3	2,6511	
5	4	33	11:50		4	12:45	2	1,4116	
6	5	39	11:50		13	15:00	1	1,6020	
7	6	60	11:52			Summe	20	19,9945	
8	7	30	11:52						
9	8	49	11:54						
10	9	55	11:58		Lambda	0,63025			
11	10	41	12:00						

4   In Spalte I berechnen wir nun je Klasse die quadrierte Differenz, die wir jeweils durch die erwartete Anzahl dividieren, auch als Normalisierung der Klassenwerte bezeichnet.

I2: =(G2-H2)^2/H2

5   Aus den Ergebnissen in I2:I6 bilden wir die Summe und erhalten in I7 als Prüfgröße das Ergebnis 0,775.

Bild 7.73 Prüfgröße berechnen

	A	B	C	D	E	F	G	H	I
1	Gast Nr.	Aufenthalts-dauer Min	Ankunft		Klasse	Klassenober-grenze	Beobachtete Häufigkeiten	Erwartete Häufigkeit	Quadrierte Differenz
2	1	31	11:46		1	12:00	10	9,3508	=(G2-H2)^2/H2
3	2	38	11:48		2	12:15	4	4,9789	0,19247
4	3	70	11:48		3	12:30	3	2,6511	0,04593
5	4	33	11:50		4	12:45	2	1,4116	0,24528
6	5	39	11:50		13	15:00	1	1,6020	0,22624
7	6	60	11:52			Summe	20	19,9945	0,7550
8	7	30	11:52						

Vergleich mit kritischem Wert

Bei einer perfekten Übereinstimmung zwischen erwarteten und tatsächlichen Werten ist die Prüfgröße 0. Je größer der Wert, umso fragwürdiger wird die Prüfgröße. Der Vergleichswert zur Prüfgröße kann in Excel mit der Funktion CHIQU.INV ermittelt werden.

CHIQU.INV(Wahrsch;Freiheitsgrade)

Argument	Beschreibung
Wahrsch	Die zur Chi-Quadrat-Verteilung gehörende Wahrscheinlichkeit
Freiheitsgrade	Die Anzahl der Freiheitsgrade.

Die Funktion liefert die Quantile der linksseitigen Chi-Quadrat-Verteilung und wird verwendet, um einen Vergleichswert bzw. kritischen Wert zu berechnen, mit dem Hypothesen über die Übereinstimmung von beobachteten und erwarteten Ereignissen bewertet werden können. Für unser Beispiel gilt:

- Das Argument *Wahrsch* berechnet sich in unserem Beispiel aus 1 minus der Irrtumswahrscheinlichkeit, die beliebig festgelegt werden kann, z. B. 0,05.
- Die Anzahl der Freiheitsgrade ergibt sich aus der Anzahl der gebildeten Klassen minus 1, (5-1=4), da wir den Parameter Lambda auf der Basis des Mittelwerts aus der Stichprobe geschätzt haben.

Die Formel zur Berechnung des kritischen Werts in I8 lautet daher:

I8: =CHIQU.INV(1-0,05;4) Ergebnis: 9,4877

Angewandt auf die folgende Vergleichsregel:

- Prüfgröße > kritischer Wert ▶ Hypothese ablehnen.
- Prüfgröße < kritischer Wert ▶ Hypothese kann nicht abgelehnt werden.

Ergebnis: Prüfgröße 0,755 < 9,4877, d. h. die Hypothese kann nicht abgelehnt werden.

	A	B	C	D	E	F	G	H	I
1	Gast Nr.	Aufenthalts-dauer Min	Ankunft		Klasse	Klassenobergrenze	Beobachtete Häufigkeiten	Erwartete Häufigkeit	Quadrierte Differenz
2	1	31	11:46		1	12:00	10	9,3508	0,04507
3	2	38	11:48		2	12:15	4	4,9789	0,19247
4	3	70	11:48		3	12:30	3	2,6511	0,04593
5	4	33	11:50		4	12:45	2	1,4116	0,24528
6	5	39	11:50		13	15:00	1	1,6020	0,22624
7	6	60	11:52			Summe	20	19,9945	0,7550
8	7	30	11:52				Vergleichswert/Kritischer Wert		9,48773
9	8	49	11:54						

Bild 7.74 Kritischen Wert/Vergleichswert berechnen

Hinweis: In der Literatur wird gefordert, dass keine der erwarteten Häufigkeiten <1 sein darf und höchstens 20-25% kleiner als 5. In unserem Beispiel ist die zweite Bedingung nicht erfüllt, da 80% der Werte kleiner als 5 sind. In solchen Fällen sollten Intervalle zusammengefasst oder der Stichprobenumfang vergrößert werden.

7 Ausgewählte statistische Funktionen

Falluntersuchungen

Die folgenden Falluntersuchungen gehen davon aus, dass die Kantine 400 Sitzplätze umfasst und an Werktagen voll ausgelastet ist.

A: Wie viele Gäste kommen in den ersten 5 Minuten nach Öffnung der Kantine?

Zu berechnen ist die Wahrscheinlichkeit ≤1/3 mit folgender Formel. Das Ergebnis lautet 0,1895. Demnach kommen in den ersten 5 Minuten 400*0,1895 = 76 Gäste.

```
=EXPON.VERT(1/3;0,63025;WAHR)-EXPON.VERT(0;0,63025;WAHR)
```

B: Wie viele Gäste kommen voraussichtlich zwischen 13:00 und 13:15?

Zu berechnen ist die Wahrscheinlichkeit 5≤ z ≤6. Das Ergebnis 0,02 bedeutet, in diesem Zeitraum treffen 0,02*400 = 8 Gäste ein.

```
=EXPON.VERT(6;0,63025;WAHR)-EXPON.VERT(5;0,63025;WAHR)
```

Ergebnis im Diagramm darstellen

Falls Sie den Hypothesentest auf Exponentialverteilung auch als Diagramm darstellen möchten, dann gehen Sie so vor.

1. Erstellen Sie eine Tabelle, wie im Bild unten und berechnen Sie die folgenden Werte. In Spalte A werden die Klassenmitten eingetragen, in Spalte B berechnen Sie die Dichtefunktion der Exponentialverteilung mit folgender Formel:

B5: =EXPON.VERT(A5;$C$1;FALSCH)

2. Die beobachteten tatsächlichen Häufigkeiten in Spalte C werden wieder mit HÄUFIGKEIT aus der Stichprobe und der Klasseneinteilung berechnet, siehe Bild 7.71 auf Seite 326.

3. Die beobachteten relativen Häufigkeiten in Spalte D werden aus den beobachteten Häufigkeiten und der Stichprobengröße berechnet. Die Werte in Spalte E dienen nur zur Beschriftung der X-Achse des Diagramms.

D4: =C5/$C$2

Bild 7.75 Ausgangswerte für Diagramm berechnen

	A	B	C	D	E
1	Lambda		0,63025		
2	Stichprobenumfang		20		
3					
4	Klassenmitte	Werte Dichtefunktion	Beob. Häufigkeit	Beob. rel. Häufigkeit	Beschriftung X-Achse
5	0,5	0,460	10	0,50	0-15
6	1,5	0,245	4	0,20	15-30
7	2,5	0,130	3	0,15	30-45
8	3,5	0,069	2	0,10	45-60
9	4,5	0,037	1	0,05	60-75
10	5,5	0,020	0	0,00	75-90
11					

7 Verteilungsfunktionen

Diagramm erstellen

1. Markieren Sie D5:D10 ❶ und fügen Sie ein 2D-Säulendiagramm ein (*Einfügen* ▶ *Diagramme* ▶ *Säulen- oder Balkendiagramm einfügen* ▶ *Gruppierte Säulen*).

2. Klicken Sie zum Hinzufügen der Dichtefunktion auf *Diagrammentwurf* ▶ *Daten auswählen* ❷. Legen Sie im Feld *Reihenwerte* ❸ die Zellen B5:B10 fest ❹. Als Beschriftung der X-Achse geben Sie E5:E10 an.

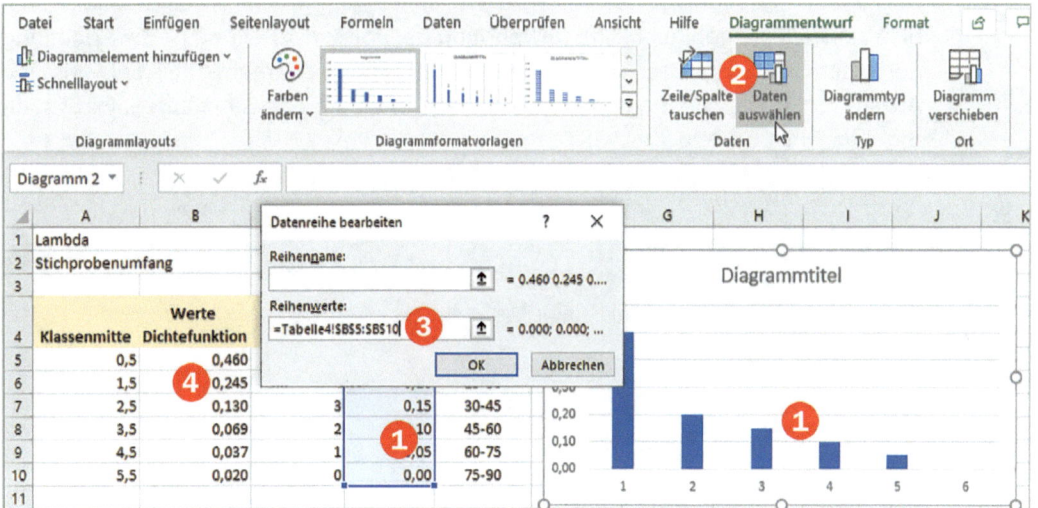

Bild 7.76 Diagramm erstellen

3. Sie erhalten zunächst ein Diagramm mit je zwei nebeneinander angeordneten Säulen. Um die Dichtefunktion in eine Linie umzuwandeln, klicken Sie in Register *Diagrammentwurf* ▶ *Typ* auf *Diagrammtyp ändern*. Klicken Sie auf den Typ *Kombi* ❺ (Verbund) und wählen Sie für die zweite Datenreihe den Typ *Punkte mit interpolierten Linien* ❻.

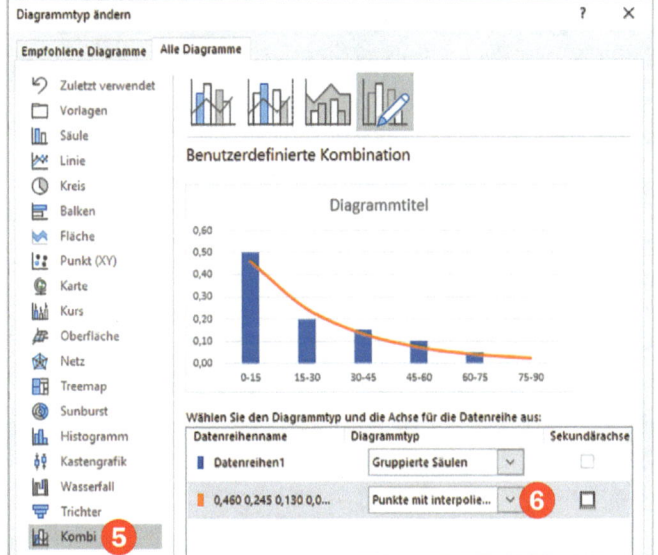

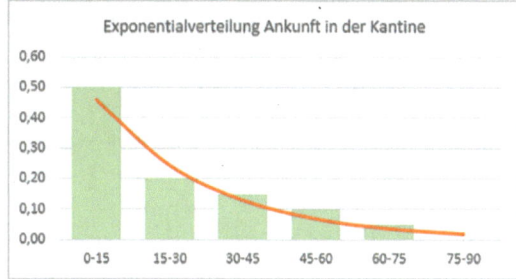

Bild 7.77 Wählen Sie den Typ Kombi

Bild 7.78 Das fertige Diagramm

4 Zuletzt können Sie mit Rechtsklick auf die *Datenreihe1* (Säulen) und den Befehl *Datenreihen formatieren...* noch die Abstandsbreite zwischen den Säulen verringern (z. B. auf 50%) und eine andere Füllfarbe wählen, siehe Bild oben.

Poisson-Verteilung

Die Poisson-Verteilung gibt Wahrscheinlichkeiten einer poissonverteilten Zufallsvariablen zurück. Eine gebräuchliche Anwendung der Poissonverteilung ist die Abbildung der Anzahl von Ereignissen innerhalb eines bestimmten Zeitraums, beispielsweise die Anzahl von Autos, die innerhalb einer Stunde in ein Parkhaus einfahren. Excel stellt dazu die Funktion POISSON.VERT bereit.

POISSON.VERT(x;Mittelwert;Kumuliert)

Argument	Beschreibung
x	Anzahl der Fälle bzw. Ereignisse.
Mittelwert	Der erwartete Zahlenwert.
Kumuliert	Wahrheitswert, der den Typ der Funktion bestimmt: WAHR: Gibt den Wert der Verteilungsfunktion zurück, also die Wahrscheinlichkeit, dass die Anzahl zufällig eintretender Ereignisse zwischen 0 und einschließlich x liegt. FALSCH: Gibt den Wert der Wahrscheinlichkeitsfunktion zurück, d. h. die Wahrscheinlichkeit, dass die Anzahl der Ereignisse genau x sein wird.

Für Kumuliert = FALSCH:

$$POISSON = \frac{e^{-\lambda} \lambda^x}{x!}$$

Für Kumuliert = WAHR:

$$CUMPOISSON = \sum_{k=0}^{x} \frac{e^{-\lambda} \lambda^k}{k!}$$

Beispiel Telefonanrufe

In einer Telefonzentrale gehen durchschnittlich zwei Telefonanrufe pro Minute ein. Da eingehende Telefonanrufe Ereignisse sind, die sich ständig wiederholen und zudem zufällig und unabhängig voneinander eintreten, kann man zur Berechnung von Wahrscheinlichkeiten eine Poisson-Verteilung unterstellen. Damit wollen wir folgende Fragen beantworten.

Poisson_Verteilung.xlsx

▶ **A: Wie groß ist die Wahrscheinlichkeit, dass innerhalb einer Minute kein Anruf eingeht?**
In diesem Fall ist die Zufallsvariable x definiert durch die Anzahl der ankommenden Anrufe im Zeitintervall von 1 Minute. Entsprechend der Aufgabenstellung geben wir als Mittelwert 2 (Anrufe pro Minute) an. Damit errechnet sich die Wahrscheinlichkeit, dass innerhalb von 1 Minute kein Anruf eingeht wie folgt, siehe Bild auf der nächsten Seite:

C2: =POISSON.VERT(0;2;FALSCH)   Ergebnis: 0,1315

Als Ergebnis liefert die Formel 0,1315 oder die Wahrscheinlichkeit von 13,53%. Da hier x=0 der erste Wert der Definitionsmenge von x ist, spielt es keine Rolle, ob als Argument zur Summenbildung (*Kumuliert*) WAHR oder FALSCH angegeben wird.

▶ **B: Wie groß ist die Wahrscheinlichkeit, dass in einer Stunde mindestens 100 Anrufe eingehen?**
In Fall B wird das Zeitintervall auf 1 Stunde geändert:

- Die Zufallsvariable wird definiert durch die Anzahl der Anrufe in einem Intervall von 60 Minuten.
- Der Mittelwert lässt sich einfach umrechnen: 2*60=120 (Anrufe pro Stunde).
- Gesucht ist w(x>=100)=1-(x<=99).

C3: =1-POISSON.VERT(99;120;WAHR)   Ergebnis: 0,9721 = 97,21%

Als Ergebnis erhalten wir 0,9721 bzw. die Wahrscheinlichkeit 97,21%.

▶ **C: Wie groß die Wahrscheinlichkeit, dass in 1 Stunde genau 120 Anrufe eingehen?**
In diesem Fall wird das Ergebnis zu x=120 gesucht.

C4: =POISSON.VERT(120;120;FALSCH)   Ergebnis: 0,0364 = 3,64%

▶ **D: Wie groß ist die Wahrscheinlichkeit, dass die Telefonzentrale überlastet ist?**
Hier suchen wir das Ergebnis von w(x>3), das wir entsprechend umschreiben in 1-w(x<=3).

C5: =1-POISSON.VERT(3;2;WAHR)   Ergebnis: 0,1429 = 14,29%

	A	B	C	D	E
1	Fall		Ergebnis	Wahrscheinlichkeit %	
2	A	Kein Anruf innerhalb von 1 Minute	0,1353	13,53%	=POISSON.VERT(0;2;FALSCH)
3	B	In 1 Stunde mindestens 100 Anrufe	0,9721	97,21%	=1-POISSON.VERT(99;120;WAHR)
4	C	In 1 Stunde genau 120 Anrufe	0,0364	3,64%	=POISSON.VERT(120;120;FALSCH)
5	D	Telefonzentrale überlastet (Anrufe pro Minute >=3)	0,1429	14,29%	=1-POISSON.VERT(3;2;WAHR)
6					
7					

Bild 7.79 Poisson-Verteilung Beispiel Telefonzentrale

Binomialverteilung

Bei Fragestellungen, die mit Zufallsexperimenten zu tun haben und nur zwei mögliche Ergebnisse liefern, nämlich Erfolg und Nichterfolg, haben wir es meist mit einer diskreten Wahrscheinlichkeitsverteilung zu tun, die als Binomialverteilung bezeichnet wird. Sie zählt zu den bekanntesten Verteilungen der Statistik.

Zur Berechnung stellt Excel die Funktion BINOM.VERT zur Verfügung. Diese benötigt im Gegensatz zur Poisson-Verteilung noch zwei weitere Argumente, nämlich die Anzahl der Versuche und die Erfolgswahrscheinlichkeit.

BINOM.VERT(Zahl_Erfolge;Versuche;Erfolgswahrsch;Kumuliert)

Argument	Beschreibung
Zahl_Erfolge	Die Anzahl der Erfolge in einer Versuchsreihe.

7 Ausgewählte statistische Funktionen

Argument	Beschreibung
Versuche	Die Anzahl der voneinander unabhängigen Versuche.
Erfolgswahrsch	Die Wahrscheinlichkeit eines Erfolgs für jeden Versuch.
Kumuliert	Wahrheitswert, der den Typ der Funktion bestimmt. WAHR gibt die Verteilungsfunktion zurück, d. h. die Wahrscheinlichkeit dafür, dass es höchstens Zahl_Erfolge gibt. FALSCH liefert die Verteilungsfunktion, also die Wahrscheinlichkeit, dass es genau Anzahl_Erfolge gibt.

Beispiel: Eine Münze werfen

Hier ein einfaches Beispiel: Eine Münze wird 10 mal geworfen. Wie groß ist die Wahrscheinlichkeit, 3 mal das Ergebnis *Zahl* zu erhalten? Als Argumente werden die Werte wie im Bild unten vorgegeben und die Formel in B8 lautet:

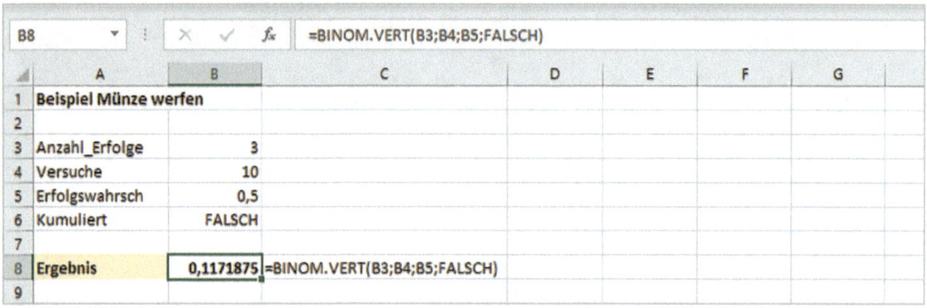

B8: =BINOM.VERT(B3;B4;B5;FALSCH)   Ergebnis: 0,1171875

Bild 7.80 Beispiel Münze werfen

Binomialverteilung.xlsx

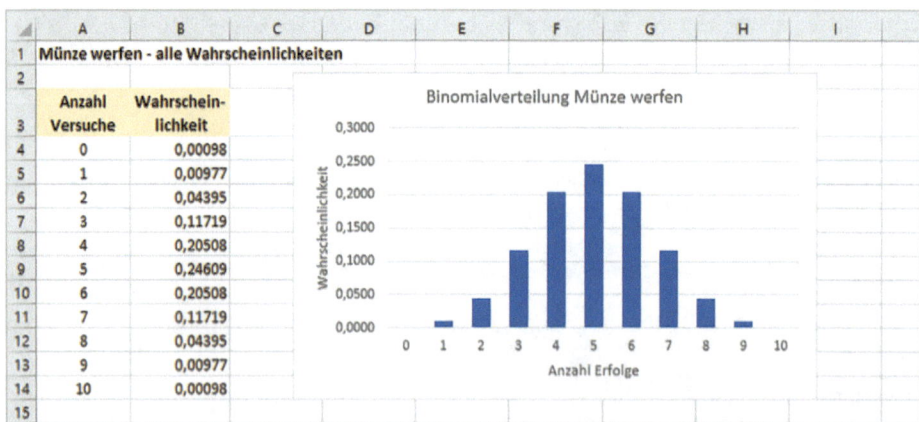

Für jeden Wert der Variablen *Anzahl_Erfolge*, im Beispiel oben 3, gibt es eine bestimmte Wahrscheinlichkeit. Die Zuordnung des Variablenwertes zu der entsprechenden Wahrscheinlichkeit bezeichnet man als Binomialverteilung. Im Bild unten werden alle Wahrscheinlichkeiten des Beispiels in einer Tabelle berechnet und als Diagramm dargestellt.

Bild 7.81 Binomialverteilung Diagramm

5 Spalte A enthält alle möglichen Werte der Variablen *Anzahl_Erfolge*, also alle Zahlen von 0 bis 10. In B4 wird die dazugehörige Wahrscheinlichkeit mit folgender Formel berechnet und diese anschließend nach unten kopiert:

B4: =BINOM.VERT(A4;10;0,5;FALSCH)

6 Aus diesen beiden Werten wird anschließend ein Säulendiagramm erstellt. Da hier die Beschriftung der X-Achse aus Zahlen besteht, sollten Sie mit einem leeren Diagramm beginnen.

Achten Sie daher darauf, dass eine beliebige Zelle außerhalb der Tabelle markiert ist und klicken Sie im Register *Einfügen* ▶ *Diagramme* auf *Säulen- oder Balkendiagramm einfügen* und hier auf *2D-Säule - Gruppierte Säulen*.

7 Klicken Sie dann im Register *Diagrammentwurf* ▶ *Daten* auf *Daten auswählen*.

8 Klicken Sie im Dialogfenster *Datenquelle auswählen* unter *Legendeneinträge (Reihen)* auf *Hinzufügen* ❶ und legen Sie den Bereich B4:B14 als *Reihenwerte* ❷ fest. Klicken Sie dann unter *Horizontale Achsenbeschriftungen (Rubrik)* auf *Bearbeiten* ❸ und legen Sie A4:A14 als *Achsenbeschriftungsbereich* ❹ fest.

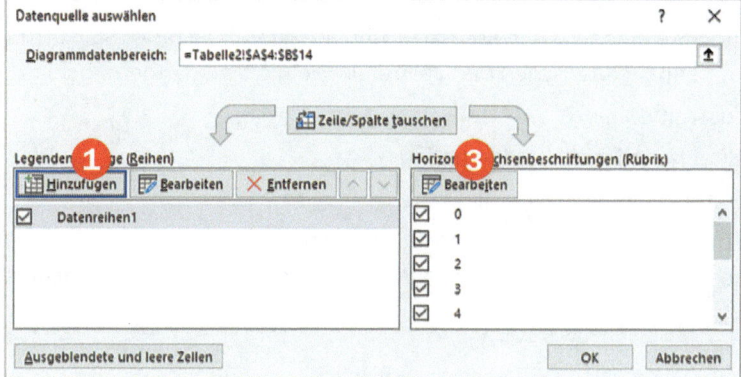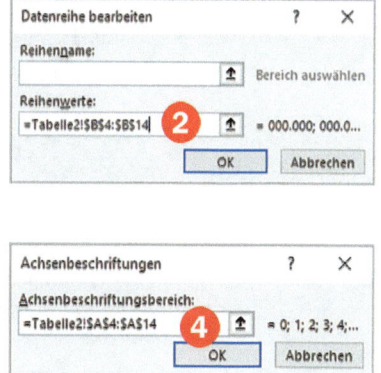

Bild 7.82 Datenreihe und Achsenbeschriftung festlegen

9 Fügen Sie zuletzt die übrigen Beschriftungen hinzu und formatieren Sie das Diagramm nach Ihren Vorstellungen.

7 Ausgewählte statistische Funktionen

7.5 Korrelationsanalysen

Korrelationskoeffizient berechnen

Korrelationen werden in der Statistik eingesetzt, um den Zusammenhang zwischen zwei Variablen zu messen. Sie liefern einen Hinweis auf mögliche Zusammenhänge. Aus einem starken Zusammenhang folgt jedoch nicht zwingend, dass auch eine eindeutige Ursache-Wirkungs-Beziehung vorliegt. Manchmal liegen auch so genannte Scheinkorrelationen vor. Zur Berechnung des Korrelationskoeffizienten stellt Excel die beiden folgenden Funktionen zur Verfügung, die sich hinsichtlich ihrer Ergebnisse nicht unterscheiden.

> KORREL(Matrix1;Matrix2)
>
> PEARSON(Matrix1;Matrix2)

Microsoft selbst empfiehlt im Support den Einsatz von KORREL statt PEARSON, da hier in älteren Versionen Rundungsfehler auftreten können.

Bei beiden Funktionen geben Sie als *Matrix1* den ersten Zellbereich mit Werten und als *Matrix2* den zweiten Zellbereich mit Werten an, deren Zusammenhang Sie untersuchen möchten. Beide Zellbereiche bzw. Matrizen müssen gleich groß sein.

Als Ergebnis erhalten Sie einen Wert zwischen -1 und +1. Hinsichtlich der Stärke des vermuteten Zusammenhangs zwischen den Zellbereichen gilt als Orientierungshilfe:

- 0 = kein Zusammenhang
- -1 = perfekter negativer Zusammenhang
- +1 = perfekter positiver Zusammenhang
- Für Werte dazwischen gilt entsprechend: zwischen 0,1 und 0,4 = sehr schwach bis schwach; zwischen 0,4 und 0,6 = mittel und zwischen 0,6 und 1 = stark bis sehr stark.

Beispiel 1: Testvergleich von Kaffeesorten

Zwei Personen testen 10 Kaffeesorten und bewerten diese mit einer Note von 1 (sehr gut) bis 6 (sehr schlecht). Die Bewertungen der Tester weichen voneinander ab und Sie möchten feststellen, ob trotzdem eine weitgehende Übereinstimmung im Urteil der beiden Personen besteht.

Korrelation_1.xlsx

Dazu wurden in E2 und E3 (s. Bild auf der nächsten Seite) die Korrelationskoeffizienten mit folgenden Formeln berechnet. Beide liefern dasselbe Ergebnis 0,626275846

| E2: =KORREL(B3:B12;C3:C12) | Ergebnis: 0,626275846 |
| E3: =PEARSON()B3:B12;C3:C12) | Ergebnis: 0,626275846 |

Das Ergebnis ist so zu interpretieren, dass zwischen den Bewertungen der beiden Kaffeetester ein stärkerer Zusammenhang besteht, als es die abweichenden Einzelergebnisse auf den ersten Blick vermuten lassen. Dies verdeutlicht auch das Diagramm mit Trendlinie.

Korrelationsanalysen 7

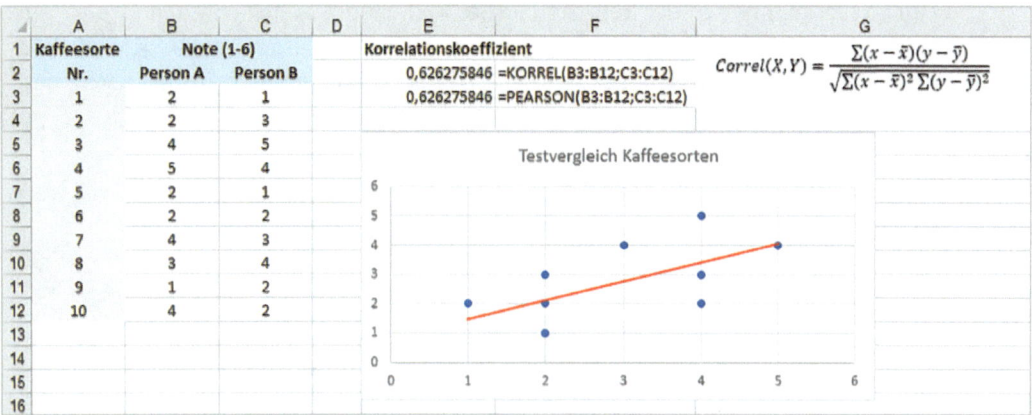

Bild 7.83 Korrelationskoeffizient berechnen

Diagramm mit Trendlinie erstellen

Zur Verdeutlichung wird aus den Werten in B3:B12 und C3:C12 noch ein Punktdiagramm erstellt, dem eine Trendlinie hinzugefügt wird. Dazu markieren Sie den Bereich B3:C12, klicken im Register *Einfügen* ▸ *Diagramme* auf *Punkt (XY)- oder Blasendiagramm einfügen* und wählen den Untertyp *Punkt (XY)*. Zum Hinzufügen der Trendlinie klicken Sie in das Diagramm und dann im Register *Diagrammentwurf* ▸ *Diagrammlayouts* auf *Diagrammelement hinzufügen* ▸ *Trendlinie* und auf *Linear*.

Beispiel 2: Wartezeit und Kundenzufriedenheit eines Call-Centers

Am zweiten Beispiel eines Call-Centers soll untersucht werden, ob ein Zusammenhang zwischen Kundenzufriedenheit allgemein und der in der Warteschleife verbrachten Zeit besteht, im Bild unten die erhobenen Daten. Die Zufriedenheit wurde von den Kunden anhand einer Notenskala von 1 (sehr gut) bis 6 (sehr schlecht) bewertet.

	A	B	C
1	lfd. Nr.	Zufriedenheit	Wartezeit Sek.
2	1	2	95
3	2	3	110
4	3	2	45
5	4	1	56
6	5	3	150
7	6	4	220
8	7	3	95
9	8	1	48
10	9	3	95
11	10	3	180
12	11	5	300
13	12	5	230
14	13	5	320
15	14	2	70
16	15	4	220
17	16	2	116
18	17	3	63
19	18	6	360
20	19	2	40
21	20	2	140

Bild 7.84 Die Ausgangsdaten

Korrelation_2.xlsx

7 Ausgewählte statistische Funktionen

Auch hier hilft neben der Berechnung des Korrelationskoeffizienten in F2 ein Punktdiagramm mit linearer Trendlinie, um einen möglichen Zusammenhang zu erkennen, s. Bild unten. Der Korrelationskoeffizient in F2 wird mit folgender Formel berechnet:

Bild 7.85 Kundenzufriedenheit und Wartezeit

F2: =KORREL(B2:B21;C2:C21)   Ergebnis: 0,912549472

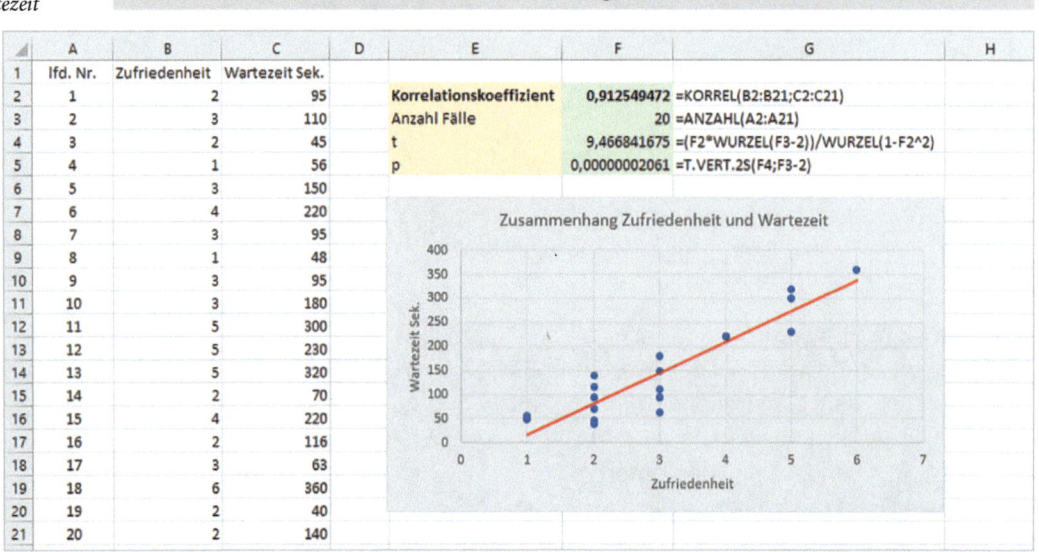

p-Wert berechnen

Tipp: p-Wert und t erhalten Sie auch mit der Analyse-Funktion Regression. Siehe Seite 344.

Der p-Wert gibt Auskunft, ob sich der Korrelationskoeffizient signifikant von 0 unterscheidet. Ein p-Wert kleiner als 0,05 wird meist als statistisch signifikant betrachtet. Leider gibt es in Excel keine Funktion zum Berechnen des p-Werts, sondern Sie müssen diesen auf Umwegen berechnen. Dazu benötigen Sie die Anzahl der Fälle und den t-Wert, den Sie aus dem Korrelationskoeffizient mit nebenstehender Formel berechnen.

$$t = \frac{r\sqrt{n-2}}{\sqrt{1-r^2}}$$

| F2 Anzahl: | =ANZAHL(A2:A21) | Ergebnis: 20 |
| F3 t: | =(F2*WURZEL(F3-2))/WURZEL(1-F2^2) | Ergebnis: 9,466841675 |

Daraus berechnen Sie dann mit Hilfe der Funktion T.VERT.2S den p-Wert für zweiseitiges Testen aus der t-Verteilung.

T.VERT.2S(ABS(x); Freiheitsgrade)

Achtung: x muss ein positiver Wert sein, daher müssen Sie eventuell negative Werte in die Funktion ABS einschließen. ABS liefert den Absolutwert einer Zahl, also ohne Vorzeichen.

- *x* ist der numerische Wert, für den die Verteilung ausgewertet werden soll, in diesem Beispiel der t-Wert in F3.
- Das Argument *Freiheitsgrade* ist die Anzahl der Freiheitsgrade, also die Anzahl der Fälle minus 2.

Damit lautet die Formel in F5 wie folgt und das Ergebnis bzw. der p-Wert ist eindeutig kleiner als 0,05.

F5: =T.VERT.2S(F4;F3-2)   Ergebnis: 0,00000002061

Korrelationsanalysen 7

Weitere Kennzahlen der Trendlinie

Formel und Bestimmtheitsmaß im Diagramm anzeigen

Um die Formel zur Berechnung der Trendlinie im Diagramm anzuzeigen, doppelklicken Sie im Diagramm auf die Trendlinie ❶, siehe Bild unten, (oder Rechtsklick und Befehl T*rendlinie formatieren...*) und aktivieren anschließend im Aufgabenbereich *Trendlinie formatieren* das Kontrollkästchen *Formel anzeigen* ❷. Mit dem Kontrollkästchen *Bestimmtheitsmaß im Diagramm darstellen* kann im Diagramm auch noch das Bestimmtheitsmaß der Trendlinie hinzugefügt werden.

Bild 7.86 Formel und Bestimmtheitsmaß im Diagramm anzeigen, Steigung und Achsenabschnitt berechnen.

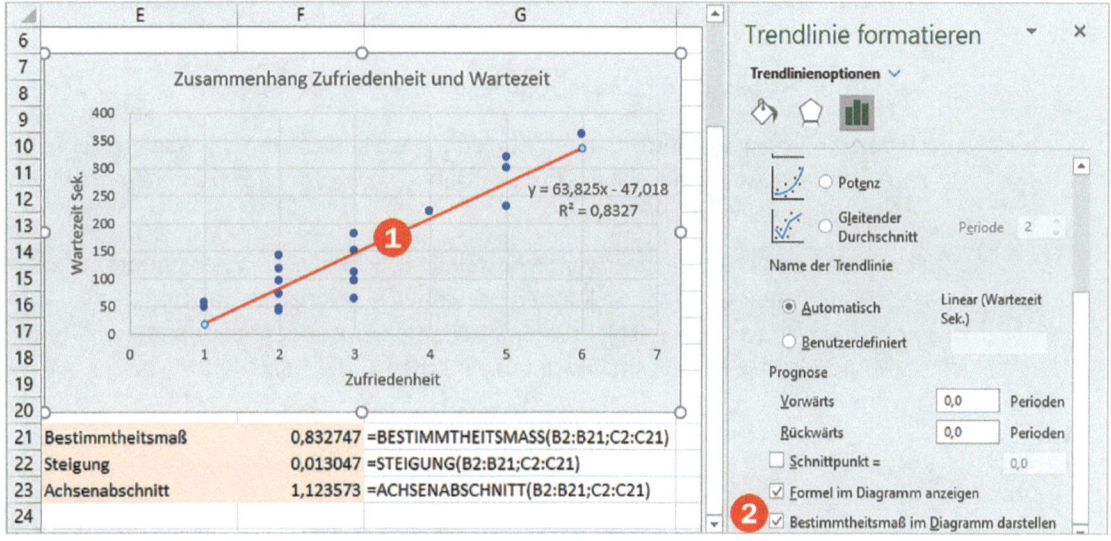

Bestimmtheitsmaß, Steigung und Schnittpunkt der Trendlinie mit Funktionen berechnen

Das Bestimmtheitsmaß R^2 ist ein Wert zwischen 0 und 1 und gibt an, wie gut die Daten durch ein Modell erklärt werden. Je kleiner das Bestimmtheitsmaß, umso weniger repräsentiert der lineare Trend die Datenpunkte im Diagramm. Das Bestimmtheitsmaß ist nichts anderes als das Quadrat des Korrelationskoeffizienten und lässt sich auch mit der Excel-Funktion BESTIMMTHEITSMASS berechnen.

Der Korrelationskoeffizient kann folglich auch berechnet werden als Wurzel aus dem Bestimmtheitsmaß.

    BESTIMMTHEITSMASS(Y_Werte;X_Werte)

Die Steigung der Trendgeraden berechnen Sie mit der Funktion STEIGUNG.

    STEIGUNG(Y_Werte;X_Werte)

Den Schnittpunkt der Trendlinie mit der y-Achse können Sie mit der Funktion ACHSENABSCHNITT berechnen.

    ACHSENABSCHNITT(Y_Werte;X_Werte)

Für die Argumente dieser drei Funktionen gilt: *Y_Werte* und *X_Werte* sind jeweils eine Matrix oder ein Bereich von Datenpunkten. Beide müssen dieselbe Anzahl von Daten-

7 Ausgewählte statistische Funktionen

punkten aufweisen, Text, leere Zellen und Wahrheitswerte werden ignoriert, 0 dagegen berücksichtigt.

Für das hier verwendete Beispiel lauten dann die Formeln wie folgt, siehe Bild auf der vorherigen Seite.

F21: = BESTIMMTHEITSMASS(B2:B21;C2:C21)

F22: = STEIGUNG(B2:B21;C2:C21)

F23: = ACHSENABSCHNITT(B2:B21;C2:C21)

Korrelationsmatrix mit dem Analyse-Tool Korrelation erstellen

Liegen mehrere Variablen vor, dann nutzen Sie am einfachsten das Analyse-Tool *Korrelation*. Dieses ist Bestandteil des Excel Add-Ins *Analyse-Funktionen*, das eventuell erst geladen werden muss, siehe Kapitel 1.

Korrelation bestimmt alle paarweisen Korrelationen für alle Variablen und stellt das Ergebnis als Datenmatrix dar. So können Sie schnell alle Variablen auf mögliche Zusammenhänge prüfen. Als Beispiel die Ergebnisse einer Kundenbefragung zum Thema Staubsaugen im Haushalt, im Bild unten ein Auszug.

Bild 7.87 Ergebnisse Kundenbefragung

Korrelation_Analyse_Funktion.xlsx

	A	B	C	D	E	F	G	H	I	J	K	L
1	Kundenbefragung Staubsaugernutzung											
2												
3			1=immer			4 sehr wichtig						
4			2=häufig			3 wichtig						
5			3=selten			2 weniger wichtig						
6			4=nie			1 nicht wichtig						
7												
8	Lfd Nr	Geschlecht (1=m, 2=w)	Hausarbeit	Staubsaugen pro Woche	Motorleistung	Design	Handling / Komfort	Motorsound	Fahrwerk	Verbrauch	Reinigungskraft	Zusatzausstattung
9	1	1	1	0	3	1	2	1	2	4	2	3
10	2	2	2	3	2	1	1	4	3	1	3	3
11	3	1	3	0	4	1	3	2	2	4	1	2
12	4	1	1	2	1	4	2	1	2	3	1	1
13	5	1	1	0	4	2	4	2	3	3	2	2
14	6	1	1	2	4	4	3	1	2	4	1	1
15	7	2	2	7	2	3	2	3	3	1	2	4

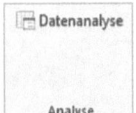

1. Klicken Sie im Register *Daten* ▶ *Analyse* auf *Datenanalyse* und wählen Sie *Korrelation*. Achtung: Nicht zu verwechseln mit der *Datenanalyse* im Register *Start*!

2. Als Eingabebereich markieren Sie Ihre Datenmatrix, hier B8:L62. Enthält die Ausgangsmatrix Spaltenüberschriften wie in diesem Beispiel, dann markieren Sie diese ebenfalls und aktivieren das Kontrollkästchen *Beschriftungen in erster Zeile*.

3. Wählen Sie die Option *Geordnet nach Spalten* und *Neues Tabellenblatt* als *Ausgabebereich*, siehe Bild unten.

7 Regressions- und Trendanalysen

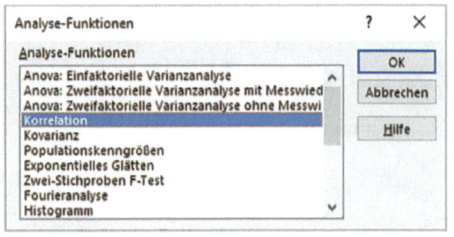
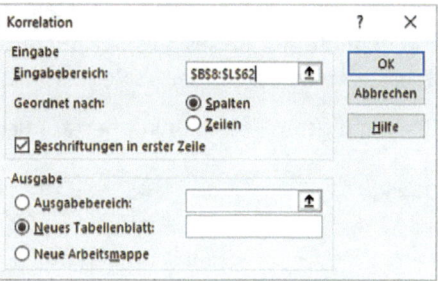

Bild 7.88 Wählen Sie die Analyse-Funktion Korrelation

Bild 7.89 Eingabebereich und Ausgabebereich festlegen

Als Ergebnis erhalten Sie eine Korrelationsmatrix, allerdings werden die Ergebnisse als Wert und ohne Hinweis auf die verwendete Funktion oder Formel eingefügt.

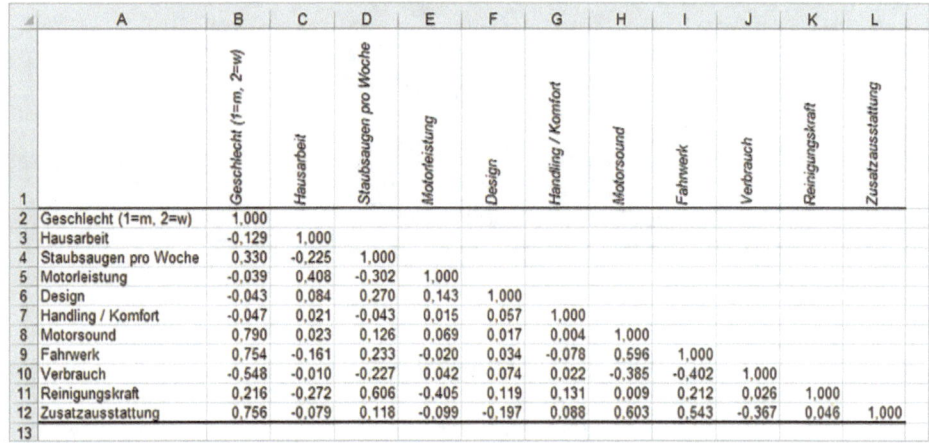

Bild 7.90 Das Ergebnis Korrelationsmatrix, mit drei Nachkommastellen formatiert

7.6 Regressions- und Trendanalysen

Übersicht

Regressionsanalysen werden in der Statistik eingesetzt, um Beziehungen zwischen zwei oder mehr Variablen zu beschreiben. Voraussetzung ist ein linearer gerichteter Zusammenhang zwischen den Variablen, d. h. es müssen eine unabhängige und mindestens eine abhängige Variable existieren. Regressionsanalysen werden häufig für Variablen eingesetzt, für die zuvor ein statistischer Zusammenhang ermittelt wurde, die also miteinander korrelieren.

Ein einfaches Beispiel:
Für ein Hotel wurde ein positiver Zusammenhang zwischen der Anzahl der Gäste und dem Wasserverbrauch ermittelt. Je mehr Gäste übernachten, umso höher ist der Wasserbrauch. Die Anzahl der Gäste stellt die unabhängige Variable dar, da umgekehrt ein höherer Wasserverbrauch nicht gleichzeitig mehr Gäste zur Folge hat. Mit Hilfe

der Regressionsanalyse kann die Steigung der Regressionsgeraden ermittelt werden, das bedeutet für dieses Beispiel: Mit jedem weiteren Gast steigt der Wasserbrauch im Schnitt um den Wert, der als Regressionskoeffizient ermittelt wurde.

Die wichtigsten Excel-Funktionen zur Regressionsanalyse:

RGP	Diese Funktion liefert die Parameter eines linearen Trends, der sich mit der bekannten Gleichung y=mx+b beschreiben lässt.
RKP	Ähnlich der Funktion RGP, beschreibt aber eine exponentielle Regressionsfunktion der Form y=b*e$^{(a*x)}$.
Regression Analyse-Funktion (Add-In)	Über die Analyse-Funktion Regression erhält man eine Zusammenfassung unter den Rubriken Regressions-Statistik, ANOVA, Ausgabe Residuenplot, Ausgabe Quantilsplot in Form von Tabellen und Diagrammen.
TREND	Diese Funktion berechnet aus den Wertepaaren (Y,X) nach der Methode der kleinsten Quadrate eine Gerade, die auf der Punktwolke liegt. Zudem berechnet die Funktion aus den X-Werten die zugehörigen Schätzwerte ŷ=ys.
PROGNOSE.LINEAR SCHÄTZER (Bis Excel 2013)	Diese beiden Funktionen berechnen aus den Wertepaaren Y und X eine lineare Regression und geben aus dem Ergebnis den Schätzwert ŷ an der Stelle x aus. Beide liefern dieselben Werte wie die Funktion TREND(), wenn auch mit einer etwas anderen Syntax und nicht als Matrixformel

Eine einfache lineare Regression mit RGP berechnen

Die Funktion RGP liefert die Parameter eines linearen Trends, der sich auch mit der Gleichung y=m*x+b beschreiben lässt. Es wird die Gleichung der optimalen Geraden gesucht, die so bestimmt wird, dass die Summe der quadrierten Abweichungen der Messwerte von dieser Geraden minimal ist, die Syntax:

RGP(Y_Werte;[X_Werte];[Konstante];[Stats])

Die Argumente der Funktion:

Argument	Beschreibung
Y_Werte	Bereich, der die abhängige Variable (y) enthält.
X_Werte	Bereich, der die unabhängige Variable (x) enthält. Wenn dieser Bereich nicht angegeben wird, wird stattdessen eine Matrix mit fortlaufenden Nummern (1, 2, 3, ...) verwendet.
Konstante	Wahrheitswert, der angibt, ob die Konstante b der Regressionsfunktion geschätzt (WAHR) oder auf 0 (FALSCH) gesetzt werden soll.
Stats	Wahrheitswert, der angibt, ob weitere Regressionskenngrößen ausgegeben werden sollen: WAHR: Die Funktion gibt 10 Parameter als Matrixformel (5 x 2) zurück. Bei Excel 2019 und älter muss dann ein entsprechender Ausgabebereich vor der Formeleingabe markiert werden. FALSCH: Sie erhalten nur die beiden Werte m (Steigung der Regressionsgeraden) und b (Schnittpunkt der Regressionsgeraden mit der y-Achse).

Achtung: Da RGP Funktion mehrere Werte zurückgibt, muss sie als Matrixformel eingegeben werden. Das bedeutet, in Excel 2019 und älter muss zuvor der entsprechende Ausgabebereich markiert und die Formeleingabe mit den Tasten Strg+Umschalt+Eingabe abgeschlossen werden!

Beispiel: Körpergröße und Gewicht

Als einfaches Beispiel eine Regressionsanalyse, die den Zusammenhang zwischen Körpergröße und Gewicht untersucht, wobei die Körpergröße die unabhängige und das Gewicht die abhängige Variable darstellt. Im Bild unten die Werte aus einer Stichprobe von 20 Personen, der Einfachheit halber wird hier nicht zwischen Männern und Frauen unterschieden.

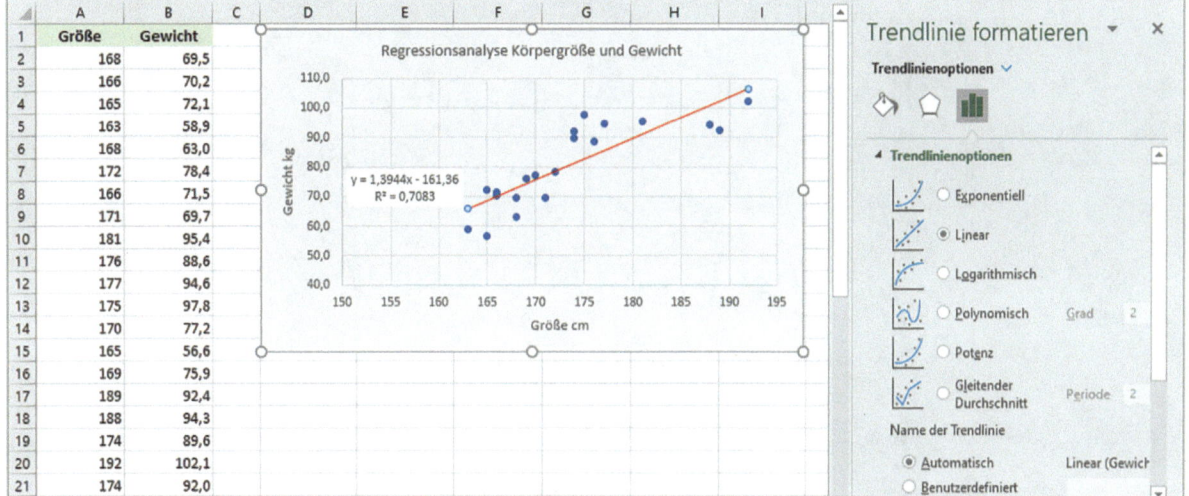

Bild 7.91 Die zu untersuchenden Daten mit Diagramm und Trendlinie

Lineare Regression im Diagramm darstellen

Eine lineare Regression lässt sich durch ein Punktdiagramm mit einer Trendlinie grafisch darstellen, siehe Bild oben.

Regression_Linear.xlsx

1. Dazu markieren Sie den Bereich A1:B21, klicken im Register *Einfügen* auf *Punkt (XY)- oder Blasendiagramm einfügen* und auf den Typ *Punkt (XY)*.

2. Zum Einfügen der Trendlinie klicken Sie in das Diagramm und im Register *Diagrammentwurf* auf *Diagrammelement hinzufügen* (oder Rechtsklick im Diagramm auf die Datenreihe und Befehl *Trendlinie hinzufügen...*) und wählen *Trendlinie ▶ Linear*. Doppelklicken Sie danach auf die Trendlinie und aktivieren Sie im Aufgabenbereich *Trendlinie formatieren* die Kontrollkästchen *Formel im Diagramm anzeigen* und *Bestimmtheitsmaß im Diagramm darstellen*, siehe Seite 337.

3. Beschriftung und das übrige Aussehen des Diagramms, z. B. Trendlinie in roter Farbe wie im Bild oben gestalten Sie nach Ihren Vorstellungen.

7 Ausgewählte statistische Funktionen

Achtung: In Excel 2019 und älter muss zuvor der Bereich D17:E17 markiert und die Eingabe mit Strg+Umschalt+Eingabetaste abgeschlossen werden!

Regression mit Formel berechnen

Mit der Funktion RGP und folgender Formel berechnen Sie anschließend in D17:E17 die Werte m (Steigung) und b (Achsenabschnitt) der Regressionsgeraden mit folgender Formel:

| D17:E17: | =RGP(B2:21;A2:A21;WAHR;FALSCH) |

Mit dem Argument *Stats* = *FALSCH* werden nur die Steigung m in D17 und Achsenabschnitt b in E17 ausgegeben, leider ohne Beschriftung und sonstige Hinweise, diese wurden im Bild unten manuell hinzugefügt.

Bild 7.92 m und b der Regressionsgeraden berechnen

Der Achsenabschnitt b ist der Wert von y an der Stelle, an der die Regressionslinie die y-Achse schneidet.

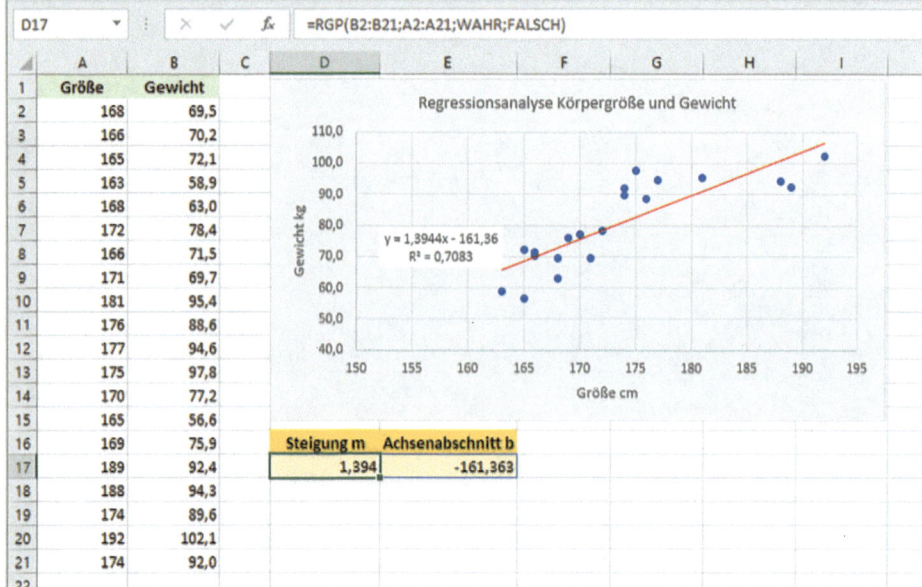

Auf der Basis der Stichprobe kann nun mit der Formel 1,394*Größe+-161,363 bzw. y=m*x+b das Gewicht geschätzt werden. Beispiel: Ein Proband mit einer Körpergröße von 175 cm würde demnach 82,651 kg wiegen.

| =1,394*175+-161,363 | Ergebnis: 82,651 kg |

Weitere Kenngrößen ausgeben

Wird in der Funktion RGP das Argument *Stats* mit *WAHR* angegeben, so erhalten Sie als Ergebnis weitere Kenngrößen in Form einer 5x2 Matrix, wie im Bild unten.

	C	D	E	F	G	H	I
15							
16		RGP mit Kenngrößen			RGP mit Kenngrößen		
17		1,394	-161,363		Steigung m=1,394	Achsenabschnitt b=-161,363	
18		0,211	36,620		se(m)=0,211	se(b)=36,620	
19		0,708	7,717		r(xy)²=0,708	se(y)=7,717	
20		43,716	18		F-Wert=43,716	Freiheitsgrade=18	
21		2603,272	1071,886		ss(reg)=2603,272	ss(res)=1071,886	
22							

7 Regressions- und Trendanalysen

Achtung: Da die Funktion eine Matrix von Ausgabewerten liefert, muss sie in Excel 2019 und älter als Matrixformel eingegeben werden. Die Formel in D17:E21 lautet wie folgt.

```
D17:E21:        =RGP(B2:21;A2:A21;WAHR;WAHR)
```

Matrixformel eingeben: Ausgabebereich markieren und Formeleingabe mit Strg+Umschalt+Eingabetaste abschließen.

Leider werden auch diese Werte ohne Beschriftungen ausgegeben, diese wurden im Bild manuell hinzugefügt. Eine genauere Beschreibung entnehmen Sie der Tabelle.

Die Rückgabematrix der Funktion RGP

Kenngröße	Beschreibung	Kenngröße	Beschreibung
m	Steigung der Regressionsgeraden	b	Schnittpunkt der Regressionsgeraden mit der Y-Achse
se(m)	Standardschätzfehler der Steigung	se(b)	Standardschätzfehler für den Schnittpunkt bzw. Achsenabschnitt
$r(xy)^2$	Bestimmtheitsmaß, ein Wert zwischen 0 und 1	se(y)	Standardschätzfehler der berechneten y-Werte
F	F-Wert	df	Anzahl Freiheitsgrade
ss(reg)	Quadratsumme der Regression	ss(res)	Quadratsumme der Residuen

Hinweis: Einige Rückgabewerte können auch mit folgenden Funktionen berechnet werden, siehe auch Seite 337.

Kenngröße	Funktion
m (Steigung)	STEIGUNG
b (Achsenabschnitt)	ACHSENABSCHNITT
Bestimmtheitsmaß	BESTIMMTHEITSMASS
se(y) Standardschätzfehler y	STFEHLERYX

	A	B	C	D	E	F
1	Größe	Gewicht				
2	168	69,5		Steigung m	1,394	=STEIGUNG(B2:B21;A2:A21)
3	166	70,2		Achsenabschnitt b	-161,363	=ACHSENABSCHNITT(B2:B21;A2:A21)
4	165	72,1		Besimmtheitsmaß R²	0,708	=BESTIMMTHEITSMASS(B2:B21;A2:A21)
5	163	58,9		Standardschätzfehler	7,717	=STFEHLERYX(B2:B21;A2:A21)
6	168	63,0				
7	172	78,4				
8	166	71,5				
9	171	69,7				
10	181	95,4				
11	176	88,6				
12	177	94,6				

Bild 7.93 Kenngrößen mit Einzelfunktionen berechnen

7 Ausgewählte statistische Funktionen

Die Analyse-Funktion Regression

Eine weitere Möglichkeit der Regressionsanalyse erhalten Sie mit der Analyse-Funktion *Regression*. Als Beispiel wenden wir dieses Tool auf das obige Beispiel des Zusammenhangs zwischen Gewicht und Körpergröße an.

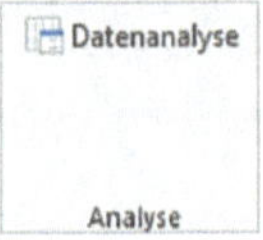

Achtung: Die Analyse-Funktionen gehören zu den Excel Add-Ins und müssen eventuell erst geladen werden, siehe Kap. 1.

1. Klicken Sie im Register *Daten* auf *Datenanalyse* und wählen Sie *Regression*.
2. Im nachfolgenden Fenster legen Sie die Parameter fest (s. Bild unten).
   - Als *Y-Eingabebereich* geben Sie den Bereich an, der die abhängige Variable enthält, hier das Gewicht in B1:B21. *X-Eingabebereich* ist die Größe in A1:A21. Wenn Y- und X-Eingabebereich Spaltenüberschriften enthalten, wie in diesem Beispiel, dann markieren Sie diese mit und aktivieren das Kontrollkästchen *Beschriftungen*.
   - Das Konfidenzniveau sollte bei 95% liegen. Wählen Sie außerdem einen Ausgabebereich; entweder an beliebiger Stelle z. B. im selben Tabellenblatt, in einem neuen Tabellenblatt oder in einer neuen Arbeitsmappe.

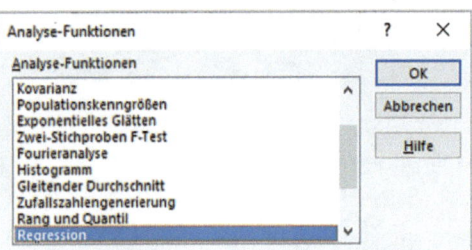

Bild 7.94 Analyse-Funktion Regression

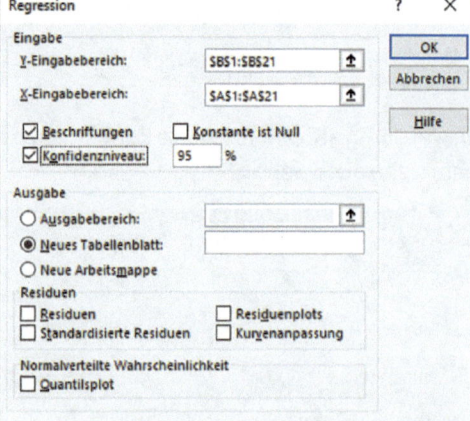

Bild 7.95 Parameter wählen

Bild 7.96 Das Ergebnis in einem neuen Tabellenblatt

	A	B	C	D	E	F	G
1	AUSGABE: ZUSAMMENFASSUNG						
2							
3	*Regressions-Statistik*						
4	Multipler Korrelationskoeffizient	0,842					
5	Bestimmtheitsmaß	0,708					
6	Adjustiertes Bestimmtheitsmaß	0,692					
7	Standardfehler	7,717					
8	Beobachtungen	20					
9							
10	ANOVA						
11		*Freiheitsgrade (df)*	*Quadratsummen (SS)*	*Mittlere Quadratsumme (MS)*	*Prüfgröße (F)*	*F krit*	
12	Regression	1	2603,272	2603,272	43,716	0,000	
13	Residue	18	1071,886	59,549			
14	Gesamt	19	3675,158				
15							
16		*Koeffizienten*	*Standardfehler*	*t-Statistik*	*P-Wert*	*Untere 95%*	*Obere 95%*
17	Schnittpunkt	-161,363	36,620	-4,406	0,000	-238,298	-84,428
18	Größe	1,394	0,211	6,612	0,000	0,951	1,837
19							

7 Regressions- und Trendanalysen

Linearen Trend mit PROGNOSE.LINEAR berechnen

Die Funktion PROGNOSE.LINEAR berechnet aus den Wertepaaren Y und X eine lineare Regression und gibt aus dem Ergebnis den Schätzwert y an der Stelle x aus. Alternativ kann auch die ältere Funktion SCHÄTZER verwendet werden, Syntax und Argumente sind dieselben.

```
PROGNOSE.LINEAR(x;Y_Werte;X_Werte)

SCHÄTZER(x;Y_Werte;X_Werte)
```

x ist der Datenpunkt, für den der Schätzwert ermittelt werden soll. *Y_Werte*: Der Datenbereich mit den abhängigen Werten. *X_Werte*: Der Datenbereich der die unabhängigen Werte enthält. Beide Bereiche müssen gleich groß sein.

Prognose_Linear.xlsx

Beispiel: Prognose künftiger Verkaufszahlen

Als Beispiel im Bild rechts die Verkaufszahlen eines Fahrradhändlers über ein, in Kalenderwoche 15 neu auf den Markt gekommenes E-Bike Modell. Für künftige Bestellungen soll aus den Zahlen von KW 15 bis KW 27 die voraussichtliche Entwicklung für die nächsten Kalenderwochen bis KW 35 berechnet werden.

Diagramm mit Trendlinie erstellen

Zur Verdeutlichung erstellen wir zunächst ein Diagramm mit einer Trendlinie.
Hinweis: Da die Kalenderwochen in A2:A22 als Zahlen vorliegen, werden sie bei der Erstellung des Diagramms als Datenreihe interpretiert. In diesem Fall beginnen Sie besser mit einem leeren Diagramm, dem Sie Datenreihe und Achsenbeschriftung nachträglich hinzufügen.

1   Klicken Sie in eine beliebige leere Zelle außerhalb des Datenbereichs, danach im Register *Einfügen* ▶ *Diagramme* auf *Linien- oder Flächendiagramm einfügen* und wählen Sie *2D-Linie*.

2   Klicken Sie in das leere Diagramm und im Register *Diagrammentwurf* auf *Daten auswählen*. Klicken Sie im Fenster *Datenquelle auswählen* unter *Legendeneinträge (Reihen)* auf *Hinzufügen*. Als *Reihenname* geben Sie B1 an und als *Reihenwerte* den Bereich B2:B22 ❶.

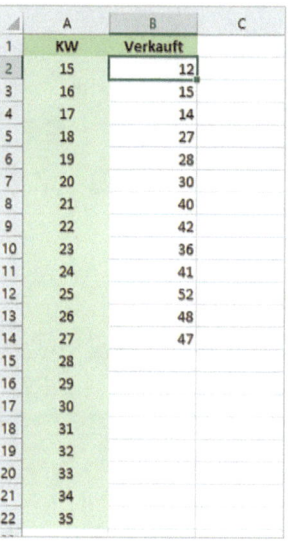

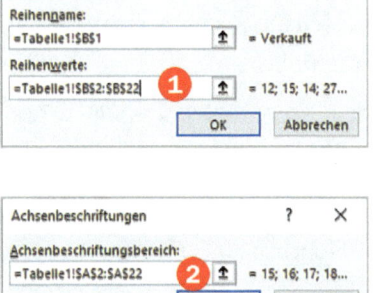

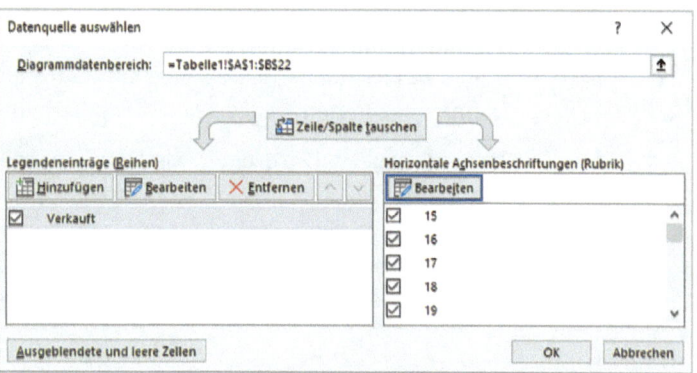

Bild 7.97 Datenreihe auswählen und Achsenbeschriftungen festlegen

345

7 Ausgewählte statistische Funktionen

3. Zum Festlegen der Achsenbeschriftung klicken Sie im Fenster *Datenquelle auswählen* unter *Horizontale Achsenbeschriftungen* auf *Bearbeiten* und wählen den Bereich A2:A22 ❷. Schließen Sie dann nacheinander alle Fenster mit *OK*.

4. Die Trendlinie fügen Sie über das Register *Diagrammentwurf* ▶ *Diagrammelement hinzufügen* und die Auswahl *Linear* ein (oder Rechtsklick auf die Linie im Diagramm und Befehl *Trendlinie...*). Da als Achsenbeschriftung die Kalenderwochen 15 bis 35 gewählt wurden, wird die Trendlinie für diesen Zeitraum automatisch fortgeschrieben, siehe Bild unten.

5. Fügen Sie anschließend die erforderlichen Beschriftungen hinzu und formatieren Sie Diagramm, Datenreihe und Trendlinie nach Ihren Vorstellungen.

Bild 7.98 Diagramm mit Trendlinie

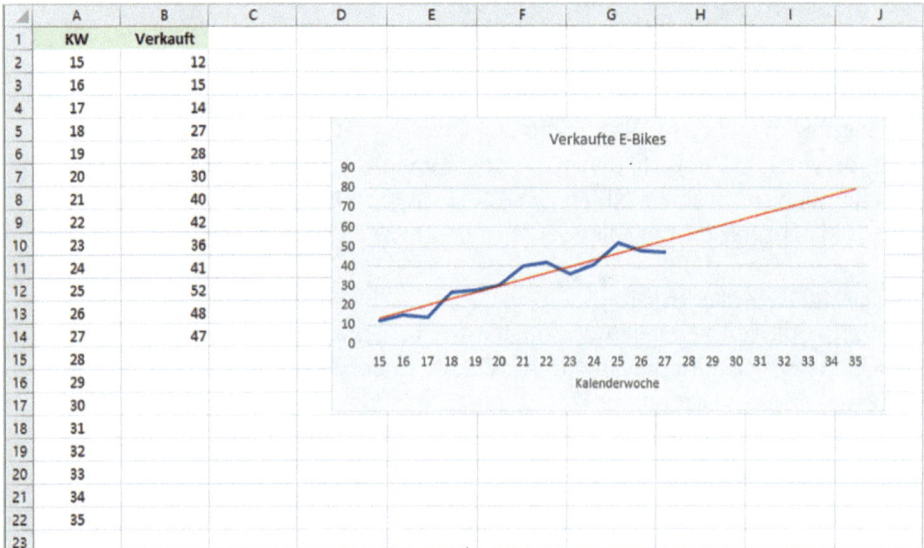

Trendwerte berechnen

Mit der Funktion PROGNOSE.LINEAR berechnen Sie die dazugehörigen Trendwerte. Geben Sie dazu in C2 die folgende Formel ein (Bild auf der nächsten Seite) und kopieren Sie diese anschließend nach unten bis einschließlich C22.

```
C2: =PROGNOSE.LINEAR(A2;$B$2:$B$22;$A$2:$A$22)
```

Wenn Sie anschließend die berechneten Trendwerte als weitere Datenreihe dem Diagramm hinzufügen, decken sich diese Werte mit der Trendlinie.

Tipp: Im Gegensatz zu einer, als Diagrammelement hinzugefügten Trendlinie, können Sie mit PROGNOSE.LINEAR beispielsweise auch nur die Zahlen der letzten 5 Kalenderwochen zur Berechnung der Trendwerte heranziehen und als Datenreihe dem Diagramm hinzufügen. Beim hier verwendeten Beispiel erhalten Sie damit eine etwas vorsichtigere Prognose zur künftigen Verkaufsentwicklung.

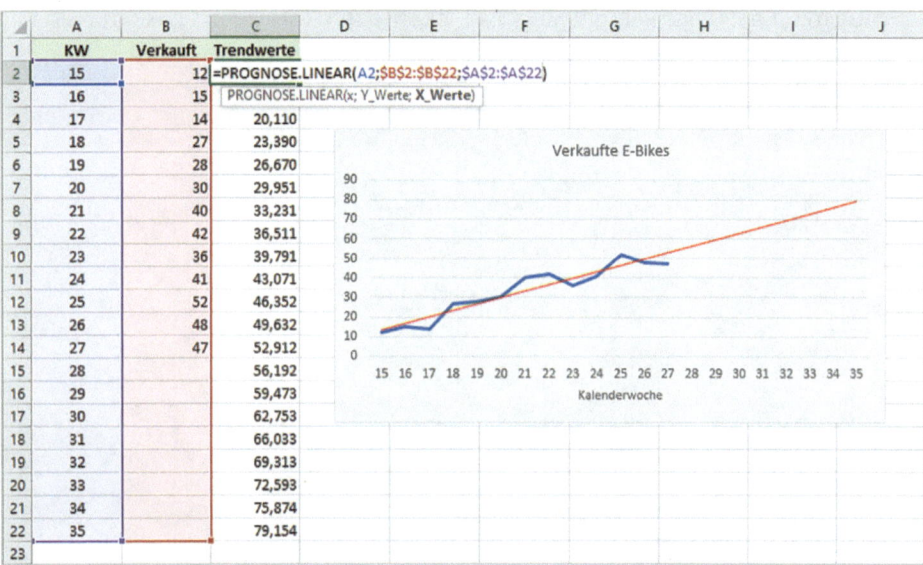

Bild 7.99 Lineare Trendwerte berechnen

Trendwerte mit der Funktion TREND berechnen

Statt PROGNOSE.LINEAR oder SCHÄTZER könnte auch die Funktion TREND eingesetzt werden. Allerdings muss TREND in Excel 2019 und älter als Matrixformel eingegeben werden, wenn mehrere Werte ausgegeben werden sollen. Auch die Funktionsargumente sind etwas anders.

=TREND(Y_Werte;[X_Werte];[Neue_x_Werte];[Konstante])

Argument	Beschreibung
Y_Werte	Erforderlich; der Bereich, der die abhängige Variable (y) enthält, siehe RGP.
X_Werte	Bereich, der die unabhängige Variable (x) enthält. Wenn dieser Bereich nicht angegeben wird, wird stattdessen eine Matrix mit fortlaufenden Nummern (1, 2, 3, …) und derselben Anzahl an n Elementen wie Y_Werte verwendet.
Neue_X_Werte	Die neuen x-Werte, für die die Funktion die dazugehörigen y-Werte ausgeben soll. Bei fehlenden Werten wird angenommen, dass diese mit der Matrix x-Werte identisch sind.
Konstante	Wahrheitswert, der angibt, ob die Konstante b den Wert 0 annehmen soll. WAHR: b wird normal berechnet; FALSCH: b wird gleich 0 gesetzt und m so angepasst, dass y=mx gilt. Der Standardfehler se(b) ergibt #NV.

Wenn Sie für das vorhergehende Beispiel der Verkaufszahlen des neuen E-Bike Modells die künftigen Prognosewerte mit TREND berechnen möchten, dann geben Sie in D15 die folgende Formel ein. Excel 365 erweitert den Ausgabebereich automatisch, bei Excel 2019 und älter müssen Sie den Bereich D15:D22 zuvor markieren und die

7 Ausgewählte statistische Funktionen

Eingabe mit Strg+Umschalt+Eingabetaste abschließen. Die Ergebnisse stimmen mit denen der Funktion PROGNOSE.LINEAR überein, siehe Bild unten.

`D15: =TREND(B2:B14;A2:A14;A15:A22)`

Bild 7.100 Neue Y-Werte mit TREND berechnen

	A	B	C	D
1	KW	Verkauft	Trendwerte	TREND
2	15	12	13,549	
3	16	15	16,830	
4	17	14	20,110	
5	18	27	23,390	
6	19	28	26,670	
7	20	30	29,951	
8	21	40	33,231	
9	22	42	36,511	
10	23	36	39,791	
11	24	41	43,071	
12	25	52	46,352	
13	26	48	49,632	
14	27	47	52,912	
15	28		56,192	=TREND(B2:B14;A2:A14;A15:A22)
16	29		59,473	59,473
17	30		62,753	62,753
18	31		66,033	66,033
19	32		69,313	69,313
20	33		72,593	72,593
21	34		75,874	75,874
22	35		79,154	79,154

Die exponentielle Regressionsfunktion RKP

Neben der linearen Regression RGP mit der Gleichung y=m*x+b stellt Excel auch die Funktion RKP zur Verfügung, die eine exponentielle Regressionsfunktion der Form y=b*e$^{(a*x)}$ beschreibt. Die Syntax:

`RKP(Y_Werte;[X_Werte];[Konstante];[Stats])`

Die Argumente der Funktion:

Argument	Beschreibung
Y_Werte	Bereich, der die abhängige Variable (y) enthält.
X_Werte	Bereich, der die unabhängige Variable (x) enthält. Wird dieses Argument nicht angegeben, so wird eine Matrix mit fortlaufenden Nummern (1, 2, 3, ...) und derselben Anzahl Elemente wie Y-Werte verwendet.
Konstante	Wahrheitswert, der angibt, ob die Konstante b der Regressionsfunktion den Wert 1 annehmen soll. WAHR oder keine Angabe: b wird normal berechnet. FALSCH bedeutet, b=1 und die m-Werte werden gemäß y = m^x berechnet.
Stats	Wahrheitswert, der angibt, ob weitere Regressionskenngrößen ausgegeben werden sollen: WAHR: Die Funktion gibt 10 Parameter als Matrixformel (5 x 2) zurück. Bei Excel 2019 und älter muss dann ein entsprechender Ausgabebereich vor der Formeleingabe markiert werden. FALSCH: Sie erhalten nur die beiden Werte m (Steigung der Regressionsgeraden) und b (Schnittpunkt der Regressionsgeraden mit der y-Achse).

Regressions- und Trendanalysen 7

Beispiel: Auslastung, Aufenthaltsdauer und Umsatz pro Gast in einem Restaurant

Als Beispiel betrachten wir Auslastung und Umsatz eines Restaurants. Zur Untersuchung möglicher Zusammenhänge zwischen Ankunftszeit im Restaurant, Aufenthaltsdauer und Höhe des Umsatzes der Gäste wurde eine zufällige Stichprobe von 20 Gästen erhoben. Im Bild unten die Tabelle mit den Variablen Ankunftszeit, Aufenthaltsdauer in Min und Umsatz.

Regression_Exponentiell.xlsx

Außerdem wurden in F2:I5 zur Messung der Stärke der Zusammenhänge die Korrelationskoeffizienten zwischen allen Variablen berechnet, hier als Korrelationsmatrix mit Hilfe der Analyse-Funktion *Korrelation*, s. Seite 338. Nur der Koeffizient 0,75 zwischen Aufenthaltsdauer und Umsatz ist untersuchungsrelevant, im Bild rot hervorgehoben, wobei die Aufenthaltsdauer als unabhängige Variable und der Umsatz als abhängige Variable festgelegt wird.

Bild 7.101 Die erhobenen Daten mit Korrelationsmatrix

	A	B	C	D	E	F	G	H	I
1	Gast Nr.	Ankunftszeit	Dauer Min	Umsatz EUR		Korrelationskoeffizienten (berechnet mit der Analyse Funktion Korrelation)			
2	1	11:46	31	12,10			Ankunftszeit	Dauer Min	Umsatz EUR
3	2	12:48	38	13,90		Ankunftszeit	1		
4	3	11:48	70	40,50		Aufenthaltsdauer Min	-0,21	1	
5	4	11:50	33	14,20		Umsatz EUR	-0,07	0,75	1
6	5	11:50	39	36,00					
7	6	11:52	60	33,10					
8	7	11:52	30	9,80					
9	8	11:54	49	34,20					
10	9	11:58	58	30,40					
11	10	12:00	41	11,20					
12	11	12:09	31	12,10					
13	12	12:10	42	21,10					
14	13	12:10	48	26,80					
15	14	12:14	67	33,40					
16	15	12:25	40	17,00					
17	16	12:25	43	15,80					
18	17	12:27	50	21,00					
19	18	12:39	37	13,00					
20	19	12:40	33	15,20					
21	20	12:59	39	37,00					

Hinweis: Alternativ könnten die Korrelationskoeffizienten auch mit der Funktion KORREL berechnet werden, dann würden die Formeln dazu wie folgt lauten:

=KORREL(B2:B21;C2:C21)	Ergebnis: 0,21
=KORREL(B2:B21;D2:D21)	Ergebnis: 0,07
=KORREL(C2:BC21;D2:D21)	Ergebnis: 0,75

Exponentielle Regression im Diagramm darstellen

Um die Beziehung zwischen Dauer des Aufenthalts und Umsatz grafisch darzustellen, wird ein Punktdiagramm mit einer Trendlinie erstellt.

1 Dazu markieren Sie den Bereich C1:D21, klicken im Register *Einfügen* auf *Punkt (XY)- oder Blasendiagramm einfügen* und auf den Typ *Punkt (XY)*.

7 Ausgewählte statistische Funktionen

2 Zum Einfügen der Trendlinie klicken Sie in das Diagramm und im Register *Diagrammentwurf* auf *Diagrammelement hinzufügen* und wählen *Trendlinie* ▶ *Exponentiell*. Doppelklicken Sie danach auf die Trendlinie und aktivieren Sie im Aufgabenbereich *Trendlinie formatieren* die Kontrollkästchen *Formel im Diagramm anzeigen* und *Bestimmtheitsmaß im Diagramm darstellen*, siehe Seite 337.

Bild 7.102 Wertepaare und Regressionsgerade im Diagramm

3 Beschriftung und das übrige Aussehen des Diagramms, z. B. Trendlinie in roter Farbe gestalten Sie nach Ihren Vorstellungen.

	A	B	C	D	E	F	G	H	I	J
1	Gast Nr.	Ankunftszeit	Dauer Min	Umsatz EUR		Korrelationskoeffizienten (berechnet mit der Analyse Funktion Korrelation)				
2	1	11:46	31	12,10			Ankunftszeit	Dauer Min	Umsatz EUR	
3	2	12:48	38	13,90		Ankunftszeit	1			
4	3	11:48	70	40,50		Aufenthaltsdauer Min	-0,21	1		
5	4	11:50	33	14,20		Umsatz EUR	-0,07	0,75	1	
6	5	11:50	39	36,00						
7	6	11:52	60	33,10						
8	7	11:52	30	9,80						
9	8	11:54	49	34,20						
10	9	11:58	58	30,40						
11	10	12:00	41	11,20						
12	11	12:09	31	12,10						
13	12	12:10	42	21,10						
14	13	12:10	48	26,80						
15	14	12:14	67	33,40						
16	15	12:25	40	17,00						
17	16	12:25	43	15,80						
18	17	12:27	50	21,00						
19	18	12:39	37	13,00						
20	19	12:40	33	15,20						
21	20	12:59	39	37,00						

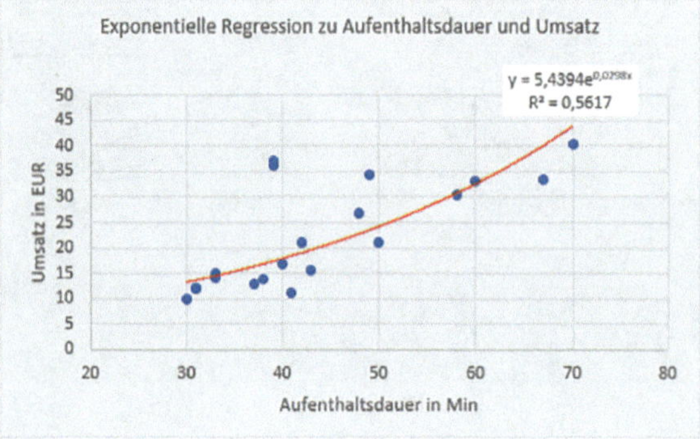

Exponentielle Regression zu Aufenthaltsdauer und Umsatz
$y = 5{,}4394 e^{0{,}0298x}$
$R^2 = 0{,}5617$

Regression mit Formel berechnen

Mit der Funktion RKP berechnen Sie anschließend die Werte m (Steigung) und b (Achsenabschnitt), siehe Bild auf der nächsten Seite. Dazu wird in F2 bzw. F5:G9 (Rückgabe mit Kenngrößen) die folgende Formel eingegeben:

F2:G2: =RKP(D2:D21;C2;C21;WAHR;FALSCH)

F5:G9: =RKP(D2:D21;C2;C21;WAHR;WAHR)

Achtung: In Excel 2019 und älter muss zuvor der Ausgabebereich F5:G9 markiert und die Eingabe mit Strg+Umschalt+Eingabetaste abgeschlossen werden!

Achtung: In Excel 2019 und älter muss RKP als Matrixformel eingegeben werden, d. h. Sie müssen vor der Formeleingabe den Ausgabebereich markieren und die Eingabe mit Strg+Umschalt+Eingabetaste abschließen.

Zur besseren Übersicht erfolgt im Bild auf der nächsten Seite die Berechnung im zuvor kopierten Tabellenblatt ohne Diagramm (Rechtsklick auf das Blattregister ▶ Befehl *Verschieben oder Kopieren* ▶ Kontrollkästchen *Kopie erstellen* aktivieren).

Leider werden in beiden Fällen die Ergebnisse ohne weitere Beschriftung eingefügt, daher im Bild unten nochmals die Werte zusammen mit manuell hinzugefügten Beschriftungen, Details, siehe Rückgabematrix der Funktion RGP auf Seite 343.

Bild 7.103 Exponentielle Regression mit RKP berechnen

	A	B	C	D	E	F	G	H
1	Gast Nr.	Ankunftszeit	Dauer Min	Umsatz EUR		Rückgabewerte der Funktion RKP		
2	1	11:46	31	12,10		1,030	5,439	
3	2	12:48	38	13,90				
4	3	11:48	70	40,50		Rückgabewerte mit Kenngrößen		
5	4	11:50	33	14,20		1,030	5,439	
6	5	11:50	39	36,00		0,006	0,282	
7	6	11:52	60	33,10		0,562	0,321	
8	7	11:52	30	9,80		23,066	18	
9	8	11:54	49	34,20		2,378	1,856	
10	9	11:58	58	30,40				
11	10	12:00	41	11,20		Rückgabewerte mit Kenngrößen		
12	11	12:09	31	12,10		Steigung m=1,030	Achsenabschnitt b=5,439	
13	12	12:10	42	21,10		se(m)=0,006	se(b)=0,282	
14	13	12:10	48	26,80		r(xy)^2=0,562	se(y)=0,321	
15	14	12:14	67	33,40		F-Wert=23,066	Freiheitsgrade=18	
16	15	12:25	40	17,00		ss(reg)=2,378	ss(res)=1,856	
17	16	12:25	43	15,80				
18	17	12:27	50	21,00				
19	18	12:39	37	13,00				
20	19	12:40	33	15,20				
21	20	12:59	39	37,00				

Exponentielle Trendberechnung mit VARIATION

Wie bei der linearen Regression gibt es auch zu RKP und zur exponentiellen Regression eine Funktion zur Trendberechnung, nämlich VARIATION. Syntax und Argumente unterscheiden sich nicht von der Funktion TREND.

VARIATION(Y_Werte;[X_Werte];[Neue_x_Werte];[Konstante])

Argument	Beschreibung
Y_Werte	Erforderlich; der Bereich, der die bereits bekannten Werte der abhängigen Variablen (y) enthält.
X_Werte	Bereich, der die unabhängige Variable (x) enthält. Wenn dieser Bereich nicht angegeben wird, wird stattdessen eine Matrix mit fortlaufenden Nummern (1, 2, 3, ...) und derselben Anzahl an n Elementen wie Y_Werte verwendet.
Neue_x_Werte	Die neuen x-Werte, für die die Funktion die dazugehörigen y-Werte ausgegeben werden soll. Bei fehlenden Werten wird angenommen, dass diese mit der Matrix x-Werte identisch sind.
Konstante	Wahrheitswert, der angibt, ob die Konstante b den Wert 0 annehmen soll. WAHR: b wird normal berechnet; FALSCH: b wird gleich 0 gesetzt und m so angepasst, dass y=mx gilt. Der Standardfehler se(b) ergibt #NV.

Hinweis: Wenn die Funktion mehrere Werte ausgeben soll, muss sie als Matrixformel eingegeben werden. Das bedeutet, in Excel 2019 und älter muss der Ausgabebereich markiert und die Eingabe mit Strg+Umschalt+Eingabetaste abgeschlossen werden.

Beispiel: Ausbreitungsgeschwindigkeit eines Virus
Nehmen wir als Beispiel die Ausbreitungsgeschwindigkeit eines fiktiven Virus in einer Region. Die unten abgebildete Tabelle enthält die bisher erfassten Fälle bis Woche 16.

Exponentieller_Trend.xlsx

7 Ausgewählte statistische Funktionen

Bild 7.104 Ausbreitungsgeschwindigkeit mit Diagramm und exponentieller Trendlinie

Wird aus diesen Daten ein Diagramm erstellt und eine Trendlinie hinzugefügt, dann zeigt sich, dass der Trendlinientyp *Exponentiell* das Wachstum am besten repräsentiert.

Hinweis: Hier wurde der Diagrammtyp *Linie* gewählt, genauso gut würden sich aber auch die Typen *Säule* oder *Punkt (XY)* mit geraden oder interpolierten Linien eignen.

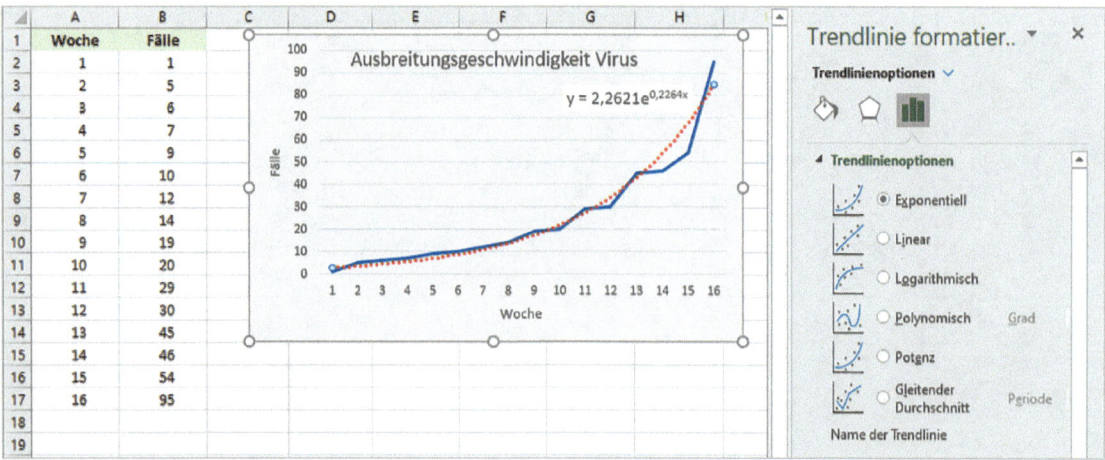

Exponentiellen Trend berechnen

Mit der Funktion VARIATION werden nun die Trendwerte berechnet. Um diese auch gleich für die nächsten fünf Wochen zu erhalten, vervollständigen Sie die Wochen in Spalte A und nehmen diese auch in das Diagramm auf. Geben Sie in C2 folgende Formel ein und kopieren Sie diese nach unten bis einschließlich C22:

C2:   =VARIATION($B$2:$B417;$A$2:$A$17;A2)

Bild 7.105 Exponentielle Trendwerte berechnen

Tipp: Datenbereich vergrößern

Daten- und Beschriftungsbereich eines Diagramms erweitern geht am schnellsten mit Klick in das Diagramm. Die dazugehörigen Zellbereiche werden in der Tabelle farbig umrandet hervorgehoben und können durch Ziehen mit der Maus vergrößert werden.

Woche	Fälle	VARIATION
1	1	=VARIATION($B$2:$B$17;$A$2:$A$17;A2)
2	5	3,56
3	6	4,46
4	7	5,60
5	9	7,02
6	10	8,80
7	12	11,04
8	14	13,84
9	19	17,36
10	20	21,78
11	29	27,31
12	30	34,25
13	45	42,95
14	46	53,87
15	54	67,56
16	95	84,73
17		106,26
18		133,27
19		167,13
20		209,61
21		262,88

7 Regressions- und Trendanalysen

Alternativ könnten Sie auch nur die künftigen Trendwerte berechnen. Dazu geben Sie im Ausgabebereich C18:C22 die folgende Formel ein, die Sie dann mit Strg+Umschalt+Eingabetaste übernehmen (Excel 2019 und älter):

C18:C22:   {=VARIATION(B2:B17;A2:A17;A18:A22)}

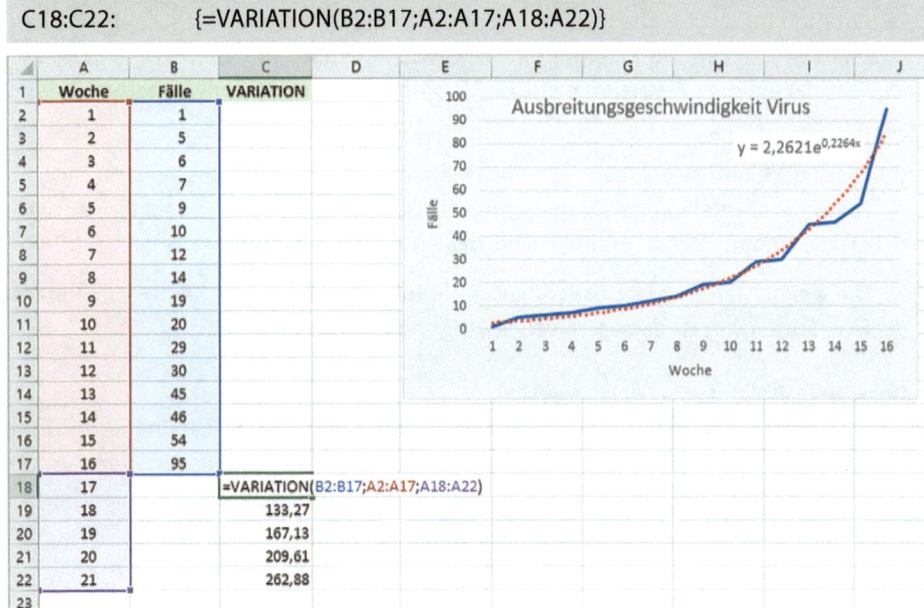

Bild 7.106 Nur künftige Trendwerte berechnen

Tipp: Trendwerte mit der Funktion EXP berechnen

Die Trendwerte könnten auch aus der Formel der Trendlinie im Diagramm (Rechtsklick auf die Trendlinie ▶ *Trendlinie formatieren...* und Kontrollkästchen *Formel im Diagramm anzeigen*) mit der Funktion EXP berechnet werden, die Ergebnisse weichen allerdings geringfügig von den, mit VARIATION ermittelten, Werten ab. Die Basis e ist in diesem Fall der Wert 2,2621, Wachstumsfaktor ist 0,2264. Daraus ergibt sich folgende Formel in D2, die anschließend nach unten kopiert werden kann.

D2:   =2,2621*EXP(0,2264*A2)   Ergebnis: 2,84

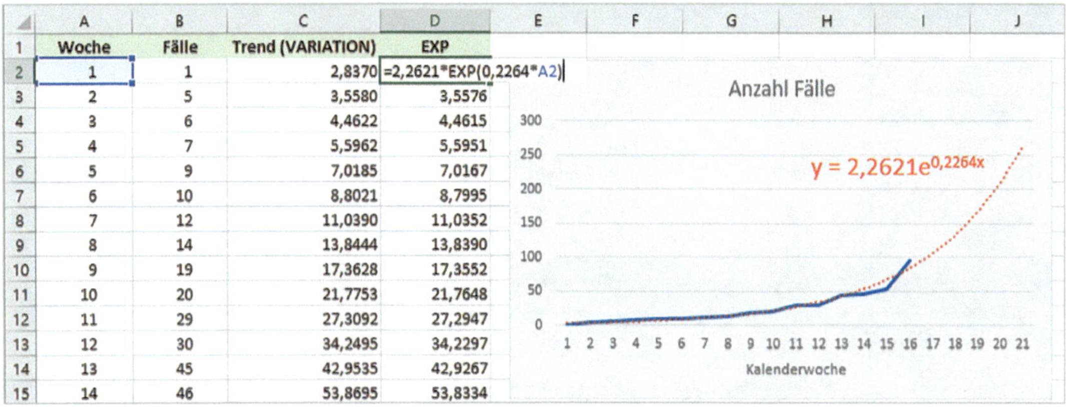

Bild 7.107 Trendwerte aus Formel zur Trendlinie berechnen

353

7 Ausgewählte statistische Funktionen

Das Tool Prognoseblatt

Für schnelle Trendberechnungen kann auch das Tool *Prognoseblatt* eingesetzt werden. Es liefert als Ergebnis die Werte Schätzer sowie obere und untere Konfidenzgrenze zusammen mit einem Diagramm. Zur Berechnung verwendet Prognoseblatt allerdings statt SCHÄTZER die Funktionen PROGNOSE.ETS und PROGNOSE.ETS.KONFINT und zieht dazu die AAA-Version des ETS-Algorithmus (Exponentielles Glätten) heran. Beachten Sie außerdem:

▶ Die Punkte auf der Zeitachse müssen als Zahlen oder Datumswerte vorliegen. Falls Monate als Text benötigt werden, so geben Sie z. B. den jeweiligen Monatsersten ein und formatieren die Datumswerte mit dem Datumsformat MMMM.

▶ Die Zeitachse erfordert gleichbleibende Intervalle, z. B. Wochen oder Monate. Eine Sortierung ist dagegen nicht zwingend erforderlich.

Beispiel: Verkaufszahlen nach Kalenderwochen

Als Beispiel greifen wir nochmals auf die Verkaufszahlen eines Fahrradhändlers über ein neu auf den Markt gekommenes E-Bike von Seite 345 zurück. Diesmal verwenden wir zur Berechnung der voraussichtliche Entwicklung für die nächsten Kalenderwochen bis KW 35 das Tool Prognoseblatt.

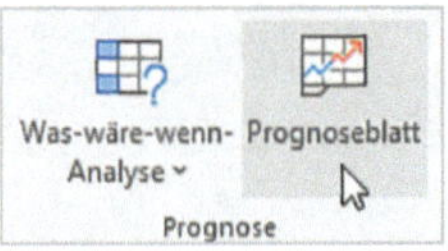

1 Markieren Sie die Zeitwerte und Verkaufszahlen, meist genügt es auch, wenn eine beliebige Zelle innerhalb der Tabelle markiert ist, und klicken Sie im Register *Daten* ▶ *Prognose* auf *Prognoseblatt*.

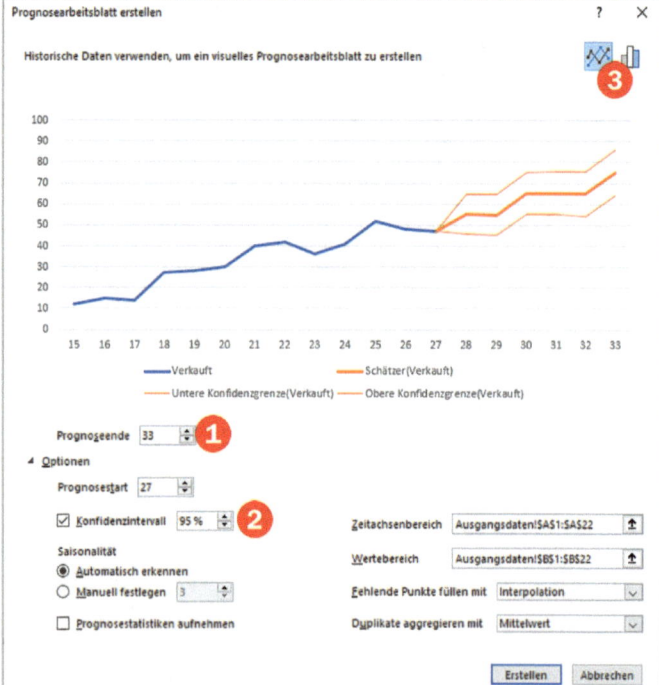

Bild 7.108 Ausgangsdaten

Bild 7.109 Prognoseblatt erstellen

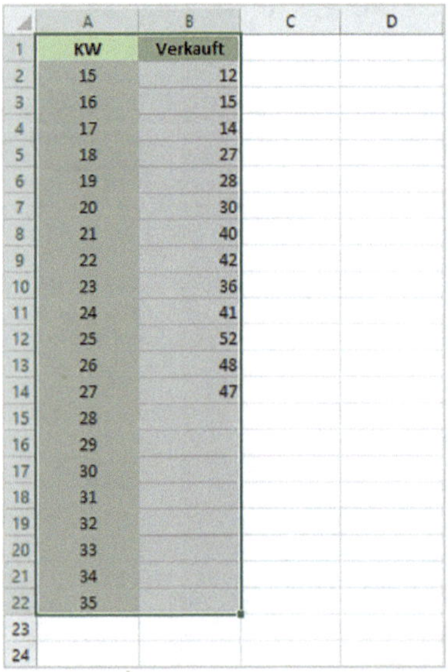

7 Regressions- und Trendanalysen

2 Im Fenster *Prognoseblatt erstellen* (Bild auf der vorhergehenden Seite) nehmen Sie die weiteren Einstellungen vor:

- Im Feld *Prognoseende* ❶ geben Sie an, zu welchem Zeitpunkt die Prognose endet.
- Im Bereich *Optionen* (mit Klick auf das Dreieck einblenden) können Sie das Konfidenzintervall festlegen ❷.
- Saisonalität kann automatisch erkannt werden, was beim Beispiel E-Bike durchaus sinnvoll sein kann. Wenn keine Saisonalität vorliegt und der Trend linear berechnet werden soll, dann wählen Sie die Option *Manuell festlegen* und geben den Wert 0 an.
- Liegen für einen Zeitpunkt mehrere Werte vor, dann werden diese in der Standardeinstellung mit MITTELWERT aggregiert. Sie können jedoch im Feld *Duplikate aggregieren mit* zwischen SUMME, ANZAHL, ANZAHL2, MIN, MAX und MEDIAN wählen.

3 Wählen Sie noch in der rechten oberen Ecke zwischen den Diagrammarten Linie und Säulen ❸ und klicken Sie auf *Erstellen*. Die Prognose wird zusammen mit einer Kopie der Ausgangswerte in einem gesonderten Blatt in die Arbeitsmappe eingefügt, siehe Bild unten.

Bild 7.110 Das Prognoseblatt wird mit einer Kopie der Ausgangsdaten eingefügt

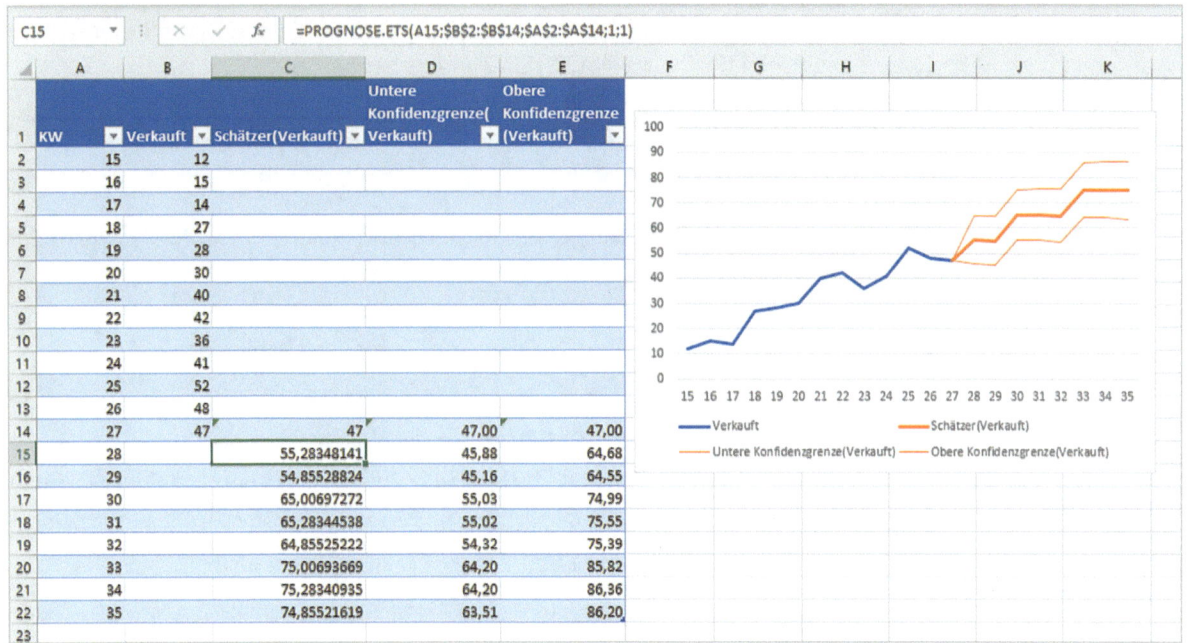

Tipp: Da im Prognoseblatt die Prognosewerte mit einer Formel bzw. Funktion berechnet werden, können Sie hier auch bei Bedarf die Ausgangswerte, hier die Verkaufswerte nachträglich noch ändern.

7 Ausgewählte statistische Funktionen

7.7 Weitere Funktionen

Anzahl Kombinationsmöglichkeiten berechnen

Zur Berechnung der Anzahl an Kombinationsmöglichkeiten, mit oder ohne Wiederholungen oder Berücksichtigung der Reihenfolge stellt Excel die Funktionen VARIATIONEN und KOMBINATIONEN zur Verfügung. Der grundlegende Unterschied:

▶ KOMBINATIONEN berechnet die Anzahl der Kombinationsmöglichkeiten ohne Berücksichtigung der Reihenfolge, d. h. es wird beispielsweise bei Kombinationen zwischen Buchstaben und Zahlen nicht unterschieden zwischen A1 und 1A.

▶ VARIATIONEN berücksichtigt dagegen auch die Reihenfolge und zählt z. B. A1 und 1A jeweils gesondert.

Ohne Berücksichtigung der Reihenfolge

Die Anzahl der Kombinationsmöglichkeiten ohne Berücksichtigung der Reihenfolge berechnen Sie in Excel mit den Funktionen KOMBINATIONEN und KOMBINATIONEN2. Der Unterschied besteht darin, dass KOMBINATIONEN Wiederholungen, z. B. AA und BB bei Buchstabenkombinationen nicht mitzählt, während KOMBINATIONEN2 diese mit einschließt. Syntax und Argumente sind gleich, allerdings sind die Argumente in der neueren Funktion KOMBINATIONEN2 anders benannt.

> KOMBINATIONEN(n;k)
>
> KOMBINATIONEN2(Zahl;gewählte_Zahl)

- Das Argument *n* bzw. *Zahl* muss >= 0 und > k sein, eventuell vorhandene Nachkommastellen werden zu ganzen Zahlen gekürzt.
- *k* bzw. *gewählte_Zahl* gibt an, wie viele Elemente miteinander kombiniert werden sollen. Nachkommastellen werden zu ganzen Zahlen gekürzt.

Ein einfaches Beispiel

Sie möchten wissen, wie viele Kombinationsmöglichkeiten sich ergeben, wenn Sie aus insgesamt vier Mitarbeitern Zweier- oder Dreierteams bilden. Da Wiederholungen, also z. B. Müller Müller wenig sinnvoll sind, müssen diese ausgeschlossen werden.

Bild 7.111 Anzahl Kombinationsmöglichkeiten ohne Wiederholungen

	A	B	C	D	E	F	G	H	I
1	Mitarbeiter		2er Teams		3er Teams				
2	Huber		Huber Schmid		Huber Schmid Müller		Anzahl Kombinationsmöglichkeiten		
3	Schmid		Huber Müller		Huber Schmid Braun		2er Teams	6	=KOMBINATIONEN(4;2)
4	Müller		Huber Braun		Huber Müller Braun		3er Teams	4	=KOMBINATIONEN(4;3)
5	Braun		Schmid Müller		Schmid Müller Braun				
6			Schmid Braun						
7			Braun Müller						
8									

H3 (2er Teams): = KOMBINATIONEN(4;2)   Ergebnis: 6
H4 (3er Teams): =KOMBINATIONEN(4;3)   Ergebnis: 4

Kombinationen_Variationen.xlsx

Beispiel 2: Kombinationen aus drei Buchstaben mit Wiederholungen

Als zweites Beispiel wird die Anzahl der Kombinationsmöglichkeiten berechnet, wenn aus den drei Buchstaben A, B, C jeweils zwei miteinander kombiniert werden. Zum Vergleich in H3 ohne und in H4 mit Wiederholungen.

H3: = KOMBINATIONEN(3;2)   Ergebnis: 3

H4: = KOMBINATIONEN2(3;2)   Ergebnis: 6

Bild 7.112 Kombinationen mit Wiederholung

	A	B	C	D	E	F	G	H	I
1	Buchstaben		ohne Wiederholung		mit Wiederholung		Anzahl Kombinationen		
2	A		AB		AA		ohne Wiederholung	3	=KOMBINATIONEN(3;2)
3	B		AC		AB		mit Wiederholung	6	=KOMBINATIONEN2(3;2)
4	C		BC		AC				
5					BB				
6					BC				
7					CC				
8									

Das Argument *n* bzw. *Zahl* kann auch mit der Funktion ANZAHL oder ANZAHL2 ermittelt werden, dann würde die Funktion beispielsweise in H3 wie folgt lauten:

H3: = KOMBINATIONEN(ANZAHL2(A2:A4);2)

Hinweis: Für die Auflistung der möglichen Kombinationen selbst, wie im Bild oben in den Spalten C und E, gibt es derzeit in Excel keine entsprechende Funktion. Dieses Problem lässt sich nur mit der integrierten Programmiersprache VBA lösen, eine Beschreibung würde jedoch den Rahmen dieses Buches sprengen.

Kombinationen mit Berücksichtigung der Reihenfolge

Wenn Sie die Anzahl der Kombinationsmöglichkeiten unter Berücksichtigung der Reihenfolge ermitteln möchten, dann verwenden Sie dazu die Funktionen VARIATIONEN und VARIATIONEN2. Bezogen auf das obige Beispiel der Buchstabenkombinationen bedeutet dies, AB und BA werden als zwei unterschiedliche Kombinationen gewertet.

VARIATIONEN schließt Wiederholungen aus, während VARIATIONEN2 diese mit berücksichtigt. Die Syntax bzw. die Argumente sind gleich, allerdings in der neueren Funktion VARIATIONEN2 anders benannt:

VARIATIONEN(n;k)

VARIATIONEN2(Zahl;gewählte_Zahl)

7 Ausgewählte statistische Funktionen

- Das Argument *n* bzw. *Zahl* muss >= 0 und > k sein, eventuell vorhandene Nachkommastellen werden zu ganzen Zahlen gekürzt.
- *k* bzw. *gewählte_Zahl* gibt an, wie viele Elemente miteinander kombiniert werden sollen. Nachkommastellen werden zu ganzen Zahlen gekürzt.

Beispiel: Alle Kombinationsmöglichkeiten der Buchstaben A bis C

Zur Verdeutlichung erweitern wir das Beispiel der vorhergehenden Seite und wollen wissen, wie viele unterschiedliche Zweierpaare sich unter Berücksichtigung der Reihenfolge ergeben. Die Formeln in G2 und G3 lauten:

=VARIATIONEN(3;2)	Ergebnis: 6
=VARIATIONEN2(3;2)	Ergebnis: 9

Bild 7.113 Kombinationsmöglichkeiten unter Berücksichtigung der Reihenfolge

	A	B	C	D	E	F	G	H
1		A	B	C		Anzahl Kombinationsmöglichkeiten		
2	A	AA	AB	AC		ohne Wiederholung	6	=VARIATIONEN(3;2)
3	B	BA	BB	BC		mit Wiederholung	9	=VARIATIONEN2(3;2)
4	C	CA	CB	CC				
5								

Leider funktioniert diese Methode nur für die Bildung von Zweierpaaren.

Tipp: Für das oben abgebildete Beispiel lassen sich die möglichen Kombinationen als Matrix darstellen. Dazu geben Sie in B2:D4 die folgende Matrixformel ein und schließen die Eingabe mit Strg+Umschalt+Eingabetaste ab. In Office 365 genügt es, wenn Sie die Formel in B2 eingeben und danach die Eingabetaste betätigen, der Ausgabebereich wird automatisch erweitert.

={A2:A4&B1:D1}

Werte z-standardisieren mit STANDARDISIERUNG

Statt Standardisierung oder z-Transformation wird häufig auch der Begriff Normalisierung verwendet.

Die z-Standardisierung dient grob vereinfacht dazu, Werte auf unterschiedlichen Skalen vergleichbar zu machen. Zur Berechnung werden neben dem zu standardisierenden Wert noch der Mittelwert und die Standardabweichung benötigt. Das Ergebnis, der z-Wert ist die Abweichung vom Mittelwert einer Verteilung, ausgedrückt in Standardabweichungen. Der Mittelwert der z-standardisierten bzw. normalisierten Werte ist immer 0 und die Standardabweichung immer 1.

In Excel kann der z-Wert mit der Funktion STANDARDISIERUNG berechnet werden.

STANDARDISIERUNG(x;Mittelwert;Standabwn)

- *x* ist der zu normalisierende Wert.
- *Mittelwert* und *Standabwn* sind ebenfalls erforderlich und stehen für Mittelwert und Standardabweichung der Verteilung.

Weitere Funktionen

Anstelle der Funktion kann der z-standardisierte Wert auch mit folgender Formel berechnet werden:

= (x - Mittelwert) / Standardabweichung.

Im unten abgebildeten Beispiel lautet die Formel in B2:

B2: =STANDARDISIERUNG(A2;$E$1;$E$2)

	A	B	C	D	E	F
1	Wert	Standardisiert		Mittelwert	20,067	=MITTELWERT(A2:A16)
2	7	-1,5522	=STANDARDISIERUNG(A2;$E$1;$E$2)	Standardabw.	8,418	=STABW.N(A2:A16)
3	11	-1,0771				
4	12	-0,9583				
5	12	-0,9583				
6	14	-0,7207				
7	15	-0,6019				
8	18	-0,2455				
9	18	-0,2455				
10	20	-0,0079				
11	24	0,4673				
12	25	0,5860				
13	26	0,7048				
14	29	1,0612				
15	33	1,5364				
16	37	2,0116				

Bild 7.114 Beispiel z-Standardisierung

Standardisierung.xlsx

7 Ausgewählte statistische Funktionen

8 Mathematische und technische Funktionen

8.1 Rundungsfunktionen 362

8.2 Mathematische Grundfunktionen 368

8.3 Umrechnungs- und Konvertierungsfunktionen 380

8.4 Ausgewählte Trigonometriefunktionen 384

8.5 Komplexe Zahlen 392

8 Mathematische und technische Funktionen

8.1 Rundungsfunktionen

Wie Sie sicher bereits wissen, bezieht Excel in Berechnungen immer die gesamte Anzahl Nachkommastellen einer Zahl mit ein, unabhängig davon mit wie vielen Stellen die Zahl formatiert wurde. Erfolgt eine Nachberechnung mit der sichtbaren Anzahl Dezimalstellen, dann können daraus Rundungsfehler entstehen. Um diese zu vermeiden, stellt Excel in der Kategorie Mathematik und Trigonometrie gleich mehrere Rundungsfunktionen zur Verfügung, die sich auch zu anderen Zwecken nutzen lassen.

Kaufmännisches Runden (RUNDEN)

Die wichtigste und bekannteste Funktion dürfte die Funktion RUNDEN sein. Sie rundet eine Zahl kaufmännisch auf die angegebene Anzahl Dezimalstellen auf bzw. ab.

RUNDEN(Zahl;Anzahl_Stellen)

Argument	Beschreibung
Zahl	Die Zahl, die gerundet werden soll.
Anzahl_Stellen	Die Anzahl der Dezimalstellen, auf die die Zahl gerundet werden soll. Wird hier 0 angegeben, so wird auf die nächste ganze Zahl gerundet. Ist Anzahl_Stellen kleiner 0, dann wird der links vom Komma stehende Teil der Zahl gerundet.

Beispiel Preisberechnung mit Skonto und Mehrwertsteuer

Runden.xlsx

Als Beispiel wurden im Bild unten in der linken Tabelle in B4 der Skontobetrag und in B8 der Mehrwertsteuerbetrag berechnet und zur Verdeutlichung mit mehreren Nachkommastellen formatiert. Zur Kontrolle wurden beide Formelergebnisse mit je zwei Stellen in die mittlere Tabelle (Nachberechnung mit 2 Stellen) manuell eingegeben und der Endbetrag berechnet. Dieser weicht um 0,01 ab. Die Differenz entsteht dadurch, dass Excel in der ersten Tabelle alle Nachkommastellen zur Berechnung verwendet.

In der dritten Tabelle ganz rechts wurden dagegen Skontobetrag und Mehrwertsteuerbetrag mit der Funktion RUNDEN auf zwei Stellen mit folgenden Formeln kaufmännisch gerundet.

Bild 8.1 Beispiel Beträge RUNDEN

	A	B	C	D	E	F	G	H
1	Nicht gerundet			Nachberechnung mit 2 Stellen			Gerundet	
2	Peis Netto	9,19		Peis Netto	9,19		Peis Netto	9,19
3	Skonto	2,75%		Skonto	2,75%		Skonto	2,75%
4	Skontobetrag	0,252725		Skontobetrag	0,25		Skontobetrag	0,250000
5	Ergebnis	8,94		Ergebnis	8,94		Ergebnis	8,94
6								
7	MwSt.	7%		MwSt.	7%		MwSt.	7%
8	MwSt. Betrag	0,625609		MwSt. Betrag	0,63		MwSt. Betrag	0,630000
9		9,56			9,57			9,57

Formel in H4: =RUNDEN(H2*H3;2)

Skonto in H4: =RUNDEN(H2*H3;2)	Ergebnis: 0,250000
MwSt. in H8: =RUNDEN(H5*H7;2)	Ergebnis: 0,630000

Weitere Beispiele

Hinweis: Mit RUNDEN und einer negativen *Anzahl_Stellen* können Sie eine Zahl jeweils auf ein Vielfaches von 10, 100 usw. runden. Wenn Sie ein bestimmtes Vielfaches benötigen, z. B. 50, dann verwenden Sie die Funktion VRUNDEN.

Formel	Beschreibung	Ergebnis
RUNDEN(2,35;1)	Rundet die Zahl 2,35 auf 1 Dezimalstelle.	2,4
RUNDEN(2,149;1)	Rundet die Zahl 2,149 auf 1 Dezimalstelle.	2,1
RUNDEN(18,6;-1)	Rundet die Zahl 18,6 auf eine Stelle links vom Komma und damit auf das nächste Vielfache von 10.	20
RUNDEN(122,33;-2)	Rundet die Zahl 122,33 auf zwei Stellen links vom Komma und damit auf das nächste Vielfache von 100.	100
RUNDEN(167,58;-2)	Rundet die Zahl 167,58 auf zwei Stellen links vom Komma und damit auf das nächste Vielfache von 100.	200
RUNDEN(785;-3)	Rundet die Zahl 758 auf das nächste Vielfache von 1000.	1000

Zahlen immer auf- oder abrunden (AUFRUNDEN, ABRUNDEN)

Wenn eine Zahl immer auf eine bestimmte Anzahl Stellen auf- oder abgerundet werden soll, dann setzen Sie die Funktionen AUFRUNDEN und ABRUNDEN ein. Beide unterscheiden sich von der Funktion RUNDEN nur dadurch, dass die Zahl immer auf- bzw. abgerundet wird, die Syntax ist identisch, siehe oben.

```
AUFRUNDEN(Zahl;Anzahl_Stellen)
```

```
ABRUNDEN(Zahl;Anzahl_Stellen)
```

Genau wie mit der Funktion RUNDEN können Sie auch mit diesen beiden Funktionen nach links vom Komma runden: Mit *Anzahl_Stellen*= -1 auf ein Vielfaches von 10, mit -2 auf ein Vielfaches von 100 usw. Einige Beispiele sehen Sie im Bild unten.

	A	B	C	D	E	F	G	H
1	Zahl	Funktion AUFRUNDEN	Ergebnis		Zahl	Funktion ABRUNDEN	Ergebnis	
2	3,2	=AUFRUNDEN(A2;0)	4		3,2	=ABRUNDEN(E2;0)	3	
3	76,9	=AUFRUNDEN(A3;0)	77		76,9	=ABRUNDEN(E3;0)	76	
4	3,145789	=AUFRUNDEN(A4;3)	3,146		3,145789	=ABRUNDEN(E4;3)	3,145	
5	3,112312	=AUFRUNDEN(A5;1)	3,2		3,112312	=ABRUNDEN(E5;1)	3,1	
6	3,112312	=AUFRUNDEN(A6;-1)	10		3,112312	=ABRUNDEN(E6;-1)	0	
7	123	=AUFRUNDEN(A7;-2)	200		123	=ABRUNDEN(E7;-2)	100	
8	-18,5789	=AUFRUNDEN(A8;2)	-18,58		-18,5789	=ABRUNDEN(E8;2)	-18,57	
9								

Bild 8.2 AUFRUNDEN und ABRUNDEN

Auf gerade oder ungerade Zahlen runden (GERADE, UNGERADE)

Die Funktion GERADE rundet auf die nächste ganze gerade Zahl. Dabei wird immer weg von Null gerundet, d. h. positive Zahlen werden größer und negative kleiner. Nachkommastellen können nicht angegeben werden.

=GERADE(Zahl)

Das Gegenstück ist die Funktion UNGERADE, für sie gilt dasselbe wie für GERADE.

=UNGERADE(Zahl)

Im nachfolgenden Bild einige Beispiele.

Bild 8.3 Beispiele GERADE und UNGERADE

	A	B	C	D	E	F	G
1	Zahl	Formel	Ergebnis		Zahl	Formel	Ergebnis
2	2,5	=GERADE(A2)	4		2,5	=UNGERADE(E2)	3
3	1	=GERADE(A3)	2		1	=UNGERADE(E3)	1
4	-7	=GERADE(A4)	-8		-7	=UNGERADE(E4)	-7
5	-2	=GERADE(A5)	-2		-2	=UNGERADE(E5)	-3
6	91,2	=GERADE(A6)	92		91,2	=UNGERADE(E6)	93

Zahlen auf ein bestimmtes Vielfaches runden (VRUNDEN)

Mit der Funktion VRUNDEN lässt sich eine Zahl auf ein bestimmtes Vielfaches runden, z. B. 2, 10 oder 100.

VRUNDEN(Zahl;Vielfaches)

Argument	Beschreibung
Zahl	Die Zahl, die aufgerundet werden soll.
Vielfaches	Das Vielfache, auf das die Zahl gerundet werden soll. **Achtung**: Zahl und Vielfaches müssen dasselbe Vorzeichen haben!

Bild 8.4 Die Funktionsweise von VRUNDEN

	A	B	C	D	E
1	Zahl	Vielfaches	Formel	Ergebnis	
2	145	100	=VRUNDEN(A2;B2)	100	
3	150	100	=VRUNDEN(A3;B3)	200	Aufrunden, da gleiche Entfernung
4	236	100	=VRUNDEN(A4;B4)	200	
5					
6	22	0	=VRUNDEN(A6;B6)	0	
7	22	5	=VRUNDEN(A7;B7)	20	Abrunden, da 20 (4*5) näher an 22 liegt als 25 (5*5)
8	22	6	=VRUNDEN(A8;B8)	24	Aufrunden, da 24 (4*6) näher an 22 liegt als 18 (3*6)
9	22	10	=VRUNDEN(A9;B9)	20	
10	-9	-3	=VRUNDEN(A10;B10)	-9	Zahl und Vielfaches müssen dasselbe Vorzeichen haben

Ob VRUNDEN auf- oder abrundet, darüber entscheidet die folgende Regel:

▶ Laut Excel-Hilfe rundet VRUNDEN auf, „wenn der Rest der Division von *Zahl* durch *Vielfaches* größer gleich der Hälfte von *Vielfaches* ist." Oder einfacher ausgedrückt:

Rundungsfunktionen 8

Es wird immer in die Richtung gerundet, in der das *Vielfache* näher an *Zahl* liegt. Bei gleicher Entfernung wird aufgerundet, im vorherigen Bild einige Beispiele.

Achtung: Wenn für das Argument *Vielfaches* ein Dezimalwert angegeben wird, ist die Rundungsrichtung für Mittelpunktzahlen undefiniert. So gibt VRUNDEN(6,05;0,1) beispielsweise 6,0 zurück, wobei VRUNDEN(7,05;0,1) 7,1 zurückgibt. Verwenden Sie in diesem Fall besser die Funktion OBERGRENZE, siehe unten.

Zahlen mit OBERGRENZE oder UNTERGRENZE auf- und abrunden

Aufrunden mit OBERGRENZE.MATHEMATIK

Wenn Sie eine Zahl auf ein bestimmtes Vielfaches aufrunden und als Vielfaches eine Dezimalzahl verwenden (siehe oben) oder im positiven Bereich aufrunden, im negativen Bereich aber abrunden möchten, dann setzen Sie die Excel-Funktion OBERGRENZE.MATHEMATIK ein. Diese rundet eine Zahl auf die nächste ganze Zahl oder ein Vielfaches der angegebenen Schrittweite auf, die Syntax:

OBERGRENZE.MATHEMATIK(Zahl;[Schritt];[Modus])

Argument	Beschreibung
Zahl	Die Zahl, die aufgerundet werden soll.
Schritt	Gibt die Schrittweite bzw. das Vielfache an, auf das gerundet werden soll - auch Dezimalzahlen sind möglich. Wenn Schritt nicht angegeben ist, wird auf die nächste ganze Zahl gerundet. Dabei gilt für positive Zahlen: Schritt =1, für negative Zahlen gilt: Schritt= -1.
Modus	Der Modus steuert, ob eine negative Zahl in Richtung 0 oder weg von 0 gerundet wird: **Keine Angabe oder 0**: Zahl wird in Richtung 0 gerundet, **1**: Zahl wird von 0 weg gerundet. Ist Zahl positiv, dann wird Modus ignoriert.

Hinweis: Diese Funktion ersetzt die ältere Funktion OBERGRENZE und unterscheidet sich von dieser durch den zusätzlichen Parameter *Modus*.

Beispielsweise wird mit Schritt 1 die Zahl 5,4 auf 6 gerundet, aber -5,4 wird mit derselben Schrittweite 1 auf -5 gerundet. Falls stattdessen auf -6 gerundet werden soll, geben Sie Modus 1 an. Im Bild unten einige Beispiele:

	A	B	C	D
1	Zahl	Schritt	Formel	Ergebnis
2	5,61	0,5	=OBERGRENZE.MATHEMATIK(A2;B2)	6,0
3	6,05	0,1	=OBERGRENZE.MATHEMATIK(A3;B3)	6,1
4	7,05	0,1	=OBERGRENZE.MATHEMATIK(A4;B4)	7,1
5	5,40	1	=OBERGRENZE.MATHEMATIK(A5;B5)	6,0
6	-5,40	1	=OBERGRENZE.MATHEMATIK(A6;B6)	-5,0
7	-5,40	1	=OBERGRENZE.MATHEMATIK(A7;B7;1)	-6,0
8	-7,20	2	=OBERGRENZE.MATHEMATIK(A8;B8;1)	-8,0
9	-7,20	2	=OBERGRENZE.MATHEMATIK(A9;B9)	-6,0
10	-5,50	2	=OBERGRENZE.MATHEMATIK(A10;B10)	-4,0

Bild 8.5 Beispiele OBERGRENZE.MATHEMATIK

8 Mathematische und technische Funktionen

Abrunden mit UNTERGRENZE.MATHEMATIK

Das Gegenstück zu OBERGRENZE.MATHEMATIK ist die Funktion UNTERGRENZE.MATHEMATIK. Diese rundet grundsätzlich auf die nächste ganze Zahl oder ein Vielfaches von Schritt ab. Die Argumente sind dieselben.

UNTERGRENZE.MATHEMATIK(Zahl;Schritt;Modus)

Bild 8.6 Beispiele UNTERGRENZE.MATHEMATIK

	A	B	C	D
1	Zahl	Schritt	Formel	Ergebnis
2	5,86	0,5	=UNTERGRENZE.MATHEMATIK(A2;B2)	5,5
3	6,05	0,1	=UNTERGRENZE.MATHEMATIK(A3;B3)	6,0
4	7,89	0,1	=UNTERGRENZE.MATHEMATIK(A4;B4)	7,8
5	5,40	1	=UNTERGRENZE.MATHEMATIK(A5;B5)	5,0
6	-5,40	1	=UNTERGRENZE.MATHEMATIK(A6;B6)	-6,0
7	-5,40	1	=UNTERGRENZE.MATHEMATIK(A7;B7;1)	-5,0
8	7,80	2	=UNTERGRENZE.MATHEMATIK(A8;B8;1)	6,0
9	-7,80	2	=UNTERGRENZE.MATHEMATIK(A9;B9;1)	-8,0
10	-7,80	2	=UNTERGRENZE.MATHEMATIK(A10;B10)	-6,0

Die beiden Funktionen sind in keiner Kategorie zu finden und müssen daher über die Tastatur eingegeben werden.

Hinweis: Ergänzend gibt es noch die beiden Funktionen OBERGRENZE.GENAU und UNTERGRENZE.GENAU. Beide verwenden den Absolutwert von *Schritt* und runden *Zahl* somit unabhängig vom Vorzeichen auf (OBERGRENZE.GENAU) bzw. ab (UNTERGRENZE.GENAU).

OBERGRENZE.GENAU(Zahl; [Schritt])

Bild 8.7 OBERGRENZE.GENAU

	A	B	C	D
1	Zahl	Schritt	Formel	Ergebnis
2	-3,2	-1	=OBERGRENZE.GENAU(A2;B2)	-3
3	3,2	1	=OBERGRENZE.GENAU(A3;B3)	4
4	-3,2	1	=OBERGRENZE.GENAU(A4;B4)	-3
5	3,2	-1	=OBERGRENZE.GENAU(A5;B5)	4
6	3,2		=OBERGRENZE.GENAU(A6)	4

UNTERGRENZE.GENAU(Zahl; [Schritt])

Bild 8.8 UNTERGRENZE.GENAU

	A	B	C	D
1	Zahl	Schritt	Formel	Ergebnis
2	-3,8	-1	=UNTERGRENZE.GENAU(A2;B2)	-4
3	3,8	1	=UNTERGRENZE.GENAU(A3;B3)	3
4	-3,8	1	=UNTERGRENZE.GENAU(A4;B4)	-4
5	3,8	-1	=UNTERGRENZE.GENAU(A5;B5)	3
6	3,8		=UNTERGRENZE.GENAU(A6)	3

Nachkommastellen entfernen (GANZZAHL und KÜRZEN)

Die Funktion GANZZAHL rundet eine Zahl auf die nächstkleinere ganze Zahl ab. Die Syntax ist einfach:

GANZZAHL(Zahl)

Achtung: Negative Zahlen werden von 0 weg gerundet, aus -6,3 wird beispielsweise -7. Wenn der ganzzahlige Anteil oder der Dezimalanteil positiver und negativer Zahlen benötigt wird, dann verwenden Sie besser die Funktion KÜRZEN, siehe unten.

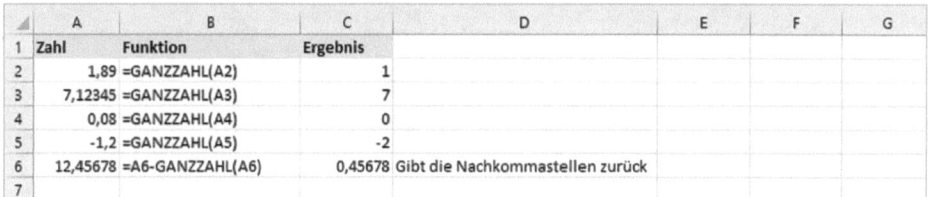

Bild 8.9 Beispiele GANZZAHL

Tipp: Datumsvergleich ohne Uhrzeit

Gute Dienste leistet GANZZAHL auch beim Datumsvergleich, wenn z. B. ein Datum zusammen mit der Uhrzeit eingegeben wurde und ein bestimmtes Datum gesucht ist, wie im Bild unten.

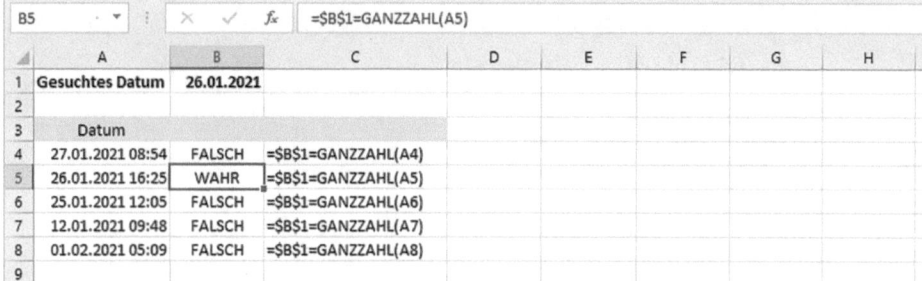

Bild 8.10 Datumsvergleich ohne Uhrzeit

Hinweis: Nicht zu verwechseln mit der Funktion GGANZZAHL mit folgender Syntax:

GGANZZAHL(Zahl;[Schritt])

Diese liefert 0, wenn *Zahl* kleiner als *Schritt* ist und 1, wenn *Zahl* größer oder gleich *Schritt* ist. Diese Funktion wird kaum benötigt, da solche Abfragen auch mit WENN vorgenommen werden können.

Dezimalstellen mit KÜRZEN einfach abschneiden

Im Gegensatz zu GANZZAHL schneidet die Funktion KÜRZEN Dezimalstellen einfach ab, es erfolgt kein Runden.

KÜRZEN(Zahl;[Anzahl_Stellen])

Argument	Beschreibung
Zahl	Die Zahl, deren Stellen abgeschnitten werden sollen.
Anzahl_Stellen	Optional. Eine Zahl, die angibt, wie viele Nachkommastellen erhalten bleiben sollen. Der Standardwert ist 0.

Im Gegensatz zur Funktion GANZZAHL gibt KÜRZEN auch den Dezimalanteil sowohl positiver als auch negativer Zahlen korrekt zurück. So liefert z. B. im Bild unten die Formel in B6 und B7 für die positive und die negative Zahl das richtige Ergebnis.

B6: =A6-KÜRZEN(A6)	Ergebnis: 0,1234
B7: =A7-KÜRZEN(A7)	Ergebnis: -0,1234

Bild 8.11 Beispiele KÜRZEN

	A	B	C	D	E	F	G	H	I
1	Zahl	Funktion	Ergebnis						
2	8,78	=KÜRZEN(A2;1)	8,70						
3	-8,78	=KÜRZEN(A3;1)	-8,70						
4	2,3	=KÜRZEN(A4)	2,00						
5	-2,3	=KÜRZEN(A5)	-2,00						
6	54,1234	=A6-KÜRZEN(A6)	0,1234						
7	-54,1234	=A7-KÜRZEN(A7)	-0,1234						
8									

8.2 Mathematische Grundfunktionen

Behandlung von Vorzeichen (ABS und VORZEICHEN)

Die Funktion ABS liefert den Absolutwert einer Zahl, also ohne Vorzeichen.

ABS(Zahl)

Bild 8.12 Beispiele ABS

	A	B	C	D	E	F	G	H	I
1	Absolutwert ermitteln								
2									
3	Zahl	Ergebnis							
4	123	123	=ABS(A4)						
5	-123	123	=ABS(A5)						
6	14,89	14,89	=ABS(A6)						
7	-100	100	=ABS(A7)						
8									

ABS und VORZEICHEN.xlsx

Die wichtigsten Einsatzbereiche sind:

- Negative Zeitwerte darstellen
- Wenn Sie mit WURZEL die Wurzel aus einer berechneten Zahl ermitteln möchten und das Ergebnis eine negative Zahl ist.

Bild 8.13 Weitere Einsatzmöglichkeiten

	A	B	C	D	E	F	G	H	I
1	Wurzel aus negativer Zahl								
2	Zahl 1	Zahl 2	Ergebnis	Wurzel	Formel				
3	1	3	-2	#ZAHL!	=WURZEL(C3)				
4	1	3	-2	1,41421356	=WURZEL(ABS(C4))				
5									
6	Negative Zeitdifferenz anzeigen								
7		Soll	Ist	Differenz	Formel				
8		08:00	07:05	#########	=C8-B8				
9		08:00	07:05	00:55	=ABS(C9-B9)				
10									

Mathematische Grundfunktionen 8

Summe über Absolutwerte berechnen

Wenn Sie den Absolutwert auf einen Zellbereich anwenden und z. B. die Summe über mehrere Zahlen berechnen möchten, wie im Bild unten in B6, dann schließen Sie diesen in die Funktion ABS ein. **Achtung**: Mit Excel 2019 und älter muss die Formel als Matrixfunktion eingegeben werden, d. h. sie muss mit den Tasten Strg+Umschalt+Eingabe abgeschlossen werden!

B6: =SUMME(ABS(B1:B5))   bzw. {=SUMME(ABS(B1:B5))}

	A	B	C
1		-120,30	
2		145,80	
3		700,00	
4		156,00	
5		488,80	
6	Summe	1610,9	=SUMME(ABS(B1:B5))
7			

Bild 8.14 Summe mit Absolutwerten

Vorzeichen einer Zahl ermitteln mit VORZEICHEN

Nicht immer ist das Vorzeichen einer Zahl auf den ersten Blick ersichtlich, beispielsweise wenn diese mit einem benutzerdefinierten Zahlenformat ohne Vorzeichen versehen wurde, wie im Bild unten. Um das Vorzeichen einer Zahl zu ermitteln, setzen Sie die Funktion VORZEICHEN ein. Diese gibt 1 zurück, wenn die Zahl positiv ist, 0 wenn die Zahl 0 ist, und -1, wenn die Zahl negativ ist. Negative Zahlen werden unabhängig von der Formatierung erkannt.

VORZEICHEN(Zahl)

C2   =VORZEICHEN(B2)

	A	B	C
1	Zahl	Formatiert	Vorzeichen
2	-120,30	120,30	-1
3	488,85	488,85	1
4	0,00	0,00	0
5	700,00	700,00	1
6	-156,00	156,00	-1

Bild 8.15 VORZEICHEN

Beispiel: Summe negativer und positiver Zahlen berechnen

VORZEICHEN kann in manchen Fällen, z. B. in einer WENN-Funktion die Abfrage <0 bzw. >0 überflüssig machen. Hier als Beispiel die Funktion SUMMEWENN.

	A	B	C	D	E	F
1	Betrag	Vorzeichen		Summe +	Summe -	Gesamtsumme
2	1.863,00	1		10.761,00	-5.010,00	5.751,00
3	478,00	1				
4	-3.677,00	-1		Summe +	=SUMMEWENN(B2:B9;1;A2:A9)	
5	1.790,00	1		Summe -	=SUMMEWENN(B2:B9;-1;A2:A9)	
6	-1.100,00	-1		Gesamtsumme	=D2+E2	
7	0,00	0				
8	6.630,00	1				
9	-233,00	-1				
10						

Bild 8.16 SUMMEWENN mit Ermittlung des Vorzeichens

8 Mathematische und technische Funktionen

Rest einer Division (REST)

Die Funktion REST gibt den Rest einer Division zurück. Das Ergebnis hat dasselbe Vorzeichen wie der Divisor.

REST(Zahl;Divisor)

Argument	Beschreibung
Zahl	Die Zahl, für die der Rest einer Division gesucht wird.
Divisor	Die Zahl, durch die das Argument Zahl dividiert werden soll. Wenn Divisor 0 ist, erhalten Sie den Fehlerwert #DIV/0!.

Funktion GANZZAHL, siehe Seite 366.

Dasselbe Ergebnis erhalten Sie auch mit der Formel:

Zahl-Divisor*GANZZAHL (Zahl/Divisor)

Achtung: Fehler bei negativen Zahlen! Negative Zahlen liefern ein falsches Ergebnis, da wie bei der Funktion GANZZAHL von 0 weg gerundet wird.

Beispiele

=REST(12;4)	Ergebnis: 0	
=REST(3;-2)	Ergebnis: -1	
=REST(-5;4)	Ergebnis: 3	Falsches Ergebnis, müsste lauten 1

Beispiel Schaltjahr berechnen

Grundfunktionen.xlsx

Wenn Sie ermitteln möchten, ob es sich bei einem bestimmten Jahr um ein Schaltjahr handelt, dann bietet sich REST in Verbindung mit WENN oder WENNS an. Zur Erinnerung die drei Regeln zur Bestimmung eines Schaltjahrs: Ist die Jahreszahl...

- ohne Rest durch 4 teilbar → Schaltjahr
- ohne Rest durch 100 teilbar → kein Schaltjahr
- ohne Rest durch 400 teilbar → Schaltjahr

Zur Berechnung mit Excel gibt es mehrere verschiedene Möglichkeiten. Hier eine Variante mit der Funktion WENNS. Die Formel in B2 lautet:

Bild 8.17 Schaltjahr berechnen

=WENNS(REST(A2;400)=0;"Ja";REST(A2;100)=0;"Nein";REST(A2;4)=0;"Ja";WAHR;"Nein")

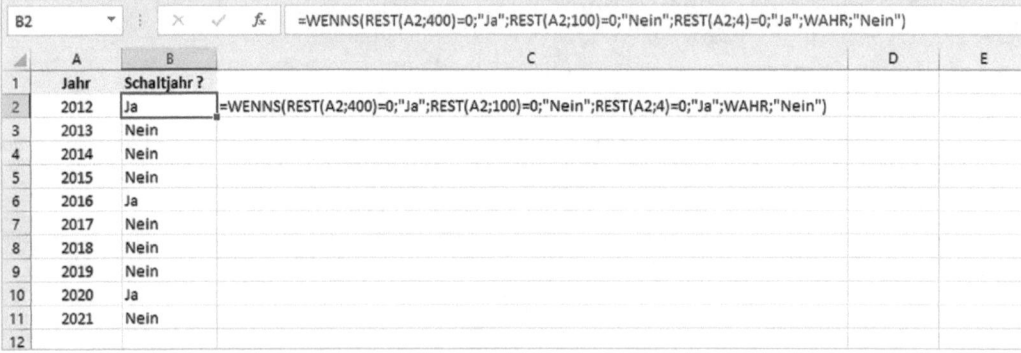

Potenzen und Wurzel

POTENZ berechnen

Die Potenz einer Zahl berechnen Sie mit der Funktion POTENZ:

POTENZ(Zahl;Potenz)

Argument	Beschreibung
Zahl	Die Zahl, die Sie mit dem Exponenten potenzieren möchten. Es sind alle reellen Zahlen zulässig.
Potenz	Der Exponent, mit dem Sie die Zahl potenzieren möchten.

Alternativ zur Funktion POTENZ kann der Operator ^ zum Potenzieren einer Zahl verwendet werden, zum Beispiel 5^2 anstelle von POTENZ(5;2).

	A	B	C	D	E	F
1	Zahl	Potenz	Ergebnis	Funktion	Alt. Formel	Alternative Formel
2	5	2	25	=POTENZ(A2;B2)	25	=A2^B2
3	3	3	27	=POTENZ(A3;B3)	27	=A3^B3
4	6	4	1296	=POTENZ(A4;B4)	1296	=A4^B4

Bild 8.18 Beispiele Potenzrechnung

Summe der Quadrate berechnen (QUADRATESUMME)

Um für mehrere Zahlen die Summe der Quadrate zu bilden, verwenden Sie in Excel die Funktion QUADRATESUMME wobei mit *Zahl1*, *Zahl2* usw. diejenigen Zahlen angegeben werden, für die Sie die Quadrate berechnen möchten.

QUADRATESUMME(Zahl1;[Zahl2];...)

Im unten abgebildeten Beispiel wird die Summe der Quadrate in B7 mit folgender Formel berechnet:

B7:   =QUADRATESUMME(B1:B6)   Ergebnis: 1013

Oder anders ausgedrückt berechnet diese Formel nichts anderes als:

=B1^2+B2^2+B3^2+B4^2+B5^2+B6^2

	A	B
1		3
2		4
3		12
4		18
5		6
6		22
7	Quadratesumme	1013

Bild 8.19 Summe der Quadrate

Quadratwurzel berechnen

Die Funktion WURZEL gibt die Quadratwurzel einer positiven Zahl zurück. Die Syntax ist einfach:

WURZEL(Zahl)

Beachten Sie, dass WURZEL bei einer negativen Zahl den Fehlerwert *#ZAHL!* zurückgibt, in diesem Fall müssen Sie die Zahl zusätzlich in die Funktion ABS einschließen (siehe Seite 368).

Bild 8.20 Quadratwurzel ermitteln

	A	B	C
1	Quadratwurzel berechnen		
2	Zahl	Wurzel	Formel
3	16	4	=WURZEL(A3)
4	-49	7	=WURZEL(ABS(A4))

Andere Wurzeln berechnen

Die Funktion WURZEL berechnet ausschließlich die Quadratwurzel. Andere Wurzeln können Sie mathematisch ermitteln, indem Sie als Potenz die Zahl 1 durch die x-te Wurzel teilen. So bestimmen Sie z. B. die 3-te Wurzel aus 27 mit der Funktion POTENZ oder folgender Formel:

=POTENZ(27;(1/3))   oder: =27^(1/3)

Bild 8.21 Beispiele x-te Wurzel

	A	B	C	D
1	x-te Wurzel berechnen			
2	Zahl	x-te Wurzel	Ergebnis	Formel
3	9	2	3	=A3^(1/B3)
4	8	3	2	=A4^(1/B4)
5	27	3	3	=A5^(1/B5)
6	64	3	4	=A6^(1/B6)

WURZELPI

Pi berechnen, siehe nächste Seite.

Die Funktion WURZELPI gibt die Quadratwurzel einer Zahl zurück, die mit der Kreiszahl Pi (=3,14159265...) multipliziert wurde.

WURZELPI(Zahl)

Statt WURZELPI kann auch die folgende Formel eingesetzt werden. Diese liefert dasselbe Ergebnis.

WURZEL(Zahl*PI())

Bild 8.22 Vergleich WURZEL und WURZELPI

B2   fx   =WURZELPI(A2)

	A	B	C	D	E
1	Zahl	WURZELPI	Formel	WURZEL	Formel
2	1	1,772453851	=WURZELPI(A2)	1,772453851	=WURZEL(A2*PI())
3	2	2,506628275	=WURZELPI(A3)	2,506628275	=WURZEL(A3*PI())
4	5	3,963327298	=WURZELPI(A4)	3,963327298	=WURZEL(A4*PI())

Mathematische Grundfunktionen 8

Die Kreiszahl PI einfügen

Die Kreiszahl PI (π) spielt in der Mathematik eine wichtige Rolle und wird beispielsweise benötigt, wenn Winkel umzurechnen oder Kreis- und Kugelberechnungen durchzuführen sind. Excel stellt PI mit einer Genauigkeit von 15 Stellen zur Verfügung. Dazu geben Sie die Funktion PI ohne weitere Argumente in der unten angegebenen Form ein.

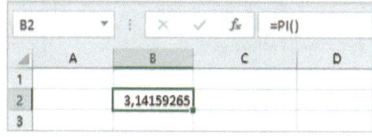

=PI()

Weitere Beispiele finden Sie auf Seite 386.

Beispiel Kreisumfang berechnen

Den Kreisumfang berechnen Sie mit der Formel U=2*π*r (r = Radius). Bezogen auf das abgebildete Beispiel lautet dann die Funktion in C3 wie folgt:

=2*PI()*B2

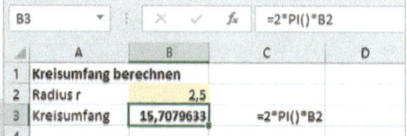

Multiplikation und Division mit Funktionen

Die Funktion PRODUKT

Statt mit dem Operator * können Zahlen auch mit der Funktion PRODUKT multipliziert werden. Diese Funktion multipliziert alle Zahlen, die als Argument eingegeben werden und kann nützlich sein, wenn viele Zahlen (maximal 255) miteinander multipliziert werden müssen.

Produkt_Quotient.xlsx

PRODUKT(Zahl1;[Zahl2];...)

Zur Multiplikation mehrerer Zahlen kann auch ein Zellbereich angegeben werden, so entspricht z. B. =PRODUKT(A2:D2) der Formel = A2*B2*C2*D2, siehe Bild unten.

	A	B	C	D	E	F
1	Zahl 1	Zahl 2	Zahl 3	Zahl 4	Produkt	
2	100	28	14	3	117600	=PRODUKT(A2;B2;C2;D2)
3	100	28	14	3	117600	=PRODUKT(A2:D2)
4	100	28	14	3	117600	=A4*B4*C4*D4
5						

Bild 8.23 Zellen mit der Funktion PRODUKT multiplizieren

Beachten Sie einen wichtigen Unterschied zum Operator *

Die Funktion PRODUKT ignoriert Text und leere Zellen, während der Operator * bei Text den Fehler *#WERT!* liefert und leere Zellen als 0 interpretiert, wie im Bild unten.

| C2 | ▼ | : | × | ✓ | fx | =PRODUKT(A2:B2) |

	A	B	C	D	E	F
1	Zahl 1	Zahl 2	Produkt		Operator *	
2	50	2	100	=PRODUKT(A2:B2)	100	=A2*B2
3	100	Hallo	100	=PRODUKT(A3:B3)	#WERT!	=A3*B3
4	200		200	=PRODUKT(A4:B4)	0	=A4*B4
5						

Bild 8.24 Die unterschiedliche Behandlung von Text und leeren Zellen

Die Funktion SUMMENPRODUKT

Weitere Beispiele zur Funktion SUMMENPRODUKT finden Sie in Kap. 6 auf Seite 247.

Die Funktion SUMMENPRODUKT gibt die Summe aller Produkte der angegebenen Bereiche zurück. Oder einfacher ausgedrückt: Es werden zwei oder mehr Bereiche miteinander multipliziert und die Summe der Ergebnisse berechnet. Verschiedene Beispiele zu dieser Funktion finden Sie in Kapitel 6 ab Seite 247.

SUMMENPRODUKT(Array1;Array2;Array3;...)

Andere arithmetische Operatoren

SUMMENPRODUKT kann auch zusammen mit den arithmetischen Operatoren +; -; * und / verwendet werden, was die Einsatzmöglichkeiten erheblich erweitert. Das unten abgebildete Beispiel addiert jeweils Zahl 1 und Zahl 2 und multipliziert das Ergebnis mit Zahl 3. Dasselbe Ergebnis würden Sie auch erhalten, wenn Sie in D2 die Formel =(A2+B2)*C2 eingeben, diese anschließend über die restlichen Zeilen kopieren und die Summe über die Ergebnisse bilden.

Achtung: Zur Steuerung der Berechnungsreihenfolge müssen die Bereichsargumente in Klammern angegeben werden. In Klammern eingeschlossene Argumente machen die gesamte Funktion außerdem übersichtlicher. Die Formel in C7 lautet:

C7:   =SUMMENPRODUKT((A2:A5+B2:B5)*C2:C5)

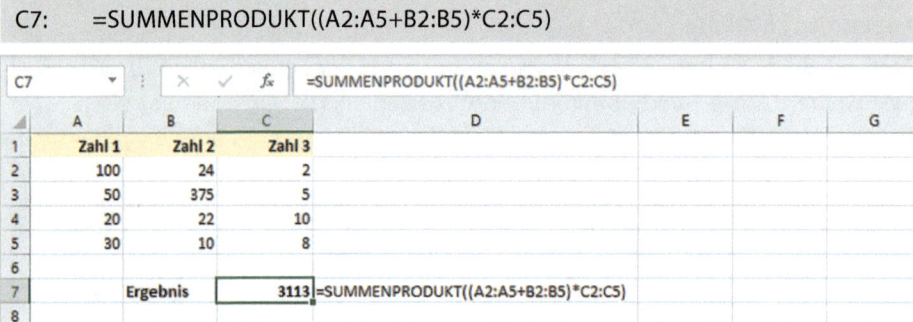

Bild 8.25 Beispiel SUMMENPRODUKT mit anderen arithmetischen Operatoren

Division mit der Funktion QUOTIENT

Die Funktion QUOTIENT gibt den ganzzahligen Anteil einer Division zurück, die Syntax:

QUOTIENT(Zähler;Nenner)

Argument	Beschreibung
Zahl	Der Dividend, numerischer Wert (erforderlich).
Divisor	Der Divisor, numerischer Wert (erforderlich).

Einsatzmöglichkeiten ergeben sich immer dann, wenn Sie vom Ergebnis einer Division die Nachkommastellen entfernen möchten. Im nächsten Bild einige Beispiele, bei denen jeweils Zahl 1 durch Zahl 2 dividiert wird. Zusätzlich wird in Spalte E der Rest mit der Funktion REST ermittelt.

Mathematische Grundfunktionen 8

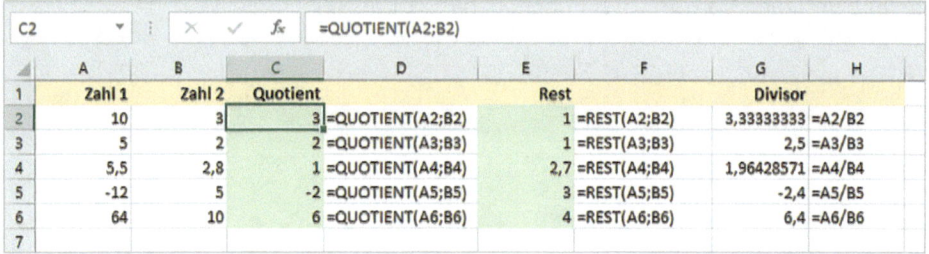

Bild 8.26 Beispiele QUOTIENT und REST berechnen

Achtung: Wird das genaue Ergebnis einer Division benötigt, dann müssen Sie stattdessen den Divisor / verwenden. Dieser wurde im Bild oben zum Vergleich in Spalte G berechnet.

Fakultät mit Excel berechnen

Die Fakultät berechnen Sie in Excel mit der gleichnamigen Funktion FAKULTÄT.

FAKULTÄT(Zahl)

▸ *Zahl* ist die nicht negative Zahl, deren Fakultät Sie berechnen möchten. Wenn Zahl keine ganze Zahl ist, wird der Dezimalanteil abgeschnitten. Als Zahl darf maximal 170 angegeben werden, ansonsten erhalten Sie den Fehler *#ZAHL!*.

Vereinfacht gesagt: Die Fakultät multipliziert alle ganzen Zahlen bis zur angegebenen Zahl miteinander. Die Formel =FAKULTÄT(3) berechnet also nichts anderes als =1*2*3.

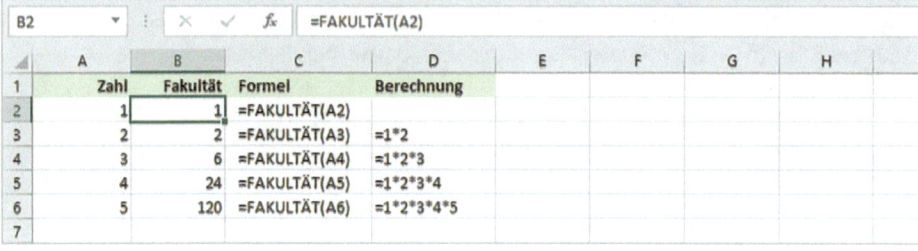

Bild 8.27 Beispiele FAKULTÄT

Fakultät.xlsx

Doppelte Fakultät mit ZWEIFAKULTÄT berechnen

Die doppelte Fakultät (Fakultät zu *Zahl* mit Schrittweite 2) berechnen Sie in Excel mit der Funktion ZWEIFAKULTÄT.

ZWEIFAKULTÄT(Zahl)

▸ Genau wie bei FAKULTÄT darf *Zahl* keine negative Zahl sein. Ist *Zahl* keine ganze Zahl, wird der Dezimalanteil abgeschnitten. Außerdem gilt:
  - Ist die *Zahl* gerade, so lautet die Gleichung: n!! = n*(n-2)*(n-4)...(4)(2)
  - Bei ungeraden Zahlen lautet die Gleichung: n!! = n*(n-2)*(n-4)...(3)(1)

Beispiel 1: =ZWEIFAKULTÄT(6) Ergebnis: 48 Berechnung: =2*4*6

Beispiel 2: =ZWEIFAKULTÄT(7) Ergebnis: 105 Berechnung: =1*3*5*7

8 Mathematische und technische Funktionen

Im Bild unten ein Vergleich der Funktionen FAKULTÄT und ZWEIFAKULTÄT.

Bild 8.28 Vergleich FAKULTÄT und ZWEIFAKULTÄT

Zahl	FAKULTÄT		ZWEIFAKULTÄT	
1	1	1*1	1	1
2	2	1*2	2	2
3	6	1*2*3	3	1*3
4	24	1*2*3*4	8	2*4
5	120	1*2*3*4*5	15	1*3*5
6	720	1*2*3*4*5*6	48	2*4*6
7	5040	...	105	1*3*5*7

Logarithmus mit Excel berechnen

Den Logarithmus einer Zahl können Sie in Excel mit verschiedenen Funktionen berechnen, wobei das Argument *Zahl* jeweils die positive Zahl darstellt, deren Logarithmus Sie berechnen möchten.

Logarithmus zu einer beliebigen Basis

Den Logarithmus zu einer beliebigen Basis berechnen Sie mit LOG. Wenn das optionale Argument *Basis* nicht angegeben wird, verwendet Excel standardmäßig die Basis 10.

LOG(Zahl;[Basis])

Beispiel: Das Ergebnis 3 der nachfolgenden Formel, im Bild unten in C2, ist der Wert, mit dem die Basis (hier 2) potenziert werden muss, damit sich 8 ergibt.

C2: = LOG(A2;B2)   Ergebnis: 3

Bild 8.29 Die Funktion LOG

Logarithmus.xlsx

Zahl	Basis	Ergebnis LOG		
8	2	3	=LOG(A2;B2)	=2^3=8
10	10	1	=LOG(A3;B3)	=10^1=10
16	2	4	=LOG(A4;B4)	=2^4=16
64	2	6	=LOG(A5;B5)	=2^6=64
81	3	4	=LOG(A6;B6)	=3^4=81

Logarithmus zur Basis 10

Der Logarithmus zur Basis 10 kann alternativ auch mit LOG10 berechnet werden.

LOG10(Zahl)

=LOG10(10)   Ergebnis: 1
=LOG(10)   Ergebnis: 1

Bild 8.30 Beispiele LOG10

	A	B	C	D
1	Zahl	LOG10		
2	10	1	=LOG10(A2)	
3	1000	3	=LOG10(A3)	1E+3
4	10000	4	=LOG10(A4)	1E+4
5	100000	5	=LOG10(A5)	1E+5

▶ **Natürlicher Logarithmus**

Den natürlichen Logarithmus bzw. den Logarithmus einer Zahl mit der Konstanten e (2,718281828…) als Basis berechnen Sie mit der Funktion LN.

Die Konstante e wird von Excel mit insgesamt 14 Stellen berücksichtigt.

LN(Zahl)

Beispiel: Die nachfolgende Formel verwendet als Zahl die Konstante 2,718281828… und liefert somit das Ergebnis 1.

=LN(2,718281828)   Ergebnis: 1

Bild 8.31 Beispiele LN (formatiert auf 9 Stellen)

	A	B	C
1	Zahl	LN	
2	86	4,454347296	=LN(A2)
3	2,71828183	1	=LN(A3)
4		3	=LN(EXP(3))
5			
6	1	2,718281828	=EXP(A6)

Hinweis: LN ist die Umkehrfunktion von EXP, siehe Bild oben in B6.

Die Exponentialfunktion EXP

Die Funktion EXP(Zahl) liefert die Potenz der bekannten irrationalen oder Eulerschen Zahl e=2,718281828 oder vereinfacht ausgedrückt e hoch *Zahl*. Geben Sie also beispielsweise EXP(1) in eine Zelle ein, so erhalten Sie das Ergebnis 2,718281828….

EXP(Zahl)

Bild 8.32 Beispiel EXP (auf 3 Stellen formatiert)

	A	B	C
1	Zahl	EXP	
2	1	2,718	=EXP(A2)
3	2	7,389	=EXP(A3)
4	3	20,086	=EXP(A4)
5	4	54,598	=EXP(A5)
6	5	148,413	=EXP(A6)
7	6	403,429	=EXP(A7)
8	7	1096,633	=EXP(A8)
9	8	2980,958	=EXP(A9)
10	9	8103,084	=EXP(A10)
11	10	22026,466	=EXP(A11)

Zahlenreihen und Matrizen mit der Funktion SEQUENZ erzeugen

Statt mit dem AutoAusfüllkästchen lassen sich Datenreihen und Matrizen auch mit Hilfe der neuen dynamischen Funktion SEQUENZ erzeugen. Die Syntax:

=SEQUENZ(Zeilen;[Spalten];[Anfang];[Schritt])

Argument	Beschreibung
Zeilen	Anzahl der Zeilen, die zurückgegeben werden sollen.
Spalten (Optional)	Anzahl der Spalten, die zurückgegeben werden sollen, standardmäßig 1.
Anfang (Optional)	Anfangswert bzw. erste Zahl der Folge. Wenn nichts angegeben wird, beginnt die Reihe mit 1.
Schritt (Optional)	Schrittweite, um die jeder Wert erhöht wird, Standardwert 1.

Achtung: SEQUENZ ist derzeit ausschließlich in Microsoft 365 verfügbar und in den Excel Versionen bis einschließlich 2019 nicht enthalten!

Funktion SORTIEREN, siehe Seite 222.

Beispiel: Die folgende Formel erzeugt eine Matrix mit 5 Zeilen und 4 Spalten wie im Bild unten. Der Ausgabe- oder Überlaufbereich, am umrandeten Zellbereich leicht zu erkennen, wird automatisch gebildet. **Tipp**: Um die Zahlen in absteigender Folge zu erhalten, schließen Sie die Formel in die Funktion SORTIEREN ein.

A1: =SEQUENZ(5;4)

Bild 8.33 Matrix mit 5 Zeilen und 4 Spalten

SEQUENZ.xlsx

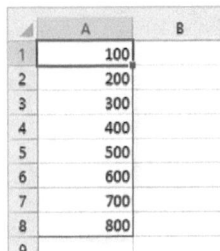

Beispiel 2: Anfangswert und Schrittweite vorgeben

Mit der folgenden Formel erzeugen Sie eine Reihe mit 8 Zahlen, diesmal in einer Spalte untereinander, die mit 100 beginnt und in 100er-Schritten weitergeführt wird.

=SEQUENZ(8;1;100;100)

Datenreihe mit Datumswerten, Kalender erzeugen

Mit SEQUENZ lassen sich auch Kalender, z. B. für ein ganzes Jahr erzeugen. Um alle Tage des Jahres 2021 zu erhalten, geben Sie die folgende Formel ein:

=SEQUENZ(365;1;DATUM(2021;1;1))

Achtung: Als Ergebnis erhalten Sie zunächst Zahlenwerte, die Sie noch als Datum formatieren müssen!

Mathematische Grundfunktionen 8

A2	▼	:	×	✓	fx	=SEQUENZ(365;1;DATUM(2021;1;1))			
▲	A	B	C	D	E	F	G	H	I
1	Datum								
2	01.01.2021								
3	02.01.2021								
4	03.01.2021								
5	04.01.2021								
6	05.01.2021								
7	06.01.2021								

Bild 8.34 Kalender erzeugen

Datenreihe mit Monaten

Um eine Datenreihe mit Monaten nebeneinander in einer Zeile zu erhalten, z. B. als Spaltenüberschriften, geben Sie in B1 die folgende Formel ein:

`=TEXT(DATUM(JAHR(HEUTE());SEQUENZ(1;12;1;1);1);"MMM")`

B1	▼	:	×	✓	fx	=TEXT(DATUM(JAHR(HEUTE());SEQUENZ(1;12;1;1);1);"MMM")							
▲	A	B	C	D	E	F	G	H	I	J	K	L	M	N
1		Jan	Feb	Mrz	Apr	Mai	Jun	Jul	Aug	Sep	Okt	Nov	Dez	
2														
3														
4														

Bild 8.35 Monate als Datenreihe

Größter gemeinsamer Teiler und das kleinste gemeinsame Vielfache

Den größten gemeinsamen Teiler mit GGT

Den größten gemeinsamen Teiler von zwei oder mehr Zahlen (max. 255) ermitteln Sie in Excel mit der Funktion GGT. Der größte gemeinsame Teiler ist diejenige ganze Zahl, durch die *Zahl1*, *Zahl2* usw. dividiert werden können, ohne dass ein Rest bleibt.

GGT_KGV.xlsx

GGT(Zahl1;[Zahl2];…)

- *Zahl1*, *Zahl2* müssen >0 sein, bei Dezimalzahlen werden die Nachkommastellen abgeschnitten.

Das kleinste gemeinsame Vielfache mit KGV ermitteln

Das kleinste gemeinsame Vielfache von zwei oder mehr Zahlen (max. 255) berechnen Sie mit der Excel-Funktion KGV. Syntax und Argumente sind dieselben wie bei GGT.

KGV(Zahl1;[Zahl2];…)

Bild 8.36 Beispiele GGT und KGV

▲	A	B	C	D	E	F	G	H	I	J
1	Zahl 1	Zahl 2	Größter gemein. Teiler			Zahl 1	Zahl 2	Kleinstes gem. Vielfaches		
2	15	9	3	=GGT(A2;B2)		9	6	18	=KGV(F2;G2)	
3	24	36	12	=GGT(A3;B3)		11	12	132	=KGV(F3;G3)	
4	60	36	12	=GGT(A4;B4)		5	2	10	=KGV(F4;G4)	
5	44	3	1	=GGT(A5;B5)		24	36	72	=KGV(F5;G5)	
6										

8 Mathematische und technische Funktionen

8.3 Umrechnungs- und Konvertierungsfunktionen

Umrechnen zwischen Maßsystemen

Jahr in Monate oder Stunden in Minuten umzurechnen, dürften jedem geläufig sein, aber können Sie auch im Handumdrehen Zentimeter in Zoll oder Lichtjahre in Kilometer umrechnen? Hier leistet die Excel-Funktion UMWANDELN nützliche Dienste. Die Syntax ist einfach:

UMWANDELN(Zahl;Von_Maßeinheit;In_Maßeinheit)

- *Zahl* ist der Wert, der umgewandelt werden soll.
- *Von_Maßeinheit* legt die Einheit des umzuwandelnden Werts fest.
- *In_Maßeinheit* gibt an, in welche Einheit *Zahl* umgerechnet werden soll.

Von_Maßeinheit und *In_Maßeinheit* müssen als Text in Anführungszeichen " " eingegeben werden. Akzeptiert werden alle gängigen Maßeinheiten bzw. Abkürzungen, wie z. B. "cm", "ha", "m^2", "u" (Atommasseeinheit), "ft" (Fuß), "yd" (Yard), "ly" (Lichtjahr) usw. Beachten Sie bei der Eingabe unbedingt Groß- und Kleinschreibung. Im Bild unten sehen Sie einige Umrechnungsbeispiele.

Bild 8.37 Beispiele Maßeinheiten umrechnen

Masseinheiten_umrechnen.xlsx

	A	B	C	D	E
1	Ausgangswert				
2	m²	ha (Hektar)		Morgen	
3	15.000	1,5	=UMWANDELN(A3;"m2";"ha")	6,0	=UMWANDELN(A3;"m2";"Morgen")
4	289.000	28,9	=UMWANDELN(A4;"m2";"ha")	115,6	=UMWANDELN(A4;"m2";"Morgen")
5					
6	cm	Fuß		Zoll	
7	200	6,56	=UMWANDELN(A7;"cm";"ft")	78,74	=UMWANDELN(A7;"cm";"in")
8	33	1,08	=UMWANDELN(A8;"cm";"ft")	12,99	=UMWANDELN(A8;"cm";"in")

Die Maßeinheiten können auch als Zellbezüge eingegeben werden, wie unten:

Bild 8.38 Weitere Maßeinheiten

	A	B	C	D	E
1	Ausgangswert	Maßeinheit	In_Maßeinheit	Ergebnis	
2	15.000	m^2	ha	1,5	=UMWANDELN(A2;B2;C2)
3	100	cm	ft	3,280839895	=UMWANDELN(A3;B3;C3)
4	26	C	F	78,26	=UMWANDELN(A4;B4;C4)
5	350	bit	byte	43,75	=UMWANDELN(A5;B5;C5)
6	1.200	byte	bit	9600	=UMWANDELN(A6;B6;C6)
7	100	kn	km/h	185,2	=UMWANDELN(A7;B7;C7)
8	1	ly	km	9,46073E+12	=UMWANDELN(A8;B8;C8)

Hinweis: Die vollständige Liste aller Maßeinheiten und ihrer gängigen Abkürzungen schlagen Sie am besten in der Excel-Hilfe nach, die Sie z. B. während der Eingabe der Funktion mit Klick auf den Funktionsnamen schnell aufrufen können.

8 Umrechnungs- und Konvertierungsfunktionen

Zeiteinheiten umrechnen

UMWANDELN beinhaltet auch Umrechnungsmöglichkeiten für Zeiteinheiten, z. B. Stunden ("hr") in Minuten ("mn" oder "min"). Beachten Sie, dass Zeitangaben als Dezimalzahl vorliegen müssen. Das Uhrzeitformat hh:mm führt hingegen zu falschen Ergebnissen. In diesem Fall müssen Sie die Stunden gesondert umrechnen und die Minuten hinzuaddieren, wie in F8 im Bild unten. Die Formel in F8 lautet dann:

`=UMWANDELN(STUNDE(A8);C8;E8)+MINUTE(A8)`

Bild 8.39 Umrechnung von Zeitwerten

	A	B	C	D	E	F	G
1	Ausgangswert	Maßeinheit	Kürzel	In_Maßeinheit	Kürzel	Ergebnis	
2	3	Tage	d	Stunden	hr	72	=UMWANDELN(A2;C2;E2)
3	2,50	Stunden	hr	Minuten	min	150	=UMWANDELN(A3;C3;E3)
4	150	Minuten	min	Stunden	hr	2,50	=UMWANDELN(A4;C4;E4)
5	20	Minuten	min	Sekunden	s	1200	=UMWANDELN(A5;C5;E5)
6	28	Stunden	hr	Tage	d	1,17	=UMWANDELN(A6;C6;E6)
7							
8	02:30	Stunden	hr	Minuten	min	150	=UMWANDELN(STUNDE(A8);C8;E8)+MINUTE(A8)
9							

Römische und arabische Zahlen konvertieren

Mit der entsprechenden Funktion lassen sich Zahlen schnell von einem Zahlensystem in ein anderes konvertieren, z. B. römische und arabische Zahlen. Die Funktion RÖMISCH wandelt eine arabische Zahl in eine römische Zahl um. Das Ergebnis wird als Text behandelt und kann nicht für Berechnungen verwendet werden.

Zahlensysteme.xlsx

`RÖMISCH(Zahl;[Typ])`

- *Zahl* ist die umzuwandelnde Zahl. Sie muss >0 und <4000 sein.
- Das optionale Argument *Typ* legt die Schreibweise der römischen Zahl fest. Wenn nichts angegeben wird, verwendet Excel die Schreibweise Klassisch. Die weiteren Typen steuern die Schreibweise größerer Zahlen. Im Bild unten in der rechten Tabelle sehen Sie unterschiedliche Schreibweisen am Beispiel der Zahl 499.

	A	B	C	D	E	F	G	H	I
1	Arabisch	Römisch			Typ	499			
2	1	I	=RÖMISCH(A2)		1	LDVLIV	=RÖMISCH($F$1;1)		
3	2	II	=RÖMISCH(A3)		2	XDIX	=RÖMISCH($F$1;2)		
4	3	III	=RÖMISCH(A4)		3	VDIV	=RÖMISCH($F$1;3)		
5	4	IV	=RÖMISCH(A5)		4	ID	=RÖMISCH($F$1;4)		
6	5	V	=RÖMISCH(A6)						
7	6	VI	=RÖMISCH(A7)						
8	10	X	=RÖMISCH(A8)						
9	12	XII	=RÖMISCH(A9)						
10	145	CXLV	=RÖMISCH(A10)						
11	233	CCXXXIII	=RÖMISCH(A11)						
12	1289	MCCLXXXIX	=RÖMISCH(A12)						

Bild 8.40 Die Funktion RÖMISCH

Umgekehrt wandelt die Funktion ARABISCH eine als Text vorlegende römische Zahl in eine arabische Zahl um.

```
ARABISCH(Text)
```

Bild 8.41 Die Funktion ARABISCH

	A	B	C
1	Römisch	Arabisch	
2	I	1	=ARABISCH(A2)
3	II	2	=ARABISCH(A3)
4	III	3	=ARABISCH(A4)
5	L	50	=ARABISCH(A5)
6	LX	60	=ARABISCH(A6)
7	DCC	700	=ARABISCH(A7)
8	MCCXXVII	1227	=ARABISCH(A8)

Tipp: Mit römischen Zahlen rechnen

Die Funktionen ARABISCH und RÖMISCH machen es möglich, auch mit römischen Zahlen zu rechnen und das Ergebnis ebenfalls als römische Zahl auszugeben. Um im unten abgebildeten Beispiel die beiden Zahlen in B1 und B2 zu addieren, geben Sie in B3 die folgende Formel ein:

```
=RÖMISCH(ARABISCH(B1)+ARABISCH(B2))
```

Bild 8.42 Rechnen mit römischen Zahlen

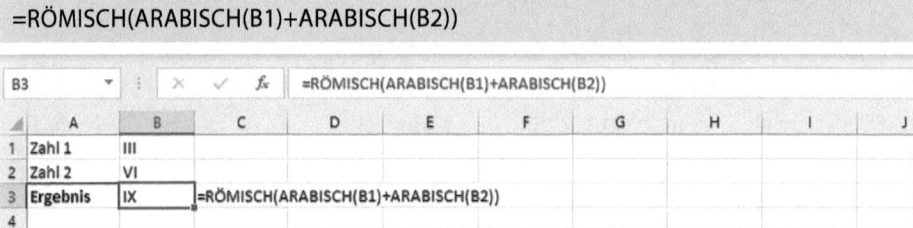

Binär- und Hexadezimalzahlen umwandeln

Neben dem Dezimalsystem mit den Zahlen von 0 bis 9 gibt es auch noch andere Zahlensysteme, die vor allem in der Informatik weit verbreitet sind.

▶ Computer verwenden intern das binäre Zahlensystem, das nur die Ziffern 0 und 1 kennt.

▶ Das hexadezimale Zahlensystem basiert auf insgesamt 16 Ziffern, nämlich die Ziffern 0 bis 9 und die Buchstaben A bis F.

Da Excel mit beiden Zahlensystemen keine Berechnungen durchführen kann - binäre Zahlen werden als dezimale interpretiert und liefern falsche Ergebnisse, hexadezimale Zahlen werden als Text behandelt - kann es erforderlich sein, die Zahlen vorher in das Dezimalsystem zu konvertieren. Zu diesem Zweck stellt Excel gleich mehrere Funktionen zur Verfügung.

8 Umrechnungs- und Konvertierungsfunktionen

Dezimale Zahl in ein anderes Zahlensystem umwandeln (BASIS)

Die Funktion BASIS wandelt eine Zahl in das angegebene Zahlensystem, z. B. Binärsystem um. Die Syntax:

BASIS(Zahl;Basis;[Mindestlänge])

- *Zahl* ist die umzuwandelnde Zahl. Sie muss eine ganze Zahl und >=0 und < 2^{53} sein.
- *Basis* muss eine ganze Zahl zwischen 2 und 36 sein und legt das Zahlensystem fest, in das Zahl umgewandelt werden soll, z. B. Binärsystem = 2.
- Das optionale Argument *Mindestlänge* erlaubt das Auffüllen mit führenden Nullen, wenn das Ergebnis weniger Stellen als die angegebene Mindestlänge hat, z. B. 00001001.

Im Bild unten einige Beispiele, wobei in C6 Basis 10 das Dezimalsystem darstellt und somit wieder die Ausgangszahl als Ergebnis liefert.

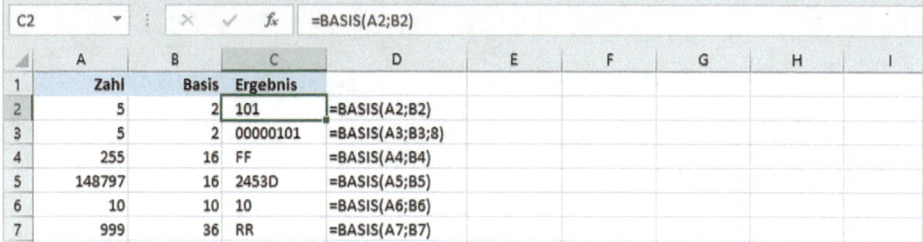

Bild 8.43 Mit BASIS in ein beliebiges Zahlensystem umwandeln

Aus Zahlensystem in Dezimalsystem umwandeln (DEZIMAL)

Umgekehrt wandelt die Funktion DEZIMAL als Text vorliegende Zahlenwerte eines Zahlensystems, z. B. aus dem Binärsystem, in eine dezimale Zahl um.

DEZIMAL(Zahl;Basis)

- *Zahl* ist die umzuwandelnde Zahl bzw. Zeichenfolge. Diese kann alle erlaubten Zeichen der angegebenen Basis enthalten und darf maximal 255 Zeichen lang sein.
- *Basis* muss eine Zahl zwischen 2 (Binär) und 36 sein und definiert das Zahlensystem für das Argument *Zahl*.

	A	B	C	D
1	Zahl	Basis	Ergebnis Dezimal	
2	101	2	5	=DEZIMAL(A2;B2)
3	A	16	10	=DEZIMAL(A3;B3)
4	F	16	15	=DEZIMAL(A4;B4)
5	Z	36	35	=DEZIMAL(A5;B5)
6	FF	16	255	=DEZIMAL(A6;B6)
7	100101	2	37	=DEZIMAL(A7;B7)
8	3AEFF	16	241407	=DEZIMAL(A8;B8)

Bild 8.44 Beispiele DEZIMAL

Ältere Umwandlungsfunktionen

Die Funktionen BASIS und DEZIMAL sind ab Excel 2013 verfügbar und ersetzen einige ältere Funktionen. In der folgenden Tabelle sehen Sie eine Übersicht.

Funktion	Beschreibung	Beispiel	Ergebnis
DEZINBIN(Zahl;[Stellen])	Wandelt eine dezimale Zahl in eine binäre Zahl um. Mit dem optionalen Argument Stellen kann das Ergebnis mit führenden Nullen (0) aufgefüllt werden. Achtung: Ist Zahl >511, erhalten Sie den Fehler #ZAHL!	DEZINBIN(14) DEZINBIN(14;8)	1110 00001110
DEZINHEX(Zahl;[Stellen])	Wandelt eine dezimale Zahl in eine hexadezimale Zahl um. Mit dem optionalen Argument Stellen kann das Ergebnis mit führenden Nullen (0) aufgefüllt werden.	DEZINHEX(127) DEZINHEX(15789;8)	7F 00003DAD
BININDEZ(Zahl)	Wandelt eine binäre Zahl in eine dezimale Zahl um.	BININDEZ(1001101)	77
HEXINDEZ(Zahl)	Wandelt eine hexadezimale Zahl in eine dezimale um.	HEXINDEZ(27FD)	10237
BININHEX(Zahl;[Stellen])	Wandelt eine binäre Zahl in eine hexadezimale um.	BININHEX(1001101)	4D
HEXINBIN(Zahl;[Stellen])	Wandelt eine hexadezimale Zahl in eine binäre um.	HEXINBIN(4D)	1001101

8.4 Ausgewählte Trigonometriefunktionen

Funktionsübersicht

Quelle: wikipedia.de

Die Trigonometrie befasst sich laut Wikipedia mit den Beziehungen zwischen Seiten und Winkeln von Dreiecken. „Durch die Kenntnis und Anwendung dieser Beziehungen (Formeln) können dann mit gegebenen Größen eines Dreiecks (Seitenlängen, Winkelgrößen, Längen von Dreieckstransversalen usw.) andere fehlende Größen des Dreiecks berechnet werden". Excel stellt hierzu verschiedene Funktionen zur Verfügung, von denen wir uns hier mit der Trigonometrie eines rechtwinkligen Dreiecks näher befassen werden.

> **Beachten Sie**: Die Winkelgrößen werden in Excel nicht in Grad, sondern in Bogenmaß angegeben. Das Bogenmaß, auch als Radiant oder rad bezeichnet, ist lt. Wikipedia ein „... Winkelmaß, bei dem der Winkel durch die Länge des entsprechenden Kreisbogens im Einheitskreis angegeben wird. Die Bogenlänge eines gegebenen Winkels ist proportional dem Radius r." Auf einem Kreis mit 5 cm Radius markiert ein Winkel von 1 Bogenmaß (oder rad) also einen 5 cm langen Bogen. Da der Umfang eines Vollkreises (360°) 2*r*PI ist, beträgt der Umfang des Einheitskreises 2*PI und das Bogenmaß des Vollwinkels 360 Grad ist folglich 2*PI.

Grad und Bogenmaß umwandeln

Die Umrechnung von Grad in Bogenmaß erfolgt mit folgenden Formeln:
  Grad = Bogenmaß*180/PI
  Bogenmaß = Grad*PI/180

Alternativ setzen Sie in Excel zum Umrechnen die beiden Funktionen BOGENMASS und GRAD ein.

▸ BOGENMASS rechnet Grad in Bogenmaß um, z. B. BOGENMASS(180°)=PI=3,14...

▸ GRAD ist die Umkehrfunktion von BOGENMASS und rechnet Bogenmaß in Grad um. Beispiel: GRAD(1,0479)=60°.

BOGENMASS(Winkel)
GRAD(Winkel)

Übersicht Excel-Funktionen

Beachten Sie bei den nachfolgenden Funktionen, dass in Grad vorliegende Werte zuvor in Bogenmaß umgewandelt werden müssen, entweder durch Multiplizieren mit PI()/180 oder mit der Funktion BOGENMASS (siehe oben).

Funktion	Beschreibung	Formel
SIN(Zahl)	Gibt den Sinus eines Winkels (Zahl) im Bogenmaß zurück. Das Ergebnis liegt zwischen 1 und -1.	Gegenkathete/Hypotenuse
COS(Zahl)	Gibt den Kosinus eines Winkels (Zahl) im Bogenmaß zurück. Das Ergebnis liegt zwischen 1 und -1.	Ankathete/Hypotenuse
TAN(Zahl)	Berechnet den Tangens eines Winkels im Bogenmaß.	Gegenkathete/Ankathete
COT(Zahl)	Liefert den Kotangens eines Winkels im Bogenmaß.	Ankathete/Gegenkathete

Die Umkehrfunktionen dazu lauten:

Funktion	Beschreibung	
ARCSIN(Zahl)	Gibt den Arkussinus einer Zahl im Bereich -PI/2 bis +PI/2 im Bogenmaß zurück. Diese Funktion ist die Umkehrfunktion zu SIN.	ARCSIN(0,866)=1,04719
ARCCOS(Zahl)	Gibt den Arkuskosinus einer Zahl im Bereich zwischen -1 und +1 im Bogenmaß zurück. Diese Funktion ist die Umkehrfunktion von COS.	ARCCOS(0,5)=1,04719
ARCTAN(Zahl)	Mit ARCTAN() wird zum gegebenen Tangens eines Winkels der Winkel selbst errechnet. Das Ergebnis im Bogenmaß liegt zwischen -PI/2 und PI/2.	
ARCCOT(Zahl)	Berechnet den ArkusKotangens einer Zahl, die den Kotangens eines Winkels angibt.	

Die Kreiszahl PI (π)

Eine wichtige Rolle spielt außerdem die Kreiszahl PI, diese wird mit der Excel-Funktion PI() mit einer Genauigkeit von 15 Stellen zurückgegeben. Die Funktion erfordert keine weiteren Argumente. Im Bild unten einige Beispiele für die Funktion PI.

Bild 8.45 Kreisumfang und -fläche mit PI berechnen

	A	B	C	D	E	F
1		Radius	Durchmesser	Ergebnis	Formel	
2	Kreisumfang aus Radius	1,50		9,4248	=2*PI()*B2	$U = 2 * \pi * r$
3	Kreisumfang aus Durchmesser		3,00	9,4248	=PI()*C3	$U = \pi * d$
4	Kreisfläche aus Radius	1,50		7,0686	=PI()*B4^2	$A = \pi * r^2$
5	Kreisfläche aus Durchmesser		3,00	7,0686	=(PI()*C5^2)/4	$A = (\pi * d^2)/4$
6						

Winkel und Seitenlänge berechnen

Hier einige einfache Beispiele zur Berechnung von Seitenlänge und Winkel. Zur Verdeutlichung im Bild unten ein rechtwinkeliges Dreieck mit Bezeichnungen.

Bild 8.46 Rechtwinkeliges Dreieck und Bezeichnungen

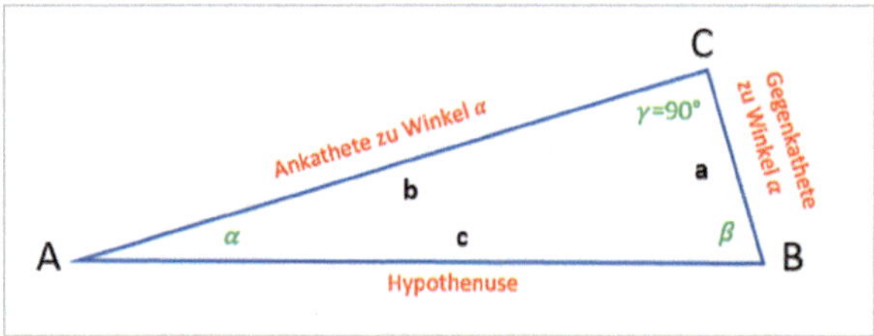

Beispiel 1: Seitenlänge berechnen

Trigonometrie.xlsx

Gegeben sind die Seitenlänge b und der Winkel α. Gesucht wird die Seitenlänge c. Da α bekannt ist und die Hypothenuse gesucht wird, kommt die Funktion COS zum Einsatz. Außerdem muss α auch noch in Bogenmaß umgewandelt werden, hier zur Verdeutlichung zusätzlich in B4. Die Seitenlänge c errechnet sich dann in B6 mit folgender Formel:

B4:	=B2/COS(BOGENMASS(B3))	Ergebnis: 9,23760

Bild 8.47 Beispiel Seitenlänge berechnen

	A	B	C	D	E	F	G
1	Berechnung Seitenlänge						
2	Seitenlänge b	8					
3	α (Grad)	30					
4	cos(α)	0,86603	=COS(BOGENMASS(B3))				
5	Seitenlänge c	9,23760	=B2/B4	$\cos \alpha =$	$\frac{b}{c}$	$c =$	$\frac{b}{\cos \alpha}$
6	oder	9,23760	=B2/COS(BOGENMASS(B3))				
7							

Beispiel 2: Winkel berechnen

Wenn im umgekehrten Fall aus gegebenen Seitenlängen ein Winkel zu berechnen ist, wird die Umkehrfunktion benötigt. Hier ein Beispiel, bei dem der Winkel α gesucht wird. Die gegebenen Seitenlängen a und b sind die Ankathete und die Gegenkathete zu a, daher wird die Tangens-Funktion eingesetzt. Gesucht ist allerdings nicht die Seitenlänge, sondern aus dem bekannten Tangens-Wert soll der dazugehörige Winkel bestimmt werden, daher die Umkehrfunktion ARCTAN.

Achtung: Da die Funktion ARCTAN das Ergebnis in Bogenmaß liefert, muss dieses noch mit der Funktion GRAD umgewandelt werden, die Formel in B5:

B5:   =GRAD(ARCTAN(B2/B3))   Ergebnis: 16,699

	A	B	C	D	E	F	G	H
1	Winkel α berechnen							
2	Seitenlänge a	30						
3	Seitenlänge b	100						
4	a/b	0,3	=B2/B3	$\tan\alpha = \dfrac{a}{b}$				
5	Winkel α (Grad)	16,699	=GRAD(ARCTAN(B2/B3))					
6								

Bild 8.48 Beispiel Winkel mit Umkehrfunktion berechnen

Beispiel: Wurfweite und Wurfhöhe in Abhängigkeit vom Wurfwinkel

Hier ein weiteres Beispiel, in dem Wurfweite und Wurfhöhe in Abhängigkeit vom Wurfwinkel berechnet und als Punktdiagramm dargestellt werden. Als Anfangsgeschwindigkeit werden konstant 10 m/s angenommen, der Abwurfwinkel (in Grad) ändert sich in 10er-Schritten und die Gravitationskonstante g=9,81 ist vorgegeben.

Schraeger_Wurf.xlsx

Die Berechnung der Wurfweite erfolgt nach folgender Formel:

Weite=Anfangsgeschw.^2*(SIN(2*BOGENMASS(Winkel))/g

Die Berechnung der Wurfweite in Spalte D erfolgt demnach mit der Formel:

D3:   =A3^2*SIN(2*BOGENMASS(B3))/C3

Die Wurfhöhe berechnet sich wie folgt:

Höhe=Anfangsgeschw.^2*(SIN(BOGENMASS(Winkel))^2)/(2*g)

In Spalte E wird dann die Wurfhöhe berechnet mit der Formel:

E3:   =A3^2*(SIN(BOGENMASS(B3))^2)/(2*C3)

Bild 8.49 Wurfweite und Wurfhöhe berechnen

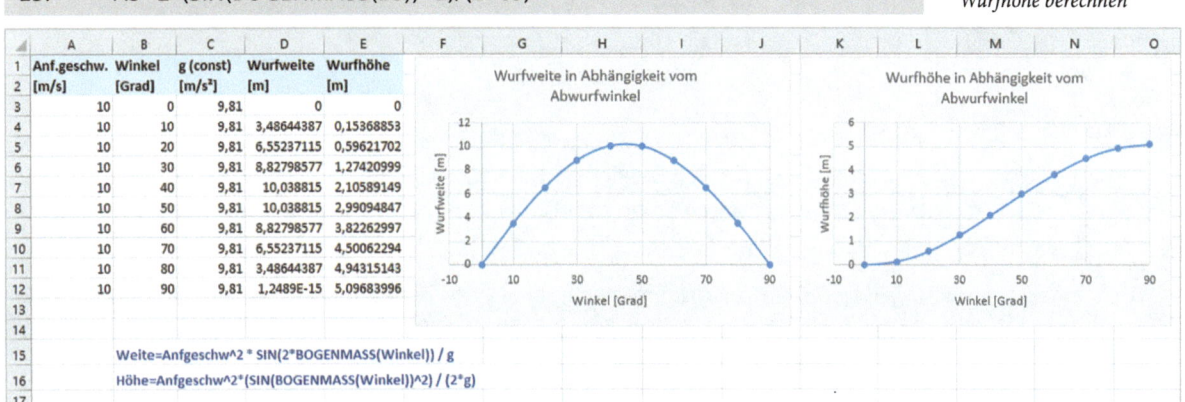

Trigonometrische Funktionen am Einheitskreis

Als weiteres Beispiel bestimmen wir abhängig vom Winkel den entsprechenden Punkt auf dem Einheitskreis (Radius=1), siehe Bild unten. Die x-Koordinate ist der Cosinus und die y-Koordinate der Sinus des Winkels. In Spalte A ist der jeweilige Winkel in Grad angegeben, aus Gründen der Übersichtlichkeit beschränken wir uns hier auf 30er-Schritte. Die Werte x und y werden mit folgenden Formeln berechnet:

Kreisberechnungen.xlsx

$x = r \cdot \cos(\alpha)$ und $y = r \cdot \sin(\alpha)$

Umgesetzt in Excel lauten die Formeln in B5 und C5 wie folgt, wobei der Winkel noch mit der Funktion BOGENMASS in Bogenmaß umgewandelt werden muss.

B5: `=$B$2*COS(BOGENMASS(A5))`

C5: `=$B$2*SIN(BOGENMASS(A5))`

In Spalte D wurde der Satz des Pythagoras berechnet, für den bekanntlich gilt: $a^2+b^2=c^2$. In der Umsetzung mit Excel lautet die Formel in D5:

D5: `=B2^2+C2^2`   oder in E5: `=($B$2*COS(A5))^2+($B$2*SIN(A5))^2`

Bild 8.50 Beispiel Einheitskreis mit Radius 1: x und y werden abhängig vom Winkel berechnet

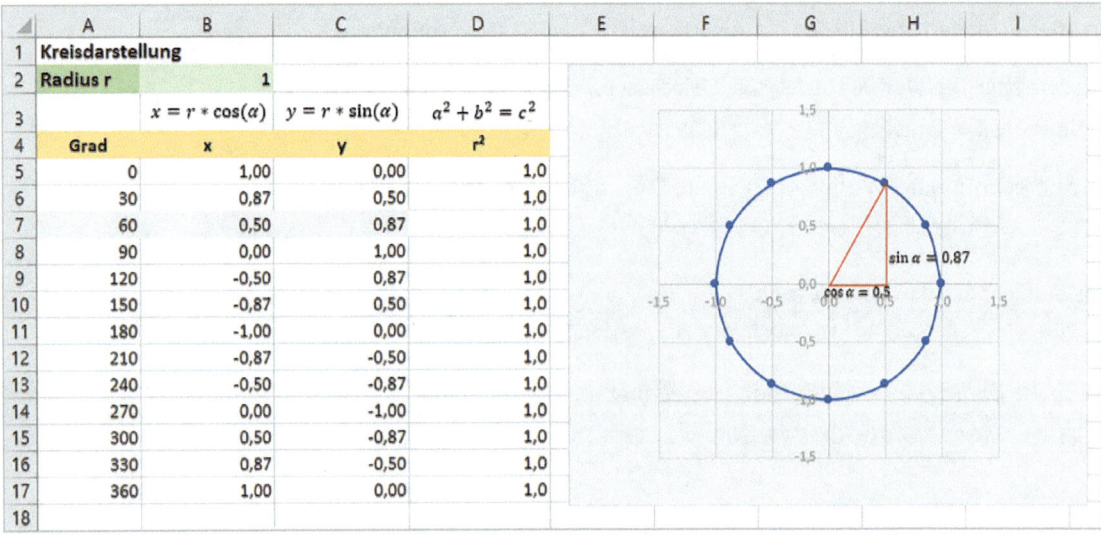

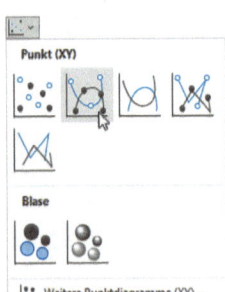

Aus den x- und y-Werten kann anschließend ein Kreis als Diagramm erzeugt werden. Dazu markieren Sie den Bereich B5:C5, klicken im Register *Einfügen* auf *Punkt(XY)-Diagramm einfügen* und wählen den Typ *Punkt mit interpolierten Linien und Datendarstellungen*.

Das Ergebnis im Diagramm gleicht allerdings in den meisten Fällen zunächst einer Ellipse, wie im Bild auf der nächsten Seite. Dies liegt an den unterschiedlichen Abständen zwischen den Teilstrichen.

8 Ausgewählte Trigonometriefunktionen

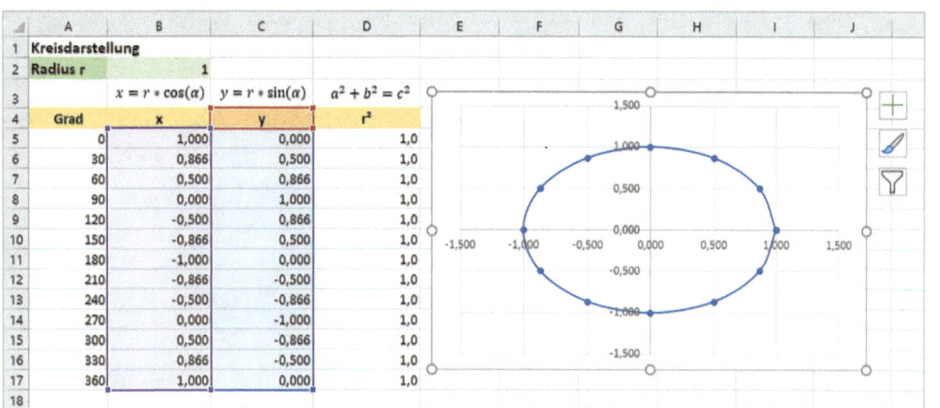

Bild 8.51 Kreis aus x- und y-Werten als Punktdiagramm

Tipp: Exakte Kreisdarstellung erzwingen

Um einen exakten Kreis zu erhalten, müssen Sie zu einem kleinen Trick greifen, nämlich eine zweite Datenreihe als Kreisdiagramm einfügen. Die Vorgehensweise:

1   Rechtsklick in das Diagramm und Befehl *Daten auswählen...*. Klicken Sie dann unter *Legendeneinträge (Reihen)* auf *Hinzufügen* und geben Sie als *Werte der Reihe X* und *Werte der Reihe Y* jeweils 1 ein und schließen Sie die Fenster mit *OK*.

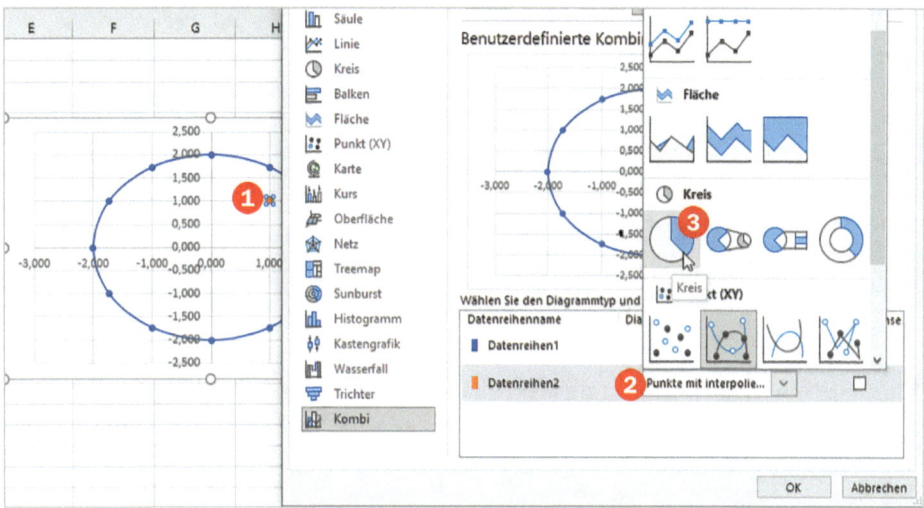

Bild 8.52 Zweite Datenreihe hinzufügen und in ein Kreisdiagramm umwandeln

2   Die Datenreihe erscheint zunächst als Punkt im Diagramm, siehe Bild auf der vorhergehenden Seite ❶. Rechtsklick auf die neu hinzugefügte Datenreihe bzw. den Datenpunkt und Befehl *Datenreihen-Diagrammtyp ändern...*. Wählen Sie dann für die Datenreihe2 ❷ den Typ *Kreis* ❸.

3   Um den hinzugefügten Kreis anschließend unsichtbar zu machen, klicken Sie mit der rechten Maustaste auf den Kreis, wählen *Datenreihen2* aus ❹, klicken auf *Füllung* und hier auf *Keine Füllung* ❺, siehe Bild rechts.

4 Falls die Achsen unterschiedliche Einteilungen aufweisen sollten, so doppelklicken Sie auf die Beschriftungen der X-Achse und legen unter *Achsenoptionen* ▶ *Einheiten* die Haupt- und Teilstriche manuell fest, z. B. je 0,5 wie im Bild unten. Klicken Sie dann auf die Beschriftungen der Y-Achse und geben hier dieselben Einheiten an.

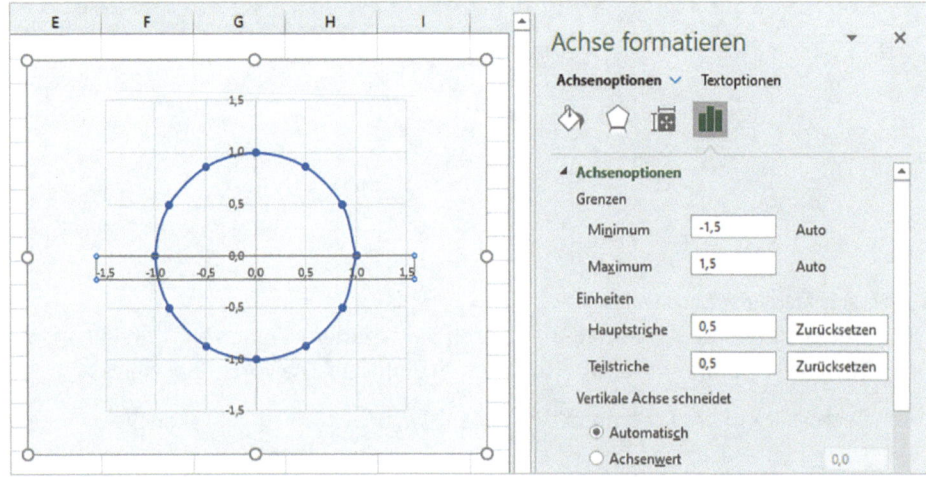

Bild 8.53 Legen Sie für die X- und Y-Achse dieselben Einheiten für Haupt- und Teilstriche fest

Lissajous-Figuren erzeugen

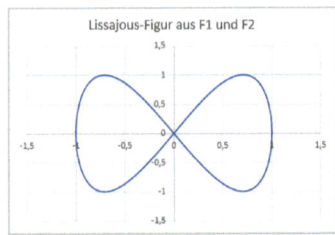

Quelle: wikipedia.de

Lissajous-Figuren sind lt. Wikipedia „Kurvengraphen, die durch die Überlagerung zweier harmonischer, rechtwinklig zueinander stehender Schwingungen verschiedener Frequenz entstehen. Sie sind benannt nach dem französischen Physiker Jules Antoine Lissajous."

Um solche Kurven mit Excel grafisch darzustellen, wie im Bild links, benötigen Sie zwei unterschiedliche Winkel, die Funktion SIN und ein XY Punktdiagramm mit interpolierten Linien.

1 In Spalte A (siehe Bild unten) erzeugen Sie die ersten Winkel in 10er-Schritten bis 360, am besten als Reihe: Geben Sie dazu in A1 die Zahl 0 ein, klicken Sie im Register *Start* auf *Ausfüllen* und auf *Datenreihe....*

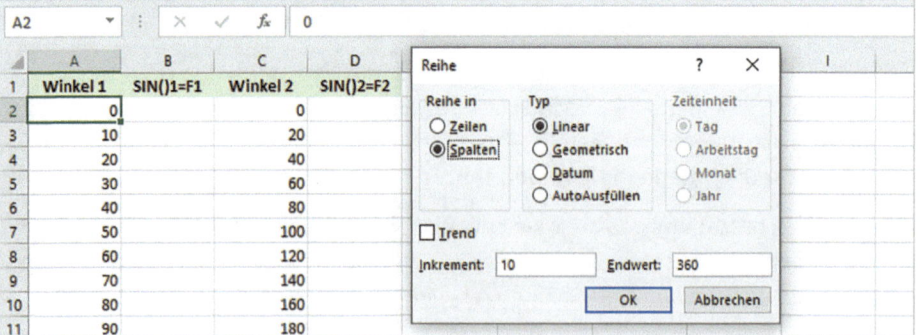

Bild 8.54 Datenreihe in Spalten erzeugen, Inkrement 10 und Endwert 360

Ausgewählte Trigonometriefunktionen 8

2 Wählen Sie die Option *Reihe in Spalten*, als *Inkrement* geben Sie 10 ein und als *Endwert* 360. Für Winkel 2 in Spalte C legen Sie *Inkrement* mit 20 und *Endwert* mit 720 fest.

Lissajous.xlsx

3 Anschließend berechnen Sie in B2 den Sinus des ersten Winkels und in D2 den Sinus des zweiten Winkels mit folgenden Formeln, die Sie nach unten kopieren.

B2:   =SIN(BOGENMASS(A2))

D2:   =SIN(BOGENMASS(C2))

4 Markieren Sie dann B2:B38 und D2:D38, klicken Sie im Register *Einfügen* ▶ *Diagramme* auf *Punkt (XY)-Diagramm einfügen* und wählen Sie den Typ *Punkte mit interpolierten Linien*.

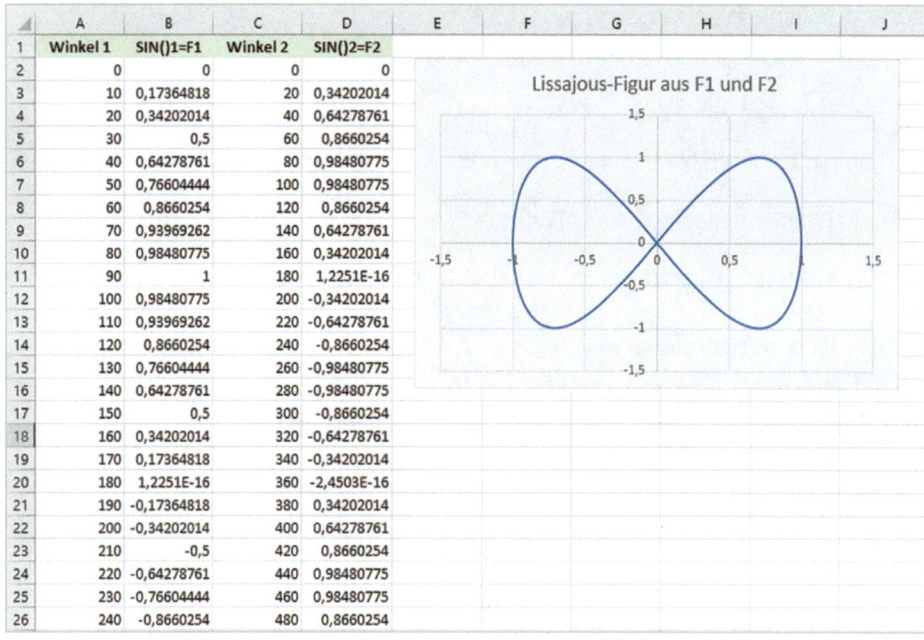

Bild 8.55 Lissajous-Figur als Punktdiagramm mit interpolierten Linien

8.5 Komplexe Zahlen

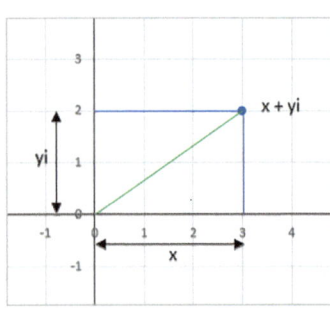

Bild 8.56 Geometrische Darstellung einer komplexen Zahl

Komplexe Zahlen sind Zahlen, die aus einem reellen und einem imaginären Anteil zusammengesetzt sind. Sie lassen sich geometrisch darstellen als Punkte in einem rechtwinkligen Koordinatensystem, bei dem die reellen Zahlen die waagerechte Achse (x) bilden und die Teilmenge der imaginären Zahlen bilden die senkrechte Koordinate (y). Eine komplexe Zahl $z = x + yi$ setzt sich also aus der horizontalen Koordinate x und der vertikalen Koordinate y zusammen und wird in der Schreibweise x+yi angegeben. Mit derart dargestellten komplexen Zahlen lässt es sich ähnlich wie mit Vektoren rechnen. Excel stellt dazu mehrere Funktionen zur Verfügung.

Hinweis: Der Imaginärteil wird statt mit i auch manchmal mit j angegeben. Excel akzeptiert beide Schreibweisen.

Komplexe Zahlen bilden

Die Funktion KOMPLEXE bildet aus zwei reellen Zahlen eine komplexe Zahl, die Syntax:

KOMPLEXE(Realteil;Imaginärteil;[Suffix])

- Mit dem optionalen Argument *Suffix* kann der Buchstabe i oder j zur Kennzeichnung des Imaginärteils angegeben werden. Fehlt dieses Argument, so wird i verwendet.
- **Achtung**: Es werden ausschließlich die Buchstaben i und j akzeptiert, alle anderen Zeichen, auch I und J liefern den Fehlerwert #WERT!

Im Bild unten einige Beispiele.

Bild 8.57 Beispiele: Komplexe Zahlen bilden

Komplexe_Zahlen.xlsx

	A	B	C	D
1	Real	Imag	Ergebnis	
2	4	6	4+6i	=KOMPLEXE(A2;B2)
3	5	3	5+3i	=KOMPLEXE(A3;B3)
4	0	1	i	=KOMPLEXE(A4;B4)
5	1	0	1	=KOMPLEXE(A5;B5)
6	2	2	2+2j	=KOMPLEXE(A6;B6;"j")

Teile komplexer Zahlen ermitteln

Realteil und Imaginärteil einer komplexen Zahl ermitteln

Um umgekehrt aus einer komplexen Zahl in der Schreibweise x+yi oder x+yj den Realwert oder den Imaginärwert zu ermitteln, setzen Sie die Funktionen IMREALTEIL und IMAGINÄRTEIL ein. Das Argument *Komplexe_Zahl* muss jeweils als Zeichenkette in der Form x+yi oder x+yj vorliegen.

IMREALTEIL(Komplexe_Zahl)

IMAGINÄRTEIL(Komplexe_Zahl)

Auch hierzu einige Beispiele.

	A	B	C	D	E
1	Komplexe_Zahl	Realteil		Imaginärteil	
2	4+6i	4	=IMREALTEIL(A2)	6	=IMAGINÄRTEIL(A2)
3	2+3j	2	=IMREALTEIL(A3)	3	=IMAGINÄRTEIL(A3)
4	i	0	=IMREALTEIL(A4)	1	=IMAGINÄRTEIL(A4)
5	1	1	=IMREALTEIL(A5)	0	=IMAGINÄRTEIL(A5)

Bild 8.58 Beispiele Realwert und Imaginärteil aus komplexen Zahlen

Abstand zum Koordinatenursprung mit IMABS

Die Funktion IMABS liefert den Absolutwert einer komplexen Zahl und damit den Abstand zum Koordinatenursprung, Vorzeichen werden ignoriert. *Komplexe_Zahl* muss als Zeichenkette in der Form x+yi oder x+yj vorliegen.

IMABS(Komplexe_Zahl) $IMABS(z) = |z| = \sqrt{x^2 + y^2}$

Winkel mit IMARGUMENT berechnen

Mit der Funktion IMARGUMENT wird der Winkel φ (Phi) einer komplexen Zahl ermittelt. **Achtung**: Das Ergebnis wird in Bogenmaß ausgegeben, zur Umwandlung in Grad benutzen Sie die Funktion GRAD, siehe Seite 385.

Phi ist der Winkel, den die reelle Achse mit der Verbindungsstrecke zwischen Ursprung und dem Punkt (x|yi) einschließt.

IMARGUMENT(Komplexe_Zahl) $IMARGUMENT(z) = \tan^{-1}\left(\frac{y}{x}\right) = \vartheta$

Bild 8.59 IMABS und IMARGUMENT

	A	B	C	D	E	F	G	H	I
1	Komplexe_Zahl	Absolutwert		in Grad		Winkel Phi		in Grad	
2	4+6i	7,2111	=IMABS(A2)	413,1657	=GRAD(B2)	0,9828	=IMARGUMENT(A2)	56,3099	=GRAD(F2)
3	3+4i	5,0000		286,4789		0,9273		53,1301	
4	i	1,0000		57,2958		1,5708		90	

Berechnungen mit komplexen Zahlen

Für Berechnungen mit komplexen Zahlen stellt Excel unter anderem folgende Funktionen zur Verfügung.

Summen und Differenz berechnen

Die Summe komplexer Zahlen berechnen Sie mit der Funktion IMSUMME, wobei die Argumente *Komplexe_Zahl1*, *Komplexe_Zahl2* bis *Komplexe_Zahl255* die zu addierenden Zahlen sind.

IMSUMME(Komplexe_Zahl1;[Komplexe_Zahl2];...)

Die Summe zweier komplexer Zahlen wird mit folgender Formel berechnet:
(a+bi)+(c+di) = (a+c)+(b+d)i

Zur Berechnung der Differenz verwenden Sie die Funktion IMSUB, wobei *Komplexe_Zahl1*, die Zahl ist, von der *Komplexe_Zahl2* subtrahiert werden soll.

IMSUB(Komplexe_Zahl1;Komplexe_Zahl2)

Die Differenz zweier komplexer Zahlen wird mit der Formel berechnet:
(a+bi)-(c+di) = (a-c)+(b-d)i

Bild 8.60 Summe und Differenz komplexer Zahlen berechnen

	A	B	C	D	E	F	G	H
1	Komplexe_Zahl1	5+3i						
2	Komplexe_Zahl2	4+6i						
3	Summe	9+9i	=IMSUMME(B1;B2)					
4	Differenz	1-3i	=IMSUB(B1;B2)					
5								

Multiplizieren und Dividieren

Das Produkt zweier komplexer Zahlen berechnen Sie in Excel mit der Funktion IMPRODUKT. Es können bis zu 255 komplexe Zahlen angegeben werden.

IMPRODUKT(Komplexe_Zahl1;[Komplexe_Zahl2];...)

Das Produkt zweier komplexer Zahlen wird wie folgt berechnet:
(a+bi)(c+di) = (ac-bd)+(ad+bc)i

Die Funktion IMDIV berechnet den Quotient zweier komplexer Zahlen, wobei *Komplexe_Zahl1* der Zähler bzw. Dividend ist und *Komplexe_Zahl2* der Nenner oder Divisor.

IMDIV(Komplexe_Zahl1;Komplexe_Zahl2) $\quad \text{IMDIV}(z_1, z_2) = \dfrac{(a+bi)}{(c+di)} = \dfrac{(ac+bd)+(bc-ad)i}{c^2+d^2}$

Bild 8.61 IMPRODUKT und IMDIV

	A	B	C	D	E	F	G
1	Komplexe Zahl1	Komplexe Zahl2	Produkt		Quotient		
2	6+3i	2+2i	6+18i	=IMPRODUKT(A2;B2)	2,25-0,75i	=IMDIV(A2;B2)	
3	2i	2+2i	-4+4i		0,5+0,5i		
4	4+3i	1	4+3i		4+3i		
5							

Weitere ausgewählte Funktionen

Funktion	Beschreibung
IMAPOTENZ(Komplexe_Zahl;Potenz)	Potenziert eine komplexe Zahl mit einer ganzen Zahl, wobei das erforderliche Argument *Potenz* den Exponent festlegt.
IMWURZEL(Komplexe_Zahl)	Berechnet die Quadratwurzel einer komplexen Zahl.
IMCOS(Komplexe_Zahl)	Gibt den Kosinus einer komplexen Zahl zurück.
IMSIN(Komplexe_Zahl)	Gibt den Sinus einer komplexen Zahl zurück.
IMTAN(Komplexe_Zahl)	Gibt den Tangens einer komplexen Zahl zurück.
IMCOT Komplexe_Zahl)	Gibt den Kotangens einer komplexen Zahl zurück.

Im Bild unten einige Beispiele zu IMAPOTENZ und IMWURZEL.

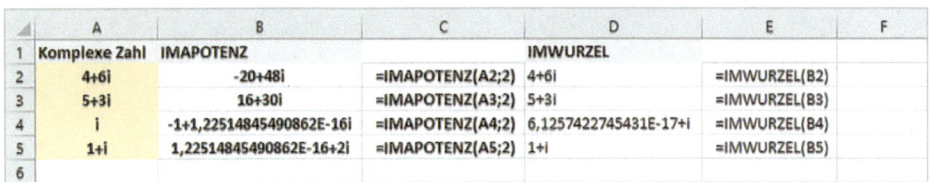

Bild 8.62 IMAPOTENZ und IMWURZEL

Komplexe Zahlen runden

Wie im Bild auf der vorhergehenden Seite zu sehen, können die Funktionen IMAPOTENZ und IMWURZEL sowohl für den Realteil als auch für den Imaginärteil sehr große Zahlen bzw. Zahlen mit sehr vielen Dezimalstellen liefern, auch wenn diese von Excel automatisch in der Exponentialschreibweise angezeigt werden. Wenn Sie diese trotzdem runden möchten, dann benötigen Sie dazu die Funktion RUNDEN, eine Formatierung bzw. die Verwendung eines Zahlenformats hat dagegen keine Wirkung. Allerdings sollten auf diese Weise gerundete Zahlen nicht für weitere Berechnungen herangezogen werden.

RUNDEN, siehe Seite 362.

Als Beispiel im Bild unten in Spalte B komplexe Zahlen als Ergebnis der Funktion IMAPOTENZ mit Exponent 2. Um diese in Spalte D zu runden, müssen Realteil und Imaginärteil jeweils gesondert gerundet werden und daraus wird mit der Funktion KOMPLEXE wieder eine komplexe Zahl gebildet. Die dazugehörige Formel in D2 lautet:

`=KOMPLEXE(RUNDEN(IMREALTEIL(B2);20);RUNDEN(IMAGINÄRTEIL(B2);20))`

Bild 8.63 Realteil und Imaginärteil runden

	A	B	C	D	E
1	Komplexe Zahl	IMAPOTENZ		Gerundet	
2	5+8i	-39+80i	=IMAPOTENZ(A2;2)	-39+80i	=KOMPLEXE(RUNDEN(IMREALTEIL(B2);20);RUNDEN(IMAGINÄRTEIL(B2);20))
3	4+3i	7+24i	=IMAPOTENZ(A3;2)	7+24i	=KOMPLEXE(RUNDEN(IMREALTEIL(B3);20);RUNDEN(IMAGINÄRTEIL(B3);20))
4	1+1i	1,22514845490862E-16+2i	=IMAPOTENZ(A4;2)	1,2251E-16+2i	=KOMPLEXE(RUNDEN(IMREALTEIL(B4);20);RUNDEN(IMAGINÄRTEIL(B4);20))
5	2+2i	4,90059381963448E-16+8i	=IMAPOTENZ(A5;2)	4,9006E-16+8i	=KOMPLEXE(RUNDEN(IMREALTEIL(B5);20);RUNDEN(IMAGINÄRTEIL(B5);20))
6	i	-1+1,22514845490862E-16i	=IMAPOTENZ(A6;2)	-1+1,2251E-16i	=KOMPLEXE(RUNDEN(IMREALTEIL(B6);20);RUNDEN(IMAGINÄRTEIL(B6);20))
7					

8 Mathematische und technische Funktionen

9 Beispiele aus der Finanzmathematik

9.1   Einmalige und periodische Zahlungen   398

9.2   Abschreibungen berechnen   407

9.3   Funktionen für Wertpapieranlagen   414

9.4   Aktuelle und historische Börsenkurse abrufen   419

9 Beispiele aus der Finanzmathematik

9.1 Einmalige und periodische Zahlungen

Übersicht

Viele Funktionen aus der Kategorie Finanzmathematik drehen sich um Zahlungen und deren Verzinsung. Dabei kommen immer wieder die folgenden Funktionsargumente zum Einsatz, die meisten davon zusätzlich auch als eigenständige Funktion. Die Tabelle gibt eine erste Übersicht:

Argument	Beschreibung
Rmz	**Regelmäßige Zahlung (zu zahlende Annuität)** Ein konstanter, meist monatlicher Betrag, den Sie entweder zur Rückzahlung eines Kredits oder als Sparbetrag aufwenden. Der Betrag bzw. die Annuität setzt sich zusammen aus Tilgung und Zinsen.
Zzr	**Zahlungszeitraum** Anzahl der Perioden, in denen der Betrag gezahlt wird. Läuft beispielsweise ein Kredit über 2 Jahre und wird monatlich zurückgezahlt, dann ist Zzr=2*12 gleich 24. Bei einer Laufzeit von 2 Jahren und vierteljährlicher Zahlung beträgt die Anzahl der Zahlungen 8 (Zzr=2*4).
Zins	**Fester Zinssatz** Der Zinssatz wird normalerweise für ein Jahr angegeben. Wenn die Zahlung/Rückzahlung monatlich erfolgt, muss der Zins durch 12 (Monate) dividiert werden.
Bw	**Barwert, Anfangswert** Der aktuelle Gesamtwert zukünftiger Zahlungen. Nehmen Sie beispielsweise einen Kredit auf, ist der Barwert gleich der Kredithöhe inklusive der Zinsen.
Zw	**Zukünftiger Wert, Endwert** Der zukünftige Wert einer Investition bzw. der Wert, der nach den Zahlungen erreicht werden soll. Bei Krediten ist Zw gleich 0, bei Ansparungen ist das der Betrag, der am Ende vorhanden sein soll.
F	**Fälligkeit** Der Parameter Fälligkeit gibt an, ob die regelmäßige Zahlung zu Beginn einer Periode (1) erfolgt oder am Ende (0 oder keine Angabe):

Beachten Sie bei diesen Funktionen die folgenden Grundregeln

▶ Alle Funktionsargumente müssen sich auf dieselbe Periodeneinheit beziehen. Bei monatlichen Zahlungen bedeutet dies beispielsweise, dass auch Zins und Zahlungszeitraum in Monaten angegeben werden müssen.

▶ Von Ihnen aufzuwendende Beträge, z. B. Rückzahlungsbeträge müssen mit negativem Vorzeichen eingegeben werden, da Sie sonst ein Ergebnis mit einem negativen Vorzeichen erhalten.

▶ Alle genannten Funktionen gehen von einer konstanten regelmäßigen Zahlung und einem gleichbleibenden Zinssatz aus.

Die Funktionen ZW, BW, RMZ, ZZR und ZINS

Verzinsungen_Zahlungen.xlsx

Zukünftigen Wert berechnen (ZW)

Den zukünftigen oder Endwert laufender Zahlungen berechnen Sie mit der Funktion ZW. Hier die Syntax, die Beschreibung der Funktionsargumente entnehmen Sie der Tabelle auf der vorhergehenden Seite.

```
ZW(Zins;Zzr;Rmz;[Bw];[F])
```

Beispiel: Regelmäßig einen gleichbleibenden Betrag ansparen

Angenommen, Sie legen jeden Monat 100 € zurück und möchten wissen, wie hoch ist der angesparte Betrag nach 3 Jahren bei einer Verzinsung von 2%. Dazu geben Sie in B7 die folgende Formel ein; da die Zahlungen monatlich erfolgen, muss auch der Zins in Monate umgerechnet werden, also 2 %/12. Die Fälligkeit wird mit 1, also zu Beginn der Periode angegeben; wäre F=0, so würde das Ergebnis 2.446,57 lauten.

```
B7:     =ZW(C2;B3;B1;;B5)      Ergebnis: 2.450,64
```

	A	B	C
1	Betrag	-100,00	
2	Zins jährl.	2%	0,0016667
3	Monate	24	
4	Anfangswert		
5	Fälligkeit	1	
6			
7	Endwert	2.450,64 €	=ZW(C2;B3;B1;;B5)
8			

Bild 9.1 Zukünftigen Wert mit ZW berechnen

Anfangs- oder Barwert einer künftigen Investition berechnen (BW)

Den Anfangswert einer künftigen Investition berechnen Sie mit der Funktion BW. Auch zu dieser Funktion finden Sie eine Beschreibung der Argumente in der Tabelle auf Seite 398.

```
BW(Zins;Zzr;Rmz;[Zw]; [F])
```

Beispiel Rentenzahlung

Sie möchten mit einer einmaligen Zahlung Ihre künftige Rente um monatlich 300 € aufbessern. Wie hoch muss bei einem Zins von 1,5 % die Einmalzahlung sein, damit Sie künftig 15 Jahre lang monatlich 300 € erhalten?

	A	B	C	D
1	Zins	1,50%	0,00125	=B1/12
2	Zzr Jahre	15	180	=B2*12
3	Rmz	-300		
4	Zw	0		
5	Fälligkeit	0		
6				
7	Barwert	48.329,18 €	=BW(C1;C2;B3;B4;B5)	
8				

Bild 9.2 Bar- bzw. Anfangswert berechnen

9 Beispiele aus der Finanzmathematik

Die Antwort lautet: Sie benötigen etwas mehr als 48.000 € Anfangskapital. Die Berechnung erfolgt mit der Funktion BW in B7 und die Formel lautet:

B7:   =BW(C1;C2;B3;B4;B5)   Ergebnis: 48.329,18

Auch bei diesem Beispiel müssen Zahlungszeitraum und Zins wieder in Monate umgerechnet werden, hier in C1 und C2.

Die Höhe regelmäßiger Zahlungen berechnen (RMZ)

Die Höhe einer konstanten Zahlung pro Periode berechnen Sie mit der Funktion RMZ. Diese setzt einen konstanten Zins und konstante Zahlungen voraus. Beachten Sie außerdem, dass RMZ nur den Betrag für Zinsen und Tilgung liefert, Steuern, Gebühren usw. werden nicht berücksichtigt.

RMZ(Zins;Zzr;Bw;[Zw];[F])

Eine Beschreibung der Funktionsargumente finden Sie wieder in der Tabelle zu Beginn dieses Kapitels auf Seite 398.

Beispiel 1: Kreditrückzahlung

Mit RMZ lässt sich beispielsweise der monatliche Rückzahlungsbetrag berechnen, wenn Sie über 3 Jahre (=36 Monate) bei einem Zins von 8 % einen Kredit in Höhe von 10.000 € zurückzahlen möchten. Die Zahlungen erfolgen am Ende des Monats und die Formel in B9 lautet:

B9:   =RMZ(B3/12;B4;B5;B6;B7)   Ergebnis: -313,36

Beispiel 2: Lebensversicherung

Welchen Betrag müssen Sie monatlich in eine Lebensversicherung einzahlen, damit bei einem Zins von 2 % nach 15 Jahren ein Betrag von 100.000 € erreicht ist?

F9:   =RMZ(G3;G4:F5;F6;F7)   Ergebnis: -476,05

Bild 9.3 Beispiele: Kreditrückzahlung und Lebensversicherung

	A	B	C	D	E	F	G	H
1	Beispiel 1: Kreditrückzahlung				Beispiel 2: Lebensversicherung			
2								
3	Zins jährl.	8%			Zins jährl.	2%	0,00166667	
4	Laufzeit Monate	36			Laufzeit Jahre	15	180	
5	Kreditsumme (BW)	10.000			Anfangswert (Bw)	0		
6	Endwert	0			Endwert	100.000		
7	F (Monatsende)	0			F (Monatsanfang)	1		
8								
9	Monatlicher Betrag	-313,36 €			Monatlicher Betrag	-476,05 €		
10		=RMZ(B3/12;B4;B5;B6;B7)				=RMZ(G3;G4;F5;F6;F7)		
11								

Einmalige und periodische Zahlungen

Laufzeit von Renten- oder Tilgungszahlungen berechnen (ZZR)

ZZR berechnet die Anzahl der Zahlungsperioden bis der vorgegebene Endwert erreicht ist und setzt konstanten Zins und gleichbleibende Zahlungen voraus. Vereinfacht ausgedrückt, beantwortet ZZR damit die Frage, wie lange es dauert, bis beispielsweise ein Kredit abbezahlt oder ein bestimmter Betrag angespart ist. Die Argumente sind dieselben wie bei den Funktionen BW und ZW, siehe Tabelle auf Seite 398.

    ZZR(Zins,Rmz,Bw,[Zw],[F])

Beispiel 1: Kredit-Tilgung

Für den Kauf einer Wohnung wurde ein Kredit in Höhe von 100.000 € aufgenommen. Wie lange dauert es, bis er bei einem Jahreszins von 3,15 % und einer monatlichen Zahlung von 1.000 € vollständig abbezahlt ist? Die Formel in E3:

    E3:   =ZZR(B3/12;B4;B5;B6;B7)   Ergebnis: 116,15/12 = 9,7 Jahre

	A	B	C	D	E	F
1	Kredit-Tilgung					
2						
3	Zins jährl.	3,15%		Zeitraum	116,15	=ZZR(B3/12;B4;B5;B6;B7)
4	Monatl. Zahlung (Rmz)	-1.000		Jahre	9,7	=E3/12
5	Anfangswert (Bw)	100.000				
6	Endwert (Zw)	0				
7	F (Monatsende)	0				

Bild 9.4 Zeitraum mit ZZR berechnen

Beispiel 2: Einen bestimmten Betrag ansparen

Das zweite Beispiel berechnet, wie lange es dauert, bis bei einem monatlichen Sparbetrag in Höhe von 300 € und einem Zins von 1,75 % der Betrag von 50.000 € erreicht ist. Die Formel dazu lautet:

    =ZZR(0,0175/12;-300;0;50000)/12   Ergebnis:12,4 Jahre

Zins für die Erreichung eines bestimmten Sparziels berechnen (ZINS)

Wenn Sie wissen möchten, welcher Zins erforderlich wäre, um einen bestimmten Betrag zu erzielen, dann setzen Sie die Funktion ZINS ein.

    ZINS(Zzr, Rmz, Bw, Zw, [F], [Schätzwert])

Hinweis: Mit dem optionalen Argument *Schätzwert* können Sie Ihre Schätzung über die Höhe des Zinssatzes angeben. In der Standardeinstellung bzw., wenn nichts angegeben wird, nimmt Excel 10 % an.

Beispiel 1: Verzinsung einer einmaligen Geldanlage

Sie legen einmalig 50.000 € an und möchten wissen, welcher jährliche Zinssatz nötig wäre, damit nach 12 Jahren ein Betrag von 120.000 € erreicht wird. Diesen berechnen Sie in E3 (Bild auf der nächsten Seite) mit folgender Formel:

9 Beispiele aus der Finanzmathematik

Bild 9.5 Erforderliche Zinsen bei einer einmaligen Geldanlage

E3:	=ZINS(B3;B4;B5;B6)			Ergebnis: 7,57%		
	A	B	C	D	E	F	G
1	Einmalige Geldanlage						
2							
3	Zahlungszeitraum (Jahre)	12		Zins jährlich	7,57%	=ZINS(B3;B4;B5;B6;1)	
4	Monatliche Zahlung	0					
5	Anfangswert (Bw)	-50.000					
6	Endwert (Zw)	120.000					
7							

Beispiel 2: Monatliche Geldanlage

Sie legen monatlich 300 € an. Welcher (jährliche) Zinssatz wäre nötig, damit nach drei Jahren bzw. 36 Monaten daraus 15.000 € werden? Da die Formel in E3 monatliche Zahlungen verwendet, erhalten Sie hier zunächst den monatlichen Zins. Dieser wird in E4 auf den jährlichen Zins umgerechnet.

E3:	=ZINS(B3;B4;B5;B6;1)			Ergebnis: 0,56%*12 = 6,74 %		

Bild 9.6 Erforderliche Zinsen bei monatlicher Geldanlage

E3		× ✓ fx	=ZINS(B3;B4;B5;B6;1)			
	A	B	C	D	E	F	G
1	Monatliche Geldanlage						
2							
3	Zahlungszeitraum	36		Zins monatlich	0,56%	=ZINS(B3;B4;B5;B6;1)	
4	Monatliche Zahlung	-300		Zins jährlich	6,74%	=E3*12	
5	Barwert	0					
6	Endwert	12.000					

Hinweis: Da bei diesem Beispiel das Argument *Bw* 0 beträgt, ist das Argument *Rmz* zwingend erforderlich.

Tilgung und Zinsanteil berechnen

Zinsen und Tilgung für eine Periode berechnen (ZINSZ und KAPZ)

Die Funktion RMZ liefert die gesamte Höhe einer gleichbleibenden regelmäßigen Zahlung (Annuität). Bei einer Darlehensrückzahlung setzt sich dieser Betrag zusammen aus Zinsanteil und Tilgungsanteil und diese beiden Werte lassen sich mit den Funktionen ZINSZ und KAPZ berechnen. Die Syntax der beiden Funktionen:

ZINSZ(Zins;Zr;Zzr;Bw;[Zw];[F])

KAPZ(Zins;Zr;Zzr;Bw;[Zw];[F])

▶ ZINSZ berechnet die Zinszahlung für die angegebene Periode.

▶ KAPZ berechnet die Kapitalrückzahlung/Tilgung für die angegebene Periode.

▶ Beide Funktionen gehen von einer regelmäßigen, konstanten Zahlungen und einem konstanten Zinssatz aus. Achten Sie außerdem auf zueinander passende

Einmalige und periodische Zahlungen 9

Zeiteinheiten: Bei monatlichen Zahlungen müssen auch Zins und Laufzeit in Monate umgerechnet werden, also jährlicher Zins/12.

▶ Die Funktionsargumente sind dieselben, wie bei den vorhergehenden Funktionen, z. B. BW. Eine genaue Beschreibung finden Sie in der Tabelle auf Seite 398.

▶ Zusätzlich erfordern beide Funktionen das Argument *Zr*, das die Periode angibt, für die die Zinszahlung bzw. die Kapitalrückzahlung berechnet werden soll. Dieser Wert muss zwischen 1 und *Zzr* liegen.

Beispiel 1: Kreditrückzahlung

Wie hoch ist der Zinsanteil im ersten Monat einer Kreditrückzahlung? Kredithöhe 8.000 €, Laufzeit 3 Jahre (36 Monate) und Zins 7,5 %, Fälligkeit jeweils am Monatsende.

E3:	=RMZ(B3/12;B5;B6;0;B7)	Ergebnis: -155,53
E4:	=ZINSZ(B3/12;B4;B5;B6;0;B7)	Ergebnis: -31,25
E5:	=KAPZ(B3/12;B4;B5;B6;0;B7)	Ergebnis: -124,28

Um die Höhe von Zinsanteil und Tilgung in einem beliebigen Monat, z. B. im letzten Monat der Rückzahlung zu erfahren, brauchen Sie nur den betreffenden Monat in B4 eintragen.

	A	B	C	D	E	F
1	Zins und Tilgung (Kapitalrückzahlung) berechnen					
2						
3	Zins	7,5%		Monatl. Rückzahlung (RMZ)	-155,53 €	=RMZ(B3/12;B5;B6;0;B7)
4	Monat (Zr)	1		Zinsanteil (ZINSZ)	-31,25 €	=ZINSZ(B3/12;B4;B5;B6;0;B7)
5	Laufzeit (Mon)	36		Tilgung (KAPZ)	-124,28 €	=KAPZ(B3/12;B4;B5;B6;0;B7)
6	Kredithöhe	5.000				
7	Fälligkeit	0				

Bild 9.7 Rückzahlungsbetrag, Zinsanteil und Tilgung im ersten Monat berechnen

Beispiel 2: Monatlicher Tilgungsplan eines Darlehens

Mit den Formeln RMZ, ZINSZ und KAPZ lässt sich auch problemlos ein Tilgungsplan in Tabellenform aufstellen und Zins und Tilgung für jeden Monat berechnen. Als Beispiel im Bild unten ebenfalls eine Kreditrückzahlung: Kredithöhe 5.000 €, Zins 7,5 % und Laufzeit 1 Jahr.

Bild 9.8 Tabelle über Zinsen und Tilgung

B10 fx =ZINSZ(B4/12;B3;B5;B6;0;B7)

	A	B	C	D	E	F	G	H	I	J	K	L	M
1	Zins und Tilgung (Kapitalrückzahlung) berechnen												
2													
3	Monat (Zr)	1	2	3	4	5	6	7	8	9	10	11	12
4	Zins	7,5%	7,5%	7,5%	7,5%	7,5%	7,5%	7,5%	7,5%	7,5%	7,5%	7,5%	7,5%
5	Laufzeit (Mon)	12	12	12	12	12	12	12	12	12	12	12	12
6	Kredithöhe	5.000	5.000	5.000	5.000	5.000	5.000	5.000	5.000	5.000	5.000	5.000	5.000
7	Fälligkeit	0	0	0	0	0	0	0	0	0	0	0	0
8													
9	Monatl. Rückzahlung (RMZ)	-433,79	-433,79	-433,79	-433,79	-433,79	-433,79	-433,79	-433,79	-433,79	-433,79	-433,79	-433,79
10	Zinsanteil (ZINSZ)	-31,25	-28,73	-26,20	-23,66	-21,09	-18,51	-15,92	-13,31	-10,68	-8,03	-5,37	-2,69
11	Tilgung (KAPZ)	-402,54	-405,05	-407,58	-410,13	-412,70	-415,27	-417,87	-420,48	-423,11	-425,75	-428,42	-431,09

Beispiele aus der Finanzmathematik

Die Formeln in B9, B10 und B11 können anschließend nach C9:M11 kopiert werden:

B9:	=RMZ(B4/12;B5;B6;0;B7)
B10:	=ZINSZ(B4/12;B3;B5;B6;0;B7)
B11:	=KAPZ(B4/12;B3;B5;B6;0;B7)

Aufgelaufene Tilgung und Zinsen für Zeitraum berechnen (KUMZINSZ und KUMKAPITAL)

Wie Sie Zins und Tilgung für eine Periode berechnen, haben Sie auf Seite 402 gesehen. Um dagegen über mehrere Perioden aufgelaufene Tilgungs- und Zinszahlungen, z. B. für ein Jahr bei monatlicher Rückzahlung zu ermitteln, stellt Excel die beiden Funktionen KUMZINSZ und KUMKAPITAL zur Verfügung.

KUMZINSZ(Zins;Zzr;Bw;Zeitraum_Anfang;Zeitraum_Ende;F)

KUMKAPITAL(Zins;Zzr;Bw;Zeitraum_Anfang;Zeitraum_Ende;F)

▶ Beide Funktionen erfordern die Argumente *Zeitraum_Anfang* und *Zeitraum_Ende* mit denen die erste und die letzte in die Berechnung einfließende Periode angegeben wird. Die Zahlungsperioden sind, beginnend mit 1, durchnummeriert.

▶ Eine Beschreibung der übrigen Argumente finden Sie in der Tabelle auf Seite 398. Achten Sie bei *Zins* und *Zzr* auf zueinander passende Zeiteinheiten. Bei monatlichen Zahlungen gilt Jährlicher Zins/12. Die Fälligkeit *F* ist in beiden Funktionen erforderlich und muss mit 0 (Zahlung am Ende der Periode) oder 1 (am Anfang der Periode) angegeben werden.

Beispiel: Zins und Tilgung im ersten Jahr

Sie zahlen einen Kredit über 10.000 € monatlich mit 297,47 € zurück. Der jährliche Zins beträgt 4,5 % und die Laufzeit 3 Jahre (36 Monate). Die Höhe von Tilgung und Zinsen im ersten Jahr berechnen Sie in E6 und E7 mit KUMKAPITAL und KUMZINSZ. Als *Zeitraum_Anfang* geben Sie in E3 den Monat 1 ein und in E4 als *Zeitraum_Ende* den Monat 12, wie im Bild unten.

Bild 9.9 Zinsen und Tilgung im ersten Jahr berechnen

	A	B	C	D	E	F	G
1	Zins und Tilgung im ersten Jahr (monatliche Zahlungen)						
2							
3	Kreditsumme	10.000,00		Annuität Anfang	1		
4	Zins (jährl.)	4,50%		Annuität Ende	12		
5	Zahlungszeiträume (Monate)	36					
6	Fälligkeit	0		Tilgung im 1. Jahr	-3.184,78	=KUMKAPITAL(B4/12;B5;B3;E3;E4;B6)	
7				Zinsen im 1. Jahr	-384,85	=KUMZINSZ(B4/12;B5;B3;E3;E4;B6)	
8	Tilgung bis	0,00		Summe	-3.569,63	=SUMME(E6:E7)	
9	Rückzahlungsbetrag monatl.	-297,47					
10	Summe Rückzahlung im 1. Jahr	-3.569,63					
11							

Die Formeln:

E6:	=KUMKAPITAL(B4/12;B5;B3;E3;E4;B6)	Ergebnis: -3.184,78
E7:	=KUMZINSZ(B4/12;B5;B3;E3;E4;B6)	Ergebnis: -384,85

Die Summe aus E6 und E7, -3.569,63 entspricht der Summe der monatlichen Rückzahlungsbeträge im ersten Jahr in B10. Wenn Sie Zinsen und Tilgung im zweiten Jahr berechnen möchten, brauchen Sie nur Anfang und Ende in E3 und E4 ändern und hier 13 und 24 eingeben.

Nominalzins in Effektivzins umrechnen

Der Nominalzins ist der Zinssatz, mit dem ein Darlehen oder eine Geldanlage pro Jahr verzinst werden. Daneben gibt es auch noch den sogenannten Effektivzins. d. h. der tatsächliche Zins, der sich aus den anfallenden Kosten und bei mehreren jährlich anteiligen Zinszahlungen, z. B. vierteljährlich, aus den vorweg gezahlten Jahreszinsen zusammensetzt.

Der Nominalzins wird häufig auch mit dem Zusatz p.a (Lat. pro annum) angegeben.

Je mehr Zahlungsperioden pro Jahr und je höher die anfallenden Kosten, desto größer ist daher die Differenz zwischen Nominal- und Effektivzins.

Mit der Excel-Funktion EFFEKTIV können Sie einen angegebenen Nominalzins schnell in den Effektivzins umrechnen, allerdings ohne Berücksichtigung der zusätzlichen Nebenkosten. In diesem Fall entsteht also die Differenz nur aus der Anzahl der unterjährlichen Zinszahlungen.

EFFEKTIV(Nominalzins; Perioden)

- *Nominalzins*: Die Nominalverzinsung.
- *Perioden*: Die Anzahl der Verzinsungsperioden innerhalb eines Jahres. Dezimalzahlen werden durch Abschneiden der Nachkommastellen auf ganze Zahlen gekürzt.

Intern berechnet Excel den Effektivzins mit folgender Formel:

Effektiver_Zins = (1+(Nominalzins/Perioden))*Perioden-1

Im Bild unten als Beispiel 5,75 % Nominalzins und vierteljährliche Verzinsung pro Jahr, die Formel in B5 lautet:

B5:	=EFFEKTIV(B2;B3)	Ergebnis: 5,875

	A	B	C	D	E	F	G
1	Effektivzins berechnen						
2	Nominalzins p.a.	5,750%					
3	Verzinsungsperioden pro Jahr	4					
4							
5	Effektivzins pro Jahr	5,875%	=EFFEKTIV(B2;B3)				
6							

Bild 9.10 Beispiel Effektivzins

Effektivzins.xlsx

Tipp: Falls Sie den umgekehrten Weg gehen und aus dem Effektivzins den Nominalzins berechnen möchten, dann setzen Sie dazu die Excel Funktion NOMINAL ein. Die Funktionsweise und Syntax entspricht der Funktion EFFEKTIV.

Beispiel: Vergleich Darlehensangebote unter Berücksichtigung der Nebenkosten

Als letztes Beispiel verschiedene Angebote für ein Darlehen über 100.000 € und mit einer Laufzeit von 20 Jahren. Die Angebote unterscheiden sich hinsichtlich Nebenkosten, Nominalzins und Anzahl der Perioden pro Jahr. Um Zinsen und Nebenkosten miteinander vergleichen zu können, benötigen Sie den Effektivzins inklusive der Nebenkosten.

Die Ausgangstabelle enthält alle benötigten Angaben, zusätzlich wurden in Zeile 7 die Nebenkosten berechnet (=B2*B6) und in Zeile 9 mit der Funktion RMZ die jeweiligen Raten. Diese beziehen die Nebenkosten bereits mit ein.

B9:	=RMZ(D8/D4;D3*D4;D2+D7)	Ergebnis: -1.921,35

Bild 9.11 Ratenhöhe mit RMZ berechnen

B9 fx =RMZ(B8/B4;B3*B4;B2+B7)

	A	B	C	D	E
1		Angebot A	Angebot B	Angebot C	
2	Betrag	100.000	100.000	100.000	
3	Laufzeit	20	20	20	
4	Perioden/Jahr	4	12	12	
5	Auszahlung %	100,0%	100,0%	100,0%	
6	Bearbeitungsgebühr %	1,00%	2,00%	0,00%	
7	Nebenkosten Betrag	1.000,00	2.000,00	0,00	=D2*D6
8	Nominalzins	4,50%	4,00%	4,65%	
9	Ratenhöhe	-1.921,35	-618,10	-640,77	=RMZ(D8/D4;D3*D4;D2+D7)
10					

Effektivzins.xlsx

Im nächsten Schritt berechnen wir in Zeile 11 den Nominalzins inklusive der Nebenkosten sowie in Zeile 12 den Effektivzins mit folgenden Formeln:

B11:	=ZINS(B3*B4;B9;B2)*B4	Ergebnis: 4,62 %
B12:	=EFFEKTIV(B11;B4)	Ergebnis: 4,70 %

Bild 9.12 Effektivzins berechnen

	A	B	C	D	E
1		Angebot A	Angebot B	Angebot C	
2	Betrag	100.000	100.000	100.000	
3	Laufzeit	20	20	20	
4	Perioden/Jahr	4	12	12	
5	Auszahlung %	100,0%	100,0%	100,0%	
6	Bearbeitungsgebühr %	1,00%	2,00%	0,00%	
7	Nebenkosten Betrag	1.000,00	2.000,00	0,00	=D2*D6
8	Nominalzins	4,50%	4,00%	4,65%	
9	Ratenhöhe	-1.921,35	-618,10	-640,77	=RMZ(D8/D4;D3*D4;D2+D7)
10					
11	Nominalzins inkl. Nebenkosten	4,62%	4,23%	4,65%	=ZINS(D3*D4;D9;D2)*D4
12	Effektivzins	4,70%	4,31%	4,75%	=EFFEKTIV(D11;D4)
13					
14	Differenz	0,20%	0,31%	0,10%	=D12-D8
15					

Zuletzt wird noch in Zeile 14 die Differenz zwischen Nominal- und Effektivzins berechnet. Die stärkste Abweichung vom Nominalzins mit 0,31 % weist Angebot B auf, siehe Bild auf der vorhergehenden Seite.

Hinweis: Manchmal werden Darlehen nicht zu 100 % ausgezahlt, sondern mit einem Abschlag, wenn die Bearbeitungskosten sofort mit der Darlehenssumme gedeckt werden. Dieser Abschlag wird als Disagio bezeichnet.

9.2 Abschreibungen berechnen

Übersicht und Funktionsargumente

Unter Abschreibung versteht man im betrieblichen Rechnungswesen Wertminderungen von Vermögensgegenständen des Anlage- und Umlaufvermögens. Bei langlebigen Gütern wird üblicherweise die Abschreibung auf mehrere Jahre verteilt. Hierzu gibt es verschiedene Verfahren, einige unterstützt Excel auch mit entsprechenden Funktionen. Die Frage, welche Methode am sinnvollsten und gleichzeitig steuerrechtlich zulässig ist, kann Excel allerdings nicht beantworten.

Abschreibungen.xlsx

▸ Das einfachste Verfahren ist die lineare Abschreibung: Dabei wird der abzuschreibende Betrag gleichmäßig auf den gesamten Abschreibungszeitraum verteilt.

▸ Bei den geometrisch degressiven Abschreibungsmethoden sinkt dagegen der Abschreibungsbetrag von Jahr zu Jahr. Dies bedeutet, dass am Anfang ein großer Betrag abgeschrieben wird, dieser wird in den folgenden Jahren kontinuierlich kleiner.

Alle Abschreibungsfunktionen verwenden dieselben Argumente, daher zunächst eine Übersicht. Alle Argumente müssen als positive Zahlen angegeben werden.

Argument	Beschreibung
Ansch_Wert	Der Anschaffungswert des Wirtschaftsgutes.
Restwert	Der Restwert am Ende der Nutzungsdauer (häufig auch als Schrottwert bezeichnet).
Nutzungsdauer	Die Anzahl der Perioden, über die das Wirtschaftsgut abgeschrieben wird.
Periode	Die Periode, für die der (degressive) Abschreibungsbetrag berechnet werden soll. Für das Argument Periode muss dieselbe Zeiteinheit verwendet werden wie für die Nutzungsdauer, z. B. Jahre oder Monate.
Faktor	Optional. Die Rate, um die der Restbuchwert abnimmt. Ist das Argument *Faktor* nicht angegeben, wird der Faktor 2 angenommen (Verfahren der degressiven Doppelraten-Abschreibung).

9 Beispiele aus der Finanzmathematik

Lineare Abschreibung (LIA)

Die Berechnung der linearen Abschreibung erfolgt mit der Funktion LIA.

LIA(Ansch_Wert;Restwert;Nutzungsdauer)

Alternativ kann die lineare Abschreibung auch mit der Formel berechnet werden:

(Ansch_Wert-Restwert)/Nutzungsdauer   oder   Ansch_Wert/Nutzungsdauer

Beispiel: Als einfaches Beispiel ein Anlagegut mit Anschaffungswert 25.000 €, Restwert 1.000 € und einer Nutzungsdauer von 5 Jahren. In B5 wird der jährliche Abschreibungsbetrag mit folgender Formel berechnet.

B5:   =LIA(B2;B3;B4)   Ergebnis: 4.800,00

Dasselbe Ergebnis erhalten Sie auch mit der Formel: =(B2-B3)/B4

Bild 9.13 Lineare Abschreibung LIA berechnen

	A	B	C
1	Lineare Abschreibung		
2	Anschaffungswert	25.000	
3	Restwert	1.000	
4	Nutzungsdauer (Jahre)	5	
5	Abschreibungsbetrag pro Periode	4.800,00 €	=LIA(B2;B3;B4)
6			

Beispiel Abschreibungsplan

Als weiteres Beispiel der Abschreibungsplan eines Anlagegutes. Der lineare und somit gleichbleibende Abschreibungsbetrag wird mit folgender Formel berechnet. Der Restwert wird vom vorangegangenen Restwert abzüglich Abschreibungsbetrag ermittelt.

Bild 9.14 Abschreibungsplan Lineare Abschreibung

Abschreibungsbetrag: =LIA($C$3;$C$4;$C$5)   Ergebnis: 2.000,00

	A	B	C	D	E	F
1	Lineare Abschreibung					
2						
3	Anschaffungswert		22.000			
4	Restwert		2.000			
5	Nutzungsdauer Jahre		10			
6						
7						
8	Jahr	Lineare Abschreibung	Formel	Restwert	Formeln	
9	1	2.000,00	=LIA($C$3;$C$4;$C$5)	20.000,00	=C3-B9	
10	2	2.000,00	=LIA($C$3;$C$4;$C$5)	18.000,00	=D9-B10	
11	3	2.000,00	=LIA($C$3;$C$4;$C$5)	16.000,00	=D10-B11	
12	4	2.000,00	=LIA($C$3;$C$4;$C$5)	14.000,00	=D11-B12	
13	5	2.000,00	=LIA($C$3;$C$4;$C$5)	12.000,00	=D12-B13	
14	6	2.000,00	=LIA($C$3;$C$4;$C$5)	10.000,00	=D13-B14	
15	7	2.000,00	=LIA($C$3;$C$4;$C$5)	8.000,00	=D14-B15	
16	8	2.000,00	=LIA($C$3;$C$4;$C$5)	6.000,00	=D15-B16	
17	9	2.000,00	=LIA($C$3;$C$4;$C$5)	4.000,00	=D16-B17	
18	10	2.000,00	=LIA($C$3;$C$4;$C$5)	2.000,00	=D17-B18	
19	Summe	20.000,00				

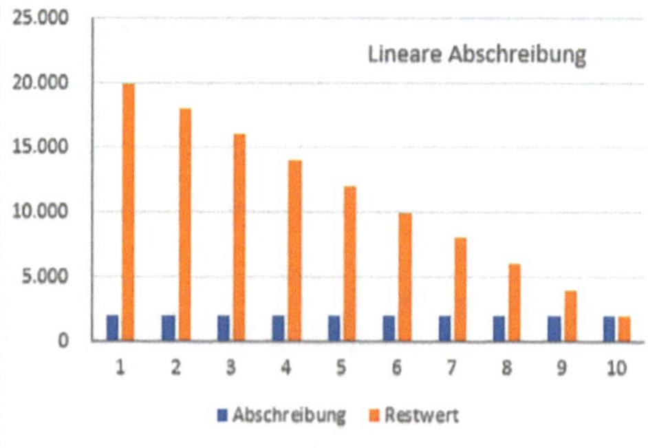

Abschreibungen berechnen

Beispiel: Lineare Abschreibung mit anteiliger Berücksichtigung der Monate

Am 15.02.2021 wurde ein Kopierer angeschafft; Anschaffungswert netto 5.000 €, Nutzungsdauer 7 Jahre. Nun soll am Ende des Jahres 2021 der anteilige Abschreibungsbetrag für 11 Monate berechnet werden, dazu geben Sie in B6 folgende Formel ein:

`=LIA((B1;;B3*12)*B4`

Alternativ kann der Abschreibungsbetrag auch so berechnet werden:

`=B1/(B3*12)*B4`

	A	B	C	D	E	F
1	Anschaffungswert	5.000,00 €				
2	Anschaffungszeitpunkt	15.02.2021				
3	Nutzungsdauer Jahre	7				
4	anteilige Monate im Jahr 2021	11				
5						
6	Anteiliger Abschreibungsbetrag im Jahr 2021 (11 Monate)	654,76 €	=LIA(B1;;B3*12)*B4			
7	Alternative Berechnung	654,76 €	=B1/(B3*12)*B4			
8						

Bild 9.15 Lineare Abschreibung anteilig für Monate berechnen

Degressive Abschreibung

Geometrisch degressive Abschreibung (GDA und GDA2)

Bei der geometrisch degressiven Abschreibung werden die Abschreibungsbeträge vom Restbuchwert des jeweiligen Jahres berechnet, wodurch ein jährlich fallender Abschreibungsbetrag entsteht. Die Berechnung erfolgt mit einem konstanten Abschreibungsfaktor. Excel bietet zur Berechnung die Funktionen GDA und GDA2 an. Der Unterschied:

- **GDA**
  Mit der Funktion GDA kann der Abschreibungsfaktor frei gewählt werden; wenn das Argument *Faktor* fehlt, wird Faktor 2 verwendet.

`GDA(Ansch_Wert;Restwert;Nutzungsdauer;Periode;[Faktor])`

- **GDA2**
  Bei der Funktion GDA2 ist im Gegensatz zu GDA der Abschreibungsfaktor nicht frei wählbar. Dafür ist mit GDA2 auch die Berechnung anteiliger Monate möglich.

`GDA2(Ansch_Wert;Restwert;Nutzungsdauer;Periode;Monate)`

Hinweise: Bei beiden Funktionen müssen *Nutzungsdauer* und *Periode* in derselben Zeiteinheit angegeben werden, beispielsweise Monate oder Jahre. Bei der Funktion GDA2 steht *Monate* für die verbleibende Anzahl Monate im Anschaffungsjahr und muss eine Zahl zwischen 10 und 12 sein. Wenn *Monat* nicht angegeben wird, nimmt Excel automatisch 12 an.

9 Beispiele aus der Finanzmathematik

Beispiel 1: Angabe des Abschreibungsfaktors mit GDA

Ein Anlagegut wird für 10.000 € (netto) angeschafft, dieses hat nach einer Nutzungsdauer von 5 Jahren den Restwert 0. Die Abschreibung soll mit dem Faktor 1,5 abnehmen. Der Abschreibungsbetrag für das dritte Jahr (Zeitpunkt in B5) wird in B7 mit folgender Formel berechnet:

B7:   =GDA(B2;B3;B4;B5;B6)   Ergebnis: 1.470,00

Bild 9.16 Geometrisch degressive Abschreibung im Jahr 3

	A	B	C	D	E	F	G
1	Geometrisch degressive Abschreibung						
2	Anschaffungswert	10.000					
3	Restwert	0					
4	Nutzungsdauer (Jahre)	5					
5	Zeitpunkt	3					
6	Abschreibungsfaktor	1,5					
7	**Abschreibungsbetrag im Jahr 3**	**1.470,00 €**	=GDA(B2;B3;B4;B5;B6)				
8							

Beispiel 2: Berücksichtigung anteiliger Monate mit GDA2

Ein Anlagegut wird im April für 20.000 € angeschafft. Dieses hat nach einer Nutzungsdauer von 5 Jahren einen Restwert von 1.000 €. Wie hoch ist der Abschreibungsbetrag im dritten Jahr unter Berücksichtigung der 9 Monate im Anschaffungsjahr? Diesen berechnen Sie in B8 mit der Formel:

B8:   =GDA2(B2;B3;B4;B7;B6)   Ergebnis: 3.276,67

Bild 9.17 Berücksichtigung anteiliger Monate mit GDA2

Hinweis: Die Monate wurden hier mit der Funktion MONAT ermittelt.

	A	B	C	D	E	F	G
1	Geometrisch degressive Abschreibung						
2	Anschaffungswert	20.000					
3	Restwert	1.000					
4	Nutzungsdauer (Jahre)	5					
5	Anschaffungsdatum	15.04.2021					
6	anteilige Monate Anschaffungsjahr	9	=12-MONAT(B5)+1				
7	Zeitpunkt, Jahr	3					
8	Abschreibungsbetrag	3.276,97 €	=GDA2(B2;B3;B4;B7;B6)				
9							

Beispiel 3: Abschreibungsplan

Im folgenden Beispiel beträgt der Anschaffungspreis netto 15.000 €. Das Anlagegut wird über eine Nutzungsdauer von 7 Jahren geometrisch-degressiv mit Faktor 2 abgeschrieben, siehe Bild auf der nächsten Seite.

Für das Jahr 0 bzw. in B8 tragen Sie als Abschreibungsbetrag 0 ein und in C8 als Restbuchwert den Anschaffungswert 15.000. In B9 berechnen Sie dann den Abschreibungsbetrag mit folgender Formel und kopieren diese anschließend nach unten. Der Abschreibungsfaktor in C5 kann in diesem Beispiel auch weggelassen werden.

B9:   = GDA($C$2;$C$3;$C$4;A9;$C$5)

Den Restbuchwert berechnen Sie in C9 mit folgender Formel und kopieren diese ebenfalls nach unten.

C9:   =C8-B9

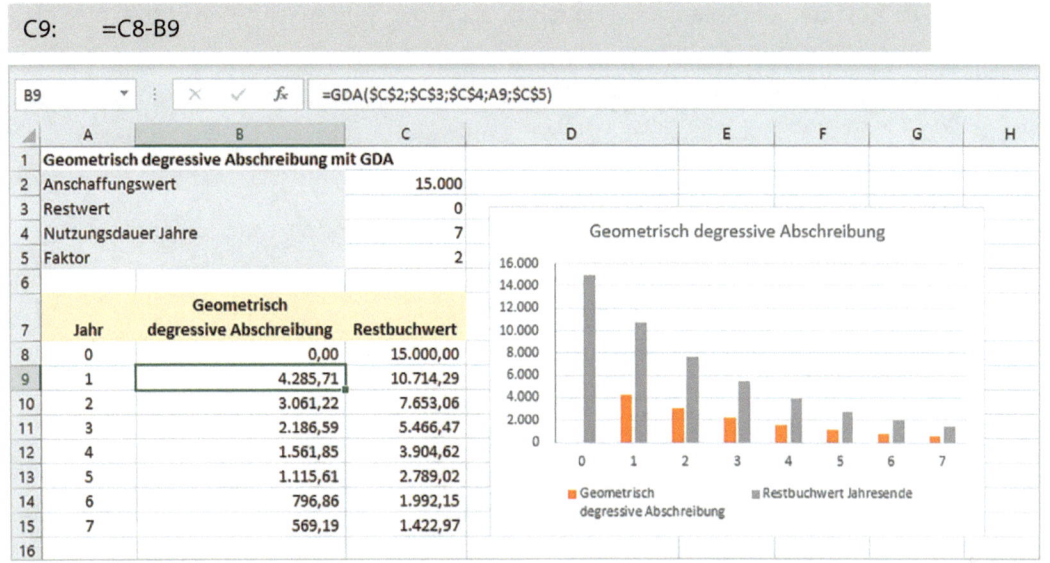

Bild 9.18 Abschreibungsplan geometrisch degressive Abschreibung

Digitale oder arithmetisch-degressive Abschreibung (DIA)

Die arithmetisch-degressive Abschreibung ist lt. Wikipedia „…eine Methode, bei der sich der Abschreibungsbetrag jährlich um einen festen Betrag verringert. Der Degressionsbetrag ist der Quotient aus Anschaffungskosten und der Summe der geplanten Nutzungsjahre (z. B. bei drei Nutzungsjahren: 1+2+3=6). Damit ist das Wirtschaftsgut am Ende der Nutzungsdauer vollständig abgeschrieben. Die gängigste Form der arithmetisch-degressiven Abschreibung ist die digitale Abschreibung, bei welcher die Abschreibung im letzten Nutzungsjahr genau so hoch ist wie der jährliche Differenzbetrag".

Quelle: Wikipedia.de

Zur Berechnung stellt Excel die Funktion DIA zur Verfügung. Die Syntax:

DIA(Ansch_Wert;Restwert;Nutzungsdauer;Zr)

DIA wird mit folgender Formel berechnet:

$$SYD = \frac{(cost - salvage) * (life - per + 1) * 2}{(life)(life + 1)}$$

▶ Das Argument *Zr* steht hier für die Periode. *Nutzungsdauer* und *Zr* müssen in derselben Zeiteinheit, z. B. Jahre angegeben werden.

Im Bild unten ein Beispiel, das in B6 die Abschreibung im ersten Jahr und in E6 im letzten Jahr der Nutzungsdauer (10) berechnet.

Bild 9.19 Arithmetisch-degressive Abschreibung im 1. und im 10. Jahr

E6   fx =DIA(E2;E3;E4;E5)

	A	B	C	D	E	F
1	Arithmetisch-degressive Abschreibung					
2	Anschaffungswert	20.000		Anschaffungswert	20.000	
3	Restwert	1.000		Restwert	1.000	
4	Nutzungsdauer, Jahre	10		Nutzungsdauer, Jahre	10	
5	Zeitpunkt	1		Zeitpunkt	10	
6	Abschreibungsbetrag im ersten Jahr	3.454,55 €	=DIA(B2;B3;B4;B5)	Abschreibungsbetrag im letzten Jahr	345,45 €	
7						

Bild 9.20 Arithmetisch-degressive Abschreibung

Als Abschreibungsplan mit Diagramm sieht die arithmetisch-degressive Abschreibung aus, wie im Bild unten.

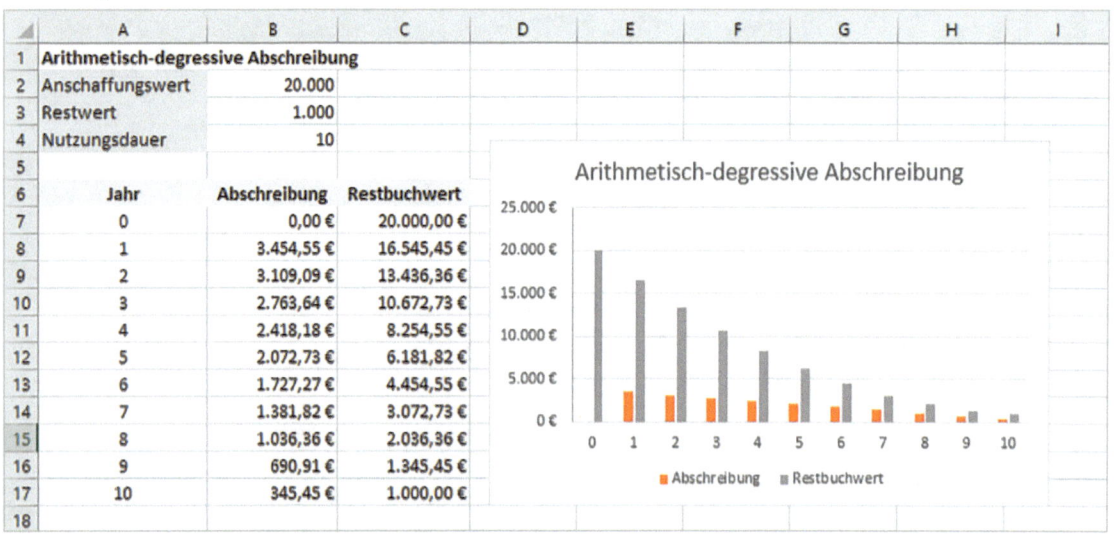

Wechsel der Abschreibungsmethode (VBD)

VDB ist die Abkürzung für variable declining balance, dt. variabler abnehmender Saldo.

Die Funktion VBD berechnet wie GDA die geometrisch-degressive Abschreibung, kann jedoch im Gegensatz zu GDA auf die lineare Abschreibung wechseln und die Abschreibung in einen bestimmten Zeitraum ermitteln. Die Syntax:

VDB(Ansch_Wert;Restwert;Nutzungsdauer;Anfang;Ende;[Faktor];[Nicht_wechseln])

Neben den bekannten Argumenten (siehe Übersicht Seite 407) *Ansch_Wert*, *Restwert*, *Nutzungsdauer* und *Faktor* erfordert VDB noch die folgenden Argumente:

▶ *Anfang*: Der Anfangszeitraum, für den die Abschreibung berechnet werden soll. *Anfang* muss in derselben Zeiteinheit angegeben sein wie *Nutzungsdauer*.

▶ *Ende*: Der Endzeitraum, für den die Abschreibung berechnet werden soll. *Ende* muss in derselben Zeiteinheit angegeben sein wie *Nutzungsdauer*.

▶ *Nicht_wechseln* ist ein Wahrheitswert, der steuert, ob zur linearen Abschreibung gewechselt werden soll, wenn der dabei berechnete Abschreibungsbetrag größer ist als der bei der geometrischen Abschreibung.

- *FALSCH* oder keine Angabe bedeutet, Excel wechselt auf die lineare Abschreibung, wenn die nach der linearen Methode erzielten Abschreibungen höher liegen als bei der degressiven.

- *WAHR* bedeutet, das Abschreibungsverfahren wird nicht geändert, auch wenn der dabei berechnete Abschreibungsbetrag größer ist als der bei der geometrischen Abschreibung.

Abschreibungen berechnen

Beispiel: Anschaffungswert 20.000 €, Restwert 1.000 € nach einer Nutzungsdauer von 10 Jahren. Der Abschreibungsbetrag mit Wechsel zur linearen Abschreibung im Jahr 4 nach der Anschaffung errechnet sich mit folgender Formel:

=VDB(20000;1000;10;3;4)   Ergebnis: 2.048,00 (s. Bild unten)

Beispiel Abschreibungsplan

Am besten lässt sich die Wirkungsweise der Funktion anhand eines Vergleichs der verschiedenen Abschreibungsmethoden darstellen, siehe Bild unten. In den Spalten B, C und D wurden lineare, geometrisch-degressive und arithmetisch-degressive Abschreibungen berechnet, die Formeln dazu lauten:

B7:   =LIA($C$2;$C$3;$C$4)

C7:   =GDA($C$2;$C$3;$C$4;A7)

D7:   =DIA($C$2;$C$3;$C$4;A7)

Um die geometrisch-degressive Abschreibung mit einem Wechsel zur linearen Abschreibung zu berechnen, geben Sie die folgenden Formeln ein. Die Formel in E8 wird anschließend bis E16 kopiert.

E7:   =VDB($C$2;$C$3;$C$4;0;A7)

E8:   =VDB($C$2;$C$3;$C$4;A7;A8)

Bild 9.21 Vergleich der Abschreibungsmethoden und Wechsel zu linearer Abschreibung

	A	B	C	D	E
1	Vergleich der Abschreibungsmethoden				
2	Anschaffungswert		20.000		
3	Restwert		1.000		
4	Nutzungsdauer Jahre		10		
5					
6	Jahr	Linear	Geometrisch-degressiv	Arithmetisch-degressiv	Geom. degr.> Linear
7	1	1.900,00	4.000,00	3.454,55	4.000,00 €
8	2	1.900,00	3.200,00	3.109,09	3.200,00 €
9	3	1.900,00	2.560,00	2.763,64	2.560,00 €
10	4	1.900,00	2.048,00	2.418,18	2.048,00 €
11	5	1.900,00	1.638,40	2.072,73	1.638,40 €
12	6	1.900,00	1.310,72	1.727,27	1.310,72 €
13	7	1.900,00	1.048,58	1.381,82	1.060,72 €
14	8	1.900,00	838,86	1.036,36	1.060,72 €
15	9	1.900,00	671,09	690,91	1.060,72 €
16	10	1.900,00	536,87	345,45	1.060,72 €
17	Summe	19.000,00	17.852,52	19.000,00	19.000,00

Hinweise: Das optionale Argument *Faktor* ist hier nicht angegeben, das bedeutet, Excel rechnet mit Faktor 2 (degressive Doppelraten-Abschreibung). Wird das optionale Argument *Nicht_wechseln* nicht oder mit dem Wahrheitswert *FALSCH* angegeben, dann erfolgt ein Wechsel zur linearen Abschreibung.

9.3 Funktionen für Wertpapieranlagen

Übersicht und Funktionsargumente

Die dritte große Gruppe der finanzmathematischen Funktionen dreht sich um Wertpapiere. Ein Wertpapier wird zu einem bestimmten Zeitpunkt ausgegeben (Emissionsdatum) und am Fälligkeitsdatum wieder zurückgenommen. Bezüglich Kauf, Verzinsung und Rückzahlung kommen folgende Möglichkeiten infrage:

- Das Papier wird zum Nennwert verkauft. Während der Laufzeit werden regelmäßig Zinsen ausgeschüttet und am Ende der Laufzeit wird das Papier zum Nennwert zurückgenommen. Eventuell wird bei der Ausgabe noch ein Disagio (ein bestimmter Prozentsatz vom Nennwert) abgezogen.

- Das Papier wird abgezinst verkauft, d. h. zum Nennwert, vermindert um den Betrag, der durch die Verzinsung während der Laufzeit hinzukommt. Während der Laufzeit erfolgen keine Zinsausschüttungen und zum Fälligkeitstermin wird das Papier zum Nennwert zurückgenommen.

- Das Papier wird zum Nennwert verkauft und ohne zwischenzeitliche Zinsausschüttungen am Ende der Laufzeit aufgezinst, d. h. zum Nennwert plus aufgelaufene Zinsen zurückgenommen.

Im Gegensatz zu den einfachen Renten- und Zinsberechnungen können Wertpapiere zu jedem beliebigen Zeitpunkt den Besitzer wechseln, daher sind hier Zinsberechnungen zu bestimmten Zeitpunkten von besonderem Interesse. Auch Funktionen rund um das Thema Wertpapiere verwenden immer wieder dieselben Argumente, daher zunächst ein Überblick.

Datumsangaben
Beachten Sie, dass alle Datumsangaben als Zahlen bzw. als Datum formatierte Zahlen vorliegen müssen, ein Datum als Text ist nicht zulässig. Ein Datum kann auch das Ergebnis einer Formel oder Funktion sein und z. B. mit der Funktion DATUM angegeben werden.

Argument	Beschreibung
Emission	Datum der Ausgabe des Wertpapiers. Ab diesem Datum läuft die Verzinsung bzw. der Wertzuwachs.
Abrechnung	Das Datum, an dem das Wertpapier vom Käufer erworben wird. Das Datum der Abrechnung kann größer oder gleich dem Emissionsdatum sein.
Fälligkeit	Der Zeitpunkt, an dem das Wertpapier abläuft und zurückgenommen wird.
Erster_Zinstermin	Der erste Zinstermin.
Letzter_Zinstermin	Der letzte Zinstermin.

Weitere Argumente und Parameter sind:

Argument	Beschreibung
Kurs	Der Kurs pro 100 € Nennwert zum Tag der Abrechnung.
Rückzahlung	Der Rückzahlungswert pro 100 € Nennwert.
Basis	Gibt an, wie die Zinstage gezählt werden. Folgende Optionen werden angeboten: 0 oder nicht angegeben: US-amerikanisches System 30 (Tage) und 360 (Tage pro Jahr) 1: Taggenau, die Zinstage werden kalendergenau (auf den Tag genau) bestimmt. 2: Taggenau, aber das Jahr mit 360 Tagen 3: Taggenau und das Jahr mit 365 Tagen 4: Europäisches System: Die Monate werden mit 30 Tagen, das Jahr mit 360 Tagen gerechnet.
Anlage	Der anzulegende Betrag.
Ansch_Wert	Die Anschaffungskosten eines Wirtschaftsguts vor der Abschreibung.
Satz (Nominalzins)	Der jährliche Nominalzinssatz (Kuponzinssatz).
Nennwert	Nennwert des Wertpapiers.
Häufigkeit	Anzahl der Zinszahlungen pro Jahr; zulässig sind die Werte 1, 2 und 4 (jährlich, halbjährlich und vierteljährlich).

Rendite und Kurs von Wertpapieren berechnen

Die Rendite ist der Ertrag einer Kapitalanlage und wird in der Regel in Prozent angegeben. Die Rendite von Anleihen und Obligationen berechnen Sie in Excel mit den Funktionen RENDITE und RENDITEFÄLL.

RENDITE(Abrechnung;Fälligkeit;Satz;Kurs;Rückzahlung;Häufigkeit;[Basis])

RENDITEFÄLL(Abrechnung;Fälligkeit;Emission;Zins;Kurs;[Basis])

▷ RENDITE berechnet die jährliche Rendite eines Wertpapiers, das periodisch Zinsen auszahlt.

▷ RENDITEFÄLL gibt die jährliche Rendite eines Wertpapiers zurück, das Zinsen zum Fälligkeitsdatum auszahlt.

Beispiel 1: Rendite eines Wertpapiers mit periodischer Zinsausschüttung

Als Beispiel eine Anleihe mit einem Nennwert von 100 €, die am 01.01.2020 ausgegeben wurde. Die Nominalverzinsung beträgt 3,5 % und die Zinsen werden bis zum Fälligkeitsdatum am 01.01.2025 einmal jährlich ausgezahlt. Am 05.10.2021 wird das Wertpapier zu einem Kurs von 95 € gehandelt (siehe Bild auf der nächsten Seite). Wie hoch wäre zu diesem Abrechnungstermin die Rendite eines Käufers?

Wertpapierfunktionen.xlsx

Die Rendite wird in diesem Beispiel in B10 mit folgender Formel berechnet:

B10: =RENDITE(B2;B3;B4;B5;B6;B7;B8)   Ergebnis: 5,21 %

Bild 9.22 Rendite und Kursberechnung bei periodischer Zinsausschüttung berechnen

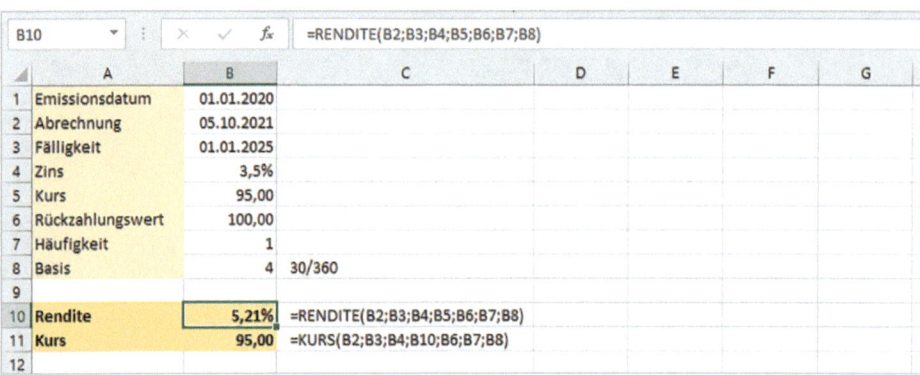

Kurs berechnen

Zur Funktion RENDITE existiert noch die Umkehrfunktion KURS. Diese erlaubt anhand einer vorgegebenen Rendite eine Berechnung des Kurswerts:

KURS(Abrechnung;Fälligkeit;Satz;Rendite;Rückzahlung;Häufigkeit;[Basis])

Um im Beispiel oben aus der Rendite den Kurs zu berechnen, wird in B11 die folgende Formel verwendet:

B11:   =KURS(B2;B3;B4;B10;B6;B7;B8)   Ergebnis: 95,00

Beispiel 2: Rendite eines Wertpapiers mit Zinszahlung zum Fälligkeitsdatum

Die Rendite eines Wertpapiers mit Zinsausschüttung zum Fälligkeitstermin berechnen Sie in Excel mit der Funktion RENDITEFÄLL. Als Beispiel ein Wertpapier mit einem Nominalzins von 4,25 %, das am 15.02.2021 (Abrechnung) zum Kurs von 97,80 € erworben wird. Emissionsdatum ist der 01.12.2020 und Fälligkeitsdatum ist der 01.12.2023. Die Formel zur Renditeberechnung in B9 lautet:

Bild 9.23 Rendite und Kurs bei Zinszahlung zum Fälligkeitsdatum

B9:   =RENDITEFÄLL(B2;B3;B4;B5;B6;B7)   Ergebnis: 5,10 %

	A	B	C	D	E
1	Renditeberechnung mit Zinsausschüttung zum Fälligkeitsdatum			Kursberechnung	
2	Abrechnung, Kaufdatum	15.02.2021		Abrechnung, Kaufdatum	15.02.2021
3	Fälligkeit	01.12.2023		Fälligkeit	01.12.2023
4	Emissionsdatum	01.12.2020		Emissionsdatum	01.12.2020
5	Zins	4,25%		Zins	4,25%
6	Kurs	97,80		Rendite	5,10%
7	Basis	4	30/360	Basis	4
8					
9	Rendite	5,10%		Kurs	97,81
10		=RENDITEFÄLL(B2;B3;B4;B5;B6;B7)			=KURSFÄLLIG(E2;E3;E4;E5;E6;E7)
11					

Auch hierzu gibt es eine Umkehrfunktion, die Funktion KURSFÄLLIG, mit der anhand einer gegebenen Rendite der Kurswert berechnet werden kann.

KURSFÄLLIG(Abrechnung;Fälligkeit;Emission;Zins;Rendite;[Basis])

Im vorigen Bild wurde in einem zweiten Beispiel zum selben Wertpapier anhand der Rendite von 5,10 % der Kurswert mit KURSFÄLLIG und folgender Formel berechnet:

E9:   =KURSFÄLLIG(E2;E3;E4;E5;E6;E7)   Ergebnis: 97,81

Zinsterminfunktionen

Zur Berechnung von Zinsterminen oder der Anzahl der Tage zwischen Abrechnung und Fälligkeit von Zinsen stellt Excel mehrere Funktionen zur Verfügung. Aufbau und Argumente sind bei allen Funktionen identisch:

ZINSTERMxx(Abrechnung;Fälligkeit;Häufigkeit;[Basis])

Funktion	Beschreibung
ZINSTERMVZ	Datum der letzten Zinszahlung vor dem Abrechnungsdatum.
ZINSTERMNZ	Datum der nächsten Zinsausschüttung nach dem Abrechnungsdatum.
ZINSTERMTAGVA	Anzahl der Tage von der letzten Zinszahlung bis zum Abrechnungstermin.
ZINSTERMTAGNZ	Anzahl der Tage vom Abrechnungstermin bis zur nächsten Zinszahlung.
ZINSTERMTAGE	Anzahl der Tage der aktuellen Zinsperiode, den Abrechnungstermin eingeschlossen.
ZINSTERMZAHL	Anzahl der Zinstermine zwischen Abrechnungsdatum und Fälligkeitsdatum (aufgerundet).

Im Bild unten als Beispiel eine Anleihe, die am 11.04.2021 erworben wurde (Abrechnung). Die Anleihe wurde am 01.01.2019 ausgegeben und ist am 01.01.2023 fällig. Die Zinszahlungen erfolgen jährlich (Häufigkeit = 1) und als Basis zur Berechnung der Zinstage wird das europäische System (4) herangezogen.

Bild 9.24 Beispiel Zinsterminfunktionen

	A	B	C	D	E	F	G
1	Zinsterminfunktionen				Zinstermin	Ergebnis	Formel
2					Datum der nächsten Zinszahlung	01.01.2022	=ZINSTERMNZ(B3;B4;B5;B6)
3	Abrechnungsdatum	11.04.2021			Datum der letzten Zinszahlung	01.01.2021	=ZINSTERMVZ(B3;B4;B5;B6)
4	Fälligkeit	01.01.2023			Tage bis zur nächsten Zinszahlung	260	=ZINSTERMTAGNZ(B3;B4;B5;B6)
5	Zinszahlungen	1	halbjährlich		Tage zwischen letzter Zinszahlung und Abrechnung	100	=ZINSTERMTAGVA(B3;B4;B5;B6)
6	Basis	4	30/360		Tage der aktuellen Zinsperiode	360	=ZINSTERMTAGE(B3;B4;B5;B6)
7					Anzahl Zinstermine zwischen Abrechnung und Fälligkeit	2	=ZINSTERMZAHL(B3;B4;B5;B6)
8							

Die Formeln zur Berechnung der Zinstermine lauten wie folgt:

Nächste Zinszahlung (F2): =ZINSTERMNZ(B3;B4;B5;B6)   Ergebnis: 01.01.2022

Letzte Zinszahlung (F3): =ZINSTERMVZ(B3;B4;B5;B6)   Ergebnis: 01.01.2021

9 Beispiele aus der Finanzmathematik

Nächste Zinsz. Tage (F4): =ZINSTERMTAGNZ(B3;B4;B5;B6)	Ergebnis: 260
Letzte Zinsz. Tage (F5): =ZINSTERMTAGVZ(B3;B4;B5;B6)	Ergebnis: 100
Tage akt. Periode (F6): =ZINSTERMTAGE(B3;B4;B5;B6)	Ergebnis: 360
Zinstermine b. Fälligk. (F7): =ZINSTERMZAHL(B3;B4;B5;B6)	Ergebnis: 2

Die oben genannten Funktionen leisten gute Dienste, wenn beispielsweise ein Wertpapier zwischen zwei Zinsterminen verkauft wird und die aufgelaufenen Zinsen berechnet werden sollen, siehe unten.

Aufgelaufene Zinsen (Stückzinsen) berechnen

Zur Berechnung der aufgelaufenen Zinsen eines Wertpapiers (auch als Stückzinsen bezeichnet) stellt Excel die Funktionen AUFGELZINS und AUFGELZINSF zur Verfügung.

▶ AUFGELZINS berechnet die aufgelaufenen Zinsen eines Wertpapiers mit periodischer Zinsausschüttung.

AUFGELZINSF(Emission;Abrechnung;Satz;Nennwert;[Basis])

▶ AUFGELZINSF liefert die Summe der aufgelaufenen Zinsen, die bei Fälligkeit des Wertpapiers ausgezahlt werden und dient z. B. zur Berechnung des Tageswerts.

AUFGELZINS(Emission;Erster_Zinstermin;Abrechnung;Satz;Nennwert;Häufigkeit;[-Basis];[Berechnungsmethode])

Beachten Sie:
- Als Argument *Erster_Zinstermin* ist das Datum der ersten Zinszahlung nach dem Abrechnungstermin anzugeben. Dieses Datum kann mit der Funktion ZINSTERMNZ berechnet werden.
- Das Argument *Berechnungsmethode* ist ein Wahrheitswert, der steuert, ob die Zinsen für den gesamten Zeitraum ab der Emission ausgegeben werden (1 oder *WAHR* oder keine Angabe) oder für den Zeitraum zwischen der Abrechnung und dem ersten Zinstermin (*FALSCH* oder 0).

Beispiel 1: Aufgelaufene Zinsen mit Zinsausschüttung am Ende der Laufzeit

Ein Wertpapier im Nennwert von 1.000 € und einer Nominalverzinsung von 4,5 % wechselt am 18.03.2021 den Besitzer. Emissionsdatum ist der 01.01.2018 und die Zinsausschüttung erfolgt am Ende der Laufzeit.

Bild 9.25 Aufgelaufene Zinsen mit Ausschüttung am Ende der Laufzeit

	A	B	C	D	E	F	G	H
1	Zinszahlung am Ende der Laufzeit							
2	Emission	01.01.2018		Aufgelaufene Zinsen	144,63 €			
3	Abrechnung	18.03.2021			=AUFGELZINSF(B2;B3;B4;B5;B6)			
4	Zins	4,5%						
5	Nennwert	1.000,00 €						
6	Basis	4						
7								

Die bis zum Abrechnungszeitpunkt aufgelaufenen Zinsen werden in E2 mit folgender Formel berechnet.

| E2: | =AUFGELZINSF(B2;B3;B4;B5;B6) | Ergebnis: 144,63 |

Beispiel 2: Aufgelaufene Stückzinsen eines Wertpapiers mit periodischer Zinsausschüttung
Ein Wertpapier im Nennwert von 1.000 € und 4,5 % Nominalzins, das am 01.01.2018 ausgegeben wurde, wird am 17.06.2021 verkauft. Die Zinsausschüttung erfolgt halbjährlich (Häufigkeit = 2) und als Basis zur Berechnung der Zinstage wird das europäische System verwendet (4).

Bild 9.26 Stückzinsen eines Wertpapiers mit halbjährlicher Zinszahlung

	A	B	C	D	E	F	G
1	Periodische Zinszahlung - Aufgelaufene Zinsen						
2	Emissionsdatum	01.01.2018			Nächster Zinstermin	01.07.2021	=ZINSTERMNZ(B4;B3;B7;B8)
3	Fälligkeit	01.01.2028			Zinstage	14	=ZINSTERMTAGNZ(B4;B3;B7;B8)
4	Abrechnung	17.06.2021			Aufgelaufene Stückzinsen	20,75 €	=AUFGELZINS(B2;F2;B4;B5;B6;B7;B8;FALSCH)
5	Zins	4,5%					
6	Nennwert	1.000			Stückzinsen ab Emission	155,75 €	=AUFGELZINS(B2;F2;B4;B5;B6;B7;B8;WAHR)
7	Zahlungshäufigkeit	2	jährlich				
8	Basis (Zinstage)	4	30/360				
9							

Zur Berechnung der aufgelaufenen Stückzinsen wird zuerst in F2 der nächste Zinstermin mit ZINSTERMNZ ermittelt. Die Zinstage in F3 sind für die weitere Berechnung nicht erforderlich und werden hier nur zur Information angegeben.

| F2: | =ZINSTERMNZ(B4;B3;B7;B8) | Ergebnis: 01.07.2021 |
| F3: | =ZINSTERMTAGNZ(B4;B3;B7;B8) | Ergebnis: 14 |

Mit der Funktion AUFGELZINS werden dann in F4 die aufgelaufenen Zinsen berechnet. Da nur die Zinsen zwischen Abrechnungsdatum und dem nächsten Zinstermin ausgegeben werden sollen, muss das Argument *Berechnung* FALSCH lauten.

| F4: | =AUFGELZINS(B2;F2;B4;B5;B6;B7;B8;FALSCH) | Ergebnis: 20,75 |

Wenn Sie dagegen das Argument *Berechnung* weglassen oder *WAHR* bzw. *1* angeben, dann erhalten Sie die aufgelaufenen Stückzinsen ab dem Emissionsdatum, im Bild oben in F6. Alternativ erhalten Sie dasselbe Ergebnis mit der Funktion AUFGELZINSF.

9.4   Aktuelle und historische Börsenkurse abrufen

Achtung: Der nachfolgend beschriebene Datentyp *Aktien* und die Funktion BÖRSENHISTORIE sind in Excel 2019 und älteren Versionen nicht verfügbar!

Wenn Sie Excel 365 nutzen, können Sie mit Hilfe des neuen Datentyps *Aktien* aktuelle Börsen- oder Wechselkurse und andere Informationen aus Excel heraus abrufen und in die Tabelle übernehmen. Beachten Sie aber, dass für die zur Verfügung gestellten

9 Beispiele aus der Finanzmathematik

Finanzmarktinformationen keine Haftung übernommen wird und diese daher nicht für gewerbliche Zwecke oder Beratungszwecke eingesetzt werden sollten.

Aktuellen Aktienkurs einfügen

Börsenkurse.xlsx

Als Beispiel geben Sie einfach einige Firmenbezeichnungen in eine Tabelle ein, siehe Bild unten. Beachten Sie, dass unter Umständen auch die genauere Bezeichnung erforderlich sein kann, da manchmal Firmenname und Kürzel automatisch ermittelt werden.

Markieren Sie dann die Firmen und klicken Sie im Register *Daten* ▶ *Datentypen* auf *Aktien*. Anschließend öffnet sich rechts der Bereich *Datenauswahl* mit der ersten Firma; klicken Sie beim gewünschten Handelsort bzw. Ticker, z. B. Deutsche Börse, auf *Auswahl*. Genauso verfahren Sie mit den übrigen Firmenbezeichnungen.

Bild 9.27 Firmennamen in den Datentyp Aktien umwandeln

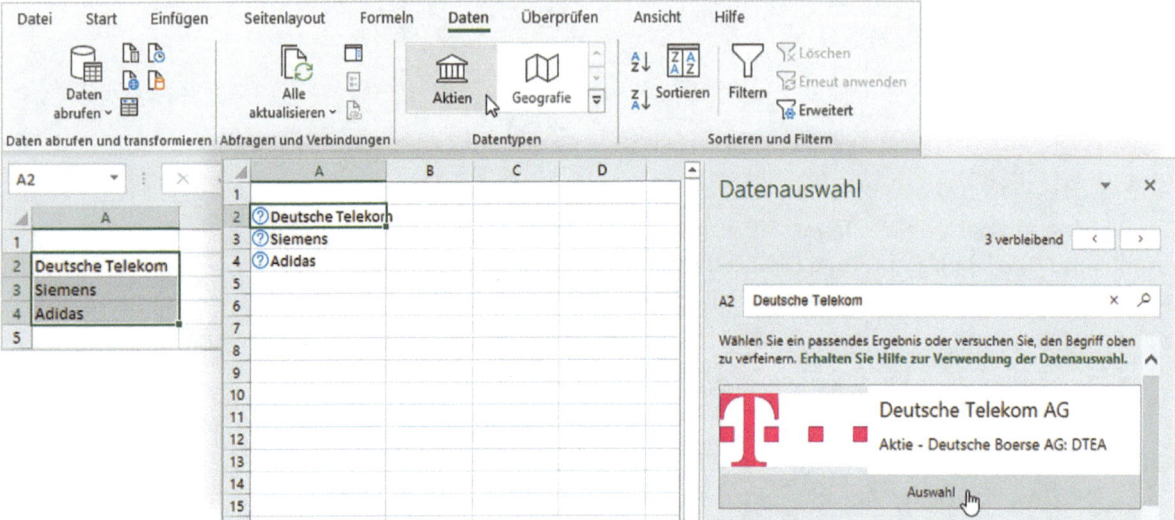

Alternativ können Sie auch Handelsplatz und Wertpapierkennz. getrennt durch Doppelpunkt eingeben, z. B. XFRA:SIE

Die Firmen- bzw. Aktienbezeichnungen erscheinen nun mit ihren korrekten Bezeichnungen und dem Tickersymbol (Wertpapierkennzeichen) in der Tabelle. Um die aktuellen Kurse abzurufen, markieren Sie alle Bezeichnungen, klicken in der rechten oberen Ecke der Markierung auf das Symbol *Daten einfügen* ❶ und hier auf *Preis* ❷. Unter anderem werden hier auch noch folgende Spalten angeboten: *Öffnen* (Eröffnungskurs), *Schlusskurs des Vortags*, *Hoch*, *Niedrig* usw.

Bild 9.28 Daten einfügen, Preis

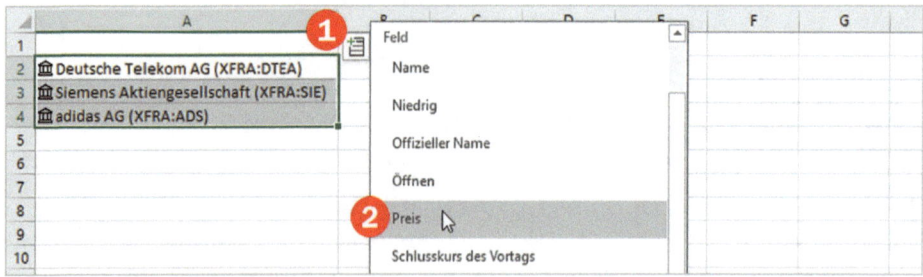

Aktuelle und historische Börsenkurse abrufen 9

Wechselkurse erhalten

Mit dem Datentyp *Aktien* können Sie auch aktuelle Wechselkurse abrufen, z. B. Euro in US-Dollar. Dazu geben Sie in eine Zelle EUR/USD oder USD/EUR ein, markieren diese Zelle und klicken im Register *Daten* ▶ *Datentypen* auf *Aktien*. Klicken Sie dann im Tabellenblatt auf das Symbol *Daten einfügen* und wählen Sie *Preis*.

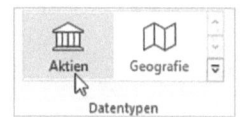

Beachten Sie: Die zurückgegebenen Kurswerte werden automatisch mit € oder $ formatiert, vorausgesetzt diesen Zellen wurde zuvor kein anderes Zahlenformat zugewiesen bzw. diese haben zuvor das Zahlenformat *Standard* verwendet.

Bild 9.29 Aktuelle Wechselkurse

Mit BÖRSENHISTORIE die Kursentwicklung in der Vergangenheit abrufen

Mit der Funktion BÖRSENHISTORIE können Sie die Kursentwicklung einer Aktie für einen bestimmten Zeitraum abrufen. Voraussetzung ist, dass die Firmenbezeichnung als Datentyp *Aktien* vorliegt, siehe vorhergehendes Beispiel oben. Außerdem benötigen Sie im Tabellenblatt ausreichend Platz für die angeforderten Daten. Syntax und Argumente der Funktion BÖRSENHISTORIE:

Auch diese Funktion ist nicht in Excel 2019 und älter verfügbar!

BÖRSENHISTORIE(Aktie;Start_Datum;[End_Datum];[Intervall];[Überschriften];[Eigenschaften1];[Eigenschaften2];...)

Argument	Beschreibung
Aktie	Legt das Wertpapier fest, dieses muss im Datentyp Aktien vorliegen.
Start_Datum	Das früheste Datum, für das die Daten abgerufen werden. Wenn als Intervall wöchentlich oder monatlich angegeben wird, liegt der erste Datenpunkt möglicherweise vor dem angegebenen Start_Datum.
End_Datum	Das letzte Datum, für das Daten abgerufen werden.
Intervall	Gibt das Intervall der Daten an, 0 = täglich (Standardwert); 1 = wöchentlich; 2 = monatlich.
Eigenschaften1...	Für jede Aktie können bis zu sechs Spalten abgerufen werden, die Sie unter Angabe der Zahl und in der gewünschten Reihenfolge mit den Argumenten *Eigenschaften1* bis *Eigenschaften6* angeben. 0 Datum = Erster Handelstag im angegebenen Zeitraum 1 Schluss = Schlusskurs am letzten Handelstag im angegebenen Zeitraum 2 Eröffnung = Eröffnungskurs am letzten Handelstag im angegebenen Zeitraum 3 Hoch = Höchster Preis 4 Tief = Niedrigster Preis 5 Volumen = Während des Zeitraums gehandeltes Volumen

9 Beispiele aus der Finanzmathematik

Argument	Beschreibung
Überschriften	Legt fest, ob Spaltenüberschriften zurückgegeben werden. 0 = keine Überschriften; 1 = Überschriften anzeigen (Standardeinstellung); 2 = Überschriften und Wertpapierkennz.

1. Im ersten Schritt geben Sie die Firmenbezeichnung ein, markieren diese und klicken im Register *Daten* auf den Datentyp *Aktien*. Wählen Sie anschließend wieder das gewünschte Tickersymbol aus. Außerdem benötigen Sie Start- und Enddatum, hier in C1 und E1.

2. Im Bild unten soll die Kursentwicklung ab C3 eingefügt werden. Achten Sie daher darauf, dass rechts und unterhalb genügend Platz zur Verfügung steht und geben Sie in C3 die folgende Funktion ein:

   =BÖRSENHISTORIE(A3;C1;E1;1;1;0;3;4)

Bild 9.30 Funktion BÖRSENHISTORIE einfügen

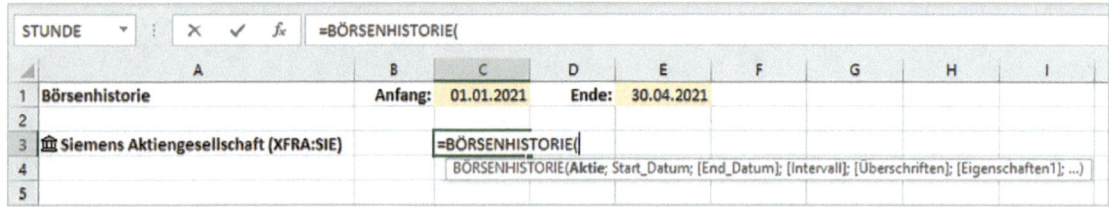

Nach Betätigen der Eingabetaste wird der Ausgabebereich automatisch erweitert. Das Ergebnis mit den Spalten *Datum* (0), *Hoch* (3) und *Tief* (4) sehen Sie im Bild unten. Auch hier haben die Werte das Währungssymbol entsprechend der Aktie bzw. dem Handelsplatz erhalten. Aus diesen Werten können Sie anschließend, wie im Bild unten, noch ein Liniendiagramm erstellen.

Bild 9.31 Börsenhistorie mit Liniendiagramm

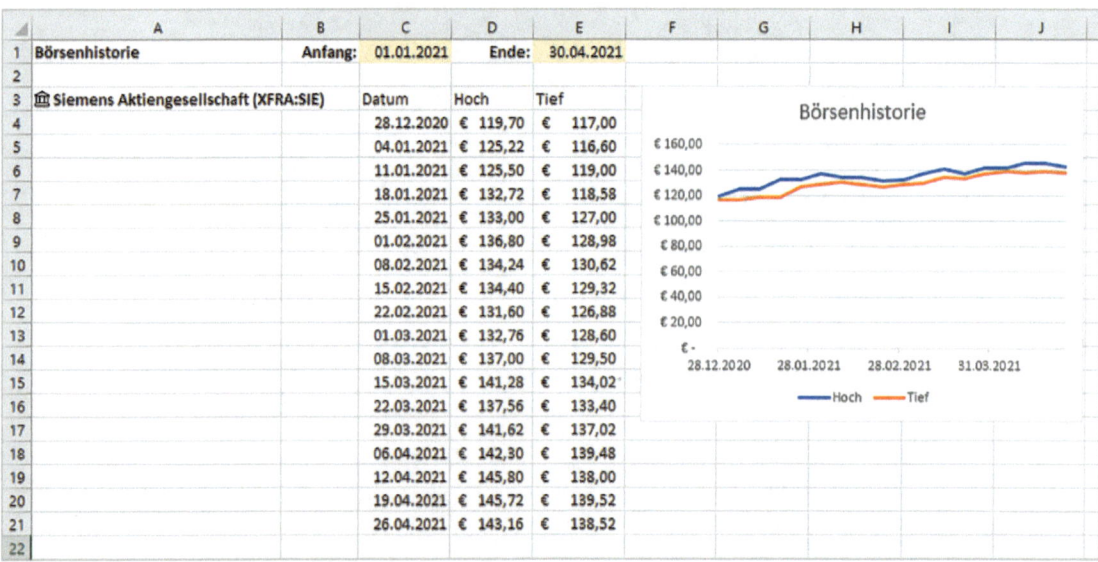

10 Lösungen mit dem Solver optimieren

10.1 Funktionsweise 424

10.2 Beispiel 1: Materialkosten einer Dose optimieren 425

10.3 Beispiel 2: Gewinnmaximierung 427

10.4 Beispiel 3: Rundreiseproblem, die kürzeste Route finden 435

10 Lösungen mit dem Solver optimieren

10.1 Funktionsweise

Neben der Zielwertsuche stellt Excel mit dem Add-In Solver noch ein zweites Werkzeug zur Verfügung, mit dem Lösungen optimiert werden können. Solver (engl. to solve = etwas auflösen) bietet aber im Gegensatz zur Zielwertsuche wesentlich mehr Optionen: Statt einer einzigen veränderbaren Zelle können Sie mehrere Zellen einbeziehen und anstelle eines festen Zielwerts lassen sich auch ein Maximal- oder Minimalwert vorgeben. Zusätzlich können Sie auch noch Nebenbedingungen für die Berechnung definieren. Mathematisch betrachtet, handelt es sich beim Solver also um ein Gleichungssystem mit mehreren Unbekannten, mit dem Sie beispielsweise die optimale Größe einer Verpackung für ein bestimmtes Volumen ermitteln, bei gleichzeitiger Minimierung des Materialverbrauchs und damit der Kosten.

Das Add-In Solver laden und aufrufen

Siehe „Weitere Funktionen als Add-In laden" auf Seite 60.

Solver ist ein standardmäßig nicht installiertes Add-In, das vor der ersten Nutzung in den Excel-Optionen geladen werden muss, siehe Kapitel 1. Sie finden anschließend den installierten Solver im Register *Daten* in der Gruppe *Analyse*.

Bild 10.1 Zu finden im Register Daten, Analyse

Funktionsweise und Komponenten des Solver

Solver basiert auf den folgenden drei Hauptkomponenten:

- **Zielzelle**: Wie bei der Zielwertsuche (siehe Seite 70) ist dies die Zelle mit dem zu erzielenden Ergebnis, also das Ziel der Aufgabe. Dies kann z. B. der zu maximierende Gewinn sein oder die Minimierung der Materialkosten.

  Beachten Sie:
  - Die Zielzelle muss eine Formel enthalten! Diese muss sich entweder auf direktem Weg oder über weitere Formeln auf die variablen Zellen beziehen.
  - Es kann nur ein einziges Ziel festgelegt werden! Also z. B. entweder Kostenoptimierung oder Gewinnmaximierung, nicht aber beides gleichzeitig.

- **Variable Zellen** sind Zellen, die bei der Suche nach der Lösung verändert werden, damit das gewünschte Ergebnis erreicht wird.

- **Nebenbedingungen**: Hier können Einschränkungen oder Grenzen festgelegt werden, z. B. die maximalen Kapazitäten von Maschinen oder Arbeitszeiten.

> **Beachten Sie in allen Fällen**: Solver stellt im Gegensatz zur Zielwertsuche ein äußerst komplexes Werkzeug dar, das nur mit exakter Aufgabenstellung und korrekten Ausgangsdaten brauchbare Ergebnisse liefert.

10.2 Beispiel 1: Materialkosten einer Dose optimieren

Als einfaches Beispiel ein oft herangezogenes Verpackungsproblem bei der Herstellung von Konservendosen. Die Dosen sollen ein vorgegebenes Volumen, hier 1.000 cm³ fassen, gleichzeitig sind die Abmessungen so zu wählen, dass die Oberfläche und damit die Materialkosten möglichst gering sind. Volumen und Oberfläche werden mit folgenden Formeln berechnet, siehe Bild unten:

Solver_1.xlsx

Volumen:	= r^2 * PI * h	
B5:	=B2^2*PI()*B3	Ergebnis: 785,40 cm³
Fläche:	= 2 * r^2 * PI + 2 * r * PI * h	
B6:	=2*B2^2*PI()+2*B2*PI()*B3	Ergebnis: 471,24 cm²

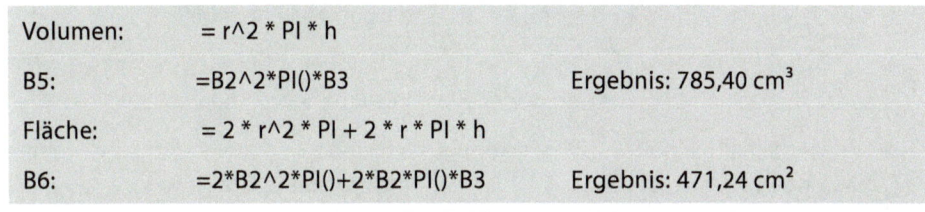

Bild 10.2 Volumen und Oberfläche eines Zylinders (Dose) berechnen

Anschließend rufen Sie den Solver auf (Register *Daten* ▶ *Analyse* ▶ *Solver*, s. Bild 10.1).

Bild 10.3 Zielvorgabe, Variablen und Nebenbedingungen im Solver festlegen

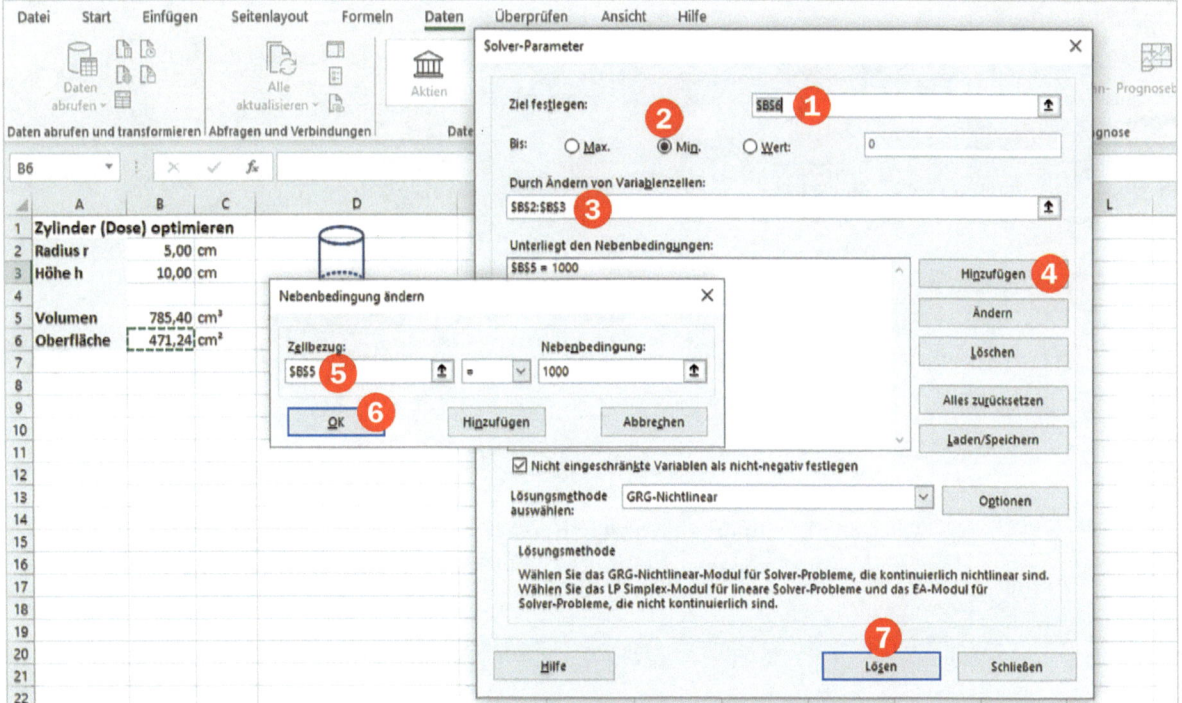

10 Lösungen mit dem Solver optimieren

1. **Zielwert festlegen**: Im Feld *Ziel festlegen* ❶ geben Sie die Oberfläche in B6 an. Da diese minimiert werden soll, wählen Sie darunter die Option *Min* ❷.

2. **Variablenwerte**: Die zu ändernden Variablen Radius und Höhe in B2:B3 geben Sie im Feld *Durch Ändern von Variablenzellen* an ❸.

3. Damit Solver nicht einfach das naheliegende Ergebnis 0 liefert, benötigen Sie noch das vorgegebene Volumen als Nebenbedingung. Klicken Sie auf die Schaltfläche *Hinzufügen* ❹ und legen Sie die Bedingung wie im Bild fest:

   Zellbezug ist die Formel zur Berechnung des Volumens in B5 ❺, wählen Sie das Gleichheitszeichen = aus und geben Sie im Feld daneben die Zahl 1.000 ein.

   Mit der Schaltfläche *Hinzufügen* könnten Sie diese speichern und eine weitere Nebenbedingung festlegen. Da hier nur eine einzige benötigt wird, klicken Sie zum Übernehmen und Schließen des Fensters auf *OK* ❻.

4. Klicken Sie zuletzt auf *Lösen* ❼, um den Lösungsvorgang zu starten. Anschließend erscheinen in der Tabelle die gefundenen Lösungswerte ❽ (Bild unten).

   - Gleichzeitig öffnet sich das Fenster *Solver-Ergebnisse* und Sie können entscheiden, ob Sie die *Solver-Lösung akzeptieren* ❾ oder die *ursprünglichen Werte wiederherstellen* möchten.

   - **Hinweis**: Solver speichert alle Angaben, auch wenn Sie die ursprünglichen Werte wiederherstellen. Sie brauchen also später nur den Solver wieder aufrufen und auf *Lösen* klicken, um wieder die Solver-Lösung zu erhalten.

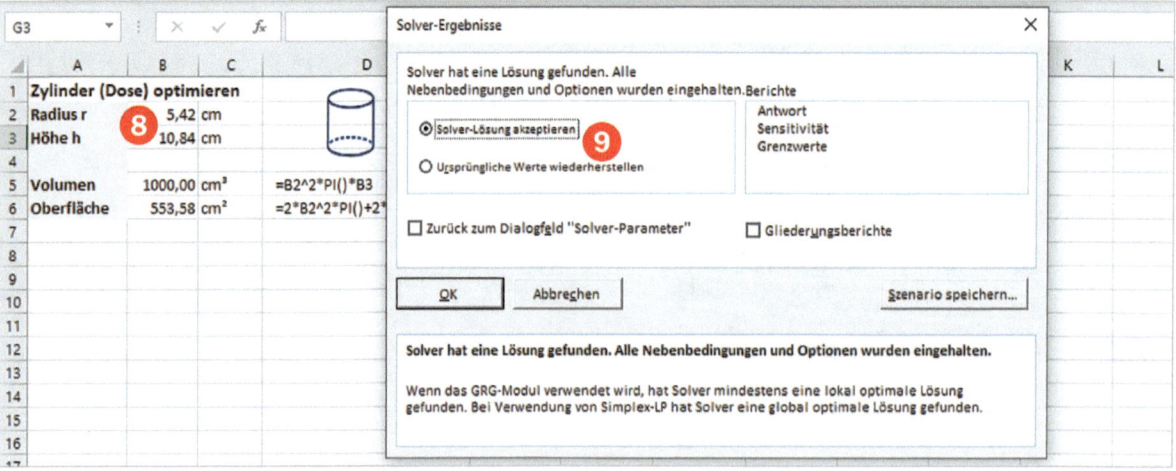

Bild 10.4 Solver-Ergebnisse

Die oben beschriebene Vorgehensweise eignet sich zur Lösung einfacher Aufgaben, komplexere Problemstellungen erfordern jedoch noch weitere Vorgaben.

10.3 Beispiel 2: Gewinnmaximierung

Die Ausgangssituation: Ein Betrieb produziert Schreibtische in Handarbeit und die Aufgabenstellung lautet: Wie kann die Schreinerei ihren Gewinn bei gegebener Ausgangslage maximieren?

Der Einfachheit halber gehen wir hier von nur zwei Produkten aus, diese unterscheiden sich durch ihren Deckungsbeitrag (Gewinn) pro Stück:
- Deckungsbeitrag Schreibtisch A   500 €
- Deckungsbeitrag Schreibtisch B   200 €

Ohne weitere Einschränkungen wäre es naheliegend, möglichst viele Schreibtische des Modells A zu produzieren, da dieses mehr Gewinn erzielt. Allerdings sind einige Bedingungen zu berücksichtigen:

▶ Aus Rohstoffgründen (Materialbeschaffung und Lagerung) können täglich höchstens 3 Schreibtische von Modell A und 4 Schreibtische von Modell B gefertigt werden.

▶ Zudem stehen täglich nur 15 Mannstunden Schreinerkapazität zur Verfügung, von denen Schreibtisch A 2 Arbeitsstunden und Schreibtisch B 3 Arbeitsstunden erfordert.

Wie viele Schreibtische jedes Modells sollen also unter Berücksichtigung der Einschränkungen täglich produziert werden, um den Gewinn zu maximieren?

Tabelle erstellen

Im ersten Schritt übertragen Sie die Ausgangsdaten möglichst übersichtlich in ein Excel-Arbeitsblatt und berechnen die erforderlichen Formeln. Das Tabellenlayout kann frei gewählt werden, sofern die Aufgabenstellung aus der Tabelle ersichtlich ist. Achten Sie auch auf aussagekräftige Beschriftungen, da diese in den späteren Bericht übernommen werden. Im abgebildeten Beispiel wurden zur besseren Übersicht zusätzlich die veränderbaren bzw. variablen Zellen, hier B2 und B3, mit rotem Hintergrund ❶ und der Gewinn in der Zielzelle C5 ❷ mit gelber Hintergrundfarbe versehen.

Solver_2.xlsx

	A	B	C	D	E
1		Zu optimierende Anzahl	Gewinn je prod. Stück	Beanspruchte Arbeitszeit pro Stück	Maximal produzierbare Menge
2	Schreibtisch A	1	500	2	3
3	Schreibtisch B	1	300	3	4
4					
5		Gewinn	800		
6					
7			Maximal	Aufgewendet	
8		Arbeitszeit	15	5	
9					
10		Bedingungen erfüllt?			
11		Maximale Stückzahl	ja		
12		Arbeitszeit eingehalten	ja		

Bild 10.5 Die Tabelle mit Ausgangs- und berechneten Werten

Der Gewinn in C5 wurde mit folgender Formel berechnet:

C5:   =B2*C2+B3*C3   oder   SUMMENPRODUKT(B2:B3;C2:C3)

Die aufgewendeten Arbeitszeiten in D8 ❸ berechnen sich mit folgender Formel:

D8:   =B2*D2+B3*D3   oder   SUMMENPRODUKT(B2:B3;D2:D3)

Hinweis: Im Beispiel wurde unterhalb der Ausgangsdaten, ab Zeile 10 zusätzlich eine kleine Tabelle hinzugefügt, die in C11 und C12 ❹ mit je einer WENN-Funktion prüft, ob die Bedingungen eingehalten werden. Dies dient nur zur besseren Kontrolle, ist aber bei Verwendung des Solver nicht erforderlich.

C11:   =WENN(UND(B2<=E2;B3<=E3);"ja";"nein")

C12:   =WENN(D8<=C8;"ja";"nein")

Formeln manuell testen

Sie könnten nun in B2 und B3 manuell verschiedene Lösungsvorschläge eintragen und kontrollieren, ob beide Bedingungen eingehalten werden, wie im Bild unten. Bei einem einfachen Beispiel wie diesem dürfte diese Methode auch früher oder später zum Ziel führen. In der Praxis sind jedoch häufig wesentlich mehr variable Werte zu ermitteln und Bedingungen zu beachten und genau dafür setzen Sie den Solver ein.

Bild 10.6 Tabelle und Formeln testen

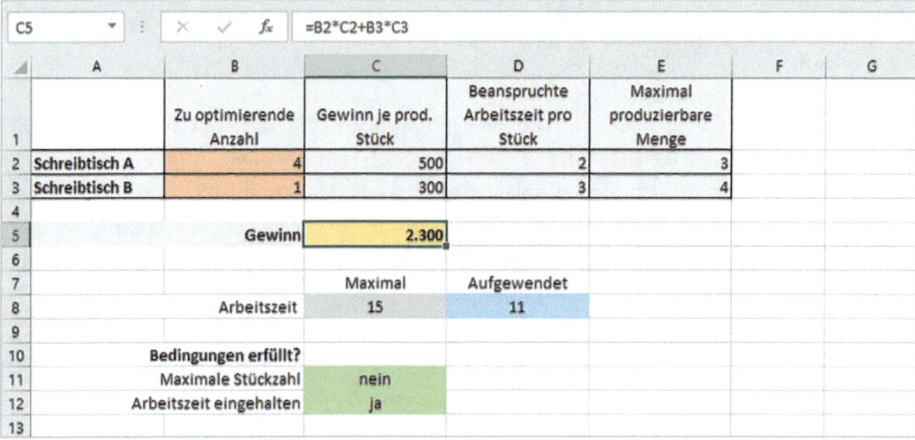

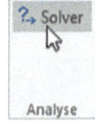

Solver-Parameter festlegen

Klicken Sie im Register *Daten* ▶ *Analyse* auf *Solver* und legen Sie im Dialogfenster *Solver-Parameter* (siehe Bild auf der nächsten Seite) die folgenden Parameter fest.

▶ **Ziel festlegen**
   Im Feld *Ziel festlegen* geben Sie an, welche Zelle das zu erzielende Ergebnis enthält, in diesem Beispiel den zu maximierenden Gewinn in C5 ❶. Unterhalb wählen Sie *Max.* ❷.

Beispiel 2: Gewinnmaximierung 10

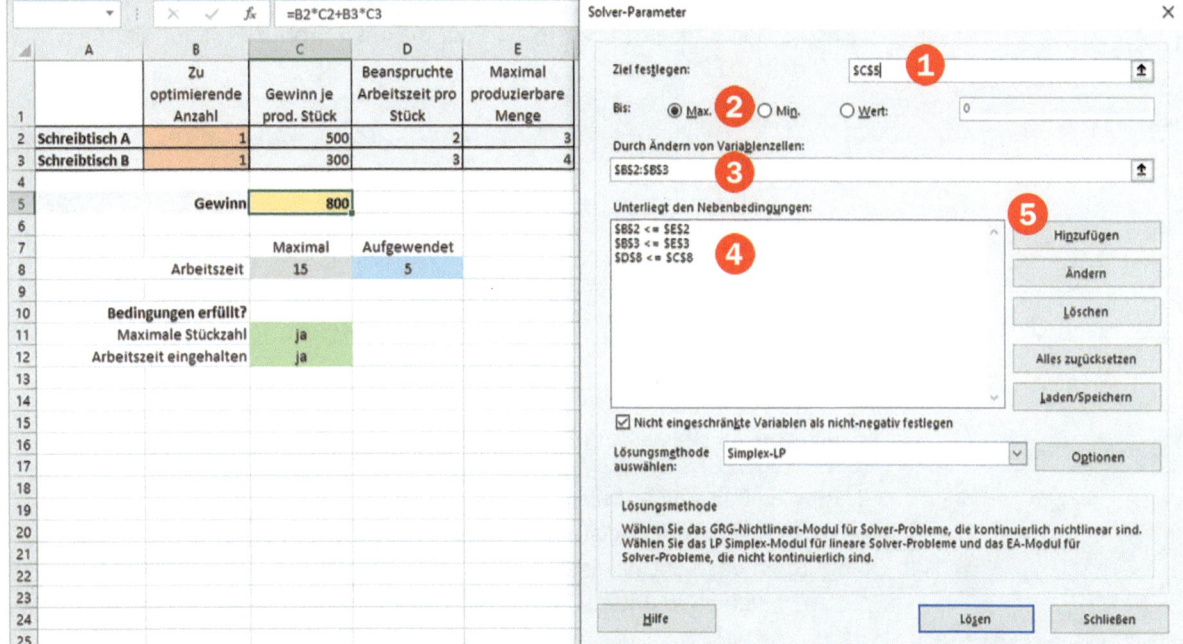

Bild 10.7 Eingabe der Solver-Parameter

▶ **Variable Zellen**
Im Feld *Durch Ändern von Variablenzellen:* ❸ legen Sie fest, welche Zellen die zu verändernden Werte enthalten, hier B2 und B3. Zum Einfügen der Zellbezüge klicken Sie einfach im Tabellenblatt auf die betreffenden Zellen oder markieren den Zellbereich wie in diesem Beispiel.

▶ **Nebenbedingungen/Einschränkungen**
Unterhalb formulieren Sie die Nebenbedingungen bzw. Einschränkungen ❹:

- Klicken Sie auf die Schaltfläche *Hinzufügen...* ❺.
- Die erste Nebenbedingung lautet: Aufgewendete Stunden kleiner oder gleich der maximalen Arbeitszeit von 15 Stunden bzw. D8<=C8. Klicken Sie danach auf *Hinzufügen*, um anschließend gleich die nächste Nebenbedingung einzugeben.

Bild 10.8 Nebenbedingung 1: Aufgewendete Arbeitszeit <=Maximale Arbeitszeit

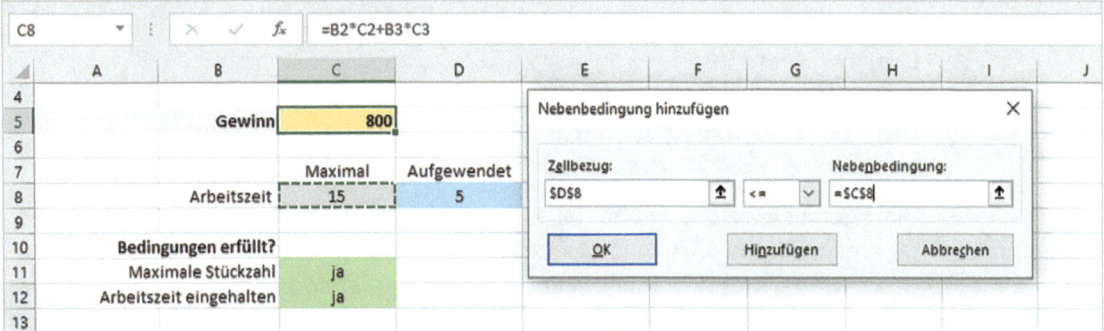

Bild 10.9 Nebenbedingung 2: Produzierte Menge Modell A <= Maximale Menge

- Die nächste Nebenbedingung muss lauten: Produzierte Menge des Schreibtischs A in B2 kleiner oder gleich der maximal produzierbaren Menge dieses Modells in E2: =B2<=E2.

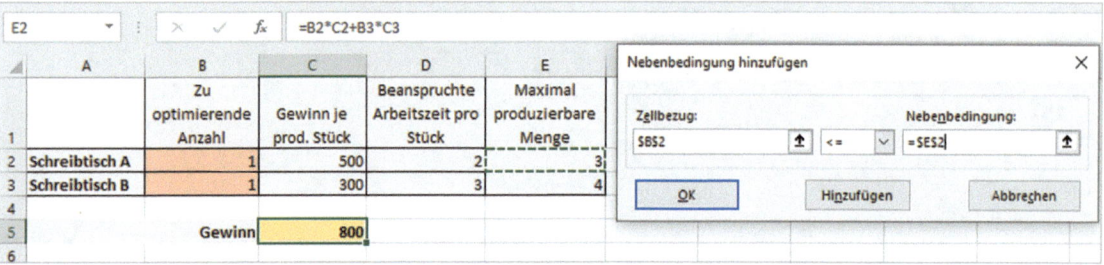

- Klicken Sie erneut auf *Hinzufügen* und geben Sie die folgende dritte Nebenbedingung ein: B3<=E3. Klicken Sie zuletzt auf *OK*.

▶ **Negative Ergebnisse ausschließen**
Um negative Ergebnisse auszuschließen, aktivieren Sie unterhalb der Nebenbedingungen das Kontrollkästchen *Nicht eingeschränkte Variablen als nicht-negativ festlegen*, siehe Bild unten.

▶ **Lösungsmethode wählen**
Zuletzt wählen Sie eine Lösungsmethode: Am einfachsten *Simplex LP* (s. Bild unten). Diese liefert ein globales Optimum, d. h. es gibt kein besseres Ergebnis. Sie eignet sich ausschließlich für lineare Modelle, ist aber in unserem Beispiel völlig ausreichend. Für nichtlineare Modelle sollten Sie dagegen besser *GRG-Nichtlinear* wählen.

Bild 10.10 Lösungsmethode wählen und Lösungsverfahren starten

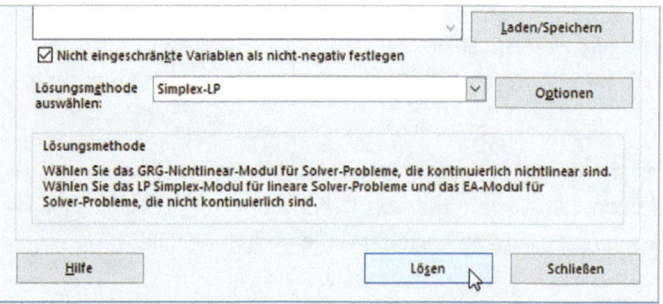

Lösungsverfahren starten
Starten Sie dann das Lösungsverfahren mit Klick auf die Schaltfläche *Lösen*. Sollte das Lösungsverfahren zu lange dauern oder zu keinem brauchbaren Ergebnis führen, können Sie es jederzeit mit der Esc-Taste unterbrechen.

Die Ergebnisse erscheinen anschließend im Tabellenblatt (Bild auf der nächsten Seite), hier in B2 und B3, und die Zielzelle C5 zeigt den maximal möglichen Gewinn an. Gleichzeitig öffnet sich das Fenster *Solver-Ergebnisse* und bietet wieder die Optionen *Solver-Lösung akzeptieren* ❶ und *Ursprüngliche Werte wiederherstellen* an.

Beispiel 2: Gewinnmaximierung 10

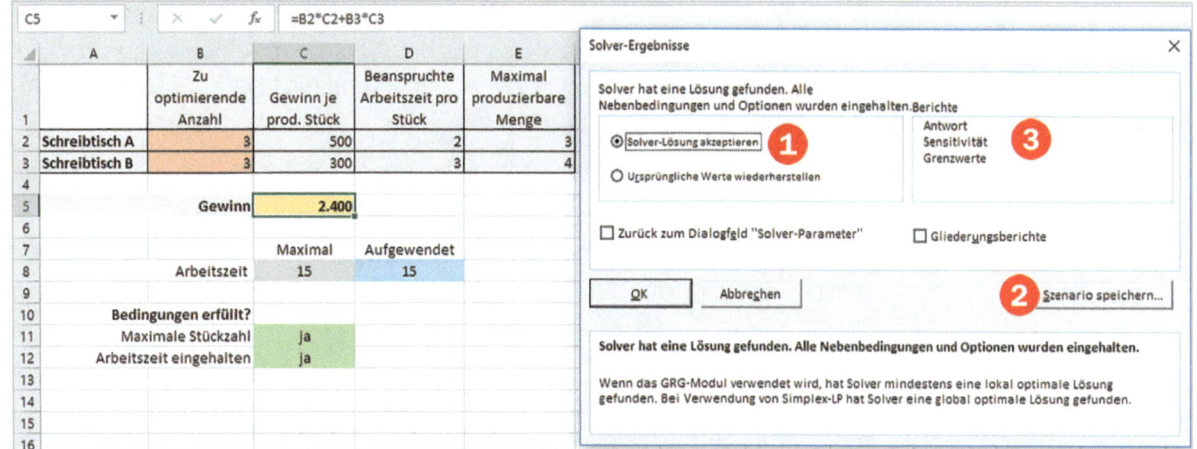

Bild 10.11 Solver Ergebnisse

Außerdem haben Sie die Möglichkeit, die Lösung als Szenario zu speichern ❷ oder einen Bericht ❸ zu erstellen. Näheres hierzu im nächsten Punkt.

Mögliche Probleme während des Lösungsvorgangs

Während des Lösungsvorgangs können folgende Fehlermeldungen erscheinen:

▶ **Der Inhalt der Zielzelle muss eine Formel sein**

Das bedeutet, die Zielzelle enthält entweder keine Formel oder keinen Bezug zu den variablen Zellen.

▶ **Zu viele Variablenzellen**

Diese Fehlermeldung erscheint, wenn zu viele Variablenzellen aufgenommen wurden. Solver kann mit der Simplex LP-Methode maximal 200 Variablen berücksichtigen, bei der GRG-Methode reduziert sich diese Zahl auf 100.

Wenn keine Lösung gefunden wird

In manchen Fällen erscheint im Fenster *Solver-Ergebnisse* die Meldung *Solver konnte keine machbare Lösung finden* und darunter finden Sie den Zusatz *Solver konnte keinen Punkt finden, für den alle Nebenbedingungen erfüllt sind*. Dies bedeutet grob vereinfacht, dass Solver nicht mit den Nebenbedingungen zurechtkommt bzw. dass es für diese Bedingungen keine Lösung gibt. Überprüfen Sie in diesem Fall die Aufgabenstellung und die Nebenbedingungen. Wie eingangs erwähnt, liefert Solver nur bei exakter Aufgabenstellung und korrekten Ausgangsdaten brauchbare Ergebnisse.

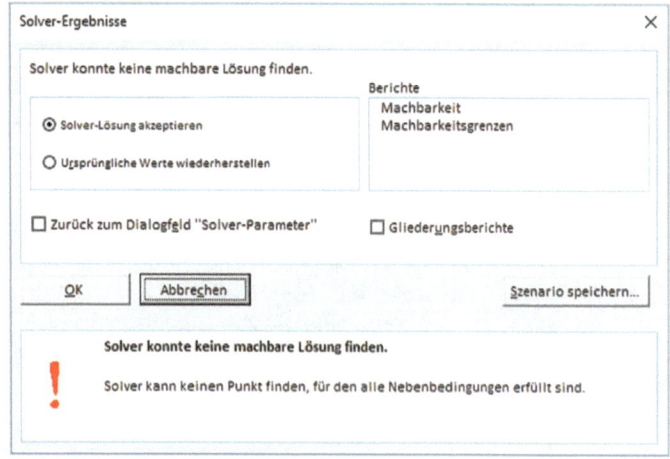

Bild 10.12 Keine Lösung gefunden

431

10 Lösungen mit dem Solver optimieren

Solver erneut aufrufen, Parameter bearbeiten

Die Solver-Parameter werden zusammen mit der Arbeitsmappe gespeichert und Sie können jederzeit über das Register *Daten* ▶ *Analyse* und mit Klick auf *Solver* das dazugehörige Fenster wieder öffnen und hier Ihre Angaben überprüfen oder ändern.

- Um die Nebenbedingungen zu bearbeiten oder zu entfernen, markieren Sie eine Bedingung und benutzen die Schaltflächen *Ändern* oder *Löschen*.

- Die Schaltfläche *Alles zurücksetzen* entfernt sämtliche Parameter und versetzt das Fenster wieder in den Ausgangszustand, also leer mit den Voreinstellungen.

Berichte erstellen und interpretieren

Zur detaillierteren Betrachtung des vorgeschlagenen Ergebnisses können die Berichte *Antwort*, *Sensitivität* und *Grenzwerte* erstellt werden. Dazu markieren Sie im Fenster *Solver-Ergebnisse* den betreffenden Bericht, im Bild unten *Antwort* und klicken auf *OK*.

Bild 10.13 Klicken Sie auf den gewünschten Bericht

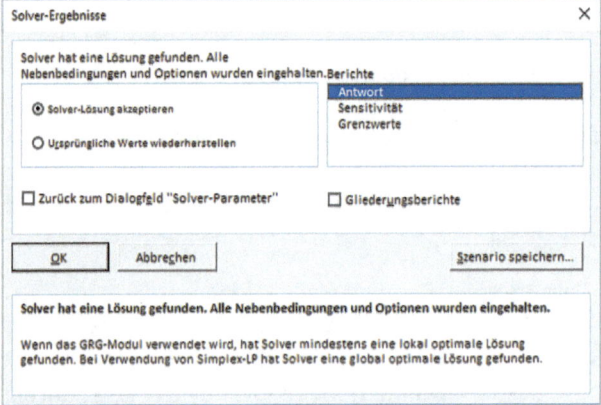

Der Bericht wird in einem neuen Arbeitsblatt der Mappe ausgegeben, siehe Bild auf der nächsten Seite. Die Inhalte sind weitgehend selbsterklärend. In der Spalte *Name* wird automatisch die Beschriftung aus dem Tabellenblatt übernommen. Die übrigen Elemente sind abhängig vom Berichtstyp.

Antwort-Bericht

Der Antwort-Bericht (siehe Bild auf der nächsten Seite) beginnt mit der verwendeten Lösungsmethode, der Anzahl der Iterationen und der Lösungszeit und enthält die Ausgangswerte und die vom Solver gefundenen Lösungswerte. Unter *Nebenbedingungen* können Sie den Spalten *Status* und *Puffer* entnehmen, ob die genannte Nebenbedingung eine einschränkende Wirkung auf das Ergebnis hat. Eine nicht einschränkende Bedingung, hier *Schreibtisch B, zu optimierende Anzahl* wurde nicht voll ausgeschöpft und weist deshalb einen Puffer von 1 auf.

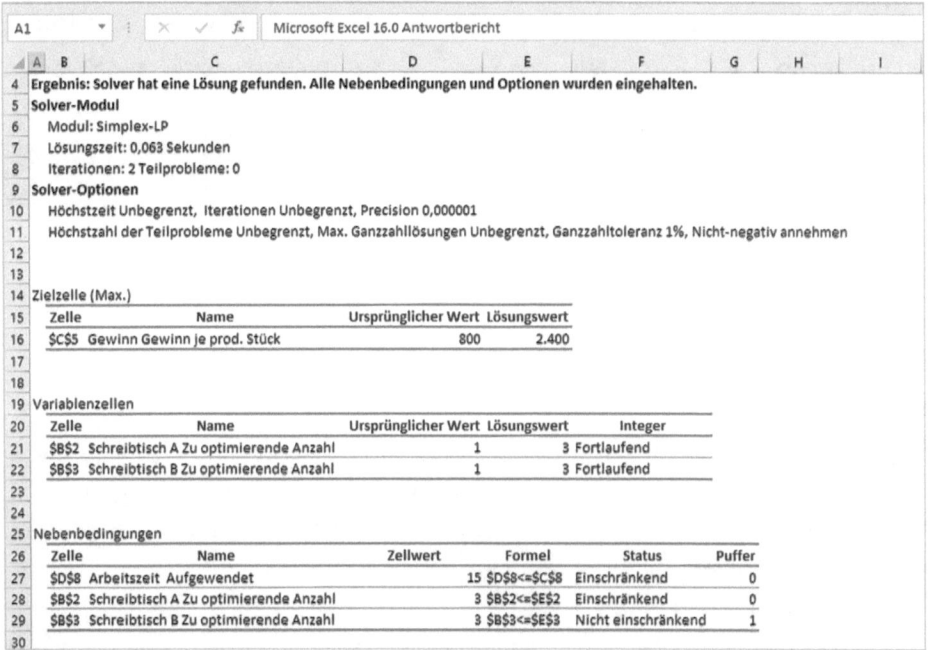

Bild 10.14 Der Bericht Antwort

Sensitivitätsbericht

Der Sensitivitätsbericht enthält weitergehende Informationen und zeigt, wie das Modell auf eine Veränderung der Konstanten (Zielwert und Nebenbedingungen) reagiert. So finden Sie sowohl im Abschnitt *Variablenzellen* als auch im Abschnitt *Nebenbedingungen* die Intervalle, innerhalb derer die Werte verändert werden können, ohne dass dadurch die aktuelle Lösung beeinträchtigt wird.

Bild 10.15 Sensitivitätsbericht

Lösungsmethoden

Im Fenster *Solver-Parameter* stehen im Feld *Lösungsmethode* die unten abgebildeten Methoden zur Auswahl:

Bild 10.16 Lösungsmethoden

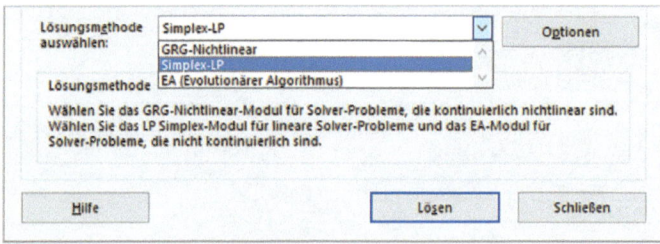

- **Simplex-LP**
  Mit der Methode Simplex-LP können Sie ausschließlich lineare Modelle lösen, d. h. Modelle mit einer Zielfunktion und Nebenbedingungen ersten Grades. Die Simplex-Methode liefert immer ein globales Ergebnis. Das bedeutet, es gibt kein besseres Ergebnis für dieses Optimierungsproblem.

GRG, Abk. für Generalized Reduced Gradient.

- **GRG-Nichtlinear**
  GRG ist ein erprobtes und zuverlässiges Verfahren und wird eingesetzt, wenn Zielfunktion und Restriktionen nicht mehr linear sind, d. h. bei Funktionen ab dem ersten Grad bzw. Wurzelfunktionen. Eine weitere wichtige Voraussetzung für den Einsatz dieses Verfahrens ist, dass die Graphen aller mathematischen Gleichungen bzw. Funktionen und deren Ableitungen keine Sprungstellen aufweisen. Die Lösungsroutine sucht sich beim Start einen beliebigen Punkt auf dem Graphen. Bei jedem neuen Start wird auch ein neuer Startpunkt gewählt, der leicht vom vorherigen abweicht. Dadurch erhalten Sie unter Umständen auch verschiedene Ergebnisse.

  Dieses Verfahren liefert nur dann ein globales Optimum, wenn alle Funktionen nur ein Minimum bzw. Maximum besitzen, andernfalls erhalten Sie ein lokales Optimum.

- **EA (Evolutionärer Algorithmus)**
  Die evolutionäre Methode basiert auf intelligenten lernenden Algorithmen und kann z. B. auch Nachschlage- und Verweisfunktionen verarbeiten. Sie wird immer dann eingesetzt, wenn der Zielwert von unstetigen und nicht-glatten Excel-Funktionen abhängt. Dazu zählen unter anderem: INDEX, VERWEIS, SVERWEIS, WVERWEIS, GANZZAHL, RUNDEN, ANZAHL, OBERGRENZE, UNTERGRENZE, WENN, WAHL, NICHT, UND, ODER. Nicht-glatte Excel-Funktionen sind z. B. MIN, MAX, ABS.

  Dieses Lösungsverfahren kann für alle Optimierungsprobleme eingesetzt werden, arbeitet aber beim linearen und nichtlinearen Optimierungsproblemen weniger effizient. Nachfolgend ein Beispiel zu dieser Methode.

10.4 Beispiel 3: Rundreiseproblem, die kürzeste Route finden

Als drittes Beispiel das klassische Rundreiseproblem, nämlich die kürzeste Route zwischen mehreren Orten zu finden. Ein Auslieferungsdienst soll mehrere Orte anfahren, Ausgangs- und Endpunkt ist Frankfurt a. Main (1). Im Bild unten sehen Sie eine vereinfachte visuelle Darstellung der Route, wenn die Städte entsprechend der Reihenfolge in der Entfernungstabelle angefahren werden (Spalte *Index* bzw. Zahl in Klammern):

Solver_3.xlsx

1 = Frankfurt (Ausgangspunkt), 2 = Kassel, 3 = Bonn, 4 = Paderborn, 5 = Kaiserslautern.

Bild 10.17 Entfernungstabelle und mögliche Route

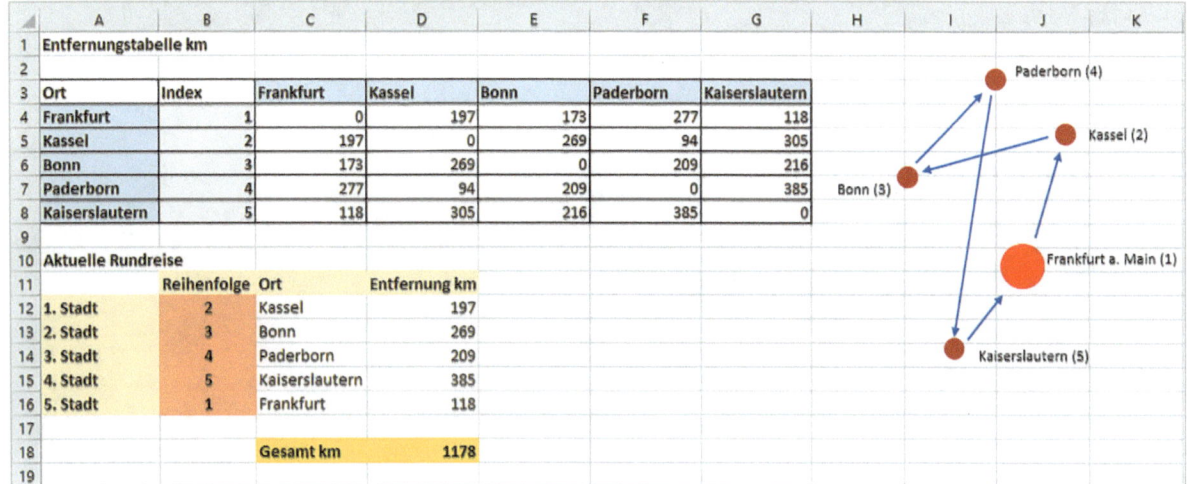

In der Tabelle *Aktuelle Rundreise* werden entsprechend dieser Route die Entfernungen zum jeweils nächsten Ort ermittelt (siehe Bild oben). In der Spalte *Reihenfolge* (B12:B16) wird der Index des Ortes aus der Entfernungstabelle eingetragen, wobei der Ausgangs- und Endpunkt Frankfurt als letzte Stadt angegeben wird. Diese Reihenfolge bzw. die Zahlen stellen für Solver die variablen Werte dar.

In C12:C16 werden noch zur besseren Lesbarkeit anhand dieses Indexwerts die Namen der Orte ermittelt, diese haben aber keinerlei Einfluss auf die spätere Optimierung. Die Formel in C12:

| C12: | =INDEX($A$4:$A$8;B12;1) | Ergebnis: Kassel |

In der Spalte *Entfernung km* wird in D12:D16 die Entfernung mit folgender Formel ermittelt, wobei die Formel in D13 in die restlichen Zellen kopiert werden kann.

| D12: | =INDEX(C4:G8;B12;B16) | Ergebnis: 197 |
| D13: | =INDEX($C$4:$G$8;B13;B12) | Ergebnis: 269 |

Die Summe der Entfernungen wird in D18 mit folgender Formel berechnet. Diesen Wert gilt es, zu minimieren.

| D18: | =SUMME(D12:D16) | Ergebnis: 1.178 |

10 Lösungen mit dem Solver optimieren

Parameter festlegen

Rufen Sie den Solver auf und übergeben Sie im Fenster *Solver-Parameter* die folgenden Werte, siehe Bild unten.

Ziel:	$D$18
Bis:	Min
Variablenzellen:	$B$12:$B$16
Nebenbedingungen:	$B$12:$B$16 = AllDifferent
Lösungsmethode:	EA (Evolutionärer Algorithmus)

Bild 10.18 Solver-Parameter und Nebenbedingung festlegen

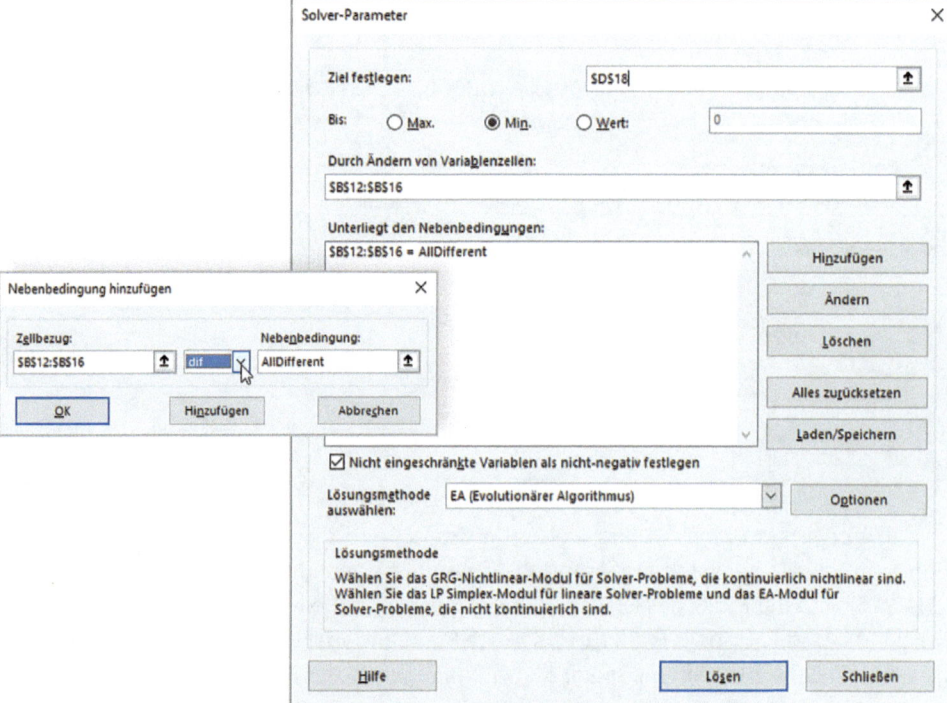

Hinweise

▶ Die Nebenbedingung *dif* (*AllDifferent*) stellt sicher, dass alle Permutationen von 1 bis 5 des Bereichs B12:B16 gebildet werden, und dass jede Zahl nur einmal erscheint. Sie kann im Fenster *Nebenbedingungen* ausgewählt werden, s. Bild oben.

▶ Da der Zielwert über die Funktion INDEX ermittelt wird, kann nur mit der Lösungsmethode *EA* eine Lösung gefunden werden.

Die Lösung

Nachdem Sie auf *Lösen* geklickt haben, präsentiert Solver nach einigen Sekunden die Lösungen, siehe nächste Seite. Die ermittelte Reihenfolge der Städte lautet nun:
5, 3, 4, 2, 1 und die gesamte Strecke beträgt 834 km.

Beispiel 3: Rundreiseproblem, die kürzeste Route finden 10

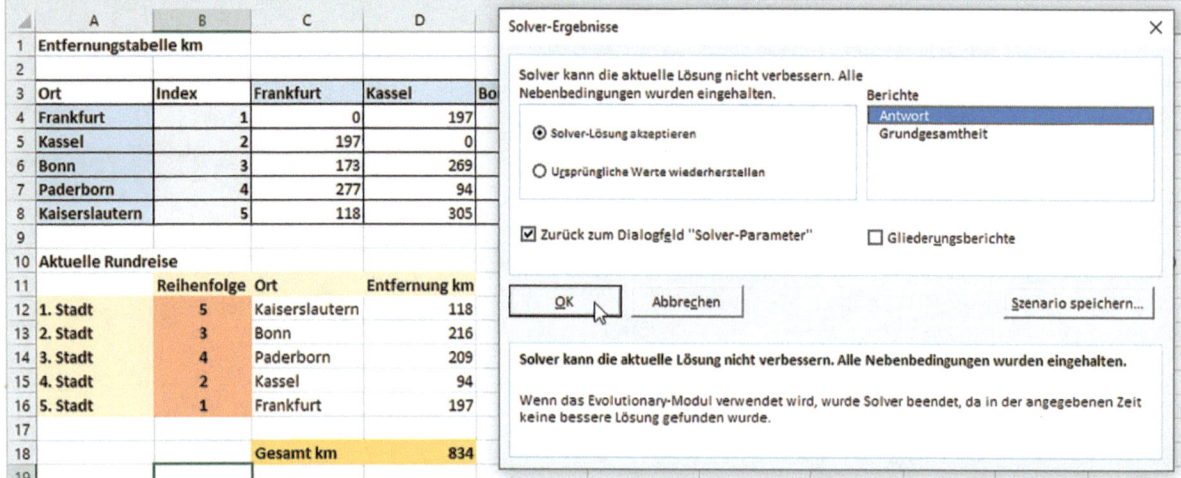

Bild 10.19 Solver-Ergebnisse bzw. die gefundene Reihenfolge

Beachten Sie: Möglicherweise erhalten Sie auch eine versetzte Reihenfolge, z. B. (3, 4, 2, 1, 5) bei der Frankfurt nicht am Ende steht oder die umgekehrte Reihenfolge (2, 4, 3, 5, 1). Dies spielt jedoch keine Rolle, da Sie aus der optimalen Reihenfolge im Prinzip jeden beliebigen Start- und Endpunkt wählen können, ohne dass das Ergebnis beeinflusst wird. Nur die Reihenfolge selbst darf nicht verändert werden.

Antwortbericht

Aus dem Antwortbericht, siehe Bild unten, geht unter anderem auch die Lösungszeit, hier 43,89 Sekunden, hervor.

Bild 10.20 Antwortbericht

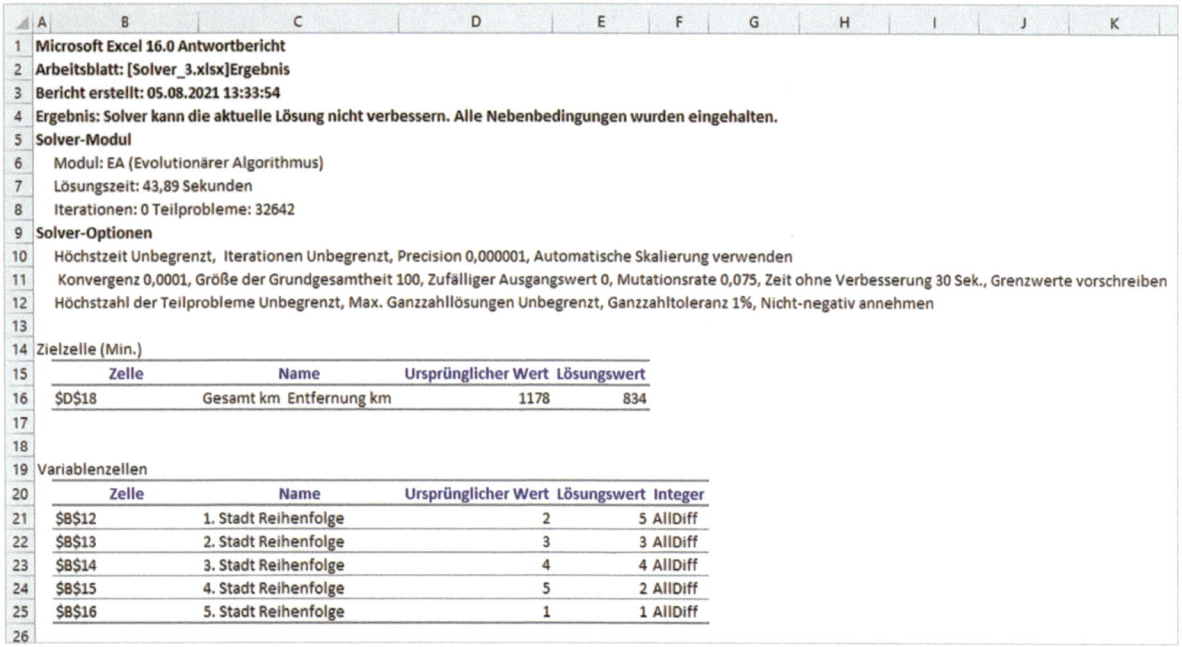

437

10 Lösungen mit dem Solver optimieren

Index

Symbole
$-Zeichen   21
3D-Bezüge   23
#DIV/0   171
#NAME   31
#NV   182
#NV ersetzen   172
&-Operator   144
^-Operator   371
#ÜBERLAUF!   54
@ Verweis   33

A
A1-Bezüge   17
ABC-Analyse   177
Abrechnungstermin   414
Abrufen und Transformieren   155
ABRUNDEN   363
ABS   368
Abschreibung   407
  Abschreibungsplan   408
  Arithmetisch-degressiv   411
  Degressiv   409
  Linear   408
  Wechseln   412
Absolute Zellbezüge   20
Absolutwert   368
Achsenabschnitt   342
ACHSENABSCHNITT   337, 343
ActiveX-Steuerelemente   82
Add-In   60
ADRESSE   208
Adressfeld   17
AGGREGAT   266
Aktien   419
  Kursentwicklung   421
Alter berechnen   126
Altersklassen   285
Alterspyramide   288
Analyse-Funktionen (Add-In)   60
  Korrelation   338, 349
  Populationskenngrößen   302
  Regression   340, 344
  Zufallszahlengenerierung   310

ANZAHL   238
ANZAHL2   239
ANZAHLLEEREZELLEN   239
ARABISCH   382
Arbeitsblatt   16
  Ausblenden   92
  schützen   91
Arbeitsmappe   16
  verknüpfen   25
ARBEITSTAG   130
Arbeitstage   128
ARBEITSTAG.INTL   130
ARCCOS   385
ARCCOT   385
ARCSIN   385
ARCTAN   385
Arithmetische Operatoren   19
Array   53, 247. *Siehe* Matrix
Aufgabenbereich   107
AUFGELZINS   418
AUFGELZINSF   418
AUFRUNDEN   363
Ausreißerwerte   300
Auswahlliste   96
AutoAusfüllen   19
AutoSumme   243

B
BASIS   383
Bearbeitungsleiste   17
Bedingte Formatierung   73
  Berechnungsgrundlagen   74
  Farbskala definieren   76
  Fehlerwerte ausblenden   180
  Formeln   77
  Geburtstage   133
  Regeln definieren   74
  Spalten vergleichen   78
  Wochenende hervorheben   79
  Zeile hervorheben   77
Berechnungsschritte   50
BEREICH.VERSCHIEBEN   210
BESTIMMTHEITSMASS   337, 343
Bestimmtheitsmaß   337
Bezugsarten   17
Binärzahlen   382
BININDEZ   384
BININHEX   384

Binomialverteilung   331
BINOM.VERT   331
BLATT   175
BLÄTTER   175
Blattregister   16
Blatt schützen   92
BOGENMASS   385
Bogenmaß   385
Boolesche Variablen   161
BÖRSENHISTORIE   421
Boxplot-Diagramm   298
BRTEILJAHRE   127
BW   399

C

Chi-Quadrat-Verteilung   327
CHIQU.INV   327
CODE   150
COS   385, 386
COT   385

D

DATEDIF   128
Dateinamen einfügen   176
Datenanalyse. *Siehe* Analyse-Funktionen (Add-In)
Datentabellen berechnen   66
Datenüberprüfung   93
  Ändern   98
  Auswahlliste   96
  Datum   95
  Dropdown-Liste   96
  Formel   98
  Leere Zellen   94
  Meldungen   96
  Textlänge   95
Datum   122
  Differenz berechnen   126
  Formate   64
DATUM   123, 126
Datums- und Uhrzeitformate   64
DBANZAHL   253
DBANZAHL2   253
DBMITTELWERT   253
DBSUMME   253
DEZIMAL   383
Dezimalstellen abschneiden   367
Dezimalzeichen   154

DEZINBIN   384
DEZINHEX   384
DIA   411
Diagramme
  0-Werte unterdrücken   179
  Abstände   107
  Abstandsbreite Säulen   295
  Achsenbeschriftung   104
  Achseneinteilung   108
  Achse Teilstriche   110
  Alterspyramide   288
  Bopxlot   298
  Datenquelle auswählen   103
  Datenreihen   103
  Diagrammelemente   106
  einfügen   101
  Fehlerindikatoren   316
  Fehlerwerte   105
  Histogramm   286, 294
  Kombi   329
  Kombidiagramm   111
  Leere Zellen   105
  Logarithmische Skalierung   109
  Mittelwert   105
  Punkte mit interpolierten Linien   315
  Schnittpunkt Achse   109
  Sekundärachse   113
  Teilstriche   110
  Trendlinie   337
  Zahlenformat   109
Disagio   407, 414
Division (Funktion)   374
Doppelte Eingaben   99
Drehfeld   83
Dropdown-Liste   93, 96
Duplikate   99, 224
Durchschnitt   80, 249
Durchschnittliche absolute Abweichung   291

E

EFFEKTIV   405
Effektivzins   405
EINDEUTIG   224
Einfügeoptionen   26
Einheitskreis   388
Emissionsdatum   414
Entfernungsmatrix   199
Entwicklertools anzeigen   82

ERSETZEN   150
ERSTERWERT   166
Eulersche Zahl   377
Excel-Add-Ins   60
EXP   353, 377
Exponentialfunktion   377
Exponentialverteilung   324
Exponentielle Regression   348
EXPON.VERT   324
Externe Bezüge   25
Exzess   322

F

F4 Funktionstaste   21
Fakultät   375
FAKULTÄT   375
Fälligkeit   414
Farben auswerten   269
Farbskala definieren   76
Farbwert   270
Fehler
   Datenüberprüfung   93
   Spuren anzeigen   50
   suchen   50
Fehlermeldung   96
Fehlerwerte   49
   ausschließen   266
   Bedingte Formatierung   180
   #ÜBERLAUF!   54
   unterdrücken   171
FILTER   219, 240
FINDEN   148
Formel-Editor   118
Formeln   18
   ändern   48
   anzeigen   146
   Anzeigen   49
   Auswerten   52
   Drucken   49
   Editieren   48
   Eingeben   18
   Fehlerwerte   49
   in Wert umwandeln   155
   kopieren   19
   Namen   270
   Namen verwenden   31
   Operatoren   19
   Schrittweise ausführen   52
   Sonderzeichen   118
   unsichtbar   68
   Zellbezüge korrigieren   48
FORMELTEXT   147
Formelüberwachung   49
Formularsteuerelemente. *Siehe* Steuerelemente
Freihandgleichung   119
Funktionen
   Argumente   35
   Aufbau   35
   Einfügen   42
   Eingeben   18, 39
   flüchtige   46
   Funktionsassistent   35
   Funktionsbibliothek   38
   Hilfe   40
   in Zahl umwandeln   309
   Klammern   45
   Neuberechnung   46
   Parameter   35, 40
   Suchen   36
   Syntax allg.   35
   Tastatureingabe   45
   verschachteln   42

G

GANZZAHL   307, 366
Gauß-Funktion   313
GDA   409, 410
GDA2   409, 410
Geburtstagslisten   131
Gemischte Zellbezüge   21
Geografie   231
GERADE   364
Gewichteter Mittelwert   254
GGANZZAHL   367
GGT   379
GLÄTTEN   151
Glockenkurve   313
Google Maps   230
Grad   384
GRAD   385
Griechische Buchstaben   119
GROSS   151
GROSS2   151
Größter Wert   257
Gruppenfeld   83

H

HÄUFIGKEIT   285, 293
Häufigkeitsverteilungen   286
HEUTE   122
Hexadezimalzahlen   382
HEXINBIN   384
HEXINDEZ   384
Hilfe   41
Histogramm   286, 294
HYPERLINK   216
   Datei   217
   Google Maps   230
   Webseite   218

I

IMABS   393
Imaginärteil   392
IMAGINÄRTEIL   393
IMAPOTENZ   394
IMARGUMENT   393
IMCOS   394
IMCOT   394
IMDIV   394
IMPRODUKT   394
IMREALTEIL   392
IMSIN   394
IMSUB   394
IMSUMME   393
IMTAN   394
IMWURZEL   394
INDEX   196, 305
INDIREKT   206
Industriezeit   138
Inhalt aktivieren   26
Interquartilsabstand   299
ISOKALENDERWOCHE   124
ISTBEZUG   174
ISTFEHL   173
ISTFEHLER   171
ISTFORMEL   174
ISTGERADE   174
ISTKTEXT   174
ISTLOG   173
ISTNV   173
ISTTEXT   173
ISTUNGERADE   174
ISTZAHL   174

J

JAHR   123
JETZT   122

K

Kalender   79, 378
Kalenderwoche   124
KALENDERWOCHE   124
KAPZ   402
Kastendiagramm   298
KGRÖSSTE   260
KGV   379
KKLEINSTE   262
Klammern   19, 45
Klassenbildung   285
KLEIN   151
Kleinster Wert   257
KOMBINATIONEN   356
KOMBINATIONEN2   356
Kombinationsfeld   83, 87, 201
Kombinationsmöglichkeiten   356
KOMPLEXE   392
Komplexe Zahlen   392
   Berechnungen   393
   runden   395
KONFIDENZ   302
Konfidenzniveau   301
KONFIDENZ.NORM   301
KONFIDENZ.T   301
Konstanten   18
KORREL   334, 349
Korrelation   338
Korrelationskoeffizient   334
Korrelationsmatrix   338
Kreisdiagramm   388
Kreisumfang   373
Kreiszahl Pi   373
Kreuztabelle   280
KUMKAPITAL   404
Kumulierte Summen   81
KUMZINSZ   404
Kuponzinssatz   415
Kurs   415
KURS   416
Kursentwicklung   421
KURSFÄLLIG   417
Kurswert   416
KURT   322

Kurtosis 322
KÜRZEN 127, 367

L

Länderspezifische Zahlen 154
LÄNGE 149
Laufende Summe 81
Leere Zellen 94, 173
Leerzeichen entfernen 151
LIA 408
Lineare Regression 340
LINKS 147
Lissajous-Figuren 390
LN 377
LOG 376
LOG10 376
Logarithmus 376

M

Makro 86, 270
Maßeinheiten umrechnen 380
Mathematische Symbole 118
Matrix
   Definition 53
   in Spalte umwandeln 305
   Konstanten 58
Matrix erzeugen 378
Matrixformeln 67
   eingeben 54
   Mehrere Rückgabewerte 55
   Zellbezüge 57
Matrixprodukt 53
MAX 257
MAXWENNS 257
Median 255, 295
MEDIAN 255
Mehrere Rückgabewerte 219, 226
Mehrfachoperation 66
MEHRFACHOPERATION 66
MIN 257
Minidiagramme 115
MINUTE 142
MINWENNS 257
MITTELABW 291
Mittelwert 249
   0-Werte 250
   ausgeblendete Zeilen 264
   gewichtet 254

MITTELWERT 249
MITTELWERTA 254
MITTELWERTWENN 249
MITTELWERTWENNS 250
MMULT 53
Modalwert 255, 285
MODUS.EINF 255, 285
MODUS.VIELF 256
MONAT 123
MONATSENDE 129
MTRANS 200
Multiplikation (Funktion) 373

N

N 170, 176
Nachkommastellen entfernen 366
Namen 27
   Aus Auswahl erstellen 29
   Erstellen 27
   Formel 31
   Gültigkeitsbereich 28
   löschen 31
   Namens-Manager 30
   Tabellen 30
   Übernehmen 29
   verwenden 31
Namenfeld 17, 27
NETTOARBEITSTAGE 128
NETTOARBEITSTAGE.INTL 128
Neuberechnung 18
NICHT 167
NOMINAL 406
Nominalzins 405, 415
Normalisierung 326, 358
Normalverteilung 313
   Wendepunkte 316
NORM.INV 312, 314
NORM.S.VERT 314
NORM.VERT 313

O

OBERGRENZE.GENAU 366
OBERGRENZE.MATHEMATIK 365
ODER 42, 168
Operatoren 19
Optionsfeld 89

P

PEARSON 334
PI 373, 386
PIVOTDATENZUORDNEN 284
Pivot-Tabellen 274
   Aktualisieren 279
   Anzahl 278
   Begriff 274
   Bereiche 277
   Berichtslayout 278
   Erstellen 276
   Fehlende Werte 283
   Gesamtergebnisse 281
   Gruppieren 281
   Häufigkeitsklassen 281
   Prozentwerte 279
POISSON.VERT 330
Poisson-Verteilung 330
Populationskenngrößen 302
Potenz 19
POTENZ 371
Power Query 155
PRODUKT 373
Prognoseblatt 354
PROGNOSE.ETS 354
PROGNOSE.LINEAR 340, 345
Provision 163
Prozentanteil 80
Punkt vor Strich 19
p-Wert 336
Pythagoras 388

Q

QUADRATESUMME 371
Quadratwurzel 372
Quantile 295
QUANTIL.EXKL 297
QUANTIL.INKL 297
Quartal 124
Quartile 295
QUARTILE.EXKL 297
QUARTILE.INKL 296
QUOTIENT 374

R

Radiant 384
RANG 258

Rangfolge 258
RANG.GLEICH 258
Realteil 392
RECHTS 147
Regression 339
   Analyse-Funktion 344
   Diagramm 341
   Exponentiell 348
   Linear 340
Regressionskoeffizient 340
Relative Zellbezüge 20
Rendite 415
RENDITE 415
RENDITEFÄLL 415
REST 370
Rest Division 370
RGP 340, 342
RKP 340, 348, 350
RMZ 400
RÖMISCH 381
Römische Zahlen 381
Runden 362
   auf-, abrunden 363, 365
   Dezimalstellen abschneiden 367
   gerade, ungerade 364
   kaufmännisch 362
   nächstkleinere Zahl 366
   Vielfaches 364, 365
RUNDEN 362

S

SÄUBERN 151
Schaltfläche 83
Schaltjahr berechnen 370
SCHÄTZER 340, 345
Schiefe 322
SCHIEFE 322
Schnellanalyse 80
   Formatierung 74
   Summen 81
SEKUNDE 142
SEQUENZ 261, 378
Sicherheitswarnung 26
SIN 385
Solver 424
   Bericht 432
   Fehlermeldungen 431
   Funktionsweise 424

   Lösungsmethoden *430, 434*
   Nebenbedingungen *426, 429*
   Negative Ergebnisse *430*
   Parameter *428*
   Variablen *426*
   Zielwert *426*
Sonderzeichen 118
SORTIEREN 222
SORTIERENNACH 223
SPALTE 205
SPALTEN 205
Spannweite 295, 304
Sparklines 115
Spreadsheet 16
Spuren 50
STABWA 292
STABW.N 292
STABWNA 292
STABW.S 292
Standardabweichung 291, 313
Standardfehler 291, 323
STANDARDISIERUNG 358
Standardnormalverteilung 314
Statistikdiagramm 287
Steigung 342
STEIGUNG 337, 343
Steuerelemente 82
   Beispiel Fragebogen *86*
   Beschriftung *84*
   Drehfeld *83*
   Drucken *85*
   Eigenschaften *84*
   Einfügen *84*
   Eingabebereich *87*
   Formularsteuerelemente *83*
   Kombinationsfeld *87*
   Kontrollkästchen *83*
   Makro zuweisen *86*
   Markieren *84*
   Namen *85*
   Optionsfeld *89*
   Scrollleiste *88*
   Sperren *85*
   Zellverknüpfung *87*
STFEHLERXY 343
Streuungsmaße 291
Strukturierte Verweise 33
STUNDE 142

SUCHEN 148
SUMME 243
   ausgeblendete Zeilen *263*
   Fehlerwerte *266*
SUMMENPRODUKT 229, 247, 255, 374
SUMMEWENN 244
   Farben *270*
SUMMEWENNS 244
SVERWEIS 182
   zwei Suchkriterien *185*
Systemdatum 122

T

Tabelle
   formatieren *32*
   In Bereich konvertieren *34*
   umbenennen *34*
Tabellenblatt 16
TAG 123
TAN 385
Tausenderzeichen 154
TEIL 147
TEILERGEBNIS 263
   Farben *269*
Text
   in Zahl konvertieren *147*
   Verketten *144*
TEXT 125, 146
TEXTKETTE 144
TEXTVERKETTEN 145
Tilgung 402
   aufgelaufene *404*
Top Ten 260
Trend
   Exponentiell *351*
   Linear *346*
   Werte *346*
TREND 340, 347
Trendlinie
   Bestimmtheitsmaß *337*
   Exponentiell *350*
   Linear *341*
   Schnittpunkt *337*
Trigonometrie 384
T.VERT.2S 336
t-Verteilung 336
t-Wert 336
TYP 176

U

Überwachungsfenster 51
Uhrzeit. *Siehe* Zeit
UMWANDELN 380
UND 42, 167
UNGERADE 364
UNTERGRENZE.GENAU 366
UNTERGRENZE.MATHEMATIK 366

V

Varianz 291
VARIANZA 291
VARIANZENA 291
VARIATION 351
VARIATIONEN 356
VARIATIONEN2 357
VAR.P 291
VAR.S 291
VBA 86
VBD 412
VERGLEICH 193
Vergleichsoperatoren 19
VERKETTEN 144
Verkettungsoperator & 144
Verschachtelte Funktionen 42
Verteilungen 313
VERWEIS 188
Verweisfunktionen 182
Vorzeichen 369
VORZEICHEN 369
VRUNDEN 364

W

Waffeldiagramm 233
WAHL 186, 204
Wahrheitswerte 160
Was-wäre-wenn-Analyse 66
Wechselkurse 421
WECHSELN 149
WENN 36, 42, 161, 285
　verschachtelt 164
WENNFEHLER 171
WENNNV 172
WENNS 165, 177, 285
WERT 153
Wertpapiere 414
Whisker 298

Winkel 388
WOCHENTAG 40, 79, 123
Wochentage 123
WURZEL 323, 372
WURZELPI 372
WVERWEIS 188

X

XODER 168
XVERGLEICH 194
XVERWEIS 187, 190
　zwei Suchkriterien 192

Z

Z1S1 Bezüge 17
Zahlenformate 62
Zahlen konvertieren 154, 381
Zahlenreihe erzeugen 378
Zahlensysteme 381
ZÄHLENWENN 240, 285
ZÄHLENWENNS 240
ZAHLENWERT 154
Zeichencode 150
Zeichenfolgen 147
　ersetzen 149
　Position 148
　verketten 144
ZEILE 205
ZEILEN 205
Zeilenumbruch entfernen 151
Zeit 122
　24 Stunden 137
　Berechnungen 137
　Dezimalzahl 138
　Format 137
　Formate 64
　Industriezeit 138
　negative Zeiten 139
　umrechnen 381
　Zeitformat [h] 137
ZEIT 142
ZEITWERT 143
Zellbereich 18
　Tabelle 33
Zellbezüge 18
　Absolute 20
　ADRESSE 208

Ändern 48
Anpassen 20
Arbeitsmappen 25
F4 21
Feste 20
Gemischte 21, 78
INDIREKT 206
Korrigieren 48
Namen 27
Relative 21
Tabellenblatt 22
Umwandeln 21
ZELLE 176
Zellen 17
  sperren 91
ZELLE.ZUORDNEN 270
Zielwertsuche 70
ZINS 401
Zinsen 402
  aufgelaufene 404, 418
  Effektivzins 405
Zinstermin 414, 417
ZINSTERMNZ 417
ZINSTERMTAGE 417
ZINSTERMTAGNZ 417
ZINSTERMTAGVA 417
ZINSTERMVZ 417
ZINSTERMZAHL 417
ZINSZ 402
z-Standardisierung 358
ZUFALLSBEREICH 307
ZUFALLSMATRIX 308
Zufallsstichprobe 312
Zufallszahl 307
  Neuberechnung 309
  Normalverteilung 312
  umwandeln 309
ZUFALLSZAHL 307
Zufallszahlengenerierung 310
Zuletzt verwendet 38
ZW 68, 399
ZWEIFAKULTÄT 375
Zwischenablage 26, 155
ZZR 401